HERVÉ RYSSEN

LE SPERANZE PLANETARIE

ØMNIA VERITAS®

Hervé Ryssen

Hervé Ryssen (Francia) è uno storico e un ricercatore esaustivo del mondo intellettuale ebraico. È autore di dodici libri e di diversi documentari video sulla questione ebraica. Nel 2005 ha pubblicato *Planetary Hopes*, un libro in cui dimostra le origini religiose del progetto globalista. *Psychoanalysis of Judaism*, pubblicato nel 2006, mostra come l'ebraismo intellettuale presenti tutti i sintomi della patologia isterica. Non si tratta di una "scelta divina", ma della manifestazione di un disturbo che ha origine nella pratica dell'incesto. Freud aveva pazientemente studiato la questione sulla base di quanto osservato nella sua comunità.

La Francia ospita una delle più grandi comunità ebraiche della diaspora, con una vita culturale e intellettuale molto intensa. Hervé Ryssen ha potuto sviluppare il suo ampio lavoro sulla base di numerose fonti storiche e contemporanee, sia internazionali che francesi.

Le Speranze Planetarie

Les espérances planétariennes, Levallois-Perret, Baskerville, 2005.

Tradotto e pubblicato da
Omnia Veritas Limited

ⓄMNIA VERITAS.

www.omnia-veritas.com

© Omnia Veritas Limited - Hervé Ryssen - 2023

Nota bene: Tutti i riferimenti a piè di pagina citati dall'autore in questo libro provengono da libri consultati in tre biblioteche municipali di Parigi tra il 2003 e il 2005.

La concezione di un mondo senza confini e di un'umanità finalmente unificata non è certo nuova. La novità dell'inizio del terzo millennio è che, per la prima volta nella loro storia, gli occidentali hanno la sensazione che l'intera umanità abbia intrapreso questo cammino. La caduta del muro di Berlino nel 1989 e il crollo del blocco sovietico sono stati senza dubbio fattori importanti per la realizzazione dell'unificazione mondiale e l'accelerazione del processo alla fine del XX secolo. In effetti, è in questi anni che quella che è stata definita "mundializzazione o globalizzazione[1]" è diventata oggetto di un dibattito ricorrente. Il trionfo della democrazia sul comunismo sembrava aver aperto le porte a una nuova era, a un "Nuovo Ordine Mondiale" e a preparare tutte le nazioni a un'inevitabile fusione planetaria.

Il mondo bipolare, che aveva caratterizzato il breve XX secolo (1914-1991), stava temporaneamente lasciando il posto a un mondo dominato dalla "superpotenza" americana, ma soprattutto la democrazia sembrava imporsi in tutti i continenti e offrire all'umanità la garanzia di un mondo migliore, tanto che alcuni parlavano già di "Fine della Storia": la società dei consumi e il commercio avrebbero sostituito gli imperialismi e l'istinto bellico che avevano fino ad allora segnato il destino dell'umanità. In un rinnovato spirito di cooperazione, le nazioni si sarebbero avvicinate e presto si sarebbero fuse in una repubblica mondiale, unica garante della pace universale.

Tuttavia, la "Fine della Storia", prevista nel 1992 con il trionfo della democrazia, non sembrava più all'ordine del giorno dopo la caduta delle due torri del World Trade Center l'11 settembre 2001. Ma invece di arrestare la marcia in avanti dell'ideale democratico, sembrava, al contrario, che questo evento spettacolare facesse precipitare

---

[1] I due termini sono praticamente equivalenti. Nel mondo francofono il termine "globalizzazione" è quello più comune (nota del traduttore, di seguito).

ulteriormente il corso della storia. La macchina è andata in tilt e le democrazie occidentali hanno approfittato del trauma per estendere la loro influenza e imporre la loro volontà con rinnovato vigore. Gli Stati Uniti si sono imposti sul mondo attraverso la loro diplomazia, le loro forze armate, le loro continue manovre occulte che immancabilmente sfociavano in "grandi rivoluzioni democratiche" nei Paesi poveri, con magliette rosse per la folla e trionfo mediatico globale per il fortunato vincitore, mentre le nazioni europee si stavano rapidamente dissolvendo in un grande insieme sempre più multietnico, dai contorni vaghi che prefiguravano quello che avrebbe dovuto essere il mondo di domani: senza razze e senza confini.

Gli occidentali, che spingono per l'adozione di un regime democratico in tutti i Paesi del mondo, insistono anche sulla necessità assoluta del rispetto delle minoranze e dell'accoglienza dei rifugiati, al punto che la democrazia può essere concepita solo come un insieme "multiculturale, multietnico e multirazziale". La fusione pianificata delle nazioni del mondo, come si vede, prevede la creazione di società "plurali" nel quadro della democrazia parlamentare. I due concetti sono ormai inscindibili. Questo sembra essere il piano di montaggio di questi grandiosi progetti di globalizzazione che, ancora una volta, sono prodotti del pensiero e della volontà occidentale.

Il mondo di ieri, che abbiamo chiamato "bipolare", era già principalmente una visione occidentale. Molti Paesi dell'Asia, dell'Africa e del Sudamerica sono stati colpiti dalle nostre lotte ideologiche e hanno dovuto schierarsi dalla parte di Mosca o di Washington, anche se la stragrande maggioranza di queste popolazioni aveva conservato i propri modi di vita ancestrali e aveva vissuto in modo tradizionale per tutto il secolo, senza dover scegliere tra il sistema marxista e l'economia di mercato. Dopo la seconda guerra mondiale, si è soliti raggruppare questi Paesi sotto il termine generico di "terzo mondo", nel senso di "terzo mondo[2]." E proprio questo terzo mondo era poco interessato alle dispute ideologiche generate dal pensiero occidentale. Evitiamo quindi il peccato di occidentalismo.

Il concetto di "globalizzazione" è oggi più giustificato? Il termine è prima di tutto un fenomeno economico. Certamente, la moltiplicazione degli scambi economici, lo sviluppo di un capitalismo finanziario globale, la delocalizzazione delle imprese e l'emergere di

---

[2] Il termine ha poi cambiato significato ed è passato a designare i Paesi poveri, che all'epoca venivano comunemente chiamati "Paesi sottosviluppati". Negli anni '90 si è preferito il termine più "politicamente corretto" di "Paesi in via di sviluppo" o "Paesi del Sud".

nuove tecnologie di comunicazione e di informazione hanno avvicinato e accentuato l'interdipendenza tra le economie del mondo. Da questo punto di vista economico, si può giustamente parlare di "globalizzazione". Questo sembra essere la continuazione di un lungo processo iniziato nel XVI secolo, dopo la scoperta di nuovi continenti, e proseguito con l'occidentalizzazione del mondo fino al XIX secolo con la colonizzazione dell'Africa e dell'Asia, ma anche con l'insediamento del Nord America e dell'Oceania. La globalizzazione delle idee (Darwin, socialismo, liberalismo) aveva completato l'egemonia dell'Europa sul mondo prima del 1914, egemonia che avrebbe perso in gran parte dopo due guerre anch'esse globalizzate.

Tuttavia, non dobbiamo credere che l'evoluzione delle economie mondiali verso una maggiore unità sia un processo regolare, continuo e inevitabilmente inarrestabile. Gli economisti concordano sul fatto che oggi il mondo non è più aperto di quanto lo fosse prima della Prima Guerra Mondiale. Nel 1991, il livello relativo delle esportazioni di capitali era inferiore a quello del 1915[3]. Per quanto riguarda le multinazionali, la maggior parte di esse dipende ancora dalle proprie radici nazionali. Le imprese globali si contano ancora sulle dita di una mano. Per George Soros - il famoso speculatore internazionale - l'emergere di un capitalismo veramente globale è avvenuto negli anni Settanta. Nel 1973, i Paesi produttori di petrolio, raggruppati nell'OPEC (Organizzazione dei Paesi Esportatori di Petrolio), aumentarono per la prima volta il prezzo al barile: "Gli esportatori di petrolio hanno goduto di improvvise e ampie eccedenze, mentre i Paesi importatori di petrolio hanno dovuto finanziare ampi deficit. La responsabilità di riciclare i fondi è ricaduta sulle banche commerciali con l'incoraggiamento dietro le quinte dei governi occidentali. Vengono inventati gli eurodollari e si sviluppano grandi mercati offshore[4]."

Ma il senso diffuso della globalizzazione è ancora molto più recente. A metà degli anni Novanta, gli europei hanno iniziato a percepire in modo confuso che il mondo intero era entrato in una fase accelerata di unificazione globale. Le numerose delocalizzazioni di aziende in Paesi a bassa intensità di manodopera e la conseguente perdita di posti di lavoro hanno regolarmente alimentato il dibattito. Inoltre, potremmo aggiungere che la diffusione dei viaggi aerei, lo

---

[3]Elie Cohen, *Mondialisation et souveraineté*, Le Débat, novembre-dicembre 1997, pp. 24-27.
[4]Un mercato finanziario che si sviluppa al di fuori del paese di origine. George Soros, *La crisis del capitalismo global; La sociedad abierta en peligro*, Editorial Debate, Madrid, 1999, p. 139, 140.

sviluppo del turismo e dei flussi migratori hanno rafforzato l'idea che il mondo sia diventato un "villaggio globale". Ma, a dire il vero, si tratta solo di un'immagine, perché se è vero che i contadini di un tempo attraversavano i loro villaggi con i loro carretti o a dorso d'asino due o tre volte al giorno, bisogna ammettere che oggi solo un'esigua minoranza di esseri umani su questa terra frequenta regolarmente gli aeroporti internazionali. La stragrande maggioranza dell'umanità è ancora ancorata alla propria area di civiltà, persino alla propria città natale. Le possibilità offerte dalla tecnologia di Internet non ci hanno quindi portato nuovi amici dall'altra parte del pianeta. Il "villaggio globale" in questione, lungi dall'essere una realtà, è una prospettiva, un'utopia mobilitante, ed è proprio questa la dimensione ideologica che caratterizza il mondo occidentale del nostro tempo.

La globalizzazione economica di cui si sente tanto parlare da un decennio a questa parte non è il fattore primario di questa coscienza planetaria in fase di progetto. La "globalizzazione", come dicono gli anglofoni, non è solo il fenomeno economico di cui stiamo prendendo atto, ma un silenzioso desiderio di fondere i popoli della terra in un unico stampo, di abolire le frontiere e di istituire un governo mondiale. Tutta la nostra filosofia ci porta su questa strada: i liberali chiedono la liberalizzazione del commercio e l'adozione da parte di tutti i popoli del mondo del sistema democratico e della "società aperta", mentre i loro "avversari", chiamati "alter-globalisti", si battono per l'apertura delle frontiere a tutti i migranti del mondo e per dare sempre più potere agli organismi internazionali, che si suppone siano in grado di risolvere i grandi problemi globali, come la gestione delle sfide ecologiche, il "commercio ineguale" tra il "Nord" e il "Sud", la fame e la povertà nel mondo. È in questa prospettiva planetaria che vediamo costruirsi davanti ai nostri occhi questa società plurale, multietnica e multiculturale, che è il passo necessario e obbligato verso la grande fraternità universale auspicata dagli ideologi occidentali. Questo è l'unico modo per dissolvere gradualmente le società tradizionali radicate che sono i principali ostacoli a questo progetto. Attraverso il gioco democratico delle elezioni, qualsiasi reazione nazionalista è impedita dal peso crescente delle varie minoranze rispetto all'ex maggioranza. Promuovendo la miscegenazione, si minano le basi etniche delle popolazioni indigene e si annullano i loro riflessi identitari. D'altra parte, l'immigrazione - legale o illegale - ha l'inestimabile vantaggio per i datori di lavoro di costituire un bacino inesauribile di manodopera a basso costo. Come si vede, la società plurale è in questo senso incomparabilmente più efficace della società sovietica, che ha mostrato i suoi limiti dopo settant'anni di esperienza comunista, quando i suoi principi filosofici erano in origine proprio gli stessi che oggi sono alla base della società liberale, ossia il rispetto della persona umana e la fraternità planetaria.

La costruzione di società plurali in Europa è innegabilmente il fenomeno più importante della fine del XX secolo, se non dell'intera storia europea degli ultimi 3000 anni. Il fatto che i popoli dell'Occidente siano stati gli unici a intraprendere questo percorso è del tutto sintomatico del progresso dell'idea planetaria nelle menti occidentali negli ultimi decenni. Il mondo in cui viviamo oggi nelle grandi città francesi non è più lo stesso di vent'anni fa: la società multietnica sta prendendo forma sotto i nostri occhi in modo sorprendente, senza alcun legame reale con le recenti mutazioni economiche. Il Giappone, ad esempio, la cui economia è globalizzata quanto la nostra, non è stato travolto da questo vortice ideologico. Questo perché non si tratta di un fenomeno naturale, ma corrisponde alla realizzazione di un obiettivo politico molto caratteristico del pensiero occidentale.

Tuttavia, queste speranze planetarie, che sono penetrate così profondamente nelle menti degli occidentali, non sono apparse all'improvviso con la caduta del Muro di Berlino e la vittoria delle democrazie, anche se certamente le hanno stimolate con forza. Un intellettuale come Jean-François Revel, che nel 1983 poteva ancora prevedere la scomparsa delle nostre democrazie, "brevi e precarie parentesi sulla superficie della storia" e la "probabile, per non dire ineluttabile" vittoria del comunismo, può farci sorridere a posteriori, di fronte alla folgorante evoluzione del mondo in pochi anni. È vero che il suo pessimismo potrebbe essere spiegato dalla situazione dell'epoca: la stagnazione della resistenza afghana contro l'URSS, la recrudescenza della repressione in Polonia e la compiacenza dei governi occidentali[5]. Dieci anni dopo, in *La fine della storia e l'ultimo uomo*, un saggio pubblicato nel 1992 e ampiamente tradotto in tutto il mondo, Francis Fukuyama annunciava il trionfo delle democrazie liberali da una "prospettiva globalista[6] ", come appariva in copertina, e niente meno

---

[5]Jean-François Revel, *Comment les démocraties finissent*, Grasset, 1983.

[6]Da parte nostra, preferiamo usare il termine "planetario", non per amore del neologismo, che è sempre difficile da gestire, soprattutto nel titolo di un'opera, ma perché la parola "mundialista" ci sembra avere un aspetto ideologico. Il suo uso è cambiato negli ultimi anni: la sinistra radicale, che si è definita mundialista fino al 1998-99, si è poi dichiarata anti-globalista, quindi "alter-globalista" dal 2003. La bandiera "antiglobalizzazione" è stata poi mantenuta dai nazionalisti e lo stesso termine

che "la fine della Storia". Notando la vittoria dei regimi democratici in quasi tutto il mondo, l'autore americano ha scritto: "Se le società umane, nel corso dei secoli, si evolvono verso o convergono verso un'unica forma di organizzazione socio-politica, come la democrazia liberale, se non sembrano esserci alternative valide alla democrazia liberale e se le persone che vivono nelle democrazie liberali non esprimono un'insoddisfazione radicale per la loro vita, possiamo dire che il dialogo ha raggiunto una conclusione finale e definitiva. Il filosofo storicista sarà costretto ad accettare la superiorità e la finalità della democrazia liberale che egli stesso proclama[7]. "Secondo Fukuyama, lo Stato liberale deve essere "universale", anche se l'autore non intende altro che il riconoscimento concesso da ogni Stato a tutti i suoi cittadini, senza discriminazioni di alcun tipo. In nessun punto del suo saggio ha evocato l'aspirazione a uno Stato mondiale, a un governo mondiale, anche se era sottinteso che le istituzioni internazionali si sarebbero occupate dei destini dell'umanità. Si limita a constatare che "queste stesse forze economiche incoraggiano ora l'abbattimento delle barriere nazionali attraverso la creazione di un unico mercato mondiale integrato", ma non prende in considerazione la possibilità della distruzione delle nazioni e della scomparsa degli Stati. Solo il nazionalismo aggressivo dovrà scomparire con la vittoria del modello liberale: "Il fatto che la neutralizzazione politica del nazionalismo possa non avvenire nella generazione attuale o in quella successiva non significa che non avverrà[8]."

Questo ideale di pace universale che accompagna il credo democratico, così come accompagnava il credo comunista, solleva tuttavia alcuni interrogativi, perché "gli esseri umani si ribelleranno a questa idea. Cioè, si ribelleranno alla prospettiva di diventare membri indifferenziati dello Stato universale e omogeneo, ognuno simile agli altri ovunque vada sul pianeta. "Questo è l'unico passaggio del suo voluminoso libro di 461 pagine in cui viene evocata l'eventualità di uno Stato mondiale, ed è immediatamente seguito da considerazioni di buon senso sul "tedio" che tale Nuovo Ordine Mondiale[9] genererebbe. I

"mundialista" sembra talvolta avere una connotazione offensiva, almeno in Francia.

[7]Francis Fukuyama, *El fin de la Historia y el último hombre*, Planeta, Barcellona, 1992, pagg. 199-200.

[8]Francis Fukuyama, *El fin de la Historia y el último hombre*, Planeta, Barcellona, 1992, p. 373.

[9]L'espressione "Nuovo Ordine Mondiale" deriva dal Presidente degli Stati Uniti George Bush Senior, che la pronunciò con particolare intonazione nel suo discorso televisivo mentre si preparava a bombardare l'Iraq di Saddam Hussein nel 1991. Il Nuovo Ordine Mondiale avrebbe dovuto succedere all'era del confronto tra Est e Ovest dopo il crollo

nuovi cittadini del mondo sentiranno infatti che una vita di mero consumismo è alla fine molto "noiosa"; "vorranno avere degli ideali per cui vivere e morire, e vorranno rischiare la vita, anche se il sistema internazionale degli Stati è riuscito ad abolire la possibilità della guerra". Gli studenti del maggio 1968, ad esempio, "non avevano alcun motivo razionale per ribellarsi, perché erano per la maggior parte figli viziati di una delle società più libere e prospere del pianeta". "Infatti, "questa è la contraddizione che la democrazia liberale non ha ancora risolto[10]. "Il saggio di Francis Fukuyama era in definitiva piuttosto prudente; alcuni intellettuali, come vedremo più avanti, si stanno muovendo in modo molto più audace in questa prospettiva planetaria.

In ogni caso, questi concetti non sono nulla di nuovo; essi riprendono, in forma nuova, le idee già esposte dalla filosofia illuminista del XVIII secolo. Tocqueville annunciava già nel 1848, ispirato da "una preoccupazione costante e un unico pensiero: l'avvento irresistibile e universale della Democrazia nel mondo[11]. "Prima di lui, Kant, il filosofo solitario, già nel 1784 riteneva che "si dovesse istituire uno Stato cosmopolita di pubblica sicurezza statale, in modo che [gli Stati] non si distruggano a vicenda". Il filosofo di Konigsberg nutriva inoltre "la speranza che, dopo diverse rivoluzioni di ristrutturazione, si realizzi finalmente ciò che la natura ha come intenzione suprema: uno stato cosmopolita universale all'interno del quale si sviluppino tutte le disposizioni originali della specie umana[12]. "Tuttavia, gli uomini del XVIII secolo erano troppo pieni di pregiudizi razziali per immaginare la società plurale, multietnica e multiculturale come la intendono i nostri filosofi planetari. La verità è che l'antropologia di Buffon, Maupertuis, Diderot, d'Alembert o Voltaire rimarrà per sempre un argomento tabù sul quale è meglio non soffermarsi se vogliamo mantenere questi grandi antenati nel sacro pantheon della democrazia.

D'altra parte, se il termine "Umanità" era in voga nella filosofia del Secolo dei Lumi, anche i riferimenti alla Nazione erano molto ricorrenti e i due termini andavano quasi sempre insieme. La dedizione all'umanità e alla patria" faceva parte della fraseologia dell'epoca. Inoltre, il termine "umanità" aveva probabilmente un significato più ristretto di quello odierno, e nel linguaggio quotidiano il suo significato

---

del sistema comunista.

[10]Francis Fukuyama, *El fin de la Historia y el último hombre*, Planeta, Barcelona, 1992, p. 419, 438.

[11]Alexis de Tocqueville, *La democrazia in America, Avvertenza alla dodicesima edizione*.

[12]Immanuel Kant, *Idea di una storia universale in chiave cosmopolita*, 1784, Universidad Nacional Autónoma de México, 2006, p. 54, 60.

spesso non andava molto oltre quello di "popolo". Naturalmente, i filosofi di allora non pensavano ancora concretamente alla grande commistione universale e al "villaggio globale". Sappiamo fino a che punto gli uomini della Rivoluzione francese erano patrioti accaniti oltre che umanisti. Babeuf, antenato del socialismo e fervente "difensore della patria", dichiarò: "Solo gli amici disinteressati dell'umanità e della patria possono fondare una vera repubblica. "Sebbene la filosofia alla base della loro lotta fosse umanista, i soldati dell'Anno II della Rivoluzione non si preoccuparono della fratellanza universale e si preoccuparono più di distruggere i regimi "tirannici" d'Europa che di unire i popoli. La "Dichiarazione dei diritti dell'uomo e del cittadino" lo illustra perfettamente, perché include il termine "cittadino" oltre all'indifferenziato "uomo": in altre parole, si intendeva che tutti i francesi erano ormai uguali di fronte alla legge, perché era soprattutto in questo senso che si intendeva "universale". Così, nella nuova repubblica, gli stranieri erano tenuti sotto stretta osservazione.

Anche l'idea di Francis Fukuyama di una "fine della storia" non era nuova. Hegel aveva già definito la storia come l'inarrestabile progressione dell'uomo verso le più alte vette del razionalismo e della libertà. Questo processo, secondo lui, ha avuto un punto di arrivo logico nello Stato liberale moderno, apparso dopo la dichiarazione di indipendenza americana del 1776 e la Rivoluzione francese. Anche Marx condivideva questa convinzione della possibilità di una fine della storia.

Per i marxisti, anche le classi sociali sarebbero scomparse con la stessa inevitabilità con cui si erano formate e lo Stato stesso sarebbe scomparso allo stesso tempo. Friedrich Engels disse: "La società, riorganizzando la produzione in modo nuovo sulla base di una libera associazione di produttori uguali, manderà l'intera macchina statale al posto che le spetta: nel museo delle antichità, accanto all'arcolaio e all'ascia di bronzo[13]. "Anche con questo, era indispensabile una fase transitoria di dittatura: il proletariato si impadronirà del potere statale e trasformerà i mezzi di produzione "provvisoriamente" in proprietà dello Stato. La macchina statale capitalista, la polizia capitalista, il funzionarismo capitalista, la burocrazia capitalista saranno sostituiti dalla macchina del potere del proletariato, ma senza gli antagonismi di classe; così lo Stato proletario si estinguerà naturalmente.

A differenza di altre forme di socialismo del XIX secolo, quello di Marx aveva una forte vocazione universale. Secondo lui, il processo

---

[13]Friedrich Engels, *L'origine della famiglia, della proprietà privata e dello Stato (IX Barbarie e civiltà)*, 1884

storico stava trascinando il capitalismo verso la globalizzazione e tendeva in ogni caso alla creazione di un mercato mondiale in cui le frontiere sarebbero state cancellate e le differenze nazionali sarebbero scomparse. I proletari potrebbero allora considerarsi come individui astratti e non vincolati, il che renderebbe possibile il grande salto nel paradiso senza classi della società comunista. Questo proletariato universalizzato, senza nazionalità, diventerebbe allora una sorta di nazione universale, costruita sulle rovine delle vecchie nazioni e dei vecchi particolarismi.

In effetti, il messianismo planetario contemporaneo è apparso per la prima volta con il marxismo. Le parole di Bukharin sulla rivoluzione bolscevica del 1917 sono piuttosto eloquenti a questo proposito: "È nata la nuova era. L'era della dissoluzione del capitalismo, della sua decomposizione interna, della rivoluzione comunista del proletariato (...) Piegherà il dominio del capitale, renderà impossibili le guerre, cancellerà le frontiere tra gli Stati, trasformerà il mondo intero in una comunità che lavora per se stessa, unirà e libererà i popoli[14]. "Si tratta delle "Direttive dell'Internazionale Comunista" redatte dallo stesso Bukharin, anche se il lettore avrà notato le strane somiglianze con le parole dei pensatori liberali. Solo le idee economiche li differenziano: i primi pensavano che la collettivizzazione avrebbe liberato il proletariato dallo sfruttamento della borghesia, mentre i secondi si sono resi conto del totale fallimento della società collettivizzata. Per il resto, si può solo constatare con stupore quanto gli obiettivi marxisti siano simili a quelli dei pensatori planetari di oggi, fino a credere nell'ineluttabilità dell'unificazione e nella fine della storia. Il mondo sta evolvendo inevitabilmente verso la realizzazione del suo destino: il processo di unificazione finale che nulla al mondo può impedire. È un'idea ricorrente nel discorso planetario e vedremo che questa convinzione inamovibile è fortemente legata a una fede religiosa.

La congiunzione dei punti di vista si spiega facilmente anche con il fatto che tutti hanno attinto la loro visione del mondo dalla stessa fonte - la filosofia dell'Illuminismo - che costituisce il riferimento obbligato per i pensatori marxisti e soprattutto per i liberali[15]. Doveva

---

[14] Ernst Nolte, *La guerra civile europea, 1917-1945*, Fondo de cultura económica, Messico, 2001, pagg. 112, 113.

[15] Infatti, sia il marxismo che la scuola economica classica e neoclassica (i liberali) si abbeverano alla fonte dell'Illuminismo e alla sua concezione astratta, idealistica e universale dell'uomo. Innalzano l'*homoeconomicus* egoista e materialista con vocazione cosmopolita a categoria irriducibile. Questa potente corrente, che domina ancora oggi, è stata contrastata dal Romanticismo tedesco e dalla scuola storica tedesca di economia nel XIX secolo. (NdT)

semplicemente essere aggiornato, adattato alle realtà attuali. Nel XIX secolo, con la rivoluzione industriale, si era un po' impolverata e non sembrava più in grado di suscitare l'entusiasmo né delle masse lavoratrici, che avevano sofferto soprattutto della società borghese liberale, né dei giovani europei, che nel corso del secolo avevano portato avanti le loro rivoluzioni di liberazione nazionale in Europa e che ora aspiravano a rovesciare la "vile borghesia". Il marxismo subentrerà così alla fraternità universale contemporaneamente all'uguaglianza sociale, mentre lo spirito democratico si smarrirà nel patriottismo, portando allo scoppio della Prima Guerra Mondiale.

Ma non siamo troppo severi con questo patriottismo. In effetti, è un patriottismo per il quale si può perdonare molto, e i nostri intellettuali oggi provano ancora una certa benevolenza per l'entusiasmo revanscista dei francesi nel 1914, perché fu grazie al sangue di un milione e quattrocentomila francesi, "uccisi per la Francia", che le monarchie prussiane, austriache, russe e ottomane poterono essere abbattute e i regimi democratici poterono essere instaurati in tutta Europa. La caduta delle monarchie e degli imperi fu la vera celebrazione dei democratici di quell'epoca. Con il senno di poi, la questione dell'Alsazia-Lorena era solo una questione secondaria nel mezzo delle immense trasformazioni provocate dal conflitto europeo. Il militarismo della Repubblica francese del 1914 è quindi ancora ricordato e celebrato dai pensatori planetari, perché fu innanzitutto un militarismo capace di imporre idee universali a chi non le aveva ancora integrate.

In effetti, è proprio questo che ci ha detto lo storico Michel Winock, che ha concettualizzato l'idea patriottica in senso planetario, distinguendo tra "nazionalismo aperto, proveniente dalla filosofia ottimista dell'Illuminismo e dalle reminiscenze della Rivoluzione (ad esempio, in Michelet[16], ma anche nel generale De Gaulle), e nazionalismo chiuso, basato su una visione pessimistica dell'evoluzione storica e sull'idea di decadenza". Il nazionalismo aperto, ha spiegato Winock, è "figlio di una nazione giovane, espansiva e missionaria, segnata dalla fede nel progresso e nella fratellanza dei popoli". È il nazionalismo di "una nazione permeata da una missione civilizzatrice, generosa, ospitale, solidale con le altre nazioni in formazione, difensore degli oppressi, e che innalza la bandiera della libertà e dell'indipendenza per tutti i popoli del mondo". Al contrario,

---

[16] Uno dei grandi storici francesi del XIX secolo, anche se dalla fine del XX secolo è piuttosto controverso nella storiografia contemporanea. Liberale e anticlericale, fu uno schietto sostenitore della Repubblica.

il nazionalismo chiuso è un "nazionalismo recintato, spaventato ed esclusivista che definisce la nazione escludendo gli intrusi: ebrei, immigrati, rivoluzionari". "Questo nazionalismo è "una paranoia collettiva, alimentata da ossessioni di decadenza e complotti". Questo nazionalismo è invariabilmente pessimista: "La Francia è minacciata di morte, minata dall'interno dalle sue istituzioni parlamentari, dalle trasformazioni economiche e sociali, un Paese in cui si denuncia sempre la "mano dell'ebreo", il degrado della vecchia società, la rovina della famiglia e la scristianizzazione. Si tratta di un "nazionalismo mortale"[17]."

Le guerre della Rivoluzione e dell'Impero napoleonico sono così giustificate, poiché hanno avuto il merito di diffondere le idee dell'Illuminismo e di distruggere le vecchie nazioni aristocratiche d'Europa durante quel primo assalto. La Prima guerra mondiale, dal canto suo, permise di liquidare definitivamente la doppia monarchia cattolica dell'Austria-Ungheria, di rovesciare il Kaiser e di instaurare una repubblica in Germania, e soprattutto di rovesciare lo zar Nicola II, che ancora rifiutava di concedere la cittadinanza agli ebrei di Russia. È in questo senso che si può essere patrioti e guerrafondai. Si può quindi applaudire l'entusiasmo patriottico dei soldati francesi che hanno marciato in buona fede verso il massacro per riconquistare l'Alsazia-Mosella, non perché si approvi il loro sciovinismo imbecille, ma perché ci si aspettava che combattessero per i grandi ideali democratici. Il loro sciovinismo sarà condannato a guerra finita, senza alcuna considerazione per le loro ferite e il loro sacrificio.

È in questo senso che lo intendono oggi alcune personalità dei media e della cultura, come Jean-François Kahn, direttore della stampa di un importante settimanale, quando dichiara: "Da parte mia, sono rabbiosamente patriottico quanto lo consente la ragione", aggiungendo nella pagina successiva del suo libro: *I francesi sono formidabili*: "È infatti "formidabile" essere francesi nella misura in cui questo concetto assume il senso esteso del termine che la Storia gli attribuisce, e non il significato molto limitato che gli ottusi nazionalisti e reazionari apolidi (che spesso sono gli stessi) gli conferiscono[18]. "Nella stessa ottica, abbiamo Jean Daniel, direttore di un altro grande quotidiano

---

[17] Michel Winock, *Nationalisme, antisémitisme et fascisme en France*, Points Seuil, 1990, pagg. 7, 22, 38.
[18] Jean-François Kahn, *Les Français son formidables*, Balland, 1987, p. 24-25. Ci asterremo dal commentare qui questo curioso amalgama tra "nazionalisti ottusi" e "reazionari apolidi". Il lettore lo capirà naturalmente dopo aver acquisito familiarità con il pensiero planetario nel corso della lettura di questo libro.

progressista, e la sua dichiarazione di fede patriottica quando annota: "Colazione con Azoulay [il famoso "banchiere ebreo" e consigliere del re del Marocco Hassan II]: Questo ebreo è un patriota marocchino tanto o più di quanto io sia un patriota francese. Quasi. In altre parole, il legame dell'ebraismo è molto, molto relativo quando non c'è persecuzione, né coercizione, né coscienza religiosa[19]."

Lo stesso patriottismo di circostanza trasuda da uno scrittore di ispirazione comunista come Guy Konopnicki, che aveva celebrato la vittoria della nazionale di calcio francese nella Coppa del Mondo del 1998. Chiaramente, non era la Francia della patria che Guy Konopnicki apprezzava nella vittoria della squadra di calcio francese, verso la quale aveva già espresso il suo disprezzo, ma il trionfo della Francia meticcia *nerazzurra*[20]. È stato allora che è stato sopraffatto da un intenso fervore patriottico, strappando la bandiera tricolore dalle mani di Jean-Marie Le Pen e cantando a squarciagola la *Marsigliese*. Così che, qualche anno dopo, lo sentiremo, con grande sincerità, desolato per aver sentito l'inno nazionale fischiato dai giovani immigrati che aveva tanto lodato. Il 6 ottobre 2001, 70.000 spettatori di origine nordafricana hanno fischiato la *Marsigliese* durante la partita Francia-Algeria allo *Stade de France, alla* presenza del Presidente della Repubblica. Per Guy Konopnicki, questo ha rappresentato il crollo del suo ideale di una Francia multietnica, della Francia meticcia tanto desiderata dall'*intellighenzia*: "Sono costernato quando la *Marsigliese* che ho cantato in mezzo a una folla di nordafricani, quando Zidane e tutti gli altri ci hanno portato una vittoria così bella, viene fischiata. La Francia è proprio quel paese dove, nonostante le difficoltà e il razzismo, si vive tutti insieme senza distinzioni di sorta[21]. "È chiaro, quindi, che non è la Francia che egli ama, ma l'embrione di una repubblica universale in miniatura che essa rappresenta.

Molto prima di loro, il famoso poeta tedesco Heinrich Heine, aborrito dai nazionalisti dell'altra sponda del Reno, aveva espresso il suo amore per la Francia repubblicana che lo aveva accolto. Nel 1830, dopo l'abdicazione di Carlo X - che definisce "quel pazzo reale" - è entusiasta del movimento rivoluzionario francese e del vecchio generale Lafayette: "Sono già passati sessant'anni da quando è tornato

---

[19] Jean Daniel, *Soleils d'hiver, Carnets 1998-2000*, Grasset, Poche, 2000, p. 122 [Jean Daniel è stato il fondatore di *Le Nouvel Observateur*, membro del Consiglio di amministrazione dell'Agence France-Presse (AFP) e vincitore del Premio Principe delle Asturie per la comunicazione e le scienze umane nel 2004].

[20] Nero-Bianco-Maghrebino: è un'espressione coniata dalla sfera mediatica e culturale francese (NdT).

[21] Guy Konopnicki, *La Faute des Juifs*, Balland, 2002, pag. 26.

dall'America, da quando ci ha portato la dichiarazione dei diritti dell'uomo, quei dieci comandamenti della nuova religione"; "Lafayette... la bandiera tricolore... la Marsigliese... sono come inebriato". Speranze ardite sorgono dal mio cuore[22]. "Quando si conoscono le opinioni di Heinrich Heine e il suo disprezzo per le culture europee, è chiaro anche in questo caso che il suo amore e la sua ammirazione non erano tanto per la Francia quanto per la repubblica universale che essa incarnava. Quanto alle sue "audaci speranze", scommettiamo che si riferiva a un nuovo piccolo tour militare per sottomettere l'Europa con sangue e fuoco e far saltare qualche testa coronata. È in questo senso che ci si può dichiarare "rabbiosamente patriottici".

Gli intellettuali planetari, pieni di idee generose di pacifismo e tolleranza, sono in prima linea nel patriottismo e nel militarismo aggressivo non appena si tratta di una "giusta causa" democratica. In questo caso, suonano la tromba senza complessi e diventano propagandisti per le forze armate. Così, i soldati francesi erano "formidabili" nel 1792, nel 1914 e nel 1940, quando si trattava di andare al fronte per distruggere regimi politici non democratici. Altrettanto "formidabili" sono le truppe sovietiche o i partigiani serbi che hanno combattuto contro i nazisti; così come i patrioti iracheni che si sono radunati dietro Saddam Hussein e che l'Occidente ha generosamente sostenuto nella loro guerra contro il regime dei mullah nel vicino Iran negli anni Ottanta. D'altra parte, i soldati francesi durante la guerra d'Algeria sono famigerati torturatori. Questo è ciò che Guy Konopnicki ha voluto raccontarci a tutti i costi: "A quel tempo, i giovani ebrei di Parigi presero una posizione radicale contro il colonialismo francese e il suo esercito di torturatori[23]. "I soldati serbi che respingevano i musulmani bosniaci o kosovari erano anche assimilati a "bestie sanguinarie" responsabili di immense "fosse comuni". Per questo motivo saranno bombardati dall'aviazione statunitense nel 1999 in una nuova operazione "Just Cause". Come per i soldati iracheni di Saddam Hussein nel 1991 e nel 2003, ora non sono altro che pedine al servizio della tirannia, che possono essere vituperate senza pensarci due volte. Così, il patriottismo sarà esaltato quando corrisponderà agli interessi della politica planetaria. Quando la causa sembra giusta, allora la bandiera viene strappata dalle mani dei patrioti occidentali, che cantano a squarciagola il loro inno nazionale per trascinarli nel conflitto. Gli intellettuali progressisti, sempre pronti a mobilitarsi in nome del

---

[22] Heinrich Heine, *De l'Allemagne*, 1835, Gallimard, 1998, p. 291.
[23] Guy Konopnicki, *La Faute des Juifs*, Balland, 2002, p. 20.

pacifismo e della fratellanza universale, a firmare tutte le petizioni a favore dei diritti umani, entrano poi in una frenesia guerrafondaia che invariabilmente invade la stampa e tutti i media.

Questo atteggiamento è il risultato diretto del messianismo guerriero della filosofia illuminista. Sono queste idee liberali che hanno dato origine ai movimenti di liberazione nazionale nel corso del XIX secolo, contro quelle che venivano chiamate "tirannie", cioè i regimi monarchici. I liberali tedeschi, ungheresi e polacchi cantarono la Marsigliese nel 1830 e nel 1848, esaltando il buon vecchio patriottismo repubblicano. L'identità del popolo non era più incarnata nella persona del monarca incoronato, ma nell'intera nazione e nel popolo in armi sotto il bastone del nuovo regime repubblicano, che già preannunciava i grandi massacri collettivi del XX secolo.

Tuttavia, l'avvento del regno della borghesia e le orribili ingiustizie del capitalismo trionfante dovevano suscitare il sospetto e l'ostilità del mondo operaio nei confronti delle idee liberali. Mai, infatti, le persone umili hanno sofferto così tanto come in quel periodo, che rimarrà per sempre uno dei periodi più terribili della storia per gli umili e gli indigenti. In queste condizioni, il socialismo era legittimo. Ma il socialismo che alla fine avrebbe prevalso non era quello di Proudhon, Blanqui o Sorel[24], quel socialismo gallico intriso di terroir, radicato nella storia e nelle tradizioni, bensì quello di Karl Marx. Da allora fino al periodo tra le due guerre, il marxismo avrebbe mantenuto accesa la fiamma del pacifismo e lo spirito universale ereditato dall'Illuminismo: " Lavoratori di tutti i Paesi, unitevi!". I liberali, da parte loro, hanno mantenuto la fiamma dello spirito guerriero e patriottico dei grandi antenati, sempre pronti a morire per una "giusta causa[25]." L'idea planetaria, come si vede, era all'epoca sia l'abitudine al pacifismo militante sia l'abitudine al patriottismo bellicoso. Questa idea era già all'epoca il "sistema", e l'opposizione al "sistema".

All'inizio del XX secolo, i concetti di pacifismo e fratellanza universale erano ancora in gran parte assorbiti dalla galassia socialista, all'interno della quale si sarebbero affermate le teorie marxiste. Ma il marxismo era forte soprattutto in Germania. A quel tempo, la Francia non conosceva il marxismo in forma denaturata (Jaurès era spiritualmente più vicino a Michelet che a Marx); il socialismo fabiano

---

[24] Grandi figure storiche alternative del socialismo, dell'anarchismo e del sindacalismo francese (NdT).

[25] "Just Cause" è il nome dato a un'operazione di bombardamento statunitense su Panama nel 1990.

inglese non era affatto marxista, e negli Stati Uniti questa dottrina era appannaggio solo di una manciata di immigrati ebrei dall'Europa orientale. Il marxismo avrebbe veramente attraversato il Reno in Occidente solo dopo il 1917.

La corrente anarchica mantenne un certo vigore nelle sue roccaforti italiane, francesi, russe e soprattutto spagnole. Ma questo socialismo libertario era molto simile ai principi marxisti in termini di universalismo delle idee: l'eliminazione della religione, dei confini e delle nazioni; l'istituzione di una società globalizzata rimaneva l'obiettivo finale che avrebbe finalmente garantito la pace universale.

Tuttavia, all'interno del movimento socialista esistevano ancora correnti che conservavano un istinto "razziale" - termine molto in voga all'epoca - in cui l'antisemitismo non era del tutto assente. In Francia, l'odio per la Repubblica e per tutto il suo arsenale ideologico era evidentemente generato in gran parte dallo sfruttamento spudorato dei lavoratori e dalle violente repressioni che avevano subito per mano dei guardiani dell'ordine democratico. Gli operai hanno ricordato i 30.000 morti durante la repressione della Comune nel 1871. In molte occasioni, sotto Ferry o Clemenceau, la Repubblica non aveva esitato a sparare sui poveri per garantire l'ordine borghese, il che spiegava alcuni risentimenti. Il 1° maggio 1908, in Place de la Bourse a Parigi, il proletariato rivoluzionario appese e fischiò l'effigie di Mariana la "Fuciliera". "È l'atto più significativo della nostra storia dal 14 luglio", dirà Charles Maurras su[26] in *La Action française* del 4 agosto 1908. In effetti, i sindacalisti di Georges Sorel e i "reazionari" convergono dopo aver analizzato la loro comune opposizione all'ipocrisia borghese e aver notato la somiglianza delle loro conclusioni. Nel 1911, come risultato della convergenza di queste due correnti, nacque il circolo Proudhon. La guerra del 1914 pose fine a questo esperimento e la tendenza soreliana del socialismo fu poi emarginata in Francia, anche se questa combinazione di nazionalismo e socialismo rimase una matrice ideologica importante, perché fu da questa fusione che Mussolini formulò la sua concezione del fascismo dopo essersi ispirato all'esempio francese.

La seconda grande trasformazione dottrinale di quel periodo ebbe luogo nel 1916. In quell'anno, Lenin pubblicò il suo più importante contributo teorico al marxismo, *Imperialismo, la fase più alta del capitalismo*. Mentre le contraddizioni capitalistiche enunciate da Marx

---

[26] Charles Maurras (1868-1952): Importante intellettuale del XX secolo. È stato l'ideologo dell'*Action Française* (NdT), nazionalista, monarchica, antiparlamentare e antisemita.

stavano per essere smentite, all'inizio del secolo, sia dal corso della storia sia dalle conclusioni di Bernstein sul miglioramento delle condizioni di vita dei lavoratori, Lenin produsse uno sforzo teorico che evidenziava una nuova serie di contraddizioni sulla base dei dati contemporanei. L'*imperialismo* sarebbe diventato per l'epoca moderna l'equivalente del *Manifesto* di Marx del 1848. Il colpo di genio di Lenin consistette nell'adattare la teoria marxista alla situazione dei Paesi arretrati. Per Marx, infatti, è nelle società industriali europee che si manifestano le contraddizioni interne e fatali del capitalismo. Lenin globalizzò queste contraddizioni: la rivalità delle potenze europee per la spartizione del mondo attraverso la colonizzazione, disse, non poteva che finire in una guerra tra rivali imperialisti ai ferri corti, e da questa apocalisse sarebbe nata la rivoluzione socialista mondiale. Così la teoria leninista spostò la forza motrice della rivoluzione dalla lotta di classe interna alla guerra tra nazioni. L'antagonismo tra le nazioni sfruttatrici dell'Europa e i popoli colonizzati ha legittimato la lotta del proletariato mondiale per la loro liberazione. La teoria spiegava perché la rivoluzione potesse richiedere così tanto tempo nelle società avanzate: i profitti degli imperialisti permettevano loro di creare un'aristocrazia del lavoro a capo del movimento operaio che rinnegava la sua base. I marxisti isolati della Russia arretrata potrebbero quindi prendere il potere. La Russia, anello debole del capitalismo, divenne così logicamente il centro della rivoluzione mondiale.

La rivoluzione bolscevica dell'ottobre 1917[27] avrebbe suscitato grandi speranze in tutto il mondo. Nel 1918, dopo quattro anni di guerra, il comunismo russo tornò a rappresentare le speranze dei pacifisti europei che nel 1914 erano rimasti crudelmente delusi nell'assistere impotenti all'adesione delle masse al patriottismo in tutti i Paesi europei. I vincitori in Russia, i bolscevichi, che dovevano ancora combattere una certa resistenza interna, volevano la pace a tutti i costi per consolidare la loro rivoluzione. Il 23 novembre 1917 chiesero l'armistizio. Il 3 marzo firmarono la pace di Brest-Litovsk, cedendo alla Germania vasti territori dall'Ucraina ai Paesi baltici e abbandonando senza esitazione gli alleati occidentali. Dal loro punto di vista, non si trattava di un tradimento, poiché la guerra era per loro una guerra tra Stati capitalisti in cui non avevano alcun interesse. Inoltre, il 7 dicembre 1917, si appellarono a tutti i popoli dell'Oriente, invitando Paesi come l'India, l'Egitto e tutti i popoli colonizzati a liberarsi dal giogo dell'imperialismo, indebolendo così ulteriormente le posizioni di

---

[27] Fine ottobre nel calendario giuliano in Russia; inizio novembre 1917 nel calendario gregoriano in Occidente, con un ritardo di 13 giorni.

inglesi e francesi. Per questo il marxismo di allora rappresentava l'ideale pacifista planetario e la liberazione degli oppressi. Ci si aspettava che la Terza Internazionale dei Lavoratori, l'Internazionale Comunista, riuscisse dove la Seconda Internazionale socialista aveva fallito miseramente nel 1914.

La costruzione della società sovietica in Russia avrebbe messo a dura prova gli ideali rivoluzionari. Gli anarchici di tutto il mondo si sarebbero rapidamente disillusi dopo la repressione dei sostenitori ucraini di Makhno e la sanguinosa repressione di Kronsdadt nel 1921. Inoltre, sarebbero stati gravemente maltrattati dai rossi durante la guerra civile spagnola, nonostante rappresentassero una massa militante molto più numerosa. Tuttavia, la stragrande maggioranza degli intellettuali progressisti in Occidente rimase affascinata dalla rivoluzione bolscevica, a prescindere dagli eccessi che aveva comportato, e la maggior parte della classe dirigente rimase devota alla causa e alla difesa dell'URSS almeno fino alla fine della Seconda guerra mondiale e alla distruzione del nazionalsocialismo, e anche oltre in termini di fedeltà ai principi marxisti.

Nel 1918 tutti i pacifisti non erano marxisti, ma coloro che professavano tali idee venivano etichettati come tali dai loro avversari. Il fisico Albert Einstein, ad esempio, dopo la Prima Guerra Mondiale fu una delle personalità in prima linea nel chiedere il disarmo mondiale nelle sue conferenze. Se l'odio dei nazionalisti tedeschi si cristallizzò in lui, non fu tanto perché era l'apostolo del disarmo quanto perché era il propagandista del globalismo, perché per Einstein la pace universale poteva essere garantita solo dall'istituzione di un governo mondiale. In una Germania sconfitta, dilaniata dalla guerra civile e in cui i comunisti svolgevano un ruolo di primo piano, Einstein fu inevitabilmente esposto alle accuse e alle minacce di coloro che lo consideravano un traditore e un bolscevico. Ciò significa che le sue idee pacifiste sono state assimilate al marxismo dell'epoca. Anche se meno dogmatico nella sua lotta per la pace, il grande scrittore viennese Stefan Zweig ebbe le stesse difficoltà in Austria.

Indubbiamente, la rivoluzione bolscevica aveva scosso molti spiriti in Occidente e suscitato ovunque un odio omicida. A questa sacralizzazione della dottrina marxista elevata quasi al rango di teologia", ha scritto Pascal Bruckner, "i pensatori democratici hanno risposto con un elogio della moderazione volto a frenare gli scoppi della storia. È stata la grandezza di un Karl Popper, di un Isaiah Berlin, di un Raymond Aron ad alzarsi e a cercare di smobilitare le speranze rivoluzionarie che rivendicavano la libertà totale per espandere il terrore assoluto[28]."

Un altro viennese, il filosofo Karl Popper, era stato effettivamente sedotto dal bolscevismo in gioventù, sebbene se ne fosse rapidamente allontanato per diventare il campione della democrazia liberale. Come Albert Einstein, Joseph Roth e Stefan Zweig, Karl Popper, anch'egli ebreo, era andato in esilio dopo l'ascesa al potere di Adolf Hitler. Si rifugiò a Londra, dove nel 1945 pubblicò il famoso libro *The Open Society and its Enemies*[29], in cui criticava il marxismo e i sistemi totalitari. Questo libro sarebbe diventato uno dei riferimenti obbligati per i pensatori liberali e avrebbe ispirato un altro filosofo molto più noto per la sua attività speculativa internazionale.

Infatti, il miliardario George Soros ha sempre riconosciuto in Karl Popper il suo maestro e mentore e si è fatto apostolo della "società aperta", incoraggiandola e promuovendola in tutto il mondo attraverso la sua fondazione. L'erede spirituale di Karl Popper non si accontenta di ragionare sui concetti: spende miliardi per diffondere gli ideali democratici, soprattutto nei Paesi dell'ex blocco orientale e nell'Europa centrale, di cui è originario. Ma, come lui stesso ha raccontato, la sua azione era già iniziata prima della caduta del Muro di Berlino: "Nel 1979, quando avevo guadagnato più soldi di quanti me ne potessero servire, ho creato una fondazione chiamata Open Society Fund, i cui obiettivi ho definito come aiutare ad aprire le società chiuse, aiutare a rendere le società aperte più vitali e promuovere un modo di pensare critico. Attraverso la fondazione, sono stato profondamente coinvolto nella disintegrazione del sistema sovietico[30]. "Queste sono ovviamente affermazioni che potrebbero portarci molto lontano nell'interpretazione della caduta del regime comunista: è morto a causa delle sue stesse debolezze, o è stato aiutato a morire?

È chiaro che le aspirazioni planetarie avrebbero potuto essere frustrate dallo sviluppo dei Paesi comunisti, che avrebbero dovuto costruire una società fraterna per i proletari e soprattutto realizzare finalmente l'unificazione mondiale. Queste delusioni avrebbero gradualmente allontanato gli intellettuali occidentali dal comunismo internazionale, almeno dalla versione sovietica.

Uno dei principali punti di rottura fu senza dubbio la politica sovietica nei confronti dello Stato di Israele. Creato nel 1948, lo Stato

---

[28] Pascal Bruckner, *La Mélancolie démocratique*, Éditions du Seuil, 1990, pag. 150.

[29] Karl Popper, *La società aperta e i suoi nemici*, Londra, 1945.

[30] George Soros, *La crisi del capitalismo globale; La sociedad abierta en peligro*. Editorial Debate, Madrid, 1999, p. 12.

fu immediatamente riconosciuto dall'Unione Sovietica, che sperava di farne un forte alleato in Medio Oriente. Ma gli ebrei israeliani hanno ottenuto un maggiore sostegno finanziario negli Stati Uniti e hanno rapidamente privilegiato le loro relazioni con questo Paese. Mosca cambiò poi bruscamente politica e appoggiò le richieste arabe, mettendo molti intellettuali marxisti di fronte a un dilemma corneliano: come conciliare il sostegno alla patria dei lavoratori con l'amore per Israele? Molti si allontanarono definitivamente dall'Unione Sovietica in questo periodo, tanto più che la radicalizzazione della linea antisionista dell'URSS prese una piega antisemita che si accentuò nel 1951. La difesa dei *refuseniks* - gli ebrei russi a cui il regime sovietico impediva di emigrare in Israele - e il rispetto dei diritti umani in URSS erano allora il fulcro della lotta di tutti questi nuovi attivisti per i diritti umani. Molti ebrei utilizzarono queste nuove disposizioni dello Stato sovietico come pretesto per lanciarsi in un improvviso e particolarissimo anticomunismo, tanto più virulento perché permetteva loro di sconfessare un sistema in cui alcuni ebrei avevano svolto per trent'anni un ruolo molto importante e compromettente.

Su questo punto, la testimonianza del grande scrittore russo Aleksandr Solzhenitsyn è di fondamentale importanza per noi[31]. Egli ha giustamente sottolineato che né la carestia organizzata, né le sanguinose repressioni, né i milioni di morti nei gulag durante il terribile periodo degli anni Venti e Trenta in URSS, hanno intaccato il sostegno degli intellettuali occidentali progressisti al regime bolscevico. Durante la Seconda guerra mondiale, le truppe sovietiche, galvanizzate dal cineasta Eisenstein e dal poeta Ilya Ehrenbourg, secondo la suddetta logica del "patriottismo modulabile", furono applaudite da tutta l'*intellighenzia* occidentale, oltre ad essere ampiamente rifornite di armi, aerei e attrezzature militari e di trasporto di ogni tipo dai democratici Stati Uniti. Solo quando le armate tedesche furono distrutte, soprattutto grazie al sangue versato dai russi, e dopo che l'Unione Sovietica sostenne gli Stati arabi, questi intellettuali cominciarono a voltare le spalle al regime comunista. Questa tendenza si è accentuata quando, a partire dal 1951, gli ebrei dell'URSS sono stati rimossi dalle principali posizioni di comando. La lotta per i diritti dei *rifiutati* è diventata allora la grande causa planetaria e ha beneficiato di tutta la potenza mediatica dell'Occidente. L'ideologia dei diritti umani sembrava essere stata invocata solo per difendere gli ebrei rimossi dal potere in URSS. Ma decine di milioni di sovietici che avrebbero scelto l'esilio non hanno avuto altra scelta che soffrire in silenzio.

---

[31] Alexandre Soljénitsyne, *Deux siècles ensemble,* Fayard, 2003.

Tuttavia, le idee socialiste continuarono a lungo a esercitare un formidabile potere di attrazione attraverso le varie correnti del marxismo che, pur criticando l'URSS, mantenevano intatte le speranze planetarie del comunismo. La rivolta del maggio 1968 testimonia il predominio di questa ideologia nelle università dell'Occidente in quel periodo. L'URSS era ormai solo un modello per i vecchi "stalinisti" del Partito Comunista, ma il mito rivoluzionario persisteva attraverso il trotskismo, il maoismo, l'anarchismo e più in generale in tutte le lotte di emancipazione del Terzo Mondo. Tutti continuavano a credere in quel messianismo universale alimentato dalle produzioni intellettuali della "Scuola di Francoforte", rappresentata da Herbert Marcuse, Max Horckheimer, Theodor Wiesengrund Adorno, Jürgen Habermas, che erano i portabandiera dei ribelli insieme a Marx, Lenin e Mao. Non era ancora giunto il momento di guardare ai successi indiscussi della democrazia liberale nel raggiungimento di obiettivi planetari e di mettere da parte gli ideali della gioventù. Per gli studenti del maggio 1968, il nemico da battere era ancora il capitalismo internazionale, che aveva immancabilmente il volto della civiltà europea, colpevole di aver dato vita al capitalismo e all'oppressione non solo dei proletari europei, ma anche e soprattutto dei lavoratori di tutto il mondo. Così la lotta dei Viet Minh è stata sostenuta nello stesso modo in cui erano state sostenute le fatiche del FLN algerino. Anche in questo caso, non si trattava di un tradimento, ma di una lotta liberatoria contro l'oppressione capitalista. Ben presto il mito rivoluzionario, con il suo proletariato e le sue classi lavoratrici europee che dovevano guidare la rivoluzione socialista, sarebbe stato sostituito dalle masse del terzo mondo che popolavano i Paesi del Sud e che prima o poi avrebbero popolato sempre più i Paesi ricchi.

Era infatti giunto il momento di trovare una classe operaia sostitutiva. Le società occidentali hanno subito un'importante mutazione economica caratterizzata da un forte incremento del settore terziario a scapito di quello industriale. Con il passaggio a un'economia post-industriale, il numero di lavoratori ha iniziato a diminuire. Questa evoluzione della società e l'arricchimento generale che accompagnò questa mutazione economica e sociale non intaccarono in alcun modo la lotta dei progressisti, le cui convinzioni planetarie si riaffermarono con ancora maggior vigore. Le loro speranze si sono poi spostate su tutte le "minoranze oppresse": gli immigrati in primo luogo, le vittime della colonizzazione, ma anche tutte le categorie di persone che possono sentirsi oppresse o offese dalla società borghese e dal dominio del "maschio bianco eterosessuale". A ciò si aggiunsero le rivendicazioni delle femministe e di tutte le minoranze sessuali che, insieme alle lotte dei popoli del Terzo Mondo, alimentarono l'idea che il proletariato europeo potesse essere sostituito, tanto più che gli immigrati avrebbero costituito la grande riserva di nuovi rivoluzionari, o almeno di nuovi elettori[32].

I più poveri hanno ovviamente subito l'impatto della concorrenza di questa nuova forza lavoro a cottimo, importata dai grandi datori di lavoro che contavano su questo serbatoio per esercitare una pressione al ribasso sui salari. Le chiusure e le delocalizzazioni di aziende che si sono moltiplicate, con tutti i problemi derivanti dalla coesistenza di comunità nelle periferie un tempo operaie, hanno colpito per primi i lavoratori indigeni più svantaggiati. Sono stati infatti i primi a soffrire di questa nuova forma di società inventata dagli ideologi e sostenuta dalle grandi imprese. Infatti, l'afflusso di manodopera straniera dal Maghreb e dall'Africa subsahariana e la massiccia immigrazione degli anni '80-'90 hanno trasformato notevolmente il loro ambiente sociale. Un film francese degli anni Cinquanta, Sessanta, Settanta e persino degli anni Ottanta mostrava una società europea autoctona. In vent'anni, la società francese ha subito una profonda mutazione demografica, un fenomeno di tale portata da rendere incontrovertibile la nascita di una società globale.

Le periferie operaie degli anni Sessanta erano diventate veri e propri ghetti urbani da cui la minoranza dei "piccoli bianchi[33] " voleva fuggire. Se guardiamo con freddezza e lungimiranza all'evoluzione del mondo occidentale, ci rendiamo conto che, dopo un secolo di lotte sociali, l'unico risultato tangibile del comunismo locale in Francia è quello di aver trasformato i suoi comuni in città del terzo mondo, in una sorprendente congiunzione di vedute con il padronato.

Sentendosi traditi dai loro presunti difensori, abbandonati dai loro intellettuali a favore di immigrati e minoranze di ogni tipo, i "piccoli bianchi" si sono giustamente rifugiati tra le braccia dei "populisti". Secondo il *Manifesto del Partito Comunista* di Marx, "gli operai non hanno una patria"; a meno che, ovviamente, non abbiano solo quella. Nel discorso dei progressisti, i "proletari" venivano ora

---

[32] Questo *"allargamento del campo di battaglia"* post-marxista può essere compreso leggendo un libro della sinistra contemporanea, soprattutto nel mondo di lingua spagnola: *Egemonia e strategia socialista. Hacia una radicalización de la democracia* (1987), Ediciones Siglo XXI, Madrid, 2015, di Ernesto Laclau e Chantal Mouffe (NdT).

[33] Les *"petits blancs"* è un'espressione dispregiativa usata da alcuni per riferirsi ai nativi francesi e agli europei bianchi, sottolineando la loro presunta debolezza di cuore. Anche la parola africana babtou, verlan de toubab, è diventata popolare.

sprezzantemente chiamati *"beaufs* [bifolchi][34] ", cioè i francesi autoctoni arretrati, attaccati alle loro spregevoli tradizioni e incapaci di comprendere l'immenso progresso rappresentato dalla società plurale. Se nel XIX secolo il marxismo si traduceva nella difesa del mondo operaio, la fine del XX secolo ha rivelato alla luce del sole l'importanza dell'universalismo, insito nella sua causa e nel suo progetto di società mondiale, di Stato mondiale e di governo mondiale.

L'ideale planetario e la volontà di costruire una società plurale hanno finalmente prevalso sul credo anticapitalista. Il cambiamento è avvenuto naturalmente perché nella mente di tutti i marxisti il capitalismo è, consapevolmente o meno, assimilato a una razza bianca arrogante e imperialista. La "vulgata" marxista sostiene da tempo l'idea che l'uomo bianco sia colpevole di quasi tutti i mali della terra. È in gran parte responsabile dei peggiori crimini e atrocità commessi nella storia, dal massacro degli indiani d'America al genocidio degli ebrei a tutti gli orrori della colonizzazione e della schiavitù. Tutta la loro storia è un orrore indicibile, e tutte le loro tradizioni non valgono i più nobili costumi di una tribù africana. E come se non bastasse, l'uomo bianco ha creato questa disperata società dei consumi in cui siamo attualmente impantanati fino al collo. Questo è ciò che insegna il marxismo dalle sue varie cattedre. È quindi più facile capire perché la gioventù europea sia così incline a detestare tutte le generazioni che l'hanno preceduta. In nessun'altra parte del mondo c'è questo fascino per la società multietnica, questo amore per la società aperta, ma anche questa avversione e indifferenza per le proprie tradizioni e i propri popoli, che si spera di vedere estinguersi il più rapidamente possibile. Questa impresa di profonda colpa non avrebbe potuto dare altri frutti. Quando i sostenitori della globalizzazione chiedono a gran voce l'abolizione delle frontiere, non solo per le merci ma anche per tutte le persone, sanno benissimo che i flussi migratori andranno in una sola direzione e che saranno diretti verso i Paesi del Nord. Consapevolmente o meno, vogliono che la loro specie scompaia. Questo perché i francesi, e anche molti europei, sono convinti che le loro vecchie tradizioni, lasciate in eredità dal passato, siano barriere all'amore universale tra tutti gli abitanti del pianeta. Ciò che non riescono più a vedere è che la volontà di costruire una società plurale che sostituisca le società tradizionali è specificamente europea e occidentale, e che in nessun'altra parte del

---

[34] I *"beaufs"*, da *"beau-frère"*, letteralmente i "cognati", ma non nel senso spagnolo di "cuñadismo", bensì nel senso del cittadino medio dalla mentalità conservatrice, ristretta, prevenuta e intollerante, spesso parodiato e deriso dalla sfera culturale dell'intrattenimento. (NdT).

mondo i confini del loro territorio vengono aperti, il loro passato, la loro religione e i loro vecchi costumi respinti in nome di una ipotetica pace universale.

Ciò premesso, bisogna ammettere che l'immigrazione odierna non è un fenomeno naturale, ma il prodotto di un'ideologia universalista che lavora per la scomparsa delle nazioni, che corrisponde alle aspirazioni sia marxiste che liberali. Le menti planetarie spiegheranno che questa evoluzione è inevitabile, che gli abitanti dei Paesi poveri cercheranno in tutti i modi e con tutti i mezzi di raggiungere i Paesi ricchi e che è del tutto illusorio mettere dei fili alle frontiere finché non si risolve il problema della malnutrizione in Africa. La volontà politica si combina qui con il credo umanitario di legare le mani agli occidentali in nome dei diritti umani e della democrazia. Ma la verità è che l'incapacità degli europei di risolvere la questione dei flussi migratori è dovuta principalmente a considerazioni ideologiche piuttosto che a reali impossibilità materiali. Con mezzi molto più precari, i Paesi del Sud si permettono regolarmente di espellere decine di migliaia di stranieri dai loro territori in pochi giorni, quando lo ritengono necessario: Nel settembre 2003, Gibuti ha espulso 80.000 somali ed etiopi (il 15% della popolazione) entrati illegalmente nel Paese; nel 1998, l'Etiopia ha espulso senza troppi complimenti 50.000 eritrei; nel 1996, il Gabon si è liberato di 80.000 immigrati clandestini e la Libia di 330.000; nel 1983, la Nigeria si è liberata di 1,5 milioni di indesiderati, per poi ripetersi nel 1985 senza suscitare le reazioni epidermiche dei media occidentali.

Si potrebbero citare numerosi altri esempi, ma per dimostrare che il controllo delle frontiere dipende solo dalla volontà politica basta citare i casi della defunta Unione Sovietica o della Cina, o di qualsiasi altro Paese che non fa dei "diritti umani" il suo unico sistema di riferimento, ma si basa anche sul legittimo diritto di tutti i popoli di questa terra di esistere su un determinato territorio secondo le proprie regole, leggi e costumi. Perché è questa, in fondo, la diversità fondamentale che costituisce la ricchezza del mondo. Come si vede, l'immigrazione in Occidente oggi non è inevitabile, e il suo carattere "inevitabile" corrisponde a un discorso politico mascherato, nascosto sotto la maschera della "tolleranza" e dell'ideologia dei diritti umani.

Gli attuali militanti e simpatizzanti del marxismo, difensori dei poveri e degli umili, non vedono la contraddizione di incoraggiare l'immigrazione di massa, in totale accordo con il grande capitale, quando questa, sia essa legale o clandestina, esercita chiaramente una pressione al ribasso sui salari dei lavoratori francesi più svantaggiati e distrugge la vecchia cultura popolare. Il marxismo ha avuto il risultato pratico di sradicare la coscienza identitaria degli occidentali, talmente sradicati da arrivare a considerare "reazionario" difendere la cultura bretone, ma indispensabile salvare a tutti i costi una tribù indiana in Amazzonia. Inoltre, si sentiranno più a casa loro in un quartiere di immigrati che in un quartiere francese, perché hanno acquisito la convinzione che questi immigrati non sono intrusi, ma i legittimi rappresentanti del proletariato mondiale, l'unico in grado di liberare il mondo dalla società capitalista, assimilata, più o meno consapevolmente, alla razza bianca oppressiva e conquistatrice. In nome della diversità, si predica la società plurale, senza rendersi conto che tutte le tradizioni, qualunque esse siano, si sgretolano nella società consumistica occidentale, finendo infine nel tipo di società americana che si aborrisce e si finge di combattere.

Si osserverà anche un altro sorprendente paradosso, del tutto simile, che ci fa sospettare che l'idea di incolpare il mondo europeo, soprattutto attraverso una storiografia di parte, non sia un fenomeno naturale, ma sia senza dubbio l'obiettivo di certi intellettuali che hanno deciso di distruggere l'antica civiltà.

Sappiamo che il marxismo si oppone al controllo delle religioni, di tutte le religioni, considerate "l'oppio dei popoli", perché servono solo a far dimenticare ai proletari la loro condizione di uomini sfruttati dal capitalismo e a legittimare il dominio della classe proprietaria. Ma possiamo osservare che la lotta dei marxisti e dei sostenitori del secolarismo è diretta più fortemente, quasi esclusivamente, contro il cattolicesimo che contro il protestantesimo, per non parlare dell'ebraismo e dell'Islam. Eppure il protestantesimo è una religione molto più vicina alle realtà del mercato. Sono i protestanti a pensare che il successo commerciale sia il segno della predestinazione, dell'elezione divina, non il cattolicesimo. Sono stati i protestanti puritani anglosassoni a massacrare consapevolmente gli indiani del Nord America, perché si sono identificati con l'Antico Testamento e con il popolo ebraico massacrando gli indigeni fino all'ultimo, credendo di essere il nuovo popolo eletto che prende possesso della terra di Canaan. È stato anche il protestantesimo puritano a presentare la religione nel modo più austero e "arretrato": sono stati i puritani inglesi a vietare il ballo, il teatro e le corse, non i cattolici. La loro frugalità, l'autodisciplina, l'onestà e l'avversione per i piaceri più semplici costituivano una sorta di ascetismo secolare che avrebbe dovuto logicamente respingere i militanti marxisti, il cui slogan del maggio '68 era "godimento senza limiti". Ma nonostante ciò, è il cattolicesimo a cristallizzare in sé l'odio marxista per la religione. Alla vulgata anticapitalista deve quindi aggiungersi un elemento esterno nascosto. C'è una contraddizione che si può spiegare solo con l'odio religioso presente nel marxismo, ma che vediamo anche in molti prodotti culturali della nostra società democratica occidentale.

Possiamo anche notare come in Occidente non si sollevi alcuna critica nei confronti dell'induismo, una delle poche grandi religioni che non si basa su una dottrina di uguaglianza universale. Al contrario, la dottrina indù divide le persone in un rigido sistema di caste che definisce i diritti, i privilegi e lo stile di vita di ciascuna casta. Sancisce la povertà e l'immobilità sociale delle caste inferiori, promettendo loro la possibilità di una reincarnazione superiore nelle vite successive. In questo senso, questa religione dovrebbe subire un attacco più forte da parte dei dottrinari del marxismo, così come l'Islam e l'Ebraismo. Ma, ancora una volta, non è così, e solo il cattolicesimo è il bersaglio delle solite prese in giro.

Queste evidenti contraddizioni ci confermano nell'opinione che l'anticattolicesimo non è solo una reazione dei paladini della libertà contro l'"ordine morale"; non è solo una partigianeria progressista contro l'"oscurantismo", ma la manifestazione di un odio religioso che risale a molto prima del XIX secolo e delle lotte sociali. Questi attacchi incessanti alla società tradizionale europea non sono un'esclusiva del marxismo, poiché percepiamo che lo stesso tema della colpevolizzazione si diffonde ampiamente in tutto il sistema democratico, in cui i media occupano una posizione di vero potere, tanto che è difficile distinguere l'influenza del marxismo da quella del pensiero liberale. Questo perché entrambe le politiche affondano le radici nello stesso terreno fertilizzato dal cosmopolitismo. Si tratta di un elemento importante che contribuisce a rendere meno netta la tradizionale divisione politica tra "destra" e "sinistra".

La globalizzazione non è quindi tanto un fenomeno economico quanto il culmine di una volontà ideologica e politica ben precisa di unificare il mondo in un modo o nell'altro. In questa prospettiva, il crollo del blocco comunista nel 1991 è stato un passo molto importante. Liberato dalla zavorra sovietica, il marxismo militante è emerso, soprattutto in Occidente, come vettore di idee cosmopolite e punta di diamante di una società pluralista. Mentre nella sua versione ex sovietica assumeva una forma più arcaica, reazionaria e militarista, oggi viene presentata come una forza di progresso, che beneficia della complicità di quasi tutti i principali media e delle sovvenzioni statali.

Lungi dall'essere stato sconfitto e schiacciato dal fallimento dell'esperienza sovietica, il marxismo occidentale è stato al contrario totalmente liberato. Da allora ha intrapreso una frenetica propaganda globalista o "alter-globalista", facendo di una società mondiale senza confini e senza discriminazioni di alcun tipo l'obiettivo ultimo del suo progetto politico.

Le sfide geostrategiche e l'antagonismo tra Mosca e Washington nascondevano in realtà le straordinarie affinità ideologiche tra il pensiero marxista e l'ideale democratico. È infatti illuminante notare come queste due ideologie condividano le stesse aspirazioni: entrambe tendono nei loro principi all'unificazione del mondo, all'abolizione delle frontiere, all'istituzione di un governo mondiale e alla creazione di un uomo nuovo. Ma in questo, come in quasi tutto il resto, il modello sovietico è stato un clamoroso fallimento. Dopo la caduta del Muro di Berlino, è stato necessario fare un bilancio dell'esperimento. Indubbiamente, la democrazia capitalista era riuscita dove il comunismo aveva fallito. La costruzione in corso della società multietnica e plurale e l'abbozzo di un governo mondiale sono opera delle democrazie. Inoltre, il comunismo aveva fallito nel suo compito storico di costruire una società senza classi, rispettosa dei diritti umani e delle diverse comunità. Invece, l'Unione Sovietica era diventata una sorta di campo barricato, dove la libertà era sorvegliata, la vita era piuttosto difficile, e in ogni caso era impossibile andarsene, tranne che per gli ebrei, che beneficiavano del sostegno dei Paesi occidentali. Era chiaro che la realizzazione delle speranze planetarie sarebbe stata opera della democrazia e non frutto dell'esperienza sovietica.

Già da tempo la maggior parte degli intellettuali occidentali, plasmati con idee di società egalitaria e speranze messianiche, aveva accettato la fine della patria del socialismo come ideale per i lavoratori del mondo. Le principali parrocchie marxiste avevano già da tempo preso la misura del fallimento del sovietismo ed effettuato la sua mutazione. Hanno riorientato la loro lotta in senso planetario, mobilitando le loro truppe per cause umanitarie piuttosto che contro il modo di produzione capitalistico: l'uguaglianza dei cittadini, la "lotta contro la discriminazione", la lotta contro il razzismo in Occidente e per il riconoscimento delle minoranze nazionali o sessuali, l'attivismo per l'abolizione delle frontiere, così come la difesa dell'ambiente all'interno di una visione ecologica planetaria, hanno avuto un'impennata senza precedenti. Tutte le speranze messianiche del marxismo sembravano essere rapidamente accomodate dalla democrazia liberale, pur mantenendo il credo rivoluzionario per mobilitare gli idealisti di massa di una disperata società dei consumi.

Il romanziere Mario Vargas Llosa[35] ha espresso molto bene questo sentimento riguardo all'evoluzione dell'ideale planetario: "Uno degli ideali della nostra gioventù - la scomparsa delle frontiere, l'integrazione dei Paesi del mondo in un sistema di scambi vantaggioso per tutti - tende ora a diventare realtà. Ma, contrariamente a quanto si pensava, non è stata la rivoluzione socialista a portare a questa internazionalizzazione, bensì la sua bête noire: il capitalismo e il mercato. Tuttavia, questo è il più bel progresso della storia moderna, perché pone le basi di una nuova civiltà su scala planetaria, organizzata intorno alla democrazia politica, al predominio della società civile, alla libertà economica e ai diritti umani[36]."

L'intellettuale Michel Winock si era trovato nella posizione di riconoscere la stessa evidenza, anche se un po' ossessionato da un tema ricorrente che sembra turbare molti intellettuali: "Il socialismo reale, così come è stato costruito nell'Est del nostro continente, si è rivelato un'altra società chiusa in cui gli ebrei, come altre minoranze, cercano il loro posto. Solo la "società aperta" può offrire l'opportunità di una vera democrazia pluralista capace di integrare gli ebrei senza costringerli ad alienare il proprio essere, la propria memoria collettiva, la propria doppia solidarietà (francese ed ebraica)[37]."

Per questi intellettuali, i cui predecessori e padri ideologici avevano dato vita a tali mostruosità, la scomparsa del fastidiosissimo regime sovietico era stata un sollievo infinito. Ma invece di riconoscere i propri errori e pronunciare un mea culpa, gli intellettuali occidentali degli anni Novanta hanno approfittato di questo momento di cambiamento per gettarsi senza ulteriori indugi nell'altro progetto cosmopolita promosso dalla società democratica. Lavorare all'interno della democrazia è stato molto più efficace. Nella letteratura, nella stampa e nel cinema abbiamo assistito a un'accelerazione sfrenata delle idee planetarie, come se i tragici errori dell'epoca precedente dovessero essere dimenticati al più presto e i crimini del comunismo esorcizzati. Non c'è stato nessun pentimento, nessuna scusa per i milioni di morti nei Gulag[38], le deportazioni, le carestie e gli omicidi perpetrati in nome

---

[35] Scrittore pluripremiato e candidato sconfitto alle elezioni presidenziali degli anni '90 in Perù.

[36] In Alain Finkielkraut, *La Humanidad perdida*, Anagrama, Barcellona, 1998, pagg. 144-145.

[37] Michel Winock, *Nationalisme, antisémitisme et fascisme en France*, Points Seuil, 1990, p. 223.

[38] Gulag: Direzione generale dei campi di lavoro correzionali e delle colonie. Era il

dell'ideale comunista e della grande fratellanza dei popoli da coloro che ne erano stati i più accaniti propagandisti.

In Occidente, questo evento storico non ha avuto un grande impatto. La società ha continuato a evolversi senza grandi cambiamenti, a parte l'agitazione degli intellettuali planetari che hanno raddoppiato gli sforzi per promuovere il loro ideale. L'obiettivo era quello di dimenticare al più presto l'errore commesso, di ripensare la società egualitaria, di "inventare", come si diceva, nuove utopie. Gli ideologi planetari, animati da un entusiasmo millenario, sembravano aver trovato il messia tra le macerie del Muro di Berlino ed erano convinti che il mondo fraterno sarebbe finalmente diventato una realtà.

Questa nuova filosofia, che inneggia all'unità del genere umano e alla democrazia plurale come sostituto del discorso comunista, è davvero decollata negli anni Novanta. La fioritura della produzione intellettuale planetaria, che si è realmente affermata attraverso il marxismo nelle sue versioni culturali nel maggio 1968, prosegue ora in modo ancora più estatico con gli intellettuali democratici, più o meno imbevuti di marxismo culturale, ma liberati da tutte le pesanti considerazioni economiche che gravavano sulle opere marxiste-leniniste[39]. D'altra parte, il loro disprezzo per la vecchia cultura europea e la vecchia civiltà rimane intatto. Questo perché gli intellettuali degli anni '90 sono gli stessi che hanno alimentato lo spirito del maggio 1968. Da questa affiliazione, gli intellettuali planetari intendono perseguire la realizzazione delle speranze planetarie in modo diverso.

Concetti pronti all'uso come "la Terra è di tutti" sono quindi molto di moda, e non solo nelle aree di gioco delle scuole. Ci piace definirci "cittadini del mondo": è meno antiquato dell'essere volgarmente galiziani o andalusi e non dà adito a terribili accuse. Secondo i canoni decisi dall'UNESCO, una bella chiesa del XII secolo sarà dichiarata "patrimonio mondiale dell'umanità", il che è perfettamente in linea con quanto ci ha detto il filosofo Lévy quando ha dichiarato: "Quando sentiamo i giapponesi suonare una partitura di Beethoven o i cinesi cantare un'opera di Verdi, non dobbiamo pensare che siano stati sedotti dalla musica "occidentale". Questa musica non è "occidentale", è universale[40]. "Siamo lontani dall'idea che la globalizzazione sia

---

ramo dell'NKVD che gestiva il sistema penale dei campi di lavoro forzato in Unione Sovietica. Si veda Aleksandr Solzhenitsyn, *Arcipelago Gulag*, Tusquets, 2015. (NdT).

[39] Tipicamente, ciò che era scientifico e rigoroso nell'analisi materialista del socialismo, per quanto riguarda le condizioni economiche e sociali del proletariato europeo, è stato progressivamente sostituito dai sottoprodotti degenerati della sinistra progressista del sistema, come l'antifascismo, l'antirazzismo, l'ambientalismo, ecc.

[40] Pierre Lévy, La *filosofia del mondo*, Odile Jacob, 2000, p. 150.

sinonimo di mera evoluzione economica. Ovviamente, questi riflessi sono stati creati da una campagna di sensibilizzazione instancabile e permanente che ha invaso i nostri schermi televisivi per decenni.

Il sistema sovietico era di fatto un'anomalia, perché non corrispondeva affatto alle idee generose che avevano entusiasmato milioni di persone, idee sulle quali avrebbe dovuto basarsi il regime costruito. Con la fine di quel sistema, si può dire che in un certo senso siamo tornati alla normalità. Con il fastidioso fardello siberiano sollevato dalle sue spalle, l'idea comunista può tornare a svolgere correttamente il suo ruolo, secondo i suoi principi: essere il pungolo della democrazia all'interno della stessa democrazia liberale, per arrivare a una società plurale universale. In effetti, è rimanendo in un'opposizione attiva che il marxismo è davvero efficace. È nell'opposizione che può rendere il suo servizio migliore, perché le permette di mantenere gli oppositori del sistema liberale in una prospettiva planetaria. In un certo senso, è la valvola di sicurezza di un sistema liberale senza speranza, puramente materialista e fatalmente foriero di opposizioni radicali. Questi vengono recuperati dall'ideale comunista e riscaldati nel brodo globalista. Senza di essa, gli oppositori della democrazia borghese e della società dei consumi si unirebbero inevitabilmente ai movimenti di reazione identitaria ed etnica, che il sistema cosmopolita non vuole per nulla al mondo. Lo scenario che si sta delineando davanti ai nostri occhi è quindi quello immaginato da Georges Orwell nel suo famoso romanzo di finzione *1984*, in cui il capo dell'opposizione clandestina, il famoso e sfuggente Goldstein, non era altro che un agente del sistema la cui missione era quella di incanalare l'opposizione. Il comunismo ha così riacquistato il ruolo che non avrebbe mai dovuto smettere di svolgere: quello di utopia mobilitante all'interno della democrazia. Il sovietismo è morto, forse è stato addirittura ucciso. Ma l'ideale comunista è stato accuratamente conservato, riciclato all'interno della democrazia liberale, accomodato e sovvenzionato all'interno delle istituzioni. È così che funziona la spirale planetaria: da un lato il sistema, dall'altro un'opposizione falsa e fittizia. Le due forze sono assolutamente complementari e indispensabili l'una all'altra.

Oggi, la congiunzione degli ideali planetari dei marxisti e dei democratici occidentali non è più ostacolata dal conflitto geostrategico tra Mosca e Washington. L'Occidente può finalmente dare libero sfogo ai suoi istinti di dominio planetario, incarnati vittoriosamente nel modello democratico che cerca di imporre a tutti i popoli del pianeta. Come ai tempi della gloriosa Rivoluzione francese, è stata dichiarata la "guerra contro i tiranni". Ma questa volta la lotta è su scala globale e sono gli Stati Uniti ad aver guidato immediatamente gli eserciti liberatori, una volta che l'URSS smantellata non era più in grado di opporsi a questi grandiosi disegni. La prima guerra del Golfo contro l'Iraq nel 1991 è stata seguita dal bombardamento della Serbia nel 1999 e, dopo gli attentati dell'11 settembre 2001, dall'invasione dell'Afghanistan e da una seconda guerra del Golfo che si è conclusa con l'occupazione dell'Iraq.

Si è parlato molto di quei "neo-conservatori" che hanno gravitato intorno al Presidente degli Stati Uniti George W. Bush Junior e che hanno determinato la sua politica guerrafondaia. Questi ex trotzkisti che si erano trasformati in ferventi democratici negli anni '80, durante l'era del presidente Reagan, erano ora pronti a dichiarare tutte le guerre necessarie per imporre l'ideale democratico in tutto il mondo. Ma va detto, a rischio di fraintendere l'evoluzione del mondo, che nella Guerra del Golfo era in gioco l'interesse geopolitico dello Stato d'Israele e che la maggior parte dei neoconservatori dell'amministrazione statunitense erano essi stessi fortemente influenzati dal sionismo e convinti che una potenza irachena che un giorno avrebbe potuto minacciare lo Stato ebraico dovesse essere distrutta[41].

In effetti, le guerre degli Stati Uniti in Iraq hanno innegabilmente beneficiato del sostegno della maggior parte della comunità ebraica internazionale. Anche in questo caso, come nel caso delle guerre contro la Serbia e l'Afghanistan, gli intellettuali cosmopoliti sono stati tra i più accaniti lobbisti guerrafondai, per la semplice ragione che queste guerre corrispondevano agli obiettivi globalisti: il bombardamento della Serbia da parte della NATO ha avuto l'effetto di favorire la diffusione dell'Islam nei Balcani, realizzando così l'obiettivo globalista di promuovere le società multietniche che devono accompagnare l'instaurazione della democrazia. Come ha detto senza mezzi termini il generale Wesley Clark, comandante in capo della NATO in Europa all'epoca dei fatti, "in Europa non ci deve più essere posto per società etnicamente omogenee".

L'invasione dell'Afghanistan da parte delle truppe statunitensi è stata una risposta agli attacchi dell'11 settembre e alla necessità di combattere l'antisemitismo diffuso dall'Islam nel mondo. Abbiamo così visto come il sistema democratico abbia incoraggiato l'Islam

---

[41]John J. Mearsheimer - Stephen M. Walt: *The Israel Lobby and American Foreign Policy,* Università di Harvard, 2006. La geopolitica di Israele viene spesso confusa con la sua escatologia religiosa. È chiaro che il complesso militare-industriale ed energetico degli Stati Uniti partecipa e trae vantaggio da questa politica estera. (NdT)

all'interno degli Stati occidentali in vista della creazione di una società pluralistica, ma come lo abbia combattuto duramente sulla scena internazionale nella misura in cui si opponeva agli interessi di Israele e degli Stati occidentali, soprattutto in Medio Oriente.

Queste guerre corrispondono perfettamente al progetto di costruzione di un impero globale, che può essere imposto solo sulle rovine delle società tradizionali e delle libertà nazionali. In questa prospettiva, il sistema dei media rappresenta ovviamente la pietra angolare delle speranze planetarie, poiché è attraverso continue campagne di "sensibilizzazione" che queste idee si imporranno progressivamente nella mente degli occidentali. Tuttavia, sembra che i nostri concittadini comincino a provare un sentimento più o meno diffuso di sfiducia nei confronti di un discorso politico tranquillizzante troppo ripetuto che fa dell'abolizione delle frontiere il sesamo del paradiso in terra.

A questo proposito, il rifiuto della Costituzione europea da parte degli elettori francesi nel referendum del maggio 2005 è stato forse un segno della consapevolezza dell'imminente pericolo che sembra nascondersi sotto le idee più nobili e generose[42]. Infatti, nelle menti dei loro sostenitori più informati, la costituzione europea e la formazione di un governo europeo prefigurano la realizzazione di progetti molto più grandi.

L'idea di una pace universale che ci garantirebbe un'Europa senza confini è spesso un argomento che seduce gli occidentali, ma questa volta sembra che i nostri compatrioti abbiano preferito la loro libertà tribale a tutte le illusioni della globalizzazione. Di fronte alle promesse di "Pace" e "Prosperità" (la famosa Europa sociale tanto propagandata dai nostri politici), i francesi hanno preferito rifiutare educatamente, come chi ignora un venditore ambulante un po' ingannevole che insiste troppo nel vendere il suo rimedio miracoloso. Vedremo di seguito che, nella bocca di alcuni esperti, le parole "tolleranza" e "diritti umani" possono essere usate come potenti anestetici e che dietro a discorsi smielati, maniere educate e belle promesse si possono nascondere intenzioni indicibili.

---

[42]Il referendum sul Trattato che istituisce una Costituzione per l'Europa si è tenuto in Francia il 29 maggio 2005, per consultare i cittadini sulla volontà della Francia di ratificare la Costituzione dell'UE. Il risultato è stato una vittoria del No con il 55% dei votanti contrari e un'affluenza del 69%. Nicolas Sarkozy ha poi manovrato per approvare quel trattato facendolo votare dalle camere parlamentari, perpetrando così la massima anticostituzionalità. (NdT).

PARTE PRIMA

PENSIERO COSMOPOLITA

Il pensiero cosmopolita è attualmente il modo di pensare dominante in tutto l'Occidente. È il modo in cui un individuo vede e comprende il mondo attraverso il prisma dell'umanità, e non più attraverso ciò che gli è vicino e che costituisce la sua identità: la sua famiglia, la sua lingua, il suo lavoro, la sua regione e la sua nazione. Contrariamente agli altri Paesi del mondo, l'individuo occidentale cosmopolita si definisce "cittadino del mondo". È nato sulla Terra, in una famiglia che non ha scelto, e si esprime in una lingua che ritiene gli sia stata imposta. Egli ritiene che gli uomini di tutto il mondo abbiano un'origine comune - confermata dagli scienziati - e che la loro vocazione sia quella di fondersi in un unico popolo, annullando così le loro differenze e preparando la pace universale ed eterna sulla Terra. Idealmente, inoltre, tutte le lingue dovrebbero scomparire e l'umanità dovrebbe parlare una sola lingua, in modo che le persone possano capirsi e comunicare tra loro. La gestione degli affari umani sarebbe evidentemente affidata a un governo mondiale, la cui saggezza e il cui buon senso rifletterebbero sicuramente le speranze dell'umanità. Questo è l'universo mentale dell'uomo medio europeo cosmopolita. Tuttavia, queste profonde convinzioni non sono prive di paradossi. Sebbene desideri una società plurale, multietnica e multiculturale, questo desiderio è riservato all'Occidente, perché per quanto riguarda i Paesi del Sud si dichiara un militante del diritto di suolo e di sangue e un fervente difensore degli indios del Chiapas o degli eschimesi minacciati dalla modernità. Dice di essere pronto ad aiutare i suoi simili nelle lontane regioni dell'Africa o dell'Amazzonia, vittime di qualche cataclisma climatico, ma vicino a lui, nelle fattorie vicine dell'interno del suo Paese, centinaia di contadini si suicidano ogni anno nell'indifferenza generale. Membro di un sindacato, difende i diritti sociali contro i padroni, ma è anche un difensore dei diritti degli immigrati, e in generale della libertà di circolazione, senza rendersi conto di una cosa ovvia: che l'immigrazione di massa, legale o illegale, esercita una pressione al ribasso sui salari e sulle condizioni di lavoro. L'uomo cosmopolita realizzato prova spesso anche un'ostilità viscerale verso le religioni, tutte le religioni. Ma in realtà, la religione che più aborrisce di tutte è invariabilmente quella cattolica. Liberale ed edonista, sarebbe stato logico per lui rifiutare l'Islam o il rigorismo protestante, ma riserva comunque al cattolicesimo la sua vendetta più severa. Anche in questo caso non c'è una spiegazione logica. Tutte queste contraddizioni possono essere spiegate dalla straordinaria influenza del sistema mediatico e dalla pressione del conformismo. In tutti i media, in televisione, al cinema, in tutte le radio e in tutta la stampa sovvenzionata, si ripete lo stesso messaggio: l'instancabile difesa della democrazia e dell'uguaglianza civica, un discorso rigido fatto dei soliti cliché e delle solite frasi fatte. Capiremo allora che la "difesa dei valori della Repubblica" comporta una maggiore "vigilanza" contro "ogni forma di discriminazione", che la "democrazia" garantisce l'"uguaglianza" di tutti i cittadini, che il "razzismo" non è un'opinione ma un crimine, e che la coesione sociale comporta la riduzione del divario sociale e una maggiore solidarietà tra tutti. In un sistema in cui solo il governo diffonde i suoi slogan attraverso gli altoparlanti nelle strade, nelle piazze e nei mercati, i cittadini non accetterebbero facilmente la propaganda dei loro leader. Ma in un Paese in cui l'intero sistema mediatico e culturale funge all'unisono da intermediario della "consapevolezza dei cittadini", non sembra possibile alcuna via di fuga, se un'idea del genere può ancora attraversare le nostre menti. Un film al cinema, un romanzo best-seller, un programma popolare in televisione, un commento politico alla radio: tutto ci porta sempre al culto dei valori democratici della società mercantile occidentale. Un oppositore, disgustato dal capitalismo o dal liberalismo che lo circonda, potrebbe impegnarsi nella difesa degli oppressi, ma non tutti. Se si pensa come un globalista, gli unici veri oppressi possono essere solo quelli del Sud, al di là degli oceani. In tutti i casi, il modo di pensare del cittadino occidentale ruota invariabilmente intorno al pianeta, invece di collegarsi a quella che era la vera forza delle grandi civiltà: la storia, il rispetto della stirpe e della tradizione. La civiltà occidentale moderna si basa su un principio essenziale che è duplice: genera sia il potere che l'opposizione a tale potere. Il globalismo occidentale è rappresentato sia dal liberalismo mercantile che dalla sua opposizione nella tradizione marxista. In entrambi i casi, l'idealizzazione di un mondo unificato e di una società plurale è al centro di tutte le aspirazioni.

Da quel momento in poi, nelle nostre democrazie, i cittadini possono dire qualsiasi cosa, esprimere qualsiasi cosa: assolutamente qualsiasi cosa. E questa libertà è tanto più apprezzabile in quanto opera in modalità chiusa, nel vuoto della spirale planetaria. La barriera di sicurezza ideologica segnata dallo spirito dei "diritti umani" impedisce a chiunque di avvicinarsi troppo alla zona di pericolo e di cadere nella palude nauseante dell'"intolleranza" e dell'"odio". Pochi metri in quella direzione e già si avverte una tensione che impedisce di andare oltre. Se ci si ostina ad avvicinarsi al confine, nonostante tutti i segnali di pericolo, si rischia la propria vita professionale e sociale per folgorazione ideologica. È quindi del tutto impossibile sporgersi dalla ringhiera per osservare un mondo sconosciuto. Qualsiasi pensiero, qualsiasi prodotto culturale deve necessariamente passare al setaccio del sistema mediatico e deve ricevere l'autorizzazione dei sommi sacerdoti. Ed è proprio questo mondo chiuso che fornisce "calore e gioia di vivere a tutta la famiglia all'interno della casa"."

1. Una Terra per l'umanità

Il desiderio di unificare il mondo e di abolire le frontiere fa parte di un processo ideologico che tende a vedere il destino dell'umanità da una prospettiva planetaria. Poiché non pensiamo più in termini di nazione o tribù, dobbiamo salire un po' più in alto e ripensare la grande epopea umana da un punto di vista cosmico. In effetti, visti dallo spazio, i confini nazionali sono scomparsi dalla faccia della terra. È un potente argomento dell'ideologia planetaria. D'altra parte, la dimostrazione di un'origine comune dell'umanità è un modo per sostenere la futura unificazione. Le nazioni e i popoli, che fino ad allora costituivano la diversità della terra, sarebbero stati solo una parentesi nella storia dell'umanità. Ci si chiede allora se siano le scoperte scientifiche a sostenere l'idea planetaria o se sia l'idea planetaria a generare alcune scoperte scientifiche.

Gli zingari del cosmo

Il processo ideologico che tende all'eliminazione dei confini nazionali e all'unificazione del mondo trova una giustificazione schiacciante se si guarda il pianeta dallo spazio. E come non avere una visione così naturale del mondo, per quanto ci si preoccupi di guardare le cose dall'alto: non ci sono più confini visibili, se non mari e montagne, e le differenze tra gli esseri umani diventano impercettibili. Da questo punto di vista, si può effettivamente parlare di "villaggio globale". In effetti, se guardiamo il nostro piccolo mondo dallo spazio, l'idea planetaria diventa maestosa e l'unificazione della Terra appare evidente. Vista dal cosmo, l'idea di una Terra unificata sembra molto naturale.

Questo è ciò che spiega una parte dell'intellighenzia occidentale, affascinata dall'idea di un mondo unificato dove regnerebbe la pace universale. Edgar Morin[43] è uno di quegli intellettuali francesi che guardano all'evoluzione del mondo di oggi con ottimismo e che sono

---

[43]Edgar Morin (Parigi, 1921), nato Edgar Nahum, è un filosofo e sociologo francese centenario di origine sefardita. È un autore prolifico e pluripremiato, ampiamente tradotto in inglese.

entusiasti delle grandi trasformazioni che le società europee stanno vivendo. L'accelerazione del processo di globalizzazione alla fine del secondo millennio non è solo una sorpresa divina, ma anche l'avvento tanto atteso di un nuovo mondo che rivoluzionerà i costumi e libererà le menti da tutte le vecchie tradizioni e pregiudizi nazionali. Dal suo punto di vista, "nel cosmo dobbiamo collocare il nostro pianeta e il nostro destino, le nostre meditazioni, le nostre idee, le nostre aspirazioni, le nostre paure e le nostre volontà. "In realtà, siamo solo "minuscoli esseri umani, sulla minuscola pellicola di vita che circonda il minuscolo pianeta perso nel gigantesco universo[44]."

Le scoperte scientifiche del XX secolo hanno permesso di collocare il destino dell'umanità nell'universo infinito, per cui questa nuova dimensione ci invita a riconsiderare l'umanità da un punto di vista più ampio, nella prospettiva del suo destino collettivo universale, lontano da meschine dispute nazionali. "Negli anni '60, quando prese forma una prodigiosa evoluzione cosmica, apparvero nell'universo odierno stranezze prima inimmaginabili: quasar (1963), pulsar (1968), buchi neri più tardi, e i calcoli degli astrofisici suggeriscono che conosciamo solo il 10% della materia, essendo il restante 90% ancora invisibile ai nostri strumenti di rilevazione (...). Ci troviamo in una galassia marginale, la Via Lattea, apparsa 8 miliardi di anni dopo la nascita del mondo. "È impossibile continuare a pensare in termini di nazioni e tribù dopo queste considerazioni. Visti dal cosmo, i conflitti umani sembrano ridicoli. Devono scomparire una volta per tutte per far posto alla conquista dell'universo.

È questa visione spaziale del pianeta che ha ispirato tanti sceneggiatori di film di fantascienza prodotti a Hollywood. Il cinema americano ha contribuito in modo determinante a infondere nelle menti occidentali questa visione del mondo senza peso. Il nemico non è più una potenza terrestre qualsiasi, ma una forza extraterrestre contro cui tutti gli umani devono allearsi. Così, le guerre contro le potenze extraterrestri o extraumane continuano, da Guerre *Stellari* a *Independence Day*, passando per *Matrix, Star Trek, Alien* o *Depredator*. Queste fiction inculcano nella mente delle persone l'immagine di un'umanità unita contro un pericolo esterno e rafforzano l'idea che tutti gli esseri umani debbano unirsi sotto la stessa bandiera. Se San Paolo diceva che non c'era più "né ebreo né greco", il cinema di Hollywood sembra dirci oggi: "Non ci sono più bianchi, né gialli, né neri". Ci sono solo Umani che combattono contro l'impero del Male."

---

[44]Edgar Morin e Anne-Brigitte Kern, *Terre-Patrie*, 1993, Editorial Kairós, Barcellona, 2005, p. 49-50, 74

Si potrebbe rispondere che forse dovremmo pensare di scendere sulla terra e guardare più da vicino la realtà. Ma il progetto planetario ignora la realtà a favore dell'idea di un destino intergalattico dell'umanità. Così, le turbolenze e i danni generati dai conflitti umani derivanti dall'applicazione di questa ideologia saranno visti come mali transitori che si attenueranno gradualmente. Se l'idea è bella, allora molto sarà perdonato a chi ne applica i principi. "Un pianeta come patria? Sì, questo è il nostro radicamento nel cosmo[45] ", ha concluso Edgar Morin. Saremo i "singalesi del cosmo".

Lucy, la nonna dell'umanità

Gli antropologi sostengono con forza l'idea planetaria, stabilendo che l'intera popolazione umana avrebbe antenati comuni, soprattutto quella che viene soprannominata "la nonna dell'umanità". Lucy - questo è il suo nome - sarebbe vissuta nella regione africana dei Grandi Laghi tre milioni di anni fa. Il suo scheletro, ritrovato nel 1974, era quello di un'australopitecina, probabilmente femmina, di meno di vent'anni. Yves Coppens, Donald Johanson e Maurice Taïeb, co-direttori della missione che ha scoperto Lucy, sono stati all'origine di questa fantastica scoperta. Questo triumvirato può essere orgoglioso di aver portato a termine questo progetto scientifico, il cui scopo andava oltre la semplice discussione tra esperti. Grazie a loro, l'umanità era una e gli uomini erano tutti fratelli. Questa scoperta avrebbe fatto meravigliare un'intera generazione di adolescenti che si sarebbero dichiarati volentieri "africani", in attesa di dichiararsi "cinesi" o "malesi" dopo il ritrovamento del successivo scheletro più antico[46]. "Lucy rimane incontestabilmente l'antenata dell'umanità", ha affermato Yves Coppens, aggiungendo: "Dopo tutto, una Lucy fondatrice di un'umanità tropicale, africana, di colore, matriarcale, non è l'immagine peggiore che potremmo trovare per l'umanità delle origini[47]. "Vedremo più avanti quale ruolo gioca l'idea di matriarcato nel pensiero planetario.

---

[45] Edgar Morin e Anne-Brigitte Kern, *Tierra-Patria*, 1993, Editorial Kairós, Barcellona, 2005, p. 47, 48, 223, 224.
[46] *Le Figaro* del 7 marzo 2005 ha riportato la notizia del ritrovamento di uno scheletro di australopiteco di circa 2,8 milioni di anni fa, a una sessantina di chilometri dal luogo di ritrovamento di Lucy. Alla fine, Lucy aveva solo 2,2 milioni di anni, quindi l'umanità sarebbe stata più giovane di 800.000 anni rispetto alla stima del 1999, prima di invecchiare improvvisamente di 600.000 anni. Nessuno si è lasciato intimorire da questo.
[47] Yves Coppens, *La rodilla de Lucy, los primeros pasos hacia la humanidad*, Tusquets,

L'interpretazione di questa scoperta, e soprattutto la pubblicità che ne fu data, fecero di Lucy il simbolo dell'origine comune di tutti gli esseri umani. L'idea è stata ovviamente ripresa e utilizzata da molti intellettuali. Il filosofo Pierre Lévy, ad esempio, ha spiegato che, grazie alla scoperta dello scheletro di Lucy in Africa, ora sappiamo che "i nostri antenati più diretti vivevano tutti nella stessa area geografica", quella dei Grandi Laghi africani. "Da quel punto di partenza quasi mitico, l'umanità comincia a separarsi da sola, si disperde[48]."

I grandi sconvolgimenti politici del XX secolo possono quindi essere interpretati come le vicissitudini della crisi di unificazione, come "gli sconvolgimenti delle società e delle culture ereditate dalla fase di divergenza", come spiega il professor Langaney, genetista e direttore del laboratorio di antropologia biologica del Museo di Storia Naturale: "Tutti gli uomini di oggi, cioè circa sei miliardi di individui, discendono da un'unica, piccola popolazione preistorica - circa trenta-cinquantamila persone, vissute almeno centomila anni fa. Siamo quindi con ogni probabilità i discendenti di decine di migliaia di cacciatori del Paleolitico che vivevano in un'area limitata all'Africa e al Medio Oriente[49]. "Secondo Edgar Morin, "la diaspora dell'*homo sapiens*, iniziata milleduecento secoli fa, si diffuse attraverso l'Africa e l'Eurasia, attraversò lo stretto di Bering centomila anni fa[50]."

Tuttavia, questa origine comune non è così ovvia a priori. In *La Humanité perdue*[51], Alain Finkielkraut affronta la questione fin dalla prima pagina del suo libro: "L'idea che tutti i popoli del mondo formino un'unica umanità non è certo consustanziale al genere umano. In effetti, ciò che per lungo tempo ha distinto gli esseri umani dalle altre specie animali è proprio il fatto di non riconoscersi l'un l'altro."

Infatti, come conferma Claude Lévi-Strauss, citato in proposito: "La nozione di umanità, che comprende, senza distinzione di razza o di civiltà, tutte le forme della specie umana, è di apparizione molto tardiva e di espansione limitata... Per ampie frazioni della specie umana, e per decine di millenni, questa nozione sembra essere stata totalmente assente. "La domanda rimane la stessa: "la difficile questione di sapere come contribuire, da dove siamo e nella misura delle nostre possibilità,

---

Barcelona, 2005, p. 149.
[48] Pierre Lévy, *Filosofia del mondo*, Odile Jacob, 2000, pagg. 16-19.
[49] Intervista con André Langaney, rivista *L'Histoire*, n. 214, ottobre 1997.
[50] Edgar Morin e Anne-Brigitte Kern, *Tierra-Patria*, 1993, Editorial Kairós, Barcellona, 2005, p. 65.
[51] Alain Finkielkraut, *L'Humanité perdue*, Le Seuil, 1996.

a rendere il mondo un luogo abitabile per quegli esseri tutti uguali e tutti diversi che costituiscono l'umanità[52]."

Una razza umana

Un altro passo importante nel pensiero planetario è avvenuto nel febbraio 2001, con la pubblicazione simultanea su due riviste anglosassoni, *Nature* e *Science*, di analisi scientifiche sul sequenziamento del genoma umano. Questi hanno dimostrato che il genoma umano è composto da 30 000 geni e, soprattutto, che il patrimonio genetico è quasi identico in tutti gli esseri umani. Immediatamente, in Francia, il ministro della ricerca scientifica Roger-Gérard Schwartzenberg, e con lui quasi tutti i giornalisti parigini, hanno affermato che questi risultati confermavano che "le razze non esistono"."

Nel *Courrier de l'Unesco* (Organizzazione delle Nazioni Unite per l'Educazione, la Scienza e la Cultura) del settembre 2001 si potevano leggere diverse analisi a sostegno di questo approccio: "Il genoma umano è stato finalmente decodificato. Il completamento di questo progetto invalida il mito della razza. Le ricerche dei genetisti concludono che discendiamo tutti da un unico antenato comune, nato in Africa. La maggior parte delle variazioni genetiche è distribuita in modo simile in tutte le popolazioni umane."

"In effetti, gli scienziati sostengono che, in tutto il nostro materiale genetico, solo lo 0,012% corrisponde a variazioni derivanti da differenze tra "razze". La ricerca scientifica dimostra quindi che quasi tutto il nostro patrimonio genetico è comune a tutti gli esseri umani, invalidando così l'idea che alcune popolazioni siano geneticamente più intelligenti o avanzate di altre[53]." Era infatti necessario che la scienza intervenisse in questo delicato settore della conoscenza, poiché le popolazioni più arretrate hanno sempre qualche difficoltà a rendersene conto.

Ricordiamo che "la lotta al razzismo è sancita dalla Costituzione dell'Unesco", che denuncia "l'ignoranza e il pregiudizio, il dogma dell'ineguaglianza delle razze e degli uomini". "Per mezzo secolo, l'organizzazione ha attaccato le radici del male. Questa dimensione è

---

[52] Alain Finkielkraut, *La Humanidad perdida*, Anagrama, Barcellona, 1998, p. 13, 14, 130. "*Tutti uguali, tutti diversi*" era il titolo di una "campagna contro l'intolleranza" del 1994, finanziata dal Consiglio d'Europa. La brochure di presentazione presentava in copertina una giovane donna europea tra le braccia di un giovane africano.
[53] *Le Courier de l'Unesco*, settembre 2001, p. 23

presente nei programmi educativi che l'organizzazione internazionale aiuta a sviluppare, così come nelle lezioni tenute da molti professori che sono stati nominati titolari di cattedre Unesco nelle università dei Paesi in via di sviluppo.

L'Unesco combatte il razzismo anche attraverso le scienze esatte. Il suo Comitato internazionale di bioetica (IBC), composto da 55 membri (scienziati, giuristi, economisti, demografi, antropologi, filosofi, nutrizionisti, ecc.), ha elaborato una Dichiarazione universale sul genoma umano e i diritti umani (UDBHR), adottata nel 1997. "Due decenni dopo la dichiarazione dell'Unesco sulla razza e i pregiudizi razziali (1978), questo primo testo internazionale di bioetica invalida definitivamente i fondamenti pseudoscientifici del razzismo."

Dalla Convenzione sulla prevenzione e la repressione del crimine di genocidio (1948), l'ONU ha adottato una serie di convenzioni e dichiarazioni, ha proclamato un anno internazionale di mobilitazione contro il razzismo (2001), ha organizzato tre Decenni di lotta contro il razzismo (1973-1982, 1983-1992, 1994-2003), nonché due conferenze mondiali sullo stesso tema a Ginevra (1978 e 1983).

La Conferenza mondiale "Contro il razzismo, la discriminazione razziale, la xenofobia e l'intolleranza", tenutasi nel settembre 2001 a Durban, in Sudafrica, è stata parte degli sforzi delle Nazioni Unite per combattere questo flagello. Il genetista di fama internazionale Axel Kahn, che è stato anche uno degli organizzatori dell'evento, ha pronunciato un discorso eccezionale: "La sorpresa delle recenti scoperte scientifiche è che l'uomo non ha più geni dell'asino o del bue, e persino meno del rospo... Tutti gli uomini hanno in realtà una grande omogeneità genetica, poiché il loro antenato comune è molto giovane rispetto all'evoluzione della vita; è vissuto più di 200 000 anni fa in Africa. Tutti i continenti sembrano essere stati popolati da una popolazione i cui gruppi avrebbero lasciato l'Africa 70 000 anni fa. Il colore della pelle, che gioca un ruolo così importante nel pregiudizio razzista, non riflette tanto la divergenza genetica quanto un fenomeno di progressiva abbronzatura dell'epidermide man mano che ci si sposta a nord verso l'equatore. C'è in media più diversità all'interno degli individui di una particolare etnia che tra due etnie diverse, siano esse apparentemente diverse come le popolazioni scandinave o melanesiane."

Axel Kahn ha continuato: "Questa dimostrazione scientifica, sebbene indispensabile, potrebbe essere insufficiente. Tutti possono vedere come i peggiori eccessi del razzismo si adattino molto bene all'inesistenza delle razze umane... Tutto sommato, la biologia e la genetica moderne non fanno nulla per confermare i pregiudizi razzisti. Ma sarebbe una contraddizione in termini cercare di basare un impegno antirazzista sulla scienza. Non esiste una definizione scientifica della dignità umana: è un concetto filosofico. Pertanto, la lotta antirazzista per il riconoscimento della pari dignità di tutte le persone è innanzitutto di natura morale e riflette una profonda convinzione che non è esclusiva dello scienziato. "In altre parole, il fatto che le razze non esistano non è un motivo per smettere di combattere il razzismo.

Ecco cosa ci ha detto il grande professor André Langaney: "La razza, nel senso comune del termine, è essenzialmente un concetto etologico, o meglio percettivo, che risulta dall'osservazione di una differenza e dal contesto emotivo che provoca questa osservazione, cioè in base ai pregiudizi o alle reazioni del soggetto. In queste condizioni, la razza che provoca il razzismo non ha più molto a che fare con quelle che gli antropologi volevano definire, ma piuttosto le differenze fisiche sono, tra le tante, una delle possibili cause di quello che sarebbe meglio chiamare "otrismo" piuttosto che razzismo. I criteri che portano al razzismo sono spesso più culturali, linguistici o comportamentali che fisici[54]." Pertanto, ad eccezione delle differenze culturali, linguistiche, comportamentali e fisiche, tutti gli uomini sono assolutamente simili sotto tutti i punti di vista.

Ecologia: scenario catastrofico

L'unificazione del mondo è infatti una necessità per la sopravvivenza del nostro pianeta. Le grandi sfide ecologiche richiedono senza ulteriori indugi un'autorità mondiale in grado di imporre a tutti l'attuazione di una politica efficace per proteggere il nostro ambiente e risolvere i grandi problemi planetari. I rapporti più allarmistici ci invitano ad abdicare alla nostra sovranità a favore di un governo mondiale:

È solo un inizio", ha avvertito il sociologo Edgar Morin. Il deterioramento della biosfera continua, la desertificazione e la deforestazione tropicale si accelerano, la diversità biologica diminuisce. Per i prossimi trent'anni, gli scienziati più pessimisti "vedono una continuazione irreversibile del degrado generalizzato della biosfera, con la modifica dei climi, l'aumento della temperatura e dell'evapotraspirazione, l'innalzamento del livello del mare (da 30 a

---

[54] André Langaney, *Les Hommes, passé, présent, conditionnel*, Armand Colin, 1988.

140 centimetri), l'estensione delle zone di siccità, il tutto con una probabile demografia di 10 miliardi di esseri umani"."

Ma anche se "gli ottimisti credono che la biosfera possieda in sé il potenziale di auto-rigenerazione e di difesa immunologica che le permetterà di salvaguardarsi", l'autore avverte che "in ogni caso, vige il dovere della cautela". "Il modo migliore per risolvere questi problemi è gestirli su scala globale.

Le questioni ecologiche richiedono quindi la formazione di istituzioni internazionali, persino di un governo mondiale. "In ogni caso, ha sottolineato Edgar Morin, gli Stati nazionali, compresi i grandi Stati nazionali polietnici, sono già troppo piccoli per i grandi problemi inter- e transnazionali: i problemi dell'economia, dello sviluppo, della civiltà tecno-industriale, dell'omogeneizzazione degli stili e dei modi di vita, dell'ecologia, delle droghe; sono problemi planetari che superano le competenze nazionali[55]."

Come l'antropologia e la genetica, anche l'ecologia alimenta il mulino della grande idea planetaria. Non c'è bisogno di insistere su questa evidenza, e ci si stupisce che i film di Hollywood non abbiano ancora affrontato il tema nelle loro produzioni. L'ondata di calore dell'estate 2003, ad esempio, potrebbe essere un ottimo scenario catastrofico, proprio come lo tsunami del 26 dicembre 2004, quando l'intero pianeta, o quasi[56], si era sentito solidale e si era mobilitato, in una grande dimostrazione di fratellanza, per aiutare le sfortunate vittime.

Uscire dall'età del ferro planetaria

Fin dalle sue origini, l'umanità è progredita piuttosto lentamente prima di prendere coscienza della sua natura umana universale. Solo a partire dal XVI secolo della nostra era, con le scoperte di altri continenti, abbiamo potuto renderci conto della finitezza dell'universo terrestre. Quel capitolo potrebbe essere considerato l'anno zero dell'"era planetaria".

Questo processo di unificazione si sta svolgendo oggi, davanti ai nostri occhi, a cavallo di due millenni. "Il nostro albero genealogico terrestre e la nostra carta d'identità terrestre possono essere conosciuti oggi, finalmente, alla fine del quinto secolo dell'era planetaria", ha detto Edgar Morin. All'alba del XXI secolo, "dopo millenni di

---

[55] Edgar Morin e Anne-Brigitte Kern, *Tierra-Patria*, 1993, Editorial Kairós, Barcellona, 2005, p. 81, 82, 86.
[56] Vedremo in seguito che le priorità non erano le stesse per tutti.

confinamento nel ciclo ripetitivo delle civiltà tradizionali", stiamo entrando in un mondo nuovo. "La specie umana ci appare ora come umanità. D'ora in poi, l'umanità e il pianeta potranno rivelarsi nella loro unità, non solo fisica e biosferica, ma anche storica: quella dell'era planetaria. Migrazioni e incroci, produttori di nuove società, policulturali sembrano annunciare la patria comune per tutti gli esseri umani[57]."

La "ricerca dell'ominazione" dovrebbe consentirci di uscire dall'"età del ferro planetaria". Non dobbiamo guardare indietro, al contrario, dobbiamo guardare avanti. Il nostro compito, secondo Edgar Morin, è quello di "riformare la civiltà occidentale", "federare la Terra" e "realizzare l'era della cittadinanza planetaria". "Dobbiamo quindi "considerare la cittadinanza planetaria, che darebbe e garantirebbe i diritti terrestri a tutti[58]."

All'inizio del terzo millennio, la sfida è dunque cruciale: "salvare l'umanità, co-pilotare la biosfera, civilizzare la Terra". Riusciranno gli esseri umani a deviare il gigantesco meteorite che minaccia di polverizzare il nostro pianeta, come previsto dai copioni di Hollywood? "Il compito è immenso e incerto", ha risposto Edgar Morin, ma ha insistito ancora una volta: "Richiederebbe una cittadinanza planetaria, una coscienza civica planetaria, un'opinione intellettuale e scientifica planetaria, un'opinione politica planetaria... un'opinione pubblica planetaria[59]."

Quali sono allora le "vie rigenerative"? Come civilizzarsi in profondità? Come uscire dalla preistoria della mente umana? Come uscire dalla nostra barbarie civilizzata[60]? "Certo, Wolfgang Amadeus Mozart, Michelangelo o Leonardo da Vinci, la reggia di Versailles o la cattedrale di Chartres non sono che granelli di polvere rispetto al futuro luminoso che finalmente si apre davanti a noi. Le legittime domande e ansie di Edgar potrebbero trovare una risposta più naturale dal punto di osservazione che ha già previsto: il cosmo. I problemi si risolvono facilmente da lì, e presto arriverà il momento in cui i viaggi interplanetari saranno alla portata di tutte le tasche. Il filosofo potrà quindi intraprendere tale viaggio e placare la sua anima tormentata.

---

[57] Edgar Morin e Anne-Brigitte Kern, *Tierra-Patria*, 1993, Editorial Kairós, Barcellona, 2005, p. 74, 223, 43.

[58] Edgar Morin e Anne-Brigitte Kern, *Tierra-Patria*, 1993, Editorial Kairós, Barcellona, 2005, p. 136, 142, 143.

[59] Edgar Morin e Anne-Brigitte Kern, *Tierra-Patria*, 1993, Editorial Kairós, Barcellona, 2005, p. 226, 229, 144.

[60] Edgar Morin, *El Método 6, Ética; capitolo: Las vías regeneradoras*, Ediciones Cátedra-Anaya, Madrid, 2006, p. 187.

In *La malinconia della democrazia*, Pascal Bruckner spiega all'inizio del suo libro che "il pianeta ha raggiunto una fase inedita della sua avventura; l'unificazione del globo a livello tecnico e materiale sta per diventare tale a livello politico. L'idea stessa di pace universale sta smettendo di essere un sogno degli utopisti e sta diventando una realtà di fatto. Tutto ciò che abbiamo sofferto sotto il nome di storia non è stato altro che sconvolgimenti e convulsioni per raggiungere questo glorioso stadio[61]."

"Immaginate: l'intero pianeta collegato al gas e che vota alle elezioni parlamentari, gli eserciti smantellati, i ricchi che distribuiscono i loro beni ai poveri, gli uomini che trattano le donne come uguali, gli assassini che diventano infermieri, Gesù, Mosè, Maometto che cancellano il debito morale dell'umanità, il globo ancora una volta un annesso dell'Eden: siamo pronti per questo?... Viviamo in un punto di svolta in cui tutte le barriere politiche e militari sono state rimosse, in cui il mondo delle possibilità sembra immenso. La capacità di rendere questo pianeta un posto leggermente migliore e più razionale è alla nostra portata. È persino possibile sognare una gigantesca insurrezione per la democrazia nel Sud del mondo e un piano d'azione globale per porre fine alla miseria[62]."

Per Albert Jacquard, un altro filosofo planetario, il successo di questa gigantesca operazione di unificazione globale dipendeva necessariamente dall'instaurazione di società democratiche. Ma qui ci troviamo anche di fronte al grande problema già individuato da Edgar Morin: come unificare il pianeta senza standardizzare e quindi impoverire la diversità etnica e culturale che costituisce la ricchezza della Terra?

Dobbiamo chiedere l'istituzione di una "democrazia etica, che è molto più delicata di una democrazia manageriale". Sarà necessario definire regole di comportamento rispettate da tutti, sulla base della diversità degli imperativi espressi da ciascuno. Questo obiettivo presuppone un accordo generale sul nucleo comune accettato da tutti i popoli, pur preservando le loro specificità, le loro diversità e tutte le culture. Questo nucleo comune deve emergere da una riflessione sul significato che diamo al nostro progetto di vita e, prima di tutto, da una riflessione sul punto di convergenza di questo progetto, che è lo stesso per tutti[63]."

[61] Pascal Bruckner, *La Mélancolie démocratique*, Éditions du Seuil, 1990, p. 13.
[62] Pascal Bruckner, *La Mélancolie démocratique*, Éditions du Seuil, 1990, pag. 165.
[63] Albert Jacquard, *A Toi qui n'es pas encore né(e)*, Calmann-Lévy, 2000, p. 87.

Come abbiamo fatto a non pensarci prima? In realtà, il problema è quasi risolto. È sufficiente che gli intellettuali, i filosofi e i sociologi occidentali riflettano e inventino nuove norme e prodotti ideologici per tracciare il nostro destino. L'inevitabile non può essere evitato. L'evoluzione storica conferma che l'umanità si sta dirigendo verso questi grandi spazi. Il XVIII secolo è stato il secolo del trionfo della filosofia, il XIX secolo del trionfo dell'industria e il XX secolo del trionfo dell'economia. "D'ora in poi, dobbiamo scegliere cosa sarà il XXI secolo: il trionfo della barbarie o il trionfo dell'umanità[64] ", ha assicurato Albert Jacquard. Se i poeti si uniscono ai sociologi, la causa del Bene non può che trionfare.

---

[64]Albert Jacquard, *Pequeña filosofía para no filósofos*, Debolsillo, Random House Mondadori, Barcellona, 2003, p. 220.

2. L'ideale planetario

Il discorso planetario non è mai stato così onnipresente come dopo la caduta del blocco comunista. Se prima queste idee erano diffuse principalmente dal movimento del Maggio 68 e dal marxismo in generale, ora sono sostenute da una generazione di intellettuali ex marxisti che si sono uniti alla causa della democrazia liberale e dell'economia di mercato. In Francia, Jacques Attali è ovviamente uno degli esempi più emblematici, sia per la profusione della sua produzione letteraria, sia per l'influenza delle sue idee e delle eminenti funzioni che ha ricoperto all'interno dell'apparato statale francese. Edgar Morin, Alain Finkielkraut, Albert Jacquard, Guy Sorman, Marek Halter, Bernard-Henri Lévy, André Glucksmann, Alain Minc e Pascal Bruckner sono i principali rappresentanti del pensiero cosmopolita oggi così influente in Francia. Ferventi democratici, il loro pensiero è impregnato degli stessi ideali planetari del marxismo. A questo livello, non c'è alcuna differenza rilevabile. Tutti aspirano a un governo mondiale, all'abolizione delle frontiere e alla mescolanza di popoli e civiltà, almeno all'interno dell'Occidente. Da parte sua, il famosissimo e influente filosofo Jacques Derrida, morto nell'estate del 2004, era rimasto fedele alle sue convinzioni marxiste fino all'ultimo giorno, ma il suo pensiero si integrava perfettamente con quello dei suoi colleghi democratici. In realtà, sono tutti segnati dall'influenza del freudo-marxismo.

Attraverso Wilhelm Reich, Herbert Marcuse e il leader studentesco Daniel Cohn-Bendit, la corrente freudo-marxista esercitò una notevole influenza sugli eventi del maggio '68. Il confine tra marxismo e ideologia democratica è labile, mutevole e permeabile. Albert Einstein, ad esempio, confinava con entrambi. Jacques Attali, che è stato il principale consigliere del presidente socialista François Mitterrand negli anni '80 e uno dei principali propagandisti dell'idea planetaria, ha un modo di pensare che mescola anche il freudo-marxismo culturale e il liberalismo economico. L'uomo è stato anche successivamente direttore della Banca europea per la ricostruzione e lo sviluppo.

La domanda è se l'ideologia liberale si sarebbe avvicinata all'ideale planetario senza l'aiuto delle idee marxiste. Certo, l'idea della globalizzazione era già presente nella filosofia dell'Illuminismo, ma a piccole dosi, perché nessuno allora pensava di fondere le nazioni. D'altra parte, il pensiero marxista ha sviluppato ampiamente questo tema, simboleggiato dal famoso slogan internazionalista: " Lavoratori di tutti i paesi, unitevi! Dalla caduta del Muro di Berlino nel 1989, l'ideologia liberale ha ripreso l'iniziativa nell'escalation planetaria. Ma questa volta non è più sufficiente stabilire un governo mondiale; è necessario anche incoraggiare il grande miscuglio e lo sradicamento universale. Il marxismo non si era spinto così lontano. Le due correnti sono oggi molto intrecciate, tanto che non è affatto facile distinguere nel pensiero planetario ciò che è specificamente marxista o liberale.

Cittadini del mondo

Quando i giovani si dichiarano in buona fede "cittadini del mondo" nei cortili delle scuole, si potrebbe giustamente pensare che le loro convinzioni non siano il frutto di una profonda riflessione sulla loro condizione, ma semplicemente il risultato di campagne di "sensibilizzazione" dei media. Nei dibattiti televisivi o nei libri, attraverso il cinema, la stampa e la radio, e ora anche internet, il concetto di cittadinanza globale viene incessantemente ribadito, tanto che è necessario forgiare una propria cultura personale per cercare di uscire dai sentieri battuti e comprendere il discorso dominante e decifrare i messaggi in codice.

Il famoso sociologo francese Albert Jacquard è uno di quegli intellettuali che hanno una visione decisamente planetaria del mondo. Non è nato in un modesto villaggio dell'Alvernia o della Bretagna: "Sono nato su un pianeta con due miliardi di abitanti[65] ", ha detto nel suo dizionario. Anche lui sogna l'armonia, la fratellanza universale e la pace per la razza umana. L'uomo più felice non è quello reticente che si ritira nella sua famiglia, nei suoi amici e nel suo villaggio, ma quello che si apre a tutte le culture del mondo e cerca di entrare in contatto con persone di altri continenti:

"Ogni essere umano che escludo dai legami che intreccio è una fonte di cui mi privo. Il sogno, quindi, è di non escludere nessuno. "In questa prospettiva, bisogna dichiararsi "cittadini del mondo", come fece l'americano Gary Davis nel 1947, strappando il passaporto per manifestare il suo desiderio di veder scomparire tutte le frontiere. All'epoca, il ministro Georges Bidault aveva dichiarato che "le

---

[65] Albert Jacquard, *Pequeña filosofía para no filósofos*, Debolsillo, Random House Mondadori, Barcellona, 2003, pag. 1.

frontiere sono le cicatrici della storia". Ora, Albert Jacquard ha giudiziosamente e opportunamente aggiunto: "Le cicatrici si formano per scomparire."

Una "comunità dei popoli mediterranei" sarebbe un primo passo verso l'unificazione del mondo. "Bisogna costruire una comunità culturale mediterranea[66] ", ha insistito in un altro dei suoi libri. L'idea è infatti ricorrente nelle sue opere. Si tratterebbe, ha spiegato, di "un esercizio che ci permetterebbe di organizzare meglio la comunità di tutte le nazioni[67]."

Il prolifico saggista Jacques Attali si spingeva ovviamente in questa direzione. Il suo *Dizionario del XXI secolo* dimostra che è un grande visionario e un prodigioso creatore di idee. Il futuro dell'umanità non ha segreti per questo profeta[68]. La globalizzazione continuerà, accelererà e si imporrà grazie alle istituzioni internazionali: "Si risveglierà una coscienza di unità mondiale, grazie alla quale le organizzazioni internazionali troveranno i mezzi per i loro compiti; l'ONU diffonderà le regole e farà rispettare i doveri; una polizia mondiale si installerà nelle zone senza legge; il FMI, incaricato di raccogliere e distribuire una tassa mondiale sulle transazioni internazionali, regolerà i mercati finanziari, che avranno smesso di essere luoghi e agenti del panico per essere al servizio della riduzione dell'ingiustizia."

Questo è lo scenario ideale, un obiettivo da raggiungere o almeno un passo verso l'istituzione di un governo mondiale, anche se ci ha avvertito che "mille battute d'arresto verranno a intorbidire il corso di questo fiume tranquillo". "In attesa dell'avvento di questo mondo migliore, Attali ci invita a sviluppare le buone abitudini consigliate per avvicinarci un po' di più al paradiso terrestre che è alla nostra portata: "Ciò che si dovrebbe fare per evitare il peggio è facile da dire: mettere la scienza e la tecnologia al servizio della giustizia; sfruttare il loro immenso potenziale per eliminare la povertà ovunque, abbattere i sistemi gerarchici e ripensare la democrazia: incoraggiare la diversità, condividere la ricchezza, promuovere la salute e l'istruzione, eliminare

---

[66] Albert Jacquard, *A Toi qui n'es pas encore né(e)*, Calmann-Lévy, 2000, p. 151.

[67] Albert Jacquard, *Pequeña filosofía para no filósofos*, Debolsillo, Random House Mondadori, Barcellona, 2003, p. 73, 162, 76.

[68] Jacques Attali è una personalità che nel corso degli anni ha acquisito maggiore visibilità presso il pubblico spagnolo e ispanofono. Molte delle sue opere sono state tradotte in spagnolo. Uno dei suoi libri che ci sembra più raccomandabile in relazione a quanto stiamo trattando è: *Breve historia del futuro*, Ediciones Paidós Ibérica, Barcellona, 2007. Quest'opera è stata pubblicata dopo *Las Esperanzas planetarianas* di Hervé Ryssen (Baskerville, 2005) (NdT).

la spesa per gli armamenti, ripiantare le foreste, sviluppare energie pulite, aprirsi alla cultura altrui, incoraggiare ogni tipo di mescolanza, imparare a pensare in modo globale[69]."

In questa nuova forma di civiltà, la "iperclasse" sarà la classe dirigente. Sarà composta "da élite mobili e trasparenti che trascineranno con sé l'intera società verso l'utopia della fraternità". Riunirà diverse decine di milioni di individui. Saranno i garanti della libertà, dei diritti dei cittadini, dell'economia di mercato, del liberalismo e dello spirito democratico. Coltivano e sviluppano un'acuta consapevolezza delle sfide planetarie."

Naturalmente, queste profezie non riflettono altro che intenzioni e convinzioni personali. Ma hanno il pregio di essere state enunciate con chiarezza da un uomo che ha svolto un ruolo importante nella Francia della fine del XX secolo.

Tra i pensatori planetari di questo inizio millennio, ce n'è uno il cui entusiasmo supera quello di Jacques Attali. Il libro di Pierre Lévy, *Filosofia del mondo*, è un'ode all'unificazione planetaria declamata con un tono profetico che sfiora la trance divinatoria. Dall'inizio alla fine del libro, l'oracolo ci parla: "D'ora in poi, la grande avventura del mondo non è più limitata a paesi, nazioni, religioni o qualsiasi altro *ismo*. La grande avventura è l'avventura dell'umanità, l'avventura della specie più intelligente dell'universo conosciuto. Questa specie non è completamente civilizzata. Non ha ancora preso piena coscienza di formare un'unica società intelligente. Ma l'unificazione dell'umanità è in corso, ora. Dopo tanti sforzi, l'unificazione dell'umanità è finalmente arrivata[70]." Dobbiamo capire questo discorso: Beethoven, Molière, Botticeli e Van Gogh non sono che leghe rispetto a ciò che produrrà l'umanità finalmente unificata che sta prendendo forma.

Per noi, umani del 2000, "i nostri compatrioti sono ovunque sulla Terra". Siamo la prima generazione di persone che esiste su scala globale", ha proseguito. "La fine del XX secolo segna una soglia decisiva e irreversibile nel processo di unificazione planetaria della specie umana. "Il mondo in cui avete vissuto finora sta morendo. Non litigate, non litigate più. Lasciatevi andare, lasciatevi guidare. Le vostre membra sono pesanti, molto pesanti. Lasciatevi cullare da questa benefica letargia... .

"Rendiamoci conto che l'Oriente e l'Occidente si sono promessi di sposarsi e che si avvantaggeranno a vicenda. Solo allora l'umanità

---

[69] Jacques Attali, *Dizionario del XXI secolo*, Paidós Ibérica Pocket, Barcellona, 2007, p. 16, 18.
[70] Pierre Lévy, *Filosofia del mondo*, Odile Jacob, 2000, p. 12.

sarà una cosa sola con se stessa. "Guardate gli ebrei: una punta d'Oriente in Occidente, una goccia d'Occidente in Oriente"; "L'umanità è un grande tappeto di perle splendenti dove circolano forme luminose[71] "; "Siamo figli e figlie di tutti i poeti. Tutti gli sforzi umani per espandere la nostra coscienza convergono in un'oosfera che d'ora in poi vive dentro di noi perché è l'oggettivazione della coscienza e dell'intelligenza collettiva dell'umanità. "Lasciatevi andare, lasciatevi fare... Ora state dormendo profondamente. "Non abbiamo nemici: siamo una pioggia di diamanti dove scintilla la luce dei mondi[72]."

Michel Serres non ha certo il talento lirico di Lévy; anzi, è molto indietro. Il suo modo di esprimersi è estremamente confuso, il che è sorprendente per uno scienziato che siede nell'Accademia di Francia. Ci limiteremo quindi a citare alcune brevi frasi, perché la sua prosa è molto stentata e quasi incomprensibile. Tuttavia, qua e là, si percepisce che lo scrittore è pervaso dallo stesso zelo planetario quando critica, ad esempio, le "assurdità antiquate che sono i confini tra le nazioni[73]."

"Senza terra né tribù, siamo cittadini del mondo e fratelli degli uomini", ha scritto. Purtroppo, molti passaggi dei suoi libri sono semplicemente illeggibili, persino totalmente incoerenti, come questo che abbiamo scelto, tra gli altri: "La radice familiare abbandona il sangue a favore dell'adozione e di un'estensione della famiglia, d'ora in poi una scelta direttiva, verso l'umanità in generale. Tutti gli uomini hanno il diritto di sentirsi a casa propria ovunque e con tutti. L'Occidente è venuto a lasciare il locale e a portare in gestazione l'universale[74]. "Sotto la penna di un accademico, tali frasi sono piuttosto singolari. Un dettaglio divertente ha attirato la nostra attenzione: il volto di Michel Serres assomiglia in modo impressionante a quello dello scrittore italiano Alberto Moravia, che pure professa belle e nobili idee planetarie. Lo stesso piumaggio, lo stesso ramage, come direbbe il buon Monsieur de La Fontaine[75].

"L'uomo è finalmente umano perché è finalmente universale... L'uomo non è più vernacolare, è planetario", si entusiasmava il grande filosofo Alain Finkielkraut, che ci annunciava:

"La fine dell'esistenza claustrale: nel momento in cui la comunicazione e la connessione generalizzata hanno cancellato - lifting

---

[71] Pierre Lévy, *Filosofia del mondo*, Odile Jacob, 2000, p. 153-156.

[72] Pierre Lévy, *Filosofia mondiale*, Odile Jacob, 2000, pagg. 174-176, 184

[73] Michel Serres, *L'Incandescent*, Le Pommier, 2003, p. 113.

[74] Michel Serres, *L'Incandescent*, Le Pommier, 2003, p. 222.

[75] Jean de La Fontaine è stato un poeta e favolista francese del XVII secolo. Le sue favole sono un classico della letteratura che gli scolari francesi erano soliti imparare (NdT).

miracoloso - le rughe che i confini avevano inciso sul volto dell'umanità, l'appartenenza sofferta scompare a favore della relazione scelta: tutti i morti sono disponibili d'ora in poi; "Felicità se ne ho voglia", ognuno può battezzare il proprio figlio con qualsiasi nome sulla Terra, collegarsi, senza uscire dalla propria stanza, a qualsiasi intrattenimento, accedere alle catastrofi in diretta, esplorare le culture più lontane sdraiato sul divano, irrompere senza preavviso in tutti i luoghi memorabili, andare, senza uscire di casa, a guardare le vetrine agli antipodi e navigare a piacimento nelle banche dati del grande amalgama mondiale che le tradizioni sono diventate[76]. "Finkielkraut stava probabilmente rivelando le proprie aspirazioni piuttosto che la realtà, ma il suo pensiero illumina il percorso che la filosofia politica contemporanea ci sta indicando.

Alain Finkielkraut era tuttavia ben consapevole che questo spirito rivoluzionario che tende a "cancellare il passato" e a "creare un uomo nuovo" era già stato messo in pratica in Unione Sovietica sotto Lenin e Stalin. All'epoca, "l'URSS incarnava questa apoteosi di fronte alle patrie esclusiviste". Rappresentava "la patria dell'umanità" e rendeva "obsoleta la divisione dell'umanità in compatrioti e stranieri[77]. "Il marxismo aveva attirato a sé tutti gli spiriti ardenti del messianismo egualitario, e non lasciava spazio a nessun'altra idea di unificazione planetaria che non fosse la sua. Ma bisogna riconoscere che oggi l'appartenenza ideologica al marxismo non è più realmente positiva, dopo il crollo di quel sistema e gli orrori che conosciamo. È quindi necessario cercare riferimenti ideologici e parentele in altri intellettuali.

Julien Benda è stato forse l'unico rappresentante non marxista dello spirito planetario durante il periodo tra le due guerre in Francia. Alain Finkielkraut e Bernard-Henri Lévy si riferiscono a lui per i loro riferimenti ideologici. Ne *Il tradimento degli intellettuali*, scrive Finkielkraut, Julien Benda esaltava "l'Illuminismo contro il Romanticismo; la difesa dell'universale contro la glorificazione del

---

[76] Alain Finkielkraut, *La Humanidad perdida*, Anagrama, Barcellona, 1998, p. 145, 146, 147.

[77] Alain Finkielkraut, *La Humanidad perdida*, Anagrama, Barcellona, 1998, p. 58, 59. "Patria senza radici, tuttavia, nazione senza natura, territorio i cui nativi non sono indigeni perché, in questo baluardo della nuova era, l'istituzione ha prevalso sull'origine, lo spirito umano ha sconfitto lo spirito del luogo. Questa vittoria rende obsoleta la divisione dell'umanità in compatrioti e stranieri. Nessuno è straniero, nessun volto è respinto o sfrattato in un paesaggio che non si esprime più in termini geografici ma tecnici... L'umanesimo presente nel nome dell'URSS continuerà a ispirare la lotta politica e il lavoro intellettuale per molto tempo ancora. Lo stesso varrà per il pensiero in generale... "
"

particolare; l'affermazione della libertà dello spirito contro il radicamento dell'uomo nel suolo della sua patria, dello spirito nella tradizione, dell'azione nei costumi e del pensiero nella lingua[78]. "È nell'opera di questo rinomato intellettuale, "il grande sacerdote dello Spirito[79] ", che dobbiamo cercare gli elementi che sosterranno la nuova civiltà. Nel *Discorso alla nazione europea*, che scrisse nel 1932, si presentò come l'unico pensatore non marxista a proclamare un discorso globalista che sarebbe entrato in voga solo alla fine del secolo: "Intellettuali di tutti i Paesi, voi dovete essere quelli che proclamano alle vostre nazioni che esse sono perennemente nel campo del male, per il solo fatto di essere nazioni". Plotino arrossì di avere un corpo. Dovete essere quelli che arrossiscono di avere una nazione. "Lo stile ricorda un po' la cattedra, ma almeno la lezione ha il pregio di essere chiara.

L'abolizione delle frontiere e la mescolanza dei popoli è un ideale da raggiungere, ma una società aperta sarà possibile solo se gli istinti razziali e i particolarismi locali saranno annientati. Le razze pure devono essere attraversate per dissolvere i sentimenti di identità, che potrebbero dare origine a risorgenze nazionaliste. Le lingue stesse devono addirittura scomparire a favore di una lingua comune. Questa era l'ambizione visionaria di un uomo chiamato Ludwig Lazarus Zamenhof. Era un giovane studente della colta borghesia polacca che si era dedicato fin da giovane allo sviluppo di una lingua comprensibile a tutti, basata sulle radici comuni delle lingue più diffuse del mondo. Il suo lavoro culminò nella pubblicazione della sua opera fondamentale nel 1887, che presentava la lingua esperanto[80]: *Fundamentals of Esperanto*. Zamenhof ha spiegato le sue motivazioni: "Gli uomini sono uguali: sono creature della stessa specie. Tutti hanno un unico cuore, un unico cervello, organi vitali, bisogni e ideali; la differenza di lingua è l'essenza della differenza e dell'ostilità reciproca tra i popoli. Solo la lingua e la nazionalità li differenziano... Se non fossi stato un ebreo del ghetto, l'idea di unire l'umanità non mi sarebbe mai venuta in mente, o non ne sarei stato così ostinatamente ossessionato per tutta la vita. Nessuno può sentire l'infelicità della divisione umana più di un ebreo del ghetto. Nessuno può sentire il bisogno di una lingua umanamente neutra e anazionale con la stessa intensità di un ebreo costretto a pregare Dio in una lingua morta, mentre riceve la sua educazione e istruzione

---

[78] Alain Finkielkraut, *La Humanidad perdida*, Anagrama, Barcellona, 1998, p. 64, 65.
[79] Alain Finkielkraut, *Le Mécontemporain*, Gallimard, 1991, p. 16.
[80] Il vocabolario dell'esperanto deriva principalmente dalle lingue dell'Europa occidentale, mentre la sintassi e la morfologia mostrano influenze slave e forti somiglianze con le lingue isolanti e agglutinanti come il cinese o il giapponese (NdT).

nella lingua di un popolo che lo rifiuta e che ha compagni di sofferenza in tutto il mondo con i quali non riesce a capire... Il mio essere ebreo è stato il motivo principale per cui, fin dalla prima infanzia, mi sono dedicato a un'idea e a un sogno essenziali: il sogno di unire l'umanità[81]."

Governo mondiale

Le aspirazioni a istituire un governo mondiale trovano la loro principale giustificazione nell'anelito alla pace universale. In questo senso, Julien Benda è stato un pioniere che ha espresso molto bene alcune delle aspirazioni globaliste tra le due guerre. Nella conclusione del suo libro *Il tradimento degli intellettuali*, considerava anche la fusione dei popoli con il caratteristico entusiasmo profetico: "La volontà di presentarsi come distinti si trasferirebbe dalla nazione alla specie, opponendosi con orgoglio a tutto ciò che non è se stesso. In realtà, un tale movimento esiste: c'è, al di sopra delle classi e delle nazioni, una volontà della specie di farsi amare dalle cose, e quando un essere umano vola in poche ore da un capo all'altro della terra, l'intera razza umana freme di orgoglio e si adora come se fosse distinta in mezzo alla creazione"... .Si può talvolta pensare che tale movimento si affermerà sempre di più e che in questo modo si estingueranno le guerre interumane; si arriverà così a una "fratellanza universale", ma che, lungi dal significare l'abolizione dello spirito della nazione con i suoi orgogli e appetiti, sarà al contrario la sua forma suprema, la nazione chiamandosi Uomo e il nemico chiamandosi Dio. E da allora in poi, unificata in un immenso esercito, in un'immensa fabbrica, non conoscendo altro che eroismi, discipline, invenzioni, gettando via ogni attività libera e disinteressata, soddisfatta di porre il bene al di là del mondo reale e non avendo più per dio che se stessa e i suoi appetiti, l'umanità raggiungerà grandi cose, intendo dire una padronanza veramente grande sulla materia che la circonda, una coscienza veramente gioiosa del suo potere e della sua grandezza[82]. "Dopo l'antropologia, la genetica e l'ecologia planetaria, anche il pacifismo milita per la grande causa dell'unificazione del mondo. Dopo la seconda guerra mondiale, Julien Benda divenne un compagno di viaggio del Partito Comunista. Le sue idee generose non gli impedirono di

---

[81] Lettera di Louis Lazarus Zamenhof del 21 febbraio 1905 all'esperantista francese Michaux.

[82] Julien Benda, *La Traición de los intelectuales*, Ediciones Ercilla, Santiago del Cile, 1951, pp. 187, 188.

giustificare la repressione della rivolta ungherese del 1956 e i processi che seguirono la repressione.

Il famosissimo scienziato Albert Einstein è stato uno dei primi, forse il primo, personaggio contemporaneo a chiedere esplicitamente l'istituzione di un governo mondiale. Forse questo è uno dei motivi per cui è così adorato, perché vedremo più avanti in questo libro che la sua aura scientifica è stata recentemente un po' offuscata. Dopo la guerra, nel novembre 1945, pubblicò un articolo sulla rivista *Atlantic Monthly*: "Dal momento che gli Stati Uniti e la Gran Bretagna possiedono il segreto della bomba atomica e l'Unione Sovietica no, dovrebbero invitare l'Unione Sovietica a preparare e presentare la prima bozza di una costituzione per il governo mondiale... Dopo che le tre grandi potenze avranno redatto una costituzione e l'avranno adottata, le nazioni più piccole dovranno essere invitate ad aderire al governo mondiale... Il potere di questo governo mondiale abbraccerebbe tutti gli affari militari e dovrebbe avere solo un altro potere: quello di poter interferire nei Paesi in cui una minoranza opprime la maggioranza, creando così quel tipo di instabilità che porta alla guerra. È necessario affrontare condizioni come quelle attualmente esistenti in Argentina e in Spagna. Il concetto di non intervento deve essere eliminato, poiché la sua eliminazione fa parte del mantenimento della pace."

E Einstein aggiunse con un certo aplomb: "Se è vero che l'Unione Sovietica è governata da una minoranza, non ritengo che le condizioni interne siano di per sé una minaccia alla pace mondiale[83]." In un articolo pubblicato nel gennaio 1946 sul *Survey Graphic*, scrisse inoltre: "Il desiderio di pace dell'umanità può essere realizzato solo con la creazione di un governo mondiale."

Anche il sociologo Edgar Morin voleva l'istituzione di un governo mondiale. Tuttavia, ha negato di voler promuovere il paternalismo o il razzismo nei confronti delle popolazioni del Sud. Secondo lui, infatti, queste grandiose conquiste devono essere compito dell'Occidente, poiché è lì che si trovano lo sviluppo tecnologico e il potere di imporre queste prospettive al resto dell'umanità. La felicità dei terrestri passa necessariamente attraverso una fase in cui i popoli del Sud devono, con le buone o con le cattive, accettare l'idea della democrazia universale. Tali progetti giustificano senza dubbio un "diritto di ingerenza":

"L'associazione umana a cui aspiriamo non può (come abbiamo già detto altrove*): "basarsi sul modello egemonico dell'uomo bianco, adulto, tecnico, occidentale; deve, al contrario, rivelare e risvegliare i

---

[83] *Atlantic Monthly, Boston, novembre 1945 e novembre 1947*, in *Ideas and Opinions by Albert Einstein*, Crown Publishers, Inc. New York, 1954, p. 119.

fermenti femminili, giovanili, senili, multietnici, multiculturali, di civiltà...". [84]", ha spiegato Edgar Morin. Non si tratta quindi di promuovere il dominio maschile bianco, ma semplicemente di utilizzare le sue tecnologie e la sua potenza militare per distruggere i regimi autoritari e assicurare il trionfo globale della democrazia. L'Occidente sarà in un certo senso il laboratorio in cui si svolgerà l'esperimento multiculturale, e allo stesso tempo il custode del Nuovo Ordine Mondiale. "C'è soprattutto l'immaturità degli Stati nazionali, delle menti, delle coscienze, cioè fondamentalmente l'immaturità dell'umanità a realizzarsi. Non possiamo nasconderci gli enormi ostacoli che si frappongono alla nascita di una società-mondo. La progressione unificante della globalizzazione dà origine a resistenze nazionali, etniche e religiose che producono una crescente balcanizzazione del pianeta, e l'eliminazione di queste resistenze significherebbe, nelle condizioni attuali, un dominio implacabile[85] ", ha avvertito Edgar Morin.

Anche Jacques Attali, nel suo *Dictionnaire du XXIème siècle, ha ripreso l'*idea del diritto di ingerenza: "In un mondo globalizzato e connesso, ognuno avrà interesse a far sì che il proprio vicino non cada nella barbarie. È l'inizio della democrazia senza frontiere. "Secondo lui, il Nuovo Ordine Mondiale dovrebbe essere in grado, se necessario, di esercitare un "dominio spietato", come ha suggerito con una certa riluttanza Edgar Morin. Le "istituzioni internazionali", ha detto, vedranno crescere notevolmente i loro poteri: "La prevenzione dei conflitti e delle guerre richiederà un'autorità planetaria per fare il punto sulle minacce, per allertare le istituzioni finanziarie, per supervisionare le sanzioni in caso di violazioni. "Un'organizzazione universale per la pace sarà discussa in primo luogo durante i colloqui per la creazione di un governo mondiale. "Si parlerà meno di diritto di interferire che di "dovere di interferire". La "globalizzazione" sarà infine completata:

---

[84] Edgar Morin e Anne-Brigitte Kern, *Terre-Patrie, 1993,* Editorial Kairós, Barcelona, 2005, *p.* 144-145, *Edgar Morin, M. Piatelli-Pamarini, *L'Unité de l'homme,* Editions Seuil, Points Essais, 1978 p. 350-355. 350-355

[85] Edgar Morin, *El Método 6, Ética; capitolo: Ética planetaria,* Ediciones Cátedra-Anaya, Madrid, 2006, p. 185. "C'è la possibilità di un'opinione pubblica planetaria: attraverso i media, ci sono lampi di solidarietà planetaria con gli orfani rumeni, i rifugiati cambogiani... Le possibilità di prendere coscienza del destino comune aumentano con i pericoli; sono alimentate dalle minacce dannose delle armi nucleari, dal degrado della biosfera, dal degrado globale anche dell'antroposfera a causa dell'eroina e dell'AIDS. "Edgar Morin, *Tierra-Patria",* Editorial Kairós, Barcellona, 2005, p. 162.

"Dopo la creazione delle istituzioni continentali europee, forse apparirà l'urgente necessità di un governo mondiale."

Tutti i nomadi

Nelle parole di uno dei suoi tour de force, Jacques Attali è un "prodigioso creatore di idee". Il governo mondiale a cui aspira non è solo il garante della pace universale, ma è anche il simbolo di una nuova forma di civiltà. Il vecchio mondo sta morendo. Quel mondo, dove fin dalla culla avevamo un tetto sopra la testa, una famiglia, una religione e un'intera cultura in cui sviluppare la nostra vita, è in via di estinzione. E tanto meglio, ci assicura Jacques Attali, perché così l'incertezza, la paura e l'esitazione possono stimolare la nostra creatività. La vita deve essere "reinventata". Le persone devono dare prova di creatività per forgiare il proprio destino. La civiltà mondiale emergente offrirà una "maggiore fluidità e circolazione della conoscenza". Il "Civilego" sarà "la civiltà delle civiltà". Il "Civilego" organizzerà l'armonia di tutte le razze, le renderà tolleranti le une verso le altre, le incoraggerà a essere generatrici di nuove differenze. Il Civilego creerà nuove tribù di nomadi, portatrici di solidarietà regionali."

"Nomade" e "nomadismo" sono infatti termini chiave nel pensiero di Jacques Attali; la maggior parte dei suoi libri ruota sempre intorno a questa idea. "Le civiltà", scriveva Attali, "divenute sedentarie diecimila anni fa, saranno presto ricostruite una dopo l'altra sulla base del nomadismo. La storia del nomadismo dimostra che le sue tribù possono dare origine ad artisti eccezionali, specializzati in opere leggere e trasportabili: musica, gioielli, statuette, dipinti, letteratura orale e così via. Contrariamente alla leggenda, non esiste un essere più pacifico del nomade. Tutti dovranno essere leggeri, liberi, ospitali, vigili, connessi e fraterni."

Senza contare le centinaia di migliaia di lavoratori asiatici o indiani utilizzati come cottimo a basso costo e sfruttabili in Israele, Arabia ed Emirati del Golfo. Si tratta della visione del mondo sviluppata da Jacques Attali, ovvero di un nomadismo generalizzato che interesserà soprattutto i popoli europei e occidentali. Forse le società occidentali non sono ancora pronte per la generalizzazione di questo stile di vita, ma la questione sarà risolta rapidamente: "Bisognerà inventare una legge molto specifica, diversa da quella della sedentarietà, perché senza legge non c'è nomadismo. In effetti, il primo oggetto nomade è stata la Legge stessa, una parola ricevuta nel deserto sotto forma di tavole di pietra trasportate nel Tabernacolo, un oggetto sacro per eccellenza.

Gerusalemme, città santa tra tutte, non è forse già "una città internazionale all'avanguardia per lealtà multiple e democrazia senza frontiere?". "I modi di vita saranno completamente trasformati. Tutto dovrà essere rinnovato nel mondo a venire. La "musica", ad esempio, rifletterà nuovi modi di vivere: "i nomadi urbani creeranno nuovi strumenti per una musica istantanea e collettiva, accessibile a tutti, rompendo le barriere dell'apprendimento, mescolando culture lontane; un mélange di strumenti e armonie. "Come capirete, l'idea del métissage è un'ossessione per Jacques Attali.

Anche Alain Finkielkraut, in *L'umanità perduta*, sviluppa l'idea di questa umanità esclusiva, abituata agli aeroporti e sempre in movimento per il mondo: "L'uomo moderno può essere orgoglioso dei progressi che ha compiuto: turista di se stesso e turista dell'altro, vaga, come il mondo, in un immenso parco di divertimenti, in un museo senza fine dove identità e differenza si offrono in egual misura al suo sguardo discrezionale. Il turismo, in altre parole, non è solo il modo itinerante in cui i contemporanei sedentari occupano il loro tempo libero, ma è lo stato verso il quale l'umanità si sta dirigendo, e questo stato, in sede di bilancio, si pone come valore supremo. Il turismo di destinazione, inoltre, ha lo status di bene sovrano. "Tutti i turisti, turisti per sempre"! Così recita la formula finale dell'emancipazione e della fraternità[86]. "Non resta che spiegare questo grande progetto ai piccoli vietnamiti.

Per Pierre Lévy, il principale punto di divergenza con le opinioni di Jacques Attali è se ci stiamo dirigendo verso lo stato di "nomadi" o se il termine "mobile" sarebbe più appropriato. Lévy è stato categorico su questo punto: "Non siamo più sedentari, siamo mobili. Non nomadi, poiché i nomadi non avevano né campi né città. Mobile: spostarsi da una città all'altra, da un quartiere all'altro della megalopoli globale... Siamo buddisti americani, informatici indiani, ecologisti arabi, pianisti giapponesi, medici senza frontiere[87]. Non ci aggrappiamo più a una professione, a una nazione o a un'identità comune. Cambiamo la nostra dieta, il nostro lavoro, la nostra religione. Passiamo da una vita all'altra, inventiamo continuamente i nostri hobby e le nostre vite. Siamo instabili, sia nella vita familiare che in quella professionale. Sposiamo persone di altre culture e di altre religioni. Non siamo infedeli o sleali, siamo mobili... Dobbiamo inventare sempre più cose. Entriamo nel futuro che inventiamo viaggiando sul nostro pianeta. "Naturalmente, non tutti i francesi si identificheranno con questa immagine di nuova

---

[86] Alain Finkielkraut, *La Humanidad perdida*, Anagrama, Barcellona, 1998, pagg. 150, 151.
[87] Nel maggio 1968, uno slogan proclamava: "Siamo tutti ebrei tedeschi".

umanità. Perché è la "iperclasse" che è stata descritta qui, e non i sedentari bifolchi che saranno sempre fuori moda. Noi europei siamo ancora troppo egoisti e intrisi di pregiudizi grossolani. "La distinzione che facciamo tra i nostri connazionali e gli "stranieri" è assurda quanto la discriminazione tra persone nate di lunedì e persone nate di venerdì. Un essere umano non è più ebreo, americano o cinese di quanto un anno sia davvero dispari o pari", ha spiegato Lévy.

"L'idea di nazione è diventata un vicolo cieco... i confini sono le rovine ancora in piedi di un mondo passato. Servono solo a ospitare i criminali. "Gli esseri umani devono essere "autorizzati a muoversi senza confini"; tutti gli esseri umani, probabilmente anche i gangster e i criminali. Il nostro dovere è quello di "accogliere gli emarginati della globalizzazione, invece di accusare questo o quel capro espiatorio, o di fare l'elemosina a distanza, senza volerli sentire vicini... Il mondo bussa alla nostra porta". Quel mondo vuole anche andare in giro, connettersi alle reti, come noi. Vuole consumare come noi... Sei un essere umano, benvenuto sul pianeta Terra!".

L'abolizione delle frontiere e la libertà di immigrazione sono le ultime rivoluzioni da realizzare", ha proseguito Lévy con coraggio. Stiamo facendo grandi passi verso la proclamazione di una confederazione mondiale. Immaginate il festival mondiale che sarà[88]! "I bolscevichi del 1917 non avrebbero potuto essere più entusiasti.

Improvvisare la propria identità

Emergeranno nuove fraternità, ha spiegato Jacques Attali in *Europe(s)*. Le identità tradizionali si confonderanno: "Dovremo imparare a costruire nazioni senza confini, autorizzando l'appartenenza a più comunità, diritti di voto multipli, fedeltà multiple. Le frontiere non separeranno più coloro che hanno diritti da coloro che non ne hanno... Le nuove tecnologie potrebbero consentire la creazione di gruppi specifici, inventare la solidarietà, pensare al mondo come a una rete piuttosto che in modo gerarchico, scoprire o tracciare nuovi confini. "Sul cadavere delle vecchie identità emergerà il sentimento della "multiappartenenza": "ognuno avrà il diritto di appartenere a più tribù finora antagoniste, di essere ambiguo, di essere situato ai confini di due mondi. Prenderanno in prestito elementi da culture diverse e li useranno per improvvisare la propria dagli scarti delle altre. "Non sappiamo ancora quale sarà il tasso di suicidi, ma è soprattutto importante

---

[88] Pierre Lévy, *Filosofia del mondo*, Odile Jacob, 2000, p. 42.

adattarsi e accettare questa rivoluzione perché il processo è irreversibile. "Se la Francia è cristiana, atlantica ed europea, è anche musulmana, mediterranea e africana. Il suo futuro risiede, come quello di ogni grande potenza, nella molteplicità delle sue appartenenze, nell'accettazione risoluta delle sue ambiguità[89]."

Il grande scrittore Marek Halter si è trovato d'accordo con Jacques Attali nel suo concetto di identità, basato sulla "multi appartenenza" e sulle "molteplici lealtà". Questo ex militante comunista ha trovato nell'ideale planetario una nuova versione di realizzazione intellettuale e spirituale, come molti dei suoi ex compagni. Nel suo libro *Un uomo, un grido, ha* rivelato alcune delle sue motivazioni come scrittore: "Anche prima di leggere L'*uomo a una dimensione di* Herbert Marcuse, avevo diffidato degli uomini d'ordine perché erano definiti da un'unica funzione nella società. In questo modo sono diventati facile preda di tutte le dittature. Se un uomo si definisce esclusivamente tedesco, francese o polacco, basta fare appello al suo patriottismo per farlo marciare al passo. Ogni dimensione culturale o religiosa che si aggiunge rende l'uomo più complesso e più difficile da manipolare. Anche più libero. Quindi, sono francese, polacco, russo, argentino, pittore, scrittore e anche ebreo. Sono ebreo non solo perché i miei genitori lo erano, non solo per spirito di fedeltà ai riti dei miei antenati, ma perché ho scelto di esserlo. E ho deciso di farlo perché questa scelta ha confermato la mia libertà[90]. "L'identità ebraica dello scrittore appare qui come un'appendice, come qualcosa di superfluo, senza molta importanza, anche se completa abbastanza bene questa identità multipla. Quello che Marek Halter cercava di dirci è che l'essere ebreo, per un ebreo, alla fine rappresenta solo una piccola parte di sé, un sottile strato sulla superficie della complessità e della ricchezza dell'essere umano.

Società multiculturale

Nelle visioni profetiche di Jacques Attali, le nazioni europee sono diventate multiculturali e multirazziali. La Francia si farà ovviamente carico di un progetto di "Fraternità". Si occuperà della questione musulmana, nel quadro rigoroso del laicismo repubblicano. Diversi musulmani saranno ministri. La società francese potrebbe essere un faro per le nuove culture, un laboratorio di civiltà fraterna e creativa. "La

---

[89] Jacques Attali, *Europe(s)*, Fayard, 1994, p. 198.
[90] Marek Halter, *Un Homme, un cri*, Robert Laffont, Parigi, 1991, p. 22.

Gran Bretagna sarà una "giustapposizione di comunità indifferenti provenienti dai cinque continenti, la prima società civile europea". "La Germania, da parte sua, dovrà affrontare l'invecchiamento della popolazione. Dovrà quindi "aprirsi all'immigrazione per compensare l'attuale deficit demografico". La quota della popolazione straniera naturalizzata dovrebbe infatti raggiungere un terzo della popolazione totale e la metà di quella delle città", scriveva con lungimiranza. Un'altra soluzione sarebbe quella di incoraggiare la natalità tedesca, ma Jacques Attali non la prevede, perché solo una società multirazziale garantirebbe la realizzazione dei progetti planetari.

Il Canada sarà il "laboratorio dell'utopia, una formidabile terra di multiculturalismo e democrazia senza confini, dove ognuno sarà contemporaneamente membro di diverse collettività un tempo reciprocamente esclusive". "Il Brasile sarà "il miglior prototipo della "cultura Lego" che viene pubblicizzata come universale: una vetrina di frammenti di civiltà che ognuno potrà assemblare come vuole". In definitiva, l'unica nazione industriale che non meritava la stima del nostro intellettuale era il Giappone, una società indubbiamente troppo omogenea e impermeabile alle idee cosmopolite. Secondo lui, il Giappone è "una democrazia ancora superficiale e in gran parte controllata da clan corrotti". Il Giappone può evitare il declino solo aprendosi alle idee, alle culture e alle imprese di altre élite occidentali[91]."

Anche Michel Wieviorka, uno dei nostri più grandi sociologi di oggi, ha ripreso l'idea che nella "nuova era" in cui stiamo entrando "inventiamo e inventeremo sempre più spesso le nostre identità[92]. "Si rifece alle tesi del padre del relativismo culturale, Franz Boas, che spiegava il carattere ibrido e mutevole delle culture. Ha anche citato il famoso sociologo americano Nathan Glazer (*We are all multiculturalist now*, Cambridge, Harvard University Press, 1997). "Il punto è chiaro, ha detto Wieviorka, si tratta di riconoscere la diversità culturale delle nostre società e la pluralità di rivendicazioni che questo implica[93].

---

[91] Jacques Attali, *Dictionnaire du XXIe siècle*, Fayard, Paris, 1998. "I Paesi che si affacciano sul Mediterraneo si organizzeranno in un mercato comune le cui istituzioni saranno installate a Gerusalemme, che diventerà la capitale di due Stati e tre religioni. La civiltà occidentale, tecnica, capitalista e democratica lascerà il posto a una civiltà dell'assemblaggio, una civiltà Lego (che propongo di chiamare civiLego), il cui ideale e la cui vocazione saranno la ricostruzione dell'armonia del mondo attraverso la tolleranza dei suoi opposti e l'infinita mescolanza dei suoi valori. "Jacques Attali, *Dizionario del XXI secolo*, Paidós Ibérica Pocket, Barcellona, 2007, p. 15-16.
[92] Michel Wieviorka, *La Différence*, Balland, 2001, pag. 1.
[93] Michel Wieviorka, *La Différence*, Balland, 2001, p. 83.

"Oggi si tratta semplicemente di lottare contro "la sottovalutazione o l'emarginazione che colpisce costantemente i gruppi i cui membri sono vittime di discriminazioni (nel lavoro, nell'accesso all'istruzione, nell'alloggio, ecc.) ma anche svantaggiati fin dall'inizio della loro vita sociale a causa della loro origine nazionale, della loro religione, dei loro attributi fisici, delle loro preferenze sessuali e di genere, ecc. "In effetti, questo è il problema di tutte le società multiculturali ed egualitarie che lo stile di vita occidentale cerca di imporre livellando il mondo. Secondo lui, alcune minoranze possono essere considerate le grandi vittime della società bianca occidentale. Si tratta delle cosiddette "minoranze primarie": "Gli aborigeni dell'Australia, i maori della Nuova Zelanda e gli indiani delle tre Americhe hanno ricevuto la modernità in pieno. Coloro che oggi incarnano questi popoli, ha scritto, costituiscono un residuo della storia. Rappresentano, senza dubbio, ciò che rimane quando tutto è stato distrutto dalla violenza della conquista - con tutte le conseguenze devastanti che comporta, come malattie, alcolismo, comportamenti autodistruttivi degli individui (suicidi) o delle norme di gruppo (violenza sui bambini, vandalismo all'interno della comunità)."

"Questi gruppi, ha aggiunto Michel Wieviorka, sono talvolta reticenti nei confronti delle politiche multiculturaliste che tendono a metterli sullo stesso piano delle minoranze immigrate. Anche le minoranze primarie sono colpite dalla modernità, ma "paradossalmente", ha sostenuto Wieviorka, "le loro maggiori possibilità di sopravvivenza e di sviluppo non risiedono nella resistenza comunitaria che le racchiude senza salvarle, ma in un'apertura al mondo della tarda modernità, alla reinvenzione di forme culturali che non isolano il passato ma lo rivalutano scommettendo sulla grande caratteristica del nostro tempo: il riconoscimento delle differenze all'interno della democrazia e grazie ad essa[94]." Si tratta di una visione piuttosto paradossale, ha affermato Wieviorka. "Si tratta di una visione piuttosto paradossale.

Così si dice che l'ultima tribù della foresta equatoriale non sfuggirà alla vigilanza dei nostri moderni pensatori. L'ossessione per il miscegenariato è indubbiamente caratteristica del pensiero planetario. Si noti anche l'uso frequente del concetto di "invenzione", come se tutto ciò che è stato lasciato in eredità dalle generazioni passate dovesse necessariamente essere scartato.

---

[94] Michel Wieviorka, *La Différence*, Balland, 2001, p. 112.

Ibridazione e incrocio

Ovviamente è un po' contraddittorio affermare di arricchire attraverso la diversità quando l'intera teoria promuove l'omogeneizzazione e la standardizzazione attraverso la mescolanza e il mescolamento.

Da qui il paradosso: le culture devono essere preservate e aperte allo stesso tempo... Dobbiamo difendere le singolarità culturali promuovendo l'ibridazione e la miscegenazione, dobbiamo collegare la salvaguardia delle identità e la propagazione di un'universalità meticcia o cosmopolita, che tende a distruggere queste identità". "Questi sono i tormenti dello spirito cosmopolita". Cosmopolita?

"Per questo motivo, la parola cosmopolita significa (letteralmente) cittadino del mondo e (concretamente) figlio della Terra, e non individuo astratto che ha perso tutte le sue radici. Desideriamo lo sviluppo di reti nel tessuto planetario. Predichiamo il miscegenariato, nelle condizioni in cui si tratta di simbiosi e non di sottrazione di sostanze a una civiltà da parte di un'altra[95]."

Sia chiaro: l'idea di Edgar Morin non è quella di incoraggiare un popolo prolifico e dominante a diffondersi assorbendo e facendo scomparire un popolo numericamente inferiore attraverso i matrimoni, ma di promuovere, in un certo senso, una miscegenazione che indebolisca un popolo dominante, annullando la sua specificità, mantenendo intatto il popolo dominato, come una bottiglia di inchiostro puro da usare per dosare sapientemente le diverse miscele.

Anche lo scrittore italiano Primo Levi era un sostenitore di una società mista, almeno per le società europee. È stato autore di numerosi romanzi e saggi tradotti in tutte le lingue e studiati anche in scuole e istituti di tutto il mondo. In un'antologia intitolata *Asimmetria e vita*, nel capitolo *Intolleranza razziale, si fa* paladino della mescolanza: "Più distanti sono le aree di origine, più favorevole sarà l'incrocio, come dimostra la selezione naturale non solo negli animali, ma anche nelle piante. "Per rendere l'idea più facilmente accettabile senza rischiare di offendere le popolazioni, bisogna partire dal postulato che siamo già razze miste, e affidarsi, se necessario, al rafforzamento delle prove genetiche degli esperti: "la razza indoeuropea non è pura, perché nulla lo dimostra[96]. "In realtà, non ci sono quasi differenze tra le razze umane. "Infatti, nonostante gli sforzi di tutti gli antropologi, nessuno studio

---

[95] Edgar Morin e Anne-Brigitte Kern, *Tierra-Patria*, 1993, Editorial Kairós, Barcelona, 2005, p. 145, 149.
[96] Primo Lévi, *L'Asymétrie et la vie*, Robert Laffont, 2002, p. 200.

antropologico serio è riuscito a dimostrare una differenza di valore tra le razze umane dopo aver eliminato i fattori non razziali, cioè culturali. "Le razze non esistono, quindi la questione è chiusa. Da questo momento in poi, tutte le speranze sono ammesse. La scomparsa delle frontiere porterà al mescolamento delle popolazioni mondiali e a una diffusa miscegenazione. È in questo senso che possiamo aspettarci la definitiva scomparsa di conflitti e guerre. L'umanità trionfante sarà in un certo senso una vittoria dell'essere umano sulla sua condizione animale: "Penso che il pregiudizio razziale sia qualcosa di molto poco umano. Penso che sia pre-umano, che preceda l'uomo, che appartenga al mondo animale piuttosto che a quello umano. Penso che sia un pregiudizio di tipo selvaggio, di bestie feroci."

Nel suo libro intitolato La *Francia e l'immigrazione; dal 1900 a oggi*, pubblicato nel 2004, il demografo Gérard Noiriel ha cercato di dimostrare che la popolazione francese è il prodotto di una grande mescolanza. Per farlo, l'autore ha optato per un'originale trama tematica piuttosto che cronologica in quattro parti: *Partire, Trovare un posto per sé, Integrarsi, Coltivare le differenze*. Questa presentazione permette di mescolare negli stessi capitoli tutti i popoli arrivati in successione, attenuando così le differenze tra i polacchi e le popolazioni animiste e musulmane dell'Africa sbarcate di recente. Non c'è differenza. Non c'è differenza.

La società meticcia è il modello proposto anche dal talentuoso saggista Guy Sorman in *Il mondo è la mia tribù*. "La Francia deve continuare sulla sua strada unica, quella della mescolanza delle culture piuttosto che dell'esclusione dell'altro". La Francia - il paese dei diritti umani - rappresenta il modello ideale di ogni nazione per tutti gli autori che sanno valorizzare e apprezzare "un mondo meticcio che diventa sempre più meticcio[97]. "Il fenomeno della globalizzazione, che alla fine non è altro che l'americanizzazione del mondo, sta fortunatamente portando l'umanità verso questo destino.

Ma l'apologia della miscegenazione di Guy Sorman porta con sé alcune contraddizioni piuttosto singolari. Il suo girovagare per il mondo lo ha portato in Argentina, dove la comunità ebraica è numerosa. Nella popolazione, osservò i discendenti di spagnoli e italiani. "Finalmente arrivarono gli ebrei. Hanno portato le loro ossessioni e complessità in valigia. "Sebbene Guy Sorman non abbia approfondito l'argomento, lo ha comunque rivelato nel suo discorso e nella sua percezione dell'umanità e dei popoli quando ha denunciato, ad esempio, il razzismo degli argentini: "Gli argentini - ossessionati dalla purezza del

---

[97] Guy Sorman, *Le Monde est ma tribu*, Fayard, 1997, p. 399.

sangue in questa nuova Spagna come nella vecchia - pensavano di essere l'unica tribù bianca dell'America Latina (in realtà ci sono pochi indios e meticci, se non ai margini); ancora oggi si vantano della loro bianchezza, come se fosse una virtù[98]. "Guy Sorman sembrava quindi sospettare un razzismo latente nella popolazione argentina semplicemente a causa di questa "bianchezza". Sono d'accordo; tuttavia, potrebbe sorprenderci il fatto che sia stato proprio in Argentina che gli ebrei hanno deciso di stabilirsi in massa, e non nei Paesi vicini, invero più meticci. Un'altra evidente contraddizione si è manifestata nell'interesse dello scrittore per Israele, poiché l'attaccamento a questa patria, fondata su basi etno-religiose irriducibili, non è affatto compatibile, in linea di principio, con l'apologia del miscegenariato e l'instaurazione della società universale di cui è apologeta. A meno che, naturalmente, questo discorso umanista non sia solo un prodotto da esportazione, come l'internazionalismo e il pacifismo comunista che un tempo erano rivolti ai Paesi occidentali per la causa dell'Unione Sovietica. "Come francese di origine ebraica, ma volterrano e laico, non posso che essere in ansia per Israele, così lontano eppure così vicino[99] ", ci ha detto semplicemente.

Nella sua opera compare un altro tema classico dell'idea planetaria: quello dell'inutilità di ogni opposizione, come se il destino dell'umanità fosse già stato tracciato da forze superiori, settarie o religiose. Le grandi migrazioni dei popoli del Sud verso il Nord, ad esempio, sono ineluttabili; è quindi inutile volersi opporre a questi movimenti: "A questo proposito, si proporrà a McMundo di gestire la Grande Migrazione invece di proibirla, poiché tale proibizione è inutile[100] ", ha scritto. Sarà quindi del tutto inutile cercare di opporsi a ciò che è già programmato. Questa idea di ineluttabilità è ricorrente nel discorso planetario, come lo era nel discorso marxista che prevedeva la prossima vittoria del proletariato e la scomparsa delle classi sociali.

Consumismo cittadino

L'avvento di un mondo senza confini avverrà attraverso la trasformazione dei cittadini radicati in consumatori planetari. La società dei consumi e i regimi democratici supereranno gli ultimi shock delle

---

[98] Guy Sorman, *Il mondo è la mia tribù*, Editorial Andrés Bello, Barcellona, 1998, pag. 46.
[99] Guy Sorman, *Il mondo è la mia tribù*, Editorial Andrés Bello, Barcellona, 1998, p. 337.
[100] Guy Sorman, *Le Monde est ma tribu*, Fayard, 1997, pag. 181.

crisi di identità che probabilmente stiamo vivendo. Alain Finkielkraut lo ha spiegato perfettamente: "Il consumo mette fuori gioco il guerrafondaio nazionalista. "Il filosofo descriveva così le ineffabili gioie della società dei consumi e la sua notevole utilità nello sradicare l'identità degli individui:

"L'uomo postmoderno è grato alla tecnologia per aver rotto i suoi punti di radicamento. Non è un nomade, ma un turista che vede il mondo e vaga tra le grandi tende dell'umanità. È un turista goloso che apprezza l'India e il suo riso basmati o l'Europa centrale e il suo strudel di mele. Da questa posizione di altruismo turistico, di xenofilia da galleria commerciale, egli condanna in blocco, sotto il nome di fondamentalismo, nazionalismo o tribalismo, tutto ciò che è ancora o di nuovo rimasto dell'amor di patria nel mondo post-totalitario. "Così, "l'antirazzismo diventa una modalità della società dei consumi, e il consumo, anche se condito con sapori stranieri, una varietà di antirazzismo[101]. "Queste sono le linee guida che formeranno il tessuto della nuova società umana del futuro, quella che finalmente garantirà la pace e la felicità universale per tutti gli esseri umani". Anche se vediamo già da lontano i denigratori insolenti e sardonici di questa "filosofia da supermercato".

Il saggista dei media Pascal Bruckner ha sviluppato un'analisi simile, anche se frutto più delle sue speranze politiche che della sua osservazione del mondo: "Dobbiamo riconoscere che il consumismo e l'industria dell'intrattenimento sono una straordinaria creazione collettiva senza equivalenti nella storia. Per la prima volta, uomini e donne hanno cancellato le barriere di classe, razza e sesso, e si sono fusi in un'unica folla pronta a farsi sbalordire, a divertirsi senza pensare ad altro... Lo shopping, la distrazione, il vagabondaggio mentale attraverso gli spazi virtuali producono una cupezza, forse ottundente, ma così tenue, così gentile, che si confonde per noi con la luce più brillante[102]. "Questo è uno dei pochi passaggi un po' eloquenti dei libri di Pascal Bruckner che, a dire il vero, sono sempre come una zuppa calda in una notte di freddo pungente in montagna.

Per Jacques Attali, la democrazia rimane naturalmente la cornice obbligata per l'instaurazione della società aperta, ma dovrà evolversi

---

[101] Questa è la singolare conclusione di un libro sulla filosofia di Charles Péguy [filosofo, poeta e saggista francese, considerato uno dei principali scrittori cattolici moderni]: Alain Finkielkraut, *Le Mécontemporain*, Gallimard, 1991. Va notato che qualunque sia l'argomento dei suoi libri, la conclusione è invariabilmente un appello all'universalismo.

[102] Pascal Bruckner, *La tentación de la inocencia*, Anagrama, 1996, Barcellona, p. 71. Immagini luminose e forme "splendenti" comparivano già nella prosa di Lévy.

per adattarsi alle esigenze definite dal Nuovo Ordine Mondiale: "Intensificando la libera circolazione delle merci, dei capitali, delle idee e delle persone, il mercato abbatterà le frontiere di cui la democrazia ha bisogno per definire il territorio in cui si esercita il diritto di voto e in cui si istituzionalizza la Repubblica. Il diritto internazionale, sotto la pressione delle imprese, costringerà gli Stati a uniformare il loro diritto fiscale e sociale al livello più basso possibile, creando un mondo adattato ai nomadi, mentre fino ad allora la democrazia era stata concepita per servire i sedentari... Il mercato si estenderà a settori attualmente proibiti o impensabili: istruzione, sanità, giustizia, polizia, cittadinanza, aria, acqua, sangue, trapianti di organi, tutto avrà un prezzo. "Ma non pensiamo che Attali rifiuti il marxismo a causa di queste considerazioni economiche. Al contrario, la globalizzazione liberale ha un grande debito con l'ideologia marxista che l'ha storicamente preceduta nel suo desiderio di costruire una società universale. La globalizzazione liberale ha preso il sopravvento e sta realizzando punto per punto ciò che il marxismo non era riuscito a fare. Jacques Attali è stato lucido a questo proposito: "Il marxismo sarà riconosciuto come una delle forme più rilevanti di analisi e previsione dell'evoluzione delle società umane. "Certamente il marxismo è ancora oggi molto utile per incanalare in senso planetario lo spirito di ribellione che inevitabilmente pervade una società liberale che offre ai suoi giovani solo di girovagare nei centri commerciali.

Pierre Lévy è innegabilmente il più entusiasta degli intellettuali planetari, e anche il più stravagante: "Quello che né le grandi religioni, né l'istruzione pubblica, né la dichiarazione universale dei diritti dell'uomo, né il semplice buon senso erano riusciti a costruire - l'unità concreta dell'umanità - si sta materializzando attraverso il commercio[103]... Il movimento di unificazione intellettuale, culturale e spirituale dell'umanità sarebbe incomprensibile, incompleto, incoerente e semplicemente impossibile se non fosse accompagnato e sostenuto dal movimento di unificazione globale del mercato capitalistico e dalla crescita di un gigantesco macrocosmo tecnologico interconnesso, interdipendente e planetario, che ha avuto il suo culmine nel cyberspazio... ."

"Non sappiamo più quando lavoriamo e quando non lavoriamo. Saremo sempre in attività. Tutti i tipi di commercio... Anche i lavoratori salariati, che chiedono una remunerazione sempre maggiore in azioni, diventeranno imprenditori individuali, passando da un datore di lavoro all'altro, gestendo la propria carriera come una piccola impresa... La

---

[103] Pierre Lévy, *Filosofia del mondo*, Odile Jacob, 2000, p. 61.

pratica del commercio diventerà sempre più universale, più olio c'è nel motore degli affari, meno attriti (violenza, potere, menzogna, crimine) ci saranno nella società e maggiore sarà l'aumento della ricchezza generale. Perché tutti lavoreranno in modo cooperativo e competitivo per produrre più "valore"... Il gioco consiste nell'inventare nuovi giochi con i simboli. Molte bolle speculative individuali scoppieranno, ma la bolla speculativa dell'economia e della finanza mondiale non scoppierà mai. Al contrario, aumenterà continuamente... Non ci sarà alcuna differenza tra il pensiero e il business. Il denaro premierà le idee che permetteranno il futuro più favoloso, il futuro che decideremo di acquistare[104]. In questo Nuovo Ordine Mondiale, "non ci sono più "famiglie", non ci sono più "nazioni" che restano unite". Divorziamo, emigriamo, cambiamo regione o azienda... Quindi consumiamo per guidare lo sviluppo umano invece di cercare un'identità[105]."

"Il cyberspazio è attualmente l'epicentro del ciclo autocreativo dell'intelligenza collettiva dell'umanità", ha continuato Lévy. "Il processo di deprogrammazione e di apertura dello spirito umano richiederà diversi decenni prima di avere luogo, ma è ineluttabile. Sta a noi ritardarlo il meno possibile[106]. "Nello schema marxista, era la "società senza classi" a essere "ineluttabile". Questa analogia può lasciarci un po' circospetti, considerando i "danni collaterali" che sembrano sempre accompagnare tali profezie.

Società matriarcale

Secondo Jacques Attali, il mondo che verrà non sarà solo un mondo di ricomposizione etnica e politica. Le trasformazioni dovranno estendersi a tutti gli aspetti della vita sociale, fino alla ristrutturazione del nucleo familiare. Non inganniamoci: le loro visioni profetiche non sono solo un'estensione degli orientamenti attuali della società futura a cui gli ideologi planetari aspirano. Secondo gli intellettuali di questa corrente, le tradizioni sono state per secoli un ostacolo che ha impedito all'uomo di evolversi. Le religioni, in particolare quella cattolica, hanno mantenuto gli europei in una sorta di arretratezza. Si tratta ora di disfare i vecchi orpelli delle società europee e di dimenticare il concetto reazionario di famiglia e tutto ciò che si eredita alla "nascita". (cfr. *Dizionario del XXI secolo*):

---

[104] Pierre Lévy, *Filosofia del mondo*, Odile Jacob, 2000, p. 100.
[105] Pierre Lévy, *Filosofia mondiale*, Odile Jacob, 2000, pag. 83, 132
[106] Pierre Lévy, *Filosofia mondiale*, Odile Jacob, 2000, p. 53, 120, 123

"Ogni essere umano diventerà un essere senza padre né madre, senza antecedenti, senza radici né posterità, un nomade assoluto. "La rivoluzione deve estendersi il più possibile. Il "matrimonio" tradizionale deve lasciare il posto a nuove forme di partnership: "Tutti avranno il diritto di formare più coppie contemporaneamente. La poligamia e la poliandria saranno la norma. "Uomini e donne saranno finalmente liberi di vivere appieno la loro sessualità e di soddisfare i loro desideri "erotici": "Sarà lecito avere, tramite una "*clonimia*", tutti i rapporti sessuali proibiti a un essere umano". Anche le relazioni con minori *clonimaghi saranno* autorizzate, purché si possa garantire che non richiedano o implichino la partecipazione di un bambino reale. Onanismo e nomadismo. Onanomadismo[107]."(sic)

E cosa pensava Jacques Attali della natura, gli uccelli o il mare? Il mare? Sarà "dichiarata proprietà comune dell'umanità". Dovrà essere istituita una polizia marina internazionale per garantire il rispetto dei diritti delle generazioni future. "Questa è l'ossessione planetaria; una propaganda instancabile per l'unificazione dell'umanità e la distruzione della vecchia civiltà; è una tensione permanente verso la realizzazione di questo progetto, con una dimensione mistica e religiosa sottostante.

Sebbene Jacques Attali si sia spostato verso il liberalismo nel suo approccio all'economia, rimane indubbiamente un marxista in tutte le questioni relative ai fenomeni sociali, poiché il suo pensiero sulla ristrutturazione sessuale e familiare è innegabilmente erede di quello di Wilhelm Reich e Herbert Marcuse.

Il padre del concetto di rivoluzione sessuale è il teorico Wilhelm Reich, che per primo sintetizzò le idee di Sigmund Freud e Karl Marx: "La sociologia sessuo-economica", scrisse nel 1933 nel suo *Psicologia di massa del fascismo*, "è nata dallo sforzo di armonizzare la psicologia del profondo di Freud con la dottrina economica di Marx: "La psicoanalisi è la madre e la sociologia il padre" di quella che Reich chiamò "l'economia sessuale"[108]."

Se il marxismo proclamava la divisione della società umana in classi antagoniste, Freud, da parte sua, divideva l'individualità umana nella quale credeva di poter scorgere diversi strati: uno strato molto antico e ampio, l'Io, il dominio dell'inconscio che non conosce né il bene né il male, né la morale, né alcun altro valore di qualsiasi tipo se

---

[107] Jacques Attali, *Dictionnaire du XXIe siècle*, Fayard, Paris, 1998.
[108] Wilhelm Reich, *La Psychologie de masse du fascisme*, 1933, 1969, 1972 pour la traduction française, Éditions Payot, 1998, p. 20. E per la traduzione spagnola: Wilhelm Reich, *Psicología de masas del fascismo*, EspaPdf (es.scribd.com), p. 69, 70.

non "il principio del piacere". Sotto l'influenza del mondo esterno, compare uno strato derivato, l'Io, che a sua volta dà vita, grazie all'azione dei fattori sociali, all'Overself.

Freud ha proposto un'analogia marxista per spiegare il ruolo dei diversi strati della psiche che si sono creati sotto l'influenza della civiltà e della sessualità che governa l'infrastruttura dell'Es. Freud scriveva così nel 1930 in *L'agitazione nella cultura*: "Sappiamo già che la cultura obbedisce alla regola della necessità psichica economica, perché è costretta a sottrarre alla sessualità una gran parte dell'energia psichica di cui ha bisogno per il proprio consumo. Così facendo, adotta nei confronti della sessualità un comportamento identico a quello di un popolo o di una classe sociale che è riuscita a sottometterne un'altra al proprio sfruttamento[109]. "La sessualità, che a livello dell'Io ha come unico obiettivo il piacere delle diverse parti del corpo, deve sottostare alla funzione riproduttiva ed è quindi concentrata esclusivamente nell'area genitale". Inconsciamente, l'organismo conserva il ricordo di uno stato ideale in cui il "principio di piacere" (la società senza classi che è scomparsa) aveva il dominio assoluto, e cerca quindi di liberarsi dallo stato di schiavitù in cui è asservito. Ma l'Io e il Soprasensibile creano la nozione di moralità e qualificano questi tentativi di liberazione come "perversione" o "atti amorali". In una civiltà costruita su queste basi, il lavoro non porta alcun piacere; diventa una fonte di infelicità e di dolore.

Wilhelm Reich si è ispirato a molte delle scoperte di Freud, soprattutto per quanto riguarda la sessualità infantile. Per lui si trattava di liberare gli individui dall'oppressione della sessualità riproduttiva per far rinascere una "organizzazione sessuale pre-genitale". Per farlo, era necessario attaccare ciò che costituisce l'ossatura di questa sessualità, cioè la cellula familiare patriarcale autoritaria, che è anche la matrice del capitalismo, del fascismo e del sentimento religioso reazionario.

Secondo l'autore, in passato la sessualità infantile e giovanile era "positivamente valorizzata nella democrazia del lavoro matriarcale originaria". L'organizzazione sessuale matriarcale, il cui "fondamento era l'assenza di proprietà privata dei mezzi di produzione sociale", era dominante. In questo tipo di società ideale, le donne si occupavano esclusivamente della prole, mentre gli uomini erano tenuti fuori dal nucleo familiare. Il passaggio alla società patriarcale, spiega Reich, è

---

[109] Sigmund Freud, *Il malessere nella cultura, Parte IV, Opere raccolte*, EpubLibre, trad. Luis López Ballesteros y de Torres, 2001, p. 4085. (In francese questo scritto di Freud, *Das Unbehagen in der Kulturs*, è tradotto con *Le Malaise dans la civilisation*).

avvenuto con "il trasferimento di potere e ricchezza dalla *gens* democratica alla famiglia autoritaria del capo tribù". "In questo modo, la repressione sessuale divenne una componente essenziale della divisione della società in classi[110]."

Oggi, scrive Reich, la sessualità dei bambini "è sottoposta a una repressione sistematica" attraverso le misure educative della cellula familiare autoritaria. Questa "inibizione morale della sessualità genitale del neonato lo rende timoroso, timido, sottomesso, obbediente, insomma 'buono' e 'docile' in senso autoritario; poiché d'ora in poi ogni impulso vitale e libero è caricato di una forte dose di angoscia, questa limitazione paralizza le forze ribelli dell'uomo e riduce la sua capacità di pensiero e di critica. "In breve, la funzione principale della cellula familiare patriarcale è quella di far adattare il bambino all'ordine autoritario.

"Come prima fase di questo adattamento, il bambino passa attraverso lo stato autoritario in miniatura della famiglia, le cui strutture deve accettare per potersi integrare in seguito nell'ordine sociale generale. "Se si vuole distruggere l'idea di nazione, bisogna logicamente distruggere anche la famiglia tradizionale, poiché la famiglia autoritaria è la cellula riproduttiva del pensiero reazionario, che a sua volta limita gli individui reprimendo la sessualità dei bambini.

Nelle società europee, questa repressione fa sì che "la sessualità segua vari percorsi di soddisfazione sostitutiva". Così che "l'aggressività naturale viene elevata a un sadismo brutale, che è parte essenziale della psicologia di massa della guerra messa in scena da pochi per soddisfare gli interessi imperialisti". "Reich spiegò così l'ascesa del nazionalsocialismo di Adolf Hitler: "La sua propaganda [di Hitler] ha potuto attecchire grazie alla struttura autoritaria e timorosa degli uomini. "Perché "il fascismo è ideologicamente la reazione di una società agonizzante, sia sessualmente che economicamente, contro le tendenze dolorose ma determinate del pensiero rivoluzionario verso la libertà sessuale ed economica, una libertà che ispira ai reazionari una paura mortale al solo pensiero[111]. "Per questi reazionari la liberazione era sinonimo di caos e depravazione sessuale.

"La vita sessuale naturale mette in pericolo la persistenza delle istituzioni sessuali quando inizia la declassificazione economica della piccola borghesia. Poiché la piccola borghesia è il pilastro principale

---

[110] Wilhelm Reich, *Psicologia di massa del fascismo*, (1933), EspaPdf (en.scribd.com), p. 398, 391, 402, 403

[111] Wilhelm Reich, *Psicologia di massa del fascismo*, (1933), EspaPdf (en.scribd.com), p. 195, 196, 201, 229, 299

dell'ordine autoritario, la sua "decenza" e la sua "preservazione" dalle influenze dell'"infraumanità" sono di fondamentale importanza; infatti, se la piccola borghesia perdesse la sua posizione moralistica in materia sessuale nella stessa misura in cui perde la sua posizione economica intermedia tra la classe operaia industriale e la grande borghesia, ciò costituirebbe sicuramente la più grave minaccia per l'esistenza delle dittature... Ecco perché in tempi di crisi il potere dittatoriale rafforza sempre la propaganda a favore di

della "decenza" e del "consolidamento del matrimonio e della famiglia[112].""

Le donne e i bambini sono le vittime di questa organizzazione patriarcale. Per ottenere la permanenza dell'"istituzione della famiglia autoritaria, è necessario qualcosa di più della dipendenza economica delle donne e dei bambini dai loro mariti e padri. Per gli oppressi, questa dipendenza è sopportabile solo a condizione di eliminare il più possibile la coscienza delle donne e dei bambini come esseri sessuali. La donna non deve apparire come un essere sessuale, ma solo come una riproduttrice. L'idealizzazione della maternità, la sua divinizzazione, così in contraddizione con l'effettivo trattamento brutale delle madri dei lavoratori, servono essenzialmente a impedire l'emergere della coscienza sessuale nelle donne, a impedire la rottura della repressione sessuale imposta e il cedimento all'angoscia e al senso di colpa sessuale. L'accettazione e il riconoscimento delle donne come esseri sessuali significherebbe il crollo dell'intera ideologia autoritaria. Si tratta quindi di "abolire l'equiparazione reazionaria di sessualità e riproduzione". "La donna deve diventare il nemico del maschio bianco autoritario. "L'inibizione morale antisessuale impedisce alla donna conservatrice di prendere coscienza della sua situazione sociale e la lega alla Chiesa con la stessa forza con cui le fa temere il "bolscevismo sessuale". Wilhelm Reich ha concluso che "il risultato è il conservatorismo, la paura della libertà, persino una mentalità reazionaria"."

Così, "l'ideologia del "destino della famiglia numerosa" non obbedisce solo agli interessi dell'imperialismo aggressivo, ma essenzialmente all'intenzione di mettere in secondo piano la funzione sessuale della donna rispetto alla sua funzione procreativa[113]. "Il divorzio e tutte le deviazioni che possono rompere la famiglia e liberare

---

[112] Wilhelm Reich, *Psicologia di massa del fascismo*, (1933), EspaPdf (en.scribd.com), p. 423-425
[113] Wilhelm Reich, *Psicologia di massa del fascismo*, (1933), EspaPdf (en.scribd.com), p. 451-452, 198, 200, 453

le donne e i bambini dall'intollerabile oppressione esercitata dal maschio bianco dovrebbero quindi essere incoraggiati e sostenuti: "Il semplice accoppiamento dell'era della democrazia naturale del lavoro, che permetteva la separazione in ogni momento, è stato trasformato nel matrimonio monogamico permanente del patriarcato. "Il matrimonio monogamico e permanente divenne l'istituzione di base della società patriarcale, e lo è tuttora. Per garantire questi matrimoni, le aspirazioni genitali naturali dovevano essere progressivamente limitate e svalutate. L'ordine sessuale patriarcale e autoritario "diventa la base originale dell'ideologia autoritaria, spogliando le donne, i bambini e i giovani della loro libertà sessuale, trasformando la sessualità in una merce e mettendo gli interessi sessuali al servizio del dominio economico". Per gli uomini, la sessualità brutale doveva sostituire la "sensualità naturale e orgiastica"; e così penetrò "l'idea da parte delle donne che l'atto sessuale dovesse avere per loro qualcosa di disonorevole"."

Ciò che è vero, sosteneva Reich, è che "l'idea della "decadenza della civiltà" è la percezione dell'irruzione della sessualità naturale". Ed è sentita come "decadenza" proprio perché costituisce una minaccia al modo di vivere basato sulla moralità compulsiva. Oggettivamente, l'unica cosa che soccombe è il sistema della dittatura sessuale, che ha conservato istanze morali coercitive negli individui nell'interesse del matrimonio autoritario e della famiglia". "Alla luce delle esigenze patriarcali, la casta sensualità del matriarcato appare come il lascivo scatenarsi di poteri tenebrosi[114]."

"Questa idea [patriarcale] non è meno reazionaria quando è sostenuta dai comunisti". Infatti, osserva Reich, "divenne presto evidente che le organizzazioni comuniste non solo lasciavano sterile questo terreno decisivo, ma addirittura concordavano con la Chiesa nella condanna e nell'inibizione della sessualità giovanile". "La situazione in URSS è cambiata notevolmente su questo tema, perché "fino al 1928 circa l'Unione Sovietica era dominata dal matrimonio per accoppiamento. L'istituzione del matrimonio, nel senso della concezione autoritaria e mistica, era stata abolita[115]."

---

[114] Wilhelm Reich, *Psicologia di massa del fascismo*, (1933), EspaPdf (en.scribd.com), p. 404, 395, 396, 406, 397

[115] Wilhelm Reich, *Psicologia di massa del fascismo*, (1933), EspaPdf (en.scribd.com), p. 510, 535. Quando Wilhelm Reich scrisse queste righe, Hitler non era ancora salito al potere. Così come Einstein era diventato militarista e guerrafondaio dal febbraio 1933, Reich sarebbe diventato natalista affinché l'URSS potesse trionfare sulla Germania durante la guerra.

A un autore russo reazionario che denunciava "la distruzione sistematica della vita familiare coniugale" in Unione Sovietica e i piani del regime bolscevico per "incoraggiare la dissolutezza immorale di ogni tipo", Reich rispose con calma: "Dal punto di vista cristiano, la vita sessuale in Unione Sovietica era, di fatto, immorale. E quando lo stesso autore criticò anche le "relazioni innaturali tra fratelli e sorelle, e tra genitori e figli", Wilhelm Reich annotò laconicamente tra parentesi: "Questo si riferisce alla depenalizzazione dell'incesto in Unione Sovietica". "In effetti, l'incesto è un tema ricorrente nell'ideologia cosmopolita.

Wilhelm Reich non solo intendeva lavorare per la distruzione della cellula familiare europea, ma voleva anche fornire il materiale ideologico per smantellare la nocività del cristianesimo e della Chiesa, sottolineando anche "la necessità di una lotta senza quartiere contro il misticismo" [Reich usava questa parola per riferirsi a tutto ciò che aveva a che fare con la religione]: "Abbiamo già sottolineato che il sentimento nazionalista è una diretta continuazione del sentimento familiare autoritario. Ma anche il sentimento mistico è fonte di ideologia nazionalista. Pertanto, gli atteggiamenti familiari patriarcali e gli atteggiamenti mistici sono gli elementi psicologici di base del nazionalismo fascista e imperialista delle masse[116]."

"Nello stesso modo in cui la dominazione patriarcale invoca Dio e si riferisce in realtà alla vera autorità paterna, quando il bambino dice "Dio" sta in realtà invocando il vero padre. Naturalmente, nella struttura dell'eccitazione sessuale del bambino, l'idea di padre e l'idea di Dio costituiscono un'unità[117]."

Anche in questo caso, l'"economia sessuale" è l'arma migliore per combattere il "misticismo", il potere della Chiesa e per demistificare la "leggenda di Gesù". "La sessualità naturale è il nemico mortale della religione mistica", scriveva, perché la fede in Dio può essere solo il frutto della repressione sessuale. Per Reich, infatti, esiste la possibilità che "la fede e il timore di Dio siano un'energica eccitazione sessuale che ha cambiato il suo obiettivo e il suo contenuto... L'uomo religioso nega la sua sessualità attraverso la mistificazione dell'eccitamento... Naturalmente, egli crede che questa forza provenga da "Dio". In realtà, il suo desiderio di e per Dio è il desiderio che deriva dalla sua eccitazione di pre-piacere sessuale e che grida per la sua soddisfazione.

---

[116] Wilhelm Reich, *Psicologia di massa del fascismo*, (1933), EspaPdf (en.scribd.com), p. 533-535, 701, 536

[117] Wilhelm Reich, *Psicologia di massa del fascismo*, (1933), EspaPdf (en.scribd.com), p. 605

La redenzione è e non può essere altro che il riscatto di tensioni fisiche insopportabili, che possono essere piacevoli solo nella misura in cui possono essere mescolate a una fantasticata unificazione con Dio, cioè a una gratificazione e a un sollievo. "La conclusione di Reich, dopo questa analisi clinica, era inappuntabile: "Una chiara coscienza sessuale e l'ordinamento naturale della vita sessuale devono ferire mortalmente i sentimenti mistici di ogni tipo[118]."

La nuova società, liberata dal peso della famiglia patriarcale, della chiesa e dello Stato autoritario, può prendere forma attraverso una sana educazione dei giovani. Questi giovani sono oppressi, ma non lo sanno. Si tratta quindi di incoraggiare la ribellione contro il maschio bianco autoritario: "I giovani, soprattutto le giovani donne, afferrano la loro responsabilità sociale molto più rapidamente, efficacemente e volentieri quando gliela facciamo capire rendendoli consapevoli della loro oppressione sessuale. Dipende solo dalla corretta formulazione della questione sessuale e dalla dimostrazione della sua relazione con la situazione sociale generale."

Per Wilhelm Reich, "la degenerazione totalitaria-dittatoriale della democrazia sovietica già nel 1929 si basava sul fatto che la rivoluzione sessuale in URSS non solo era stata rallentata, ma addirittura eliminata di proposito. "E al contrario, secondo lui "possiamo prevedere tendenze sociali autenticamente democratiche ogni volta che incontriamo un atteggiamento comprensivo e vitalmente positivo delle istituzioni sociali decisive nei confronti della vita sessuale dei bambini e dei giovani". "Gli educatori hanno l'obbligo di formarsi nel campo dell'economia sessuale". "Ciò che si deve ottenere è l'eliminazione di tutti gli ostacoli alla libertà[119]. "Riconosciamo qui un abbozzo del famoso slogan del maggio '68: "Tocchiamo senza limiti[120]!"

Herbert Marcuse è stato uno dei maestri spirituali del movimento del Maggio '68. Questo filosofo marxista aveva lavorato durante la sua vita alla sintesi del freudianesimo e delle concezioni socialiste dopo l'opera di Reich. La sua concezione della rivoluzione socialista rappresentò una pietra miliare nella storia dello sviluppo dell'ideologia marxista del dopoguerra, perché prevedeva che la rivoluzione non sarebbe stata opera del proletariato, la cui influenza cominciava a

---

[118] Wilhelm Reich, *Psicologia di massa del fascismo*, (1933), EspaPdf (en.scribd.com), p. 661, 700, 617, 602, 594

[119] Wilhelm Reich, *Psicologia di massa del fascismo*, (1933), EspaPdf (en.scribd.com), p. 752, 831-833, 1320, 1331

[120] *Giocare senza perdere tempo!* (NdT)

scemare nella società post-industriale, ma delle minoranze generate in massa dalla nuova società dei consumi: immigrati, omosessuali, femministe, emarginati, studenti degradati, ecc.[121]. Da allora Marcuse ha esercitato una potente influenza sulla gioventù occidentale.

Freud era scettico e pessimista, poiché per lui la sofferenza e la malattia mentale erano il prezzo inevitabile da pagare per la civiltà. Marcuse, da parte sua, cercò di modificare questa visione e profetizzò una futura liberazione. La società capitalista è repressiva, ha detto. È un peso enorme per la psiche degli individui. Una società non repressiva si baserebbe sulla liberazione degli istinti svincolati dal controllo della ragione repressiva. Questa liberazione si manifesterebbe "con un'attivazione di tutte le zone erotiche, e quindi con la rinascita della sessualità polimorfa pre-genitale [sessualità infantile] e con il declino della supremazia genitale". "L'intero corpo diventerà uno strumento di piacere. "Questa trasformazione del valore e della portata delle relazioni libidiche porterebbe alla disintegrazione delle istituzioni, in particolare della famiglia monogama patriarcale."

La protesta contro l'ordine repressivo della sessualità procreativa può assumere diverse forme: l'omosessualità, ad esempio, è una di queste. Questo è ciò che Sigmund Freud aveva già introdotto nel 1929 in *Malessere della cultura*: "Anche l'uomo è un animale di indole indubbiamente bisessuale. L'individuo equivale alla fusione di due metà simmetriche, una delle quali sarebbe, secondo alcuni ricercatori, puramente maschile, l'altra puramente femminile. Ma potrebbe anche essere che ogni metà sia primitivamente ermafrodita[122]. "L'incitamento all'omosessualità si può osservare in tutti i media a partire dagli anni '90. Notiamo, ad esempio, che nel 2001 i canali televisivi francesi hanno trasmesso 570 programmi sull'omosessualità (rispetto ai 551 del 2000). Non si tratta di segnalare o accompagnare un fenomeno sociale, ma di promuoverlo. Un altro esempio tra mille: Tina Kieffer, direttrice della rivista femminile *Marie-Claire*, non incitava indirettamente all'omosessualità quando si chiedeva "se l'altro sesso è ancora necessario", o quando affermava: "È vero, le barriere sono saltate e gli

---

[121] Herbert Marcuse, *Eros e civiltà. Un'indagine filosofica su Freud*, Boston, 1955.

[122] Sigmund Freud, *Il malessere della cultura, Parte IV, Opere raccolte*, EpubLibre, Trans. Luis López Ballesteros y de Torres, 2001, nota, p. 6936. "La scienza vede in questa circostanza il segno di una bisessualità, come se l'individuo non fosse maschio o femmina, ma sempre entrambi, solo alternativamente uno più dell'altro". Siete quindi invitati a familiarizzare con l'idea che le porzioni della miscela di maschile e femminile nell'individuo sono soggette a grandi oscillazioni."in Sigmund Freud, *Lezione XXXIII. Femminilità, Opere raccolte*, EpubLibre, trad. Luis López Ballesteros y de Torres, 2001, p. 4249.

uomini si incontrano più facilmente". E anche le donne. Questa evoluzione dei costumi arriva in un momento in cui è disponibile la procreazione assistita."

La liberazione degli istinti sessuali trovò terreno fertile negli anni '60, in quella che fu chiamata "rivoluzione psichedelica", cioè l'uso massiccio di droghe nella popolazione giovanile. Anche l'idea provocatoria della sporcizia trovava la sua giustificazione nella teoria secondo la quale l'Io e il Soprasensibile reprimerebbero gli istinti olfattivi. Le classi dominanti non associano forse l'idea di "rifiuto" alle classi inferiori considerate "la feccia della società"? Queste idee sono ancora oggi il fondamento teorico dell'arte rivoluzionaria. La cultura repressiva o soffocante deve essere distrutta. Gli esperimenti di pittura, scultura e letteratura, in cui l'idea di "rifiuto" funge da avallo rivoluzionario, devono essere considerati come mezzi alternativi per scardinare la "cultura borghese" e aprire la strada a un mondo nuovo.

Il movimento femminista è ovviamente erede di questa ideologia freudo-marxista. Il grande filosofo marxista della decostruzione Jacques Derrida ha ricordato i retroscena del movimento di "liberazione della donna": "Il 26 agosto 1970, un gruppo di donne che si era autodefinito "Brigata Emma Goldman" percorreva la Quinta Strada a New York con molte altre femministe scandendo: "Emma l'aveva detto nel 1910/ Ora lo diciamo anche noi". "Come femminista anarchica", scrive Derrida[123], "Emma Goldman chiedeva la ristrutturazione della società nel suo complesso", cioè la rivoluzione sociale e l'esplosione della cellula familiare europea. Goldman era un'attivista le cui aspirazioni andavano oltre la rivolta contro le disuguaglianze nei confronti delle donne. In Francia, il movimento femminista è stato plasmato da personalità come Gisèle Halimi o Elisabeth Badinter, che rivendicano l'eredità di Emma Goldman e Louise Weiss. Ancora una volta, l'ebraismo è in prima linea nel movimento di liberazione.

L'influenza di Wilhelm Reich e Herbert Marcuse fu decisiva nel pensiero del maggio 1968. Nel 1975, Daniel Cohn-Bendit, che è stato uno dei principali leader del movimento di Parigi e oggi è un europarlamentare ambientalista, ha pubblicato un libro intitolato *Le grand Bazar (Il grande bazar), in cui* racconta le sue esperienze come educatore in un asilo di Francoforte: "Mi era capitato più volte che alcuni bambini mi avessero aperto la patta e avessero iniziato a farmi il solletico. Ho reagito in modo diverso a seconda delle circostanze, ma il loro desiderio era un problema per me. Gli chiedevo: perché non giocate

---

[123] Jacques Derrida, *Points de suspensions, Entretiens*, Éditions Galiliée, 1992, p. 98.

insieme, perché hai scelto me e non gli altri ragazzi? Ma se insistevano, le accarezzavo nonostante tutto". Un altro passaggio recita: "Avevo bisogno di essere accettato incondizionatamente da loro. Volevo che i bambini mi amassero e ho fatto di tutto perché dipendessero da me[124]."

L'opera del grande scrittore italiano Alberto Moravia è totalmente intrisa di questo pensiero "freudo-marxista". "Il matrimonio Marx-Freud smentisce la visione del mondo del Rinascimento, la separazione machiavellica tra morale e politica. È proprio questo matrimonio a fare da sfondo ai miei romanzi. Ad esempio, in "Agostino", l'innocenza è intesa come ignoranza del sesso e della classe sociale, e la scoperta del male avviene attraverso la scoperta del sesso e delle classi sociali. In ogni caso, credo che in Italia il moralismo cattolico sia ancora abbastanza forte. Ha le sue radici nella Controriforma, che fu un movimento popolare e piccolo borghese, reazionario e intollerante[125]."

Per familiarizzare con la fraseologia marxista, si può leggere con grande interesse il famoso filosofo Jürgen Habermas, che faceva parte della cosiddetta Scuola di Francoforte, insieme a Marcuse, Horckeimer e Wiesenthal Adorno. Ne La ricostruzione del materialismo storico, si legge nella prefazione che Habermas - prendiamo aria - "tematizza l'evoluzione socio-storica come un parallelo filogenetico all'ontogenesi dello sviluppo cognitivo psico-individuale, costruito sul modello della psicologia genetica"."

Se dopo questa bella analisi siete ancora sul piede di guerra, potete continuare la vostra ricerca e scoprire che Habermas ha ripreso la critica di Wilhelm Reich alla struttura patriarcale della famiglia autoritaria e oppressiva. Egli ha cercato le origini della sua comparsa: "Sono gli esseri umani, e non gli ominidi, i primi a trascendere quella struttura sociale che è sorta nell'ordine dei vertebrati: la gerarchia unidimensionale in cui a ogni animale viene accordato transitoriamente uno e un solo status. È questo sistema di status che, tra gli scimpanzé e i babbuini, regola le relazioni piuttosto aggressive tra i maschi, le relazioni sessuali tra maschi e femmine e le relazioni sociali tra adulti e giovani. Una relazione di tipo familiare esiste solo tra la madre e i suoi figli o tra fratelli... Anche le società ominidi, trasformate dal lavoro sociale, non conoscono la struttura familiare[126]."

---

[124] Daniel Cohn-Bendit, Le grand Bazar, Belfond, 1975. Daniel Cohn-Bendit ha raccontato apertamente queste esperienze nel programma televisivo culturale Apostrophes del 23 aprile 1982. La sequenza è ancora visibile sulle piattaforme video di internet (NdT).

[125] Albert Moravia, in Géo, N° 76, giugno 1985.

[126] Jürgen Habermas, La ricostruzione del materialismo storico, Taurus Ediciones, Madrid, 1986-1992, p. 136.

Abbiamo qui un modello di società matriarcale. Habermas solleva ancora una volta una questione che sembra riguardare i rappresentanti del pensiero cosmopolita: "L'incesto tra madre e figlio adolescente non è consentito, anche se non esiste una limitazione analoga all'incesto tra padre e figlia, perché il ruolo del padre non esiste. "Il ruolo del padre è evidentemente meno importante nelle società matriarcali in cui prevale la poligamia. Abbiamo già visto come Jacques Attali abbia promosso questo modello nel suo *Dictionnaire du XXIème siècle*. Ciò che più colpisce e inquieta è leggere in un altro libro di Jacques Attali che questa struttura sociale era la norma tra gli ebrei dell'antichità: "La poligamia è e resterà a lungo, infatti, la pratica ammessa dagli ebrei, come lo è per tutti i popoli della regione[127]."

È anche strano imbattersi qui nella questione dell'incesto, un tema così diffuso nell'ebraismo. Sappiamo che i rabbini scusarono le figlie di Loth. Secondo loro, dormendo carnalmente con il padre, si erano sacrificati per il bene dell'umanità. Un altro passo rivelatore dell'Antico Testamento racconta come Amon, figlio di Davide, avesse violentato sua sorella Tamar: "Dove andrei con il mio disonore? E tu saresti uno dei malvagi di Israele. Vedi, parla al re, che sicuramente non rifiuterà di darmi a te."Ma egli non volle ascoltarla e, essendo più forte di lei, la violentò e si coricò con lei[128]."

Sappiamo che il Talmud proibisce alle madri ebree di dormire con i propri figli a partire dall'età di nove anni e un giorno. Secondo quel libro sacro, lo stesso divieto si applica al padre quando la figlia ha più di tre anni e un giorno. Secondo il Talmud, una vedova ebrea non può mai avere cani, quindi se vediamo una signora che porta a spasso il suo cane per strada, non è una vedova ebrea, anche se può benissimo avere un cane. Ricordiamo a questo proposito che il Talmud è stato concepito in Oriente e si è ispirato alle usanze orientali. Lo stesso Léon Blum, ex presidente del Consiglio della Quarta Repubblica, ha scritto: "Non sono mai riuscito a capire cosa ci sia di così ripugnante nell'incesto. Nella nostra società è considerato un reato e, senza voler entrare nel merito delle ragioni per cui l'incesto è tollerato o prescritto in altre società, mi limito a constatare che è naturale e frequente amare il proprio fratello o la propria sorella con amore[129]. "Il premio Nobel Thomas Mann, nel suo romanzo *Sangue di Welsunghi*, descrive come una giovane ragazza ebrea si offra al fratello alla vigilia del suo matrimonio con un goy[130]. È

---

[127] Jacques Attali, *Les juifs, le monde et l'argent*, Fayard, 2002, pag. 24.
[128] *Libri storici, Secondo libro di Samuele (II Samuele, 13)*. (NdT).
[129] Léon Blum, *Du Mariage*, 1937, p. 82.
[130] Goy, (plurale, goyim). Un termine ebraico per indicare i non ebrei, i gentili.

nota anche la controversa canzone di Serge Gainsbourg con la figlia Charlotte, intitolata *Lemon Incest*.

Un altro fenomeno interessante da notare è il legame tra l'ebraismo e la legge sul divorzio che ha iniziato a dinamizzare la cellula familiare "patriarcale". L'iniziatore della legge sul divorzio in Francia fu Alfred Naquet. Chimico, docente, deputato e senatore, nel 1882 fu anche autore di un libro intitolato *Religione, proprietà, famiglia*, in cui chiedeva la comunione dei beni e delle donne: "Il matrimonio è un'istituzione fondamentalmente tirannica e una violazione della libertà dell'uomo, causa della degenerazione della specie umana: è preferibile il concubinato o l'unione libera, senza l'intervento dell'autorità, senza consacrazione religiosa e riconoscimento legale. "Vediamo quindi che Wilhelm Reich aveva dei predecessori.

Durante una delle sedute della Camera dei Deputati del 19 luglio 1884, un oratore cattolico, monsignor Freppel, aveva preso la parola: "Il movimento che ci porta all'adozione della legge sul divorzio è, nel vero e letterale senso della parola, un movimento semitico, un movimento che ha avuto inizio con il signor Crémieux e si è concluso con il signor Naquet. "In effetti, è stato l'ex rabbino di Bruxelles, Astruc, a redigere le disposizioni della legge. In realtà, per tutte queste domande si può consultare il codice rabbinico *Even HaEzer*. Secondo la Tractate *Kethuboth*, si può ripudiare una donna senza restituirle la pensione vedovile in questi casi: se dà cibo proibito al marito; se lo inganna sui suoi periodi mestruali; se non adempie ai suoi doveri halachici[131]; se esce di casa a capo scoperto; se corre in strada. Abba Saul ha aggiunto: se insulta i genitori del marito in sua presenza. Rabbi Tarfon disse: se è rumorosa. Samuel intende quando alza la voce in casa e i vicini la sentono. Secondo Rab, invece, è solo la donna che viene ascoltata da un'altra stanza durante i rapporti coniugali. Tutto sommato, sembra che, con la legge sul divorzio, la democrazia stesse in qualche modo recuperando terreno rispetto alla legge ebraica; e potrebbe essere che la legge sull'incesto dell'Unione Sovietica abbia avuto lo stesso vantaggio.

Allo stesso modo, si potrebbe anche sospettare che la legge sull'abolizione della pena di morte del 1981, il cui primo promotore fu il ministro della Giustizia socialista Robert Badinter, rispondesse anche a imperativi religiosi. È infatti severamente vietato ai goyim toccare il cadavere di un ebreo. Per questo motivo, ad esempio, numerose squadre di soccorso israeliane si sono recate in Thailandia dopo lo tsunami che ha ucciso quasi 300.000 persone nel sud-est asiatico, molte delle quali

---

[131] Prescrizioni della Legge ebraica.

erano turisti. Gli europei avevano inviato sul posto numerose squadre di soccorso, mentre lo Stato ebraico aveva dato la priorità al ritrovamento dei corpi degli ebrei. Infatti, in nessun caso dovevano essere maneggiati da mani impure, né dovevano essere sepolti con i goyim.

Potrebbe anche darsi che la psicoanalisi sia completamente permeata da temi ebraici, ma anche questa questione richiederebbe uno studio a parte[132]. Diciamo semplicemente che gli psicoanalisti non hanno fatto altro che sostituire il ruolo che in passato avevano i sacerdoti nei villaggi attraverso la confessione. Ma con la piccola differenza che la confessione era gratuita e che gli psicoanalisti insistono nel chiedere ai loro pazienti onorari onerosi per garantire il successo della terapia.

Per concludere questo capitolo freudiano, vediamo un esempio dei vantaggi dell'introspezione psicoanalitica: un programma televisivo si è recentemente occupato del malessere e della depressione nelle nostre società all'inizio del XXI secolo. Ci sono stati presentati vari metodi di gruppo per combattere questi mali e sentirsi meglio con se stessi. Una era basata sulla danza, sullo sguardo e sul contatto corporeo, in cui tutti sorridevano e sembravano pienamente soddisfatti di queste sessioni in cui liberavano il loro corpo attraverso il contatto con gli altri. Un secondo metodo è stato condotto da uno psichiatra: una quindicina di persone sono state riunite, sedute in cerchio in un'ampia stanza del consultorio dove erano stati posizionati dei tappetini da ginnastica. Ogni partecipante ha dovuto liberarsi portando in superficie le proprie frustrazioni emotive sotto lo sguardo degli altri. "Deve essere come una tempesta che scoppia nel cielo", ha detto lo psichiatra. Così alcune persone hanno mostrato con coraggio, davanti a milioni di telespettatori, i loro conflitti familiari, i loro problemi interiori, scossi da spasmi, con gli occhi bagnati di lacrime e le bocche contorte dal dolore. Il contrasto tra i due metodi è stato davvero sconvolgente.

Avendo osservato le strane somiglianze tra i precetti religiosi ed etnici da un lato e le posizioni politiche dall'altro, ci si può legittimamente chiedere se non sia l'insieme delle teorie freudo-marxiste a dover essere analizzato dal punto di vista della religione ebraica. Questa sarebbe certamente una strada da percorrere per cercare di spiegare più a fondo le origini del pensiero socialista e la genesi dell'ideale planetario in generale. In ogni caso, questi concetti

---

[132] Sull'ebraismo e la psicoanalisi, si veda Hervé Ryssen, *Psychoanalysis of Judaism* (NdT).

trascendono le opposizioni politiche che sembrano sempre più fittizie negli attuali sistemi democratici occidentali.

3. Il metodo planetario

L'unificazione del globo richiede un continuo e paziente lavoro di educazione delle masse, sempre attratte dai vecchi demoni del nazionalismo. Gli occidentali devono imparare la tolleranza e l'apertura verso l'"altro", perché la costruzione di una società plurale, multietnica e multiculturale è l'unico modo per realizzare l'Impero globale, sinonimo di Impero della Pace. Si tratta quindi di sensibilizzare con ogni mezzo la popolazione sui temi dell'uguaglianza umana e della solidarietà globale. In questo senso, l'operazione "tsunami mediatico" del gennaio 2005, in occasione del maremoto in Asia, è stata un successo eccezionale. In effetti, un contribuente su due in Francia aveva fatto una donazione per le vittime asiatiche, che ora erano preferite ai loro connazionali.

I vecchi riflessi identitari non devono più essere prodotti, e tutto deve essere messo in moto per dare la colpa alle reazioni nazionaliste, residuo di un tribalismo d'altri tempi. Gli europei, e gli uomini bianchi in generale, devono essere convinti di essere in gran parte responsabili dei mali dell'umanità. Sono responsabili del cambiamento climatico, della guerra in Iraq, del vile sfruttamento dei Paesi del Sud e della carestia in Africa. Tutta la loro storia è un susseguirsi di mostruosità: dall'Inquisizione ad Auschwitz, dalle guerre di religione al genocidio degli indiani, dalla colonizzazione africana alla guerra d'Algeria. Incolpare gli europei è infatti l'unico modo per annientare i loro riflessi identitari. In questo modo, saranno molto più disposti ad accettare la costruzione di una società plurale sul loro territorio. La costruzione europea fa parte di questa visione del mondo, perché abolendo le vecchie nazioni a favore di un'entità politica dai contorni poco chiari, i sentimenti di resistenza etnica vengono ulteriormente diluiti. Gli Stati Uniti sono in questo senso il modello da seguire, e infatti molti ex intellettuali marxisti oggi prendono le difese dell'America democratica proprio per questo motivo. Sono quindi i baluardi intellettuali dell'alta finanza transnazionale, il cui interesse principale è evidentemente quello di promuovere in tutto il mondo la costruzione di società democratiche in cui gli uomini di tutti i colori, indifferenziati e uguali, si riuniranno per adorare la società dei consumi e godere con frenetico entusiasmo di tutti i beni e i gingilli generati dalla matrice, come formiche che sciamano a migliaia intorno a qualche goccia di insetticida deliziosamente dolce. Così, non ci sono più razze, né religioni, né confini, né nulla che possa ostacolare l'ideale consumistico e i disegni dell'alta finanza internazionale. Il sistema mediatico ce lo fa capire nel modo più giocoso e divertente possibile, ma a volte anche con la severità di una maestra.

Un grande disprezzo per la sedentarietà

Il disprezzo delle tradizioni ancestrali e delle culture più radicate è un capitolo a pieno titolo della filosofia planetaria. Il radicamento, il lignaggio, lo spirito di ereditarietà, la religione dei padri, sono un peso, un ostacolo al progresso dell'umanità che deve essere rimosso al più presto.

Naturalmente, la fede nelle virtù dello sradicamento e del nomadismo è un denominatore comune degli intellettuali planetari. Il famoso filosofo Emmanuel Lévinas ha espresso chiaramente questa idea nel suo saggio *La libertà difficile*. Senza dubbio, la più grande arretratezza di sempre è stata quella delle civiltà pagane dell'antichità: "Il paganesimo è lo spirito locale: il nazionalismo in tutto ciò che è crudele e spietato, cioè immediato, ingenuo e inconsapevole. L'albero cresce e riserva tutta la linfa della terra. Un'umanità radicata... è un'umanità della foresta, un'umanità pre-umana". Le religioni politeiste dell'Europa si basavano quindi su credenze selvagge: questa barbarie doveva essere sostituita da una religione del Libro, e una religione dell'amore e della fratellanza universale doveva penetrare in questi barbari biondi: "Se l'Europa fosse stata sradicata spiritualmente dal cristianesimo, il danno non sarebbe stato grande... Ma la disgrazia dell'Europa non era forse dovuta al fatto che il cristianesimo non l'aveva sradicata abbastanza? "Evidentemente è stato il genio dei beduini semiti a far uscire l'Europa dal suo letargo: "L'avvento delle Scritture non è la subordinazione dello spirito a una lettera, ma la sostituzione della lettera al suolo. Lo spirito è libero nella lettera e incatenato alla radice. È nel terreno arido del deserto, dove nulla è fisso, che il vero spirito è sceso in un testo per realizzarsi universalmente[133]."

In realtà, tutto ciò che è stato creato finora dagli europei non ha mai permesso loro di spiccare il volo. Dal Partenone al Vaticano, da Michelangelo a Renoir, da Cervantes a Dostoevskij, da Bach a Wagner,

---

[133] Emmanuel Levinas, *Libertà difficile, Saggi sull'ebraismo*. Ediciones Lilmod, Buenos Aires, 2004, pag. 165, 164.

la civiltà europea è sempre rimasta piuttosto mediocre. Questo perché il nostro radicamento nel passato e le nostre tradizioni ci hanno reso sottosviluppati rispetto a ciò che il genio nomade avrebbe potuto portarci: "La libertà da forme di esistenza sedentarie è forse il modo umano di stare al mondo. Per l'ebraismo, il mondo diventa intelligibile di fronte a un volto umano e non come lo è per un grande filosofo contemporaneo, che riassume un aspetto importante dell'Occidente in termini di case, templi e ponti... Mette in secondo piano i valori radicati e istituisce altre forme di fedeltà e responsabilità. L'uomo, dopo tutto, non è un albero e l'umanità non è una giungla. Forme più umane, perché implicano un impegno consapevole; più libere, perché lasciano intravedere orizzonti più ampi di quelli del villaggio domestico e di una società umana[134]."

"La fede nella liberazione dell'uomo è legata allo sgretolamento delle civiltà sedentarie, al disfacimento della pesantezza del passato, allo sbiadimento dei colori locali, alle fessure che incrinano tutti gli armatismi e le ottusità legate ai particolarismi umani". Bisogna essere sottosviluppati per rivendicare la loro ragion d'essere e lottare in loro nome per avere un posto nel mondo moderno[135]. "Questo era il messaggio che Emmanuel Levinas, uno dei più grandi filosofi dell'ebraismo del XX secolo, aveva per noi.

"La verità non è più necessariamente legata alla tradizione: ha lo stesso valore per tutti coloro che non sono più accecati dalla tradizione", ha risposto Alain Finkielkraut. Sono i legami del passato che ci impediscono di vedere il futuro radioso che abbiamo davanti. Buttiamo a mare tutta quella mitologia ingombrante, tutte quelle vecchie religioni e tradizioni di altri tempi: "Un universo gerarchico si apre davanti allo sguardo fermo che ha abolito il regno delle grandi storie di origine[136]."

---

[134] Emmanuel Levinas, *Libertà difficile, Saggi sull'ebraismo*. Ediciones Lilmod, Buenos Aires, 2004, p. 112, 113.
"La comunità ebraica è, al contrario, una comunità che individua l'eternità nella sua stessa natura. Il suo essere non si basa su una terra, né su una lingua, né su una legislazione soggetta a rinnovi e rivoluzioni. La sua terra è "santa" e un termine di nostalgia, la sua lingua è sacra e non parlata. La sua Legge è santa e non è una legislazione temporanea, formulata per il controllo politico del tempo. Ma l'ebreo nasce ebreo e confida nella vita eterna di cui sperimenta la certezza attraverso i legami carnali che lo legano ai suoi antenati e ai suoi discendenti. "Emmanuel Levinas, *"Tra due mondi" (La via di Franz Rosensweig)*, conferenza tenuta il 27 settembre 1959 al Secondo Colloquio degli intellettuali ebrei di lingua francese, organizzato dalla Sezione francese del Congresso ebraico mondiale, in *Libertà difficile, Saggi sull'ebraismo*, p. 217".
[135] Emmanuel Lévinas, *Difficile liberté*, Albin Michel, 1963, edizione 1995, pag. 299.
[136] Alain Finkielkraut, *La Humanidad perdida*, Anagrama, Barcellona, 1998, p. 16, 17.

Alain Finkielkraut ha insistito particolarmente su questa idea: se rinnegate le vostre radici, se rinnegate la vostra patria, se rinnegate persino i vostri antenati e parenti, allora avete una possibilità di salvarvi: "Il male, in altre parole, nasce dalle patrie e dai patronimici. Il male è la morte che prende il sopravvento sui vivi ed è la dittatura esercitata dai cognomi sui nomi. Il male è lo spirito che, invece di spiccare il volo, cade schiacciato dal suo stesso peso e diventa carne[137]. "L'uomo postmoderno non sarà volgarmente legato al passato. "Cessa di rintracciare le tracce del passato in se stesso come negli altri. "Il suo titolo di gloria "è quello di essere cosmopolita e di dichiarare guerra allo spirito provinciale[138]."

Edgar Morin diceva qualcosa di simile quando lamentava "i grandi ritardi e la paralisi dovuti ai localismi e ai provincialismi". "Milioni di persone vivono ancora in un universo arretrato: "I tabù carichi di maledizioni che erano le difese immunitarie delle culture arcaiche e delle religioni dogmatiche sono diventati ostacoli alla comunicazione, alla comprensione e alla creazione nell'era planetaria[139]. "Certo, c'è ancora molta strada da fare per completare quel nuovo mondo, quella "confederazione planetaria" a cui aspiriamo.

Leggiamo in George Steiner la stessa atavica diffidenza nei confronti delle nazioni: "La nazione si nutre di menzogne per necessità empirica", scriveva. "Il luogo della verità è sempre extraterritoriale; la sua diffusione diventa clandestina attraverso i recinti di filo spinato e le torri di guardia del dogma nazionale[140]."

Pierre Lévy è stato forse più pedagogico nella sua apologia della "cittadinanza planetaria": "Capisco e condivido la nostalgia per il mondo in cui bastava seguire il cammino degli antenati perché tutto andasse bene, il mondo in cui ogni atto della vita quotidiana era il tranquillo compimento di un rito. Un mondo dove abitavano gli dei. Quel mondo bello e ordinato... quel mondo che non esiste più. Ma dobbiamo lasciarci alle spalle questa nostalgia, perché diventa facilmente fonte di sofferenza e di rifiuto inorridito del movimento reale del mondo che va... Dobbiamo diventare gli artisti della nostra vita. Le nostre radici dovranno trasformarsi in rizomi che crescono orizzontalmente in tutte le direzioni... Dovremo trovare un'identità più

---

[137] Alain Finkielkraut, *La Humanidad perdida*, Anagrama, Barcellona, 1998, pag. 149.
[138] Alain Finkielkraut, *Le Mécontemporain*, Gallimard, 1991, p. 174-177.
[139] Edgar Morin e Anne-Brigitte Kern, *Tierra-Patria*, 1993, Editorial Kairós, Barcellona, 2005, p. 148. Il protestantesimo americano sembra in questo senso molto più adattabile del cattolicesimo e, soprattutto, dell'Islam di oggi.
[140] George Steiner, *Pasión intacta. El texto, tierra de nuestro hogar*, Ediciones Siruela, Madrid, 1997, pagg. 422, 420.

profonda e universale di quella che ci è stata proposta dalla cultura in cui siamo nati. "Dobbiamo renderci conto che le culture identitarie sono un vicolo cieco. Rinchiudendoci in culture identitarie, ci separiamo da coloro che sono diversi... Le culture identitarie ci dividono. Si oppongono a noi. Rischiamo di rimanere bloccati nella paura e nell'odio[141]."

Ne *Il nuovo Medioevo*, Alain Minc moraleggiava sull'ascesa dell'estrema destra, senza nascondere un certo disprezzo per gli indigeni un po' arretrati che non avevano ancora capito il grande destino dell'umanità. Criticò severamente la "tentazione pusillanime" dei francesi. "Ci sono due possibili utilizzi del reddito fornito dal nostro Stato nazionale unitario e centralizzato. O chiudersi sotto la sua ala protettiva, rintanarsi come gli abitanti del Medioevo nel torrione del loro castello, ignorare il più possibile ciò che accade al di fuori di esso, e riprendere la nostra vecchia cantilena isolazionista e protezionista. Oppure si sentono più forti di fronte alla tempesta, vedono l'opportunità di essere più presenti nel mondo, vogliono essere combattivi e innovativi, cercano di influenzare il corso degli eventi. Non si tratta di due tentazioni nuove per la Francia: essa ha sempre oscillato tra riflesso campanilistico e universalismo."

I villaggi e i contadini francesi sono comunque destinati a scomparire, prima o poi, epurando così tutta quella fascia di popolazione tipicamente francese e antiquata; in ogni caso, non sufficientemente "cosmopolita". Questa popolazione contadina, che ha sempre rifiutato di aprirsi al mondo e di accogliere gli stranieri, si è sempre rifugiata nelle sue chiese nel modo più meschino. Oggi viviamo in un'epoca di mescolanza positiva. I francesi devono andare avanti, aprirsi di più al mondo: "Se persistono nella loro precedente visione del mondo e continuano a credere che stiamo vivendo un breve periodo di adattamento e che tutto tornerà alla normalità, all'ordine tradizionale, allora saranno condannati. I deboli di cuore, i protezionisti, i reazionari sostenitori dello Stato nazionale, gli ansiosi, gli xenofobi avranno la meglio e la Francia sfrutterà nel peggiore dei modi le possibilità offerte dal nuovo disordine mondiale[142]. "Perché questo nuovo disordine mondiale è un dono per noi, dobbiamo crederci; è una vera opportunità per la Francia.

Ma mentre i sedentari sono invitati a "fare tabula rasa del passato", a dimenticare le tradizioni ancestrali e a rifiutare tutto ciò che potrebbe collegarli alla loro comunità d'origine, la "memoria" rimane di primaria

---

[141] Pierre Lévy, *Filosofia del mondo*, Odile Jacob, 2000, p. 145-147.
[142] Alain Minc, *Le Nouveau Moyen-Age*, Gallimard, 1993, p. 246-247.

importanza, ma solo per i nomadi. Jacques Attali, nel suo *Dictionnaire*, afferma che la memoria è "l'identità e il bagaglio del nomade, il suo lusso e la sua arma quando la precarietà e l'amnesia si generalizzano". "Pertanto, ciò che è valido per alcuni non lo è per altri. L'obiettivo è dissolvere le società sedentarie e favorire un mondo nomade senza confini, che aprirà la strada alla felicità e alla pace universale.

Lo stesso spirito di sradicamento è stato espresso dalla grande scrittrice austriaca Elfriede Jelinek. Dopo aver ricevuto il Premio Nobel per la letteratura nel 2004, ha voluto chiarire il suo pensiero in un'intervista riportata dal quotidiano comunista *L'Humanité*. La scrittrice, "nata da un padre ebreo socialista ceco morto prematuramente in un ospedale psichiatrico", ha voluto prendere le distanze dall'immagine dell'Austria reazionaria e conservatrice di oggi, dalla "sua quotidianità fatta di operette insipide, con il suo culto bigotto della natura, i suoi due canali televisivi obsoleti, il suo folklore musicale riprodotto in loop, il suo apolitismo bonario, la sua cordialità affettata". "Di quell'Austria nauseabonda denunciava "dietro i risentimenti, la vecchia nostalgia dell'Impero, il radicamento del suolo e della terra, la diffidenza verso gli stranieri, il potere di un cattolicesimo arretrato e la sua alleanza con la persistenza dell'ideologia nazista". "Il mio Premio Nobel non deve essere considerato come un fiore all'occhiello dell'Austria[143]." Dall'Austria, chiaramente no.

Anche il grande poeta Heinrich Heine fu a suo tempo molto insolente nei confronti della Germania: in occasione del lancio di una sottoscrizione per la costruzione di una statua di Arminio, il conquistatore delle legioni romane, Heine contribuì con la somma simbolica di cinque centesimi. Questo disprezzo, che non è mai stato dimenticato dai tedeschi, deve essere affiancato a tutti gli atti e le parole che denotano l'insondabile disprezzo degli spiriti cosmopoliti per tutto ciò che è loro estraneo.

Anche Bernard-Henri Lévy si ribella al "culto delle etnie, delle microculture popolari, delle identità collettive restaurate": "il fascismo non è solo la musica marziale dei devoti dello Stato-nazione: può anche parlare un dialetto, ballare qualche fante, marciare al suono delle cornamuse... Di fronte a tutto questo, di fronte a tanta stupidità, a volte mi viene quasi voglia di cantare l'inno dell'unica ed eterna Francia". Di fronte a un corso in armi o a un bretone travestito da druido, sono quasi tentato di schierarmi con gli strenui sostenitori della coesione territoriale del Paese. In realtà, ciò che mi impedisce di farlo è che sono tutti uguali. Che siano infra, supra o semplicemente nazionalisti, la

---

[143] *L'Humanité* dell'8 ottobre 2004.

pensano tutti allo stesso modo, il che mi disgusta. "I patrioti di ogni tipo e il loro armamentario antiquario[144]" lo disgustano molto. Non sono altro che l'espressione di un "autoassorbimento teso e pusillanime delle identità più povere". Vedremo più avanti in questo libro come i bolscevichi misero in pratica il loro disprezzo per le tradizioni russe.

Nel 1985, Pierre Bergé, il ricco proprietario socialista di Yves Saint-Laurent, finanziò il lancio della rivista *Globe*. Il primo numero mette i puntini sulle i: "Ovviamente, siamo decisamente cosmopoliti. Evidentemente, tutto ciò che profuma di terroir, di jotas, di cornamusa, di tradizionale o di patriottico ci è estraneo, addirittura odioso", ha scritto BHL con gioia[145]. I due curatori creativi del progetto furono Georges-Marc-Benamou, stretto collaboratore del presidente Mitterrand, e Bernard-Henri Lévy, che per inciso dichiarò al quotidiano *Le Monde*: "Potete scriverlo, mi considero il miglior scrittore, il più talentuoso saggista della mia generazione[146]."

Guy Konopnicki, uno scrittore rimasto vicino alle idee comuniste, ha detto la stessa cosa degli intellettuali democratici su questo tema. In uno dei suoi saggi, intitolato *La France du tiercé*, lo scrittore sembrava avere solo disprezzo per il Paese che lo aveva accolto: "Anche la più scadente delle repliche di Broadway supererà sempre il pietoso spettacolo delle danze popolari con i souk", scriveva amabilmente. Ciò non gli ha impedito di dichiarare in seguito: "Come immigrato, sono più francese dei francesi. Tutti i suoi libri ruotano attorno a temi ricorrenti: il razzismo della classe operaia, l'ebraismo, il francese tipicamente francese e la Francia: "una santa trinità: Maria-Chiesa-Prosbyrincea"."(*Les Filières noires*). "Gli odi e i rancori della piccola Gallia" gli fanno venire i conati di vomito; "sarebbe meglio tirare il collo alla piccola Gallia e raddrizzare il chiaro genio francese". La modernità politica lo richiede. Dobbiamo porre fine una volta per tutte a questa Francia e uscire da questo chiostro esagonale[147]."

D'altra parte, e ci scontriamo sempre con lo stesso paradosso, questo mundialista è ossessionato dalla scomparsa della lingua yiddish[148]. Il suo libro, *Le Mur des fédérés* (Il muro dei federati), aveva

---

[144] Bernard-Henri Lévy, *L'Idéologie française*, Grasset, 1981, pagg. 212-216.

[145] BHL, acronimo dell'onnipresente filosofo dei media Bernard-Henri Lévy.

[146] *Le Monde*, 21 marzo 1985. Il grande talento di Bernard-Henri Lévy si è manifestato anche in un'occasione in Spagna, quando il 10 novembre 1979 è stato invitato dal programma televisivo spagnolo *La Clave* a discutere, tra gli altri, con Santiago Carrillo e Roger Garaudy (NdT).

[147] La geografia della Francia forma un esagono. La Francia viene spesso definita un esagono.

[148] Lingua giudeo-tedesca dell'Europa centrale.

un sottotitolo in yiddish, *Der Rote Yid* (*L'ebreo rosso*). E quando scrive un romanzo poliziesco, lo intitola *Pas de Kaddish pour Sylberstein (Niente Kaddish per Sylberstein)*. Va notato che il direttore della sua casa editrice era Bernard-Henri Lévy.

La Francia dei bastardi

Tra tutti gli autori planetari, Bernard-Henri Lévy è senza dubbio uno dei critici più veementi e virulenti della società tradizionale. In ogni caso, è l'intellettuale che usa i termini più duri per scagliarsi contro la Francia dei campanili e del terroir, e contro tutti gli avversari della società aperta. Questo filosofo è anche uno degli uomini più ricchi di Francia, con un patrimonio personale stimato in 150 milioni di euro, ereditato dalla società di commercio di legname che il padre aveva creato in Marocco. Ma l'uomo gestisce anche diverse società finanziarie. Come Jacques Attali o Alain Minc, i filosofi socialisti e liberali sono oggi dei re degli affari e delle star televisive che sanno come sedurre il pubblico[149].

Nel suo libro *L'ideologia francese*, Bernard-Henri Lévy denunciò le responsabilità degli intellettuali francesi, le cui idee reazionarie avevano inevitabilmente condotto il Paese al regime di Vichy e alla collaborazione con la Germania nazista. Gli scrittori socialisti non se la passarono meglio dei pensatori patriottici e nazionalisti, che a loro volta attaccarono la "plutocrazia" e la Repubblica. In effetti, all'inizio del XX secolo, abbiamo assistito in Francia a un avvicinamento ideologico tra le due correnti "antisistema" - socialista e nazionalista - che avrebbe potuto far crollare la Repubblica se non fosse scoppiata la guerra del 1914. Gli ambienti socialisti rivoluzionari più radicali erano all'epoca molto aperti a certi temi che oggi verrebbero definiti di "estrema destra", mentre dall'altra parte, nei monarchici dell'Action Française,

---

[149] BHL faceva parte della nuova generazione di intellettuali degli anni Settanta nota come *"Les Nouveaux Philosophes"*. A partire dagli anni Ottanta, Lévy si impegna in numerose cause internazionali, con un'intensa militanza mediatica in tutto il mondo. Le sue peregrinazioni lo hanno portato in Pakistan per sostenere i mujahedin afghani, in Bosnia-Erzegovina per aiutare i musulmani bosniaci contro i serbi, in Georgia durante la guerra in Ossezia del Sud, in Israele durante la guerra di Gaza del 2008, in Libia per sostenere la rivoluzione libica contro Muammar Gheddafi, nel Kurdistan iracheno dove ha incontrato i Peshmerga che combattevano contro Daheeh, a Kiev dopo il colpo di Stato di Euromaidan nel 2013, ecc. Nel 2017 gli è stato conferito un dottorato *honoris causa* dall'Università Bar Ilan per "oltre 40 anni di influente contributo al popolo ebraico e alla sua nazione". Lo stesso titolo gli è stato conferito dalle Università di Tel Aviv e Gerusalemme, rispettivamente nel 2002 e nel 2008 (NdT).

troviamo Charles Maurras che sogna un "socialismo liberato della sua componente democratica e cosmopolita". "Una destra proletaria e un movimento socialista-rivoluzionario convergerebbero per dare vita a un nuovo movimento politico noto come "fascismo".

All'estrema sinistra, Georges Sorel, autore di *Riflessioni sulla violenza*, era l'intellettuale del sindacalismo rivoluzionario. Per lui, i sindacati erano la chiave del dispositivo, l'arma che sarebbe servita a rovesciare il regime plutocratico attraverso lo sciopero generale e l'insurrezione. Il suo socialismo era troppo radicato per Bernard-Henri Lévy, che si era posto l'obiettivo di epurare la società dalla finanza internazionale e dallo spirito mercantile. Parole come "popolo", "sangue" e "tradizioni" facevano ancora parte del vocabolario di questi rivoluzionari per i quali il nemico principale era la democrazia plutocratica e non il "fascismo". Ed è proprio questo che spaventa il nostro filosofo cosmopolita. All'epoca non esisteva un cordone sanitario intorno all'estrema destra. Lo scambio di idee era ancora possibile tra avversari politici. Tanto che Sorel, nelle sue *Considerazioni postume*, elogia sia Edward Drumont, autore della *Francia ebraica*, sia Charles Maurras, che descrive come un "vero leader" immunizzato dal "virus democratico". Sullo stesso spettro politico, nel quotidiano *La Guerre sociale* di Gustave Hervé, si poteva leggere che il giornale di Jaurès, *L'Humanité*, era finanziato dai Rothschild e "interamente dedicato a servire i loro scopi oscuri". È questo il clima in cui si muovono molti anarchici e socialisti e in cui nasce la CGT (Confédération Générale du Travail). Il culto dello sforzo, la lotta contro i valori liberali, contro le convinzioni democratiche, contro la filosofia dell'Illuminismo e l'"impostura dei diritti umani": questa era la linea di condotta seguita dai socialisti francesi prima del 1914.

Georges Sorel e Charles Maurras erano allora le due grandi figure emblematiche della reazione francese contro il regime. La convergenza delle due correnti rivoluzionarie avverrà a Parigi nel dicembre 1911. Nasce il circolo Proudhon. Per la prima volta nella storia d'Europa, uomini di destra e di sinistra presentarono un discorso comune in cui si esprimevano la critica alla plutocrazia, l'odio per il cosmopolitismo, il disprezzo per l'intellettualità decadente e l'antisemitismo. Il vocabolario socialista-rivoluzionario dell'epoca potrebbe irritare le orecchie dei nostri moderni intellettuali planetari: "Ci sono due nobiltà, diceva Edward Berth, discepolo di Sorel: quella della spada e quella del lavoro. "Occorre "il risveglio della forza e del sangue contro l'oro" per realizzare "una sconfitta definitiva della plutocrazia" (*Cahiers du*

Cercle Proudhon, settembre 1912). Per tre anni, il Circolo Proudhon lavorerà per accelerare il "risveglio della forza e del sangue" e l'avvento di un "socialismo contadino, guerriero e gallico". "A quel tempo, i patrioti di tutto il mondo guardavano alla Francia, mentre la Germania era ancora la patria del marxismo e del "socialismo scientifico". La Francia è stata senza dubbio la patria del fascismo e del nazionalsocialismo, il Paese in cui si è instaurato liberamente il dialogo tra nazionalisti e comunisti.

L'esperienza fu di breve durata e si stava appena facendo strada negli ambienti intellettuali quando la guerra del 1914 la interruppe definitivamente. "Ma i mostri erano a piede libero", scrive BHL; "la bestia immonda è nata[150]."

Georges Valois fonderà in seguito *Le Faisceau*, il partito in cui si manterrà questa sintesi dottrinale, e Berth aderirà al Partito Comunista nel 1920. Drieu La Rochelle, Lucien Rebatet, Marcel Deat e molti altri non avrebbero mai dimenticato quell'esperienza. Mussolini riconoscerà che il socialismo francese è stato fonte di ispirazione per il fascismo italiano. Nel 1926 dichiarò: "La persona a cui devo di più è Georges Sorel". Sorel riconobbe nel fascismo italiano l'incarnazione del suo socialismo, pur plaudendo all'esperienza dell'ottobre 1917. Infatti, Sorel aveva nonostante tutto "una strana tendenza a rivendicare il marxismo, laddove Maurras vedeva al massimo solo una dottrina ebraica"."

Durante il periodo tra le due guerre, Bernard-Henri Lévy individuò uno stato d'animo generale piuttosto che una collusione ideologica tra socialismo e nazionalismo. Percepisce nella letteratura comunista gli stessi discorsi malsani della letteratura di estrema destra, discorsi che esaltano la "razza", un termine in voga dalla metà del XIX secolo. Il culto del corpo aveva una risonanza pagana che poteva solo disgustare l'intellettuale diffidente verso le manifestazioni di forza. Mentre l'ideologia del regime di Vichy esaltava i giovani e li incoraggiava a "rigenerare le loro forze all'aria aperta, in una sana fraternità", i comunisti facevano lo stesso dieci anni prima quando esaltavano il corpo e il vigore fisico del popolo. Il quotidiano *L'Humanité* aveva salutato il ritorno della delegazione comunista che era andata ad ammirare sui campi sportivi di Mosca una "gioventù felice di vivere", "orgogliosa dei suoi corpi robusti", che "traboccano di salute" e "danno la formidabile impressione della forza del loro Paese". Bernard-Henri Lévy respinge questo entusiasmo dell'epoca ed esprime la sua istintiva

---

[150] Bernard-Henri Lévy, *L'Idéologie française*, Grasset, 1981, p. 149.

repulsione per "questa fantasia di un popolo atletico, radicato tanto nel suo corpo quanto nella sua terra, nella sua razza e nella sua nazione".".

Il mondo intellettuale e politico del periodo tra le due guerre lo disgustava nel profondo. Anche se l'estrema destra non aveva il monopolio dell'abiezione: l'intera intellighenzia francese sembrava essersi preparata all'arrivo del maresciallo Pétain e dell'Olocausto. Il maresciallo Pétain era naturalmente il personaggio "veramente più ripugnante". Ha rivelato, attraverso il suo "singolare delirio", "la folle portata del suo progetto". Gli intellettuali di estrema destra meritavano solo disprezzo: "L'infame gioia dei Brasillach, dei Céline, dei Drieu che plaudono al crollo della democrazia" non può che far rivoltare lo stomaco. "Tutti loro hanno goduto dell'abiezione del nuovo ordine[151]."

Non bisogna mai dimenticare che l'atmosfera che prevalse in Francia dopo la sconfitta degli eserciti francesi fu possibile solo perché era stata preparata anni prima dagli intellettuali francesi, la cui viltà fu patetica. La Germania è meno responsabile dell'abiezione francese di quanto si creda", ha dichiarato Lévy, "[152]." Non c'era "nessun altro caso simile in tutta l'Europa sconfitta, nessun'altra nazione come la Francia che rivendicasse con tanta tranquillità i suoi titoli all'infamia[153]."

Péguy, Fabre-Luce, Maurras, "attestano la nostra antichità nell'abiezione". Queste persone rappresentavano "la Francia dei bastardi", "la grande ferita purulenta" del mondo intellettuale. Maurice Barrés, il "principe della gioventù", divenne, sotto la penna di Lévy, "il principe dell'abiezione, Barrés l'antisemita, il pazzo furioso e *boulangista*[154]." Péguy era un "pazzo" e quando parlava della "razza francese" ispirava solo "violento disgusto". Anche il bel marchese di Morès non gli ha lasciato una buona memoria, a giudicare da ciò che ha trovato "in alcuni degli opuscoli scritti dal suo stupido cervello". Maurras, "che si agita con impazienza", "fa i capricci da giovane cane"; Léon Daudet era un intellettuale con un "cervello malato"; Jean Giono, "la cui filosofia si può riassumere nell'unica convinzione che è meglio vivere strisciando che rischiare di morire in piedi", non era migliore di Thierry Maulnier e dei suoi amici della Giovane Destra che esaltavano "una comunità plasmata da vecchie ossessioni". "Per quanto riguarda

---

[151] Bernard-Henri Lévy, *L'Idéologie française*, Grasset, 1981, pag. 48.

[152] Bernard-Henri Lévy, *L'Idéologie française*, Grasset, 1981, pag. 56.

[153] Bernard-Henri Lévy, *L'Idéologie française*, Grasset, 1981, pag. 60.

[154] Georges Ernest Jean Marie Boulanger è stato un ufficiale militare e politico francese che ha avuto un ruolo di primo piano nei primi anni della Terza Repubblica francese. Divenne molto popolare tra il pubblico francese per i suoi discorsi populisti, sciovinisti e revanscisti in una società ancora traumatizzata dalla perdita dell'Alsazia e della Lorena nella guerra franco-prussiana del 1870.

Céline, era semplicemente "il campione della feccia, il campione della sporcizia[155]."

Tutti loro hanno permesso al maresciallo Pétain di salire al potere. "Sì, è quell'uomo, ha giurato Lévy, sono tutti quegli uomini che, per la prima volta nella nostra storia moderna, hanno perpetrato il crimine assoluto di legalizzare il razzismo e la xenofobia. Fu all'interno dei loro ranghi che venne pensata e pianificata la soluzione finale alla francese. Sono questi cervelli ordinari, intrisi di umanesimo e cultura classica, pieni di decoro e conformità patriottica, che hanno dato vita, per quattro anni, alla versione francese, così profondamente francese, dell'abiezione del secolo[156]. "Vediamo qui un immenso disprezzo per le popolazioni indigene. In realtà, "razzismo e xenofobia" erano presenti da secoli in tutte le legislazioni europee e mondiali, nel senso che un cittadino aveva diritti che uno straniero non aveva. Se gli ebrei avevano ottenuto la cittadinanza nel 1790 in Francia, dovettero aspettare fino al 1870 per i dipartimenti algerini. In realtà, il "crimine assoluto" di cui parlava Lévy si riferiva alla perdita della cittadinanza francese nel 1940.

I comunisti e i socialisti francesi del secolo scorso non sono stati meno responsabili dell'"abiezione francese". Nel 1940, dopo la sconfitta della Germania nazista, i comunisti francesi chiesero alle autorità tedesche il diritto di pubblicare i loro giornali. Pubblicarono "L'appello al popolo di Parigi", in cui i redattori proponevano di "mettere sotto accusa tutti coloro che avevano spinto la Francia alla guerra e ingannato il popolo francese". "A questo livello di follia, non basta più dire che i comunisti hanno condiviso lo stesso linguaggio o lo stesso tema con Vichy: si contendono quel tema, negano la loro paternità del regime e pretendono di appropriarsi del discorso e dell'eredità stessa[157]. Per Lévy, insomma, si può dire che i comunisti e i fascisti si sono impegnati "in una feroce competizione per l'appropriazione e il controllo del male dell'ambiente" in "una ripugnante rivalità mimetica"."

In effetti, gli aderenti al socialismo andranno a ingrossare le file del Maresciallo con reclutamenti inaspettati: Gaston Bergery, fondatore

---

[155] Bernard-Henri Lévy, *L'Idéologie française*, Grasset, 1981, p. 113, 235, 260, 146, 205, 210, 22. [Louis Ferdinand Céline, nonostante i suoi pamphlet antisemiti polemici ed estremamente duri, è considerato uno degli scrittori più influenti del XX secolo, poiché ha sviluppato un nuovo stile di scrittura con caratteristiche orali che ha modernizzato la letteratura francese e mondiale. Dopo Marcel Proust, è l'autore più tradotto e popolare della letteratura francese del XX secolo; il suo romanzo più famoso è *Viaggio al termine della notte*].

[156] Bernard-Henri Lévy, *L'Idéologie française*, Grasset, 1981, p. 68.

[157] Bernard-Henri Lévy, *L'Idéologie française*, Grasset, 1981, pag. 86.

nel 1933 del Fronte Comune antifascista; Frossard, veterano del socialismo; Spinasse, ex ministro di Léon Blum; Marcel Déat, ministro nel 1936; Lagardelle, erede di Georges Sorel e del sindacalismo rivoluzionario; Yvetot, uno dei più validi sopravvissuti alle lotte operaie di inizio secolo; Charles Dhooges, anarchico. Tutti si sarebbero uniti alla rivoluzione nazionale del maresciallo Pétain.

Il socialismo di tradizione francese ha diffuso tutte le porcherie: "Infine, e a peggiorare le cose, c'è una dimensione puramente razziale, incredibilmente moderna, di cui non è esagerato dire che è stata nelle file socialiste che ha raggiunto per la prima volta la sua massima intensità[158]. Infatti, nel socialismo francese del XIX secolo esiste "l'idea che l'ebreo sia meno odioso, come si credeva finora, per aver ucciso Cristo, che per averlo inventato" e che sia "all'origine di quella lebbra moderna che è il cristianesimo": quella tendenza, inaugurata da Voltaire, continuata da Blanqui, e culminata nei libri di Gustave Tridon, Blanquist e Communard che, già nel 1865, amalgama nello stesso esecrabile "semitismo" quei geni del male della terra che sono il cattolicesimo e l'ebraismo". Il "razzismo bestiale che pervade il pensiero di Proudhon", la "letteratura estremista di sinistra più grossolana, quella di Sorel, Malon, Chirac, Toussenel" sono da scartare totalmente. Dobbiamo "dimenticare questo socialismo", ha affermato Lévy, "con la stessa energia e determinazione del socialismo marxista, leninista o stalinista", così come Jules Guesde, questo "patriota sciovinista, xenofobo e per un certo periodo vicino al *boulangismo*[159]. "La xenofobia permeava anche i testi di Vaillant-Couturier, che cantava le "dure virtù dei militanti 'profondamente radicati nel suolo' e i cui cognomi 'hanno il sapore della nostra patria'". Il Partito Comunista degli anni '30 aveva perfettamente integrato le nozioni di "Paese forte" o "razza numerosa". Durante la polemica su Lyssenko in Francia, Aragon non si è forse proclamato campione della campagna contro "l'arte decadente, degenerata, cosmopolita e antinazionale"? È questa nozione di terroir e di radicamento che ripugnava maggiormente a Bernard-Henri Lévy, e non il socialismo in sé. "C'è il fetente represso. Il razzismo, la xenofobia, la moina e la stupidità. Lavoro, famiglia, patria e la profonda Francia[160]. "Ecco in cosa consisteva "il delirio che nasceva dal suolo e dai cervelli nazionali".

L'unica figura intellettuale risparmiata fu Julien Benda, l'internazionalista non asservito al marxismo che ispirò la Parigi del

---

[158] Bernard-Henri Lévy, *L'Idéologie française*, Grasset, 1981, pag. 129.

[159] Bernard-Henri Lévy, *L'Idéologie française*, Grasset, 1981, p. 166 (cfr. nota 155).

[160] Bernard-Henri Lévy, *L'Idéologie française*, Grasset, 1981, p. 181.

'68, e il suo "magnifico "siamo tutti ebrei tedeschi", lanciato come uno schiaffo in faccia all'altra Francia, quella dei cretini e dei mascalzoni che preferivano gridare "Cohn-Bendit a Dachau".

L'indignazione di Bernard-Henri Lévy non era quindi limitata agli estremi dello scacchiere politico francese. Era disgustato da tutto ciò che era profondamente radicato e tipicamente francese. Persino Mounier e i suoi amici della rivista *Esprit*, ben lontani da qualsiasi sentimento razzista o antisemita, lo hanno scontentato. Nel gennaio 1941, la rivista aveva elogiato il folklore e le danze popolari, in cui eccellevano coloro che avevano la fortuna di "conservare una memoria cellulare del proprio background etnico". BHL era furiosamente arrabbiato con Mounier: non era stato lo stesso Mounier, nel 1940, a dare come esempio in Francia "la vitalità" e "l'immaginazione" che "l'hitlerismo ha infuso nella Germania[161] "? Tutte le tradizioni nazionali suscitano il suo sarcasmo e il suo disprezzo. Deride tutti gli autori francesi che esaltano il lignaggio e gli antenati: Gustave Thibon è un "teorico laborioso ma mediocre, un po' pasciuto e portavoce della nostra patria e del buon senso francese"; Mistral, poeta e cantore della Provenza, "è stato l'unico personaggio, a parte Giovanna d'Arco, a cui il maresciallo Pétain ha fatto l'onore di indirizzare un breve ma completo Messaggio". Il punto è chiaro: tutto ciò che non è cosmopolita è buono per la spazzatura. Le vecchie tradizioni francesi, lo spirito del popolo, la solidarietà identitaria, ecc... tutte queste cose, per le menti intellettuali planetarie, devono essere cancellate una volta per tutte.

Incolpare sistematicamente

L'idea planetaria non ha presa sui popoli che sono fortemente impregnati della loro identità e che vivono in mezzo a popoli più numerosi. Le nazioni industriali e ricche, invece, sono più sensibili a ogni tipo di rimprovero sul loro passato e sul dominio che possono aver esercitato in passato. Ovviamente, la critica è rivolta ai popoli dominanti, non ai popoli dominati. Ma per diversi decenni in Occidente questa critica è stata rivolta esclusivamente agli occidentali. Sarebbe puro masochismo se le vittime fossero esse stesse responsabili di queste aspre critiche che minano costantemente l'orgoglio dei popoli europei. Non è sempre così. Esistono innumerevoli libri sull'argomento; la "sensibilizzazione" è onnipresente e continua attraverso la stampa, le case editrici, la televisione e il cinema. Limiteremo quindi la nostra

---

[161] Bernard-Henri Lévy, *L'Idéologie française*, Grasset, 1981, p. 212, 32

ricerca ad alcuni esempi recenti ed emblematici di questa impresa di accusa permanente.

In un libro del 2004 dal titolo evocativo Il *crimine occidentale,* Viviane Forrester (nata Dreyfus) ha cercato, come molti altri prima di lei, di denunciare l'ignominia degli europei. La sua codardia di fronte al calvario degli ebrei tedeschi fu chiaramente criminale: "Negli anni Trenta", scrisse, "ciò che già si sapeva dei crimini nazisti e ciò che veniva riportato dalla stampa avrebbe dovuto essere sufficiente a provocare l'opposizione sfrenata, intransigente e determinata delle nazioni democratiche... Ma fedeli al loro genio per l'inazione quando si trattava degli ebrei, così opportunamente decimati, i leader delle due grandi potenze misero finalmente insieme la loro scienza della passività. "Dovremmo renderci conto che gli europei dovrebbero sentirsi in colpa per non aver voluto tornare immediatamente al massacro non appena Hitler è salito al potere nel 1933.

Questa complicità dell'Occidente nei crimini della Seconda guerra mondiale è stata evidenziata anche dalla sua inazione durante la rivolta del ghetto di Varsavia. "L'unica risposta", ha scritto Viviane Forrester, "è stata il silenzio, l'inazione meschina e astuta, l'ostruzione lucida e calcolata e razzista del resto dell'Occidente."

"Milioni di ebrei furono soffocati nelle camere a gas, ma nessuno minacciò i tedeschi di rappresaglie - non ci fu alcuna minaccia di gasare le loro città[162]. "Tutti gli europei sono colpevoli, quindi, e non solo i tedeschi. A questo proposito, vale la pena notare che né le memorie di Churchill, né quelle del generale de Gaulle, né quelle di Roosevelt menzionano le camere a gas durante la guerra. Probabilmente perché queste persone erano dei codardi.

Ma non importa, perché il punto principale è dimostrare che gli occidentali erano colpevoli di aver chiuso gli occhi su ciò che accadeva in Europa durante la guerra. La Francia, che "non voleva più accogliere gli ebrei dalla Germania", fu messa alla berlina: "Il terrore non era quello di vedere questi uomini, donne e bambini sterminati e torturati,

---

[162] Viviane Forrester, *Le Crime occidental*, Fayard, 2004, pagg. 15-16, 32-34.
[Vorrei ricordare, davanti ai rappresentanti di tante nazioni, comprese alcune che non hanno ebrei al loro interno, cosa sono stati gli anni 1933-1945 per gli ebrei d'Europa. Tra i milioni di esseri umani che hanno incontrato la miseria e la morte in quel luogo, gli ebrei hanno vissuto l'esperienza unica della totale impotenza. Conoscevano una condizione inferiore a quella delle cose, un'esperienza di passività totale, un'esperienza della Passione. (...) L'antisemitismo del XX secolo, culminato nello sterminio di sei milioni di ebrei europei, ha significato per gli ebrei la crisi di un mondo che il cristianesimo aveva plasmato per 20 secoli. "Emmanuel Levinas, *Libertà difficile, Saggi sull'ebraismo.* Ediciones Lilmod, Buenos Aires, 2004, p. 100, 189].

ma di vederli rilasciati come un afflusso pericoloso; "Non in casa nostra! Le voci sono state unanimi[163] ", ha scritto Viviane Forrester. "La fuga generale, anche il consenso per omissione al razzismo nazista, è stato nascosto, dimenticato, inosservato. L'inerzia dell'Occidente di fronte alla barbarie e la sua connivenza con l'antisemitismo non sono state ricordate, ma mantenute il più possibile nel silenzio consensuale di una memoria volontariamente repressa[164]."

Oltre a essere una grande storica, Viviane Forrester sarebbe stata senza dubbio una splendida procuratrice nei pressi di Novosibirsk nel 1937.

Tuttavia, ci sembra di poter individuare nella sua vendicatività la fonte di tale parzialità. Quando scrisse, ad esempio: "Non si è trattato di un'aggressione particolare contro una comunità particolare, ma di un attacco contro l'umanità nel suo complesso, contro il concetto stesso di umanità[165]. "Possiamo dire con certezza che questo è un tratto distintivo che vedremo spesso in questo libro sotto la penna di altre eminenti figure.

L'ignominia degli europei non si limita ovviamente all'episodio della Seconda guerra mondiale. Tutta la loro storia testimonia la loro crudeltà e abiezione. Viviane Forrester ha insistito particolarmente su questo punto: "Spoliazioni, massacri e genocidi di popoli sono stati perpetrati in altri continenti per secoli da e per gli europei. Tutto questo in buona coscienza, con l'approvazione e l'ammirazione del pubblico per tali imprese e la sua gratitudine una volta saziato il gusto per il possesso. Tutto questo grazie all'attitudine degli occidentali a gestire, cancellare e nascondere ciò che li mette a disagio, senza alterare l'immagine del mondo che hanno, o il ruolo che pretendono di svolgere?In nome della loro supremazia, con un innato senso di arroganza e la certezza di una naturale superiorità che giustifica la loro universale prepotenza, gli occidentali si sono dati il diritto di decretare, senza scrupoli e come se fosse una cosa ovvia, la non importanza di numerosi esseri viventi giudicati fastidiosi e la nullità subumana di intere popolazioni, anche nella loro presunta nocività. Da quel momento in poi, spogliare, opprimere, perseguitare, assassinare senza limiti queste masse alogene considerate sgradite e spesso disastrose, divenne ammissibile, persino necessario, o meglio ancora: esigibile[166]."

---

[163] Viviane Forrester, *Le Crime occidental*, Fayard, 2004, p. 36.
[164] Viviane Forrester, *Le Crime occidental*, Fayard, 2004, p. 17.
[165] Viviane Forrester, *Le Crime occidental*, Fayard, 2004, p. 42.
[166] Viviane Forrester, *Le Crime occidental*, Fayard, 2004, pag. 57, 65.

Nella quarta di copertina del libro di Viviane Forrester, abbiamo potuto scoprire chi sono stati i veri carnefici del popolo palestinese: "Viviane Forrester mostra fino a che punto israeliani e palestinesi non sono vittime gli uni degli altri, ma vittime di una lunga storia europea; quella dei crimini antisemiti di cui alcuni sono stati preda e gli altri non hanno partecipato. "Il caso è risolto: se oggi i palestinesi sono perseguitati e massacrati come conigli, è colpa dell'uomo bianco europeo arrogante e razzista. In ogni caso, la signora Forrester non può essere accusata di scrivere la storia con leggerezza e di inventare sciocchezze. In effetti, il suo lavoro contiene una bibliografia impressionante: circa 277 riferimenti per un libro di 214 pagine. Sappiamo quindi che siamo di fronte a un libro serio, pubblicato da Fayard, un editore molto serio. In questa bibliografia incontriamo, ad esempio, il libro di Aleksandr Solzhenitsyn sul ruolo degli ebrei nella rivoluzione russa. Poiché noi stessi abbiamo esaminato in modo esaustivo quel libro per le esigenze del nostro studio, possiamo affermare con certezza che Viviane Forrester non l'ha utilizzato affatto e che la sua bibliografia esagerata non riflette quindi la qualità del suo libro, sebbene sia comunque abbastanza passabile per il pubblico a cui è destinato. Questa figura mondana della crème de la crème parigina, figlia del ricchissimo banchiere e armatore Edgar Dreyfus, si era già fatta notare nel 1996 con il suo libro *L'orrore economico*, che aveva riscosso un grande successo nelle librerie, dimostrando che la pubblicità più sfacciata può compensare qualsiasi carenza. Ma alla fine, la cosa più importante è che Viviane Forrester perseveri nel suo lavoro: ancora qualche libro e forse riuscirà a scrivere correttamente in francese.

Viviane Forrester non è stata certo la prima a sottolineare l'ignominia della civiltà europea. Un autore marxista come Lucien Goldmann, ad esempio, discepolo della scuola del grande George Lukacs, non poteva non denunciare l'imperialismo delle nazioni europee e "l'espansione coloniale, con i superprofitti[167] " che essa generava. Questa espansione, ha detto, è stata "analizzata in particolare nelle sue funzioni e conseguenze da Rosa Luxemburg". È stato analizzato più recentemente anche da un vero storico, Jacques Marseille, che nella sua tesi di laurea magistrale ha dimostrato, insieme a diversi storici anglosassoni, che l'impero coloniale francese è stato un peso per la metropoli e che lo Stato francese ha investito pesantemente

---

[167] Lucien Goldmann, *Marxisme et sciences humaines*, Éditions Gallimard, 1970, Poche, pag. 317.

e invano[168]. L'attuale specialista del tema, l'accademico Bernard Lugan, lo esplora in molte delle sue opere.

Questa tendenza naturale e sistematica a ricoprire la civiltà europea di riprovazione è diffusa e insinuata in certa letteratura popolare, di cui lo scrittore Bernard Werber è un buon rappresentante. È un autore di successo: i suoi libri, come *Le formiche*, hanno venduto milioni di copie in tutto il mondo. In un altro dei suoi libri, un piccolo libro di fantascienza senza pretese intitolato *I nostri amici umani*[169], Werber ha ambientato la scena di un uomo e una donna imprigionati in una gabbia di vetro, persi da qualche parte nel cosmo. Su uno schermo gigante in fondo alla stanza, vengono proiettate immagini della Terra sulle quali i due umani vengono informati, come se stessero guardando il telegiornale delle 21.00, che in loro assenza un dittatore pakistano musulmano ha rivelato di possedere una bomba terrificante. Minaccia di distruggere l'intero pianeta "se l'India non si sottomette a tutte le sue richieste sul Kashmir". Il suo ultimatum termina tra dieci minuti e ci stiamo avvicinando alla distruzione totale del pianeta. Samantha[170] e Raul, i due umani nello spazio, sono pietrificati: alla fine la Terra esplode al rallentatore sul loro schermo. Ora si trovano nella situazione di Adamo ed Eva, gli ultimi rappresentanti della specie umana che dovranno discutere della ricreazione dell'umanità. Ma l'umanità merita una seconda possibilità? La storia dell'umanità è costellata di invasioni violente", spiega Raul. Gli indoeuropei, ad esempio, conoscendo la tecnica del ferro, l'organizzazione in caste e l'uso del cavallo, hanno sottomesso tutti i popoli vicini per cinquemila anni, fino a imporre i loro valori guerrieri e il loro culto degli eroi combattenti. -Obiezione", interrompe Samantha. Certamente, nello stesso periodo, i Fenici, gli Ebrei, i Cartaginesi crearono e svilupparono il commercio, aprirono empori, le vie della seta, del tè e delle spezie. Non avevano eserciti potenti, ma proponevano un'alternativa all'invasione bellica: l'alleanza e il commercio tra i popoli. Per navigare meglio, inventarono la bussola, le mappe e la navigazione a vela. Risultato: i Cartaginesi furono distrutti dai Romani, i Fenici furono massacrati e gli Ebrei furono sempre perseguitati."

Questo istruttivo dialogo colloca Bernard Werber tra gli autori planetari ossessionati dalla distruzione delle civiltà sedentarie europee e dalla sistematica apologia dei semiti e delle civiltà semitiche. In

---

[168] Jacques Marseille, *Empire colonial et capitalisme français*, Albin Michel, 1984.

[169] Bernard Werber, *Nos Amis les humains*, Albin Michel, 2003

[170] Gli autori planetari tendono a scegliere nomi "americani" per i personaggi dei loro romanzi: Samantha, Jonathan, Jennifer, Samuel, Steven, ecc.

effetti, sono spesso i temi della colpa e del cosmopolitismo a decretare il successo di un libro, e non il suo valore letterario, perché su questo piano i libri sono il più delle volte palesemente mediocri.

Anche il grande Jean-Paul Sartre, a suo tempo, aveva espresso opinioni accusatorie nei confronti della civiltà europea. Nella prefazione al famoso libro terzomondista di Franz Fanon, *I dannati della terra*, egli esprimeva i suoi sentimenti di intellettuale marxista, pieno di sensi di colpa per le ingiustizie del mondo, che prendeva risolutamente le difese dei popoli colonizzati: "La violenza coloniale, diceva, non ha solo lo scopo di tenere in scacco l'uomo schiavizzato, ma anche di disumanizzarlo. Non si risparmierà nulla per liquidare le loro tradizioni, per sostituire la nostra lingua alla loro, per distruggere la loro cultura senza dar loro la nostra; saranno storditi dallo sfinimento... si punteranno i fucili contro i contadini. Se fanno resistenza, i soldati sparano e sono uomini morti. "L'odio per la propria cultura gli fece addirittura dire: "Uccidere un europeo è prendere due piccioni con una fava, eliminare in un sol colpo un oppressore e un oppresso: un solo uomo rimane morto e un uomo libero; per la prima volta, il sopravvissuto sente sotto i suoi piedi un suolo nazionale". "Con la morte dell'ultimo colono, espulso o assimilato, la specie minoritaria scompare, cedendo il posto alla fraternità socialista... Noi siamo stati uomini a sue spese, lui diventa uomo a nostre spese. Un altro uomo: di migliore qualità."

In realtà non c'è alcuno spirito di tradimento, poiché per il marxista l'unico nemico da sconfiggere è il sistema capitalista rappresentato dalla civiltà occidentale e dai popoli bianchi. Il dovere di ogni militante consapevole dello sfruttamento spudorato dei miseri popoli del Sud da parte dei ricchi capitalisti del Nord è quello di lottare fino alla morte per rovesciare il potere della borghesia: "Nell'Europa di oggi, il minimo accenno di distrazione di pensiero è una complicità criminale con il colonialismo. "Tutti i bianchi, indistintamente, sono sfruttatori. Tutto ciò che l'Europa ha creato lo deve al duro lavoro dei popoli precolombiani, africani e asiatici e al saccheggio delle loro ricchezze in ogni continente: "Sapete benissimo che siamo degli sfruttatori, sapete benissimo che abbiamo preso l'oro e i metalli, e poi il petrolio dai nuovi continenti e abbiamo riportato tutto nelle vecchie metropoli. Con ottimi risultati, tra l'altro: palazzi, cattedrali, capitali industriali; e quando arrivavano le crisi, i mercati coloniali erano lì per attutirle o scongiurarle. L'Europa, "quel continente unto e livido", è stata così "inondata di ricchezze[171] " Di fronte a tanto male e a tanta ingiustizia, ha insistito, "la vostra passività vi pone a fianco degli sfruttatori"."

Jean Daniel, il famoso direttore della stampa, ha scritto sulla rivista *L'Express*: "*I dannati della Terra* sono, ovviamente, tutti gli uomini del mondo sottosviluppato, del terzo mondo, tutti coloro che hanno trasferito la lotta di classe della vecchia Europa su scala internazionale. Quel libro è un'opera implacabile, a volte irritante, sempre avvincente, di eccezionale valore[172]."

Dal 1962 al 1966, Jean-Paul Sartre si reca fino a due volte l'anno a Mosca, dove viene ricevuto da Ilya Ehrenburg e Fedine, i due grandi intellettuali custodi dell'ortodossia. Quando morì nel 1980, il borghesissimo Raymond Barre, ministro liberale dell'Economia e delle Finanze, rappresentò il governo in lutto e rese omaggio al "campione della libertà", "il più grande filosofo del secolo". Il liberale Presidente della Repubblica Valéry Giscard d'Estaing (1974-1981) pronunciò il suo elogio funebre con queste parole: "Sento la sua morte come la scomparsa di uno dei più grandi luminari del nostro tempo. Ha risposto alla comprensione del tragico futuro dell'essere umano con una generosità autentica, militante e, nonostante tutte le categorie, unicamente francese. "Aleksandr Solzhenitsyn, da parte sua, rifiutò di incontrarlo.

Si noti che il successore di Giscard d'Estaing, il Presidente della Repubblica Jacques Chirac, anch'egli molto liberale, ha elogiato il filosofo marxista Jacques Derrida alla sua morte nell'estate del 2004. Ancora una volta, e come per abitudine, la venerazione del liberalismo per il marxismo militante era in evidenza.

La tendenza a ricoprire di letame la civiltà europea e a colpevolizzare gli europei è stata rilevata anche nello scrittore russo Vasili Grossman, autore del lungo romanzo *Vita e destino*: "Questo è uno dei più grandi libri del secolo", si legge nella quarta di copertina. Il suo autore, un ebreo russo nato nel 1905, è stato a lungo uno scrittore e giornalista comunista assolutamente ortodosso. Quando nel 1952 iniziò a scrivere questa cronaca della battaglia di Stalingrado, non era più lo stesso uomo. Aveva vissuto l'esplosione dell'antisemitismo nel suo Paese, ascoltato i processi, analizzato lo stalinismo. Ritirato dal KGB, scomparso per vent'anni, questo libro è miracolosamente sopravvissuto. Acclamato come il *"Guerra e Pace"* del XX secolo,

---

[171] Le cattedrali gotiche furono quasi tutte costruite tra il XII e il XIII secolo, prima della scoperta delle Americhe e della colonizzazione.

[172] "Irritante" e "fastidioso" sembrano essere le principali virtù degli intellettuali planetari, che si sorprendono dopo essere stati rifiutati dal resto della popolazione.

questo capolavoro racconta l'epopea della sopravvivenza umana ed è il primo grande grido di liberazione della Russia". Dopo la sua pubblicazione, *Vita e destino* è stato premiato come miglior romanzo straniero. Nelle sue 800 pagine, leggiamo questo passaggio illuminante in cui l'autore fa dire a uno dei suoi personaggi: "Che cosa ha portato all'umanità questa dottrina di pace e amore [il cristianesimo]? L'iconoclastia bizantina, le torture dell'Inquisizione, la lotta contro le eresie in Francia, Italia, Fiandre, Germania, la lotta tra protestantesimo e cattolicesimo, gli intrighi degli ordini monastici, la lotta tra Nikon e Avvakum[173], il giogo schiacciante a cui la scienza e la libertà furono sottoposte per secoli, le persecuzioni cristiane della popolazione pagana della Tasmania, i malfattori che incendiavano i villaggi neri in Africa. Tutto ciò ha causato sofferenze maggiori dei crimini dei banditi e dei criminali che hanno praticato il male per amore del male[174]..."

Leggendo queste righe, si potrebbe pensare che Vasili Grossman avrebbe potuto scrivere la sceneggiatura del famoso film *Il nome della rosa*, invece di Umberto Eco, un adattamento di un libro in cui il cristianesimo medievale è ritratto come un'orribile purulenza. Tutto questo non è casuale. Già all'epoca, scrittori come Heinrich Heine professavano le stesse idee quando evocavano il Medioevo: "Il Medioevo, secoli di superstizione e di rapina[175]... "Ovviamente, tutti questi autori non sono seguaci del cattolicesimo e sembrano addirittura nutrire un odio piuttosto singolare nei confronti di questa religione.

Uno studio più esaustivo della letteratura mondiale rivelerebbe senza dubbio quanto questa idea sia persistente nel mondo intellettuale contemporaneo. Che siano di origine marxista o liberale, sono innumerevoli i libri di testo di storia che tendono a dare la colpa agli europei. Pensiamo alle opere di Henri Rousso, Serge Bernstein, Catherine Coquery-Vidrovitch e Vidal-Naquet, per citare solo alcuni autori della sfera culturale francese. Ma forse ancora più sorprendenti per il grande pubblico sono le opere cinematografiche, le serie televisive e i documentari. Ad essi dedicheremo un capitolo a parte.

La saggezza è orientale

Per porre fine al razzismo, il concetto di razza deve essere prima sradicato. È in questa prospettiva che bisogna agire. Nel suo saggio sul

---

[173] Patriarca ed ecclesiastico russo al centro di uno scisma nella Chiesa ortodossa nel 1654.

[174] Vasili Grossman, *Vita e destino*, Galaxia Gutenberg, 2007, Barcellona, p. 303.

[175] Heinrich Heine, *De l'Allemagne*, 1835, Gallimard, 1998, p. 466.

razzismo, lo scrittore e sociologo Albert Memmi ha affermato che "siamo quasi tutti bastardi[176]. "Il problema sembra essere che molte persone, soprattutto tra gli europei, sembrano ignorarlo e continuano a vedersi come diversi dagli altri membri della specie umana. Combattere questo razzismo è una necessità se vogliamo raggiungere questa umanità unita e fraterna: con tutti i mezzi. "Questa piaga deve essere esorcizzata e combattuta: prima dentro di sé, perché l'antirazzismo deve essere prima di tutto un'igiene mentale; poi attraverso la pedagogia, nelle scuole e nelle università; e infine attraverso la repressione, se necessario[177]. "Il razzismo degli europei nei confronti delle minoranze sembra essere ancora molto diffuso. I bianchi sono ancora la maggioranza in Europa e occupano ancora i posti migliori. Tuttavia, le ondate migratorie della fine del XX secolo hanno creato in trent'anni una società multietnica, almeno in Francia, anche se la maggior parte degli immigrati occupa ancora le posizioni più basse della società. Questa situazione non può essere spiegata scientificamente da una causa specificamente razziale, quindi è un'ingiustizia che deve essere denunciata senza sosta. Ma la lotta al razzismo visibile affronterebbe solo una parte del problema. In effetti, le popolazioni immigrate non sono le uniche a subire discriminazioni. Anche altre minoranze sono vittime della società europea. Tutte queste minoranze oppresse devono essere riunite per unire le forze contro l'oppressore.

È così che Albert Memmi associava sistematicamente nella sua analisi il caso dei neri e dei "colonizzati" a quello degli ebrei, e persino a quello delle donne, dei proletari e degli omosessuali. Sono tutti vittime di un unico oppressore. Si tratta quindi di unire le forze contro l'unica fonte di razzismo e di suscitare tutte le frustrazioni, tutte le ingiustizie per cercare di sradicarle. Una società composta da minoranze etniche, religiose e sessuali, tutte uguali, è il modo migliore per sradicare il nazionalismo e l'estremismo una volta per tutte. In democrazia, il nemico è sempre lo stesso.

Per Albert Memmi, essere una "minoranza" non è semplicemente una nozione demografica: "Si può essere una minoranza in diversi modi. In questo senso ampio, le donne e i colonizzati, demograficamente più numerosi dei dominanti, sono in minoranza rispetto a questi ultimi. I neri americani e gli ebrei sono doppiamente minoranze[178]. "Ma il risultato è lo stesso: l'oppressione. Il razzista

---

[176] Albert Memmi, *Le Racisme*, Gallimard, 1982, Poche, 1994, p. 27.
[177] Albert Memmi, *Le Racisme*, Gallimard, 1982, Poche, 1994, p. 14.
[178] Albert Memmi, *Le Racisme*, Gallimard, 1982, Poche, 1994, p. 97.

"sceglie la vittima più favorevole, la più rassegnata, quella che si lascia picchiare senza osare reagire". È un atteggiamento molto confortevole. Il razzista si avventa istintivamente sugli oppressi, si rivolge, per esercitare il suo trionfo, a uomini già sconfitti dalla storia. Ecco perché lo straniero è una facile preda per il razzista. La fragilità dello straniero attira il razzismo, così come la debolezza attira il sarcasmo e il disprezzo. "Così il proletario europeo, "per sentirsi più grande", disprezza il lavoratore straniero. "In breve, tutti cercano di apparire dominanti e relativamente straordinari nei livelli inferiori. Il razzismo è un piacere alla portata di tutti. È una "compensazione vana, meschina e iniqua"."

"Mentre erano colonizzati, ha spiegato Albert Memmi, c'era un'arabofobia; questa diminuisce quando diventano una potenza economica relativa. Allo stesso tempo, però, i lavoratori immigrati continuano a soffrirne: questo perché gli infelici rimangono sotto il giogo degli europei[179]. "Tutta questa sofferenza, va sottolineato, non impedisce ai futuri immigrati di lottare per ottenere un visto.

Nel 1977, un sondaggio ha mostrato che "l'ostilità contro gli ebrei e i nordafricani è principalmente da parte degli operai e dei pensionati". Ma perché i lavoratori francesi la pensano così? È perché i lavoratori francesi ritengono che gli immigrati mettano a rischio i vantaggi che hanno nei loro confronti. La paura della disoccupazione, ad esempio, non è estranea a questa ostilità. Recentemente abbiamo assistito a una straordinaria agitazione di una popolazione, confusa in tutte le classi, nella regione di Parigi, perché gli immigrati musulmani volevano costruire una moschea... Ora, in questo caso i musulmani non avrebbero aumentato il loro numero o cambiato la loro natura con la costruzione della moschea. Questo conferma che il male non viene dalla vittima ma dall'accusatore[180]." La logica di Albert Memmi è inarrestabile.

La paura della differenza caratterizza il razzista. La paura innesca il riflesso discriminatorio. "Bisogna insistere su questa componente del razzismo: il disordine, la paura dell'alterità. In qualche modo, lo straniero è sempre strano e terrificante. E dal timore all'ostilità, dall'ostilità all'aggressione, la distanza non è grande."

"Il razzista è un uomo che ha paura; che ha paura di essere attaccato o che ha paura perché pensa di essere attaccato, e che attacca per esorcizzare questa paura[181]. "È la "paura aggressiva e denigratoria

[179] Albert Memmi, *Le Racisme*, Gallimard, 1982, Poche, 1994, p. 169.

[180] Albert Memmi, *Le Racisme*, Gallimard, 1982, Poche, 1994, p. 121.

[181] Albert Memmi, *Le Racisme*, Gallimard, 1982, Poche, 1994, p. 147-149, 110. Albert Memmi è l'inventore del concetto di Eterofobia: "Il rifiuto dell'altro in nome della

delle donne o dei giovani, degli omosessuali o degli anziani" che definisce l'oppressore, il potenziale razzista. In breve, secondo Albert Memmi, l'oppressore è il maschio bianco eterosessuale nel fiore degli anni. Perché gli anziani sono troppo deboli e i giovani sono sufficientemente malleabili e ricettivi alle campagne di "sensibilizzazione".

"Ho vissuto fino alla fine della mia adolescenza in Nord Africa in un'atmosfera di profondo sospetto e diffidenza reciproca, per non dire altro, tra le comunità", ha spiegato Albert Memmi[182]. Qui in Francia, "l'abitudine alla democrazia ha fortunatamente ammorbidito il rifiuto reciproco, il che è un grande progresso". Ma c'è ancora un timoroso o ironico disprezzo per gli stranieri, una mutualità distante, un'ospitalità quasi assente, un gusto per la segretezza e uno sciovinismo sempre emergente, che rivelano come la paura aggressiva degli altri sia sempre latente[183]." I francesi sono chiaramente ostili, ma è comunque positivo stabilirsi nel loro Paese.

Gli intellettuali planetari sono così perfettamente convinti della loro legittimità che tendono a pensare che i loro avversari siano affetti da una qualche follia dello spirito. Albert Memmi ci ha dato un esempio di quella stranezza che è senza dubbio uno dei tratti più caratteristici della mentalità cosmopolita, insieme a quell'instancabile attivismo che conferisce a tutti i suoi atti e discorsi quel tocco moraleggiante da maestro: "Il razzismo non è una malattia, ma un atteggiamento arcaico, comune alla specie. La psicoterapia di alcuni razzisti dichiarati, ammesso che vi acconsentano, non li sopprimerebbe. È necessaria una vigilanza costante e generale, uno sforzo individuale e collettivo che riguarda lo psicologo, il sociologo e il politico. La lotta al razzismo richiede una pedagogia continua, dall'infanzia alla morte[184]."

Albert Memmi ci ha ricordato alcuni saggi precetti: "Ricordati, dice la Bibbia, che sei stato straniero in Egitto", il che significa che devi prenderti cura dello straniero perché tu stesso sei stato straniero e potresti un giorno esserlo di nuovo. "Ovviamente, questa è una formula

---

differenza".

[182] Infatti, numerose testimonianze raccontano la forte animosità delle popolazioni musulmane e cristiane nei confronti degli ebrei in Nord Africa. Nella sua biografia, Albert Memmi descrive il suo stato d'animo e quello dei suoi coetanei: "Vivevamo nell'entusiastica attesa di tempi nuovi e incredibili, e pensavamo di poterne già vedere i segni precursori: l'agonia di religioni, famiglie e nazioni. Avevamo solo rabbia, disprezzo e ironia per i ritardatari della storia che si aggrappavano a questi residui. "Albert Memmi, *Portrait d'un juif*", Gallimard, 1962.

[183] Albert Memmi, *Le Racisme*, Gallimard, 1982, Poche, 1994, pag. 40.

[184] Albert Memmi, *Le Racisme*, Gallimard, 1982, Poche, 1994, p. 160.

molto pratica per ricordare alle persone nel cui Paese ci si vuole stabilire. In ogni caso, il lavoro di informazione e di educazione è necessario, ma per sradicare il razzismo, secondo Albert Memmi, "dovremo attaccare la colonizzazione o la struttura sociale e politica delle nostre società". Una vera e propria rivoluzione, insomma. "L'universalizzazione e l'unificazione della Terra, l'autoaffermazione dei popoli dell'Africa, dell'Asia e dell'America renderanno forse ridicolo considerare gli altri inferiori per il colore della pelle o la forma del naso. "Per concludere con Albert Memmi, "ricordiamoci che la saggezza è[185] orientale", come ha ben detto.

Il grande e stimato etnologo Claude Lévi-Strauss sembrava meno esplicito sull'argomento. Tuttavia, ha continuato a pubblicare opere importanti, come il famoso *Razza e storia*, "un classico dell'antirazzismo", pubblicato nel 1952. È stato commissionato dall'Unesco. Nel 1971 pubblica un'altra opera, questa volta intitolata *Razza e cultura*, per una conferenza dell'Unesco che lancia un anno internazionale di lotta contro il razzismo. Ma il suo impegno antirazzista non gli impedì di provare alcune antipatie implicite o esplicite: in *Da vicino e da lontano* scrisse: "il colonialismo è stato il più grande peccato dell'Occidente", designando così gli europei come colpevoli agli occhi della storia. In modo più esplicito, in una lettera a Raymond Aron del 1967, scriveva a proposito della politica israeliana: "Non posso ovviamente sentire la distruzione dei pellerossa come una ferita fresca nel mio fianco, e reagire in senso opposto quando si tratta di arabi palestinesi, anche quando (come in questo caso) i brevi contatti che ho avuto con il mondo arabo mi hanno ispirato un'antipatia indiscutibile[186]. "Così, la difficoltà di liberarsi del razzismo permane, anche negli spiriti più elevati. "So di essere ebreo, e l'antichità del suo sangue, come ho detto tempo fa, mi piace", scrive poi, senza sembrare di voler rinunciare alla propria identità. Forse è questa la spiegazione di alcune delle sue avversioni.

Frontiere aperte

L'accoglienza dello straniero è un principio essenziale e una necessità per la costruzione della "società aperta". Marek Halter ci ha giustamente ricordato gli insegnamenti della Torah: "Se uno straniero viene a vivere con te nel tuo Paese, non lo opprimerai. Egli sarà per voi

---

[185] Albert Memmi, *Le Racisme*, Gallimard, 1982, Poche, 1994, pagg. 208, 213.
[186] Claude Lévi-Strauss e Didier Eribon, *De cerca y de lejos*, Alianza Editorial, Madrid, 1990, pagg. 211, 207-208, 214.

come uno dei vostri; lo amerete come voi stessi, poiché eravate stranieri nel paese d'Egitto."

"Dobbiamo ricordare ai nostri contemporanei le sagge parole del Levitico[187] ", ha detto Marek Halter. È un po' comico sentire un richiedente asilo invocare i precetti della propria religione per convincere l'ospite ad accoglierlo; e l'argomentazione assume un significato eloquente quando si sa che gli aderenti a quella religione sono tra i meno propensi a praticare l'accoglienza dello straniero e l'integrazione. In effetti, all'inizio del terzo millennio, gli stranieri in Israele - ammesso che i palestinesi siano stranieri - non sono trattati secondo i precetti biblici.

Nel suo ultimo libro, Edgar Morin ha ripreso questo tema, un tema che percorre tutta la sua opera: "L'era planetaria ha dato origine a innumerevoli migrazioni da regioni indigenti a nazioni ricche, e invece del rifiuto o del disprezzo, l'etica dell'ospitalità ci chiede di accogliere il migrante e di adottarlo nella nostra comunità[188]. "Si tratta ovviamente della comunità francese a cui ora appartiene; il discorso è quindi perfettamente in linea con la sua idea di dissoluzione delle comunità e delle nazioni.

Il grande filosofo Jacques Derrida giunse alle stesse conclusioni sulla questione: "Sottolineai che c'era molto più spazio di quanto si sostenesse per accogliere più stranieri, e che l'immigrazione non era aumentata, contrariamente a quanto si sosteneva[189]. "In effetti, sono i razzisti che immaginano che l'immigrazione stia aumentando, proprio quando tutti i dati dimostrano che sta diminuendo.

Anche Shmuel Trigano, in *L'ideale democratico,* ha adottato questa prospettiva. Con lo stile sottile che caratterizza i suoi scritti, il filosofo ha spiegato che il suo "lavoro fa parte del progetto democratico di liberazione umana". La riscoperta della singolarità e dell'identità ha senso solo se serve a vincere la sfida della convivenza, a riconoscere l'uomo nell'uomo e, infine, a inventare l'ospitalità nei diritti umani. "Inventare" è vitale per i pensatori planetari: "inventare" nuovi concetti, "inventare" nuovi prodotti, "inventare" una nuova società, "inventare" nuove sofferenze. La cosa principale, è ormai chiaro, è sradicare le vecchie tradizioni che costituivano la struttura della vecchia società.

---

[187] Marek Halter, *Un Homme, un cri*, Robert Laffont, Parigi, 1991, p. 142.
[188] Edgar Morin, *El Método 6, Ética; capitolo: Ética planetaria,* Ediciones Cátedra-Anaya, Madrid, 2006, pag. 183.
[189] Jacques Derrida, Élisabeth Roudinesco, *Y mañana, qué...* Fondo de Cultura Económica, Buenos Aires, 2002, p. 71.

L'"ospitalità" è al centro del dibattito sulla costruzione del Nuovo Ordine Mondiale. Ma in questo caso, ogni meschinità sarebbe un insulto all'ideale democratico, come ha spiegato Shmuel Trigano: "Ospitalità significa accogliere gli ospiti nella propria casa a proprio nome. Questa accoglienza è possibile perché l'ospite che li invita è pronto ad accoglierli nel suo seno, ad aprirsi più di chiunque altro e a dare loro un posto. Tutto ruota intorno alla considerazione di quel luogo. Se questo luogo vuoto è definito come quello di un cittadino, cioè un luogo offerto nel cuore del popolo dal popolo, allora ciò che si aggiunge è l'identità che - avendo accolto l'altro - diventa anche identità collettiva. L'accoglienza dell'altro non è più sentita come una mancanza di identità[190]." Il problema della "troppa" immigrazione è quindi un falso problema, nella misura in cui si decide di "aprire più di tutti". Era davvero necessario pensarci.

Anche se la nozione di "popolo" dovrebbe essere definita correttamente: "Il popolo è la cornice in cui l'identità può essere ricevuta e gli individui possono viverla e formare la loro personalità in esso. Porta in sé il principio della differenziazione, dell'alterità in quanto sfugge al controllo ed è la fonte dell'esteriorità e dell'eteronomia della condizione umana[191]. "Non potrebbe essere più chiaro. Shmuel Trigano ha aggiunto: "Il bisogno contemporaneo di "comunità" è un bisogno di ospitalità nell'universo freddo e vuoto della cittadinanza che ha abbandonato lo spirito collettivo e dove l'esperienza del comune è stata disconosciuta a causa delle catastrofi che ha generato. L'universalità democratica, così realizzata nell'alleanza tra identità e ospitalità, sarà liberata dal potere e dalla tentazione della totalità, affinché l'Uomo possa finalmente nascere nel destino dell'umanità[192]. "Straordinario Shmuel, lo lasciamo qui?

Nelle sue *Memorie (volume II)*, il premio Nobel Elie Wiesel si è eretto ad apostolo dei rifugiati e dei vagabondi, anche se con un discorso un po' sdolcinato: "Perché l'uomo non riesce a vedere in ogni bambino il proprio figlio? Quale dovrebbe essere il nostro atteggiamento nei confronti dello straniero, dell'esule, del rifugiato?... Io prendo le sue parti. Una posizione etica che rivendico. L'ebreo che è in me aderisce alla comunità degli erranti, dei senzatetto, degli emarginati. Dalla parte di chi cerca un rifugio... Ogni essere umano - uomo, donna o bambino - è un rifugio perché Dio risiede in lui. E nessuno ha il diritto di violarlo. In alcuni Paesi i rifugiati sono definiti "clandestini". Questo termine è

---

[190] Shmuel Trigano, *L'Idéal démocratique*, Edizioni Odile Jacob, 1999, pag. 337.

[191] Shmuel Trigano, *L'Idéal démocratique*, Edizioni Odile Jacob, 1999, p. 308.

[192] Shmuel Trigano, *L'Idéal démocratique*, Edizioni Odile Jacob, 1999, pag. 338.

offensivo. Un essere umano non è mai illegale. Le loro azioni possono essere illegali, ma non la loro essenza... Possiamo sperare che, prima della fine del secolo, questo secolo metta fine a queste categorie sociali e politiche? Immaginate una comunità umana senza rifugiati, senza sradicati, senza esiliati: una costruzione utopica dello spirito? Il santuario umano è un essere che sogna la propria umanità. Al suo interno, tutto è semplice: tutti sono lì grazie a tutti. Sogniamo il giorno in cui tutta la terra diventerà un santuario. "Tutta questa verbosità non ha impedito a Elie Wiesel di scrivere qualche pagina dopo: "Non mi piace la magniloquenza[193]."

Daniel Cohn-Bendit non è un filosofo. In lui, la volontà di stabilire una società multirazziale si esprime in modo più brutale. Nel 1987, l'ex leader anarchico del maggio '68 fu acclamato a Davos, il tempio mondiale del pensiero unico, dei valori mercantili e del globalismo. Oggi è vicesindaco di Francoforte sul Meno in Germania[194].

Ha almeno il merito di essere molto chiaro quando evoca il suo pensiero politico. Secondo lui, l'integrazione europea deve sostituire i vecchi Stati nazionali. Spetta al governo europeo varare una politica migratoria comune: "Una legge europea sulla migrazione deve andare nella direzione dell'apertura e di una maggiore libertà e uguaglianza... Si potrebbe, ad esempio, fissare la cifra di un milione di ingressi all'anno per tutta l'Unione Europea."

"A Francoforte sul Meno, scrive, la popolazione residente è composta per il 25% da stranieri, e si può dire che Francoforte non crollerebbe se un giorno la percentuale di stranieri raggiungesse un terzo della popolazione complessiva[195]."

L'obiettivo è rompere una volta per tutte con i fardelli del passato. Se l'Europa ha finora, nel corso dei secoli, solo vegetato rispetto al magnifico sviluppo dei popoli degli altri continenti, è perché non è stata sufficientemente aperta agli stranieri: "Rifiutando i propri stranieri contro ogni ragione, l'Europa cristiana avrebbe consegnato gran parte del suo potenziale creativo nelle mani dei suoi avversari[196]. "Naturalmente, l'esatto contrario può essere detto in altre parti del libro per giustificare la lunga esistenza della società aperta. Ciò che è essenziale non è la verità o la scienza; ciò che è essenziale è il discorso e far passare il messaggio con tutti i mezzi: attraverso la stancante

---

[193] Elie Wiesel, *Memoires (Tome II)*, Éditions du Seuil, 1996, p. 130-132, 148.
[194] Terza città europea in termini di attività finanziarie dopo Londra e Parigi e sede della Banca Centrale Europea.
[195] Daniel Cohn-Bendit, *Xénophobies*, Amburgo, 1992, Grasset, 1998, p. 14.
[196] Daniel Cohn-Bendit, *Xénophobies*, Amburgo, 1992, Grasset, 1998, p. 102.

pubblicità, la ripetizione costante, il bombardamento mediatico e persino la menzogna, se necessario. Ecco come Dani-el-Rojo ha dichiarato con calma: "L'immigrazione che abbiamo nella Repubblica Federale da qualche decennio non è un fenomeno nuovo, ma una lunga tradizione nella storia tedesca. "Una "lunga tradizione" che risale probabilmente al 1992-1993. Sebbene si debba ammettere che "la procedura di naturalizzazione tedesca è un'antichità[197]."

Di fronte all'inettitudine dei nativi ad accettare gli schemi planetari, Cohn-Bendit ritiene che sia meglio precipitare l'evoluzione che farlo dolcemente attraverso la persuasione: "Poiché sappiamo che ci saranno sempre voci che grideranno alla prima goccia, sarebbe saggio - per un certo periodo di tempo - piuttosto aumentare la scala della capacità di ammissione consentita. "In ogni caso, le persone non redente nei loro territori hanno enormi difficoltà a comprendere la situazione e reagiscono agli sviluppi della società in modo del tutto illogico.

La verità, secondo Cohn-Bendit, è che "non esiste un rapporto di causa ed effetto tra la percentuale di popolazione straniera e il grado di xenofobia. La xenofobia è importante nei quartieri ad alta densità di popolazione straniera, ma in generale le ragioni sono indirettamente legate alla presenza degli stranieri: nella maggior parte dei casi si tratta di quartieri in cui si riuniscono i perdenti e i diseredati della società... Mentre la presenza reale di stranieri in carne e ossa permette di trovare accordi con i tedeschi, la presenza virtuale o immaginaria di un gran numero di stranieri genera preoccupazioni, riserve e persino risentimento molto maggiori. "Spiegazione: più stranieri ci sono in un quartiere, più tedeschi lasciano il quartiere e meno razzismo c'è; il che è perfettamente logico e porta Cohn-Bendit a portare avanti il ragionamento: "Potremmo dedurre che per frenare la xenofobia sarebbe meglio aumentare, piuttosto che diminuire, il numero di stranieri[198]." In ogni caso, non è così necessario trattare gli indigeni arretrati con i guanti, perché la maggior parte di loro sono dei miserabili, dei falliti nella vita, dei "piccoli bianchi pusillanimi": "Questo odio per gli stranieri che lo circondano, sia socialmente che nella gerarchia, è sentito anche dall'individuo che è caduto in declino verso se stesso. Odia gli stranieri perché cercano di occupare lo spazio sociale che lui non è riuscito a scalare, che non è riuscito a lasciare[199]."

---

[197] Daniel Cohn-Bendit, *Xénophobies*, Amburgo, 1992, Grasset, 1998, pagg. 25, 165.
[198] Daniel Cohn-Bendit, *Xénophobies*, Amburgo, 1992, Grasset, 1998, pagg. 43-45.
[199] Daniel Cohn-Bendit, *Xénophobies*, Amburgo, 1992, Grasset, 1998, p. 156.

Nel suo libro *Aspettando i barbari*, Guy Sorman, nel capitolo *Chi è tedesco*, cita le parole di Cohn-Bendit, che ribadisce con formidabile aplomb le sue convinzioni multiculturali: secondo lui, una frontiera chiusa favorirebbe i flussi migratori in entrambe le direzioni: "In Germania, come in Francia, non c'è niente di meglio di una frontiera chiusa perché il numero degli stranieri aumenti e trasformi l'emigrazione temporanea in insediamento permanente[200]. "Pertanto, le frontiere dovrebbero essere aperte in modo che l'immigrazione diminuisca.

"A Berlino, osserva Sorman, i turchi formano ormai una piccola nazione originaria la cui capitale è il quartiere di Kreuzberg..., ed è ora sovrappopolata da contadini anatolici i cui nipoti, in tre generazioni, sono diventati eccellenti berlinesi che non sono né turchi né tedeschi, a meno che non siano entrambi allo stesso tempo. Il governo nega loro, dicono, la nazionalità tedesca."

Ricordiamo che l'immigrazione turca non proviene da un'ex colonia: la Turchia indipendente è stata alleata della Germania durante la Prima guerra mondiale e ha mantenuto a lungo stretti legami economici con il Reich. Ma non è mai stata una colonia, come lo è stata l'Algeria nei confronti della Francia. Il fenomeno migratorio in Germania oggi è altrettanto importante, se non di più, il che dimostra, tra l'altro, che l'ex status coloniale non è la causa dell'attuale immigrazione in Europa, come si è soliti credere. La forte presenza di una comunità marocchina nei Paesi Bassi o in Svezia, ad esempio, non può essere spiegata con il fenomeno della colonizzazione. È un'interpretazione eminentemente politica, che implica un'idea di colpa e di risarcimento.

L'analisi di Cohn-Bendit sul razzismo è sempre sorprendente, come sorprendente è la risposta di un commerciante del Sentier davanti a un tribunale[201]: "In Occidente, dove l'insediamento degli immigrati è forte e di lunga data, la convivenza è più facile. Di conseguenza, non sarebbe la presenza degli stranieri a provocare il razzismo, ma la loro assenza: sarebbe il fantasma dell'immigrato, piuttosto che l'immigrato stesso, a provocare la violenza. "Non resta che convincere francesi e tedeschi che essere moderni significa essere multiculturali. E "Cohn-Bendit sa come convincere e moltiplica le campagne antirazziste con il sostegno delle televisioni locali, che trasmettono *spot* contro lo sciovinismo nazionalista". Ad esempio: una mappa del mondo e il testo:

---

[200] Guy Sorman, *Aspettando i barbari*, Seix Barral, 1993, Barcellona, p. 31.
[201] Un'allusione al tradizionale quartiere ebraico parigino con una lunga storia di scandali finanziari (cfr. Hervé Ryssen, *La mafia ebraica*).

"Ovunque nel mondo, al di fuori della Germania, anche noi tedeschi siamo stranieri". È un'eco di quel "Siamo tutti ebrei tedeschi" del maggio '68, quando il governo francese dell'epoca cercò di espellere il leader studentesco in Germania. Cohn-Bendit ha una preferenza per questo slogan rivolto agli stranieri: "Per favore, non lasciateci soli con i tedeschi".

"La barca non è affatto piena, è troppo vuota". La popolazione invecchia, i tedeschi non vogliono avere figli, devono essere sostituiti, quindi ben vengano i rifugiati, gli immigrati, tutti i poveri del mondo! Il nuovo destino della Germania è quello di accoglierli. Non è un problema che la Germania stia diventando sempre meno tedesca; al contrario: la mescolanza del *Deutschtum* impedirà qualsiasi reviviscenza del passato nazista. "Cohn-Bendit propone quindi quote di tipo americano[202]."

Se dobbiamo insistere tanto sulla costruzione della società plurale, è perché è infinitamente stimolante: "Il contratto firmato con la società multiculturale deve impedirci di diventare troppo casalinghi e comodi, tradizionalisti e compiacenti nella nostra sfera familiare[203]."

Gli indiani arretrati che rifiutano di abbandonare la piazza hanno torto ad opporsi, perché questa evoluzione è ineluttabile: "Se la società multiculturale sia desiderabile o meno, la questione continuerà ad agitare le passioni per molto tempo ancora; in un modo o nell'altro, continuerà ad esistere in ogni forma, ed è inutile chiedersi se la vogliamo o no[204]. "È inutile camuffare o diabolizzare l'insoddisfazione che la società multiculturale provoca nella popolazione locale, così come nei nuovi arrivati. È una reazione facilmente concepibile e persino inevitabile. Preparatevi a dimenticare il suo carattere un po' sorprendente e le cose miglioreranno più rapidamente. In ogni caso, "lo Stato democratico non ha i mezzi per difendersi dall'immigrazione". Ogni speranza in questo senso è inutile. Visto che la situazione è così com'è, è meglio influenzarla e adattarla, piuttosto che restare inerti e

---

[202] Guy Sorman, *Aspettando i barbari*, Seix Barral, 1993, Barcellona, p. 31-32, 47-51. Questo sarebbe, secondo lui, un modo per concentrare il dibattito pubblico sulla valutazione delle quote piuttosto che sul principio dell'immigrazione in sé". Questo dibattito sulle quote sarebbe concreto e darebbe vita a coalizioni interessanti: "Vedremo il movimento dei datori di lavoro esprimersi a favore dell'immigrazione per motivi economici e allearsi con i difensori dei diritti umani e i Verdi, per aumentare le quote."
"

[203] Daniel Cohn-Bendit, *Xénophobies*, Amburgo, 1992, Grasset, 1998, p. 158.
[204] Daniel Cohn-Bendit, *Xénophobies*, Amburgo, 1992, Grasset, 1998, p. 26.

subirne le conseguenze. Dobbiamo abituarci a questa relativa scomodità."

I popoli indigeni europei devono mettersi in testa che "i tentativi di blocco sono totalmente illusori di fronte al nuovo disordine mondiale". È il prezzo della democrazia[205]." "La società dell'immigrazione è ormai una realtà, e nessuna potenza al mondo sarà in grado di invertirla[206]. "Avete letto bene: "Nessun potere in questo mondo."

Nel suo libro *La macchina egualitaria*, pubblicato nel 1987, Alain Minc parlava negli stessi termini dell'ineluttabilità della globalizzazione, come se si trattasse di profezie da realizzare fatalmente, come se fossero rivelazioni bibliche. Il capitolo intitolato *I dieci comandamenti* non lascia spazio a dubbi, affermando: "Tra un'Europa in pieno declino demografico e i paesi sovrappopolati del Mediterraneo meridionale, l'effetto vasi comunicanti è inevitabile. L'immigrazione sarà una fatalità, un dramma o un bene, a seconda di come si comporterà la Francia. Fatale se, incapaci di affrontare la situazione, passiamo da una scusa all'altra, alternando discorsi semi-xenofobi, pratiche intolleranti e, di tanto in tanto, un po' di coraggio: come oggi, in un certo senso. Un dramma, se una popolazione invecchiata, timorosa e ripiegata su se stessa reagisce attraverso l'esclusione: una sorta di Sudafrica dal volto umano. Una fortuna, se la società francese si concede l'opportunità di essere flessibile, di mettere in pratica il melting pot e di trarre dagli immigrati quel maggiore dinamismo che la demografia altrimenti le vieterebbe[207]."

I francesi e i tedeschi devono accogliere gli stranieri e mostrare un po' più di tolleranza, perché la loro meschinità a volte tende a essere difficile da sopportare: "Il loro *ius soli* [diritto alla terra] è ancora esemplare, ma la loro politica sui rifugiati è così parsimoniosa che denota un grande egoismo[208]. "Basta con la meschinità e la scontrosità. Non c'è bisogno di temere il futuro, non c'è bisogno di essere timorosi. L'egoismo dei francesi, "che si allarmano per centomila immigrati all'anno", dovrebbe prendere esempio dalle nuove virtù tedesche durante la guerra in Jugoslavia. Infatti, la Germania accolse "con vera temperanza", "più di cinquecentomila immigrati ufficiali all'anno, di

---

[205] Daniel Cohn-Bendit, *Xénophobies*, Amburgo, 1992, Grasset, 1998, pagg. 170-160.
[206] Daniel Cohn-Bendit, *Xénophobies*, Amburgo, 1992, Grasset, 1998, pag. 51.
[207] Alain Minc, *La Machine égalitaire*, Grasset 1987, pag. 264.
[208] Alain Minc, *Le Nouveau Moyen-Age*, Gallimard, 1993, p. 38.

cui duecentomila jugoslavi esiliati, oltre a clandestini molto più numerosi che nel nostro Paese[209]."

I francesi hanno così potuto godere della loro prosperità borghese, per quanto egoisti. "Preservata finora dalla gigantesca immigrazione Est-Ovest, grazie a una Germania che funge da cuscinetto, la Francia si è confrontata solo con una migrazione Sud-Nord."

Tuttavia, "la macchina dell'integrazione continua a funzionare". "Di fronte ai cambiamenti migratori, i francesi dovrebbero congratularsi ogni giorno per il loro diritto allo sbarco: evita gli attriti e le frizioni che la Germania sta vivendo sul suo territorio, con comunità di immigrati in costante crescita e condannati *ad vitam æternam allo* status di cittadini di seconda classe". Per uno strano paradosso, ci ha detto Alain Minc, rivaleggiando con Cohn-Bendit in audacia, "il diritto del suolo renderà alla lunga la Francia più omogenea della Germania con il suo diritto di sangue". "È forse un'idea paradossale sostenere che un Paese è più omogeneo se vi si insediano comunità straniere. Ma il paradosso di oggi sarà il pregiudizio di domani, a forza di ripetersi, grazie all'instancabile propaganda che sostiene le speranze planetarie. È necessario "inventare" nuovi concetti, osare, non tirarsi indietro di fronte a nulla, anche alle più enormi prosopopee, per abbindolare ulteriormente gli indigeni arretrati e stupiti. Naturalmente, se i tedeschi adottassero "in parte il diritto del suolo, darebbero un esempio salutare."

Dieci anni dopo, in *Quel mondo che verrà*, l'economista molto liberale Alain Minc sembrava ancora mosso dalla stessa ossessione: "L'immigrazione, scriveva, non è una disgrazia che minaccia l'Europa; è, data la sua demografia, una necessità vitale. "È chiaro che è fuori discussione promuovere una politica a favore dell'immigrazione. Al contrario, si dovrebbe cogliere l'opportunità di incrociare i popoli europei. Alain Minc non è affatto diverso dall'eurodeputato progressista Cohn-Bendit: "Gli europei sopporteranno il fenomeno loro malgrado o lo considereranno un'opportunità? "Poiché il fenomeno è inevitabile, è inutile cercare di opporsi. Inoltre, gli autoctoni hanno finalmente iniziato a capirlo: "L'opinione pubblica non crede più alle sciocchezze dell'immigrazione zero e ad altre fantasie improntate alla pura xenofobia. "In questo nuovo libro di Minc ritroviamo la stessa tendenza a voler rivoluzionare, a rovesciare la mentalità e gli atteggiamenti delle società europee: "Gli europei devono inventare un nuovo modello di sviluppo economico[210]. "I pensatori planetari non riposano mai. Al

---

[209] Alain Minc, *Le Nouveau Moyen-Age*, Gallimard, 1993, pag. 20.
[210] Alain Minc, *Ce Monde qui vient*, Grasset, 2004, p. 115, 136, 119

centro del loro essere brucia un'agitazione perpetua che genera nervosismo economico, frenesia borsistica o rivoluzione sociale, nonché la volontà di distruggere tutto ciò che non è frutto della loro immaginazione messianica o della loro "invenzione".

Aprire l'Europa

L'idea europea, come attualmente concepita dall'Unione Europea con sede a Bruxelles, fa parte dell'arsenale ideologico dei sostenitori della globalizzazione. L'introduzione dell'euro nel 2002 è stato un passo formidabile verso l'unificazione del continente, ma è stato solo un passo, perché l'Europa deve essere un trampolino di lancio per l'unificazione globale. Questo è esattamente il copione previsto da Jacques Attali nel suo *Dizionario del XXI secolo*: "L'euro porterà alla creazione di un governo europeo alla fine del primo quarto del secolo. Servirà persino da modello, nella seconda metà del secolo, per l'ipotetica creazione di una moneta unica mondiale."

Sono prospettive condivise anche da altri pensatori planetari. Anche se non bisogna credere che, nella mente dei suoi creatori, l'idea di abolire le nazioni a favore dell'entità europea serva a gettare le basi di un potente impero in grado di affrontare le sfide del secolo. Le motivazioni di un pensatore precursore come Julien Benda, citato da Alain Finkielkraut in *La Humanité perdu*, andavano in un'altra direzione: "La frontiera europea è solo come un'immobilità illusoria in un'evoluzione che è impossibile interrompere. Con l'Europa, l'uomo, ancora prigioniero del sensibile, avrà fatto un grande passo verso il suo vero destino", che non è altro che quello dell'unificazione planetaria.

Il sociologo Bourdieu era direttamente collegato al pensatore Julien Benda quando, in occasione di un colloquio di intellettuali riuniti a Strasburgo nel novembre 1991 durante la guerra in Croazia, dichiarò: "Vorrei che fossimo una sorta di Parlamento europeo della cultura. Europeo nel senso che per me è una tappa, un grado superiore di universalizzazione, nel senso che è già meglio che essere francese. In questo senso, si potrebbe ritenere, come Benda, che "un'Europa empia sarà necessariamente meno empia della nazione", perché "l'europeo sarà fatalmente meno attaccato all'Europa di quanto lo siano i francesi alla Francia, i tedeschi alla Germania". Si sentirà più sciolto nella sua determinazione verso il suolo, nella sua fedeltà alla terra. "Il desiderio di sradicamento è senza dubbio alla base del progetto europeo, che anche Alain Finkielkraut sottoscrive pienamente, con, però, il suo piccolo tocco di disprezzo per gli autoctoni: "Diventando europeo, il francese trascende la sua piccolezza nativa, allarga il suo pezzo di terra e occupa uno spazio più ampio, più astratto, più razionale, più civilizzato della nazione[211]."

Alla fine del XX secolo, dopo il crollo del blocco comunista, molti intellettuali erano entusiasti dei formidabili progressi dell'integrazione europea, della penetrazione dello spirito della globalizzazione e dell'accelerazione della costruzione di una società pluralistica. Il loro entusiasmo non è stato smorzato dalla guerra scoppiata nell'ex Jugoslavia tra serbi, croati e bosniaci. Al contrario, molti di loro hanno preso la penna e si sono mobilitati con grande ardore bellico per difendere la Bosnia multietnica. Bernard-Henri Lévy e Alain Finkielkraut erano in prima linea tra i combattenti per la libertà ultra-belgi che incitavano alla guerra contro la Serbia. Le motivazioni erano allora le stesse, come scrive Finkielkraut: "Alle nazioni che peccano per il fatto stesso di essere tali, la Bosnia opponeva la loro purezza ontologica e la loro innocenza multinazionale. Liberi da ogni discendenza, estranei alle divisioni carnali, alle discordie e alle servitù, i suoi cittadini non dovevano arrossire o scusarsi per la loro appartenenza: il loro nome, più che un nome, era l'emblema del cosmopolitismo; il loro territorio, più che un luogo particolare, era un modello dell'universale. Essere bosniaci era meglio che essere sloveni, croati, albanesi, macedoni o serbi[212]."

Nell'amministrazione statunitense di Bill Clinton, gli uomini influenti che promuovevano questi principi sarebbero stati pochi anni dopo gli stessi che avrebbero ruotato intorno al presidente George Bush Jr: stesse piume, stessi rami. La guerra era quindi inevitabile e la Serbia fu bombardata per "liberare" la Bosnia e il Kosovo.

In definitiva, l'unico modo per sradicare definitivamente le resistenze nazionali e identitarie è quello di far scomparire i popoli nella grande miscegenazione universale, e in primo luogo i popoli europei che sono i più propensi a opporsi al Nuovo Ordine Mondiale: "Il pericolo mortale che il culto dell'appartenenza, la segmentazione dell'umanità e il confinamento degli individui nella loro razza o cultura rappresentano per il mondo può essere definitivamente evitato solo con l'istituzione di società multietniche[213] ", ha confermato Alain Finkielkraut.

---

[211] Alain Finkielkraut, *La Humanidad perdida*, Anagrama, Barcellona, 1998, pagg. 136-137.

[212] Alain Finkielkraut, *La Humanidad perdida*, Anagrama, Barcellona, 1998, pag. 138.

[213] Alain Finkielkraut, *La Humanité perdue*, Anagrama, Barcellona, 1998, p. 142. In Alain Finkielkraut, *L'Humanité perdue*, Seuil, 1996, p. 147, per "(...) *può essere*

Le nazioni etnicamente omogenee rappresentano il principale ostacolo alla creazione di una società universale. Questa è la sfida essenziale del nostro tempo. Dopo i bombardamenti statunitensi sulla Serbia nel 1999, i serbi sono stati perseguitati dagli albanesi del Kosovo e hanno dovuto abbandonare il loro territorio storico. In definitiva, l'intervento occidentale ha avuto l'effetto di favorire l'ascesa dell'Islam e delle reti mafiose nell'area, ma sempre nell'ottica della costruzione di un'Europa multiculturale.

L'idea planetaria non è solo una filosofia riservata ai circoli intellettuali della Repubblica. Permea tutti i principali dibattiti della società e ispira i nostri giornalisti e politici. Quando il *Courrier international* del 2 maggio 1996 titolava in prima pagina: "All'Europa mancano gli immigrati", il suo direttore, Alexandre Adler, sapeva che sarebbe stato ascoltato dai poteri politici.

Allo stesso tempo, Josef Alfred Grinblat, capo del dipartimento "Popolazione e migrazione", perseguiva una politica identica. Nel suo rapporto del 1999 alle Nazioni Unite sui problemi posti dalla demografia vacillante e dall'invecchiamento della popolazione europea, anch'egli ha auspicato una "migrazione di sostituzione". Tale rapporto prevedeva di imporre all'Unione Europea non meno di un "flusso migratorio di 159 milioni di extracomunitari nei prossimi vent'anni". Il liberale Josef Grinblat soddisfa così un uomo di sinistra come Daniel Cohn-Bendit.

Abbiamo visto anche numerosi altri esempi, come quello del sindaco comunista di Bobigny, Bernard Birsinger, che nell'ottobre 2004 ha ceduto gratuitamente un enorme terreno ai musulmani del suo comune per la costruzione di una moschea. Nel dipartimento di Hauts-de-Seine, il sindaco liberale di Asnières, Emmanuel Aeschlimann, ha fatto lo stesso concedendo un terreno per la costruzione di una moschea all'inizio del 2005. Il primo ministro Nicolas Sarkozy (rappresentante della destra "dura") ha posato la prima pietra.

La costruzione europea è un trampolino di lancio per l'istituzione di un governo mondiale. In modo molto ufficiale, leggiamo nella lettera n. 8 della Fondazione per l'Innovazione Politica pubblicata nel febbraio 2005 (un'istituzione vicina al Presidente Jacques Chirac), un articolo intitolato "Identità europea? ", scritto dall'accademico François Ewald, presidente del consiglio scientifico della fondazione: "La questione è se per Europa intendiamo una grande nazione delimitata nel suo territorio, come la Francia di Vidal de la Blache nel suo Esagono, oppure una costruzione politica aperta, svincolata dalla nozione di frontiera,

---

definitivamente evitata solo con l'istituzione di società multietniche".

emancipata da ogni forma di identità razziale, etnica, religiosa o di civiltà, destinata ad espandersi costantemente sulla base dei suoi principi liberali. "In qualità di rappresentante del capo di Stato, Ewald ha svelato la sua grande idea di Europa: "L'Europa non ha un'identità: è una promessa. È destinata ad aprirsi: domani all'Ucraina e, perché no, dopodomani ai paesi del Maghreb. Quale speranza più grande può esserci per il prossimo secolo? "

L'ex vicepresidente della Commissione europea, il famoso Sir Leon Brittan, un grande europeo discendente da una famiglia lituana perseguitata, sosteneva la moneta unica e l'assoluta integrazione europea già nel 1994. Naturalmente, sbaglieremmo a pensare che i tecnocrati al potere a Bruxelles stiano dando prova di straordinaria lungimiranza politica, anche se tutto sembra essere stato pianificato in anticipo.

Logicamente, a meno che una reazione popolare non rallenti il processo, prima o poi la Turchia entrerà a far parte dell'Unione Europea, dopo di che sarà la volta del Marocco e poi di Israele, che già partecipa alle competizioni calcistiche europee e ai concorsi dell'Eurovisione. Tutti gli spiriti planetari si sono già impegnati a fondo per la causa della Turchia, dall'estrema sinistra alla destra liberale, con il sostegno dei successivi governi statunitensi.

L'eurodeputato socialista Moscovici ritiene che "l'adesione della Turchia potrebbe essere una protezione contro il terrorismo e un fattore di rafforzamento della nostra sicurezza". Il carattere musulmano della Turchia sarebbe un arricchimento. L'Europa deve essere multiculturale e multireligiosa. Deve essere aperto e riconoscere le varie eredità. "Dall'altra parte dello scacchiere politico, Lellouche, vicesegretario generale del grande partito liberale di destra, è di parere analogo: "Bisogna fare di tutto perché il fiume dell'Islam confluisca nell'oceano della democrazia e dei diritti umani214. "La metafora è valida solo per il "club cristiano" europeo, perché in Israele, ad esempio, l'Islam sarà sempre insolubile. In qualità di consigliere diplomatico di Jacques Chirac e vicepresidente del think tank Francia-Israele, Lellouche ha sostenuto che "pensare che l'Islam non sia risolvibile in democrazia significa accettare in anticipo una guerra di civiltà". La questione è se aiuteremo l'Islam a riconciliarsi con i diritti umani e l'economia di mercato, o se lasceremo che si rifugi in una ritirata fondamentalista."

Il capo della destra liberale Nicolas Sarkozy, appena rientrato da Israele, ha dichiarato il 21 dicembre 2004 in una riunione del Circolo degli Europei: "Il problema non è la Turchia, ma l'identità dell'Europa.

---

[214] *Le Parisien*, 15 settembre 2004.

Se vogliamo davvero espanderci in quella regione del mondo, dobbiamo prima integrare Israele, la cui popolazione, per lo più di origine europea, condivide i nostri valori."

Jacques Attali ha naturalmente ripreso queste parole e si è spinto oltre: dobbiamo integrare la Turchia, ha scritto, perché "la Francia, a causa delle sue scelte geopolitiche passate, è una nazione musulmana; l'Islam è la religione di due milioni di cittadini francesi e di un terzo degli immigrati in questo Paese". "Bisogna mettersi in testa che l'Europa, come la Francia, è già "una nazione musulmana". Ovviamente Jacques Attali non intendeva fare dell'Europa una terra dell'Islam, ma nella sua visione l'Islam e l'immigrazione permettono di dissolvere le vecchie comunità nazionali europee, di sconvolgere i sentimenti identitari e di sradicare moralmente la popolazione autoctona. L'Islam è quindi molto utile per i progetti planetari.

In *Europe(s)*, nel 1994, Jacques Attali aveva già avvertito: "L'Europa non deve più accettarsi come un club cristiano, ma come uno spazio senza frontiere, dall'Irlanda alla Turchia, dal Portogallo alla Russia, dall'Albania alla Svezia; uno spazio che culturalmente privilegia il nomade rispetto al sedentario, la generosità rispetto all'auto-reclusione, la tolleranza rispetto all'identità, in breve, la multi-appartenenza rispetto all'esclusione. I recenti dibattiti sul diritto di voto degli stranieri, sulla cittadinanza e sul diritto di asilo aprono la strada a questi cambiamenti215."

Dieci anni dopo, il dibattito sulla Costituzione europea sta instillando l'idea della fusione degli Stati e della creazione di un governo europeo. Dalla caduta dell'Unione Sovietica, quindi, le cose si sono mosse molto velocemente, e questo è proprio ciò che sta stimolando gli animi. La febbre messianica sembra aver raggiunto il suo parossismo. Mai prima d'ora l'Europa è stata inondata da così tanti discorsi planetari. È insinuato ovunque attraverso i media: sulla stampa, alla radio, nei servizi televisivi, nella pubblicità o al cinema, dove in appena un decennio la miscegenazione e il multiculturalismo sono diventati una norma quasi intangibile. Tutto questo non è del tutto naturale. Si tratta infatti di una volontà sistematica e ossessiva di realizzare la fede nel messaggio messianico di unificazione globale.

In questa prospettiva, l'unificazione dell'Europa è un passo essenziale, come previsto da Jacques Attali nel suo *Dizionario del XXI secolo*, il cui testo è in fondo molto simile a quello dei famosi *Protocolli degli Anziani di Sion*, pubblicati all'inizio del XX secolo. L'Europa sarà il trampolino di lancio per progetti più ampi: "Un'Unione Mediterranea

---

[215] Jacques Attali, *Europa(e)*, Fayard, 1994, p. 196, 198

dei tre Paesi dell'Europa meridionale (Francia, Spagna, Italia) con tre Paesi del Maghreb (Marocco, Algeria, Tunisia) sarebbe una strategia sostitutiva o addirittura complementare. A medio termine, un'unione di questo tipo avrebbe lo stesso numero di abitanti dell'Unione Europea e contribuirebbe alla stabilità politica di un'area vitale per la Francia. Si potrebbe prima creare un mercato comune, per poi proseguire con un'unione culturale e politica... Naturalmente, i mercati del Sud non sostituiranno quelli europei - in ogni caso, non per molto tempo. Ma il successo di un'unione mediterranea preparerebbe la futura apertura dei grandi mercati africani. Il mercato comune tra Europa e Africa sarà l'obiettivo del prossimo secolo. "Non potrebbe essere più chiaro: l'integrazione della Turchia è solo una fase del processo.

In *Il mondo è la mia tribù*, pubblicato nel 1997, il saggista Guy Sorman sosteneva già l'ingresso della Turchia in Europa: "Il riavvicinamento con la Turchia è urgente, perché dimostrerebbe che è possibile essere musulmani ed europei."

Anche il grande giornalista e direttore della stampa Alexandre Adler era un militante in questa direzione. In un articolo scritto su *Le Figaro* nell'ottobre 2004, ha mostrato una certa considerazione per coloro che stava cercando di ingannare: "Non si deve dire all'opinione pubblica francese che l'ingresso della Turchia è una questione di poco conto o che presenta pochi rischi, perché questo metodo non farebbe che aumentare l'angoscia di un popolo molto intelligente[216]. "Ciò contrasta in qualche modo con le diatribe di Alain Minc e Bernard-Henri Lévy contro i francesi arretrati. Ma questa insidiosa lusinga serviva a venderci la merce con un profitto maggiore. La Turchia, ha proseguito Adler, un Paese con "elezioni libere, una stampa libera, intellettuali che non hanno nulla da invidiare ai nostri, università ammirevoli e aperte al mondo" rappresentava una "opportunità inaspettata". "Interpretiamo ora questo segnale per garantire la futura libertà del nostro continente. La nostra libertà è chiaramente in gioco. Nel 1983, Alexandre Adler è stato uno dei firmatari di una lista di sostegno ai comunisti dissidenti guidata da Henri Fiszbin. Oggi sostiene apertamente le posizioni politiche della destra liberale. Il suo curriculum è infine abbastanza comune a quello dei pensatori cosmopoliti, la maggior parte dei quali si rese conto che la democrazia liberale era molto più efficace del comunismo per la costruzione di una società senza confini.

---

[216] Sulla stessa linea, abbiamo il libro *Les Français sont formidables (I francesi sono formidabili)*, di Jean François Kahn, 1987.

Tutto sembra essere programmato in anticipo, quindi, a meno che qualche resistenza non fermi la macchina. A questo proposito, la vittoria del "No" francese nel referendum del 29 maggio 2005 è forse un segnale di allarme. Ha evidenziato il divario tra l'élite politica e intellettuale e il popolo francese. Infatti, il 1° marzo 2005, i senatori e i deputati riuniti al Congresso di Versailles avevano votato a stragrande maggioranza (91,71%) a favore della Costituzione europea e della transizione verso un'Europa federale. Tre mesi dopo, il 29 maggio 2005, le liste elettorali hanno respinto questa costituzione con il 55% dei voti.

Guerre planetarie

Tornando un po' indietro nella storia, si può notare che una certa filiazione verso la Turchia era già percepibile negli spiriti più "aperti" del XIX secolo. All'epoca, l'Europa balcanica era ancora sotto il dominio dell'Impero Ottomano, che usava la violenza estrema per sedare le rivolte nazionali degli europei sotto il suo giogo. L'annientamento di migliaia di cristiani senza difesa ha suscitato l'indignazione delle coscienze civili.

La rivolta serba del 1875, ad esempio, era stata soffocata in un bagno di sangue dai turchi e la repressione dei bulgari dell'anno successivo era sfociata in spaventosi atti di barbarie. L'Europa ne fu commossa e William Gladstone, non ancora primo ministro del Regno Unito, pubblicò la sua famosa opera *The Bulgarian Horrors and the Eastern Question (1876)*, che condannava la Turchia e in particolare la politica filo-turca di Disraeli. Quel Primo Ministro ebreo - un'eccezione nella storia politica britannica - intraprese anche la guerra in Afghanistan, che sarebbe costata tanto in termini di vite e denaro, con l'eterno pretesto di presunti reati mai esistiti. Anche quella volta Gladstone, nel 1881, cercò strenuamente di opporsi a quella disastrosa spedizione che fece perdere agli inglesi le simpatie degli afghani. Centoventitré anni dopo, nel 2002, gli afghani avrebbero subito una nuova invasione anglosassone sotto la guida di George Bush Jr e dei suoi più stretti consiglieri, i "neo-conservatori" ultra-sionisti[217]. Gli

---

[217] I neoconservatori sono ex militanti dell'estrema sinistra degli anni '60 e '70 che, negli anni '80 e '90, si sono riciclati come conservatori ultraliberali e hanno occupato diverse posizioni chiave nel mondo della politica e della cultura degli Stati Uniti. Per uno studio dettagliato, si veda *"La visione neoconservatrice"* di Mark Gerson. *Dalla guerra fredda alle guerre culturali*, Madison Books, Maryland, USA, 1997. Citato in nota da Israel Shamir, *La otra cara de Israel*, Ediciones Ojeda, Barcellona, 2004, pag.

attentati dell'11 settembre 2001 a New York non potevano rimanere impuniti. Le Torri Gemelle di New York, di proprietà di Larry Silverstein, dovevano essere vendicate.

L'invasione dell'Afghanistan nel 2002 è stata seguita dall'invasione e dall'occupazione dell'Iraq da parte delle truppe statunitensi nel 2003. Tutto questo nonostante la Serbia, l'Iraq e l'Afghanistan non rappresentassero alcuna minaccia per l'Europa e, se l'Iraq di Saddam Hussein rappresentava una minaccia, era solo per Israele. Questi interventi militari statunitensi facevano chiaramente parte del grande progetto planetario. L'obiettivo era quello di indebolire l'Islam nella terra dell'Islam, poiché i suoi aderenti sembravano finora gli unici disposti a opporsi con determinazione ai fautori del Nuovo Ordine Mondiale. Idealmente, tutti i Paesi musulmani dovrebbero essere sottoposti e convertiti direttamente ai vantaggi della democrazia di mercato e del secolarismo militante. D'altra parte, però, la politica planetaria incoraggia l'insediamento di grandi masse musulmane nei Paesi europei per dissolvere le comunità nazionali e reprimere la resistenza dei popoli "etnicamente omogenei".

Così la Serbia è stata accusata di aver condotto una politica di pulizia etnica sul suo territorio e di meritare una punizione da parte della "comunità internazionale". Nel 1999 è stata bombardata coscienziosamente da aerei statunitensi. E come al solito, per preparare la popolazione europea a una nuova guerra, furono scoperte enormi fosse comuni di cadaveri a sostegno della tesi di un regime sanguinario, i popoli dell'Occidente furono allarmati dal pericolo di un "nuovo Hitler" e dai temibili eserciti del tiranno, anche se si trattava di un Paese piccolo e impoverito. A posteriori, la verità è che queste "fosse comuni" di cadaveri erano principalmente cimiteri militari. Come per la famosa fossa comune di Timisoara, in Romania, durante la caduta del regime comunista, si è dovuto ammettere che il numero delle vittime doveva essere diviso per dieci. Tutta questa propaganda, questa "sensibilizzazione", aveva lo scopo di preparare l'opinione pubblica a una guerra pianificata.

Durante l'offensiva contro la Serbia, il governo degli Stati Uniti era stato pesantemente influenzato da personalità di convinzioni ultra-sioniste intrise di fede planetaria. Il 5 dicembre 1996, il Presidente Bill Clinton ha rimescolato il suo gabinetto di politica estera. Al Dipartimento di Stato, Madeleine K. Albright ha sostituito Warren Christopher. Albright era in realtà il cognome del suo ex marito, mentre la "K." si riferiva ai Korbel, una famiglia originaria della

---

183.

Cecoslovacchia. Al Ministero della Difesa, William Perry ha ceduto il suo portafoglio a William S. Cohen. Alla guida della CIA, John Deutch fu infine preferito al candidato Anthony Lake[218], sebbene entrambi fossero membri del *Council on* Foreign Relations (il famoso CFR). L'ex vice di Lake, Samuel R. Berger, ricopre ora la posizione strategica di Consigliere per la sicurezza nazionale.

Grazie all'intervento americano, i musulmani sono riusciti a espellere i serbi dalla loro provincia storica. L'esodo serbo è avvenuto gradualmente, sotto il consolato dell'ex ministro socialista Bernard Kouchner, delegato delle Nazioni Unite. I musulmani sono ora in maggioranza e hanno imposto un'altra pulizia etnica nell'indifferenza generale. Sei anni dopo, nel giugno 2005, Bernard-Henri Lévy parlò del suo attivismo politico durante la guerra in Serbia in un programma televisivo, dichiarando: "Ho rabbrividito quando il presidente Mitterrand mi dichiarò che finché fosse stato vivo, la Francia non sarebbe mai entrata in guerra con i serbi[219]."

Il cambiamento di opinione di un autore comunista come Guy Konopnicki era abbastanza sintomatico dell'evoluzione ideologica di molti intellettuali ebrei occidentali. Ora lamenta l'"antiamericanismo" che affligge la Francia, dall'estrema sinistra all'estrema destra: "Questa mancanza di umanità è davvero ripugnante", scrive. Membro fondatore di SOS-Racisme, si era dimesso il 18 gennaio 1991, insieme al miliardario Pierre Bergé, per protestare contro le posizioni pacifiste del movimento durante la prima guerra del Golfo.

Scriveva all'epoca: "Per molto tempo sono stato uno di quelli che manifestavano quando le bombe cadevano da qualche parte nel mondo. Questa volta, lo dico senza vergogna, ho applaudito il diluvio di fuoco che si è abbattuto sull'Iraq. "Un'opinione pienamente condivisa dal popolare cantante Patrick Bruel (Benguigui), che ha anche abbandonato il suo pacifismo militante per sostenere l'azione dei più ferventi guerrafondai dell'amministrazione statunitense". È vero che era in gioco l'interesse di Israele.

Nonostante ciò, Konopnicki non si lascia accusare da nessuno di razzismo antimusulmano: "Ho fatto campagne per la parità di diritti dei giovani arabi nelle nostre periferie, ho partecipato alla creazione di SOS-Racism, ho difeso la rivolta afghana contro l'invasione sovietica nel 1979 e i combattenti musulmani sotto assedio a Sarajevo220. "Ma

---

[218] Anthony Lake si è convertito tardivamente all'ebraismo, nel 2005, prima di sposare la moglie ebrea (NdT).
[219] BHL, sabato 25 giugno 2005, programma *Forum* sul canale franco-tedesco *Arte*.
[220] Guy Konopnicki, *La Faute des Juifs*, Balland, 2002, pagg. 17-22.

in questa nuova crisi internazionale, lo scrittore non poteva rimanere decentemente indifferente, soprattutto quando gli ebrei sembravano essere direttamente minacciati. Incoraggiare l'Islam in Francia e combatterlo all'estero: tutto ciò sembrava perfettamente coerente e in linea con gli ideali cosmopoliti.

"Il fanatismo ha colpito New York con la distruzione delle Torri Gemelle, così come aveva colpito Firenze e poi Berlino con il rogo dei libri e la *Notte dei Cristalli* (*Kristallnacht*). "Konopnicki osò denunciare ciò che tutti i giornalisti, senza eccezione, avevano nascosto durante quegli eventi: "Per Osama bin Laden, la distruzione del World Trade Center era la prefigurazione di un'altra distruzione che non era il solo a sognare, quella dello Stato di Israele. Per lui, le due torri erano un Israele simbolico, un tempio del potere ebraico221. "Doveva essere detto, doveva essere detto. Ora possiamo comprendere meglio le motivazioni reciproche e la lotta senza quartiere di Konopnicki contro il nuovo nemico planetario: "I totalitarismi del XX secolo avevano in comune l'antisemitismo. Quella che si sta affermando all'inizio del XXI secolo, per quanto si vesta di abiti identitari e si presenti come espressione di popoli dimenticati, non spicca per originalità. L'islamismo radicale è un'ideologia di morte che, come tutte le altre ideologie, suscita antisemitismo[222]."

In queste circostanze, gli europei devono essere chiamati a fare una guerra totale ai nemici di Israele. Per l'occasione, e ancora una volta, gli interessi di Israele saranno assimilati a quelli dell'"Occidente", e ancor più a quelli della "civiltà" e del "mondo intero": "La pace del mondo", ha dichiarato Konopnicki, "non è nelle mani del governo israeliano". Al contrario, la pace sarà possibile, per Israele e per i palestinesi, solo se le potenze europee e americane saranno in grado di affrontare l'islamismo e di metterlo in ginocchio con mezzi militari, economici e politici[223]."

Le speranze planetarie sono alimentate dalla guerra tra i popoli. Ma la cosa più sorprendente è che gli intellettuali che rappresentano questa scuola di pensiero sono riusciti, con mostruosa impudenza, a farsi passare per decenni come i campioni della pace.

È proprio questo che ha voluto dirci un altro fervente guerrafondaio, Elie Wiesel, che non ha esitato a usare grandi discorsi di pace e amore per accelerare la guerra contro l'Iraq nel 1991: "Non si tratta solo di aiutare il Kuwait, ma di proteggere il mondo arabo. "Tutti

---

[221] Guy Konopnicki, *La Faute des Juifs*, Balland, 2002, p. 128, 69
[222] Guy Konopnicki, *La Faute des Juifs*, Balland, 2002, p. 191.
[223] Guy Konopnicki, *La Faute des Juifs*, Balland, 2002, pag. 186.

gli occidentali devono mobilitarsi contro l'"assassino di Baghdad". "È imperativo fare la guerra alla loro guerra. La forza distruttiva che sta usando contro l'umanità deve essere contrastata da una forza più grande se si vuole che l'umanità sopravviva. Perché da questo dipende la sicurezza del mondo civilizzato, il suo diritto alla pace, e non solo il futuro di Israele... Sete di vendetta? No: una sete di giustizia. E per la pace. Il popolo di Israele è sempre innocente, quindi non si capisce perché il dittatore iracheno abbia cercato di vendicarsi di quel Paese per l'aggressione statunitense: "Perché gli americani e i loro alleati attaccano Baghdad, l'Iraq bombarda Israele". Si tratta di un'aggressione insensata, criminale, assurda, ma provenendo da Saddam Hussein, questo non sorprende nessuno[224]."

Albert Einstein fu un grande attivista del movimento per la pace durante il periodo tra le due guerre. Nel libro intitolato *Naked Power225*, alcune delle lettere pubblicate fanno luce sulle motivazioni del grande uomo. Nella primavera del 1914, Einstein lasciò la Svizzera per Berlino, dove era stato nominato direttore di un istituto scientifico. All'epoca era un pacifista, come scrisse a un amico nel dicembre 1914: "La catastrofe internazionale in cui siamo immersi è un fardello pesante per l'internazionalista che sono". In quegli anni fu in corrispondenza con lo scrittore pacifista francese Romain Rolland. Così raccontava il suo primo incontro con Einstein nel 1915: "Einstein non si aspetta un rinnovamento della Germania fine a se stesso. Egli spera in una vittoria degli Alleati che rovini il potere della Prussia e della dinastia. Nonostante la sua scarsa simpatia per l'Inghilterra, preferisce la vittoria di quest'ultima a quella della Germania, perché saprà meglio che lasciare che il mondo viva in pace...". (Si noti anche che Einstein è ebreo, il che spiega il suo internazionalismo e il carattere sarcastico delle sue critiche)".

Così, se capiamo bene Romain Rolland, Einstein non era tanto un pacifista quanto un patriota, anche se il suo patriottismo coincideva più con i nemici della nazione tedesca, che tuttavia lo aveva accolto. Questo perché si identificava più con gli ideali democratici che con la Germania. Nel settembre 1918, Einstein scrisse a un altro corrispondente: "La salvezza della Germania risiede, a mio avviso, in un processo rapido e radicale di democratizzazione sul modello delle istituzioni democratiche delle potenze occidentali. "I suoi desideri si sarebbero realizzati il 9 novembre, giorno della proclamazione della

---

[224] Elie Wiesel, *Memoires (Tome II)*, Éditions du Seuil, 1996, p. 144, 16, 152.
[225] Albert Einstein, *Le Pouvoir nu, Propos sur la guerre et la paix*, Hermann, 1991.

Repubblica dopo la sconfitta della Germania. In quell'occasione scrisse: "Sono felicissimo della piega che hanno preso gli eventi. La sconfitta tedesca ha fatto miracoli. La comunità universitaria mi considera una specie di arci-socialista."

Alla fine del 1918, in qualità di rappresentante universitario, tenne un discorso al Reichstag in cui espresse la sua simpatia per le idee comuniste: "La vecchia società, in cui eravamo governati da una classe avida di potere, si è appena sgretolata sotto il peso delle sue stesse colpe e dei colpi liberatori dei soldati. I Consigli[226] che hanno immediatamente eletto e che d'ora in poi prenderanno decisioni in accordo con i Consigli dei Lavoratori devono essere riconosciuti per il momento come organi della volontà popolare. Dobbiamo loro, in questi giorni difficili, un'obbedienza incondizionata e il nostro fervente sostegno. "Si trattava di un sostegno molto franco alla rivoluzione marxista.

Tuttavia, Einstein non avrebbe perseverato in questo percorso radicale. Il 2 aprile 1921 atterrò per la prima volta negli Stati Uniti, accompagnato da Chaim Weizmann, leader molto influente del movimento sionista. Le sue attività pacifiste erano allora poco conosciute negli Stati Uniti e l'obiettivo di quel primo soggiorno era quello di raccogliere i fondi necessari per la costruzione di un'università ebraica a Gerusalemme, progetto che si rivelò vincente grazie soprattutto alla generosità di gran parte della classe medica americana. Durante il suo soggiorno, Einstein tenne diverse conferenze scientifiche, facendosi così conoscere meglio dal pubblico americano.

Nel luglio 1922, al suo ritorno in Germania, confidò a Max Planck: "Diverse persone assennate mi hanno consigliato di lasciare Berlino per un po' e di evitare qualsiasi apparizione pubblica in Germania. Secondo loro, sarei nella lista di coloro che i nazionalisti intendono assassinare. "Dieci giorni dopo scrisse a un altro amico: "Da quando è stato commesso l'orribile omicidio di Rathenau, la città è in uno stato di grande agitazione. Non passa giorno senza che io venga esortato a stare più attento; ho dovuto assentarmi ufficialmente e cancellare tutte le mie lezioni. L'antisemitismo sta guadagnando terreno. "Per capire il significato di queste parole, bisogna ricordare che dopo la guerra la Germania era impegnata in una guerra civile in cui i leader bolscevichi - tra cui numerosi ebrei come Rosa Luxemburg e Karl Liebknecht - giocavano un ruolo di primo piano.

Nell'ottobre 1922, Einstein si imbarca a Marsiglia per un viaggio in Oriente. Sulla via del ritorno, avrebbe attraversato la Palestina e la

---

[226] "Consigli" è la traduzione del termine russo "Soviet".

Spagna. Il 26 ottobre 1922 visitò Colombo, sull'isola di Ceylon (Sri Lanka), dove nel suo diario di viaggio annotò a proposito della popolazione locale: "La loro esistenza sembra essere limitata a una dolce vita di esseri sottomessi, ma comunque sereni. Vedendo queste persone vivere, si perde ogni considerazione per gli europei, che sono piuttosto più degenerati e brutali, più rozzi e avidi. "Questo disprezzo per l'uomo europeo sarà in futuro una costante molto evidente in tutta la letteratura planetaria e nella produzione audiovisiva.

Nel 1924 è stato rieletto membro della Commissione per la cooperazione intellettuale della Società delle Nazioni. Nell'aprile del 1925 si reca nel Mare d'Argento. Prima a Buenos Aires e poi a Montevideo, Einstein scrisse: "Che il diavolo si prenda questi grandi Stati e il loro orgoglio! Se potessi, li dividerei tutti in piccoli paesi."

Nel 1930, in una pubblicazione, affermò senza mezzi termini il suo pacifismo: "Questi uomini che marciano in fila, raggianti, al suono di un'orchestra, mi ispirano il più profondo disprezzo. Hanno davvero bisogno di un cervello? Il loro midollo spinale non sarebbe stato più che sufficiente? Per me l'esercito non è altro che una vergognosa malformazione della nostra società che dovrebbe essere curata al più presto. Preferirei subire mille torture piuttosto che partecipare a uno spettacolo così degradante. In occasione di un ricevimento a New York, lo stesso anno, tenne un discorso in cui ribadì le sue convinzioni sul "rifiuto incondizionato della guerra" e sul "rifiuto di sottoporsi a qualsiasi forma di servizio militare". Nei Paesi in cui esiste la coscrizione, il primo dovere di un pacifista è quello di rifiutarla. "In un discorso tenuto a Lione nel 1931, egli rimase fermo: "Chiedo a tutti i giornali che si vantano di sostenere gli ideali pacifisti di incitare i loro lettori a rifiutare il servizio militare. Faccio appello a tutti gli uomini e le donne, dai più potenti ai più umili, affinché dichiarino, già prima dell'apertura della Conferenza mondiale per il disarmo che si terrà il prossimo febbraio a Ginevra, che si rifiuteranno di partecipare a qualsiasi guerra futura o alla preparazione di qualsiasi forma di lotta armata."

In quegli anni condivise le sue convinzioni con il dottor Freud. La relazione tra i due uomini raggiunse il suo apice nell'estate del 1932, quando, sotto gli auspici dell'Istituto Internazionale per la Cooperazione Intellettuale, si sviluppò un dibattito pubblico tra i due uomini sulle cause della guerra e sui suoi rimedi. In quell'estate, Einstein scrisse una lettera a Freud in cui diceva: "La sicurezza internazionale implica che ogni nazione debba, in qualche misura, liberarsi della propria libertà d'azione, cioè della propria sovranità227."

Tutta questa agitazione si interruppe bruscamente nel 1933, dopo l'ascesa al potere di Hitler. La nuova situazione politica lo ha portato a fare un'inversione di rotta nelle sue posizioni. Cessò di sostenere il movimento di resistenza alla guerra e iniziò a sostenere il riarmo delle potenze occidentali. Il 5 maggio di quell'anno, in una lettera a Paul Langevin, scrisse: "Sono convinto, da parte mia, che sia ancora possibile contrastare la minaccia tedesca stabilendo un embargo economico."

Fin dall'inizio, rinnegò il suo passato di attivista pacifista per diventare un campione della guerra contro la Germania di Hitler: "È ancora possibile schiacciare gli usurpatori che hanno preso il potere. "Il 6 giugno scrisse a Stephen Wise, rabbino della Sinagoga Libera di New York, invitando la stampa e i media americani a lanciare una campagna di "sensibilizzazione" sulla guerra: "La stampa americana deve informare il pubblico della minaccia militare tedesca. Spetta alla stampa americana rendere l'opinione pubblica consapevole dei disastri che una nuova guerra in Europa comporterebbe. "Il popolo americano all'epoca era molto pacifista e isolazionista: bisognava scuoterlo un po' per convincerlo a entrare in guerra contro la Germania.

Il 20 luglio scrisse anche alla regina madre Elisabetta del Belgio: "Le dico francamente: se fossi belga, non rifiuterei di prestare il mio servizio militare oggi. Lo accetterei piuttosto volentieri perché avrei la profonda convinzione di contribuire, con la mia azione, alla salvaguardia della civiltà. È necessario che "la Germania abbia di fronte a sé un'Europa unita e militarmente forte"."

A quanto pare la dittatura bolscevica non lo aveva portato alle stesse considerazioni. Non era quindi la natura dittatoriale del regime tedesco a provocare la sua opposizione e a suscitare il suo nuovo ardore guerrafondaio, ma la sua natura antisemita: "Una banda di gangster è riuscita a prendere il potere e tiene il resto della popolazione in uno stato di terrore, indottrinando sistematicamente la gioventù[228]."

---

[227] "Chi vuole veramente abolire la guerra deve dichiararsi risolutamente a favore della rinuncia di una parte della propria sovranità da parte del proprio Paese a favore delle istituzioni internazionali: deve essere disposto a far sì che il proprio Paese si sottometta, in caso di controversia, al giudizio di un tribunale internazionale. *"L'America e la Conferenza sul Disarmo del 1932"*, Mein Weltbild, Amsterdam, 1934, in *Ideas and Opinions by Albert Einstein*, Crown Publishers, Inc. New York, 1954, p. 101.

[228] "Nel 1939, la Gestapo impiegava 7500 persone, contro le 366.000 dell'NKVD nella Russia bolscevica (compreso il personale dei gulag)", in *Du Passé faisons table rase, Histoire et mémoire du communisme en Europe*, ouvrage collectif, sous la direction de

In una sua nota "inedita" del 1935 si legge: "Ciò che ha veramente reso Hitler il padrone della Germania è stato l'odio feroce che ha sempre nutrito contro tutto ciò che è straniero, l'avversione speciale che prova verso una minoranza non difesa, quella degli ebrei tedeschi. Hitler non potrebbe mai sopportare la sua sensibilità intellettuale che considera - e per una volta condivido la sua opinione - la razza tedesca come straniera."

Il 9 aprile 1938 scrisse: "Non è meno inquietante e oltraggioso assistere come spettatore all'abolizione degli elementari diritti politici e individuali di una parte della popolazione di certe nazioni, un tempo orgogliose del loro patrimonio culturale... La Germania, infliggendo persecuzioni disumane agli ebrei nel suo paese o in Austria, ha intrapreso il cammino di distruzione che ho appena descritto. "Al momento della stesura del testo, gli ebrei avevano di fatto perso il diritto di esercitare le loro funzioni in molte professioni liberali: si trattava di "persecuzioni inumane" che prefiguravano le prime vere e proprie persecuzioni che avrebbero avuto luogo poco più tardi, durante la Notte dei vetri rotti del 9 novembre 1938.

Il 25 ottobre, in piena guerra, il *Consiglio ebraico per il soccorso alla guerra russa* organizzò una cena in onore di Einstein. Indisposto per motivi di salute nella sua residenza di Princeton negli Stati Uniti, Einstein avrebbe inviato un messaggio in cui troviamo queste parole: "Vorrei infine dire alcune parole di importanza capitale per noi ebrei. In Russia, l'uguaglianza di tutti i gruppi nazionali e culturali che compongono il Paese oggi non è solo evocata nei testi [legali], ma è messa in pratica. Ecco perché mi sembra la più elementare saggezza voler aiutare la Russia nel miglior modo possibile, utilizzando tutte le risorse a nostra disposizione. "Ecco un altro esempio che dimostra che Einstein ragionava prima di tutto come membro della comunità ebraica. Le sue posizioni su militarismo, pacifismo, democrazia, Germania o Russia riflettevano solo i suoi interessi specifici, che potevano cambiare a seconda delle circostanze. Antimilitarista negli anni Venti, guerrafondaio con l'ascesa al potere di Hitler, filo-sovietico fin dall'inizio, divenne anti-sovietico quando gli ebrei furono allontanati dal potere dopo la Seconda guerra mondiale. I milioni di vittime del potere bolscevico nel periodo tra le due guerre non hanno mai suscitato la sua compassione.

Il 9 giugno 1944, Einstein fu intervistato dal *Free World Magazine* di New York e dichiarò: "Non vedo altra soluzione: o annientiamo il popolo tedesco o lo teniamo oppresso. Non credo sia possibile né

Stéphane Courtois, Robert Laffont, 2002, p. 209.

educarli, né imparare a pensare e ad agire democraticamente, almeno non nel prossimo futuro."

Dopo la guerra, e dopo la morte di Chaim Weizmann, vecchio amico di Einstein e primo presidente dello Stato di Israele, avvenuta il 9 novembre 1952, gli fu offerto di diventare il secondo presidente dello Stato ebraico. Ma Einstein avrebbe rifiutato l'offerta perché riteneva di non avere le capacità per guidare uno Stato. Questa era la sua visione sionista del nuovo conflitto che divideva il mondo: "Noi [lo Stato di Israele] dobbiamo adottare una politica di neutralità di fronte all'antagonismo che divide l'Est e l'Ovest[229]."

Ma a volte è difficile distinguere l'attivista politico dal rappresentante della sua comunità, come quando alla fine del 1954, pochi mesi prima della sua morte, scrisse a Joseph Lewis questa riflessione: "Lei ha ragione nel voler combattere la superstizione e il potere dei sacerdoti, perché quando saranno sconfitti - e non ho dubbi che un giorno finiremo per vincere - ci sembrerà ancora più evidente che l'uomo deve cercare nel proprio patrimonio la fonte dei mali che lo affliggono, e in nessun altro luogo."

Durante la Seconda guerra mondiale, Ilya Ehrenburg fu il propagandista ufficiale dell'URSS e del maresciallo Stalin nella guerra contro la Germania nazista. In numerose poesie e testi, chiese esplicitamente lo sterminio dei tedeschi, di tutti i tedeschi, uomini, donne, giovani e vecchi senza distinzione, uccidendo persino i bambini nel grembo delle loro madri. Naturalmente, per i tedeschi, Ehrenburg era in cima alla lista dei nemici da massacrare. Ma dopo la vittoria, l'uomo divenne naturalmente un apostolo della pace. Ecco cosa ci racconta la sua biografa Lilly Marcou: "Questo "nomade della pace" ha trascorso la maggior parte della sua vita tra Mosca e Parigi. "Testimone della rivoluzione d'ottobre, della guerra civile in Spagna, dell'ingresso dei tedeschi a Parigi", fu "sempre in prima linea". Dopo la guerra, fu "una delle grandi figure del Movimento per la Pace[230]." Avendo annientato i suoi nemici, fu sempre a favore della pace.

Il mito americano

Popolati da immigrati sradicati, gli Stati Uniti rappresentano ovviamente un simbolo potente nell'immaginario planetario. Il

---

[229] Lettera di Albert Einstein a Zvi Lurie, membro dell'Agenzia ebraica in Israele, 4 gennaio 1955, in Albert Einstein, *Le Pouvoir nu, Propos sur la guerre et la paix*, Hermann, 1991.

[230] Lilly Marcou, *Ilya Ehrenbourg*, Plon, 1992, p. 11

romanziere francese George Perec era naturalmente affascinato dal mito americano quando decise di girare un film con Robert Bober su Ellis Island. Quest'isola di New York, vicino alla Statua della Libertà, è stata il centro di controllo degli emigranti tra il 1892 e il 1954.

"Non si sa quanti milioni di europei, soprattutto italiani, ebrei russi e polacchi, siano passati per questo luogo, che nel frattempo è stato trasformato in un museo. "In una sua opera intitolata *Nací*, Georges Perec ha scritto: "Dal 1892 al 1924, quasi sedici milioni di persone sono passate per Ellis Island, al ritmo di cinque-diecimila al giorno. La maggior parte di loro sarebbe rimasta solo per poche ore; il due o tre per cento sarebbe stato respinto. In definitiva, Ellis Island non sarebbe stata altro che una fabbrica per la produzione di americani, previa ispezione di occhi, tasche, vaccinazioni e disinfezioni. Nel 1954, Ellis Island sarebbe stata chiusa per sempre."

Il lettore può anche guardare il bellissimo film di Elia Kazan *America, America*. Una delle scene finali mostra in modo impressionante quella stazione ferroviaria dove, in pochi secondi, un funzionario ha dato agli immigrati una nuova identità sostituendo un cognome incomprensibile. Tuttavia, per quanto bello, il film di Elia Kazan era comunque un'ode allo sradicamento.

Attraverso una testimonianza sincera e commovente, George Perec ha rivelato l'essenza della sua identità e il motivo della sua nostalgia: "Sono nato in Francia, sono francese, ho un nome francese, Georges, un cognome quasi francese: Perec. La differenza è minima: nel mio cognome non c'è l'accento acuto sulla prima e, perché Perec è la grafia polacca di Peretz. Se fossi nato in Polonia, mi chiamerei, per esempio, Mordechai Perec, e tutti saprebbero che sono ebreo. Ma non sono nato in Polonia, per mia fortuna, e ho un cognome quasi bretone, che tutti scrivono Perec o Perrec: il mio cognome non si scrive esattamente come si pronuncia. A questa insignificante contraddizione si aggiunge la debole ma insistente, insidiosa, inevitabile sensazione di essere in qualche modo estraneo rispetto a qualcosa di me stesso, di essere "diverso", ma non tanto diverso dagli "altri" quanto diverso dal "mio231 "". "Quello che sono andato a Ellis Island a cercare è l'immagine stessa di quel punto di non ritorno, la consapevolezza di quella rottura radicale... Mi sembra di essere riuscito a far riecheggiare a tratti alcune di quelle parole per me indissolubilmente legate al concetto stesso di "ebreo"; il viaggio, l'attesa, la speranza, l'incertezza, la differenza, la memoria, e quei due concetti imprecisi, irrimediabili,

[231] George Perec, *Nací, testi della memoria e dell'oblio*. Abada Editores, Madrid, 2006, pagg. 102-103.

instabili e sfuggenti, che incessantemente riflettono, l'uno nell'altro, le loro tremule luci, e che si chiamano "Patria" e "Terra Promessa[232].""

Ecco finalmente una testimonianza toccante e profonda che suscita naturalmente simpatia. Siamo ben lontani dal disprezzo e dal bluff politico, scientifico e morale che abbiamo letto altrove, dove si mescolano in dosi variabili menzogne, impudenza e sfacciata propaganda.

Comunque sia, il modello americano non ha mai avuto molto successo in Francia. Dispiace ai marxisti per il suo sfrenato liberalismo economico e la sua fede religiosa, e disgusta i nazionalisti per l'onnipresenza della sua lobby sionista, il suo arrogante potere finanziario, il suo *melting pot* e il suo indecente materialismo. Si potrebbe aggiungere che anche il suo puritanesimo protestante non piace a tutti, soprattutto in un Paese dalle radici cattoliche ed edonistiche come la Francia[233]. Né la sua architettura esagerata suscita grande entusiasmo nell'europeo nato bene che apprezza la moderazione e l'equilibrio. Anche le sue abitudini alimentari sono deplorevoli, le serie televisive spesso insopportabili e l'ottimismo dei suoi abitanti, è vero, tende a esasperare il francese medio, probabilmente sopraffatto da tanta energia straripante.

Gli intellettuali planetari vedono le cose in modo diverso. Invitato al programma televisivo *Riposte* di Serge Moati, l'influente direttore della stampa e noto scrittore Alexandre Adler ha motivato il suo apprezzamento per il Presidente degli Stati Uniti George Bush: "È il più *daltonico* di tutti i presidenti degli Stati Uniti[234]", ha detto, cioè quello che ha scelto il maggior numero di collaboratori neri tra i suoi consiglieri politici e ministri. In effetti, Colin Powell e Condoleezza Rice sono stati i primi neri a raggiungere posizioni così importanti nell'amministrazione statunitense. Alexandre Adler, molto sensibile al multiculturalismo del governo statunitense, dichiarò addirittura di voler vedere un giorno Colin Powell come Presidente degli Stati Uniti.

Ma ecco alcune precisazioni che aiuteranno a capire il punto di vista di Alexandre Adler: negli Stati Uniti, negli anni Cinquanta, il South Bronx (New York) ospitava una grande diversità di comunità, di cui quella ebraica era la più importante, con la sua sinagoga, i suoi

---

[232] George Perec, *Nací, testi della memoria e dell'oblio*. Abada Editores, Madrid, 2006, pagg. 104-105.
[233] Almeno fino al 1914, perché diverse testimonianze letterarie suggeriscono che da allora i francesi hanno perso un po' della loro gioia di vivere.
[234] Programma televisivo *Riposte*, presentato da Serge Moati, 6 giugno 2004.

mikves[235], panetterie e macellerie kosher[236]. Il negozio Sickser era specializzato in prodotti per neonati e bambini (passeggini, fasciatoi e sedie, culle, ecc...) Si parlava yiddish, anche se molti clienti erano giamaicani, neri e italiani. Il proprietario ha quindi reclutato un ragazzo nero disoccupato di 13 anni che viveva nel quartiere. Puntuale, concentrato sul lavoro, onesto, aveva tanta voglia di imparare che ha lavorato in negozio fino alla fine del liceo, facendo gradualmente carriera: scaricando camion, preparando ordini, gestendo il magazzino e così via. Nonostante l'origine giamaicana, imparò a parlare yiddish, soprattutto con i clienti chassidici[237] che non parlavano inglese. In breve, divenne il *"goy dello Shabbat"* ideale (goy impiegato dalle famiglie ebraiche per svolgere i compiti essenziali vietati di Shabbat). A 17 anni entrò al City College di New York, dove fece amicizia con gli studenti ebrei perché li conosceva bene e parlava il loro dialetto. Durante i suoi studi (ingegneria e biologia), questa conoscenza dell'ebraismo gli è stata preziosa. Quando anni dopo visitò Israele, dichiarò al Primo Ministro Yitzak Shamir: *"Men kent reden Yiddish"* (Possiamo parlare yiddish). I due uomini hanno poi conversato in yiddish. Il suo nome era: Generale Colin Powell, Segretario alla Difesa degli Stati Uniti[238].

Alexandre Adler è una figura di spicco dei media francesi all'inizio del XXI secolo. In gioventù, all'Ecole Normale Supérieure239, abbraccia il comunismo del suo insegnante Louis Althusser e si iscrive rapidamente al Partito Comunista. Nel maggio 1981, si entusiasma per l'arrivo dei socialisti al potere. Attualmente è consigliere occasionale del Presidente della Repubblica. Dopo gli attentati dell'11 settembre 2001, Adler si impegna ancora di più: "Sono in guerra", dichiara. L'odio verso gli Stati Uniti era, secondo lui, "la forma più perversa e perniciosa di odio verso se stessi". Ha difeso George Bush e gli Stati Uniti, ha sostenuto incondizionatamente Israele e Ariel Sharon e ha fatto campagna per l'ingresso della Turchia in Europa. Secondo il quotidiano *Libération* (20 giugno 2004), egli è ebreo e tedesco attraverso i suoi genitori; suo padre "insiste nel mangiare carne di maiale per le sue

---

[235] Bagni di purificazione ebraici.

[236] "Giusto" o "opportuno" da consumare, cioè conforme ai precetti della religione ebraica.

[237] L'ebraismo chassidico è un movimento religioso ortodosso e mistico all'interno dell'ebraismo. Vedi *Psicoanalisi dell'ebraismo*.

[238] Estratto da Zev Roth, *Targum Press*, 2000, citato in *Faits et Documents* del 1° luglio 2003.

[239] L'ENS è considerata la scuola più prestigiosa di Francia e forma l'élite della ricerca scientifica francese. (NdT).

convinzioni materialiste, ma tiene il capo coperto! "Ha un vecchio detto yiddish di sua madre: "Quando ti sputano in faccia, non dire che piove". Così, lo abbiamo anche visto comparire come testimone in un processo contro il produttore radiofonico di *France Inter* Daniel Mermet, un "pezzo di bruto", accusato di aver permesso compiacentemente a un auditore anti-israeliano di esprimersi sulla segreteria telefonica del programma *Là bas si j'y suis*. Tuttavia, ha affermato di "non voler imbavagliare nessuno". Aborrisce i "furbetti di sinistra", in particolare José Bové: "Non mi piacciono i Poujade[240] che si atteggiano a Mahatma Gandhi, soprattutto quando tutto finisce in un volgare antigiudaismo."

In breve, a prescindere dalle magliette politiche che indossava, l'unica costante invariabile del suo discorso sono le sue convinzioni globaliste, il suo sostegno a Israele e il suo rifiuto epidermico di tutto ciò che è troppo "tipicamente francese", come il contadino José Bové. Nonostante l'appartenenza all'estrema sinistra, le posizioni antisioniste del movimento non piacciono a chi pone il sostegno a Israele al di sopra di ogni altra considerazione.

L'economista e personaggio mediatico Alain Minc è stato un altro fervente sostenitore degli Stati Uniti. Nel 1991 sostenne la prima offensiva statunitense contro l'Iraq di Saddam Hussein: "La proliferazione nucleare, disse, con un Iraq in possesso di una bomba si sarebbe espansa in modo insopportabile. "Ha giustificato l'egemonia statunitense e la sua preponderanza sulla diplomazia europea: "Non passerà molto tempo prima che ci manchi questo guardiano americano che trent'anni di gollismo-mitterandismo ci hanno insegnato a deridere, anche se beneficiamo della sua protezione. Con lui l'ordine in Europa non era garantito; senza di lui il disordine[241]."

Anche Guy Sorman, su *Le Figaro* del 19 novembre 2004, ha esaltato i meriti degli Stati Uniti: "Gli Stati Uniti tendono o pretendono di essere universali. Promette libertà e pari dignità a tutti, senza discriminazioni di razza o religione; cerca una prosperità economica senza precedenti sul suo territorio e la espande oltre i suoi confini. Cosa chiede in cambio? Un minimo di lealtà, ma non di servitù. Si può rimproverare loro di esportare la democrazia senza tener conto della diversità delle culture? Stesso piumaggio, stessi rami, ha dichiarato

---

[240] Poujade: politico e sindacalista francese della metà del XX secolo. Il termine *poujadisme è diventato* un termine peggiorativo, che designa una forma di corporativismo considerata demagogica. Gradualmente ha acquisito un significato vicino a quello di "populismo". José Bové è un politico e sindacalista agricolo, figura di spicco del movimento antiglobalizzazione degli anni 2000.
[241] Alain Minc, *Le Nouveau Moyen-Age*, Gallimard, 1993, p. 28, 30

Bernard-Henri Lévy: "Voglio chiarire che non considero il *Profondo Sud*, la patria del Klu Klux Klan, il Paese del napalm sul Vietnam e degli alleati di Pinochet, come l'indiscutibile esempio di libertà. Quello che voglio dire è che l'odio grossolano, brutale e totale dell'America in quanto tale è, senza dubbio, l'odio della libertà[242]."

Diamo ora la parola a un famoso americano, lo scrittore di fama mondiale Norman Mailer. Apriamo il suo recente saggio, *Perché siamo in guerra*, per illuminarci non sulle cause della guerra condotta dagli USA, ma sulla mentalità degli intellettuali planetari americani. Leggiamo nella quarta di copertina del libro: "Al di là della guerra in Iraq, quali sono le motivazioni segrete dell'amministrazione Bush? Questa formidabile presenza militare in Medio Oriente è destinata ad essere un trampolino di lancio per l'egemonia degli Stati Uniti nel resto del mondo? Quali sono le radici profonde del conservatorismo americano - i suoi mezzi, i suoi obiettivi, la sua moralità? Norman Mailer ci offre un libro duro e senza compromessi, sulla scia del suo famoso libro pubblicato più di trent'anni fa, *Perché siamo andati in Vietnam?* Mailer pensa l'America, pensa il mondo, al di là dei vincoli religiosi che plasmano i pensieri e le azioni di tutti. Le sue riflessioni hanno suscitato accesi dibattiti negli Stati Uniti."

Il programma era quindi molto incoraggiante, ma purtroppo abbiamo trovato gli stessi cliché, gli stessi difetti dei nostri intellettuali francesi: "Siamo una nazione cristiana", ha scritto parlando degli Stati Uniti in guerra. La preposizione "Judeo" nella formula "Giudeo-Cristiano" non è altro che un abbellimento."

In effetti, i cristiani, e solo i cristiani, sono i più feroci guerrafondai, contrariamente a quanto possono dire gli antisemiti. I conservatori cristiani sono individui estremamente pericolosi: "Quando l'Unione Sovietica è caduta, i conservatori sciovinisti hanno pensato che fosse la loro occasione per conquistare il mondo. Pensavano di essere gli unici a sapere come gestirlo. Di conseguenza, la loro fame era vorace. Erano furiosi quando Clinton fu eletto. Questo è uno dei motivi per cui lo odiavano così tanto. Stava ostacolando la conquista del mondo. Dal loro punto di vista, nel 1992, sembrava una cosa da nulla e possibile[243]."

Contro la destra reazionaria americana e contro i bianchi cristiani razzisti che minacciavano il dominio del mondo da parte del governo americano, Norman Mailer si posizionò come strenuo difensore degli

---

[242] Bernard-Henri Lévy, *L'Idéologie française*, Grasset, 1981, pag. 280.

[243] Norman Mailer, *Perché siamo in guerra?* Editorial Anagrama, 2003, Barcellona, p. 90.

oppressi e paladino della società multirazziale: "Nel mondo moderno della tecnologia, non so se la razza o la cultura siano una questione trascendentale. Nel lungo periodo, il mondo tende a essere privo di razze... Non vedo l'immigrazione come un problema urgente, se non nel senso che alcuni bianchi sono così arrabbiati per questo che non riescono a pensare a cose più importanti. Pensano che l'America stia andando a rotoli. Va bene, il Paese sta andando a rotoli, ma in un modo che non ha nulla a che fare con la razza o l'eccessiva immigrazione. Per fare un esempio, l'America sta perdendo la sua strada a causa della televisione. Nella pubblicità, i pubblicitari elevano la menzogna e la manipolazione a valori interni... La cattiva architettura, il marketing invasivo, la plastica onnipresente... queste forze letali mi preoccupano molto più dell'immigrazione. Potrei continuare a parlare di questo argomento. Il nostro problema principale non è l'immigrazione, ma il business americano. Sono la forza che è riuscita a portarci via il nostro Paese[244]." "Se la nostra democrazia è l'esperimento più nobile nella storia della civiltà, potrebbe anche essere il più singolarmente vulnerabile", conclude Norman Mailer[245].

Le analogie con le parole di Daniel Cohn-Bendit o di Alain Minc sull'immigrazione e la società plurale sono piuttosto evidenti. Vediamo la stessa diffidenza nei confronti della religione cristiana, lo stesso disprezzo per i bianchi indigeni che si allarmano nel vedersi come una minoranza, la stessa prontezza nell'incolpare gli altri per le proprie nefandezze, sia che si tratti della programmazione della guerra, del desiderio di "dominare il mondo" o di "menzogne e manipolazioni".

La mentalità e i riflessi ideologici dei giornalisti e degli intellettuali americani dell'obbedienza planetaria sembrano perfettamente identici a quelli dei nostri intellettuali francesi ed europei. Il 17 ottobre 2002, il *Courier International*, giornale diretto da Alexandre Adler, ha pubblicato un rapporto intitolato: *La fine della società bianca negli Stati Uniti*. In esso si poteva leggere un articolo che confermava l'opinione di Norman Mailer e Daniel Cohn-Bendit: "Dico spesso che negli Stati Uniti non è un problema razziale. È un problema di ragionamento", ha dichiarato Yehudi Webster, professore di sociologia all'Università della California, Los Angeles, che ha aggiunto: "La maggior parte degli antropologi concorda sul fatto che la nozione di razza non ha alcuna base di fatto."

---

[244] Norman Mailer, *Perché siamo in guerra?* Editorial Anagrama, 2003, Barcellona, p. 98-101.

[245] Norman Mailer, *Perché siamo in guerra?* Editorial Anagrama, 2003, Barcellona, p. 121.

Nello stesso rapporto, un articolo di Patrick Goldstein denunciava il dominio bianco di Hollywood: "Hollywood soffre anche del fatto che i suoi circoli dirigenti rimangono troppo spesso immacolatamente bianchi. "Formulato in questo modo, sembra chiaro che i razzisti bianchi dominano il capitale del cinema. In un terzo articolo si parlava dell'"affascinante libro" di Leon E. Wynter intitolato *The Skin of America: Popular Culture, Big Business, and the End of White America246*. Lo scrittore ha attinto "a tutti gli esempi per dimostrare che le vecchie definizioni razziali non reggono più e che la cultura popolare americana è sempre più "transrazziale"."

"Il multirazziale corrisponde a un'aspettativa del mercato, non perché sia politicamente corretto, ma perché è così che l'America vuole vedersi, come una società multirazziale unificata". "L'autrice dell'articolo, Michiko Kakutani, ha tuttavia aggiunto: "Questa visione è a dir poco semplicistica. Leon Wynter ignora i problemi persistenti del razzismo e delle classificazioni razziali nel nostro Paese, e l'ansia di dimostrare la tesi centrale del suo libro lo porta a negare l'evidenza."

"Negare l'evidenza" è un rimprovero che Aleksandr Solzhenitsyn rivolgeva anche a chi si rifiutava di riconoscere la propria responsabilità per i crimini del comunismo. Ma quando Patrick Goldstein ha finto di denunciare il razzismo bianco a Hollywood, non solo ha negato l'evidenza, ma ha anche accusato altri di ciò di cui lui stesso si sentiva responsabile. È noto infatti che non sono i "bianchi" a dominare Hollywood, ma la comunità ebraica, i cui membri si identificano talvolta con i "bianchi" e talvolta con le minoranze, a seconda delle circostanze e dei loro interessi esclusivi.

Hollywood, ci dice Jacques Attali in *Gli ebrei, il mondo e il denaro*, è un feudo ebraico: "Le aziende essenziali di oggi sono: Universal, Fox, Paramount, Warner Bros, MGM, RCA e CBS sono tutte creazioni di immigrati ebrei provenienti dall'Europa orientale". "Adolf Zukor arrivò dall'Ungheria nel 1890 (...) nel 1917 fondò la Paramount Pictures, che mise al servizio della propaganda bellica. "Carl Laemmle, originario di Laupheim nel Württemberg, apprendista sarto, fondò gli Universal Studios nel 1912. Nel 1923, i tre fratelli Warner, nati in Polonia, fondarono la Warner Bros. Mayer, nato a Minsk, ha fondato Metro. Nel 1916, Samuel Goldfish fondò Goldwyn, che si fuse con Metro nel 1924. L'azienda diventa Metro Goldwyn Mayer, "poi MGM, che molti traducono in yiddish - la lingua comunemente parlata a Hollywood all'epoca - con Mayer Ganze Mishpoje (l'intera famiglia Mayer)".

---

[246] Leon E. Wynter, *American skin: Pop culture, Big Business and the end of White America*, Crown Publishers, New York, 2002.

"Goebbels denunciò allora Hollywood come *chüdisches Geselschaft*, ma né i media americani né i produttori ebrei reagirono. Quando, in una conferenza stampa del 1937, Cecil B. De Mille denunciò Hollywood come una "jüdisches Geselschaft". De Mille denuncia nel 1937 "gli abusi dell'influenza ebraica sull'industria cinematografica", John Ford lascia la stanza sbattendo la porta; ma nessun produttore ebreo protesta[247]."

Sebbene Dysney non sia stata fondata da un ebreo, il suo attuale presidente porta lo stesso cognome del famoso leader bolscevico: Eisner. "David Sarnoff nacque vicino a Minsk nel 1891 ed emigrò a New York nel 1905 (...) ebbe l'idea di combinare radio e fonografo. Nel 1926 creò la prima rete di trasmissione, poi divenne presidente della RCA nel 1930. Nel 1939 lanciò la televisione, fondando la NBC. "William S. Paley, figlio di un emigrato russo, lanciò la CBS nello stesso anno. "Nel frattempo, dal 1924 al 1938, 150.000 ebrei provenienti dalla Germania e dall'Austria riuscirono a entrare negli Stati Uniti, nonostante le quote molto ristrette riservate agli ebrei del Reich[248]. "Questa è la vera natura del dominio "bianco" a Hollywood.

Inoltre, è perfettamente disonesto denunciare l'imperialismo dei bianchi cristiani come causa della guerra in Iraq, quando è ben nota l'influenza dei circoli ebraici vicini a George Bush. La goccia che fa traboccare il vaso è che queste stesse persone accusano gli altri di "mentire e manipolare". All'epoca dell'intervento statunitense, mentre il Ministro della Difesa Donald Rumsfeld non era ebreo, i suoi vice lo erano. Paul Wolfowitz è stato Vice Segretario di Stato per la Difesa; nel marzo 2005 è stato nominato a capo della Banca Mondiale. Douglas Feith, vice segretario di Stato per la Difesa, è stato incaricato di supervisionare l'ingresso della Turchia nell'Unione Europea. Mickael Rubin era responsabile degli affari Iran-Iraq. Richard Perle era il capo dello staff di Dick Cheney, il cui vice al Consiglio di Sicurezza Nazionale era John Hannah, che a sua volta aveva nominato Elliott Abrams al posto cruciale di capo del Medio Oriente. John Bolton è stato Sottosegretario di Stato per il controllo degli armamenti nel Dipartimento di Stato di Colin Powell. Il suo vice era David Wurmser. Tra i neo-conservatori in varie posizioni strategiche c'erano Ari Fleischer, portavoce di George Bush, Thomas Dine, direttore di Radio-Liberty, e il temibile Robert Kagan, dottrinario della guerra preventiva e ispiratore della politica estera di George Bush.

---

[247] Neal Gabler, *An Empire of Their Own: How the Jews Invented Hollywood*, New York, 1988, citato in Jacques Attali, *The Jews, the World and Money*, p. 416.
[248] Jacques Attali, *Les juifs, le monde et l'argent*, Fayard, 2002, p. 413-417.

Gli intellettuali "neoconservatori", gli attuali ideologi della politica americana, sono intellettuali ebrei dell'estrema sinistra degli anni Sessanta, convertiti al reaganismo negli anni Ottanta[249]. Alla loro guida c'erano giornalisti famosi come Irving Kristol e Norman Podhoretz. Il primo ha fondato il *Weekly Standard*, che è stato acquistato dal miliardario Ruppert Murdoch e successivamente gestito dal figlio William Kristol. Quest'ultimo ha creato il *Commento*. Vent'anni dopo, questi due giornali sarebbero diventati i bastioni di una destra violentemente filoisraeliana.

Non dimentichiamo nemmeno che George Tenet, proveniente dai servizi segreti israeliani, era allora direttore della CIA e Marc Grossman sottosegretario di Stato alla Difesa. Questi sono i "cristiani" che Norman Mailer ha denunciato come responsabili della guerra in Iraq.

Per la prima volta, nell'aprile del 2004, una rivista anglosassone aveva mosso qualche critica agli obiettivi dell'entourage ultra-sionista di George Bush. La rivista canadese *Adbuster*, ampiamente distribuita in tutto il Nord America, compresi gli Stati Uniti, ha dedicato un lungo articolo ai falchi della Casa Bianca dal titolo *Bush White House Jewish Neo-Conservatives: Why won't anyone say they are Jewish?*

In Francia, queste informazioni sono state scarsamente riportate e sono circolate solo negli ambienti di estrema destra e musulmani, anche se una ricerca esaustiva su Internet ha dato accesso a tutte le informazioni. Il 23 maggio 2004, l'ex delegato statunitense per il Medio Oriente Anthony Zini aveva criticato duramente le politiche dell'amministrazione Bush in un'intervista alla NBC, accusando l'amministrazione "prevalentemente ebraica e neoconservatrice" di aver "dirottato la politica estera degli Stati Uniti per servire i propri interessi". Pochi giorni prima, nella stessa settimana, il senatore Ernest Hollins aveva accusato Bush di essersi lasciato condurre in guerra per "assecondare i falchi ebrei prima delle elezioni presidenziali".".

Il senatore John Kerry, rivale di Bush, aveva subito definito queste parole "assurde". Va ricordato che lo stesso John Kerry, avversario di George Bush alle elezioni presidenziali, discende da una famiglia ebraica originaria dell'Europa centrale. Suo nonno, nato Fritz Kohn, cambiò il suo cognome nel 1902, quando erano ancora in

---

[249] I lettori possono guardare l'interessante documentario di Adam Curtis, scrittore e documentarista britannico della BBC, intitolato *The Power of Nightmares* (2004). Espone le origini ideologiche di questi neo-conservatori, per lo più ebrei-americani, e il loro coinvolgimento nella politica estera degli Stati Uniti in Afghanistan in collusione con l'islamismo radicale, nonché nella successiva "guerra al terrore" dell'organizzazione "Al Qaeda". Si veda anche la nota 217.

Cecoslovacchia, in Frederick Kerry. Suo fratello Cameron aveva sposato Kathy Weismann, ebrea tradizionalista. John Kerry ha beneficiato in Francia di una copertura mediatica e pubblicitaria senza precedenti per la sua campagna. Tutti potevano credere nella sua vittoria, a giudicare dal trattamento compiacente che i media hanno riservato alla sua candidatura. In Francia sarebbe stato eletto senza alcun dubbio. Il problema è che le elezioni si svolgevano negli Stati Uniti e lui è stato sonoramente sconfitto da George Bush, con grande sorpresa dell'opinione pubblica francese. Ma nessuno se ne occupò più di tanto e il flusso incessante di notizie sul regime democratico distolse l'attenzione del pubblico.

L'influenza dei media, come possiamo capire, è la pietra angolare del sistema democratico. Il gonfiore mediatico che finisce per sgonfiarsi improvvisamente dopo l'evento è innumerevole. L'attenzione dello spettatore è immediatamente richiesta dal tintinnio di un'altra campana, così che la precedente favola viene rapidamente dimenticata. Un esempio su mille: le elezioni parlamentari russe del dicembre 2003. Tutti i media hanno previsto un risultato schiacciante per i democratici, riuniti nel partito Iabloko (Apple, un'altra Apple). All'epoca si parlava solo di Iabloko, la cui influenza era evidentemente decisiva. L'ascesa di Iabloko è stata irresistibile. Il presidente di Iabloko, Grigori Iavlinski - un grande politico russo-ebraico - sembrava avere tutto da guadagnare e ottenere una vittoria storica. Iabloko avrebbe finalmente tirato la Russia fuori dalla depressione e l'avrebbe preservata dallo spettro del nazionalismo. Iabloko qui; Iabloko là. Se le elezioni si fossero svolte in Francia, Iabloko sarebbe senza dubbio salito al potere. Ma le elezioni si sono svolte in Russia e Iabloko ha ottenuto solo l'1,5% dei voti. Da quel momento in poi, di Iabloko non si seppe più nulla.

Alta finanza transnazionale

Nell'immaginario marxista, l'alta finanza può essere solo al servizio della reazione e del fascismo. La presunta alleanza tra le due forze è infatti un tema essenziale per riunire gli oppositori del sistema capitalista. Questo è ciò che ha ispirato, ad esempio, un autore marxista e libertario come Daniel Guérin[250] nel suo libro *Fascismo e Grande Capitale*, pubblicato nel 1965 e che tuttora influenza molti attivisti anarchici. Tuttavia, non sono necessarie molte ricerche per dimostrare

---

[250] Un dottrinario anarchico e omosessuale nato in una famiglia borghese. Sua madre era una Eichtal, discendente del banchiere e barone israeliano fondatore della Libera Scuola di Scienze Politiche.

che il "grande capitale" è ampiamente favorevole alle speranze planetarie. Mentre probabilmente ci sono vecchie famiglie francesi con radici provinciali che finanziano la reazione, o anche l'estrema destra, i grandi miliardari sostengono sempre la democrazia plurale e la globalizzazione. E la differenza tra un milionario, proprietario di una grande proprietà, e un miliardario "nouveau riche" è la stessa che c'è tra andare in bicicletta e guidare una Rolls-Royce.

Samuel Pisar, ad esempio, è stato uno dei principali finanziatori del partito socialista che ha contribuito alla vittoria di François Mitterrand nel 1981. È anche un famoso scrittore, autore di un *best-seller* internazionale, *Il sangue della speranza*. Come Marek Halter, è nato in Polonia, per la precisione a Bialystok; come Marek Halter, ha assistito con la sua famiglia all'arrivo delle truppe sovietiche dopo la spartizione della Polonia tra Germania e URSS nel 1939. Di fronte all'avanzata delle truppe tedesche il 22 giugno 1941, le due famiglie furono evacuate a est dalle autorità sovietiche come misura di protezione. Dopo la guerra, Samuel Pisar emigrò in Francia, dove fece fortuna, pur mantenendo sempre stretti rapporti con l'URSS: "Per venticinque anni ho viaggiato attraverso l'Unione Sovietica", spiegò. Faceva parte di un gruppo di finanzieri e uomini d'affari internazionali che mantenevano viva la collaborazione commerciale tra l'Occidente e l'URSS. Il primo ad avviare questa collaborazione, già nel 1918, fu il famoso americano Armand Hammer, "presidente della Western Petroleum Company e multimilionario a vent'anni". Samuel Pisar diventa suo amico, con il quale si reca a Mosca nel 1972. "Ora sono un cittadino americano, ma da bambino sono stato anche un suddito sovietico. "Anche così, egli ama ancora "la Francia dei diritti dell'uomo, patria del cuore di tutti gli uomini del mondo[251]."

Nel suo libro *La risorsa umana*, Pisar ha raccontato alcuni ricordi interessanti che danno un'idea della sua visione del mondo. Impegnato con i socialisti saliti al potere nel 1981, Jacques Sttali era anche uno dei suoi amici. Quest'ultimo era, secondo le sue parole, "senza dubbio il più affascinante deposito di idee". Lo chiamano lo *"sherpa"* del Presidente - un riferimento alle famose guide che sono in grado di avventurarsi sulle vette dell'Himalaya. "Samuel Pisar era anche strettamente legato ai ministri socialisti Robert Badinter, Laurent Fabius, Pierre Beregovoy - il cui suicidio sarà sempre un ricordo doloroso - e al ricchissimo uomo d'affari americano David Rockefeller.

Conosceva a fondo i principali mercati azionari del mondo: "C'è un guru a Wall Street. Si dedica al dollaro e agli amanti del dollaro. È

---

[251] Samuel Pisar, *La Ressource humaine*, Jean-Claude Lattès, 1983, p. 148, 34, 18

il capo economista della potente Salomon Brothers, che mette sotto gli occhi di tutti le emissioni obbligazionarie della maggior parte dei governi e delle multinazionali del pianeta. Il suo nome è Henry Kaufman. Quando parla, e non ha bisogno di molte parole, i mercati azionari mondiali iniziano a sperare o a tremare. Le sue previsioni sono seguite in un secondo momento, registrate dalle banche, interpretate dalle cancellerie. Le fortune si fanno e si disfano[252]."

Le sue convinzioni politiche non sono affatto in contraddizione con le sue attività finanziarie, anzi. Il suo cosmopolitismo finanziario va di pari passo con il suo cosmopolitismo umanista. Come tutti gli intellettuali planetari, le sue idee sul mondo sono quasi ossessive, come se l'uomo fosse animato non solo da convinzioni filosofiche, ma anche da un'ardente fede religiosa. E questa fede si traduce anche qui in un instancabile proselitismo attivista: "I concetti di razza, di nazione, di ideologia, sono naufragati per sempre", ha spiegato. "Continuiamo a sprecare le nostre forze in dispute di altri tempi - di frontiere, di dottrine, di ideologie, di razze, di proprietà. Al contrario, possiamo unirli per elevarci, con uno sforzo comune, a vette più alte dell'evoluzione[253]. "Ha condiviso instancabilmente queste riflessioni con Jean-Jacques Servan-Schreiber, l'influente editore fondatore de *L'Express, un* altro dei suoi amici. "Trasformiamo l'universo. Non si tratta di riparare. Si tratta di inventare[254]. "E ancora, riconosciamo qui il vocabolario tanto caro ad Alain Minc, Jacques Attali, Edgar Morin e Pierre Lévy.

Tra gli uomini più influenti del pianeta c'è anche il famoso George Soros, uno degli uomini più ricchi del mondo e simbolo della speculazione internazionale. Quando acquista miniere d'oro, il prezzo del metallo giallo sale e scende quando i mercati vengono a sapere che ha venduto. Era il 1992, quando raggiunse l'apice della gloria dopo uno dei più clamorosi colpi finanziari del secolo. In pochi giorni ha rilevato la debolezza della valuta britannica e ha mobilitato circa dieci miliardi di dollari contro la sterlina. La Banca d'Inghilterra ha vacillato di fronte agli attacchi speculativi e alla fine ha dovuto svalutare e uscire dal Sistema Monetario Europeo. Soros è poi diventato "l'uomo che ha rotto la Banca d'Inghilterra". In questo modo, ha intascato più di un miliardo di dollari in una settimana. Tuttavia, si è posizionato come oppositore dell'ultraliberismo: "Se i mercati non vengono regolati rapidamente, andremo incontro a catastrofi peggiori di quelle degli anni Trenta."

---

[252] Samuel Pisar, *La Ressource humaine*, Jean-Claude Lattès, 1983, pagg. 24, 313.
[253] Samuel Pisar, *La Ressource humaine*, Jean-Claude Lattès, 1983, pag. 356, 360.
[254] Samuel Pisar, *La Ressource humaine*, Jean-Claude Lattès, 1983, pag. 23.

Tuttavia, non è chiaro come questo oppositore dell'ultraliberismo e di George Bush si differenzi dagli economisti della scuola neoliberista di Chicago. Creata da Milton Friedman, questa scuola, come l'ha definita Israel Shamir, è "l'espressione quasi scientifica della tendenza mammonita che proclama la superiorità delle forze di mercato". Hayek, un altro celebre economista di questa ideologia, non era affatto dissimile dagli ideali di George Soros, quando scriveva che "la liquidazione della sovranità statale è l'obiettivo necessario e logico del programma liberale"."

Presunto oppositore dell'ultraliberismo, non è un oppositore del potere del denaro. George Soros ha investito 4 miliardi di dollari in Argentina e ha acquistato una proprietà di 350.000 ettari in Patagonia. Ma la reputazione sulfurea di questo temibile manipolatore di mercati non è dovuta solo al suo talento speculativo. Oltre a essere un miliardario, George Soros è anche un filosofo e filantropo, nonché un uomo molto misterioso. Ogni anno dona 300 milioni di dollari a una rete di fondazioni che aiutano, soprattutto nell'Europa orientale e in Russia, a promuovere la "società aperta". Dalla caduta del comunismo nel 1989, ha dedicato la maggior parte del suo tempo alla sua *Open Society Foundation*. Il più grande finanziere del mondo investe metà del suo reddito e, per sua stessa ammissione, l'80% del suo tempo. Non lo fa per bontà d'animo o per carità - parola che aborrisce - ma per difendere i principi di libertà e i diritti umani: "La democrazia partecipativa e l'economia di mercato sono ingredienti essenziali di una società aperta, così come lo è un meccanismo di regolazione dei mercati, in particolare di quelli finanziari, nonché alcune disposizioni per preservare la pace e l'ordine pubblico su scala globale[255]. "In questo modo, Soros finanzia progetti culturali e scientifici, sostiene scrittori, artisti e "la stampa indipendente e democratica" (sic). Nel 1995, le fondazioni Soros avevano cinquanta uffici in tutto il mondo e impiegavano un migliaio di persone. Le sue fondazioni insegnano la tolleranza e i valori democratici della "società aperta", soprattutto nei Paesi dell'Europa centrale. Forse è per questo che è oggetto di attacchi virulenti, a volte persino di odio.

I suoi genitori erano borghesi di Budapest. Nella primavera del 1944, i nazisti entrarono nella capitale ungherese, sconvolgendo il mondo armonioso del piccolo George e "aprendo davanti a lui un'era di insicurezza". Tra la Gestapo e le SS, e sotto false identità, George Soros ha dovuto imparare a sopravvivere. Nel 1947 si stabilisce a

---

[255] George Soros, *La crisi del capitalismo globale; La sociedad abierta en peligro.* Editorial Debate, Madrid, 1999, p. 127.

Londra, una tappa della sua vita che non gli impedisce di tradire l'Inghilterra nel 1992, come abbiamo già visto. Mio padre era un esperantista", ha detto Soros. Grazie ai profitti ottenuti con la pubblicazione di un giornale in esperanto, riuscì ad acquisire un capitale immobiliare. È l'unica persona che conosco ad aver vissuto del suo reddito. Riuscì a lasciare l'Ungheria nel 1956 e ci incontrammo negli Stati Uniti quell'anno[256]."

Ideologicamente, George Soros si identifica con l'eredità dell'Illuminismo. "L'Illuminismo ha fornito le basi per le nostre idee sulla politica e sull'economia, anzi, per la nostra intera visione del mondo. I filosofi dell'Illuminismo non vengono più letti - anzi, forse sono illeggibili per noi - ma le loro idee si sono radicate nel nostro modo di pensare. Il dominio della ragione, la supremazia della scienza, la fratellanza universale dell'uomo: questi erano tra i loro temi principali[257]." "L'Illuminismo ha offerto un insieme di valori universali e la sua memoria vive anche se sembra un po' sbiadita. Invece di scartarlo, dovremmo aggiornarlo[258] ", ha scritto. Ma si sentiva soprattutto tributario del filosofo Karl Popper, che nel suo libro *La società aperta e i suoi nemici*, pubblicato nel 1945, aveva sviluppato le idee che avrebbe fatto proprie, al punto da prendere in prestito il nome di quel libro per il nome della sua fondazione. "Sono stato molto influenzato da Karl Popper, il cui *La società aperta e i suoi nemici* spiegava che i regimi nazista e comunista... avevano una caratteristica in comune: sostenevano di essere in possesso della verità ultima e imponevano le loro idee al mondo attraverso l'uso della forza."

Il ruolo di George Soros e dei miliardari occidentali nel crollo del sistema comunista rimane sconcertante. A questo proposito, ha dichiarato semplicemente: "Nel 1979, quando avevo guadagnato più soldi di quanti me ne potessero servire, ho creato una fondazione chiamata *Open Society Fund*, i cui obiettivi ho definito come aiutare ad aprire le società chiuse, aiutare a rendere le società aperte più vitali e promuovere un modo di pensare critico. Attraverso la fondazione, sono stato profondamente coinvolto nella disintegrazione del sistema sovietico[259]."

[256] George Soros, *Le Défi de l'argent*, Plon, 1996, p. 43, 47.

[257] George Soros, *La crisi del capitalismo globale; La sociedad abierta en peligro*. Editorial Debate, Madrid, 1999, p. 120.

[258] George Soros, *La crisi del capitalismo globale; La sociedad abierta en peligro*. Editorial Debate, Madrid, 1999, p. 125.

[259] George Soros, *La crisi del capitalismo globale; La sociedad abierta en peligro*. Editorial Debate, Madrid, 1999, p. 11, 12.

Abbiamo trovato un'interessante analisi del giornalista Neil Clark[260] che scrive: "La saggezza convenzionale, condivisa da molti a sinistra, è che il socialismo sia crollato in Europa orientale a causa delle sue debolezze sistemiche e dell'incapacità dell'élite politica di ottenere il sostegno popolare. Questo può essere in parte vero, ma il ruolo di Soros è stato fondamentale. Dal 1979, ha distribuito 3 milioni di dollari all'anno a dissidenti come il movimento polacco Solidarność, Carta 77 in Cecoslovacchia e Andrei Sakharov in Unione Sovietica. Nel 1984 ha fondato il suo primo *Open Society Institute* in Ungheria e ha fornito milioni di dollari ai movimenti di opposizione e ai media indipendenti. Apparentemente finalizzate alla costruzione di una "società civile", queste iniziative sono state concepite per indebolire le strutture politiche esistenti e spianare la strada alla definitiva colonizzazione dell'Europa orientale da parte del capitale globale. Soros sostiene ora, con la caratteristica immodestia, di essere responsabile dell'"americanizzazione" dell'Europa orientale.

Gli jugoslavi hanno resistito ostinatamente e hanno riportato al governo il partito socialista non riformato di Slobodan Milosevic. Soros ha raccolto la sfida. Dal 1991, il suo *Open Society Institute* ha convogliato più di 100 milioni di dollari nelle casse dell'opposizione anti-Milosevic, finanziando partiti politici, case editrici e media "indipendenti" come Radio B92, la piccola e coraggiosa radio studentesca della mitologia occidentale, che in realtà era finanziata da uno degli uomini più ricchi del mondo per conto della nazione più potente del mondo. "Ciò che Soros ispirava con la sua "Società aperta" non era forse tanto il rispetto dei diritti umani e delle libertà fondamentali, quanto il grado di "apertura" dei Paesi ex comunisti alla liberalizzazione economica e alla privatizzazione dei beni statali a prezzi stracciati. "A più di un decennio dalla caduta del Muro di Berlino, Soros è il re non incoronato dell'Europa orientale. La sua Central European University, con campus a Budapest, Varsavia e Praga e programmi di scambio negli Stati Uniti, diffonde senza mezzi termini lo spirito del capitalismo neoliberale e clona la prossima generazione di leader politici filoamericani nella regione."

Indubbiamente, la globalizzazione di oggi è più in linea con i loro interessi e ideali rispetto al vecchio e rigido sistema statale dell'ex URSS. "Per stabilizzare e regolare un'economia veramente globale, è necessario un sistema globale di decisioni politiche. In una parola,

---

[260] *George Soros, NS Profile*, di Neil Clark, The New Statesman, 2 giugno 2003, citato in Israel Shamir, *Pardès, Une étude de la Kabbale*, Al Qalam, 2005. Articolo su https://anarchitext.wordpress.com/2011/04/26/ns-soros/

abbiamo bisogno di una società globale per sostenere la nostra economia globale. Una società globale non significa uno Stato globale. Abolire l'esistenza dei mercati non è né fattibile né auspicabile; ma nella misura in cui esistono interessi collettivi che trascendono i confini statali, la sovranità degli Stati deve essere subordinata al diritto internazionale e alle istituzioni internazionali[261]. "Soros è sembrato più misurato di alcuni intellettuali planetari francesi che, come abbiamo visto, aspirano alla scomparsa di tutte le frontiere. Le sue convinzioni sono comunque globaliste:

La sfida suprema del nostro tempo è quella di stabilire un codice di condotta universalmente valido per la nostra società globale... Abbiamo quindi bisogno di alcune regole universalmente valide per il rapporto tra Stato e società che salvaguardino i diritti dell'individuo... La società deve mobilitarsi per imporre dei principi al comportamento degli Stati, e i principi che devono essere imposti sono quelli della società aperta... Gli Stati democratici... dovrebbero rinunciare a parte della loro sovranità per stabilire la regola del diritto internazionale e trovare il modo di indurre altri Stati a fare lo stesso". In linea di principio, ciò sembra positivo, ma dobbiamo fare attenzione alle conseguenze indesiderate. L'intervento negli affari interni di un altro Stato è pericoloso, ma il non intervento può essere ancora più dannoso[262]. "Sulla falsariga del direttore della stampa Jean François Kahn, che ha denunciato senza ridere la marea di ideologia "politicamente corretta" dei media, Georges Soros non ha esitato a dichiarare, con deliziosa sfacciataggine: "Mi rendo conto di andare controcorrente."

Quando parla di "interferenze", George Soros non si limita a teorizzare. Nel dicembre 2004, le elezioni in Ucraina hanno dato la vittoria al presidente filo-USA. Dopo i Paesi dell'Europa centrale e orientale all'inizio degli anni Novanta e la Georgia un decennio più tardi, è toccato all'Ucraina uscire dall'orbita russa e avvicinarsi all'Occidente dopo quella che sarà chiamata la "rivoluzione arancione", dal colore delle magliette indossate dai suoi sostenitori. Anche in questo caso non è necessario fare ricerche approfondite per capire il ruolo della finanza internazionale nel trionfo della "società aperta" in cui è stata coinvolta la "Freedom House" di Madeleine Albright che, ricordiamolo,

---

[261] George Soros, *La crisi del capitalismo globale; La sociedad abierta en peligro.* Editorial Debate, Madrid, 1999, p. 28.
[262] George Soros, *La crisi del capitalismo globale; La sociedad abierta en peligro.* Editorial Debate, Madrid, 1999, pagg. 255-256.

nel 1999 guidava il Dipartimento di Stato americano durante i bombardamenti sulla Serbia.

Due mesi dopo, su *Le Figaro* del 24 febbraio 2005, leggiamo che "il miliardario filantropo George Soros ha chiesto l'esclusione della Russia dal G8 [i Paesi più industrializzati], per sancire la riduzione delle libertà. "Va detto che la sua instancabile attività non sembrava piacere alle autorità russe e bielorusse, che avevano vietato le sue fondazioni nei loro territori. L'unica spiegazione che si può trovare per questa intolleranza è ovviamente l'ingratitudine di questi governi e un antisemitismo incomprensibile. Tuttavia, nonostante questa opposizione limitata e localizzata, il "miliardario filantropo" non si è lasciato scoraggiare: nel marzo 2005 ha lanciato, in collaborazione con la Banca Mondiale, un programma a favore degli zingari (Rom) dell'Europa centrale intitolato *Decennio per l'inclusione dei Rom*. Come i filosofi e i registi, l'attività dei finanzieri planetari è instancabile, febbrile e ossessiva. Non si ferma mai.

Cinema planetario

Si dice spesso che, in una democrazia, i media costituiscono il "quarto potere" dopo l'esecutivo (il governo), il legislativo (l'Assemblea) e il giudiziario (i tribunali). L'importanza che i media audiovisivi hanno acquisito nel nostro mondo quotidiano probabilmente smentisce questo ordine stabilito da giuristi e politologi. La verità è che i media, soprattutto la televisione, svolgono un ruolo essenziale nel lavaggio del cervello e nella formazione delle opinioni dei nostri contemporanei. Non c'è bisogno di pensarci ulteriormente.

Sui nostri schermi televisivi, il cinema è senza dubbio il veicolo più popolare per trasmettere messaggi alle masse, che sono invitate a seguire le "intuizioni" dei programmi televisivi e dei critici, che scelgono sempre i film più umanistici e ideologicamente carichi.

Il cinema planetario diffonde lo stesso messaggio della filosofia dello stesso genere: cerca sempre, in una forma o nell'altra, di portare lo spettatore a concepire un mondo senza confini e di instillare la tolleranza verso l'"Altro", sia esso immigrato, omosessuale, mostruoso, alieno, mongoloide o anche semplicemente normale. L'unico individuo che non ha posto nel mondo a venire è quello che difende la cultura dei suoi antenati e il suo territorio. Naturalmente, non si tratta di denunciare gli indios dell'Amazzonia o le tribù africane minacciate dalla modernità che non vogliono essere saccheggiate, ma solo di trascinare nel fango i razzisti bianchi arretrati che ancora rifiutano una società plurale.

Nel mondo dell'audiovisivo è molto più difficile teorizzare e presentare razionalmente al pubblico tutti i dettagli dell'evoluzione del mondo. Il pubblico non deve pensare troppo, perché vuole innanzitutto rilassarsi. Devono quindi essere sensibilizzati a una causa attraverso le emozioni catturate sullo schermo. A tal fine, il messaggio si baserà soprattutto sul comportamento umano, sulle caratteristiche etniche degli individui e su un'atmosfera che favorisca la detestazione o la simpatia per i personaggi. Quindi un personaggio e il suo comportamento dovranno incarnare un'idea: ad esempio, un cattivo colonizzatore e un buon colonizzato, o un prete ipocrita e contorto e un insegnante laico, aperto e tollerante. Spesso la propaganda più cruda è anche la più efficace con il pubblico più popolare. Così, film manichei come Rambo con Sylvester Stalone hanno danneggiato il comunismo molto più dei dibattiti intellettuali davanti alle telecamere. Ma il più delle volte il messaggio è sotteso e contenuto nella qualità del personaggio. L'immagine si presta perfettamente a un'apologia della miscegenazione e della tolleranza, un tema ricorrente nel cinema planetario.

La mescolanza etnica o la diversità nei film è diventata molto visibile in Occidente a partire dagli anni '90, spesso come aspetto secondario del film a cui il pubblico non doveva prestare molta attenzione. Da allora è stato sempre più banalizzato[263].

I primi film che presentano coppie miste sono così eclatanti che abbiamo dovuto trattare l'argomento separatamente. Per quanto ne sappiamo, non esistevano altri film di questo genere prima di quello del regista americano Stanley Kramer che, nel 1967, fu probabilmente il primo a fare l'apologia della miscegenazione negli Stati Uniti con il suo film *Indovina chi viene stasera*. Kramer immagina una giovane bellezza che presenta il marito ai genitori. Quest'ultimo, avete capito bene, è un nero simpatico, colto e intelligente, il cui fascino naturale e la cui gentilezza superano l'istintiva e perversa diffidenza della borghesia bianca americana. Il film ha ottenuto dieci nomination agli Oscar. Tuttavia, la produzione di film di questo tipo sembra essersi esaurita negli anni successivi, anche se forse sono necessarie ulteriori ricerche per esserne certi. In ogni caso, questi copioni e messaggi hanno

---

[263] I lettori di oggi sanno che questo fenomeno è ormai la norma. Le grandi case di produzione e le piattaforme audiovisive (Netflix, HBO, Disney, ecc.) e persino i giganti della tecnologia (Amazon, Apple) hanno diversificato e massificato questo tipo di produzione audiovisiva (film e serie). Anche la pubblicità invasiva delle grandi aziende e società è unanimemente multirazziale e promuove attivamente la miscegenazione in Occidente (NdT).

riacquistato visibilità negli anni Novanta. Nel 1995, in *The Affair* (USA), Paul Seed ha interpretato un soldato americano di colore durante la Seconda Guerra Mondiale. Subisce il disprezzo dei suoi compagni: sono bianchi razzisti molto cattivi e arroganti. Con il suo amico, viene mandato alla mensa degli ufficiali dove incontra Maggie, una madre il cui marito è al fronte. I due sono rapidamente attratti l'uno dall'altro. Ma la loro relazione è disapprovata: lei è inglese e bianca, lui americano e nero.

Anche Quentin Tarantino abitua spesso il suo pubblico alla diversità etnica: in *Pulp Fiction* (USA, 1993), assistiamo ai raptus omicidi di un'impressionante coppia, un bianco e un nero. Il capo della banda è un nero; sua moglie è una donna bianca completamente drogata ed emaciata. In *Jackie Brown* (1997), il protagonista è un trafficante d'armi nero la cui moglie è una bionda minuta, anch'essa completamente fatta. In *Reservoir Dogs* (1992), i personaggi sono cani rabbiosi che si divorano a vicenda in un impressionante massacro finale. Sono tutti bianchi e più o meno pazzi. Anche il regista Bob Rafelson ha promosso la mescolanza etnica in For *No Apparent Reason*, uscito nel 2002.

Anche il cinema britannico ha sperimentato questa tendenza multiculturale. In *My beautifull laundrette* (Regno Unito, 1990), il regista Stephen Frears ha servito un cocktail di cliché politicamente corretti: Omar, un giovane pakistano, viene incaricato dallo zio di rimettere in sesto una lavanderia a gettoni fatiscente in un quartiere povero di Londra. Essendo molto dinamico, riesce a ristrutturarlo e a far ripartire l'attività. Assume un vecchio amico, un povero delinquente omosessuale inglese che diventa il suo amante. La sua banda di amici si ribella al fatto che uno di loro lavora per i "pakistani". Evidentemente sono molto razzisti e pigri. Fortunatamente, i pakistani sono lì per far funzionare l'economia e ingravidare le donne inglesi, come mostra il film. Apologia della miscegenazione e dell'omosessualità, denuncia del razzismo: il film ha ricevuto il Cesar[264] per il miglior film straniero, pur essendo totalmente soporifero. Se qualcuno ha visto il finale, potrebbe parlarcene. In *Dirty Pretty things* (Regno Unito, 2002), lo stesso Stefen Frears, vero regista planetario, ha raccontato la storia di Okwe, un nigeriano clandestino che conduce una vita dura, di giorno tassista e di notte guardia giurata di un albergo. Una notte, finalmente, scopre un cuore umano in una delle stanze, una bellissima donna bianca che gli farà amare la vita in Inghilterra.

---

[264] Premio dell'Accademia di Francia, equivalente al Premio Goya spagnolo (NdT).

La produzione francese in questo campo è esemplare: nel 1988, con *Romuald et Juliette*, Coline Serreau ci ha mostrato una storia d'amore interrazziale. Romuald (Daniel A.) è il giovane manager di un'importante azienda che si innamora della donna delle pulizie, una caraibica madre di cinque figli. Il copione non è credibile, ma riflette molto bene la volontà di inculcare "tolleranza" e "apertura" verso l'altro.

Nel 1989, Gérard Oury ci offre *Vanilla-Fresh*: Due agenti segreti hanno la missione di far saltare in aria una nave che trasporta missili: lui è nero, esperto di esplosivi e molto simpatico, pseudonimo: Vanilla! È bianca e nuotatrice da combattimento, pseudonimo: Fragola!

Nel 1993, Mathieu Kassovitz presenta il film *Métisse*: Lola è una "splendida mulatta caraibica" che ha due amanti. Uno è bianco, ebreo e rapper, l'altro nero, figlio di un diplomatico e studente di legge. Un giorno, Lola li convoca per annunciare che è incinta. Tra i due uomini scoppia la guerra, ma il razzismo tra l'ebreo e il negro non è così grave e i due fanno presto un *ménage à trois*: l'ebreo, il negro musulmano e il meticcio cristiano. "Una commedia corroborante che non teme il peso della tradizione e lo scontro tra culture", secondo un importante settimanale della stampa francese.

Il film di Bertrand Blier *Un, deux, trois soleil* (Francia, 1993) è un modello nel suo genere: racconta la vita oscura e ordinaria di Victorine (Annouk Grinberg, moglie del regista), originaria dei bassifondi. Sua madre è pazza, suo padre è un alcolizzato e il suo primo amore è stato ucciso da un bifolco, un *"beauf"*. La donna placa il suo temperamento violento grazie all'incontro con Maurice, che la conquista per ben due volte. Il poliziotto bianco, un imbecille, è sposato con una donna di colore che dà alla luce dei piccoli mulatti. L'insegnante bianca sogna solo di essere cavalcata dai suoi alunni neri e marroni. In una scena, Jean-Marielle lascia la porta aperta di notte per far entrare i ladruncoli neri, invitandoli a cena con queste parole: "Siete fortunati per il mio paese. Quando sarai grande, sposa una francese molto bianca."

Nel 1997, il regista Robert Guédiguian presenta *Marius et Jeanette*: a Marsiglia, Jeanette vive da sola con i due figli avuti in due letti diversi. La figlia maggiore le è stata lasciata da un bastardo che l'ha abbandonata: uno stupido uomo bianco. Il dodicenne è un piccolo mulatto africano che studia molto bene a scuola. Purtroppo il padre, di cui sente la mancanza perché era così affascinante, è morto in un cantiere. Jeanette incontra poi Marius. È un omone grande e taciturno che fa il guardiano in una fabbrica dismessa. Tutti i personaggi del film sono brave persone comuni, alcune delle quali non nascondono le loro simpatie comuniste. Il film ha naturalmente vinto il César per la migliore attrice nel 1998.

Bernard Stora è il regista del film *Un Dérangement considérable* (1999): "Fin dall'infanzia, Laurent Mahaut ha dedicato tutte le sue energie al sogno della sua vita: diventare un calciatore. Se riuscirà a diventare un professionista, potrà provvedere al sostentamento della madre Rosa e dei fratellastri Djamel e Nassim. "Bernard Stora ha scritto anche la sceneggiatura del film televisivo *Une autre vie* (2004): il giovane maliano Ismael Traoré è venuto a Marsiglia per studiare medicina nonostante il matrimonio combinato dallo zio. In ospedale incontra Marta, una bella donna bianca, e trascura la giovane moglie africana. Per Bernard Stora, l'apologia della miscegenazione sembra essere un'ossessione: mentre nel romanzo di Emmanuel Roblès il medico è un bianco, Stora lo ha sostituito con un nero per sensibilizzare l'opinione pubblica su questo tema: un film televisivo tempestivo per la "settimana dell'integrazione" su France 3. In *La Tresse d'Aminata* (1999), Dominique Baron ha interpretato un'adolescente senegalese adottata da bambina da una famiglia bretone. Nel 2003, il regista Olivier Lang ha girato un capitolo della serie *generalista del Dottor Dassin*, intitolato *Segreti strettamente custoditi*: "Dassin incontra una coppia insolita che suscita i suoi sospetti: un cinquantenne francese, allenatore di sport, e una diciottenne africana che vive troppo dipendente dal marito."

In *L'uomo venuto da un altro luogo* (Francia, 2004), François Luciani ha raccontato la storia di Pedro, un medico caraibico che rileva lo studio medico vacante in una piccola città di provincia. È il 1893 e nessuno ha mai visto un uomo di colore. Evidentemente il nostro medico è molto simpatico. È liberale, grande, generoso, ha un buon attaccapanni e trabocca di gentilezza e saggezza. Di fronte a lui, François Luciani ci mostra dei bianchi diffidenti e poco istruiti che non riescono a tenere il passo con lui. E quando i pazienti disprezzano la sua pratica, lui sbotta: "Ma chi si credono di essere, queste persone nel loro paese freddo e piovoso? Un giorno, nel villaggio appare uno zoo itinerante dove vede alcuni fratelli della stessa razza ingabbiati dietro un cartello con scritto "cannibali". I bianchi, naturalmente, se la ridevano, crudelmente. Il sangue gli ribolle per questo spettacolo, ma la rabbia gli passa perché ha un cuore grande. In effetti, la donna più bella del Paese sembra già innamorata di lui. In un'altra scena, la cameriera del nostro medico ci informa che il nostromo della fabbrica ha l'abitudine di spazzolare tutte le operaie, e quando rimangono incinte vengono licenziate. "Non muore di pietà tutta quella gente che va a messa la domenica", conclude la donna. La religione cattolica, ovviamente, è la religione dei bastardi e dell'ipocrisia. Altra scena: un'epidemia si sta diffondendo nel villaggio; quando il coraggioso medico si rende conto della gravità della situazione, entra nel consiglio comunale dove sono riuniti i notabili. Certo, il razzismo dei cattivi gli impedisce di sedere nel consiglio, ma comunque, grazie alla sua naturale superiorità, si fa sentire con veemenza: "Bravi, signori! A forza di avidità e stupidità, avete provocato un'epidemia di colera! "Ma che importa, l'importante è che abbia trovato un cuore tenero in questo oceano di bassezze. Senza dubbio, con questo film edificante abbiamo un'impronta cosmopolita. François Luciani proviene da una famiglia di rimpatriati algerini, così come il regista-attore Roger Hanin. Insieme hanno realizzato un bellissimo film contro l'intolleranza.

Nella stessa ottica, la serie televisiva PJ (Policia Judicial) rifletteva abbastanza bene il desiderio ossessivo di sensibilizzare le masse attraverso storie sempre molto "politically correct". Un episodio di questa serie poneva la situazione: un sobborgo di periferia. Un gruppo di "giovani" che ascoltano la musica a volume troppo alto spara dei colpi di pistola. Uno dei poliziotti, una donna, è un'attivista di estrema destra. Ma poi scopriamo che ha un figlio che nascondeva, un mulatto. Il padre è un indiano dell'ovest, membro della sicurezza del Fronte Nazionale. Questo copione "capilotractado"[265] è di Alain Krief...

Nel 2004, il regista Eduardo Molinaro ci ha offerto *Il cuore degli uomini*: un aereo medico dal Congo vola a Parigi con bambini che devono essere operati. Un'équipe di medici francesi subisce il fascino di questi adorabili bambini che sono la Francia del futuro. Anche in *If I Had Millions*, lo sceneggiatore Philippe Niang sembra ossessionato dalla presentazione della diversità etnica, come ha ripetuto anche in *A Black Baby in a White Basket*. Vedremo in un altro capitolo che i cognomi asiatici sono talvolta fuorvianti.

Nel 2005, Claude Berri ha presentato *One Stays, One Goes* (con un cast etnico: Daniel Auteuil, Pierre Arditi, Charlotte Gainsbourg, Nathalie Baye e Miou-Miou). "Due amici di lunga data, Daniel e Alain, cinquantenni, sposati da quindici anni, stanno per incontrare l'amore. Per Daniel sarà Judith (si sposano sempre all'interno della comunità), dopo che il figlio avuto con Anne-Marie è diventato tetraplegico in seguito a un incidente in moto. Alain, dal canto suo, incontra Farida, una giovane senegalese che ha assunto come commessa nel suo negozio di arte africana. "Nel 2004 è uscita la serie televisiva "tipicamente

---

[265] Tirato per i capelli (*latino: capilus-tractus*).

francese" *Plus Belle la vie*[266], in cui ci vengono sistematicamente mostrate giovani donne bianche con neri, mentre giovani uomini bianchi interpretano il ruolo di omosessuali. Le sceneggiature sono di Olivier Szulzynger.

Il marchio Planetary è riconoscibile anche nel razzismo più o meno latente nelle sceneggiature, ma sempre ben visibile sullo schermo. Il film *I figli del Brasile* (Regno Unito, Stati Uniti, 1978), tratto dal romanzo, racconta la storia di un cacciatore di nazisti degli anni '70, Ezra Liberman, che scopre un complotto organizzato da un gruppo di ex emigrati nazisti in Paraguay. Il terribile dottor Mengele, ex medico torturatore di Auschwitz, è il loro capo. Vive in una lussuosa villa sufficientemente isolata dal mondo per poter continuare le sue perverse attività sperimentali sulla genetica umana. Sembra regnare su un branco di servi amorfi, quasi schiavizzati: è l'uomo bianco prepotente in tutta la sua gloria. I nazisti sembrano far parte dell'élite del regime militare del Paraguay, ospitando ricevimenti in sontuosi palazzi. Hanno ordito un misterioso piano di assassinio, ma viene sventato dalla tenacia del vigilante Liberman. Il film è di Franklin J. Schaffner.

In *On the Brink of Suspicion (*USA, 1985), un direttore di un grande giornale californiano viene accusato di aver ucciso selvaggiamente la moglie per ricevere un'enorme eredità. Convinto della sua innocenza, un famoso avvocato accetta di difenderlo. Tuttavia, nel corso del processo, alcuni elementi del caso la inducono a dubitare di lui, in particolare il comportamento di un testimone che mostra tutti i segni di un pericoloso psicopatico: è biondo e di tipo nordico. Sembra pericoloso e aggredisce persino l'avvocato nel parcheggio. Tuttavia, il colpevole non è lui, ma il suo stesso cliente, il direttore della stampa che è riuscito a sedurla in modo così perfido. Anche lui è un biondo nordico, ma l'avvocato ottiene la prova della sua colpevolezza per caso, dopo aver vinto il processo e scagionato il suo cliente. Decide quindi di denunciarlo e di confessare pubblicamente l'ignominia del procuratore. In un caso risalente ad anni addietro, il pubblico ministero aveva fatto sparire una parte del fascicolo che avrebbe impedito a un altro imputato di essere condannato a dieci anni di carcere. La sfortunata persona ingiustamente imprigionata era un nero. I neri sono buoni, i bianchi sono cattivi e il film è di Richard Marquand.

In *Cry Freedom* (Regno Unito, 1987), Richard Attenborough ci ha trasportato in Sudafrica negli anni '70, quando il regime di Apartheid fu imposto ai neri dagli afrikaner. Il direttore di un giornale liberale

---

[266] 18 stagioni nel 2022. (NdT).

sposa la causa dei neri e fa amicizia con uno dei principali leader, Steve Biko. Quest'ultimo viene assassinato in prigione da alcuni dei più vili e scellerati bianchi. I neri, invece, sono tutti toccanti, dignitosi e rispettabili. Le loro manifestazioni pacifiche vengono duramente represse da una polizia spietata. Un film che fa vergognare di essere bianchi, ed è proprio questo il punto.

Sulla stessa scia, il regista Chris Menges ha realizzato *A World Apart* (Regno Unito, 1988), che ritrae le tensioni in Sudafrica nel 1963. I bianchi sudafricani sono naturalmente razzisti e la polizia è ritratta nella peggior luce possibile: odiosa, ottusa e ossessionata da un nemico inafferrabile. Il lavoro di Menges ha naturalmente ricevuto il Gran Premio della Giuria a Cannes nel 1988. Anche in *Arma letale 2* (1989), Richard Donner ha mostrato i sudafricani bianchi come ignobili spacciatori.

Con *Mississippi Burning* (USA, 1988), Alan Parker si è ispirato a una storia vera degli anni Sessanta. L'FBI americana indaga sulla scomparsa di tre giovani appartenenti a un'associazione di "diritti civici". Uno di colore e due ebrei sono stati uccisi da membri razzisti del Ku Klux Klan. In questa piccola città del Sud americano, i bianchi sono codardi, vili, meschini e assolutamente abietti. Le loro donne obbediscono docilmente, ma sognano solo di separarsi da questi individui. Il film *Ragtime* di Milos Forman (USA, 1991) non aveva altro interesse che quello di essere un film moraleggiante: nel 1906 a New York, un pianista nero che ha comprato un'auto è vittima dell'invidia e del razzismo di una banda di stupidi bianchi.

In *La pista del tradimento*, Costa-Gavras (USA, 1988) denuncia le milizie di estrema destra negli Stati Uniti. Un conduttore radiofonico piuttosto provocatorio e "liberale" viene assassinato in un parcheggio. Era ebreo e i suoi assassini hanno lasciato un graffito sulla scena del crimine: "ZOG" (*governo di occupazione sionista*). I poliziotti dell'FBI indagano su una milizia di estrema destra nel Midwest. Una bella ragazza viene incaricata di infiltrarsi tra loro. Gary si innamora rapidamente di lei, rivelando i suoi tratti psicopatici. Insiste, ad esempio, perché lei vada a caccia con i suoi amici. Si tratta di una caccia piuttosto particolare, in quanto si tratta di una caccia all'uomo contro un giovane nero che viene rilasciato di notte in una foresta. L'uomo sarà naturalmente abbattuto davanti agli occhi della giovane donna. Probabilmente Gary intendeva impressionare il suo nuovo interesse amoroso, ma lei è rimasta disgustata da ciò che ha visto. Tuttavia, i suoi superiori dell'FBI, con cui è in contatto, insistono sul fatto che continui a infiltrarsi nella rete di estrema destra. In effetti, un campo paramilitare rivela l'importanza dell'organizzazione: hanno armi sofisticate e mostrano una grande determinazione. Alla fine saranno tutti arrestati. Ma la lotta contro l'idra è tutt'altro che conclusa, poiché è noto che queste reti sono sostenute da figure potenti, politici di spicco che nascondono le loro intenzioni e agiscono in modo subdolo.

Il famoso film di Jonathan Demme, *Il silenzio degli innocenti* (USA, 1991), raccontava la caccia dell'FBI a un pericoloso psicopatico che si lasciava dietro i cadaveri di giovani donne atrocemente mutilate. La famosa "Agente Starling" Clarisse, una giovane poliziotta con molto fegato, è sulle tracce del serial killer. Il pericoloso idiota si chiama Billy: è un uomo alto, con gli occhi azzurri e i capelli biondi. Vive da solo in una casa squallida e tiene in ostaggio la sua prossima vittima terrorizzata in un pozzo nel seminterrato. Billy ama le farfalle e le armi. Una breve sequenza ci mostra un'enorme svastica sopra il suo letto.

In *The Firm* (USA, 1993), Mitch McDeere (Tom Cruise) è un giovane laureato appena assunto dallo Studio, un potente studio legale di Memphis. All'inizio è sedotto e affascinato dai vantaggi che gli offrono, ma gradualmente si rende conto che i leader lavorano in realtà per una gang della mafia di Chicago. Tutti gli avvocati presentati - una trentina - sono bianchi, cattolici e di tipo nordico. Sono il simbolo dell'élite americana più ipocrita e ripugnante che si possa immaginare. Il film è di Sydney Pollack.

Nel 1993 esce una commedia intitolata *La famiglia Addams 2: la tradizione continua*. La famiglia Adams è un po' speciale: non è chiaro se siano streghe o vampiri, ma di certo adorano il diavolo. Vivono in una villa isolata su una collina; vestono di nero, hanno capelli neri e una carnagione cadaverica. La loro morale è abietta, hanno la passione di fare il male, anche se la loro eccentricità li rende accattivanti. I due figli vengono portati in un campo estivo con il resto dei piccoli americani, quasi tutti biondi, che costituiscono la maggioranza imbecille, vigliacca e bigotta. Ben presto i due diavoletti dai capelli neri vengono messi in quarantena dal vile branco di biondine plasmate dalla morale borghese. Ma i piccoli Adams non si lasceranno calpestare in questo modo. Raccoglieranno intorno a loro gli altri oppressi del campo, tutti i bambini dai capelli neri ingiustamente disprezzati da queste bionde arroganti. Tutti insieme, faranno un figurone alla mostra di fine vacanze a cui parteciperanno i genitori. Le bionde ricevono poi un meritato rimprovero. I cattivi e i brutti sono in realtà i buoni, e i bastardi sono immancabilmente le bionde: il film è di Barry Sonnenfeld.

Il miglio verde (USA, 1999) è un film di Frank Darabont. Nel braccio della morte di un penitenziario americano nel 1935, ci sono guardie carcerarie ignobili e prigionieri pieni di umanità. Tutto ciò è assolutamente plausibile. I poteri soprannaturali del colosso nero, accusato dello stupro e dell'omicidio di due ragazze, lo sono meno. È buono e innocente come un agnello, anche se accusato ingiustamente. Sarà vittima degli uomini, dell'ingiustizia e della crudeltà dei guardiani psicopatici - i bianchi.

In *The Believer* (USA, 2001), giovani neonazisti vengono reclutati da una potente organizzazione estremista. Dany, il loro leader, l'unico ragazzo intelligente della banda, è in realtà un ebreo sconvolto che si è dissociato dalla sua comunità. Una scena finale della sceneggiatura vuole implausibilmente far credere che queste organizzazioni naziste siano sostenute dalla grande borghesia americana: il film è di Henry Bean, la sceneggiatura di Mark Jacobson.

La giuria (*Runaway Jury*, USA, 2002) è la storia della manipolazione delle giurie da parte della lobby delle armi negli Stati Uniti. I "cattivi" sono caucasici nordici manipolatori, altamente organizzati e molto efficaci che lavorano per la lobby delle armi. Spionaggio, violenza, ricatto e manipolazione sono la loro specialità; non lasciano nulla di intentato per vincere il processo, ma, fortunatamente, i bastardi perderanno grazie all'intelligenza del piccolo avvocato Dustin Hoffman: un film di Garry Fleder con una sceneggiatura di David Lieven e Brian Koppelman.

Lo spirito politicamente corretto è evidentemente presente nel cartone animato Disney per famiglie *Pocahontas* (USA, 1995) di Mike Gabriel e Eric Goldberg. Pocahontas, una giovane indiana indipendente, rifiuta il marito che il padre ha scelto per lei e si infatua di un giovane avventuriero inglese meno razzista degli altri. Alla fine lo abbandonerà per restare con la sua gente. Gli inglesi sono avidi, crudeli e cattivi, mentre gli indiani sono buoni, saggi, nobili e rispettosi. Pocahontas è pensata per piacere a tutti: è scura, sexy, abbronzata, con gli occhi a mandorla e ha qualcosa dell'indiana, della nera, della cinese, della berbera e della zingara. Rivendica magnificamente la sua "etnia planetaria[267]."

Il cinema francese non è da meno in questa disciplina di fustigazione della popolazione maggioritaria. Jean-Jacques Annaud, in *La Victoire en chantant* (Francia, 1976), ha presentato un panorama della presenza francese in Africa nel 1915, dove una popolazione di coloni, composta esclusivamente da cretini alcolizzati, vive nel confronto con i neri con grande senso dell'umorismo.

---

[267] Il lettore può consultare l'interessante libro di Norbert Multeau, *Les Caméras du diable* [*Le stanze del diavolo*], Éditions Dualpha, 2001.

Nel 1984, con *Train d'enfer (Treno dall'inferno)*, Roger Hanin realizza un grande film militante. Nel numero dell'11 gennaio 1985 del settimanale indipendente *Tribune juive*, il direttore della rivista, il rabbino Jacques Grunewald, noto per le sue simpatie di sinistra, commentava così il film di Roger Hanin: "Atroce omicidio su un treno: un giovane arabo viene linciato e defenestrato da tre coscritti alticci. Da questo caso, un atto razzista di tre emarginati, Roger Hanin ha costruito un film da cui intende trarre una grande lezione morale, che questa volta coinvolge tutta la Francia più profonda. Non si tratta più di tre ragazzi isolati e ubriachi. Si tratta di una vera e propria rete neonazista che coinvolge un'intera città, addirittura il mondo intero. "La *Tribune juive ha* aggiunto: "Roger Hanin sostiene che, in quanto ebreo algerino, ha imparato fin da bambino ad amare gli arabi. A quanto pare, non gli è stato insegnato ad amare i francesi. *"Train d'enfer" ha beneficiato del* sostegno dell'agenzia ufficiale di anticipazione delle entrate, presieduta da Bernard-Henri Lévy, cioè ha ricevuto una sovvenzione finanziata dal denaro dei contribuenti francesi.

In *Fuori legge* (*Hors-la-loi*, Francia, 1984), "quindici adolescenti di varie origini etniche evadono da un centro di correzione. I due irrompono in un ballo di paese e il proprietario del bar, un razzista, finisce per aprire il fuoco su di loro."

Nel 1995, in *L'odio* (*La Haine*), Mathieu Kassovitz descrive l'odio contro la società francese che tormenta tre giovani: un arabo, un nero e un ebreo di periferia. In questo film vediamo ancora una volta la tendenza ad assimilare gli ebrei con la parte più svantaggiata della popolazione. Mathieu Kassovitz diventa il portabandiera di una parte di immigrati riluttanti a rispettare la legge e che gridano il loro odio verso il sistema. Neri e mori diventano così l'incarnazione del nuovo mito dell'eroe ribelle, anche se sono regolarmente invitati in tutte le televisioni e godono del sostegno delle grandi case di produzione e delle etichette discografiche. Mathieu Kassovitz è tornato nel 2000 con *I fiumi di porpora*: nei ghiacciai delle Alpi vengono ritrovati cadaveri atrocemente mutilati, con gli occhi cavati e le mani tagliate. Gli investigatori seguono una pista che li conduce all'università locale, che si rivela essere un terreno di coltura per pericolosi neonazisti. Anche in questo caso, la sceneggiatura del film non è molto credibile, sebbene sia ampiamente sufficiente per il pubblico a cui è destinata.

Con *Taxi*, uscito nel 1998, Gérard Pirès ha ottenuto un successo fenomenale: Sami Naceri, un pazzo al volante, riesce a sconfiggere una banda di pericolosi criminali. Sono tedeschi di tipo nordico, tanto stupidi quanto malvagi. In *Les Enfants du soleil*, uscito nel 2004,

Alexandre Arcady intendeva raccontare la condizione dei francesi in Algeria, anche se il suo film era più una celebrazione della comunità israeliana. Il francese "pulito, cattolico *pied noir268* ", come dice l'autore, si chiama Lacombe. Proprio come "Lucien Lacombe", il miliziano sempliciotto e pericoloso inventato dallo scrittore Patrick Modiano per il film di Louis Malle.

Nel 1999, Alain Berberian ci ha regalato il suo ultimo film, *Six-Pack*: a Parigi, un commissario di polizia è deciso ad arrestare un serial killer americano. L'uomo ha già ucciso e mutilato cinque donne. Ma si dà il caso che sia l'addetto culturale dell'ambasciata americana e che goda dell'immunità diplomatica. Tutto indica che il ministero sta ostacolando le indagini per impedire l'arresto del colpevole. In effetti, il caso viene utilizzato da Parigi per influenzare i negoziati commerciali con Washington. I cattivi sono interpretati da uomini di tipo nordico europeo (il capo della polizia, lo psicopatico) mentre i buoni (il commissario Nathan, l'ispettore Saul) sono, ancora una volta, interpretati da attori molto dark.

Nel 2004, il regista Stéphane Kurc ha presentato *Le Triporteur de Belleville*: nel 1940, durante la grande disfatta militare delle truppe francesi, Victor Leizer, un giovane ebreo del quartiere di Belleville, ha perso il suo reggimento. Insieme a un altro soldato disperso, vagano per la campagna francese abbandonata dai suoi abitanti. La sera, i due compagni si imbattono in un gruppo di senegalesi in una fattoria. Il leader dei senegalesi si rivela essere un professore di francese a Dakar. È stato costretto a partecipare a questa guerra lontano dalla sua patria. Si esprime perfettamente, con un linguaggio forbito: "Signori, smettiamola di parlare a vanvera!." Il buon uomo preferisce morire con grande dignità, battuto dai tedeschi, piuttosto che lasciarsi catturare lontano dal suo Paese. Tra i milioni di soldati mobilitati sul fronte, gli ebrei e i neri erano indubbiamente la maggioranza, anche se un rapido calcolo mostrerebbe che rappresentavano l'1 o il 2% al massimo. Ma quando si tratta di sensibilizzare i telespettatori francesi, tutto è possibile. Naturalmente, nella sceneggiatura di Stéphane Kurc, i cattivi sono molto cattivi e i buoni sono molto buoni.

Un'altra ridicolaggine l'abbiamo vista in un episodio di *La Crim*, un film per la TV tipicamente francese: uno *skinhead* (un personaggio immaginario, un individuo violento, con la testa rasata e di estrema destra) viene accoltellato a morte alla periferia della città. Tutto lascia pensare che il colpevole sia un arabo e viene arrestato. Ma le indagini dimostrano che l'assassino era il padre dello skinhead, che non poteva

---

[268] Francesi rimpatriati dall'Algeria dopo l'indipendenza.

più tollerare che il figlio fosse un estremista di destra. Inoltre, prima di morire, aveva ucciso il fratello dell'arabo, che era anche un amico d'infanzia. Questa delirante sceneggiatura nasce dalla penna di Ramsay Lévy.

Nella commedia romantica *Il favoloso destino di Amélie Poulain* (Francia, 2001), la sceneggiatura e i personaggi erano troppo francesi: Serge Kaganski, critico della rivista *Les Inrockuptibles*, non l'ha sopportato e ha dichiarato nel quotidiano *Libération* del 30 maggio 2001: "È un film dall'estetica congelata che presenta soprattutto una Francia retrograda, etnicamente pulita, nauseante". Questo odio per la Francia e i francesi sembra essere un'ossessione incurabile. Se tutti questi registi avessero voluto portarci al suicidio, non lo avrebbero fatto in nessun altro modo. In effetti, questa Francia "nauseabonda" è stata ritratta molto bene da François "Truffaut" ne *L'ultimo sotterraneo* (1980), *un* film sulla vita di un teatro durante l'occupazione tedesca, in cui si poteva distinguere perfettamente l'abiezione francese da un lato e il genio dell'umanità dall'altro. Quest'ultimo verrà alla luce nella scena finale, acclamata con fervore da tutti gli spettatori che finalmente riconoscono l'unico, ammirevole genio creativo incarnato nella persona del piccolo "Lucas Steiner", costretto a nascondersi nei sotterranei del teatro per tutto quel tempo.

Nella commedia di Alain Berbérian, *La città della paura* (La *Cité de la peur*, Francia, 1994), l'attore Dominique Farrugia vomita in faccia a un bastardo in una scena esilarante. Ed è molto più divertente quando le persone derise ridono di chi viene deriso in faccia. Come dice il verso di Dante: "In mezzo a noi ride il mentitore", o qualcosa del genere.

Lo spirito planetario nel cinema si manifesta naturalmente anche attraverso un certo anticristianesimo. Nel suo film "magnifico e ossessivo", *Fanny e Alexander* (Svezia, 1982), il geniale regista Ingmar Bergman oppone due personaggi: un vescovo - austero e cupo - della Chiesa luterana, e un'ebrea - gentile e affascinante. Il vescovo maltratta i suoi figli adottivi che rapisce in un fienile senza finestre. Vengono salvati dall'ebreo, che aiuta anche la madre a liberarsi. Il vescovo muore in modo atroce e l'ebreo lo sostituisce alla guida della famiglia. Bergman non intendeva che la sua favola avesse il minimo accenno di realismo: il suo ebreo, un ortodosso che indossa un *kippah* nero, beve vino in compagnia degli svedesi a Natale - cosa che un ebreo religioso non farebbe mai per il mondo. Ma non è questo il punto, lo avete già capito. Già nel 1960, in *Il fuoco e la parola*, Richard Brooks ci aveva mostrato che dietro il volto del buon pastore Elmer Gantry poteva nascondersi la peggiore feccia. Il suo film è stato naturalmente premiato con l'Oscar.

Ma il modello nel suo genere rimane ancora oggi il famoso film di Jean-Jacques Annaud[269], *Il nome della rosa* (Francia, 1986), la cui sceneggiatura è basata sul romanzo dello scrittore italiano di fama mondiale Umberto Eco: si tratta di un giallo ambientato in un monastero benedettino del Nord Italia all'inizio del XIV secolo. I cliché sul Medioevo si accumulano nel corso del film: tutti i monaci sono senza eccezione degli imbecilli o, in un modo o nell'altro, degli anormali. Approfittano e si ingrassano alle spalle dei poveri contadini che danno loro i loro magri raccolti, mentre sopravvivono nel fango e con la spazzatura che i monaci gettano loro addosso. La Chiesa cattolica è una perversione completa: tiene gli spiriti in servitù e nella paura del diavolo; il monastero tiene sotto chiave i libri greci che potrebbero destabilizzare il suo potere. Guglielmo da Baskerville, il frate francescano magistralmente interpretato da Sean Connery, riesce infine a svelare l'enigma e a recuperare alcune di queste opere proibite, salvandole dalle fiamme. Il tutto si conclude, ovviamente, con l'atteso climax: la tortura e il rogo. Il film è stato realizzato in collaborazione con l'esperto Jacques Le Goff, storico di scuola marxista. Ma se volete una visione non marxista di quell'epoca magnifica che fu il Medioevo, potete leggere con profitto il piccolo libro di Régine Pernoud *Pour en finir avec le moyen âge*, pubblicato da Seuil nel 1977. Nessuno potrà mai farci credere che le cattedrali siano state costruite con un popolo di miserabili, affamati e schiavizzati. Va inoltre notato che in nessun momento del film si parla di una "rosa". Si tratta evidentemente di un titolo per gli iniziati della Congrega. Abbiamo infatti scoperto che lo scrittore Umberto Eco ha appena scritto nel 2005 la prefazione a un libro di Moshe Idel, intitolato *Mystiques messianiques*, in cui stabilisce un legame tra messianismo ebraico e marxismo: "Molti hanno visto le tracce del messianismo anche nella concezione di Marx di una trasformazione del mondo grazie alla redenzione delle masse proletarie270. "Sapevamo già che secondo Marx la religione era

---

[269] Nessuna parentela con Marthe Hanau, la cui truffa negli anni '30 era famosa. La reazione di un piccolo risparmiatore truffato in quello scandalo finanziario è stata descritta in una divertente scena del magnifico libro di Henri Vincenot, *La Billebaude*. [Leggi in Hervé Ryssen, *La mafia ebraica*].

[270] Moshé Idel, *Mystiques messianiques, de la Kabbale au Hassidisme XIII-XIX siècles*, Calmann-Lévy, 2005. *Mistici messianici*, Yale University Press, New Haven, Londra, 1998. [Moshe Idel è titolare della cattedra di pensiero ebraico presso l'Università Ebraica di Gerusalemme. È il successore del grande Gershom Scholem (1897-1982), studioso, filologo e storico israeliano, figura di spicco all'interno e all'esterno

"l'oppio dei popoli", ma bisognava capire che, nella mente del filosofo, era soprattutto la religione cattolica.

Ma seguiamo lo spirito anticattolico nell'acclamato film *Amen* del regista Constantine Costa-Gavras. L'attore Mathieu Kassovitz interpreta il ruolo di un giovane gesuita che, durante la Seconda Guerra Mondiale, cerca di scuotere il Vaticano dalla sua immobilità e di incitare Papa Pio XII a denunciare pubblicamente la barbarie nazista. La locandina del film mostrava una svastica e una croce cattolica sovrapposte. Le recensioni sono state evidentemente lusinghiere per questo film "commovente e veritiero".

The Virgin Suicides (USA, 1999) è un film di Sofia Coppola: intorno al 1970, in una piccola città del Michigan, la tredicenne Cecilia, cresciuta dai genitori cattolici fondamentalisti, si defenestra. Tutte le sue sorelle si suicidano dopo di lei, dimostrando che un'educazione cattolica non vale quella di una buona famiglia ebraica: "Un film intelligente e commovente" ha dichiarato una rivista televisiva. Nel film *Brazil* di Terry Gilliam (USA, 1984), abbiamo un breve assaggio delle cattive abitudini di alcuni seguaci del cattolicesimo attraverso una donna anziana che continua a rifarsi gli occhi con interventi di chirurgia estetica: un vero e proprio cadavere ambulante.

Si può anche citare *Life Imprisonment* (USA, 1994), un film popolare in cui il direttore della prigione si rivela essere sia un vero bastardo che un cristiano molto pio. Il film è di Frank Darabont, che abbiamo già visto sopra, confermando così la sua vocazione planetaria.

Il cinema planetario, come la filosofia in esso implicita, mira a distruggere radici e tradizioni. *Dead Poets Club* è stato realizzato nel 1990 con questo obiettivo. Il film ci mostra un collegio d'élite negli Stati Uniti, un'antica e nobile istituzione per i figli dell'alta società. Lì, un professore di lettere, il signor Keating, sconvolgerà la vita dei suoi studenti e farà esplodere i vecchi valori polverosi di questi cristiani ritirati. Questo film rivoluzionario, anche se non sembra, invita lo spettatore a rifiutare le tradizioni e le norme. Il regista era Peter Weir.

Questo è anche il messaggio del film di Robert Mandel *Private School*[271] *(School Ties,* USA, 1992): David Green fa parte di una delle scuole preparatorie più ambite del New England. Le sue qualità intellettuali e sportive lo rendono rapidamente una star della scuola. Per David si aprono le porte delle migliori università e la speranza di uscire

---

dell'ebraismo, unanimemente considerato il più grande specialista di mistica ebraica al mondo (cfr. nota 543)].

[271] Nessuna relazione nota con Ernest Mandel, leader trotzkista della Quarta Internazionale dei Lavoratori.

dalla sua umile condizione. Ma per essere accettato dai suoi ricchi coetanei, plasmati da pregiudizi antisemiti, e per essere amato da una giovane donna di buona famiglia, David ha dovuto nascondere il suo essere ebreo... fino al giorno in cui la verità viene a galla. È in quel momento che capiamo che la Chiesa cattolica è composta da individui ripugnanti.

Anche in un cartone animato divertente come *Shrek* (USA, 2001), vediamo questo messaggio di disprezzo per la vecchia civiltà europea. Nel Medioevo, Shrek è un orco buono e amabile che vive isolato nella foresta. È lui che affronta il drago e salva la bella principessa. Il re è un nano aggressivo e ridicolo, poco rappresentativo della tradizione europea. Intende sposare la principessa, ma Shrek, che si è innamorato di lei, interviene all'ultimo momento nella cattedrale dove si sta svolgendo la cerimonia. La distruzione delle vetrate della cattedrale da parte del drago è simbolica. Questo è ciò che ci lascia la storia di William Strig, autore del romanzo, e Ted Elliot, sceneggiatore.

Domenica 3 aprile 2005 è morto Papa Giovanni Paolo II. Il canale televisivo TF1 ha finalmente deciso di deprogrammare il film americano *Seven*, la cui trama segue una specie di idiota cattolico che ha deciso di compiere sette omicidi che simboleggiano il suo odio per i sette peccati capitali. Il film del regista cosmopolita David Fincher sarà quindi proiettato in un'altra occasione. La sera stessa, anche France 2 ha deciso di cambiare la sua programmazione: il film *L'avvocato del diavolo* (USA, 1997) è stato rimandato per non offendere i reazionari sensibili. Questa eccezionale deferenza nei confronti dell'opinione pubblica cattolica rifletteva probabilmente un'apprensione per le possibili reazioni epidermiche di persone che erano state a lungo umiliate, poiché non vediamo perché i decisori dei media sarebbero stati disposti a provare compassione o dolcezza nei confronti di contribuenti altamente disprezzati.

"Facciamo tabula rasa. Se non è possibile cancellare completamente la storia prima del 1789, la si può gradualmente adulterare un po' per abituare il pubblico ad accettare l'universo cosmopolita e pluralista della società del futuro. È il caso di *Wild Wild West* (USA, 1999): nel 1869, negli Stati Uniti, rinomati scienziati sono misteriosamente scomparsi. Il Presidente Grant chiede quindi agli agenti West e Gordon di risolvere l'enigma. L'avventura è un susseguirsi di anacronismi e di incredibile divertimento, in cui il regista Barry Sonnenfeld ha avuto la buona idea di affidare il ruolo di eroe a un attore di colore (Will Smith). *Il patto dei lupi* (Francia, 2001), racconta la storia della Bestia di Gévaudan: una bestia misteriosa devasta le montagne di Gévaudan nel 1766, lasciando dietro di sé numerose vittime senza che nessuno sia in grado di identificarla e ucciderla. Il popolo è terrorizzato. Non è chiaro se si trattasse di un mostro dell'inferno o di una punizione di Dio. Il caso assume una dimensione nazionale e minaccia l'autorità del Re. Il cavaliere Gregorio di Fronsac viene quindi inviato nella remota regione per cercare di fermare il massacro. Lo accompagna lo strano e taciturno Mani, un indiano irochese della tribù dei Mohawk. È cintura nera di kung fu e picchia a sangue i contadini locali, probabilmente molto razzisti: è un film di Christophe Gans. In *Robin Hood* di Kevin Reynolds (USA, 1991), un nero porta la polvere da sparo in Europa e accompagna il leggendario eroe. Nel 2001, anche il regista Peter Brook ha dovuto ingaggiare un attore nero per interpretare l'*Amleto* di Shakespeare, in mancanza di buoni attori bianchi. Ricordate la trama: il re di Danimarca è appena morto. Sua moglie, la regina Gertrude, madre di Amleto, si risposa con Claudio, fratello del suo defunto marito. Ma lo spettro del re appare al figlio per chiedergli di vendicarlo, perché è stato vilmente assassinato... Qualcosa di grave sta accadendo nel regno di Danimarca. Riguardo all'opera di Shakespeare, *L'ebreo di Venezia*, pungentemente ribattezzata *Il mercante di Venezia*, scritta nel 1597, "Peter Brook dirà di essa: "Finché ci sarà un solo antisemita al mondo, non la monterò mai272." "La diversità etnica è indubbiamente in voga, anche a teatro, visto che nel 2005 a Broadway il *Giulio Cesare* di Shakespeare ha visto la partecipazione di un attore nero nel ruolo di Bruto. Questa volta è stato diretto da Daniel Sullivan.

L'ideale planetario si manifesta con grande successo nei film di fantascienza. Steven Spielberg, in *E.T., l'extra-terrestre* (USA, 1982), ci insegna ad accogliere l'altro, l'alieno, che è un bene assoluto. *Star Trek*, la mitica serie in cui sono rappresentate tutte le minoranze etniche, è evidentemente completamente impregnata di uno spirito planetario. Alcuni dettagli non passano inosservati agli iniziati che sanno riconoscere alcuni principi della società vulcaniana. Gli sceneggiatori della serie televisiva sono Leonard Nimoy e William Shatner. I cattivi sono sorprendentemente rappresentati con tratti maschili caucasici, mentre i buoni formano un'umanità multietnica.

In *Terminator II* (USA, 1991), il cyborg assassino travestito da poliziotto ha le fattezze di un bianco dagli occhi azzurri e dai tratti nordici, mentre il genio informatico che concepisce il microchip

---

272 Jacques Attali, *Les juifs, le monde et l'argent*, Fayard, 2002, p. 254.

destinato a rivoluzionare l'umanità è un nero pentito disposto a distruggere i frutti del suo lavoro per salvare l'umanità.

Independence Day di Roland Enerich (USA, 1996) era una buona commedia: un enorme disco volante invade il cielo del pianeta, liberando numerose navicelle più piccole che si librano sulle principali città del mondo. Un informatico di New York decifra i codici con cui comunicano gli strani viaggiatori. Sono tutt'altro che amichevoli e si stanno preparando ad attaccare la Terra. I due eroi che salveranno il pianeta sono un nero e un ebreo chassidico. Non c'è bisogno di nascondere nulla, perché il pubblico non vede nulla.

In *Matrix* di Larry e Andy Wachowski (USA, 1999), gli esseri umani sono sottoposti a un programma informatico che domina le loro vite e ogni loro pensiero. Credono di esistere, ma in realtà sono schiavi delle macchine. C'è solo un piccolo centro di resistenza umana: Sion. Il film è pieno di messaggi cabalistici: l'eroe, Neo, è "l'eletto", il mitico liberatore dell'umanità annunciato dalle profezie che salverà "Zion", come rivelato dall'"Oracolo". Gli esseri umani sono rappresentati sotto forma di una società multietnica, mentre la matrice, che cerca di dominare l'universo, è rappresentata da agenti del sistema con tratti maschili bianchi. L'iconico Agente Smith, in giacca e cravatta, è evidentemente molto cattivo e maligno. Ancora una volta, i bianchi devono assumersi le responsabilità dei veri tiranni: perché la matrice esiste "per davvero": ha prodotto il film.

In breve, non usciremo mai da questo gioco delle colpe. Tutto questo non sarebbe così grave se lo schema non fosse sistematico, ma è chiaro che la ripetizione di modelli identici rivela una precisa volontà di inculcare nelle masse europee un messaggio molto chiaro, in cui si vede che la "tolleranza" può essere paragonata a un veleno potente e indolore che addormenta la vittima prima di ucciderla. Certo, si potrebbe obiettare che la maggior parte delle star di Hollywood sono ancora bianche, ma non bisogna perdere di vista il fatto che l'obiettivo non è quello di distruggere totalmente le società bianche, così utili per la prosperità degli affari, ma di condurle ad adottare la società plurale in cui potranno occupare il posto che spetta loro: cioè il secondo posto. Inoltre, queste persone rappresentano ancora la stragrande maggioranza degli spettatori. Dobbiamo essere un po' gentili con loro e portarli gradualmente ad accettare le nuove norme planetarie. In ogni caso, come mostra bene il popolare film di Steven Spielberg *I predatori dell'arca perduta* (USA, 1981), il potere di Yahweh è così grande che non è nemmeno possibile sognare di opporvisi.

Tuttavia, la commedia *Wag the Dog* (USA, 1997) di Barry Levinson può essere guardata con un certo interesse. La Casa Bianca è nel caos: a due settimane dalle elezioni, il presidente è coinvolto in uno scandalo sessuale. Per distrarre l'attenzione, l'esperto consigliere del Presidente (Robert de Niro) lancia una voce su una guerra del tutto immaginaria. Per metterlo in scena, contatta un produttore cinematografico (Dustin Hoffman). I due creeranno una distrazione per il pubblico e inganneranno l'intera popolazione con montaggi televisivi completamente falsi. Un film divertente in cui possiamo apprezzare come il sistema sia abbastanza sicuro del suo potere da denunciare se stesso.

Ma l'ideale planetario si diffonde molto bene anche attraverso il testo di una canzone e i suoi ritmi. Non c'è dubbio che la musica e i ritmi neri siano stati ampiamente diffusi dai media e abbiano attirato una grande quantità di pubblicità negli ultimi decenni, soprattutto negli ultimi trent'anni circa. Non stiamo giudicando la qualità musicale degli artisti o gli stili musicali. Stiamo semplicemente notando, ad esempio, che il rap, che è diventato così popolare negli ultimi tempi, è una musica che è a priori di difficile accesso per le orecchie europee, e che è riuscita ad affermarsi solo dopo una costante promozione e un bombardamento da parte dell'intero sistema mediatico. Oggi gli europei ci sono abituati, come gli altri. In effetti, gli esseri umani si abituano a tutto.

Ricordiamo che l'industria discografica è altamente concentrata. Il solo Edgar Bronfman, che si colloca tra le dieci maggiori fortune del mondo, ha acquisito le società di produzione Polygram, Deutsche Gramophon, Decca, Philipps Music Group. Come ha ammesso il quotidiano *Libération* (23 maggio 1998), "queste acquisizioni continueranno a concentrare la distribuzione discografica mondiale nelle mani di un piccolo nucleo di multinazionali, al punto da rendere il mercato inaccessibile alle etichette indipendenti". "Il fatto che Edgar Bronfman sia anche il presidente del Congresso ebraico mondiale è totalmente estraneo a queste considerazioni economiche e musicali.

Anche la canzone classica o la "musica popolare" possono, con i loro testi, essere un magnifico sostegno agli ideali planetari. Possiamo citare France Gall, quando canta le canzoni di Michel Beger, in "*Il jouait du piano debout*"; o Julien Clerc, con "*Mélissa métisse d'Ibiza...* "Senza dimenticare il grande Serge Gainsbourg con "*couleur café*", tra i tanti. Jean Ferrat, originario della Russia, dove il padre era gioielliere, scelse di diventare cantante per trasmettere le sue idee umaniste. In effetti, era molto impegnato nel partito comunista. "Il comunismo, ha detto, è la speranza del mondo. Beh, ok, a volte la storia non avanza a ritmo costante. Ci sono progressi e battute d'arresto. "In *Nuit et brouillard, Potemkine, Les Guerilleros, Les Nomades, Cuba si, Les derniers Tsiganes, A moi l'Afrique, Hospitalité, Bruit des bottes*, ecc. ha cantato la tolleranza e l'amore per l'umanità. Alain Bashung ha composto il *"chant des potes"* ("il canto dei colleghi") durante la grande epoca di SOS Racisme. Difensore degli immigrati irregolari, nel febbraio 1997 ha dichiarato: "L'immigrazione non è il problema. Chi lo dice lo fa per nascondere la propria mancanza di immaginazione. "Clémentine Célarié canta malissimo, ma la cosa importante è il testo della canzone: "L'ho fatto meticcio, mio figlio, perché la terra sia unita", cantava. Stava parlando di suo figlio Abramo. Clémentine difende grandi cause umanitarie, osando persino baciare sulla bocca un uomo sieropositivo in televisione. Ha chiesto alla conduttrice televisiva: "Mi seguiresti in una catena di baci sulla bocca tra omosessuali, eterosessuali, sieropositivi, sieronegativi, tutti mescolati insieme? "Quel 2 aprile 2005, giorno della *"Sidaction"* contro l'AIDS, è stato un giorno memorabile. La povera Clémentine era così confusa e imbarazzata dopo essere stata così stonata nel suo duetto con Michel Jonasz. Compositore del *"joueur de blues"*, Michel Jonasz, figlio di immigrati comunisti ungheresi, ha il buon gusto di saper separare il suo amore per la musica dalla sua passione di attivista; e lo fa con un certo talento. A differenza di Jean-Jacques Goldman, che preferisce riempire i suoi testi di messaggi planetari, come nel suo album *"Entre gris claro y gris oscuro"*, tra gli altri273. Anche Charles-Elie Couture sembrava essere tormentato dalle stesse ossessioni, così come Johnny Clegg, un cantante sudafricano soprannominato "Zulu bianco" e militante a favore dell'abolizione dell'Apartheid. Eddy Mitchell, dal canto suo, aveva cantato a un gala a sostegno dell'esercito nel Natale 1990 in Iraq. C'erano poi il cantante impegnato Georges Moustaki, greco "di famiglia ebraica", e Perret, la cui canzone *Lily* fa ancora sanguinare i cuori delle adolescenti. È nell'ufficio di Eddy Barclay che conosce la moglie Simone Mazaltarim, che in seguito chiamerà Rebecca. A rischio di sentirsi isolato, anche il cantante Renaud, uno dei pochi veri parigini rimasti, deve essere annoverato tra i cantanti pan-etnici, sempre pronti

---

[273] *"Entre gris clair et gris foncé"*: ricordiamo le parole di Jacques Attali: "ognuno avrà il diritto di appartenere a diverse tribù finora antagoniste, di essere ambiguo, di collocarsi ai confini di due mondi". Sembrano essere respinti da tutto ciò che è franco, chiaro, dai contorni netti e precisi, proprio come il diavolo teme l'acqua santa e i vampiri gli spicchi d'aglio.

a mobilitarsi per le cause umanitarie e a schierarsi contro le ingiustizie e l'intolleranza.

I nuovi ghetti

Naturalmente, la grande rivoluzione planetaria può spaventare i più timorosi. Dopo essere usciti a malapena dal comunismo, dovremmo precipitarci in un'altra utopia globalista? Certamente le idee comuniste, per quanto generose, hanno avuto conseguenze catastrofiche e sarebbe bene essere un po' cauti prima di lanciare l'umanità in una nuova corsa verso il paradiso terrestre. All'epoca si parlava anche di "cancellare il passato" e distruggere il vecchio mondo.

Edgar Morin si rese conto della gravità dei rischi che comportava: "Il sogno della fioritura personale di ciascuno di noi, della soppressione di ogni forma di sfruttamento e di dominio, della giusta distribuzione dei beni, della solidarietà effettiva tra tutti, della felicità generalizzata, portò coloro che volevano imporla a usare mezzi barbari che rovinarono la loro impresa civilizzatrice. Qualsiasi decisione di sopprimere il conflitto e il disordine, di stabilire l'armonia e la trasparenza, porta al suo opposto, e le conseguenze disastrose sono ovvie. Come la storia del secolo ci ha mostrato, la volontà di stabilire la salvezza sulla terra ha portato alla creazione dell'inferno. Non dobbiamo ricadere nel sogno della salvezza terrena... C'è quindi un problema fondamentale274 ", ha concluso saggiamente. Dopo aver contribuito alla distruzione di tutto ciò che assomiglia alla tradizione, si è costretti a constatare alcuni disturbi nel funzionamento delle società occidentali che si traducono in uno "scatenamento mondiale di forze cieche, di *feedback* positivi275, di follia suicida... di poteri di autodistruzione e di distruzione, latenti in ogni individuo e in ogni società... l'attrazione mortale delle droghe pesanti, soprattutto dell'eroina, si sta diffondendo irresistibilmente". "Tutto questo sembra davvero molto preoccupante: "Le *retroazioni* positive che portano al *runaway* possono alla fine produrre una mutazione. Ma le forze di controllo e regolamentazione devono prevalere. Si tratta quindi di rallentare il diluvio tecnico che minaccia le culture, la civiltà e la natura. Si tratta di rallentare per evitare un'esplosione o un'implosione276. "In breve, manteniamo la rotta, ma togliamo delicatamente il piede dal pedale dell'acceleratore.

---

[274] Edgar Morin e Anne-Brigitte Kern, *Tierra-Patria*, 1993, Editorial Kairós, Barcellona, 2005, p. 136.

[275] Feedback, risposta o reazione in un sistema.

[276] Edgar Morin e Anne-Brigitte Kern, *Tierra-Patria*, 1993, Editorial Kairós, Barcelona,

Come Edgar Morin, anche Alain Finkielkraut ha notato le stesse difficoltà nella nascita di questa nuova società mondiale. La scomparsa delle religioni e delle tradizioni ancestrali e l'accelerazione dell'instaurazione del paradiso multiculturale hanno portato a una trasformazione forse un po' brutale per i nativi europei, perché, purtroppo, bisogna ammettere che "mai prima d'ora ci sono stati così tanti suicidi in Francia e in Europa". "Così, il tasso di natalità è crollato e il consumo straordinario di ansiolitici e antidepressivi è salito alle stelle."

Il *Dizionario del XXI secolo* di Jacques Attali contiene anche alcuni passaggi inquietanti che contrastano con lo sfrenato entusiasmo planetario del tono generale dell'opera. Dopo diverse considerazioni sulla "pace" universale, le voci del dizionario - in ordine alfabetico - facevano curiosamente riferimento alle parole "ribellione", "rivolta", "rivoluzione", "rischi", *"stregoneria"* (*sorcellerie*), "sterilità" (*sterilité*). Jacques Attali non ci ha nascosto le difficoltà che si presenteranno. Lasciamo parlare l'oracolo: con la sfida dell'"immigrazione", "appariranno nuove epidemie, così come barriere erette per contenere gli stranieri come ai tempi della grande peste... Molte nuove malattie saranno legate al nomadismo". Sarà il primo serio ostacolo ad opporsi, ma anche il primo embrione di polizia planetaria. "Gli abitanti delle città del Nord vorranno recuperare la vita quotidiana dei villaggi del XX secolo. Abbandoneranno i grandi agglomerati urbani e cercheranno di svolgere tutti i lavori che possono essere svolti a distanza nelle campagne. Finanzieranno la sicurezza privata per poter vivere in pace. I villaggi residenziali e i loro dintorni diventeranno parchi protetti, campi volontari per i ricchi"... o per qualsiasi altra categoria di cittadini che voglia fuggire dal nuovo paradiso multietnico. Tutto ciò non è affatto lusinghiero e incoraggiante, ed è sorprendente che i nostri intellettuali, consapevoli di tutti questi mali incombenti, siano ancora disposti a spingersi oltre. Dopo l'esperienza comunista, il nuovo futuro planetario sembra davvero pieno di minacce e pericoli di ogni tipo.

Anche Alain Minc era pienamente consapevole del modello che proponeva quando osservava l'attuale evoluzione della società alla fine del XX secolo: "Forse il tessuto sociale francese si sta rompendo. L'aumento della disoccupazione, la nascita di quartieri proibiti nelle

---

2005, p. 115, 116, 118. "Potremmo considerare lo stato caotico e conflittuale dell'era planetaria come la sua normalità, i suoi disturbi come ingredienti inevitabili della sua complessità, ed evitare di usare il termine crisi, ormai banalizzato e generico. *"Terra-Casa"*, pag. 112

periferie, la crescita dell'esclusione sociale, lo spopolamento delle campagne, la pressione esercitata dall'insicurezza, la paura dello straniero: sono realtà innegabili277." "Il tasso di criminalità in Francia è quadruplicato in venticinque anni e le rapine a mano armata sono decuplicate. La grande criminalità sta guadagnando terreno e la microcriminalità sta aumentando, il tutto in un clima di iper-emotività. "Lo spettro dell'insicurezza ha preso forma negli ultimi anni: "Con la criminalità di quartiere, l'insicurezza è al centro della vita quotidiana e la minaccia direttamente. Con le rivolte nelle periferie, si rivela l'esistenza di spazi extraterritoriali da cui può emergere un attacco alla società tradizionale. Con i crimini, il potere crescente di tutte le mafie diventa evidente. Attraverso ognuna delle sue manifestazioni, la violenza dimostra quanto il nostro mondo sia sulla difensiva contro l'insidiosa espansione di tutte le zone grigie e, con esse, di tutte le forme di disordine. La paura dell'altro, così come la ricomparsa di grandi epidemie278. Tuttavia, secondo Minc, non dobbiamo fermarci a questo semplice bilancio, perché "rispetto ad altri luoghi, la Francia sembra essere un'oasi". "Quindi, se capiamo bene, il lavoro deve essere fatto prima di tutto su noi stessi.

Bernard-Henri Lévy ha mantenuto lo stesso discorso paradossale. Dopo aver denunciato tutti i nazionalismi, i fondamentalismi e i populismi ne *La pericolosa purezza*, anche lui ammette che il mondo a venire sarà caotico: "Credo che le grandi metropoli saranno sempre più dominate dalle mafie e dai ghetti... Credo in una proliferazione di guerre, tutte guerre civili... che gli Stati Uniti ricominceranno la guerra civile, ma in altri luoghi e sotto altre forme: vespe contro latinos; bianchi contro persone di colore". Credo che ci saranno tante guerre quante sono le città, tante guerre di secessione quante sono le megalopoli... Credo che interi Stati cadranno sotto le azioni delle mafie planetarie; e che, se non sotto le loro azioni, cadranno nelle loro mani279."

Anche il saggista Guy Sorman, nel suo eccellente lavoro del 1992 *Aspettando i barbari*, ha notato i problemi associati a una società plurale in divenire. Il capitolo *Il giudice, il drogato, l'immigrato* illustra perfettamente, come ha detto George Soros, la "difficile coesistenza tra il borghese e il barbaro". La condanna di Ozeye, uno spacciatore di eroina africano, a sei anni di prigione ha spinto Guy Sorman a fare le

---

277 Alain Minc, *Le Nouveau Moyen-Age*, Gallimard, 1993, p. 236.
278 Alain Minc, *Le Nouveau Moyen-Age*, Gallimard, 1993, pag. 98.
279 Bernard-Henri Lévy, *La pureza peligrosa*, Espasa Calpe, Madrid, 1996, pagg. 166-167.

seguenti osservazioni: "Il caso di Ozeye ha mobilitato per mesi diversi ispettori di polizia, che lo hanno sorvegliato fino a quando non è caduto nella trappola; ha anche mobilitato giudici, procuratori, notai, avvocati, guardie di sicurezza, agenti penitenziari. Non si sarebbe potuto spendere tutto questo tempo e tutto questo denaro per punire crimini più gravi, o per prevenirli280? "Vogliamo capire che uno spacciatore che vende eroina agli adolescenti per strada non è alla fine qualcosa di molto grave? Come George Soros, sostenitore della liberalizzazione delle droghe, anche il liberale Guy Sorman si fa portavoce di una certa tolleranza. "Ozeye e la droga vengono entrambi dall'esterno, ed entrambi rappresentano l'irruzione del disordine nella società borghese. "I francesi, che hanno una mentalità ancora troppo borghese, dovranno abituarsi alla modernità e aprirsi alle culture straniere.

Il capitolo intitolato *Gli olandesi neri* stabilisce a priori una diagnosi piuttosto severa della società plurale: "L'80% dei crimini e dei reati commessi ad Amsterdam sono commessi da individui appartenenti a queste minoranze: nelle carceri, una cella su due è occupata da persone alloctone, quando rappresentano solo il 5% della popolazione totale[281]" Una sociologa nata in Suriname, Philomena Essed, "ha scoperto che l'istruzione insufficiente o la non perfetta padronanza della lingua spiegano il 50% del divario salariale o dell'arretratezza professionale rispetto all'arretratezza professionale della popolazione". Una sociologa di origine surinamese, Philomena Essed, "ha scoperto che l'istruzione insufficiente o la non perfetta padronanza della lingua sono responsabili del 50% del divario salariale o dell'arretratezza professionale rispetto ai bianchi". Il restante 50% è dovuto a cause non oggettive, che possono essere spiegate solo con la discriminazione razziale... Le minoranze non devono essere integrate, ma gli olandesi devono fare autocritica. È tempo che imparino a conoscere le debolezze della loro cultura, che accettino di essere razzisti e che riconoscano tutto ciò che le culture allogene potrebbero portare loro", ha spiegato la signora Essed. Guy Sorman ha fatto notare che Philomena Essed, ricercatrice del Centro per gli studi razziali ed etnici di Amsterdam, è stata pagata dallo Stato tollerante che ha denunciato, e ha giustamente

---

280 Guy Sorman, *Esperando a los bárbaros*, Seix Barral, 1993, Barcellona, p.8. "Los inmigrantes del exterior y los drogados del interior". La società borghese, bianca e occidentale, è assediata dai nuovi barbari? È una minaccia reale o immaginaria? "In *Esperando a los bárbaros*", Seix Barral, 1993.

281 Guy Sorman, *Aspettando i barbari*, Seix Barral, 1993, Barcellona, pag. 15.

aggiunto che "in una società democratica questo è forse il segno più caratteristico: il dissenso è sovvenzionato282."

Dopo un viaggio in Germania, dove aveva incontrato Daniel Cohn-Bendit, Guy Sorman volò negli Stati Uniti per conoscere da vicino "le tribù americane". L'Università di Stanford è stata la prima tappa del suo viaggio americano: "Stanford è il riflesso di un'America che non è più interamente bianca: grazie all'*affirmative action*, è la più vigorosa di tutte le università del Paese, e il 45% degli studenti di Stanford appartiene a una minoranza", una percentuale che corrisponde al numero di studenti dello Stato della California. Sharon Parker, responsabile dell'Ufficio per il Multiculturalismo, ha spiegato che l'università finanzia club e manifestazioni per le comunità nera, messicano-americana e indiana. "L'associazione gay, lesbiche e bisessuali si sentiva discriminata perché non aveva un posto dove riunirsi, e Sharon Parker gli ha procurato la vecchia caserma dei pompieri del campus, che è stata liberata per loro. I bianchi, in quanto tali, non hanno diritto a nulla; la razza padrona deve imparare l'umiltà; le loro vecchie confraternite sono state bandite perché sospettate di perpetuare tradizioni razziste. "Si tratta di una discriminazione positiva. Ma "rimane un ultimo ostacolo sul cammino delle minoranze: il diploma. Il 45% degli studenti ammessi appartiene a minoranze, ma solo il 20% ottiene il diploma. E questo perché le prove per ottenere il diploma sono, finora, uguali per tutti. È necessario diversificare i criteri anche a questo livello? Alcune università di secondo livello lo stanno già facendo, anche solo per attirare le minoranze283. "Così, la discriminazione positiva o *"affirmative action"*, oltre a facilitare già l'ingresso all'università, renderà più facile per queste minoranze, che di fatto presto rappresenteranno la maggioranza, ottenere un diploma284. I bianchi che non sono soddisfatti possono comunque migrare altrove se lo desiderano: la porta è aperta.

Sorman ha poi visitato San Diego: "Siamo colpevoli; dobbiamo fare ammenda", proclama Maureen O'Connor, sindaco di San Diego, una delle città più prospere della California. La signora O'Connor è repubblicana, ultraconservatrice, ma l'azione affermativa, a suo avviso,

---

282 Guy Sorman, *Aspettando i barbari*, Seix Barral, 1993, Barcellona, pp. 15, 17-18.

283 Guy Sorman, *Aspettando i barbari*, Seix Barral, 1993, Barcellona, p. 78, 79, 80

284 "Il Paese ha superato anche altre due pietre miliari sulla strada per diventare una società a maggioranza minoritaria nei prossimi decenni: per la prima volta, la percentuale di bianchi è scesa sotto il 60%, dal 63,7% del 2010 al 57,8% del 2020. La popolazione sotto i 18 anni è ora in maggioranza nera, con il 52,7%."https://www.washingtonpost.com/dc-md-va/2021/08/12/census-data-race-ethnicity-neighborhoods/, 12 agosto 2021. (NdT).

non è una delle sinistre... Come si fa a insegnare a un caposquadra maschio e bianco a non guardare negli occhi un bracciante messicano perché è un attacco alla sua cultura? Come si fa a far lavorare insieme una donna pompiere di origine laotiana con un capitano filippino, uno messicano e uno irlandese quando non parlano nemmeno la stessa lingua? Non esiste una risposta stereotipata; l'unica soluzione è ascoltare. Ascoltiamo con attenzione ciò che le minoranze possono insegnarci, ed è entusiasmante[285]", ha dichiarato Maureen O'Connor.

A Boston, Guy Sorman ci ha spiegato che tutti i candidati ai concorsi per entrare in polizia "devono superare lo stesso esame, ma i risultati vengono conteggiati in due liste diverse di candidati idonei: quelli dei bianchi e quelli degli altri". Il sindaco, il capo della polizia e il capo dei vigili del fuoco sono tenuti a reclutare un numero uguale di agenti da ciascuna lista" per facilitare l'ingresso di persone di colore. A Dallas, le aziende a cui il Comune si rivolge sono principalmente imprese gestite da "minoranze". "Il Consiglio comunale ha fissato l'obiettivo di riservare il 35% degli appalti cittadini alle *imprese commerciali svantaggiate* (BDE)". Che cos'è una BDE? Un'azienda gestita o controllata da un rappresentante di una minoranza protetta - messicano-americano, nero, indiano - o da una donna? Un imprenditore anglo può essere un DBE? Sì, se è una donna o un disabile286."

Questa è l'ideologia "PC" (politicamente corretta) negli Stati Uniti. Evidentemente, questo senso di colpa dei bianchi non è naturale. È il frutto di un lungo lavoro svolto da intellettuali marxisti e liberali nella seconda metà del XX secolo. A queste correnti di pensiero si è aggiunta negli Stati Uniti una corrente afrocentrica, che tende a restituire all'Africa il suo posto nell'evoluzione culturale dell'umanità. Si sostiene che Cleopatra fosse nera o quasi, che l'eredità egizia sia stata trasferita ad Atene dai cretesi e dai fenici. L'Occidente sarebbe quindi debitore ai neri non solo del suo patrimonio genetico, poiché l'homosapiens è nato in Africa, come ci insegnano gli antropologi, ma anche del suo patrimonio filosofico e religioso[287].

L'opera di riferimento su questo argomento è quella del professor Martin Bernal. "Insegna scienze politiche alla Cornell, nello Stato centrale di New York. È il guru dell'afrocentrismo e il suo libro *Atene nera* è una revisione radicale delle origini della civiltà occidentale che è diventata una pietra miliare del nuovo sistema educativo nero. "Bernal, invece, è bianco, di origine inglese, osserva Guy Sorman senza

---

[285] Guy Sorman, *Aspettando i barbari*, Seix Barral, 1993, Barcellona, p. 81.

[286] Guy Sorman, *Aspettando i barbari*, Seix Barral, 1993, Barcellona, p. 84, 86.

[287] Guy Sorman, *Aspettando i barbari*, Seix Barral, 1993, Barcellona, p. 103-106.

ridere[288]. "Il mio obiettivo è ridurre l'arroganza intellettuale degli europei", afferma nelle sue conclusioni. "Ancora una volta ci scontriamo con lo spirito di vendetta e l'odio incandescente che anima gli intellettuali planetari.

Diversi intellettuali francesi hanno contribuito, a volte inconsapevolmente ma spesso in modo decisivo, a questa demolizione controllata della cultura classica. "Dal lavoro di Lévi-Strauss, l'idea che non esiste una gerarchia tra le culture: non ci sono né civilizzati né selvaggi". "Da ciò il PC ha dedotto un relativismo culturale generalizzato. Ma il vero guru del PC, impegnato in prima persona nella battaglia, è Jacques Derrida. Senza riferimenti a Derrida è difficile insegnare letteratura negli Stati Uniti. Questo filosofo francese, conosciuto in Francia solo da una minoranza, regna sovrano nei migliori campus universitari degli Stati Uniti. Il suo metodo, chiamato 'decostruzione' del testo, enfatizza la radicale instabilità del significato e privilegia il lettore rispetto all'autore", ha scritto Guy Sorman. Ciò che uno studente pensa di un autore diventa più importante di ciò che l'autore stesso scrive.

"Leggere Shakespeare non si fa più per capire Shakespeare, ma per capire se stessi, per elevare la propria coscienza e non la propria conoscenza". Il rifiuto di imparare diventa una forma di legittima difesa contro l'oppressione della verità e della razionalità. La verità, nella teoria decostruzionista, non è verità: è solo un discorso gerarchico, il logocentrismo o, meglio, il 'fallogocentrismo', scrive Derrida, dei 'vecchi, morti, maschi bianchi'... Che cosa resta della cultura classica quando è passata attraverso il tritacarne della decostruzione e del relativismo? Niente", ammette Henry Louis Gates, uno dei principali pensatori del movimento PC che dirige il dipartimento di Letteratura ad Harvard. Niente, ma non è questo il punto. Ciò che una volta si chiamava cultura, valori, morale, non era altro che un'ideologia imposta dai padroni di ieri alle minoranze oppresse. Ora sono le minoranze a parlare...". I miei studenti", conclude Gates, "cercano tutti le origini delle minoranze; quando trovano 1/32° di sangue indiano in loro, impazziscono di gioia e cambiano persino il loro nome. Non sono più stupidamente americani, sono multiculturali[289]."

---

[288]Bernal è un cognome storico: un certo Bernal era il "medico ebreo della spedizione di Cristoforo Colombo" che portò le prime foglie di tabacco in Europa, scrive Roger Peyrefitte in *Les Juifs*, Éditions Flammarion, 1965, p. 157.

[289]Guy Sorman, *Aspettando i barbari*, Seix Barral, 1993, Barcellona, pagg. 110, 111, 112.

Essere PC è di moda. Una moda radicale e conformista. Non c'è bisogno di studiare molto per essere PC; basta essere in linea, tutto qui. Questo ci ricorda l'aneddoto di un nostro amico il cui padre gli aveva insegnato a prendere buoni voti nelle lezioni di filosofia al liceo. Mentre uno dei suoi compagni di classe si lamentava degli scarsi voti che prendeva nonostante i suoi sforzi, Marcos decise di rivelare il suo segreto: non era il duro lavoro a permettergli di ottenere buoni voti, anzi, non centrava un bersaglio. Sapeva semplicemente che quella "maestra[290]" era impregnata di ideologia PC, per cui orientava sistematicamente le sue dissertazioni in senso planetario, "insistendo sempre sulla stessa cosa": "Se dici quello che pensi", gli aveva detto suo padre, "lei ti sputtana; ma se scrivi quello che lei vuole sentire, allora la sputtani!". Durante le prove orali, non dimenticava mai di indossare la sua maglietta "Lévis", scritta a caratteri cubitali, per ottenere l'approvazione della giuria. Questo fu il segreto di Marcos che gli permise di diplomarsi alla grande scuola di scienze politiche di Parigi, un modello di PC alla francese. Quanto all'altra studentessa, ha detto: "Non ha capito nulla! Tutto questo è piuttosto banale quando si hanno sedici o diciassette anni, ma è anche vero che molti adulti occidentali si trovano nella stessa situazione.

Guy Sorman ha aggiunto un'altra osservazione: "I professori di oggi sono gli studenti contestatori del 1968". Quell'anno, all'Università di Berkeley, dall'altra parte della baia di San Francisco, "sulle pendici delle colline californiane, emerse una delle più autentiche rivoluzioni del secolo... Un cocktail sorprendente - studenti ricchi e professori di sinistra importati dall'Europa, come Herbert Marcuse; un guazzabuglio di psicoanalisi, libertà sessuale, musica di sottofondo, droghe psichedeliche e volgarità marxista - cambiò Berkeley da cima a fondo, per poi diffondersi in tutta l'America, il Giappone e l'Europa. Alla fine la rivoluzione si è istituzionalizzata a Berkeley e oggi "quasi tutte le attività comunitarie finanziate dall'Università statale sono controllate da *neri*, chicani o *nativi americani*, oppure da gay, lesbiche e bisessuali". L'uomo bianco resiste ancora, ma alla fine la sua supremazia sembra condannata. Il destino dell'uomo bianco sembra segnato dalla demografia", ha scritto Guy Sorman, che ha riassunto perfettamente il risultato tangibile dell'attivismo marxista sulla civiltà europea. "Venticinque anni dopo, i bianchi sono in minoranza. I bianchi

---

[290]Con Albert Memmi e Wilhelm Reich abbiamo visto che anche le donne occidentali devono liberarsi dall'oppressione degli uomini bianchi. La femminilizzazione del vocabolario alla fine del XX secolo fa parte della tendenza del PC in Francia. Ma il suo utilizzo rimane molto marginale a causa della riluttanza della popolazione.

si trovano *tra* gli asiatici, che ottengono risultati migliori dei bianchi nei questionari di ammissione, e i neri e i latinoamericani, che beneficiano di azioni positive. Gli studenti bianchi, che per la maggior parte provengono da scuole bianche, si trovano per la prima volta nella loro vita a confrontarsi con l'essere una minoranza e l'essere bianchi... la lotta di classe è stata sostituita da una lotta di classe che è anche inevitabile: le persone di colore hanno sostituito il proletariato come classe sfruttata destinata a diventare dominante[291]."

Eppure Guy Sorman non condannava la società plurale, al contrario, come testimoniano queste righe scritte con un aplomb almeno pari a quello di Daniel Cohn-Bendit: "Il fatto nuovo dell'immigrazione in Europa non è tanto il numero, o la sua origine etnica o religiosa, quanto la non integrazione dell'immigrato nelle società.I nostri antenati raramente erano Galli... le nostre origini sono oscure, ed è per questo che non vogliamo riconoscerle... Perché siamo tutti multiculturali, almeno dall'invasione romana. D'altra parte, la Francia, che un secolo fa aveva centinaia di dialetti, *patois* e lingue regionali, era più multiculturale allora di quanto non lo sia oggi[292]. "E per quanto riguarda la chiusura delle frontiere, non pensiamoci nemmeno: "Chiudere le frontiere? È impossibile. Quale francese accetterebbe di aspettare due ore all'aeroporto di Roissy perché la polizia controlli l'identità di ogni viaggiatore e l'autenticità di ogni passaporto? L'espulsione degli stranieri in situazione irregolare è solo un ricorso teorico, e per le stesse ragioni: quale francese si rassegnerebbe a essere sorpreso in una *retata* della polizia, ad esempio in metropolitana, e a dover aspettare che la polizia separi i cittadini in regola da quelli che non lo sono[293]?" L'argomento è inconfutabile.

I francesi sono ancora troppo deboli di fronte alla modernità di una società plurale, tanto più che l'evoluzione della società francese negli ultimi anni ha messo in luce tensioni finora nascoste. La verità ci costringe a dire che ogni anno vengono commesse numerose depredazioni contro luoghi di culto e cimiteri cristiani. Ad esempio, sono stati registrati circa venti casi di questo tipo in cinque mesi, tra dicembre 2003 e aprile 2004. Decine di tombe cristiane sono state profanate, chiese vandalizzate, vetrate distrutte, statue fatte a pezzi, senza che il fenomeno allarmasse i media. Al contrario, il minimo graffito antisemita su una cassetta delle lettere o su una tomba in un

---

[291]Guy Sorman, *Aspettando i barbari,* Seix Barral, 1993, Barcellona, p. 113, 114.
[292]Guy Sorman, *Aspettando i barbari,* Seix Barral, 1993, Barcellona, p. 158, 159, 163
[293]Guy Sorman, *Aspettando i barbari,* Seix Barral, 1993, Barcellona, p. 194.

cimitero ebraico ha scatenato l'intera macchina mediatica e lo spostamento del ministro.

Ma tra tutte le tensioni e gli scontri provocati dalla nuova società pluralista in via di formazione, la manifestazione degli studenti delle scuole superiori dell'8 marzo 2005 a Parigi è rimasta un simbolo e un presagio del futuro. Come spesso accade, numerosi "giovani" della periferia hanno approfittato dell'occasione per saccheggiare e attaccare nelle vicinanze della manifestazione. Questa volta la violenza è stata particolarmente impressionante, soprattutto nei confronti degli stessi studenti. Non sono stati gli eventi in sé a essere importanti, poiché gli attacchi ai francesi da parte di bande etniche si verificano da molti anni nelle periferie. Il fatto più rilevante è che per la prima volta la stampa tradizionale ha evocato apertamente il fenomeno sulla scia della manifestazione. Fu una svolta storica: per la prima volta i media decisero di denunciare non più il razzismo dei bianchi contro gli immigrati (poche decine di aggressioni all'anno sulle centinaia di migliaia di violenze denunciate), ma finalmente quello che tutti i francesi delle periferie sapevano da tempo: la violenza di alcuni immigrati contro i francesi autoctoni. È stata immediatamente creata un'associazione "contro il razzismo anti-bianco"... da Yoni Smadja, che ha lanciato una petizione sostenuta da Hachomer Hatzaïr e da Alain Finkielkraut, che ha cambiato casacca ed è ora in prima linea nella "reazione".

Ad un esame più attento, però, abbiamo visto che gli interessi difesi erano sempre gli stessi e che l'improvviso interesse mostrato per il "piccolo bianco" era solo circostanziale. Era abbastanza chiaro che, nella società francese di oggi, la comunità ebraica cominciava a temere la massiccia presenza di immigrati musulmani più dell'estrema destra, che era stata ricoperta di fango e rifiuti per decenni e attorno alla quale era stato deliberatamente creato un cordone sanitario. Questa offensiva è stata anche una risposta alle "provocazioni" antisioniste del comico franco-camerunense Dieudonné, che ha continuato ad attaccare la comunità con il suo sarcasmo, nonostante le diciassette cause intentate contro di lui dalle associazioni "antirazziste". Abbasso i neri, allora[294]!

---

[294]Dieudonné M'Bala M'Bala è un attore e comico francese di origine camerunense, molto noto e controverso in Francia. Dieudonné è stato caratterizzato da una militanza politica attiva. Sebbene inizialmente allineato con posizioni di sinistra e antirazziste, nei primi anni 2000 le sue posizioni si sono orientate verso opinioni considerate "antisemite", dando origine a notevoli polemiche che si sono intensificate nel corso degli anni. Politicamente, il comico si è avvicinato ai postulati del Fronte Nazionale in particolare, e dell'estrema destra in generale, abbracciando posizioni "negazioniste". Questa situazione ha portato a numerosi problemi legali e al divieto di alcuni suoi

Le *Monde ha* lanciato l'offensiva con un articolo di Luc Bronner, che ha intitolato il suo articolo del 10 marzo: *Lo spettro della violenza anti "bianca", in cui si* legge che "i rivoltosi esprimono il loro odio per i piccoli francesi che attaccano". Luc Bronner ha riportato le parole di alcuni di loro, come Heikel: "Non sono andato alla manifestazione, sono andato a prendere dei telefoni e a picchiare la gente. C'erano piccoli gruppi che correvano in giro, in rivolta. E al centro, alcuni clown, i piccoli francesi con il volto delle vittime. "Con la sua banda, ha affermato di aver recuperato una quindicina di telefoni usando la violenza. Heikel era uno dei 700-1000 giovani che, secondo la polizia, sono venuti principalmente da Seine-Saint-Denis e dai quartieri settentrionali di Parigi per attaccare gli studenti durante la manifestazione. Le parole di questi giovani combinano spiegazioni economiche ("per fare soldi facili"), ludiche ("il piacere di picchiare") e un misto di razzismo e invidia sociale ("per vendicarsi dei bianchi"). La stessa situazione si è ripetuta decine di volte: uno o due rivoltosi si sono avvicinati a un manifestante e hanno minacciato di rubargli il cellulare, il lettore MP3 o il portafoglio; se la preda resisteva, o addirittura accettava, veniva picchiata, gettata a terra e presa a calci. Il più delle volte arrivano altri giovani, fino a dieci, che si accaniscono sulla vittima a terra. Nella loro lingua, chiamano i "piccoli bianchi" "*bolos*". "Un *bolos* è un cugino, una vittima", ha spiegato Heikel, incapace di spiegare, come gli altri, l'origine della parola. "È come se avesse scritto in fronte "vieni a prendere la mia roba". "I *birilli* guardano per terra perché hanno paura, perché sono codardi", ha detto un altro studente. "I "piccoli bianchi" non sanno combattere e non corrono in branco. Il rischio di attaccarli è minore. "Altre fonti internet riportano che gli studenti, letteralmente terrorizzati, sono rimasti stupiti dalla passività della polizia antisommossa, che si è limitata a ridere delle loro disgrazie. È vero che, al minimo errore da parte loro, le forze

---

spettacoli da parte del governo francese di Emmanuel Valls. In quegli anni, all'inizio del XXI secolo, diffuse in Francia la tesi antisemita americana secondo cui gli ebrei avrebbero avuto un ruolo fondamentale nella tratta degli schiavi e nel loro sfruttamento nelle piantagioni del Sud americano, un'idea che era stata adottata e diffusa dalla Nation of Islam, ma che era stata confutata come fantasiosa da figure di spicco del mondo nero americano come l'accademico Henry Louis Gates. Michel Wieviorka ha commentato che gli spettacoli di Dieudonné "attirano le simpatie di una popolazione che non ha più nulla a che fare con l'antisemitismo classico (nazionalista, cristiano, di estrema destra), con il rischio di combinarsi con esso: le persone di origine subsahariana o nordafricana, e talvolta delle Indie occidentali, possono identificarsi con l'odio verso quegli ebrei sospettati di aver partecipato alle loro disgrazie storiche e di non volere che si parli oggi di quel passato, che è una costruzione fallace". (Fonte wikipedia). [Sulla tratta degli schiavi e altri affari, leggere Hervé Ryssen, *La mafia ebraica*, 2008-2022] (NdT).

dell'ordine vengono spesso sanzionate e condannate per azioni giudicate razziste, ed è probabilmente per questo che una certa demotivazione si è fatta sentire su di loro.

Questo articolo di stampa ha rappresentato una novità nel panorama mediatico, poiché di solito il discorso prevalente è quello di denunciare costantemente una società bianca, arrogante, meschina, cattiva, bigotta, ottusa e razzista che deve essere sostituita da una società pluralista.

Domenica 17 aprile 2005, un programma televisivo ha riportato l'attenzione su questi incidenti. Daniel Schneidermann aveva invitato nel suo studio il sociologo Michel Kokoreff e Yoni Smadja dell'associazione Hachomer Hatzaïr, che aveva lanciato la petizione contro il razzismo anti-bianco. Alcuni giornalisti, durante l'inchiesta, avevano riconosciuto che gli aggressori erano per lo più neri. Laurence Ulbrich, del quotidiano *France Soir*, *è stato l'*unico a non ammetterlo pubblicamente ("Ce n'erano di tutti i tipi, non c'era una sola etnia"), mentre Cyprien Haese, di *e-télé*, ha detto di aver visto "solo neri". Come possiamo vedere, le testimonianze degli esseri umani sono spesso diverse e discutibili, oggi come sempre.

Si può dire che il libro di Bernard Stasi del 1984, *Immigrazione, una fortuna per la Francia*, sia invecchiato molto bene, anche se, come ha giustamente osservato Daniel Cohn-Bendit: "Dobbiamo abituarci a questo relativo piccolo inconveniente."

4. Messianismo

Il messianismo è l'attesa del messia. È la convinzione che un messia verrà a stabilire il regno di Dio sulla terra. I cristiani hanno riconosciuto Gesù Cristo come loro messia, ma gli ebrei stanno ancora aspettando il loro. Per loro, l'attesa del messia si confonde con il processo di unificazione dell'umanità e la scomparsa dei confini nazionali. Quando ciò avverrà, il popolo d'Israele sarà finalmente riconosciuto da tutti come il popolo eletto da Dio.

Attivismo messianico

Il comunismo ha cristallizzato le speranze planetarie per la maggior parte del XX secolo[295]. Tuttavia, dopo la Seconda guerra mondiale, l'impegno per l'ideale comunista sembrava difficilmente compatibile con il sostegno a Israele. Per molti intellettuali del pianeta questo sarà un fattore determinante per la rottura con il comunismo sovietico. Come abbiamo già visto, già nel 1949 l'URSS si era rapidamente schierata a favore della causa araba e aveva iniziato a denunciare il sionismo in tutte le sue forme. Si trattò di una rottura dolorosa per molti intellettuali di sinistra, come spiega Marek Halter: "Marcuse, quando lo conobbi, era già famoso e vecchio. Ci siamo sentiti per la prima volta nel 1967, quando la guerra dei Sei Giorni in Medio Oriente aveva portato il conflitto arabo-israeliano al centro delle dispute e delle polemiche della sinistra. Allora eravamo in pochi a sostenere il diritto all'esistenza dello Stato di Israele e allo stesso tempo la rivendicazione nazionale palestinese. Nei circoli intellettuali, ciò sembrava contraddittorio. Siamo stati etichettati come sionisti e accusati di essere oggettivamente i lacchè dell'imperialismo statunitense. Per attutire il colpo, per farci sentire, avevamo bisogno del sostegno di personalità prestigiose. Abbiamo pensato a Marcuse. Ha risposto immediatamente alla lettera che gli abbiamo scritto. Come ebreo, di fronte all'anti-israelismo quasi isterico della sinistra, soprattutto di quella estrema sinistra che si dichiarava a lui vicina,

---

[295]Leggi Hervé Ryssen, *Il fanatismo ebraico*, Omnia Veritas Ltd, www.omnia-veritas.com.

Marcuse provò lo stesso disagio che abbiamo provato noi: struggimento e solidarietà[296]."

Nel 1968, Marek Halter incontrò Alain Krivine, il capo della Lega dei Comunisti rivoluzionari: "Come ebreo, credo che capisse perfettamente la nostra lotta e le nostre motivazioni; e, nonostante le idee che difendeva, pensava che potessimo avere ragione. Molti ebrei impegnati nei movimenti di estrema sinistra mi hanno detto di temere per l'esistenza di Israele, aggiungendo ironicamente: "Ora che non c'è più alcun pericolo per la sua esistenza fisica, possiamo essere anti-israeliani".

Era esattamente quello che si poteva leggere in un libro di un altro attivista comunista dell'epoca, Guy Konopnicki: nel 1967, "confesso di essere stato due volte sollevato quando Israele è passato all'offensiva. Come comunista, perché potevo condannare l'aggressione imperialista. Come ebreo, più segretamente, perché non potevo ignorare che una vittoria araba avrebbe significato un massacro. Non ho mai dimenticato quei momenti, né chi ero allora, quando non sapevo nulla di Lacan e della divisione del soggetto. Nella sala al 120 di rue Lafayette, sede storica del PCF, prendevo la parola insieme a Guy Hernier, in quanto ebreo in servizio, per denunciare le malefatte del sionismo davanti a un'assemblea di giovani studenti e giovani comunisti. Era il settimo giorno, come nella Genesi! Non c'era più alcun pericolo. Ma il giorno prima, ahimè, il giorno prima... Il sesto giorno, confessai il mio sollievo, persino il mio orgoglio, a un altro schizofrenico come me all'epoca, il mio compagno Alexandre Adler. Festeggiammo ridendo la vittoria del nemico di classe[297]! "Non vediamo qui lo stesso spirito dei marrani, gli ebrei di Spagna, ai quali i monarchi cattolici avevano lasciato due opzioni nel 1492: la conversione o l'esilio? Sappiamo che coloro che avevano scelto la conversione avevano continuato per decenni a praticare l'ebraismo in segreto, ed è proprio per questo che la Spagna aveva istituito quella che molti ancora oggi chiamano con orrore Inquisizione, la cui missione era quella di portare i cattolici sulla retta via[298].

Il sostegno a Israele ha anche plasmato le reazioni di molti intellettuali durante la prima guerra del Golfo che gli americani e i loro

---

[296]Marek Halter, *Un Homme, un cri*, Robert Laffont, Parigi, 1991, pag. 116.

[297]Guy Konopnicki, *La Faute des Juifs*, Balland, 2002, p. 121-122.

[298]Sulla Santa Inquisizione spagnola, e su molte altre questioni controverse della storia, consigliamo il libro indispensabile di Jean Sévillia: *Historiquement correct, pour en finir avec le passé unique*, Perrin, 2003. *Historiquement incorrect, pour finir avec le passé unique*, Ed. El Buey mudo, 2005.

alleati occidentali hanno dichiarato all'Iraq nel 1991. Dopo l'invasione del Kuwait da parte di Saddam Hussein, è stato necessario organizzare una grande coalizione occidentale per costringerlo a ritirarsi, poiché minacciava Israele e aveva il coraggio di "identificarsi con Nabucodonosor", il re di Babilonia che aveva deportato gli ebrei. La sua caduta nel 2003, dopo la seconda guerra del Golfo, era prevista. La "lotta per la pace" è stata ancora una volta una questione di bombardamenti e di guerra.

L'impegno degli intellettuali nelle grandi cause umanitarie non è mai del tutto disinteressato. Lo stesso vale per tutto ciò che lo spirito planetario crea e realizza. Ha sempre un significato politico, una dimensione ideologica e uno zelo attivista. L'artista non lavora per amore della bellezza o per puro disinteresse, ma per influenzare e convincere i suoi contemporanei di un'idea o di un ideale che gli interessa. "Ho esitato a lungo tra la pittura e la scrittura", ha riconosciuto Marek Halter. Ogni volta che ho cercato di trasmettere un'idea o di condividere un'indignazione attraverso la pittura, è stato un fallimento. "Halter ha dovuto trovare un altro mezzo per esprimere le sue idee e cercare di influenzare gli eventi mondiali.

La sua indignazione riuscì a esprimersi in modo particolarmente toccante in relazione al doloroso capitolo della Seconda Guerra Mondiale. Nato in una famiglia ebrea polacca, Marek Halter ha vissuto nella sua infanzia i tormenti dell'esilio. La sua famiglia fuggì prima in URSS quando le truppe tedesche avanzarono in Polonia nel 1940, e poi nel 1941 quando entrarono in URSS. L'offensiva tedesca spinse il regime comunista a organizzare l'evacuazione di massa degli ebrei dietro i Monti Urali per proteggerli. È quindi nella patria del socialismo che Marek Halter ha trascorso la maggior parte della sua infanzia. Arrivato a Parigi dopo la guerra, si muove negli ambienti della Gioventù comunista e si batte per la difesa di Israele. In un importante libro della sua bibliografia, *The Fool and the Kings*[299], Marek Halter ha ricordato la sua instancabile lotta per la pace in Medio Oriente. Lo abbiamo riassunto qui perché è così caratteristico dell'intellettuale impegnato.

Nel 1968 si reca in Israele dove incontra Golda Meir. Al suo ritorno a Parigi, fonda una rivista. Partì quindi per New York dove strinse contatti con intellettuali ebrei che si erano allontanati dalla sinistra a causa delle posizioni anti-israeliane dell'URSS, e nel frattempo si assicurò la sponsorizzazione del suo giornale. È tornato in Francia passando per Israele per organizzare una conferenza internazionale

[299]Marek Halter, *Le Fou et les rois*, Albin Michel, Poche, 1976.

sulla pace in Medio Oriente e sulla difesa di Israele all'interno della sinistra. "Siamo andati a portare il testo a Place des Vosges, dalla signora russa che aveva ciclostilato tutti i nostri volantini del maggio 1968[300]." Parte quindi per Berlino Est con Bernard Kouchner (futuro gauleiter della Bosnia, ndr) per partecipare a una conferenza; passa per Ginevra prima di recarsi nuovamente in Israele (il viaggio è pagato da Jean Daniel di *Le Nouvel Observateur*) e tornare infine a Parigi. Una conferenza all'Università di Harvard lo ha portato negli Stati Uniti. "Un'ora dopo era sull'aereo per New York. In seguito visita Herbert Marcuse in California, passando per Israele prima di tornare a Parigi "con il piano che avevamo preparato e l'elenco delle personalità che volevamo invitare" a una conferenza internazionale a Roma. "Una telefonata da Tel Aviv mi ha riportato alla realtà. "Tra tutte quelle telefonate, ce n'era una di Mendés France[301]: voleva vedermi".

Il suo attivismo per la pace era instancabile: "Amsterdam, L'Aia, Colonia, Francoforte, dove abbiamo creato il Gruppo di studio socialista per la pace in Medio Oriente, parte del Comitato internazionale. Riunioni, appuntamenti, ecc. L'utilità di tutte queste iniziative poteva essere misurata solo in base a quanto riportato da *Le Monde*, la nostra cassa di risonanza mediatica, o da *Le Nouvel Observateur*. "Conferenze a Budapest, poi a Bologna: "Abbiamo dovuto chiedere un prestito per il viaggio a Daniel Jacoby, il segretario generale della Lega dei diritti umani che era con noi. Torino, Roma, Firenze, Venezia, Parigi". Stava tornando a Beirut: "Non siamo andati a Damasco. La sera stessa abbiamo ricevuto un telegramma: eravamo attesi al Cairo il giorno dopo. "Non potevo crederci. Nei miei ricordi di bambino polacco, l'Egitto era il Paese in cui, come raccontava la leggenda pasquale, gli Ebrei avevano vissuto in schiavitù. Lì avevano costruito le piramidi, prima di liberarsi sulle rive del Nilo e partire per la Terra Promessa. "Abbiamo deciso di tornare a Beirut. Torna al Cairo, poi a Parigi, da dove riparte per Roma con Bernard Kouchner. "Nel maggio 1972 eravamo di nuovo in Israele. "Tornavo a Parigi, prendevo un aereo per Ginevra e poi tornavo a Parigi. "L'operazione Eliav era fallita; il nostro incontro a Londra era stato annullato e la conferenza di Bologna era stata cancellata. New York: "Ho appena avuto un colloquio con gli studenti sul tema: dobbiamo cambiare l'uomo per cambiare la società o dobbiamo cambiare la società per cambiare l'uomo?" Parigi,

---

[300]La collusione tra i rivoluzionari del maggio 1968 e la borghesissima Place des Vosges può sembrare sorprendente, ma alcune solidarietà - etniche, religiose, messianiche - possono talvolta superare i confini sociali.
[301]Mendès-France, ex primo ministro della IV Repubblica francese.

Israele, di nuovo Parigi, poi Buenos Aires: "Sono stato invitato dal comitato argentino per la pace in Medio Oriente" (c'è ancora molto da fare, ndr). "Gli argentini non hanno esitato ad applaudire le idee che ho difeso. Li ha rassicurati. Quindi si può difendere Israele ed essere comunque di sinistra". "Il 6 ottobre 1973 mi trovavo a New York quando ho sentito la notizia: la guerra era di nuovo scoppiata in Medio Oriente. "Viaggio in Israele: "Siamo passati per Parigi, dove ho trovato mia madre malata. Abbiamo ritardato la partenza. Sanae era sollevata, come se avesse paura di tornare in Egitto. È volata immediatamente negli Stati Uniti, da dove mi ha telefonato più tardi per comunicarmi la sua intenzione di tornare in Israele."

Eccolo. Sono stati quattro anni di vita frenetica per Marek Halter. Se la questione della guerra e della pace in Medio Oriente non fosse così seria, si potrebbe pensare a uno di quei film comici che il cinema a volte produce, dove l'atmosfera frenetica dà un ritmo folle alle avventure burlesche. La sua inarrestabile attività non si è limitata ai quattro anni tra le guerre in Medio Oriente (1968-1973) e la lotta per la pace. Il suo impegno umanitario è continuato. Nel suo libro *Un uomo, un grido,* leggiamo le gesta della sua sconfinata attività militante. "Il 16 novembre 1979 la moglie di Andrej Sacharov, Elena Bonner, mi telefonò da Mosca. I Giochi Olimpici si sarebbero svolti in Unione Sovietica e lei mi chiese di organizzare una campagna per i prigionieri politici[302]. "Marek Halter era diventato lui stesso uno specialista nella difesa di grandi cause umanitarie, perché già due anni prima aveva lanciato un "appello per boicottare la Coppa del Mondo di calcio in Argentina". Si stima che "tra gli 80.000 e i 100.000 ebrei abbiano lasciato l'Argentina da quando la giunta militare ha preso il potere". Si trattava quindi di ripetere lo stesso colpo con i Giochi Olimpici in Unione Sovietica, colpevoli di aver impedito ai *"refuseniks"* ebrei di emigrare in Israele, allertando così l'opinione pubblica mondiale: "Dovevamo approfittare di questi giochi per fare una grande dimostrazione internazionale a favore dei diritti umani". Abbiamo dovuto protestare "contro l'indegnità di un Paese che ha rivendicato l'onore di ricevere il messaggio olimpico". Le Olimpiadi di Mosca, come i Mondiali di Buenos Aires, hanno finalmente avuto luogo. Ma la nostra campagna ha dato i suoi frutti: gli atleti americani - su richiesta del presidente Jimmy Carter - e quelli della Germania Ovest hanno deciso di boicottare."(febbraio 1980).

Questa è la vita di Marek Halter. Con un'agenda così fitta e un'attività così frenetica in giro per il mondo, ci sembra abbastanza

---

[302]Marek Halter, *Un Homme, un cri,* Robert Laffont, Paris, 1991, p. 118.

chiaro che il grande scrittore possa essere considerato un membro della "iperclasse" definita da Jacques Attali. "Da quando ero abbastanza grande per combattere, ho sempre combattuto. E più combatto, più sono sopraffatto dalla mia impotenza[303] ", ha confessato. La lotta contro l'oppressione è per gli ebrei un retaggio dei secoli di atroci persecuzioni subite. La vita di Marek Halter è una vita di sofferenza; la lotta per la pace in Medio Oriente è la sua "croce", il suo fardello da molti anni: "Ogni sofferenza è unica per colui che soffre. Raccontare la mia vita, far sanguinare la mia memoria non sarebbe servito a nulla se non a spiegare le mie reazioni in Israele e in Palestina[304]. È importante capire che la lotta per Israele è la lotta di tutta l'umanità: secondo il Talmud, "c'erano seicentomila persone ai piedi del Monte Sinai quando Mosè diede la Legge". Solo un terzo erano ebrei. Il secondo terzo apparteneva al popolo di Jethro, capo di un popolo nomade e suocero di Mosè; il terzo terzo era composto da schiavi egiziani[305]. "Questo significa che Dio ha dato la Legge non solo al popolo ebraico, ma a tutti gli uomini, compresi gli schiavi goyim, il che è una grande notizia per noi.

L'approccio alla vita del premio Nobel per la pace Elie Wiesel può essere paragonato a quello di Marek Halter. Le somiglianze nelle vite e nelle azioni di entrambi sono piuttosto rivelatrici di un atteggiamento militante che, in ultima analisi, costituisce lo sfondo della personalità cosmopolita. Le *memorie* di Elie Wiesel sono interessanti per capire le motivazioni del grande uomo e la mentalità planetaria in generale:

"Da trent'anni viaggio per i continenti fino allo sfinimento: a forza di parlare alle conferenze sono arrivato al punto di non poter più sopportare il suono della mia voce[306]. Come Marek Halter, viaggia in tutto il mondo per predicare la pace e l'amore universale, per cercare di influenzare le politiche delle grandi potenze mondiali: "Saremo sempre dalla stessa parte contro i trafficanti di odio". Le nostre firme sono sulle numerose petizioni per i diritti umani[307]. "E aggiungeva: "Mi vedevo vagare sulla Terra, andando di città in città, di paese in paese, come il pazzo dei racconti di Rabbi Nahman, ricordando agli uomini di che cosa sono capaci, nel bene e nel male, attirando il loro sguardo sugli innumerevoli fantasmi che si annidano e si aggirano intorno a noi[308]."

[303]Marek Halter, *Le Fou et les rois*, Albin Michel, Poche, 1976, p. 47.
[304]Marek Halter, *Le Fou et les rois*, Albin Michel, Poche, 1976, pag. 85.
[305]Marek Halter, *Un Homme, un cri*, Robert Laffont, Paris, 1991, p. 192.
[306]Elie Wiesel, *Mémoires, tome II*, Éditions du Seuil, 1996, p. 214.
[307]Elie Wiesel, *Mémoires, tome II*, Éditions du Seuil, 1996, p. 47.
[308]Elie Wiesel, *Mémoires, tome II*, Éditions du Seuil, 1996, p. 530.

"La vittoria di François Mitterrand è stata accolta da me come un atto di giustizia... la capitale è in festa, soprattutto in Place de la Bastille. Celebrano la rosa vittoriosa. Cantano, ballano... Nel Pantheon, Roger Hanin conduce la cerimonia. Il volto del neoeletto leader, solitario ma maestoso davanti alla cripta di Jean Moulin,[309], è toccante. Fuori piove a dirotto. A capo scoperto, il nuovo presidente ascolta, immobile e stoico, il quarto movimento della Nona Sinfonia di Beethoven diretto da Daniel Barenboim... Una volta stabilito il contatto tra noi, questo si è rivelato solido e fruttuoso. Mitterrand insiste per ricevermi ogni volta che vengo a Parigi. Me lo ripete[310]."

In occasione della visita del presidente Ronald Reagan in Germania nel 1985, su invito del cancelliere Helmut Kohl e durante la quale era prevista una visita al cimitero militare tedesco di Bitburg, Elie Wiesel si indignò per quello che considerava un affronto, rivolgendosi al presidente americano: ""I bambini ebrei, signor presidente, li ho visti, sono stati gettati nelle fiamme, erano ancora vivi..." Sono riuscito a convincerlo? La televisione lo mostrava sopraffatto, con i lineamenti segnati dal dolore, forse anche dalla paura? Sono riuscito a fargli capire la sofferenza che stava infliggendo a innumerevoli vittime, alle loro famiglie e ai loro amici?... Una volta terminata la cerimonia, sono stato trascinato in giardino, dove è stato coinvolto nel turbine mediatico. Non avrei mai creduto che ci sarebbero stati così tanti corrispondenti accreditati alla Casa Bianca. Le domande arrivano da ogni parte... All'interno, in una sala elegante, viene servito lo champagne. Un ufficiale dei Marines mi consegna una busta sigillata. Mi ritiro in un angolo per aprirla. Un biglietto scritto di getto: "Sono nell'ufficio accanto perché sono venuto in incognito; non posso farmi vedere; ti ho visto sullo schermo poco fa; sono orgoglioso di te". Riconosco la calligrafia: Jacques Attali. "Attali era davvero un buon amico, e Elie Wiesel lo ha confermato: "Ci vediamo ogni volta che vengo ricevuto dal presidente Mitterrand, perché per entrare nell'ufficio del suo capo bisogna passare dal suo ufficio... Il mio rapporto con lui è eccellente[311]."

Nel 1986, Elie Wiesel ha ricevuto il Premio Nobel. Dopo lo sfarzo delle cerimonie a Oslo, ha tenuto una conferenza dopo l'altra a Stoccolma, Copenaghen, Gerusalemme e Auschwitz, insieme al

---

[309]Jean Moulin (1899-1943) è stato un politico e ufficiale militare francese, capo del Consiglio nazionale della Resistenza durante l'occupazione della Francia da parte degli eserciti del Terzo Reich. Inseguito dalla Gestapo e dal governo di Vichy, fu infine catturato, torturato e ucciso. Considerato uno degli eroi della Resistenza francese, è sepolto nel Panthéon di Parigi.

[310]Elie Wiesel, *Mémoires, tome II*, Éditions du Seuil, 1996, p. 436.

[311]Elie Wiesel, *Mémoires, tome II*, Éditions du Seuil, 1996, p. 347, 402.

Segretario di Stato americano Henry Kissinger. A Parigi ha scritto: "Jacques Chirac mi consegna la grande medaglia rossa. Grazie a Helena Ahrweiler, rettore e cancelliere dell'Università di Parigi, e a Jacques Sopelza, presidente dell'Università di Parigi I, mi viene conferito un dottorato honoris causa dalla Sorbona... Il violinista Ivry Gitlis suona per noi la sua nuova composizione. Helena Ahrweiler è meravigliosa per la sua intelligenza ed erudizione[312]."

A Mosca, durante l'ultimo periodo del regime sovietico, Elie Wiesel sembrava parlare da signore e padrone: "Prendendo la parola nel gennaio 1990, durante una conferenza sulla "sopravvivenza globale", ha insistito sul ruolo dell'educazione attraverso la memoria. Ancora una volta, ho parlato da ebreo. Ho chiesto a Mikhail Gorbaciov di assumere una posizione più ferma contro il razzismo e l'antisemitismo... Ho chiesto al Presidente dell'URSS di aprire gli archivi dei famigerati processi dell'era staliniana: gli ho detto che avevamo il diritto di sapere come gli scrittori yiddish Peretz Markish e Der Nister hanno vissuto la loro prigionia ed esecuzione[313]."

Tuttavia, le sue iniziative non hanno sempre avuto successo: "Un intervento mi ha lasciato l'amaro in bocca. È il caso di Abraham Sarfati. All'inizio degli anni '80, Tahar Ben Jelloun mi chiese di utilizzare i miei contatti negli Stati Uniti per aiutare questo prigioniero politico ebreo e comunista che il re del Marocco si rifiutava di rilasciare. Ho parlato con persone vicine al presidente Jimmy Carter, con senatori, con amici giornalisti; tutti gli sforzi sono stati vani[314]."

Nella Romania post-sovietica, Elie Wiesel è stato accolto come un sovrano che viene a dare i suoi ordini: "Aurel Munteanu, ambasciatore permanente della Romania presso le Nazioni Unite, ci accompagna in tutti i nostri viaggi. Esprimo la mia indignazione per la recrudescenza dell'antisemitismo, tradizionale nel suo paese... Ricevuto in un'udienza privata dal presidente Iliescu e dal suo primo ministro Petru Roman che chiedono il nostro aiuto per la Romania, soprattutto in campo economico, soprattutto da parte di Washington, rispondo che non lo farò. Perché aiutare un regime che tollera l'odio?... Ma i bambini che muoiono di fame", dice Petru Roman, "vi state dimenticando di loro? Rispondo: "Non ci renda responsabili delle loro sofferenze; siete voi i

---

[312] Elie Wiesel, *Mémoires, tome II*, Éditions du Seuil, 1996, p. 415.

[313] Elie Wiesel, *Mémoires, tome II*, Éditions du Seuil, 1996, p. 216.

[314] Elie Wiesel, *Mémoires, tome II*, Éditions du Seuil, 1996, p. 120. Abraham Sarfati è stato il fondatore del partito comunista marocchino. Tahar Ben Jelloun, che si sentiva vicino a lui, ha scritto un libro intitolato *Le Racisme expliqué à ma fille* (Il razzismo spiegato a mia figlia).

responsabili! Fate tacere l'odio nel vostro Paese e tutto il mondo verrà in vostro aiuto". Tuttavia, il Presidente Iliescu mi è sembrato sincero. Ordinò che i direttori e gli editorialisti dei settimanali antisemiti fossero perseguiti. Mi ha anche invitato ad accompagnarlo a Sighet per mostrargli la mia città natale[315]."

Nel 1990, a Oslo, Elie Wiesel ha organizzato un colloquio contro l'odio. L'elenco dei partecipanti era impressionante: il presidente François Mitterrand, il presidente ceco Vaclav Havel, l'ex presidente degli Stati Uniti Jimmy Carter, Nelson Mandela: "Agli uomini e alle donne di tutte le origini, di tutte le nazioni e di tutte le confessioni, lanciamo questo appello a unire i vostri sforzi per combattere l'odio che minaccia la nostra umanità[316]..."

"È strano, ha scritto Wiesel sul retro di una pagina: più mi arrabbio, più divento fastidioso, più do voce alle mie richieste e al mio malcontento, più vengo applaudito". Faccio discorsi scioccanti e offensivi che dovrebbero impedire ai partecipanti di ingoiare il cibo, eppure mi applaudono e si congratulano con me... dopo cena. Proprio così, vai a capire[317]."

Come il suo amico Marek Halter, il sociologo Edgar Morin ha messo in secondo piano il comunismo dopo la Seconda guerra mondiale. Nel suo libro *Reliances*, ha spiegato: "Per quanto barbaro, il comunismo staliniano incarnava il futuro, la pace universale, la fraternità. Ero uno di quei comunisti di guerra che hanno lasciato il partito dopo la guerra. Non mi risulta che il totalitarismo sia condiviso dai due sistemi. Per noi, al contrario, era il capitalismo - quello che chiamavamo le democrazie borghesi - a rappresentare il ventre della bestia immonda da cui provenivano il fascismo, la guerra, la morte[318]. "Certamente, il suo impegno eroico nella resistenza al nazismo gli aveva conferito una certa legittimità nel parlare contro il comunismo: "La mia famiglia proviene dalla grande famiglia sefardita del Mediterraneo. Morin è lo pseudonimo che avevo durante la Resistenza, anche se per errore. Avevo scelto Manin, il personaggio de *La Esperanza* di Malraux, ma fin dall'inizio lo hanno scambiato per Morin. Ho mantenuto quello pseudonimo, sono stato persino tentato di legalizzarlo dopo la guerra, di cambiare il mio cognome. Ma ho rinunciato. Oggi vivo nell'ambiguità. Sui miei documenti c'è scritto

[315] Elie Wiesel, *Mémoires, tome II*, Éditions du Seuil, 1996, p. 421.

[316] Elie Wiesel, *Mémoires, tome II*, Éditions du Seuil, 1996, p. 503.

[317] Elie Wiesel, *Mémoires, tome II*, Éditions du Seuil, 1996, p. 48.

[318] Edgar Morin, *Reliances*, Éditions de l'Aube, 2000, prefazione di Antoine Spire, p. 31.

Nahoum alias Morin, Nahoum-Morin[319]. "Tuttavia, l'opposizione al comunismo sovietico non implicava un'opposizione frontale ai sostenitori del marxismo in Francia, poiché le idee umanistiche comuni a tutti loro li rendevano concordi sull'essenziale.

A differenza di Marek Halter o Edgar Morin, il grande filosofo francese Jacques Derrida è rimasto un marxista ortodosso fino alla fine dei suoi giorni. Morto il 9 ottobre 2004 a causa di un cancro che lo stava consumando da mesi, era stato candidato al Premio Nobel prima della sua morte. Derrida aveva iniziato a pubblicare negli anni Sessanta per diventare il "papa" del pensiero "politicamente corretto" nelle università americane. La sua opera di "decostruzione" non è altro che un'impresa di rottamazione della metafisica occidentale. "Non c'è futuro senza Marx", ha scritto nel 1993 in *Spectres of Marx*. Il giorno della sua morte, il quotidiano comunista *L'Humanité ha* dedicato diverse pagine all'opera di questo immenso filosofo. Il suo grande lettore e traduttore, Geoffrey Benington, ha spiegato l'opera e l'impegno del filosofo, ossessionato per tutta la vita dall'uguaglianza e dall'umanesimo: "Dalla decostruzione del testo all'impegno a favore dei dissidenti cechi nel 1982, che lo porterà a trascorrere due giorni in prigione a Praga, passando per la lotta contro la violenza razzista, la difesa del prigioniero Mumia Abu-Jamal[320] al Parlamento Internazionale degli Scrittori, di cui era vicepresidente, il sostegno agli scioperanti del dicembre 1995 e contro l'espulsione degli immigrati privi di documenti in nome del concetto di ospitalità, Jacques Derrida non ha mai smesso di... di impegnarsi secondo le modalità e le forme intellettuali che gli erano proprie[321]. "In termini di forma e stile, il

---

[319]Edgar Morin, *Reliances*, Éditions de l'Aube, 2000, p. 25.

[320]Mumia Abu-Jamal è un afroamericano condannato a morte per l'omicidio di alcuni poliziotti bianchi negli Stati Uniti. In tutto l'Occidente si sono formati numerosi comitati a sostegno della sua causa.

[321] Ecco un esempio di "decostruzione" filosofica applicata al concetto di "ospitalità" da Jacques Derrida:

"J.D. (...) oppongo regolarmente l'ospitalità incondizionata, l'ospitalità pura o l'ospitalità di visita - che consiste nel lasciar venire il visitatore, il nuovo arrivato inatteso senza chiedergli conto, senza chiedergli il passaporto - all'ospitalità di invito. L'ospitalità pura o incondizionata presuppone che il nuovo arrivato non sia invitato dove io sono ancora il padrone in casa mia e dove controllo la mia casa, il mio territorio, la mia lingua, dove egli (secondo le regole dell'ospitalità condizionata, al contrario) dovrebbe in qualche modo sottomettersi alle regole in uso nel luogo che lo accoglie. L'ospitalità pura consiste nel lasciare la propria casa aperta al nuovo arrivato inatteso, che può essere un intruso, anche pericoloso, capace di fare del male. Questa ospitalità pura o incondizionata non è un concetto politico o giuridico. Infatti, per una società organizzata che ha le sue leggi e vuole mantenere il controllo sovrano del suo territorio, della sua cultura, della sua lingua, della sua nazione, per una famiglia, per una nazione

filosofo della "decostruzione" ne aveva indubbiamente una: il suo pensiero straordinariamente profondo era piuttosto mal riflesso da una prosa troppo pesante. In effetti, le frasi del filosofo della "decostruzione" avevano ciascuna il peso di un sacco di cemento.

Anche il filosofo Etienne Balibar è stato segnato per tutta la vita dal potente genio che ha incontrato in gioventù. Balibar è stato autore di un altro articolo in quell'edizione omaggio de *L'Humanité*. Scrive: "Ricordo il suo arrivo all'Ecole Normale Supérieure, dove ci stavamo preparando per diventare addetti. È stato preceduto dalla fama di "miglior fenomenologo di Francia". Per noi Derrida è stato soprattutto l'autore del folgorante saggio sull'origine della geometria di Husserl, in cui la questione della storicità della verità è stata sottratta ai dibattiti tra sociologismo e psicologismo. Ricordo la pubblicazione, nel 1967, dei tre manifesti di quel nuovo metodo che sarebbe stato poi chiamato "decostruzione": *La voce e il fenomeno, Della grammatologia, della scrittura e della differenza.* Condividevamo la convinzione che gli intellettuali e gli artisti avessero un ruolo da svolgere nel costituire una resistenza multiforme e multipolare contro il controllo delle sovranità statali o di mercato che generano violenza di massa e la alimentano... Aveva appena dato un esempio di dialogo costruttivo unendo le forze con il "suo vecchio nemico Habermas", per smantellare la macchina propagandistica della guerra infinita contro il terrorismo e gli Stati canaglia."

Ricordiamo che i comunisti si erano espressi contro le due guerre statunitensi in Iraq, nel 1991 e nel 2003. Per loro si trattava di una "guerra razzista e imperialista", come lasciavano intendere i numerosi volantini da loro distribuiti. I malvagi bianchi hanno continuato a voler

---

che ha interesse a controllare la sua pratica dell'ospitalità, è effettivamente necessario limitare e condizionare l'ospitalità. A volte è possibile farlo con le migliori intenzioni del mondo, perché l'ospitalità incondizionata può anche avere effetti perversi. Tuttavia, queste due forme di ospitalità rimangono irriducibili l'una all'altra. Questa distinzione richiede un riferimento all'ospitalità di cui conserviamo il sogno e il desiderio, a volte angoscioso, di esporsi a (ciò che) arriva. Questa ospitalità pura, senza la quale non esiste il concetto di ospitalità, vale per l'attraversamento dei confini di un Paese, ma ha un ruolo anche nella vita di tutti i giorni: quando arriva qualcuno, quando arriva l'amore, per esempio, corriamo un rischio, ci esponiamo. Per comprendere queste situazioni, dobbiamo mantenere questo orizzonte senza orizzonte, questa illimitatezza dell'ospitalità incondizionata, sapendo sempre che non è possibile trasformarla in un concetto politico o giuridico. Non c'è posto per questo tipo di ospitalità nella legge e nella politica.
E.R.- In questa materia lei interviene in modo decostruttivo."In Jacques Derrida, Élisabeth Roudinesco, *Y mañana qué...*Fondo de Cultura Económica, Buenos Aires, 2002, p. 69-70. (NdT).

dominare il pianeta, come ai tempi del colonialismo. In realtà, l'esercito statunitense era multietnico, mentre le truppe di Saddam Hussein erano composte esclusivamente da arabi. Se c'è stato razzismo in quei tragici eventi, va ricercato nell'amministrazione statunitense, che in effetti era piuttosto monocromatica, come abbiamo già visto. Ma questo aspetto è completamente al di là della comprensione dei semplici militanti comunisti, così come lo è per la maggior parte delle masse occidentali.

Per concludere questo capitolo di elogi funebri di una personalità così eminente, mancano solo le parole di un personaggio che riportiamo qui di seguito: "Nella sua opera, Jacques Derrida ha cercato di trovare il gesto libero che è all'origine di ogni pensiero. Condivideva la stessa passione per il pensiero, la filosofia e la poesia greca ed ebraica. Pensatore dell'universale, Jacques Derrida si considerava un cittadino del mondo. Sarà ricordato come un inventore, uno scopritore, un insegnante straordinariamente prolifico. "Proprio come il presidente Valéry Giscard d'Estaing o il ministro Raymond Barre avevano elogiato a loro tempo Jean-Paul Sartre, Jacques Chirac[322] - l'autore di queste righe - ha incarnato ancora una volta dalla sua eminente posizione il saluto fraterno del liberalismo al marxismo militante. Come non pensare al romanzo *1984* di George Orwell, che descrive i metodi della società totalitaria: Goldstein il dissidente, Goldstein l'insubordinato, Goldstein il ribelle che incarna la resistenza clandestina, viene ricevuto nell'ufficio presidenziale e saluta rispettosamente il Grande Fratello. In questo caso, il Grande Fratello si congratula con Goldstein per il suo lavoro[323]. Nel sistema totalitario immaginato da Orwell, la resistenza non è altro che un'opposizione fittizia organizzata dal sistema stesso, che permette di individuare e reprimere gli oppositori. Con lo smantellamento dell'Unione Sovietica, il marxismo culturale, annidato e finanziato all'interno delle democrazie, sembra svolgere efficacemente il ruolo di luogo di incontro per tutte le insoddisfazioni e le frustrazioni.

Una caratteristica notevole di Jacques Derrida era quella di provare un'istintiva diffidenza nei confronti delle comunità organiche diverse dalla propria: "Ho sempre diffidato del culto dell'identità, così come del comunitarismo, che è così spesso associato ad esso. Cerco costantemente di ricordare a me stesso la sempre più necessaria

---

[322]Nel 2004 Jacques Chirac era ancora Presidente della Repubblica.

[323]Leggete l'intrigante opera pubblicata a nome di J.B.E Goldstein, *Théorie et pratique du collectivisme oligarchique*, traduzione originale pubblicata con il titolo *Теория и практика олигархического коллективизма*. 1948, Edizione limitata Vettaz, 2021. (*Teoria e pratica del collettivismo oligarchico*) (NdT).

dissociazione tra il politico e il territoriale... Non esito a sostenere, per quanto modestamente, cause come quelle delle femministe, degli omosessuali, dei popoli colonizzati, fino al punto in cui la logica della rivendicazione mi sembra potenzialmente perversa o pericolosa. Il comunitarismo o il nazionalismo statale sono gli esempi più evidenti di questo rischio, e quindi di questo limite alla solidarietà[324]."

Queste affermazioni sono molto illuminanti e del tutto sintomatiche. È così che molti intellettuali hanno sostenuto l'immigrazione dei coloni, fino al giorno in cui questi immigrati di origine musulmana sono diventati aggressivi nei confronti della comunità ebraica. Il grande cambiamento ideologico del pensiero planetario in Francia può essere datato all'anno 2000. In effetti, dopo la seconda Intifada palestinese, milioni di giovani arabi in Francia hanno iniziato a esprimere molto chiaramente la loro solidarietà con il popolo palestinese e la loro ostilità verso gli ebrei. È questo che ha spinto filosofi come Alain Finkielkraut a rifugiarsi nelle gonne dei patrioti francesi dopo averli ricoperti di letame e rifiuti, e a sostenere la creazione di un'associazione "contro il razzismo anti-bianco". Gli ebrei, che fino ad allora erano stati sistematicamente assimilati alle altre minoranze oppresse, a questi poveri immigrati senza difesa, come proclamava la "Lega contro il razzismo e l'antisemitismo", d'ora in poi dovevano essere assimilati all'Occidente e alla civiltà. È stato allora che i valori della Repubblica e lo spirito civico dei francesi sono stati invocati per combattere l'islamismo aggressivo in tutto il mondo. In breve, si è reazionari o progressisti a seconda delle circostanze, e soprattutto a seconda degli interessi oggettivi che corrispondono invariabilmente agli interessi della causa planetaria e della propria comunità. Infatti, mentre si aborriscono le nazioni e lo spirito tribale, incoraggiando lo sradicamento, il rifiuto delle tradizioni e del passato, si coltiva assiduamente la "Memoria" e lo spirito comunitario per se stessi.

Jacques Derrida è nato nel 1930 a El-Biar da una famiglia ebrea algerina. Come il polacco Marek Halter, sembrava davvero sotto l'influenza di un'imperiosa necessità vitale di agire attraverso un instancabile attivismo in difesa di tutte le cause che riteneva giuste. Nel libro di dialoghi con la psicologa Elisabeth Roudinesco, le sue motivazioni appaiono più chiaramente: "Credo di poter dire che la mia vigilanza è stata instancabile, fin dall'età di 10 anni, nei confronti del razzismo e dell'antisemitismo."

---

[324]Jacques Derrida, Élisabeth Roudinesco, *Y mañana qué...* Fondo de Cultura Económica, Buenos Aires, 2002, p. 31.

"In *The Backstreet* lei dice di non voler appartenere alla comunità ebraica. Lei detestava la parola comunità, così come oggi detesta l'etnismo, il comunitarismo, tanto quanto me. D'altra parte, e a proposito di questa triplice identità (ebraica/maghrebina/francese), egli parla di un'identità dissociata... Oggi mi è difficile non riflettere su questa questione, sia per allontanarmi dalla tentazione comunitaria, sia per conservare qualcosa - un residuo - di una sorta di "sentimento di ebraicità"... "Derrida rispose: "In me questo "sentire" è oscuro, abissale, soprattutto instabile. Contraddittorio. (Come se una profondità di memoria mi autorizzasse a dimenticare, forse a negare il più arcaico, a distrarmi dall'essenziale. Questa distrazione attiva, persino energica, mi distoglie al punto che a volte la trovo anche incoerente, accidentale, superficiale, estrinseca). Nulla conta per me più della mia ebraicità che, tuttavia, sotto tanti aspetti, conta così poco nella mia vita (so che queste affermazioni sembrano contraddittorie, persino prive di buon senso). Ma lo sarebbero solo nel modo di vedere di chi non potrebbe dire "io", tutto intero, ma espellendo da sé ogni alterità, ogni eterogeneità, ogni divisione, persino ogni alterco, ogni "spiegazione" con se stesso. Non sono solo con me stesso, non più di un altro, non sono uno solo. Un "io" non è un atomo indivisibile)... Ho effettivamente coltivato il ritiro, mi tengo persino informato su ogni comunità ebraica. Ma di fronte al minimo segno di antisemitismo, non nego e non negherò mai il mio essere ebreo[325]."

È quanto aveva già affermato nel 1992 in *Puntos suspensivos*, dove diceva di sentire nel suo intimo un "desiderio di integrazione nella comunità non ebraica, un misto di dolorosa fascinazione e diffidenza, con una vigilanza nervosa e un'attitudine estenuante a percepire i segni del razzismo, sia nelle sue configurazioni più discrete che nelle sue negazioni più forti[326]. "Incontriamo continuamente e invariabilmente questa ossessione in tutti gli intellettuali planetari, sia che sia dichiarata ed esplicita, sia che sia sottesa e ambigua.

Anche Shmuel Trigano ha seguito la tradizione degli intellettuali francesi del dopoguerra, le cui passioni messianiche spiegano in parte l'entusiasmo odierno per l'universalismo e l'ideale planetario. Dopo la terribile prova dell'Olocausto, spiega Trigano, "un pensiero specificamente franco-ebraico" è emerso a Parigi in quella che è stata chiamata negli anni '60-'70 "la Scuola di Parigi", con intellettuali come Edmond Jabes, Emmanuel Lévinas, Jacques Derrida, Georges Perec e

---

[325]Jacques Derrida, Élisabeth Roudinesco, *Y mañana qué...* Fondo de Cultura Económica, Buenos Aires, 2002, p. 123-125, 207.
[326]Jacques Derrida, *Points de suspensions, Entretiens*, Galilée, 1992, p. 130.

Maurice Blanchot. "Solo in questo luogo, in Francia, dove si è mantenuta viva la memoria e la ricerca dell'universale, l'ebraismo europeo poteva rinascere così rapidamente dopo essere uscito dal buio della notte. "Questa Scuola si proponeva di rendere udibile il messaggio spirituale dell'ebraismo nei termini del pensiero contemporaneo. "L'Olocausto ha costretto la coscienza ebraica ad assumersi la responsabilità di fronte all'umanità. Il genocidio ha compromesso l'uomo moderno e quindi ha spinto la coscienza ebraica a produrre una risposta alla modernità carente, una compensazione. Assicurando la loro unicità, gli ebrei erano quindi i testimoni dell'umano. L'obiettivo non era quello di cancellare la specificità del martirio ebraico in un universale astratto, ma di considerarlo come il centro del destino umano universale."

Così, se capiamo bene Shmuel Trigano, la specificità del pensiero ebraico deve diventare un riferimento per tutto il mondo. E aggiungeva nel suo incomparabile stile: "Tutti gli uomini moderni diventano "ebrei" in qualche modo, registrandosi sotto il segno della lettera, e gli ebrei diventano uomini, ma non hanno più un posto per abitare nella Città come ebrei, cioè sotto il loro nome di uomo[327]. "Al contrario, ha spiegato Trigano, "nel sionismo è l'accesso all'umanità (e non più alla cittadinanza) la posta in gioco, la sfida centrale (poiché è questa umanità che fondamentalmente nega l'antisemitismo all'ebreo, dissociandolo dalla sua cittadinanza senza accettarlo nella sua ebraicità, che è la sua forma di umanità)". "Le 338 pagine del libro ci insegnano a trattare correttamente i vari concetti, forse un po' difficili da afferrare per chi non ha familiarità con le idee di questa nuova scolastica, "la Scuola di Parigi".

"Tutti i limiti della restaurazione postbellica dell'unicità ebraica sfidano ora il mondo ebraico, che ha posto la domanda dell'ebreo all'uomo, a porre la domanda a se stesso e a porre la domanda dell'uomo agli uomini. La questione ebraica è in definitiva la questione dell'uomo che gli ebrei pongono agli uomini[328]. Shmuel Trigano non si è fermato qui: nemmeno "Sartre ha pensato a questa inversione della sua proposta divenuta proverbiale: "L'ebreo è un uomo che gli altri uomini considerano ebreo"[329]."..Sarebbe l'inizio di una nuova era", ha concluso brillantemente il filosofo.

---

[327]Shmuel Trigano, *L'Idéal démocratique*, Edizioni Odile Jacob, 1999, pagg. 101, 115.
[328]Shmuel Trigano, *L'Idéal démocratique*, Edizioni Odile Jacob, 1999, pagg. 97, 303.
[329]Citando Jean-Paul Sartre, *Riflessioni sulla questione ebraica*, Seix Barral, Barcellona, 2005.

L'ebreo è l'umanità e l'umanità è l'ebreo. Questa era già l'opinione di Elie Wiesel, che nelle sue *Memorie* scriveva: "È così e non ci si può fare nulla: il nemico degli ebrei è il nemico dell'umanità... Uccidendo gli ebrei, gli assassini hanno intrapreso l'assassinio di tutta l'umanità... La tragedia ebraica di Auschwitz ha colpito tutta l'umanità, ma è stato solo dopo Hiroshima che ne abbiamo preso coscienza. In questo senso, oggi si può pensare che tutto il mondo sia diventato (metaforicamente) ebraico. In altre parole, c'è stata una fusione totale tra la condizione ebraica e la condizione umana[330]."

Nel suo libro *La risorsa umana*, il finanziere Samuel Pisar ha raccontato alcuni ricordi interessanti e suggestivi della sua visione del mondo. Il piccolo immigrato dalla Polonia era ormai un uomo molto ricco, abituato ai ricevimenti alla Reggia di Versailles: "Ero già stato a Versailles tre volte per partecipare a tre diverse serate, una più bella dell'altra. Abbiamo celebrato il capitalismo, poi il comunismo e infine il sionismo. David Rockefeller, proprietario della famosa Chase Manhattan Bank, un pilastro di Wall Street, aveva riservato la Sala degli Specchi per una cena straordinaria in onore del suo consiglio di amministrazione internazionale. Era presente la crème de la crème dell'industria e della finanza mondiale... David Rockefeller tornava da Mosca dove lo avevo accompagnato. Lì lo vidi partecipare a un evento non convenzionale: l'inaugurazione della prima filiale in Unione Sovietica della Chase Bank, che apriva i suoi uffici in viale Karl-Marx...

La mia terza serata a Versailles è stata quella del barone Guy de Rothschild, principe regnante del più celebre impero industriale e finanziario d'Europa, che ha ospitato quella cena. Il personale della reception Rothschild era vestito in modo impeccabile e circolava in parrucca nella galleria di Les Battles. Assaporai il paradosso: era in questa atmosfera di guerra che avrei tenuto il discorso di introduzione al dibattito serale sul tema che avevo battezzato "Le armi della pace". E, a titolo di esempio, sulle possibilità di coesistenza e cooperazione tra Israele e il mondo arabo. Davanti ai magnifici affreschi dei marescialli francesi della storia che ci guardavano, pensavo, mentre parlavo, ai marescialli attuali, quelli di Israele: Dayan, Weizmann, Sharon, che a loro volta hanno venerato le armi e la guerra per la sopravvivenza della loro patria, lo Stato ebraico[331]."

Come si vede, i finanziatori del socialismo hanno talvolta pensieri lontani dalle preoccupazioni dei loro elettori europei. Come nel caso di Guy Konopnicki, vediamo che i bei discorsi non corrispondono

---

[330] Elie Wiesel, *Mémoires, tome II*, Éditions du Seuil, 1996, pag. 72, 319, 135.
[331] Samuel Pisar, *La Ressource humaine*, Jean-Claude Lattès, 1983, pagg. 20-21.

necessariamente ai pensieri di chi li pronuncia. Pur disprezzando il passato, Samuel Pisar apprezza e gode delle sale della reggia di Versailles; pur lavorando per la pace, è anche un sostenitore militante di Israele e dei suoi generali. Ciò che trascende queste contraddizioni - e vedremo in un altro capitolo che ce ne sono altre - è la fede; una fede messianica che sostiene le sue speranze planetarie: "Come disprezzo le indicibili devastazioni del passato, così credo in un futuro illimitato per l'intelligenza dell'uomo pacificato. Né la sofferenza, né la paura, né l'orrore hanno scosso questa fede in me. Una fede assoluta[332]. "Con questa dichiarazione di fede ha concluso il suo libro.

George Soros è animato dalla stessa fede messianica di Samuel Pisar. Per lui la vita è una lotta. Egli auspica il trionfo della "società aperta universale" che deve succedere al sistema crollato in Oriente e che "rappresentava la quintessenza della società chiusa". "Questa lotta prevede continue campagne di "sensibilizzazione[333] " della popolazione: "Stiamo contribuendo attivamente alla formazione degli insegnanti e alla pubblicazione di nuovi libri di testo scolastici per sostituire le opere marxiste-leniniste. In Russia stampiamo milioni di libri all'anno, e continuerò a impegnarmi per mantenere in vita i grandi giornali, cioè la stampa culturale che ha avuto un ruolo così importante nella storia di quel Paese[334]."

"Il fatto che lei sia ebreo ha avuto a che fare con la sua adesione alla società aperta? Quando si vede come gli ebrei reagiscono alle persecuzioni, ci si rende conto che tendono a cercare una o due vie d'uscita, sempre le stesse. O trascendono i loro problemi orientandosi verso qualcosa di universale, o si identificano con i loro oppressori e cercano di essere come loro. Vengo da una famiglia assimilazionista e ho scelto la prima strada. Una terza possibilità è il sionismo, la fondazione di una nazione in cui gli ebrei siano la maggioranza. "George Soros avrebbe potuto citare esplicitamente il percorso comunista in cui gli ebrei hanno avuto un ruolo così "eminente", ma vedremo in un altro capitolo come tutto sembri indicare che si sia voltato pagina e che sia preferibile, a questo punto della storia, non appellarsi troppo alla "memoria"". "Sono orgoglioso di essere ebreo. Credo che il genio ebraico esista. Basta guardare il successo degli ebrei nella scienza, nella vita economica e nelle arti. È il risultato dei loro sforzi per trascendere la loro condizione di minoranza e raggiungere

---

[332]Samuel Pisar, *La Ressource humaine*, Jean-Claude Lattès, 1983, p. 379.

[333]Questo termine è preferibile a "propaganda", quest'ultimo forse troppo segnato da reminiscenze totalitarie.

[334]George Soros, *Le Défi de l'argent*, Plon 1996, p. 115.

qualcosa di universale. L'ebraismo è un elemento essenziale della mia personalità e, come ho detto, ne sono molto orgoglioso. Sono anche consapevole di portare in me una parte dell'utopia ebraica nel mio modo di pensare. Le mie fondamenta sono legate a questa tradizione. Quindi, per rispondere alla sua domanda iniziale: le mie opinioni hanno qualcosa a che fare con la mia eredità ebraica? - Direi proprio di sì. E non vedo perché dovrebbe essere un problema."

Le aspettative planetarie sembrano qui determinate dall'ebraismo: "Da adolescente sognavo di essere un superuomo. Ho già parlato dei miei impulsi messianici[335]. "Ed è proprio questa fede messianica che anima invariabilmente gli spiriti planetari e li porta all'instancabile attivismo che caratterizza ogni loro azione. Avendo fatto fortuna, George Soros ha ora i mezzi per influenzare ampiamente il corso della storia: "Sono letteralmente affascinato dalla storia, che ho un profondo desiderio di influenzare. "Non si fermano mai. In questo popolo militante, tutta la vita è condizionata da questa fede assoluta nella necessità di un'unificazione planetaria per vedere finalmente realizzate le profezie.

Le fonti religiose del globalismo

La filosofia dell'Illuminismo, che aveva gradualmente permeato le classi dirigenti della società dell'Ancien Régime per tutto il XVIII secolo, aveva infine portato alla caduta della monarchia e all'instaurazione della Repubblica. Proclamando l'uguaglianza di tutti gli esseri umani, la Rivoluzione francese aveva posto le basi politiche per il primo passo verso la creazione di un mondo migliore. La Francia divenne così "il Paese dei diritti umani": non più un Paese abitato da francesi, in modo volgarmente tribale, ma una nazione a vocazione universalistica, la cui missione storica sarebbe stata d'ora in poi quella di lavorare per la fratellanza universale. In questi tempi, la Francia è il laboratorio moderno dove si deve costruire la società multiculturale, multietnica e multirazziale; è un esempio per tutta l'umanità prima della dissoluzione generale di tutte le nazioni; attraverso di essa si realizza il destino dell'umanità.

Ma l'Illuminismo del XVIII secolo, la Rivoluzione francese e l'instaurazione della Repubblica, segnata dal sigillo dell'uguaglianza e dalla lotta antireligiosa, rappresentarono per gli ebrei cose molto diverse, più che semplici cambiamenti politici. È quanto afferma il

---

[335]George Soros, *Le Défi de l'argent*, Plon 1996, pag. 186.

famoso filosofo Emmanuel Levinas nel suo saggio *Libertà difficile*: "Nei quartieri ebraici dell'Europa orientale, la Francia era il Paese in cui le profezie si realizzavano336. "In tutti i Paesi europei in cui nel corso del XIX secolo prevalevano le idee liberali della rivoluzione, i governi concedevano agli ebrei gli stessi diritti degli europei. Fu l'inizio dell'integrazione delle comunità ebraiche nella società europea e, per loro, l'inizio di una prodigiosa ascesa sociale, finanziaria e politica.

Spesso troviamo negli autori planetari questo gusto per la profezia, questa fede assoluta nell'esattezza delle loro analisi, come se fossero basate su una fede religiosa. Emmanuel Levinas è stato in grado di fare luce su questa questione. Le antiche profezie sembrano essere il lievito intellettuale dei nostri filosofi moderni:

"È infatti possibile raggruppare le promesse dei profeti in due categorie: politiche e sociali. L'ingiustizia e l'alienazione introdotte dalla dimensione arbitraria dei poteri politici in ogni impresa umana scompariranno; ma l'ingiustizia sociale, il dominio esercitato dai ricchi sui poveri, scomparirà contemporaneamente alla violenza politica. La tradizione talmudica, rappresentata da Rabbi Chiya ben Abba, che parla a nome di Rabbi Yochanan, vede nei tempi messianici la realizzazione simultanea di tutte queste promesse politiche e sociali... Per quanto riguarda il mondo futuro, esso sembra essere situato su un altro piano. Il nostro testo lo definisce come "il privilegio di colui che ti aspetta". È, in linea di principio, un ordine personale e intimo, esterno alle conquiste della storia che attendono un'umanità in cammino per unirsi in un destino collettivo... C'è un'opinione contraria su questo punto, quella di Samuele, che afferma: "Tra questo mondo e l'età messianica non c'è altra differenza che la fine del "giogo delle nazioni" - della violenza e dell'oppressione politica". Un testo noto, che Maimonide riprenderà cercando, da parte sua, di fare una sintesi tra l'opinione di Samuele e quella di Rabbi Yochanan337."

Le profezie ebraiche ci promettono quindi il progresso dell'umanità verso un mondo senza frontiere, unificato, e parallelamente la soppressione delle disuguaglianze sociali. La pace regnerà sul mondo, l'abbondanza scorrerà dalla terra e gli uomini vivranno nell'aria, liberi e felici, in perfetta uguaglianza. Naturalmente riconosciamo qui le fonti primitive del marxismo e quelle che oggi

---

[336] Emmanuel Lévinas, *Difficile libertà*, Albin Michel, 1963, edizione del 1995, p. 330, 334.

[337] Emmanuel Levinas, *Libertà difficile, Saggi sull'ebraismo*. Ediciones Lilmod, Buenos Aires, 2004, p. 283, 284.

ispirano la nostra ideologia planetaria all'inizio del terzo millennio e che, attraverso l'editoria, fa sognare tanti nostri concittadini.

La liberazione umana può essere concepita solo su scala umana e globale. E questa idea, come ha confermato il filosofo Emmanuel Levinas, "l'idea stessa di un'umanità fraterna, unita nello stesso destino, è una rivelazione mosaica[338]. "È attraverso la distruzione delle vecchie nazioni che le promesse divine si realizzeranno e che Israele potrà finalmente condurre l'intera umanità alla felicità e alla prosperità: "I nostri testi antichi insegnano proprio l'universalismo purificato da ogni particolarismo della propria terra, da ogni memoria di ciò che è stato piantato. Insegnano la solidarietà umana di una nazione unita dalle idee[339] ", scriveva Levinas, che sembrava aver dimenticato la lezione della Torre di Babele.

"Abbiamo la reputazione di credere di essere il popolo eletto e questa reputazione danneggia molto l'universalismo. L'idea di un popolo eletto non deve essere considerata un vanto. Non si tratta di una coscienza di diritti eccezionali, ma di doveri eccezionali. È l'attributo stesso della coscienza morale. Una coscienza che sa di essere al centro del mondo e per essa il mondo non è omogeneo: nella misura in cui sono sempre l'unico a rispondere alla chiamata, sono insostituibile nell'assunzione di responsabilità. La scelta è un eccesso di obblighi per i quali si enuncia l'io della coscienza morale340... Gli ebrei sono necessari per il futuro di un'umanità che, sapendo di essere salvata, non ha più nulla da sperare. La presenza degli ebrei ricorda ai conformisti di ogni tipo che non tutto va bene nel migliore dei mondi.[341]. "È una strana rivelazione per un intellettuale dichiarare ingenuamente che gli ebrei sono sulla terra per impedire agli altri popoli di vivere secondo i loro standard.

Il discorso è ancora più curioso se si considera che, paradossalmente, i precetti che si cerca di inculcare agli altri non sembrano valere per il popolo ebraico: "Israele è uguale all'umanità, ma l'umanità contiene qualcosa di disumano e quindi Israele si riferisce a Israele, al popolo ebraico, alla sua lingua, ai suoi libri, alla sua legge, alla sua terra. "Israele trae la sua forza dal suo passato e dalla sua memoria. È nella chiara consapevolezza di esistere come popolo unito,

---

[338]Emmanuel Lévinas, *Difficile liberté*, Albin Michel, 1963, 1995, p. 310.

[339]Emmanuel Levinas, *Libertà difficile, Saggi sull'ebraismo*. Ediciones Lilmod, Buenos Aires, 2004, p. 254.

[340]Emmanuel Levinas, *Libertà difficile, Saggi sull'ebraismo*. Ediciones Lilmod, Buenos Aires, 2004, p. 199.

[341]Emmanuel Lévinas, *Difficile liberté*, Albin Michel, 1963, 1995, p. 261.

radicato nelle sue tradizioni e nella sua religione, che può continuare a prosperare tra le nazioni, senza temere di scomparire per assimilazione o miscegenazione.

Ecco la spiegazione di tale paradosso: "Contrariamente alle storie nazionali, il passato di Israele, come antica civiltà, è fissato al di sopra delle nazioni come un cielo stellato. Noi siamo la scala vivente verso il cielo342... Questa "separazione dalle nazioni" - di cui parla il Pentateuco - trova la sua realizzazione nel concetto di Israele e nel suo particolarismo. È un particolarismo che condiziona l'universalità. E si tratta più precisamente di una categoria morale che di Israele come fatto storico, anche se l'Israele storico è rimasto di fatto fedele al concetto di Israele e ha assegnato a se stesso nella moralità responsabilità e obblighi che non esige da nessuno, ma che sostengono il mondo... L'ebraismo promette una riconquista, una gioia di autopossesso nel tremore universale, una radiosità dell'eternità attraverso la corruzione343. "Ovviamente, la corruzione si riferisce alle altre nazioni del mondo, alle quali viene chiesto di dimenticare il loro passato, le loro tradizioni e la loro religione per facilitare l'avvento delle profezie e conformarsi così alle leggi del popolo eletto".

Le parole di Emmanuel Levinas presentano evidenti analogie, sia nella sostanza che nella forma, con quelle di Jacob Kaplan, il rabbino capo del Concistoro centrale. In *The True Face of Judaism344*, quest'ultimo esponeva una visione che rifletteva la stessa fede messianica nell'unificazione del mondo e nella pace universale. Del messianismo, scriveva, ricordo il passo più famoso: "Il lupo dimorerà con l'agnello, il leopardo si sdraierà con il capretto; il vitello, la bestia da preda e l'agnello insieme, e un bambino li guiderà". La mucca e l'orso pascoleranno, i loro piccoli si sdraieranno insieme; il leone mangerà la paglia come il bue. Un bambino che succhia giocherà sopra la tana del cobra e uno sveglio stenderà la mano sopra la tana della vipera. Nulla di male o di ignobile sarà fatto in tutto il mio monte santo, perché la terra sarà piena di devozione a Yahweh, come le acque coprono il mare345ª." "È evidentemente un'immagine delle relazioni che si stabiliranno tra le nazioni, felici di mantenere l'unione e la concordia tra loro", ha aggiunto Kaplan.

---

[342]Emmanuel Lévinas, *Difficile liberté*, Albin Michel, 1963, 1995, p. 280, 288.

[343]Emmanuel Levinas, *Libertà difficile, Saggi sull'ebraismo*. Ediciones Lilmod, Buenos Aires, 2004, p. 111, 249.

[344]Jacob Kaplan, *Le vrai visage du Judaísme*, Stock, 1987.

[345]Jacob Kaplan, *Le vrai visage du Judaisme*, Stock, 1987. *Comunicazione all'Accademia di scienze morali e politiche*, febbraio 1985.[a: Isaia, XI, 6-9, Biblia Israelita Nazarena, 2011. Su Bibliatodo.com per le versioni inglesi della Bibbia].

Per raggiungere questo risultato, l'umanità ha a disposizione un testo di riferimento fin dal 1948: "Per l'avvento di un'era senza minacce per la razza umana, possiamo avvalerci della dichiarazione universale dei diritti umani", ha continuato il rabbino Kaplan. È essenzialmente un'opera di giustizia e, poiché si basa sulla giustizia, è un'opera di pace. Il ruolo svolto dal presidente René Cassin nella stesura di questa dichiarazione è noto a tutti noi [il pubblico della sinagoga di rue de la Victoire a Parigi, ndlr], ma le difficoltà che ha dovuto affrontare a questo proposito non sono note a tutti noi346...Lo stesso René Cassin lo ha riconosciuto in una nota a piè di pagina della sua conferenza in cui afferma: "i talmudisti furono i primi a sostenere che i precetti del Decalogo costituivano il riconoscimento dei diritti dell'uomo alla vita, alla proprietà, alla religione...". Il rispetto della Dichiarazione universale dei diritti dell'uomo è un obbligo talmente imprescindibile da comportare il dovere per tutti di contribuire a tutte le azioni volte alla sua attuazione universale e completa. "Tutta l'umanità deve sottomettersi. Si potrebbe dire che i "diritti umani" sono lo strumento privilegiato per realizzare le promesse divine347.

Per quanto riguarda gli stretti legami tra le idee democratiche e l'ebraismo, Shmuel Trigano lo conferma ricordando che le comunità ebraiche medievali erano governate da una carta dei diritti e dei doveri che legava i membri gli uni agli altri: "L'idea ebraica di alleanza è quindi una delle fonti capitali della democrazia moderna348."

Per quanto riguarda la giustizia sociale, ha continuato Jacob Kaplan, "gli insegnamenti dell'ebraismo sono molto chiari: Israele è a favore dell'uguaglianza sociale, non solo perché ha sofferto più di ogni altro dell'ingiustizia e ne soffre tuttora laddove la civiltà non è ancora arrivata o è in ritirata, ma perché la sua dottrina, permeata dall'amore per l'umanità e dalla passione per la giustizia, rimane, oggi come un tempo, la più emozionante delle proteste sollevate in nome di Dio e della coscienza contro l'abuso della forza e la violazione del diritto349... Il mondo trarrà beneficio dalla stabilità attraverso

---

[346]René Cassin era il segretario generale dell'Alleanza israelita universale. Nel 1945, il generale de Gaulle lo nominò capo del Consiglio di Stato. Le sue spoglie riposano nel Panthéon, il tempio dei grandi uomini della Repubblica francese.

[347]"L'ebraismo può sopravvivere solo nella misura in cui è riconosciuto e propagato da laici che, al di fuori di ogni ebraismo, sono i promotori della vita comune degli uomini", Emmanuel Levinas, *Libertà difficile, Saggi sull'ebraismo*. Ediciones Lilmod, Buenos Aires, 2004 p. 244.

[348]Shmuel Trigano, *L'Idéal démocratique*, Edizioni Odile Jacob, 1999, p. 88.

[349]*Cahier de la Voix d'Israel*, 1937, in Jacob Kaplan, *Le vrai visage du Judaísme*, Stock, 1987.

l'armonia che sarà stabilita dall'armonia che si stabilirà nel mondo.Il mondo beneficerà della stabilità grazie all'armonia che si stabilirà tra i popoli attraverso il rispetto della giustizia, grazie alla quale scompariranno l'ingiustizia sociale, la malnutrizione, la miseria, le baraccopoli, l'egoismo e l'indifferenza per il destino degli altri. Naturalmente, ci vorrà molto tempo per raggiungere questo obiettivo. L'ebraismo conosce questo350."

L'unificazione delle nazioni può essere raggiunta solo sradicando i vecchi pregiudizi: "Per l'ebreo credente, abolire il razzismo e preparare l'avvento della fratellanza umana significa mettere in pratica la dottrina biblica dell'unità del genere umano351. "Purtroppo, troppo spesso l'ebraismo è "il bersaglio dei nemici della civiltà". Questo perché "in ogni epoca, in ogni Paese, Israele, perseguitato, martirizzato, ha incarnato i principi che dovevano trionfare con il progresso dello spirito umano". Quando Nimrod perseguitò Abramo, il fondatore della nostra religione, colpevole per lui di non prostrarsi davanti a falsi dei, chi dei due rappresentava la civiltà: Nimrod, il tiranno crudele e idolatra, o Abramo, il pastore pacifico e virtuoso? Quando al tempo di Giuda Maccabeo, Antioco IV Epifane volle imporre agli Ebrei gli dei frivoli e la morale dissoluta della Grecia, con chi stava il futuro della civiltà? Con i Greci, scanzonati, beffardi, amorali, o con gli Ebrei, seri, sobri e dignitosi352?".

La convinzione della superiorità del popolo ebraico è evidente in questo caso, ma non fraintendetemi: il popolo ebraico non è razzista, non può essere razzista. Come ha scritto Elie Wiesel, "in tutte le conferenze in cui affronto questioni ebraiche, sottolineo l'etica dell'ebraismo che, per definizione, nega il razzismo. Un ebreo non può essere razzista; un ebreo ha il dovere di combattere qualsiasi sistema che consideri l'altro come un essere inferiore. Ecco perché chiunque - indipendentemente dal colore, dall'origine o dallo status sociale - può diventare ebreo: deve semplicemente accettare la Legge353."

350Jacob Kaplan, *Le vrai visage du Judaisme*, Stock, 1987. *Comunicazione all'Accademia di scienze morali e politiche, febbraio 1985.*

351Jacob Kaplan, *Le vrai visage du Judaísme*, Stock, 1987. *Discorso pronunciato alla sinagoga di rue de la Victoire il 20 aprile 1967.*

352Jacob Kaplan, *Le vrai visage du Judaísme*, Stock, 1987, capitolo *"Racisme et Judaïsme".*

353Elie Wiesel, *Mémoires, tome II*, Éditions du Seuil, 1996, p. 217. [Si noti qui che, sebbene in teoria l'ebraismo sia aperto a tutti, in realtà è estremamente difficile per un goy essere accettato nell'ebraismo. Qualsiasi rabbino ve lo confermerà - oppure no. Ma c'è anche un'alternativa per i goyim di adottare il noachismo (https://noahideworldcenter.org/). Emmanuel Levinas lo ha spiegato in questo modo: "Il pensiero ebraico tradizionale fornisce altrimenti il quadro per concepire una società

Se nella storia del mondo nessun popolo è stato così martirizzato come il popolo di Dio", scriveva il rabbino Kaplan, "e se ogni volta che la civiltà si ferma o la barbarie rialza la testa, i membri della comunità ebraica sono le prime vittime della reazione, è perché l'ebraismo è all'avanguardia della civiltà. "Nelle esortazioni del quinto libro di Mosè è scritto: "Perché tu sei un popolo consacrato a Yahweh tuo Elohim: tra tutti i popoli della terra Yahweh tuo Elohim ti ha scelto per essere il suo popolo speciale354. "Israele è l'eletto del Signore. "Secondo la bella immagine di uno dei nostri più celebri teologi del Medioevo, Juda Halevi, la comunità ebraica è, per volontà di Dio, il seme che farà germogliare l'umanità futura... In modo che le idee dell'ebraismo, rafforzate dalla forza della verità e indistruttibili dalla violenza, si diffondano in tutto il mondo per diventare il cibo spirituale dei popoli civilizzati."

È quindi chiaro che, senza il popolo ebraico, i popoli europei, così come gli altri popoli del mondo, non sono in grado di elevarsi al livello della civiltà. E il grande Rabbi Kaplan ha aggiunto: "Nessuna forza terrena impedirà l'evoluzione dell'umanità secondo le intenzioni di Dio, nessun potere di questo mondo potrà distoglierci dal compito che Egli ci ha assegnato. Abbiamo una certezza incrollabile, fondata sia sulle promesse bibliche sia sull'esperienza del passato remoto e recente. Quel tempo verrà certamente, chiamato da questa voce che, come un grido di speranza invincibile, ha già attraversato secoli e millenni, e che attraverserà, se necessario, altri secoli, altri millenni, ma che alla fine sarà ascoltata da tutti: "In quel giorno Yahweh sarà l'unico, e il suo Nome sarà l'unico Nome355[a]." "Ricordiamo di passaggio le parole di Daniel Cohn-Bendit: "La società dell'immigrazione è ormai una realtà, e nessuna potenza al mondo può farla tornare indietro356. "Tali

---

umana universale, che abbraccia i giusti di tutte le nazioni e di tutte le fedi, con i quali è possibile l'intimità ultima - quella che il Talmud formula, riservando a tutti i giusti la partecipazione al mondo a venire... Con qualcuno che non è un ebreo che pratica la moralità, con il Noachide, un ebreo può comunicare intimamente e religiosamente come con un ebreo. Il principio rabbinico secondo cui i giusti di tutte le nazioni partecipano al mondo a venire non esprime semplicemente una prospettiva escatologica. Afferma la possibilità di questa intimità ultima, al di là dei dogmi affermati dall'uno o dall'altro, l'intimità senza riserve. Qui sta il nostro universalismo. Nella grotta dove riposano i patriarchi e le nostre madri, il Talmud riposa Adamo ed Eva: è per tutta l'umanità che è nato l'ebraismo", *Libertà difficile, Saggi sull'ebraismo*, p. 192, 199.

354*Deutoronomio VII, 6*, Bibbia Nazarena Israelita, 2011.

355Jacob Kaplan, *Le vrai visage du Judaisme*, Stock, 1987, sermone del 22 maggio 1950. a: *Zaccaria, XIV, 9*, Bibbia Kadosh Israelita Messianica.

356Daniel Cohn-Bendit, *Xénophobies*, Amburgo, 1992, Grasset, 1998, p. 51.

convinzioni sembrano essere la motivazione di fondo di molti intellettuali, artisti e politici del nostro tempo.

Possiamo ora renderci conto di quanto l'ideologia marxista abbia in qualche modo secolarizzato l'attesa messianica. In questo senso, George Steiner è stato in grado di presentare il marxismo dal punto di vista della profezia biblica: "Il marxismo è in fondo un giudaismo impaziente. Il Messia ci ha messo troppo tempo a venire, o più precisamente a non venire affatto. Spetta all'uomo stabilire il regno della giustizia su questa terra, qui e ora. L'amore deve essere scambiato con l'amore, la giustizia con la giustizia, predicava Karl Marx nei suoi manoscritti del 1844, in cui riecheggia in modo trasparente la fraseologia dei Salmi e dei profeti. Nel programma egualitario del comunismo è rimasto ben poco che non sia già stato incessantemente predicato da Amos, quando annunciò l'anatema di Dio contro i ricchi e il loro abominio della proprietà. Dove il marxismo ha trionfato, anche e soprattutto nelle sue forme più brutali, si è compiuta quella vendetta del deserto sulla città così evidente in Amos e negli altri testi profetici e apocalittici di retribuzione sociale[357]. "Il tema della vendetta è infatti ricorrente nell'universo mentale dei sostenitori del globalismo; vedremo le drammatiche conseguenze che ha avuto nella Russia bolscevica.

La vicinanza del pensiero di George Steiner a quello di Levinas o di Rabbi Kaplan è ancora chiaramente percepibile nell'idea che egli aveva del ruolo dell'ebraismo: "Così gli ebrei hanno chiamato tre volte alla perfezione individuale e sociale, sono stati i guardiani notturni che non assicurano il riposo, ma, al contrario, svegliano l'uomo dal sonno dell'autostima e del comfort ordinario (Freud ci ha svegliato anche dall'innocenza del sonno[358].)". Ancora, lo stesso riecheggia nelle parole di Daniel Cohn-Bendit quando ci dice: "Il contratto firmato con la società multiculturale deve impedirci di diventare troppo casalinghi e comodi, tradizionalisti e compiacenti nella nostra sfera familiare[359]."

"Non è il popolo deicida che il cristianesimo ha perseguitato fino al limite dell'estinzione durante il Medioevo, è "l'artefice di Dio", il portavoce che non ha cessato di ricordare all'umanità cosa potrebbe diventare, cosa deve diventare perché l'uomo sia veramente uomo... Con la completa estinzione fisica di tutti gli ebrei dalla faccia della terra, la dimostrazione e la prova dell'esistenza di Dio crollerebbero, e la

---

[357]George Steiner, *De la Bible à Kafka*, 1996, Bayard, 2002, per l'edizione francese.
[358]George Steiner, *Pasión intacta. A través de ese espejo, en en enigma*, Ediciones Siruela, Madrid, 1997, p. 447.
[359]Daniel Cohn-Bendit, *Xénophobies*, Amburgo, 1992, Grasset, 1998, p. 158.

Chiesa perderebbe la sua ragion d'essere: la Chiesa affonderebbe360.
"Ancora una volta, l'idea che gli altri popoli siano in qualche modo
sottosviluppati è espressa molto chiaramente. Il popolo ebraico è posto
al di sopra delle altre nazioni che devono conformarsi ai suoi principi
per accedere a loro volta al rango di umanità.

Ora comprendiamo meglio le visioni estatiche del filosofo Pierre
Levy in *World Philosophie*, un libro che vuole essere profano e che si
rivolge al grande pubblico: "Uomini e donne, ricchi e poveri, atei e
credenti, buddisti e cattolici, gente di qua e gente di là, perché non
amarsi? Ecco! Adesso, adesso... Aiutiamo i poveri, aiutiamo i ricchi,
non fa differenza. Dobbiamo imparare che non esiste una gerarchia
sociale, né al di sopra né al di sotto, e che tutte queste distinzioni non
hanno importanza. Questo potrebbe davvero contribuire a cambiare la
società. "Infatti, continua Levy, "l'idea di classe sociale è un vicolo
cieco, proprio come l'idea di nazione361. "Questo non traduce
esattamente le profezie?

Anche Alain Finkielkraut era entusiasta della ricettività e della
disponibilità del pubblico europeo e occidentale nei confronti di queste
nuove idee: "Il soggetto postmoderno vuole ispirarsi a quella "libertà
dalle forme sedentarie dell'esistenza" che, secondo Levinas, costituisce
la definizione ebraica dell'uomo362. "Da qui "l'entusiasmo
contemporaneo per il tema ebraico dell'esilio". Invece della parola
"esilio", suggeriamo umilmente ad Alain Finkielkraut che sarebbe
preferibile usare un altro termine, quello di "transumanza", ad esempio,
poiché sembra che questa doppia concezione dell'umanità corrisponda
solo a quella di un pastore e del suo gregge.

Lo sviluppo del pensiero planetario attraverso i secoli e le
rivoluzioni richiederebbe ovviamente uno studio approfondito,
soprattutto attraverso l'analisi dei testi religiosi ereditati dalla tradizione
mosaica. Nel contesto del presente studio, non possiamo che presentare
uno dei rappresentanti più importanti ed essenziali di questa storia:
Baruch Spinoza, che possiamo osservare attraverso gli occhi del
saggista Alain Minc: "Spinoza è stato il primo di una genealogia molto
particolare, quella dei reietti ebrei, ai margini della loro comunità e
talvolta violentemente opposti ad essa, tutti intellettuali di rottura, tutti

---

[360]George Steiner, *De la Bible à Kafka*, 1996, Bayard, 2002, pag. 22, 24.
[361]Pierre Lévy, *Filosofia mondiale*, Odile Jacob, 2000, pag. 183, 184
[362]Emmanuel Levinas, *Libertà difficile, Saggi sull'ebraismo*. Ediciones Lilmod,
Buenos Aires, 2004, p. 112, citato in Alain Finkielkraut, *Le Mécontemporain*,
Gallimard, 1991, p. 177.

senza ascendenza, ma tutti all'origine di una discendenza folgorante, o talvolta meno che onorevole. Spinoza, Marx, Freud, Einstein: un quartetto sorprendente che illustra l'idea, inaccettabile per le autorità costituite della comunità ebraica, che l'ebraismo non è mai più decisivo nel corso dell'umanità di quando si installa fuori dalle proprie mura363."

Come Marx e molti altri intellettuali, Spinoza era un ebreo in rivolta contro la propria comunità: "Oltre ad essere stupidi, gli ebrei sono anche malvagi... La loro meschinità è paragonabile solo a quella degli ebrei, il cui odio per gli stranieri è ben noto... Non hanno superato le altre nazioni nella scienza o nella pietà... Non erano gli eletti di Dio sulla base della vera vita e delle alte speculazioni... Se in qualcosa prevalevano sulle altre nazioni, era nella prosperità dei loro affari, in ciò che riguardava la sicurezza della vita e nella fortuna con cui superavano i grandi pericoli. "La scelta degli ebrei era quindi dovuta solo alla loro ricchezza. Infatti, "oggi gli ebrei non hanno assolutamente nulla da rivendicare che li ponga al di sopra delle nazioni364." 365"Tuttavia, Spinoza non fu scomunicato nel 1656 perché professava un antigiudaismo primario, ma perché diffondeva idee sacrileghe, quasi atee, e perché attaccava tutte le religioni. Era un marginale, un dissidente, un rivoluzionario. "Se la scomunica fosse esistita nella tradizione ebraica, Marx sarebbe stato scomunicato e Freud, pur essendo un buon ebreo, avrebbe subito la stessa sorte. Solo Einstein sarebbe stato risparmiato366."

Era anche un personaggio curioso: "Tutti coloro che si sono avvicinati a Spinoza hanno attestato la sua difficoltà a ridere, persino a sorridere. Il genio taciturno, il filosofo malinconico, il pensatore nostalgico alla ricerca di un passato sommerso, ride solo in una circostanza: davanti ai ragni che lottano all'ultimo sangue o quando uno di loro sta per smembrare l'altro... Ride solo quando vede gli insetti che si smembrano con la stessa precisione dei boia di Place de Grève367."

Baruch Spinoza nacque ad Amsterdam da una famiglia ebrea portoghese. L'Olanda, ha spiegato Alain Minc, - la repubblica borghese delle Province Unite - è stata "la prima società libera dell'Occidente".

363Alain Minc, *Spinoza, un roman juif*, Gallimard, 1999, p. 12-13 (cfr. nota 348).

364Alain Minc, *Spinoza, un roman juif*, Gallimard, 1999, p. 106.

365Edward Drumont è stato uno scrittore antisemita della fine del XIX secolo. Fu autore di *La Francia ebraica* (1886), un libro che ebbe un notevole successo.

366Alain Minc, *Spinoza, un roman juif*, Gallimard, 1999, pagg. 10, 12-13.

367Alain Minc, *Spinoza, un roman juif*, Gallimard, 1999, p. 120-121. [Oggi Place du Mairie a Parigi. Sotto l'Ancien Régime, la Place de Grève (fino al 1803) veniva utilizzata anche per le esecuzioni pubbliche).

"Nel XVII secolo, in Olanda regnava una grande tolleranza religiosa e il Paese era diventato il rifugio ufficiale di tutti i fuorilegge dell'epoca. Ma la piccola Olanda era anche una temibile potenza commerciale. Il grande business dei mercanti protestanti olandesi ed ebrei era il commercio internazionale, che svilupparono fino a rendere il Paese la prima nazione commerciale d'Europa per decenni. Questa preminenza economica, così come il fulcro dell'opposizione che rappresentava attraverso la diffusione della religione riformata, irritò altre potenze, soprattutto la Francia di Luigi XIV. Nel 1672 scoppiò la guerra tra i due Paesi e la Francia invase la piccola repubblica.

Ciò ha dato origine a un episodio bizzarro. In piena guerra, Spinoza, che aveva sempre lodato i meriti dei Paesi Bassi, attraversò il fronte in territorio nemico su invito di Stouppe, il nuovo governatore della città di Utrecht nominato dal Gran Condé, il famoso duca di Enghien e maresciallo di Francia. "Più tardi sarà fucilato per molto meno", ha giustamente osservato Alain Minc[368]. Questa fuga incomprensibile rimane un mistero nella vita di Spinoza. Perché era così ansioso di vedere Condé, cosa voleva da lui, si aspettava un protettore?

Stouppe, pur essendo un protestante di origine svizzera, aveva poca considerazione per la nazione olandese. Gli olandesi, pur aderendo al protestantesimo, accolsero nel loro Paese tutte le religioni e tutte le sette: "cattolici romani, luterani, brunisti, anabattisti, socialisti, indipendenti, quaccheri, borelisti, armeni, moscoviti, libertini, ebrei, persiani e una schiera di curiosi che non sanno a quale gruppo appartengono". "Pertanto, conclude Stouppe, il vero Dio degli olandesi è Mammona, è il denaro[369]. Riferendosi a Spinoza, Stouppe ha scritto: "Qualche anno fa, ha scritto un libro intitolato *Tractatus theologico-politicus*: lo scopo essenziale sembra essere quello di distruggere tutte le religioni, specialmente quella ebraica e cristiana, e di aprire la porta all'ateismo, al libertarismo e alla libertà per tutti."

"Come possiamo rimproverare a Stouppe di aver invaso un Paese che è protestante solo di nome e la cui tiepidezza teologica è così grande che nessuno osa confutare le idee demoniache di Spinoza[370]?".

---

[368]Le accuse di tradimento sono ricorrenti.
[369]Si può leggere con interesse la famosa tesi di Max Weber sul rapporto tra lo spirito capitalista e la religione calvinista (*L'etica protestante e lo spirito del capitalismo*, 1920), un libro regolarmente ripubblicato; si può anche leggere *Les Juifs et la vie économique* di Werner Sombart (Payot, 1923), un libro introvabile (tranne forse per il buon fratello Guglielmo da Baskerville) e mai ripubblicato, ma altrettanto interessante e istruttivo. [Dalla riedizione in francese nel 2012. *Los Judíos y la vida económica*, pubblicato in spagnolo dall'Universidad Completense di Madrid nel 2008].
[370]Alain Minc, *Spinoza, un roman juif*, Gallimard, 1999, pagg. 180-182.

Dopo un lungo periodo di messa a tacere della sua opera, ha scritto Alain Minc, "Spinoza si è fatto strada nel XVIII secolo in forma sempre meno sotterranea, passando il testimone qualche decennio più tardi a Hegel, che è stato l'origine di tutto ciò che è seguito371. Nel XX secolo, "la riscoperta del filosofo politico" è avvenuta paradossalmente sotto gli auspici di "due rami, uno liberale, l'altro marxista, Popper e Althusser giocando in questo caso l'inaspettato ruolo di gemelli". "Troviamo qui i germi del marxismo e del liberalismo, i due filoni del globalismo amalgamati nelle loro origini dogmatiche dal cemento del mosaico.

Come Marx, Spinoza, sebbene irreligioso e rifiutato dalla sua comunità, non era meno ebreo: "Spinoza è permeato da cima a fondo dai modi di pensare e di sentire caratteristici della vivace intelligenza ebraica. Sento, scrive Minc, che non potrei sentirmi così vicino a Spinoza se io stesso non fossi ebreo e se non mi fossi sviluppato in un ambiente ebraico... Spinoza è un intellettuale ebreo... Per alcuni, Spinoza è il cattivo romanzo di un ebreo: per altri, è il romanzo di un cattivo ebreo; senza dubbio, è un romanzo ebraico372."

In un romanzo di fantascienza dall'eloquente titolo *Lui verrà*, il prolifico Jacques Attali ha trasmesso parte del messaggio religioso e politico dell'ideale messianico. Nella sua storia, immaginava un bambino prodigio che potesse diventare il Messia tanto desiderato da Israele. In un'atmosfera apocalittica, il padre del ragazzo si reca in Israele per incontrare i rabbini.

I brevi estratti che seguono mostrano la permanenza di alcuni temi nella letteratura planetaria, come l'umanesimo, l'Africa, la società aperta, il "tremore", la "scala", i "nomadi", "inventare", "salvare l'umanità", la guerra, la vendetta e l'incesto. Leggere attentamente:

"Jonathan non aveva nemmeno dodici anni. Stavano per lasciare il deserto etiope quando Mortimer cominciò a stupirsi della sua parlantina e dei suoi modi di fare. Senza dubbio era da tempo consapevole dell'unicità del figlio maggiore... Dopo quindici anni trascorsi in Africa a soccorrere e curare le vittime della barbarie, Mortimer era tornato a Londra come professor Simmons... Una settimana prima, due poliziotti erano venuti a interrogare Mortimer in modo educato su Jonathan e sui suoi legami con la Open Society. Nelle università e in alcuni locali notturni circolava allora una sua canzone che parlava di vulcano, di lava, di Oriente, di nidi di uccelli e di una scossa tellurica373."

371Alain Minc, *Spinoza, un roman juif*, Gallimard, 1999, pag. 12.
372Alain Minc, *Spinoza, un roman juif*, Gallimard, 1999, p. 225-227.
373Jacques Attali, *Il viendra*, Fayard, 1994, p. 29.

Per capire la vera natura di suo figlio, Mortimer si recò quindi a Gerusalemme per consultare alcuni saggi all'interno di una cripta. I rabbini riuniti, incuriositi e curiosi del fenomeno, si trovarono "esattamente sotto l'ingresso di quello che era stato il Santo dei Santi del secondo Tempio, proprio dove si trovava più di duemila anni fa". "Uno dei rabbini ha spiegato: "Non siamo superiori. Siamo diversi. Avremmo voluto essere ignorati, dimenticati nelle nostre terre. Ma siamo stati scacciati. Siamo diventati nomadi costretti a inseguire il nemico e a inventare il tempo. Dopo di che, siamo caduti in schiavitù. Quando siamo stati liberati, Dio ci ha assegnato la missione di salvare gli uomini e di parlare nel suo nome. Non l'abbiamo chiesto noi. Quando ci sarà sopra le nostre teste... non più pietre ed erbacce, ma l'unico luogo degno di ricevere Dio su questo pianeta, allora il mondo potrà prepararsi per un tempo perfetto[374]. "È sufficiente, quindi, ricostruire il Tempio sul sito della Grande Moschea, come propone oggi un numero crescente di ebrei israeliani ortodossi. "La preghiera", ripete, alzando gli occhi verso quelli del suo ospite, "è come una grande scala che sale al cielo... I nostri testi dicono che 'le schiere celesti si alzeranno con grande tumulto', che 'le fondamenta del mondo saranno scosse'. La guerra dei potenti dei cieli si diffonderà in tutto il mondo"... La nostra Cabala spiega che l'Inviato indosserà poi le vesti della vendetta, distruggerà il re malvagio, vendicherà Israele prima di tornare a nascondersi nel giardino dell'Eden375."

In un'altra scena si assiste a questa conversazione tra i rabbini:

Secondo voi, anche i tabù sessuali saranno aboliti", sorrise Mortimer. - Assolutamente sì", ha detto Nahman. - Anche l'incesto, osò chiedere Mortimer. - Tu bestemmi, Nahman!", gridò MHRL, impedendo al giovane rabbino di rispondere a[376]."

Sono allusioni di questo tipo che ci permettono di capire ciò che da tempo turba molti spiriti. La letteratura cosmopolita è spesso costellata di queste allusioni, che vengono percepite solo dagli iniziati. Queste strizzate d'occhio suscitano un sorriso complice da parte dei lettori che sanno che il grande pubblico raramente le vede o le capisce. Lo stesso vale per il brano seguente:

"Lo scriba Esdra afferma esplicitamente che l'ordine messianico regnerà per quattro secoli. In seguito, si stabilirà un altro ordine che

---

[374]Jacques Attali, *Il viendra*, Fayard, 1994, p. 82.

[375]Jacques Attali, *Il viendra*, Fayard, 1994, p. 192, 227

[376]Jacques Attali, *Il viendra*, p. 264. L'alfabeto ebraico contiene solo consonanti. Ecco perché Cohen, Kun, Kahn, Caen o Cohn, ad esempio, sono lo stesso cognome e designano "sacerdote" in ebraico.

nessuno spirito umano può ancora concepire. Una sorta di vita spirituale pura e perfetta, al di là di ogni contingenza materiale e politica. Non ci sarà più potere, non ci sarà più ambizione, non ci sarà più fame, non ci sarà più sete, non ci sarà più malattia, non ci sarà più sessualità, non ci sarà più scarsità. Non c'è bisogno di tabù, perché non ci saranno più desideri. Solo allora le leggi naturali cesseranno di essere in vigore377.

"Ma perché pensate che il destino del mondo dipenda dalla buona volontà di un piccolo popolo? Gli ebrei sono ancora il popolo eletto, ma non è la loro storia su questa terra a determinare la venuta del Messia.

Forse perché gli ebrei, con la loro follia, sono capaci di provocare molti massacri e cataclismi", mormora Eliav, ripiegandosi su se stesso.

- Non sono certo gli unici: da soli non possono scatenare l'Apocalisse!

-Diciamo che le follie ebraiche possono più facilmente di altre avere conseguenze universali.

- È vero! Se i pazzi del Partito della Ricostruzione iniziassero a ricostruire il Tempio, provocherebbero sicuramente una guerra planetaria.

- Sono d'accordo! Tuttavia, è un nostro diritto, forse anche un nostro dovere. Siamo gli scopritori di Dio, il popolo sacerdotale dell'umanità. Sarebbe normale per noi avere il nostro Tempio lì dove la nostra religione è stata fondata molto prima delle altre. Nessuno può farci niente. Nemmeno noi[378] ", conclude il personaggio di Jacques Attali. La fede religiosa ha indubbiamente alcuni vantaggi molto convenienti, come evitare di porsi domande e lamentarsi dei "danni collaterali", come si dice dopo la Guerra del Golfo. Non c'è niente da fare...

Il messianismo nasce il più delle volte da una frustrazione storica. Appare nella coscienza collettiva come la riparazione di una perdita, come una promessa utopica di compensare la disgrazia presente. Nel suo libro *Messianismo379*, David Banon ha spiegato che "fin dalla loro origine, le visioni dei profeti di Israele appaiono nel contesto di una serie di catastrofi nazionali: Isaia profetizza all'orizzonte la distruzione del regno da parte degli Assiri; Geremia ed Ezechiele dopo il crollo del regno di Giuda e l'esilio babilonese. In seguito, l'escatologia talmudica risponderà alla distruzione del secondo Tempio da parte dei Romani e alla dispersione degli ebrei. Anche la Kabbalah è vista da Gershom

---

[377]Jacques Attali, *Il viendra*, Fayard, 1994, p. 266.
[378]Jacques Attali, *Il viendra*, Fayard, 1994, p. 309.
[379]David Banon, *Le Messianisme*, Presses Universitaires de France, 1998.

Scholem (1897-1982) come "la risposta religiosa dell'ebraismo" all'espulsione degli ebrei dalla Spagna380... "Il messianismo è quindi legato all'esperienza del fallimento.

"Nella sua essenza, è l'aspirazione all'impossibile. La tensione messianica è un'attesa febbrile, una speranza inquieta che non conosce sosta né riposo... La tensione messianica fa sì che il popolo ebraico viva sempre nell'attesa dell'imminenza di una trasformazione radicale della vita sulla faccia della terra... La redenzione è sempre vicina, ma se dovesse arrivare verrebbe subito messa in discussione in nome della stessa esigenza assoluta che pretende di realizzare". "La redenzione promessa alla fine dei tempi sostiene una realtà che è sempre al di là dell'esistente e che, quindi, non sarà mai realizzata. Ma l'uomo deve costantemente aspirare ad essa. Il Messia è sempre colui che deve venire un giorno... ma colui che finalmente appare non può che essere un falso Messia[381]. "Nei giorni a venire il monte della Casa di Yahweh sarà stabilito al di sopra dei monti e più in alto dei colli; e tutte le nazioni lo guarderanno con gioia... Così Egli giudicherà tra le nazioni e arbitrerà tra i molti popoli, ed essi batteranno le loro spade in vomeri e le loro lance in uncini da potatura; nazione non alzerà più spada contro nazione; non conosceranno più la guerra. O Casa di Yaaqov! Venite, camminiamo nella luce di Yahweh. "(Isaia, II, 2, 4, 5, Nazareno Israelita, 2011).

Non è solo per Israele che questa società si riunisce intorno al Tempio ricostruito, ma per l'intera umanità, ha spiegato ancora David Banon: "Ancora un po' di tempo, grida Aggeo, e Dio scuoterà il cielo e la terra, il mare e la terra ferma, e scuoterà tutte le nazioni, e l'élite di tutte le nazioni verrà e io riempirò questa casa di gloria382. "In realtà, se si consulta direttamente il testo nella Torah (Antico Testamento), senza passare per David Banon, si può leggere quanto segue: "Perché questo è ciò che dice Yahweh-Tzevaot [degli eserciti]: Non passerà molto tempo prima che io scuota di nuovo i cieli e la terra, il mare e la terraferma; e scuoterò tutte le nazioni, così che i tesori di tutte le nazioni affluiranno; e riempirò questa casa di Gloria, dice Yahweh-Tzevaot.

[380]Si veda anche Hervé Ryssen, *Psychoanalysis of Judaism*, e Gershom Scholem, *Le Messianisme juif*, 1971, Les Belles Lettres, 2020 (edizione francese), Gershom Scholem, *The Messianic Idea in Judaism: And Other Essays on Jewish Spirituality*, Schocken, 1995 (edizione inglese). (NdT).

[381]David Banon, *Le Messianisme*, Presses Universitaires de France, 1998, p. 5-7, 11

[382]Una quindicina di ministri francesi, tra cui altre eminenti personalità della Repubblica, erano presenti all'ultima cena del Consiglio di rappresentanza delle istituzioni ebraiche di Francia (Crif) nel febbraio 2005. I ricevimenti annuali del Crif sono diventati un evento obbligatorio di primo piano nella Repubblica francese.

"L'argento è mio e l'oro è mio", dice Yahweh-Tzevaot" (Haggai, II, 6-8, Kadosh messianico yisraelita). Vediamo come il testo sia leggermente diverso da una versione all'altra; questa è forse un po' meno intrisa di nobiltà, ma il cambiamento presenta alcuni vantaggi non trascurabili.

Consultando di nuovo la Bibbia, troviamo anche quanto segue in Aggeo: "Io rovescerò i troni dei regni, distruggerò la potenza dei regni delle nazioni..." (Aggeo, II, 22, Kadosh Israelita Messianico)."(Aggeo, II, 22, Kadosh messianico israelita). Se fossimo superstiziosi, potremmo pensare che queste parole siano davvero profetiche: non sembrano forse descrivere la situazione europea del 1919, quando lo zar di Russia, l'imperatore di Germania, l'imperatore d'Austria-Ungheria e il sultano ottomano avevano perso i loro troni dopo quattro anni di guerra mondiale? Ricordiamo semplicemente che la Dichiarazione Balfour del 2 novembre 1917 - dal nome del ministro britannico - concesse agli ebrei un focolare nazionale in Palestina. Questo accadeva mentre i bolscevichi, finanziati da alcuni potenti finanzieri di New York, stavano rovesciando lo zar odiato da Israele. Tutto questo non ha nulla a che fare con l'intervento divino, ma alimenta retrospettivamente il mito segreto degli spiriti messianici.

Per spiegare la convinzione degli ebrei di guidare la marcia dell'umanità, David Banon ci invita a leggere le visioni di Zaccaria: "Quando verrà quel tempo, la mia parola si compirà se dieci uomini di dieci lingue delle nazioni prenderanno il mantello di un ebreo e diranno: "Andremo con te, perché abbiamo sentito che Yahweh è con te"" (Zaccaria, VIII, 23, Kadosh messianico israelita). "Anche Malachia, nella sua profezia, introduce un'ampia prospettiva del futuro annunciando che il profeta Elia sarà il messaggero del Messia (Malachia, III, 1 e 23)". Ma se controlliamo le formule magiche direttamente nel testo, troviamo ancora una volta un'informazione supplementare indispensabile per comprendere la mentalità che anima i nostri attuali intellettuali: "[Calpesterete] i malvagi, perché saranno polvere sotto i vostri piedi nel giorno che io preparo", dice Yahweh degli Ospiti. "(Malachia, III, 21, Nazareno Israelita 2011). Ed è qui che cominciamo a capire l'origine del termine "malvagio" che vediamo ricorrente anche in certa letteratura e nei discorsi di guerra che promulgano la guerra contro il Male.

"L'età messianica descritta da tutti i profeti consiste nell'abolizione della violenza politica e dell'ingiustizia sociale. "I tempi messianici segnano la fine della violenza politica e di tutte le alienazioni, anche se l'avvento di questa nuova era sarà accompagnato da grandi catastrofi. Ecco cosa disse il maestro Rabbi Yohanan: "Nella generazione in cui verrà il Messia, figlio di Davide, gli studiosi della Torah saranno in minoranza; per quanto riguarda il resto del popolo, i loro occhi piangeranno per il dolore e la tristezza e seguiranno le calamità. Saranno introdotti decreti severi; prima che il primo sia approvato, il secondo arriverà rapidamente."(Sanhedrin 97a383). "Quel tempo è temuto non solo per le guerre spietate in cui il Messia perirà, ma anche per la degradazione dei costumi e delle credenze che finiscono in una regressione verso la bestialità384."

Forse è questo il motivo per cui molte personalità influenti promuovono "la degradazione dei costumi" e "guerre spietate": è semplicemente per preparare la venuta del Messia.

La data della sua venuta è ancora sconosciuta e, a questo proposito, i Saggi del Talmud vietano severamente le congetture: "Siano maledetti coloro che calcolano la fine dei giorni" (Sanhedrin 97b), perché sono un ostacolo e un disturbo per il popolo. Ma la loro venuta è ineluttabile: "Perché sia possibile, la coscienza umana deve essere preparata, aspirando ad essa con ogni fibra del suo essere385 "; da qui questa tensione, questa febbre, questa agitazione permanente, questa costante "sensibilizzazione".

Nel 1967 fu incoraggiato ed enfatizzato un approccio neo-messianico alla Guerra dei Sei Giorni, interpretata come la manifestazione della presenza divina a fianco del popolo d'Israele e, con la conquista di Gerusalemme e della Giudea-Samaria, che permise agli ebrei di riconquistare l'intera Terra d'Israele, fu annunciata l'era messianica386."Così, per i sionisti religiosi la Terra d'Israele era finalmente nelle mani degli ebrei. "Per i sionisti religiosi, quindi, la terra d'Israele era finalmente nelle mani degli ebrei nella sua interezza. Che senso aveva una nuova guerra nel 1973? In risposta ai dubbi e alle paure della popolazione, il Gush Emunim, un movimento messianico, ha elaborato questa risposta: "La guerra del Kippur del 1973 è stata percepita "come una delle doglie del parto del Messia". "La guerra si è quindi rivelata un'altra sofferenza per il popolo di Israele, nonostante la schiacciante vittoria sugli eserciti arabi. Da parte loro, gli ebrei ultraortodossi hanno interpretato gli eventi in questo modo: "Le sofferenze di Israele hanno ormai raggiunto un livello terrificante; il popolo di Israele è sopraffatto dalle doglie del parto. È arrivato il

---

[383]Fonte: https://www.sefaria.org. (NdT).

[384]David Banon, *Le Messianisme*, Presses Universitaires de France, 1998, p. 15-16.

[385]David Banon, *Le Messianisme*, Presses Universitaires de France, 1998, pag. 49.

[386]David Banon, *Le Messianisme*, Presses Universitaires de France, 1998, p. 110.

momento della liberazione imminente. È l'unica vera risposta alla distruzione del mondo e alle sofferenze che hanno colpito il nostro popolo... Preparatevi per la redenzione che presto verrà!... Il liberatore della giustizia è dietro le nostre mura, e il tempo per prepararsi a riceverlo è molto breve[387]!" "È impossibile, ha continuato Rabbi Schneerson, che la consolazione non arrivi, perché le sofferenze sono insopportabili. "In breve, più soffrite, più mostrate le vostre sofferenze, più gridate le vostre sofferenze, più affrettate la venuta del Messia. Questo può forse spiegare alcuni comportamenti a volte un po' invasivi.

Il libro di Moshe Idel, *Messianismo e misticismo*, ci ha permesso di comprendere meglio questo universo mentale, così diverso dal nostro. La figura del rabbino Shelomo Molkho (ex Diogo Pires), un marrano portoghese tornato all'ebraismo, ebbe un ruolo importante all'inizio del XVI secolo. Questo saggio ci fornisce un esempio unico di pensiero messianico: "Il senso di Molkho di essere il messia è indiscutibile, scrive Moshe Idel. In una delle sue poesie, lascia intendere di essere il messia, figlio di Giuseppe388. "Durante la sua vita e nelle generazioni successive alla sua morte, molti lo considerarono una figura messianica. Ecco alcuni versi, secondo il testo manoscritto:

"Con parole nascoste/ Dico al popolo/ Parole scelte/ Come polvere da sparo profumata/ Dal monte Carmelo/ Dio manda/ L'uomo della buona novella/ Della vendetta contro i popoli/ Le nazioni combatteranno/ Gli eroi premeranno/ Gli stranieri saranno spezzati/ E avremo la pace/ La città del Nord/ Chiederà un figlio per sua figlia/ Il figlio di Esaù che è Edom". pace/ La città del Nord/ Chiederà un figlio per sua figlia/ Il figlio di Esaù che è Edom389 / Il giovane Shelomo/ Affilerà la sua spada/ La più fine/ Per venire in aiuto del suo popolo/ Per portarlo fuori dalle tenebre/ Le nazioni tremeranno/ Faranno doni/ E gli insulti saranno/ Scambiati per saluti390."

"Il poema di Molkho evoca chiaramente l'avvento di una doppia vendetta: contro Edom e contro Ismaele", cioè contro il cristianesimo e l'Islam, ha commentato Moshe Idel, che ha aggiunto poco più avanti:

---

[387]David Banon, *Le Messianisme,* Presses Universitaires de France, 1998, p. 120. Rabbi Yosef Yitzchak Schneerson (1880-1950), insegnante Chabad-Lubavitch, citato da David Banon. Sul Chabad-Lubavitch si legga *Psicoanalisi dell'ebraismo, (2022)*.
[388]Secondo la teologia ebraica, sono previsti due Messia: il Messia guerriero, il Messia ben Joseph (Figlio di Giuseppe), che muore fallito ma prepara il terreno escatologico, e il Messia ben David (Figlio di Davide) che regnerà dopo la Redenzione (NdT).
[389]Secondo l'esegesi ebraica, Esaù è tradizionalmente assimilato a Edom, la cristianità. Anche ad Amalek, secondo la sua genealogia.
[390]Moshe Idel, *Messianismo e mistica*, Éditon du Cerf, 1994, pagg. 65-66.

"Alcuni dettagli di questa leggenda riguardano i suoi sforzi per scuotere la Chiesa... Dio rivela non solo come combattere contro il cristianesimo o come avvicinarsi al vero segreto della scienza, ma anche come spezzare la forza del cristianesimo in modo che la Redenzione possa avvenire391."

Negli anni Settanta, le credenze e le speranze messianiche erano inseparabili da alcune figure storiche, tra le quali spiccava Isaac Luria, l'ideatore della nuova Kabbalah, nota come "Kabbalah di Ari" e la cui influenza fu enorme. Anche in questo caso, incontriamo le solite questioni che preoccupano i pensatori moderni della fine del XX e dell'inizio del XXI secolo: secondo Luria e i suoi discepoli in terra palestinese, "i cabalisti devono liberare le scintille divine". Come parte di questo processo messianico, devono distruggere i gusci che li tengono prigionieri o farli esplodere. Ora, queste conchiglie sono identificate con le nazioni del mondo, il che significa che i Paesi al di fuori della terra d'Israele non hanno alcun valore in sé e devono essere dominati. Pertanto, secondo questa concezione, la terra di Israele è il centro del mondo392."

A metà del XVII secolo, Rabbi Naftali scrisse a sua volta: "Possa l'aria all'esterno dei vari Paesi in cui vivono le nazioni essere purificata in futuro grazie alla purezza della terra d'Israele che, anche in tempi di desolazione, conserva la sua santità". "L'odio incandescente del cristianesimo o il disprezzo senza fine di Bernard-Henri Levy, Alain Minc o Emmanuel Levinas, hanno attraversato i secoli. Solo la purezza di Israele può salvare l'umanità.

Anche il grande scrittore e poeta tedesco del XIX secolo Heinrich Heine, alla fine della sua vita, era molto attratto dalla Bibbia: "Sono tornato all'Antico Testamento. Che grande libro! Più che il suo contenuto, per me è notevole la sua forma, quel linguaggio che è, per così dire, un prodotto della natura, come un albero, come un fiore, come le stelle, come l'uomo stesso. Tutto nasce, scorre, brilla, sorride. È davvero la parola di Dio, mentre tutti gli altri libri attestano solo il raffinato genio dell'uomo393."

391Moshe Idel, *Messianismo e misticismo*, Éditon du Cerf, 1994, p. 48.

392Moshe Idel, *Messianisme et mystique*, Éditon du Cerf, 1994, pp. 87-89. [Sul messianismo e la cabala di Ari si veda anche Hervé Ryssen, *Psicoanalisi dell'ebraismo*, (NdT)].

393Heinrich Heine, *De l'Allemagne*, 1835, Gallimard, 1998, p. 285. "Nel mio ultimo libro mi sono espresso sulla trasformazione avvenuta nel mio spirito, sulle cose divine. Da allora mi sono state rivolte, con cristiana impertinenza, innumerevoli domande sulle vie che l'illuminazione ottimale ha preso in me... Vorrebbero sapere se non ho visto, come Saulo [Paolo], una luce sulla via di Damasco... No, anime pie, non sono mai stato

La Bibbia era per lui una "patria portatile", per dirla con Bernard-Henri Levy, che usava questa espressione dimenticando di citare le sue fonti. Ma non tutto sembra così meraviglioso nell'Antico Testamento. Senza voler offendere nessuno, tendiamo a condividere l'opinione di Voltaire su questo testo, perché sembra così estraneo alla nostra cultura. A dire il vero, è un po' difficile capire come questi testi abbiano potuto affascinare milioni di uomini protestanti del Nord Europa. Non c'è dubbio, tuttavia, che questo libro abbia ispirato i puritani inglesi nella loro conquista dell'America. Identificandosi con il popolo ebraico, i conquistatori anglosassoni di questa nuova terra di Canaan sterminarono gli indiani come avevano fatto gli ebrei durante la conquista della Terra Promessa, come narrato nel libro di Giosuè. Infatti, gli innumerevoli massacri e stermini costituiscono la parte essenziale di "questo santo e bellissimo libro di educazione, scritto per i bambini di tutte le età394 ", come ha notato Heinrich Heine. Tuttavia, in essa "l'ira di Yahweh" non cessa di tuonare: "Chiunque bestemmia il Nome di Yahweh sarà messo a morte; tutta la comunità lo lapiderà". Lo straniero e il cittadino saranno messi a morte se bestemmiano il Nome."(Levitico, XXIV, 16, Kadosh messianico israelita). Stando così le cose, attenueremo, sfumeremo le nostre dichiarazioni...

Evidentemente, la rabbia per la distruzione delle nazioni che abbiamo osservato nei nostri autori contemporanei ha la sua origine primaria lì. Spezzare e sottomettere le nazioni, distruggere le loro tradizioni, saccheggiare i loro templi, ridurre in schiavitù i popoli conquistati e trarre profitto dalle loro ricchezze: queste sono le leggi divine a cui bisogna sottomettersi: "Quando Yahweh, il tuo Elohim, ti condurrà nel paese in cui stai per entrare per possederlo, scaccerà davanti a te molte nazioni... [quando] Yahweh, il tuo Elohim, te le consegnerà e tu le sconfiggerai, dovrai destinarle alla distruzione: non concedere loro tregua, non dare loro tregua". Non farete alleanza matrimoniale con loro; non date le vostre figlie ai loro figli e non prendete le loro figlie per i vostri figli. Perché allontaneranno i vostri figli da me per adorare altre divinità, e l'ira di Jahvè si accenderà contro di voi e vi sterminerà rapidamente. Ma questo è ciò che faranno loro:

---

a Damasco, né so nulla di Damasco, se non che recentemente gli ebrei vi sono stati accusati di mangiare vecchi cappuccini... In realtà né una visione, né una voce celeste, né un sogno meraviglioso, né un fantasma miracoloso mi hanno messo sulla strada della salvezza, ma devo la mia nuova luce solo e semplicemente alla lettura di un libro... E quel libro si chiama... il Libro, la Bibbia... Chi ha perso il suo Dio può ritrovarlo in questo libro... ", in Heinrich Heine, *Sulla storia della religione e della filosofia in Germania*, Alianza Editorial, Madrid, 2008, p. 221-222.
[394]Heinrich Heine, *De l'Allemagne*, 1835, Gallimard, 1998, p. 467.

abbatteranno i vostri altari, spezzeranno le vostre colonne, taglieranno i vostri pali sacri e getteranno nel fuoco le vostre immagini scolpite. Perché voi siete un popolo consacrato a Yahweh, il vostro Elohim: tra tutti i popoli della terra Yahweh, il vostro Elohim, vi ha scelti per essere il suo popolo speciale. "(Deuteronomio VII, 1-6, Israelita Nazareno 2011).

E non pensate che i deboli saranno risparmiati, al contrario: "Uccidete vecchi, giovani, ragazze, donne e bambini; ma non avvicinatevi a chi porta il marchio". Inizia qui, nel mio santuario. Così cominciarono con i vecchi che stavano davanti alla Casa."(Ezechiele IX, 6, Israelita Nazareno 2011). E ancora: "Avete lasciato vivere le donne?... Ora uccidete ogni maschio tra i piccoli e uccidete ogni donna che ha dormito con un uomo. Ma le ragazze che non hanno mai dormito con un uomo, tenetele in vita per voi stesse."(Numeri XXXI, 15-18, Kadosh messianico israelita). "(...) Saccheggiò la città e squarciò il ventre di tutte le donne incinte."(II Re; XV, 16, Kadosh messianico israelita).

"Divorerai tutti i popoli che Yahweh, il tuo Elohim, ti consegna - non avere pietà per loro e non servire i loro dèi... . Se pensate a voi stessi: "Queste nazioni sono più numerose di noi; come potremo espugnarle?", tuttavia non le temerete; ricorderete bene ciò che Yahweh, il vostro Elohim, ha fatto al Faraone... Yahweh farà lo stesso con tutti i popoli di cui avete paura. Inoltre, Yahweh, il vostro Elohim, manderà la vespa in mezzo a quelli che sono rimasti, e quelli che si sono nascosti periranno davanti a voi. Non li temerete, perché Yahweh, il vostro Elohim, è lì con voi, un Elohim grande e terribile. Yahweh, il tuo Elohim, scaccerà quelle nazioni davanti a te a poco a poco... Yahweh, il tuo Elohim, te le consegnerà, mandando su di loro una catastrofe dopo l'altra, finché non saranno distrutte. Ti consegnerà i loro re e tu cancellerai i loro nomi da sotto il cielo; nessuno di loro potrà sopportarli finché non li avrai distrutti."(Deuteronomio VII, 16-24, Kadosh messianico israelita). "Ora andate e attaccate Amalek e distruggete completamente tutto ciò che hanno. Non risparmiateli, ma uccidete uomini e donne, bambini e lattanti, bovini e pecore, cammelli e asini. E dedicherete lui e tutto ciò che gli appartiene alla distruzione."(I Samuele XV, 3, Kadosh messianico israelita)

"I figli di Yahudah presero altri 10.000 vivi, li portarono sulla cima della Roccia e li gettarono dalla cima della Roccia; così furono tutti fatti a pezzi."(II Cronache, XXV, 12, Kadosh messianico israelita).

La conquista della Palestina da parte di Giosuè rappresenta uno dei momenti più alti di questa furia distruttiva e sterminatrice: a Makkedah, a Libnah, a Lachish, a Eglon, a Hebron e a Debir, i gioiosi massacri si susseguono in modo monotono e ripetitivo: l'intera popolazione viene messa a ferro e fuoco: "Giosuè... li distrusse completamente, tutti - non lasciò nessuno". "Così Yahoshua colpì tutto il Paese - le colline, il Negev, lo Shephelah e le pendici delle montagne - e tutti i suoi re; non lasciò nessuno, ma distrusse completamente tutto ciò che respirava, come Yahweh, l'Elohim di Yisra'el, aveva ordinato395. "(Giosuè X, 28-40, Kadosh messianico israelita).

Il libro di Ester racconta come gli ebrei riuscirono a sventare il piano del malvagio Haman, il primo ministro di Assuero, e come fecero sterminare 75.000 nemici, grazie a Ester, l'amante del re. Ecco un estratto del testo biblico in cui il "Grande Re Assuero", ancora sotto l'influenza del malvagio Haman, decreta:

"Il grande re Ahashverosh [Assuero] scrive queste cose ai principi e ai governatori che sono sotto di lui dall'India a Kush [Etiopia] nelle centoventisette province:

Dopo essere divenuto signore di molte nazioni e aver avuto il dominio su tutta la terra, non mi sono lasciato sopraffare dalla presunzione della mia autorità, ma mi sono comportato con equità e affabilità e ho deciso di sistemare i miei sudditi in una vita tranquilla, di rendere il mio regno pacifico e di aprirlo al passaggio verso i lidi più lontani, che è desiderato da tutti gli uomini. "Ora, quando chiesi ai miei consiglieri come ciò fosse avvenuto, Haman... ci dichiarò che in tutte le nazioni della terra era sparso un certo popolo malvagio, che aveva leggi contrarie a tutte le nazioni e disprezzava continuamente i comandamenti dei re. Così l'unione dei nostri regni, da noi onorevolmente voluta, non può andare avanti. Vedendo quindi che questo popolo da solo si oppone continuamente a tutti gli uomini, differisce per la strana maniera delle sue leggi, e ha un effetto maledetto sul nostro Stato, operando tutto il male possibile affinché il nostro regno non possa essere saldamente stabilito. Perciò abbiamo ordinato che tutti coloro che vi saranno nominati per iscritto da Haman, che è incaricato degli affari ed è vicino a noi, siano tutti, con le loro mogli e i loro figli, completamente distrutti dalla spada dei loro nemici, senza alcuna pietà e misericordia..."(Ester III, 13, Kadosh messianico israelita). La bella Ester, amante del re, "non

---

395Lo scrittore sovietico Ilya Ehrenburg, propagandista ufficiale del regime, scrisse nell'ottobre 1944: "Uccidere, uccidere! Non ci sono innocenti tra i tedeschi, né tra i vivi, né tra i non nati. Sconfiggere violentemente l'orgoglio delle donne tedesche. Prendeteli come bottino legittimo. Uccidete, uccidete, uccidete i coraggiosi soldati dell'Armata Rossa nel vostro irresistibile assalto."(in Amiral Doenitz, *Dix ans et vingt jours*, p. 343-344).

rivelò il suo popolo o i suoi legami familiari perché Mordechai le aveva ordinato di non dire nulla a nessuno"."(Ester II, 10, Kadosh messianico israelita). Grazie alla sua grande bellezza e alla sua influenza, Ester riuscì a convincere il re a emanare un altro decreto: "La lettera affermava che il re aveva concesso agli Yahudim [ebrei] di tutte le città il diritto di riunirsi e di difendere le loro vite distruggendo, uccidendo e sterminando qualsiasi forza di qualsiasi città o provincia che avesse attaccato loro, i loro piccoli o le loro donne o avesse cercato di prendere le loro proprietà con un saccheggio, nel giorno stabilito in una qualsiasi delle province del re Achashverosh, cioè il tredicesimo giorno del dodicesimo mese, il mese di Adar."(Ester VIII, 11-12, Kadosh messianico israelita). "Gli Yahuditi diedero ai loro nemici un colpo di spada, uccidendo e distruggendo; fecero dei loro nemici ciò che volevano... Il resto degli Yahuditi che si trovavano nelle province del re si riunirono allo stesso modo e combatterono per le loro vite. Si sbarazzarono dei loro nemici, uccidendone settantacinquemila. Questo avvenne il tredicesimo giorno del mese di Adar; e il quattordicesimo giorno dello stesso mese si riposarono e lo resero un giorno di festa e di allegria."(Ester IX, 5-17, Israelita Nazareno 2011). Questa grande vittoria è all'origine della festa di Purim che gli ebrei celebrano oggi un mese prima della Pasqua: un po' come i polacchi che ricordano e celebrano ogni anno un antico e sanguinoso pogrom del XVII secolo. Strane abitudini...

Da quel momento in poi, gli ebrei poterono godere di tutte le ricchezze acquisite:

"Allora Yahweh scaccerà tutte queste nazioni davanti a voi; e voi esproprierete nazioni più grandi e più forti di voi."(Deuteronomio XI, 23, Kadosh messianico israelita). E ancora: "Quando Yahweh, il vostro Elohim, vi avrà fatto entrare nella Terra che aveva giurato ai vostri padri Avraham, Yitzchak e Ya'akov di darvi - città grandi e prospere, che voi non avete costruito; case piene di ogni sorta di cose buone, che voi non avete riempito"; cisterne scavate che non avete scavato, vigne e oliveti che non avete piantato, e che avete mangiato a sazietà, fate attenzione a non dimenticare Yahweh, il vostro Elohim, che vi ha fatto uscire dal paese di Mitzrayim [Egitto], dove vivevate come schiavi. "(Deuteronomio VI, 10-12, Kadosh messianico israelita).

"Per quanto riguarda gli uomini e le donne che potrete avere come schiavi, comprerete schiavi maschi e femmine dalle nazioni che vi circondano. Potete anche acquistare i figli di stranieri che vivono con voi e i membri delle loro famiglie nati nella vostra terra. Potrete anche lasciarli in eredità ai vostri figli, e da questi gruppi potrete prendere i vostri schiavi per sempre. Ma per quanto riguarda i vostri fratelli, i figli di Yisra'el, essi non si tratteranno duramente l'un l'altro."(Levitico XXV, 44-46, Kadosh messianico israelita).

"I re saranno i vostri genitori adottivi e le principesse le vostre nutrici. Si inchineranno a te, con la faccia a terra, e leccheranno la polvere dai tuoi piedi. Allora saprete che io sono Yahweh: chi mi aspetta non farà lutto. "(Isaia XLIX, 23, Kadosh messianico israelita).

"Gli stranieri ricostruiranno le tue mura, i loro re saranno al tuo servizio, perché nella mia ira ti ho colpito, ma nella mia misericordia ti amo". Le tue porte saranno sempre aperte, non saranno chiuse né di giorno né di notte, perché i popoli ti portino le ricchezze dei Goyim, con i loro re come prigionieri. Perché la nazione o il regno che non ti servirà perirà; sì, quelle nazioni saranno completamente distrutte. "(Isaia LX, 10-12, Kadosh messianico israelita).

In breve, tutta questa giovialità si può riassumere con questa professione di fede: "Yahweh, come odio coloro che ti odiano! Sono desolato a causa dei tuoi nemici! Li odio con un odio sconfinato! Sono diventati anche i miei nemici."(Salmi CXXXIX, 21-22, Kadosh messianico israelita).

Le persone scelte per essere il numero 1? Ovviamente, con testi così sacri, era inevitabile farsi dei nemici. Se all'Antico Testamento (la Torah) aggiungiamo il Talmud e la Cabala, questo porta inevitabilmente a una situazione imbarazzante con i vicini.

L'Antico Testamento ispirò naturalmente i sarcasmi più caustici di Voltaire, che leggiamo in innumerevoli passaggi della sua opera: "Non finirei mai se volessi entrare nel dettaglio di tutte le inaudite stravaganze che traboccano da quel libro; il buon senso non è mai stato attaccato con tanta indecenza e furore."(Voltaire, *Sermont des Cinquantes*).

"Due buoi... trascinarono la cassaforte su un carro; la gente cadde davanti ad essa con la faccia a terra e non osava guardarla. Adonai fece morire un giorno 5070 ebrei di morte improvvisa per aver guardato la sua cassaforte, anche se si accontentò di infliggere emorroidi ai Filistei che avevano rubato la sua cassaforte e di mandare loro una piaga di topi nei suoi campi, finché non gli avessero regalato cinque figure di topi d'oro e cinque figure di occhielli d'oro restituendo la sua cassaforte... È possibile che lo spirito umano sia stato così imbecille da immaginare superstizioni così infami e favole così ridicole?" (Voltaire, *Profession de foi des théistes. Des Superstitions*).

"Dio ordina espressamente a Isaia di camminare nudo e di mostrare le natiche (Isaia XX). Dio ordina a Geremia di mettersi un giogo al collo (Geremia XXVII, 2). Dio ordina a Ezechiele di cucinare il pane con la merda (Ezechiele IV, 12). Dio ordina a Osea di sposare una prostituta... Aggiungete a tutti questi prodigi una serie ininterrotta di massacri, e vedrete che tutto è divino in loro, perché non c'è nulla che sia governato secondo le cosiddette leggi oneste tra gli uomini."(Voltaire, *Mélanges. Il faut prendre un parti*, cap. 22).

Anche alcune figure esagerate hanno suscitato la sua ironia. Il numero di animali sacrificati dagli Ebrei sembra inverosimile: "Salomone offrì in sacrificio a Yahweh ventiduemila buoi e centoventimila pecore."(I Re VIII, 63). Oppure: "Vespasiano e Tito fecero un assedio memorabile che si concluse con la distruzione della città. Flavio Giuseppe, l'esageratore, sostiene che durante quella breve guerra furono massacrati un milione di ebrei. Non c'è da stupirsi che un autore che mette quindicimila uomini in una città uccida un milione di uomini."(Voltaire, *Dictionnaire philosophique*).

Altre usanze raccontate nella Bibbia suscitano il disgusto di Voltaire più che l'ironia: "Gli ebrei, seguendo le loro leggi, sacrificavano vittime umane. Questo atto religioso è in accordo con i loro costumi; i loro stessi libri li rappresentano mentre sgozzano senza pietà tutti quelli che incontrano e riservano solo le ragazze per il loro uso personale."(Voltaire, *Dictionnaire philosophique*).

A proposito di Abimelech che sgozza settanta dei suoi fratelli, Voltaire scrisse: "La critica si leva contro questa abominevole moltitudine di fratricidi... Sembra che gli ebrei uccidano solo per il piacere di uccidere. Sono continuamente presentati come il popolo più feroce e imbecille che abbia mai insanguinato la terra (Voltaire, *Mélanges. La Bible enfin expliquée*).

"Non troverete in loro nient'altro che un popolo ignorante e barbaro, che combina da tempi remoti la più sordida avarizia con la più detestabile superstizione e l'odio più invincibile verso tutti i popoli che li tollerano e li arricchiscono."(Voltaire, *Dictionnaire philosophique*, non espurgato[396]).

"Avete assistito alle barbarie e alle superstizioni di questo popolo... Tutti gli altri popoli hanno commesso crimini; gli ebrei sono gli unici a vantarsene. Sono tutti nati con la rabbia del fanatismo nel cuore, proprio come i bretoni e i tedeschi sono nati con i capelli biondi. Non sarei affatto sorpreso se questa nazione dovesse un giorno rivelarsi disastrosa per l'intera razza umana."(Voltaire, *Mélanges, deuxième lettre de Memmius à Cicéron*).

Voltaire non era d'accordo con Jacques Attali e con le parole del suo rabbino: "Forse perché gli ebrei, con la loro follia, sono capaci di

---

[396]voltaire-integral.com/19/juifs.htm

causare molti massacri e cataclismi", mormora Eliav, ripiegandosi su se stesso."

Infine, dobbiamo ammettere, dopo aver letto queste odiose considerazioni di Voltaire, che lo spirito dell'Illuminismo del XVIII secolo non si era ancora liberato dei miasmi nauseabondi dell'antisemitismo. Ma anche Tacito, Cicerone, Ronsard, Shakespeare, Quevedo, Chateaubriand, Gogol, Hugo, Balzac, Dostoevskij, Renan, Schopenhauer, Michelet, Bakunin, Proudhon, Nietzsche, Wagner, Gide, Giraudoux, Morand, Hamsun, Vincenot e centinaia di altri hanno espresso gli stessi orrori. Per quanto Voltaire fosse un apostolo della tolleranza, possiamo constatare che era ancora impregnato di pregiudizi di un'altra epoca che sarebbero scomparsi solo nei secoli successivi, con il passare del tempo e grazie all'educazione civica. Tuttavia, la vigilanza rimane necessaria di fronte a questo fenomeno, perché la distruzione della Germania nazista sotto le bombe al fosforo e incendiarie non ci preserva ad vitam aeternam dal risorgere dei rancidi pregiudizi del Medioevo. La domanda che ci si pone ora è se il genio di Voltaire giustifichi la prosecuzione del suo studio nelle scuole pubbliche: non è forse, dopo tutto, come ha detto giustamente Derrida, uno di quei *"mali europei morti bianchi*[397] "?

---

[397] "I vecchi maschi bianchi morti"

PARTE SECONDA

LA FINE DI UN SOGNO MESSIANICO

L a realizzazione dell'idea socialista nel XX secolo e la costruzione degli Stati socialisti dopo la rivoluzione bolscevica del 1917 hanno rappresentato un episodio assolutamente unico nello sviluppo dell'idea planetaria. In effetti, per diversi decenni, è stato soprattutto il marxismo a mobilitare le speranze dei sostenitori del globalismo. Sebbene molti degli intellettuali occidentali si siano gradualmente schierati dalla parte della democrazia liberale, man mano che il fallimento dell'esperienza comunista diventava evidente, la caduta del blocco sovietico non fu meno sorprendente e brutale, e rimase la chiusura di una parentesi nella storia che alcuni vogliono dimenticare a tutti i costi. In questo caso, il "dovere della memoria storica" non è accettabile.

Dopo la caduta del Muro di Berlino, le lingue si sono un po' allentate. Oggi è legale parlare dei crimini comunisti dopo la caduta del regime, a differenza di quando il regime era dittatoriale e le critiche ad esso erano considerate reazionarie, persino odiose. Gli orrori commessi sono ora noti, dopo essere stati nascosti per decenni dall'élite intellettuale occidentale. Il mondo e le mentalità si evolvono. Presto, forse, sarà possibile parlare liberamente del ruolo degli ebrei nella rivoluzione comunista. Per quanto ne sappiamo, Aleksandr Solzhenitsyn è stato il primo in Occidente a pubblicare un libro che trattasse l'argomento nel suo complesso. Prima di lui, gli storici avevano l'abitudine di evitare del tutto queste informazioni o di rivelarle troppo parzialmente per essere un fattore esplicativo. L'analisi di alcune opere storiche rivela, tuttavia, che l'argomento era noto, ma che era di buon gusto non parlarne. Se nel presente studio abbiamo deciso di analizzare questo aspetto della storia del comunismo, è perché ci è sembrato una tappa essenziale nel percorso delle speranze planetarie, che non sono costituite solo dalle visioni idilliache e fraterne degli oracoli, come vedremo.

1. I Saturnalia bolscevichi

L'interpretazione della storia del XX secolo è stata in qualche modo stravolta dalla pubblicazione di un libro nel 2003. È il libro del più grande dissidente sovietico, l'universalmente celebrato Aleksandr Solzhenitsyn, la cui penna aveva già scosso il regime con *Arcipelago Gulag, un* libro in cui rivelava la realtà dei campi di concentramento in Unione Sovietica - una realtà che l'élite intellettuale occidentale avrebbe poi ammesso con grande difficoltà.

Solo alla fine della sua vita pubblicò *Duecento anni insieme (1795-1995), il* cui secondo volume tratta del ruolo degli ebrei durante il periodo sovietico. La testimonianza di Aleksandr Solzhenitsyn è di particolare interesse, non solo per l'ampiezza della ricerca svolta, ma anche per la fama internazionale del suo autore e, soprattutto, per il fatto che il suo libro è l'unica sintesi sull'argomento destinata al grande pubblico, il che spiega l'incredibile successo della sua pubblicazione.

Abbiamo quindi dovuto aspettare 70 anni per avere finalmente accesso a rivelazioni sorprendenti, poco sospettabili di parzialità, dato che i loro innumerevoli riferimenti bibliografici provengono essenzialmente da fonti ebraiche. In realtà, è stato proprio questo terremoto nella storiografia a farci venire l'idea di iniziare la nostra ricerca, poiché all'epoca ci sembrava che gran parte della storia fosse rimasta nell'ombra, compromettendo così la comprensione degli eventi contemporanei. Abbiamo quindi presentato qui una sintesi di questo libro fondamentale, cercando di rispettare il tono generale dell'opera dell'autore russo. Non abbiamo aggiunto nulla per non snaturare il proposito di Aleksandr Solzhenitsyn.

Treni guida

La Rivoluzione russa del 1917 si divide in due episodi: una rivoluzione borghese e democratica a febbraio e una rivoluzione comunista e bolscevica nell'ottobre dello stesso anno. A febbraio, la Russia era ancora in guerra con i suoi alleati francesi e britannici. Milioni di uomini furono mobilitati per combattere contro gli imperi centrali. Il primo atto legislativo del Governo Provvisorio, contrariamente a quanto ci si poteva aspettare, non aveva nulla a che fare con la pressante e tragica situazione bellica. Il 20 marzo 1917, il governo adottò la risoluzione preparata dal ministro della Giustizia Kerensky, che abrogava "qualsiasi discriminazione dei diritti sulla base dell'appartenenza a una confessione, a una dottrina religiosa o a un gruppo nazionale". La pubblicazione dell'atto ha suscitato grande entusiasmo e una serie di dichiarazioni appassionate sulla stampa occidentale. La moglie di Maxime Vinaver, Rosa Georgieva, ha scritto nelle sue memorie: "L'evento coincise con la Pasqua ebraica. Sembrava un secondo esodo dall'Egitto. "L'annuncio dell'emancipazione degli ebrei di Russia ha provocato un'esplosione di gioia nelle comunità ebraiche in Occidente e in tutto il mondo[398].

Secondo le memorie di molti autori, fin dai primi giorni della rivoluzione, gli osservatori si stupirono del numero di ebrei tra i membri delle commissioni di interrogatorio e tra i venditori di riviste nei luoghi pubblici. La rivoluzione sembrava aver dato libero sfogo alla loro attività politica; d'ora in poi potevano agire sotto gli occhi di tutti. Un osservatore imparziale come il pastore metodista Simons, un americano che aveva vissuto dieci anni a San Pietroburgo e conosceva bene la città, rispose nel 1919 alla commissione d'inchiesta del Senato degli Stati Uniti: "Subito dopo la rivoluzione del marzo 1917, abbiamo visto ovunque a San Pietroburgo gruppi di ebrei appollaiati su panchine o casse di sapone che arringavano le folle[399]."

Le settimane di marzo sono state segnate da repressioni contro antisemiti dichiarati o presunti. Sono stati arrestati anche magistrati inquirenti, procuratori, editori e librai. Le librerie dell'Unione Monarchica sono state incendiate. Ovunque in Russia, centinaia di persone sono state arrestate semplicemente perché avevano ricoperto posizioni di responsabilità durante il regime zarista, o semplicemente per il loro modo di pensare.

Gli organi di repressione furono rapidamente organizzati. A San Pietroburgo si formò immediatamente una milizia rivoluzionaria, il cui portavoce era il giornalista Solomon Kaplun, futuro tirapiedi di Zinoviev. L'avvocato Goldstein divenne presidente della commissione speciale istituita dall'ordine degli avvocati della città per decidere, senza processo, sulla sorte di migliaia di persone arrestate o in procinto di essere arrestate per le loro opinioni sovversive. "Per la prima volta nella storia russa, gli ebrei occuparono posizioni elevate

---

[398]Questo ci ricorda la fretta con cui la nuova Repubblica francese concesse la cittadinanza francese agli ebrei d'Algeria nel 1870, come se non ci fosse nulla di più urgente proprio mentre le armate prussiane assediavano la capitale.

[399]Alexandre Soljénisyne, *Deux siècles ensemble*, Éditions Fayard. 2003, p. 43.

nell'amministrazione centrale e locale[400]. "All'interno dell'intellighenzia c'erano effettivamente molti ebrei, anche se questo non ci permette di dire che la rivoluzione fosse ebraica. La rivoluzione di febbraio fu indubbiamente portata avanti dai russi, anche se, scrive Solzhenitsyn, "la loro ideologia giocò un ruolo significativo e determinante, assolutamente intransigente rispetto alla potenza storica russa"."

. La realtà del potere era nelle mani di un "Comitato esecutivo del Soviet dei Deputati degli Operai e dei Soldati" che fu formato nelle prime ore della rivoluzione e che era una sorta di governo ombra che privava il Governo Provvisorio di autonomia e potere reale. La composizione di questo Comitato esecutivo ha sollevato molti interrogativi nella stampa e nell'opinione pubblica russa. Infatti, per due mesi i suoi membri si sono presentati solo con pseudonimi e si sono guardati bene dall'apparire in pubblico, in modo che non fosse chiaro chi governasse la Russia. "In seguito si è saputo che nel Comitato esecutivo c'erano una decina di soldati brutalizzati che sono rimasti in disparte. Della trentina di membri realmente attivi, più della metà erano socialisti ebrei. C'erano russi, caucasici, lettoni e polacchi, ma i russi rappresentavano meno di un quarto" dei membri.

Il mistero degli pseudonimi incuriosì i circoli colti di San Pietroburgo e sollevò dubbi e domande nella stampa. Questo occultamento ha provocato l'esasperazione generale, anche tra gli strati più bassi della popolazione. A maggio, dopo due mesi di silenzio, non c'era altra scelta che rivelare pubblicamente la vera identità di tutti i membri del Comitato esecutivo. Boris Katz si presentò con lo pseudonimo di "Kamkov", Lourié con lo pseudonimo di "Larine" e Mandelstam con lo pseudonimo di "Liadov". Per la gente di quel tempo, solo i ladri camuffavano la propria identità o cambiavano nome e cognome. È vero che molti avevano conservato i loro pseudonimi dai tempi della clandestinità, quando dovevano nascondersi, ma molti altri hanno assunto uno pseudonimo nel 1917. Una cosa è chiara: se un rivoluzionario si nasconde dietro uno pseudonimo, sta cercando di ingannare qualcuno, e forse non solo la polizia e il governo. Come facciamo a sapere chi sono veramente i nostri nuovi leader, si è chiesto l'uomo della strada? Quando a maggio furono presentate le candidature di Zinoviev e Kamenev per la presidenza del Soviet, nell'aula si levarono grida: "Dateci i loro veri cognomi! "

Sui due famosi treni che attraversarono la Germania - il treno Lenin (30 persone) e il treno Natanson-Martov (160) - gli ebrei erano

---

[400] Alexandre Soljénisyne, *Deux siècles ensemble*, Éditions Fayard. 2003, p. 44.

una maggioranza schiacciante; quasi tutti i loro partiti erano rappresentati. Tra questi duecento individui, molti avrebbero avuto un ruolo significativo nella vita politica russa. È apparso subito chiaro che sarebbe stato molto difficile tornare indietro dopo un entusiasmo così distruttivo. Questo era il punto di vista di David Aisman, che scriveva con una notevole convinzione: "Gli ebrei devono a tutti i costi consolidare le conquiste della rivoluzione. "Non c'è dubbio su ciò che accadrebbe agli ebrei "in caso di vittoria della controrivoluzione", perché porterebbe a esecuzioni di massa. Ecco perché "questa ignobile canaglia deve essere stroncata sul nascere". E anche il suo seme deve essere distrutto[401]." "Questo era già il programma dei bolscevichi, ma espresso in termini biblici", conclude Solzhenitsyn.

Il bolscevismo non era molto popolare tra gli ebrei prima del putsch di ottobre. In effetti, la rivoluzione di febbraio aveva già dato loro i diritti civili e la piena libertà di parola e di azione, tanto che una rivoluzione bolscevica non sembrava necessaria. Ma poco prima che ciò avvenisse, la sinistra S.R. (Socialisti-Rivoluzionari), guidata da Natanson, Kamkov e Steiberg, siglò un'alleanza con Trotsky e Kamenev e svolse un ruolo di primo piano a fianco dei bolscevichi nelle prime vittorie da loro ottenute.

La percentuale di ebrei nei ranghi principali dell'apparato governativo che avrebbe preso il potere era significativa. All'ultimo Congresso del Partito Operaio Socialdemocratico Russo, tenutosi a Londra nel 1907 insieme ai menscevichi, erano presenti 160 ebrei su 302 delegati, cioè più della metà. Al Sesto Congresso estivo del Partito Comunista Russo dei Bolscevichi (il nuovo nome del Partito dei Lavoratori), undici membri furono eletti al Comitato Centrale, tra cui Grigorij Zinoviev, Yakov Sverdlov, Lev Davidovich Bronstein "Trotsky" e Moshei Solomonovich Uritsky. Il primo "Politburo", che avrebbe avuto un futuro così brillante, fu eletto durante la storica seduta del 10 ottobre 1917 in via Karpova, nell'appartamento di Himmer e Flaksermann. Tra i suoi sette membri c'erano Trotsky, Zinoviev, Kamenev e Sokolnikov. Fu durante questa riunione che venne presa la decisione di lanciare il colpo di Stato bolscevico.

Storditi dall'atmosfera di libertà dei primi mesi della Rivoluzione di febbraio, molti oratori ebrei non videro e non capirono che le loro frequenti apparizioni sui rostri dei comizi cominciavano a suscitare lo stupore e il sospetto di gran parte della popolazione. Mentre al momento della Rivoluzione di febbraio non esisteva un "antisemitismo popolare"

---

[401]Rousskaïa Volia, 1917, 13 aprile, p. 3 [p. 62]. Tra parentesi: riferimenti al libro di Solzhenitsyn.

in Russia, se non nella zona di residenza402, esso si sviluppò nei primi mesi successivi. Questo sentimento non fece che crescere in seguito, e un'ondata di esasperazione popolare si scatenò contro questi ebrei novellini che non facevano mistero del loro entusiasmo rivoluzionario e occupavano funzioni in cui non erano mai stati visti, ma che nessuno vedeva nelle file di attesa della gente affamata davanti ai negozi. Nonostante ciò, non ci fu un solo pogrom in tutto il 1917.

Ottobre

Sappiamo che la notte del 27 ottobre, durante una riunione definita "storica", il Congresso dei Soviet ha promulgato il suo "decreto sulla pace" e il suo "decreto sulla terra". Ciò che è meno noto è che in mezzo a questi due decreti fu adottata anche una risoluzione che stabiliva che "i Soviet locali avrebbero dovuto impedire alle forze oscure di perpetrare pogrom contro gli ebrei o altre categorie della popolazione[403]. "Ancora una volta, la questione ebraica ha avuto la precedenza sulla questione contadina.

Sebbene non ci fosse un solo ministro ebreo, c'erano quattro ebrei a capo delle segreterie di Stato, anche se non avevano molto peso rispetto al Comitato esecutivo, la cui influenza era decisiva. Il primo ufficio politico del Comitato esecutivo centrale dei Soviet era composto da nove membri, di cui cinque ebrei (i socialisti rivoluzionari Gotz e Mandelstam, il menscevico Dan, il bundista[404] Liber e un bolscevico di primo piano: Kamenev), il georgiano Nikolay Chkheidze, l'armeno Saakian, il polacco Kruchinski e infine Nicolski: un russo! Erano coloro che avevano preso il potere in Russia in quel momento critico della sua storia. "La maggior parte dei russi - dall'uomo della strada al generale - è rimasta letteralmente stupefatta dall'improvvisa e spettacolare apparizione di questi nuovi volti tra gli oratori dei comizi, gli organizzatori delle manifestazioni e i leader politici."

Lenin era russo, anche se di razza mista: il nonno paterno, Nikolai Ulyanov, era di sangue Calmuca e Chuvash; la nonna, Anna Alexeyevna Smirnova, era una Calmuca; l'altro nonno, Israel (Aleksandr, il suo

---

[402]Prima della Rivoluzione di febbraio, gli ebrei potevano stabilirsi e vivere solo nelle regioni occidentali dell'impero, in Polonia, Ucraina e Moldavia. [Sulla Zona di residenza (la Yiddishland rivoluzionaria) e le rivoluzioni comuniste in Europa, si legga Hervé Ryssen, *Jewish Fanaticism*].

[403]Leon Trotsky, *Histoire de la révolution* (in russo), Berlino, volume II, p. 361 [p.82].

[404]All'inizio del XX secolo, il Bund era la principale organizzazione politica ebraica nella Zona di residenza. Ha raccolto migliaia di militanti. Si veda Hervé Ryssen, *Jewish Fanaticism*.

nome di battesimo) Davidovich Blank, era ebreo; l'altra nonna, Anna Groschop, era figlia di un tedesco e di una svedese. Ma questo non cambia la questione, ha sottolineato Solzhenitsyn, perché non c'è nulla che lo escluda dal popolo russo". Non possiamo in alcun modo disconoscerlo."

Fin dal ritorno di Lenin in Russia, i bolscevichi ricevettero sovvenzioni segrete dalla Germania attraverso la Nia Banken di Olof Aschberg, ma anche attraverso banchieri russi fuggiti all'estero. Il noto ricercatore americano Anthony Sutton ha trovato, dopo mezzo secolo, documenti d'archivio che ci informano che tra questi banchieri bolscevichi c'era il famigerato Dimitri Rubinstien, uscito di prigione a favore della rivoluzione di febbraio, che si era rifugiato a Stoccolma. C'era anche Abram Khirinovsky, un parente di Trotsky e Lev Kamenev. Tra i membri del sindacato c'erano "Denisov dell'ex Banca di Siberia, Kamenka della Banca Azov-Don e Davidov della Banca per il commercio estero". Altri banchieri bolscevichi furono: Grigori Lessine, Shifter, Yakov Berline e il suo agente Isidoro Kohn[405]."

Questi erano arrivati dalla Russia, ma altri, molto più numerosi, erano giunti dagli Stati Uniti con l'obiettivo di costruire "il Nuovo Mondo della Felicità universale". Alcuni erano ex sudditi dell'Impero russo, altri erano cittadini americani che non sapevano nulla della lingua russa o del Paese, ma tutti erano animati dal più estatico entusiasmo rivoluzionario. Tutte queste persone avevano buoni motivi per tornare in Russia e nei primi mesi la loro influenza non fece che crescere.

Nel febbraio 1920, Winston Churchill si espresse sull'argomento sulle pagine del *Sunday Herald*. In un articolo intitolato *Sionismo contro bolscevismo*, Winston Churchill scrisse: "Una "banda di straordinari personaggi usciti dagli inferi delle grandi città d'Europa e d'America ha preso il popolo russo per la gola e si è praticamente fatta padrona incontrastata di un immenso regno[406]."

Molti nomi e cognomi noti erano tra coloro che erano tornati in Russia. Per esempio, Gruzenberg, che aveva vissuto in Inghilterra e poi negli Stati Uniti. Lo vediamo nel 1919 occupare il posto di Console generale dell'URSS in Messico (un Paese in cui i rivoluzionari riponevano grandi speranze); nello stesso anno, lo vediamo sedere negli

---

[405] Anthony Sutton, *Ouol strit i bolchevitskaïa revolioutsiia. Wall Street e la rivoluzione bolscevica*, trad. it. 1998, p. 141-142, [p. 115]. [*Wall Street e la rivoluzione bolscevica: la straordinaria storia dei capitalisti americani che finanziarono i comunisti russi*, Clairview Books, 2011. (NdT)].

[406] Ernst Nolte, *La guerra civile europea, 1917-1945*, Fondo de cultura económica, Messico, 2001, pag. 131.

organi centrali del Komintern. Tornò in azione in Svezia, poi in Scozia, dove fu arrestato. Ricompare poco dopo in Cina, nel 1923, con il nome di Borodine e un'intera banda di spie, "essendo il principale consigliere politico del Comitato esecutivo del Kuomintang", posizione che gli permette di favorire le carriere di Mao Tse-Tung e Zhou Enlai. Tuttavia, Chiang Kai-shek sospettò Borodine-Gruzenberg di attività sovversive e lo espulse dalla Cina nel 1927. Tornerà poi in URSS dove diventerà caporedattore dell'Ufficio informazioni sovietico. Fu infine fucilato nel 1951.

Fin dalle prime ore di potere, i bolscevichi si rivolsero agli ebrei, offrendo ad alcuni di loro posizioni di comando, ad altri compiti esecutivi all'interno dell'apparato sovietico. Un gran numero di loro ha risposto all'appello e si è impegnato immediatamente. È stato un vero e proprio fenomeno di massa. Da quel momento in poi, gli ebrei che lasciavano le province dell'ex Zona di residenza non cercarono più di stabilirsi nelle province precedentemente proibite, ma fecero tutto il possibile per stabilirsi nelle grandi capitali. Lenin era consapevole di questo fatto, anche se riteneva inopportuno che la stampa lo sottolineasse: "Il fatto che gran parte dell'*intellighenzia* media ebraica si sia stabilita nelle città russe ha reso un grande servizio alla rivoluzione. Sono loro che, nell'ora fatidica, hanno salvato la rivoluzione. Se siamo riusciti a prendere in mano l'apparato statale e a ristrutturarlo, è stato esclusivamente grazie a questo vivaio di nuovi funzionari - lucidi, istruiti e ragionevolmente competenti407. "Questo fatto è stato confermato da Leonard Schapiro: "Migliaia di ebrei si unirono in massa ai bolscevichi, perché vedevano in loro i più accaniti difensori della rivoluzione e i più affidabili internazionalisti. Gli ebrei abbondavano anche negli strati inferiori dell'apparato del Partito408. "L'emergere del bolscevismo è legato alle peculiarità della storia russa, ma la sua eccellente organizzazione, il bolscevismo la deve in parte all'azione dei commissari ebrei409. "In effetti, l'abolizione della zona di residenza nel 1917 portò a un esodo immediato di ebrei verso l'interno del Paese per conquistare le capitali.

Il colpo di stato di ottobre coincise con la Dichiarazione Balfour, che pose le basi per uno Stato ebraico indipendente in Palestina. Una parte della nuova generazione ebraica aveva preso la strada di Herzl e

---

407V. Lénine, *O evreiskom voprose v Rossii* [*Sulla questione ebraica in Russia*], prefazione di S. Diamanstein, M., Proletarii, 1924, p. 17-18. [p. 87]
408Leonard Schapiro, *The role of the Jews in the Russian revolutionary movement, vol. 40*, Londra, Athlone Press, 1961, p. 164.
409Alexandre Soljénisyne, *Deux siècles ensemble*, Éditions Fayard. 2003, p. 89.

Jabotinski, ma in quegli anni la maggioranza degli ebrei aveva ceduto al canto delle sirene del bolscevismo. La strada di Herzl sembrava ancora lontana e irrealistica, mentre quella di Trotsky permetteva agli ebrei di guadagnare subito prestigio. Anche il Bund e i sionisti si erano divisi e i loro leader si erano schierati dalla parte dei vincitori, rinnegando gli ideali del socialismo democratico. "La parte più importante e attiva del Bund, che fino ad allora aveva assunto il ruolo di rappresentare le masse lavoratrici ebraiche, si unì ai bolscevichi410."

Anche gli altri partiti socialisti, i socialisti-rivoluzionari e i menscevichi, che avevano molti ebrei nelle loro file e ai loro vertici, esitarono ad unirsi ai bolscevichi e si divisero. Tra i disertori menscevichi, il famoso Lev Mejlis era nella segreteria di Stalin, nel comitato di redazione della *Pravda411*, a capo del dipartimento politico dell'Armata Rossa, nel Commissariato della Difesa e commissario del Controllo di Stato. Le sue ceneri sono sigillate nel muro del Cremlino. Anche se, va detto, c'erano anche alcuni ebrei tra i leader della resistenza ai bolscevichi, ha osservato Solzhenitsyn.

Alla guida dell'Armata Rossa, il mitico Trotsky era un indiscusso internazionalista, e si può credere che abbia dichiarato con enfasi di rifiutare qualsiasi appartenenza alla comunità ebraica. Ma a giudicare dalle scelte fatte nelle sue nomine, è evidente che gli ebrei gli erano più vicini dei russi. I suoi due più stretti collaboratori erano Glazman e Sermuks; il capo della sua guardia personale era un certo Dreiter; e quando fu necessario trovare un sostituto autoritario e spietato per il posto di commissario di guerra, egli nominò Ephraim Sklianski, un medico che non aveva nulla a che fare con un militare o un commissario. A Mosca, questo individuo è stato considerato il primo acquirente di diamanti. "Era stato scoperto in Lituania durante il controllo dei bagagli della moglie di Znoviev, Zlata Bernstein-Lilina, con gioielli del valore di diversi milioni di rubli412. "Questi aneddoti offuscano un po' la leggenda che i primi leader rivoluzionari fossero grandi idealisti disinteressati.

La prima azione veramente importante dei bolscevichi fu la firma del trattato di pace separato di Brest-Litovsk, che cedette un'enorme porzione di territorio russo alla Germania, al fine di stabilire il potere bolscevico sul resto del territorio. Il capo della delegazione firmataria era Adolf Iofe; il capo della politica estera era Trotsky. Il suo segretario

---

[410]I. M. Biekerman, RiE, *Rossa i evrei*, (La *Russia e gli Ebrei*), Berlino, 1924, Parigi, 1978, p. 44.

[411]È stata la pubblicazione ufficiale del Partito Comunista tra il 1918 e il 1991.

[412]Alexandre Soljénisyne, *Deux siècles ensemble*, Éditions Fayard. 2003, p. 94.

e procuratore, I. Zalkin, aveva occupato il gabinetto ministeriale e operato un'epurazione all'interno del vecchio apparato. Sverdlov era a capo dello Stato, Zinoviev e Kamenev guidavano le due capitali, il primo era anche a capo del Komintern (l'Internazionale); Solomon Lozovsky comandava il Profintern (Unione Rossa Internazionale) e Oscar Ryvkine il Komsomol (l'organizzazione giovanile). Dopo quest'ultima, la direzione dell'Internazionale giovanile comunista fu assunta da Lazar Abramovitch Chatskine. La Commissione tutta russa per le elezioni dell'Assemblea Costituente era stata affidata al giovane Brodskij; per quanto riguarda l'Assemblea, la sua gestione passò a Uritski che, con l'aiuto di Drabkin, dovette allestire una nuova cancelleria.

È impossibile elencare tutti i nomi di coloro che hanno ricoperto posizioni importanti, persino molte delle posizioni chiave. Tra le figure di spicco, va ricordata "l'illustrissima Rosalia Samoilovna Zulkind-Zemliatchka, una vera furia del terrore" che ha lasciato alla storia il suo nome associato ai massacri di Crimea. Nel 1917-1920 fu segretaria del comitato bolscevico di Mosca insieme a Zagorsky, Zelensky e Piatniki (Osip Aronovich Tarchis). L'astro nascente di quella scena rivoluzionaria era Lazar Mosheyevich Kaganovich, all'epoca presidente del Comitato provinciale del Partito a Nizhny Novgorod (la terza città della Russia), dove regnava un "terrore di massa". Arkadi Rosengoltz è stato un altro attore del colpo di Stato a Mosca. È stato anche membro dei consigli di guerra di diversi corpi d'armata. Era il più stretto assistente di Trotsky. Semkhon Nakhimson era il "feroce commissario della regione militare di Yaroslavl". Samuel Zwilling ha preso le redini del Comitato esecutivo della regione di Orenburg. Abraham Bielenki era il capo della guardia personale di Lenin; Samuel Filler, apprendista speciale di provincia, salì alla presidenza della Cheka di Mosca. Sarebbe lungo e noioso citarli tutti.

Il ruolo degli ebrei era particolarmente visibile e rilevante negli organi amministrativi che si occupavano del problema più urgente di quegli anni: l'approvvigionamento. Anche in questo caso, l'elenco di coloro che occupano posizioni chiave è particolarmente eloquente. "Le requisizioni dovevano essere eseguite senza badare alle conseguenze, confiscando tutto il grano nei villaggi, lasciando al produttore solo una razione da carestia, se necessario". Questa era la direttiva ufficiale del Commissario per gli approvvigionamenti dell'Oblast' di Tyumen. Grigory Indenbaum chiese, in un telegramma firmato di suo pugno, "la più spietata repressione e la confisca sistematica del grano". Ai contadini che non avevano fornito allo Stato la quantità di lana stabilita, diede ordine di tosare le pecore una seconda volta nel tardo autunno (poco prima dell'inverno). Altri commissari, altrettanto incompetenti, hanno fatto distribuire miglio per la semina, o addirittura semi di girasole tostati, o hanno minacciato di vietare la semina del malto413. Al 10° Congresso del Partito, la delegazione di Tyumen ha riferito che "i contadini che si rifiutavano di consegnare il loro grano venivano messi in piedi nelle fosse, cosparsi d'acqua e lì congelati fino alla morte"."

La presenza di alcuni ebrei dalla parte dei bolscevichi ebbe conseguenze terribili durante quelle terribili settimane e mesi. Tra questi, l'assassinio della famiglia imperiale, ordinato infine da Lenin, che aveva previsto la totale indifferenza degli Alleati e la debolezza degli strati conservatori del popolo russo. Sebbene l'assassinio del fratello dello zar, il granduca Michele Romanov, sia stato perpetrato da russi, è noto che gli ebrei più attivi erano presenti al culmine degli eventi che circondavano l'assassinio dello zar e della sua famiglia. Le guardie erano lettoni, russi e magiari, ma due personaggi giocarono un ruolo decisivo: Filipp Ilyevich Goloshchokin e Yakov Yurovsky. Goloshchokin, amico intimo di Yakov Sverdlov, era membro del Comitato centrale del Partito bolscevico. Dopo il colpo di Stato, divenne il padrone assoluto della regione degli Urali come commissario militare e segretario del Comitato del Soviet degli Urali. Quanto a Yurovsky, si vantò con aplomb di essere stato il migliore: "Fu il proiettile della mia Colt a irrigidire Nicolas. "Voikov, il commissario per le forniture della regione, ha fornito i barili di benzina e l'acido solforico necessari per distruggere i corpi. Dopo la seconda guerra mondiale, "dopo che il potere comunista aveva interrotto i rapporti con l'ebraismo mondiale, ebrei e comunisti si sentirono a disagio e si spaventarono, preferendo tacere e nascondere la forte partecipazione degli ebrei alla rivoluzione. Allo stesso tempo, qualsiasi ricordo di quegli eventi è stato etichettato dagli ebrei come antisemita nelle intenzioni414."

Il terrore

All'apice del 1918, Lenin registrò su un grammofono un "discorso speciale sull'antisemitismo e sugli ebrei": "La maledetta autocrazia zarista ha sempre messo gli operai e i contadini non istruiti contro gli

---

[413]Alexandre Soljénisyne, *Deux siècles ensemble*, Éditions Fayard. 2003, p. 243.
[414]Alexandre Soljénisyne, *Deux siècles ensemble*, Éditions Fayard. 2003, p. 90.

ebrei... L'ostilità verso gli ebrei è vivace solo dove la cabala capitalista ha oscurato lo spirito degli operai e dei contadini. Gli ebrei sono nostri fratelli, oppressi come noi dal capitalismo. Sono i nostri compagni che lottano come noi per il socialismo. Vergogna a chi semina ostilità verso gli ebrei!". Le registrazioni di questo discorso furono trasmesse in lungo e in largo, nelle città e nei paesi della Russia, attraverso i treni speciali di propaganda che attraversavano il Paese. Questo discorso è stato trasmesso nei club, nei comizi e nelle assemblee.

Il 27 luglio 1918, subito dopo l'esecuzione della famiglia imperiale, il Sovnarkom (Consiglio dei commissari del popolo) promulgò una legge speciale sull'antisemitismo, la cui conclusione era stata scritta di pugno da Lenin: "Il Sovnarkom ordina a tutti i deputati del Soviet di sradicare l'antisemitismo. Gli istigatori dei pogrom e coloro che li propagandano saranno dichiarati fuori legge". Firmato: Vl. Ulyanov (Lenin). A quel tempo, dichiarare gli antisemiti "fuori legge", come aveva confermato Lourié - il promotore del "comunismo di guerra" - significava semplicemente "sparargli".

Per reprimere le rivolte, il potere bolscevico aveva bisogno di un esercito regolare. Nel 1918 Leon Trotsky, con l'aiuto di Ephraim Skliansky e Yakov Sverdlov, creò l'Armata Rossa. I combattenti ebrei erano numerosi nei suoi ranghi e nella sua catena di comando. Negli anni '80, il ricercatore israeliano Aron Abramovich ha stilato un elenco dettagliato degli ebrei che hanno ricoperto posizioni di comando nell'Armata Rossa dalla Guerra Civile alla Seconda Guerra Mondiale. Il suo studio ha dimostrato che tra i capi di stato maggiore dei consigli rivoluzionari dei venti eserciti, tra uno e due su tre erano ebrei (circa due terzi). "La percentuale di ebrei nelle posizioni politiche ausiliarie era particolarmente alta in tutti i livelli dell'esercito", così come nella fornitura dei corpi d'armata e nella medicina militare.

La Cheka, o Commissione straordinaria per la lotta alla controrivoluzione e al sabotaggio, istituzionalizzò il Terrore Rosso molto prima della sua proclamazione ufficiale il 5 settembre 1918. In effetti, l'ha istituita fin dalla sua nascita, nel settembre 1917, e ha continuato ad applicarla anche dopo la guerra civile. Già nel gennaio 1918 veniva applicata la "pena di morte sul posto, senza processo né inchiesta". Poi sono arrivati i rastrellamenti di centinaia e migliaia di ostaggi perfettamente innocenti, che sono stati fucilati di notte o annegati nei fiumi su chiatte stracolme di prigionieri. La Cheka divenne il centro nevralgico della leadership statale. A Sebastopoli, dopo il crollo della resistenza, i sospetti furono messi a ferro e fuoco e impiccati a decine, a centinaia. Il viale Nakhimov era pieno di impiccati che erano stati arrestati per strada e giustiziati senza processo415. È assolutamente ridicolo affermare che "i tiratori più fanatici e attenti della Cheka non erano affatto ebrei, presumibilmente ritualisti, ma generali e ufficiali, in passato fedeli servitori del trono416." Chi li avrebbe tollerati nella Cheka?", rispose Solzhenitsyn. Quando sono stati invitati, è stato per sparargli! Alla luce dei documenti d'archivio disponibili, un ricercatore contemporaneo - il primo a esaminare il ruolo delle minoranze nell'apparato statale sovietico - ha concluso che "nel periodo del Terrore Rosso, le minoranze nazionali costituivano più del 50% dell'apparato centrale della Cheka, e circa il 70% in posizioni di responsabilità". "Tra queste minoranze nazionali, oltre al gran numero di lettoni e a un numero non trascurabile di polacchi, era notevole anche il numero di ebrei, soprattutto tra coloro che occupavano posizioni di responsabilità. Tra i giudici istruttori che avevano il compito di combattere la controrivoluzione, la metà erano ebrei.

Questo stato di cose fece sì che la popolazione russa nel suo complesso, sia nelle file dei rossi che dei bianchi, giudicasse il Terrore come un "terrore ebraico". Rebecca Plastinima-Maizel, ad esempio, membro del comitato rivoluzionario della provincia di Arcangelo, era nota per la sua crudeltà nel Nord russo. Le piaceva "trafiggere deliberatamente colli e fronti". Sparò a più di cento persone con le sue stesse mani e fece carriera diventando membro della Corte Suprema negli anni Quaranta.

E che dire delle catene sul Don, il potente fiume che ha sommerso migliaia di cosacchi nel fiore degli anni? Nell'agosto del 1919, l'esercito volontario entrato a Kiev scoprì delle fosse comuni di cadaveri fucilati. Come sempre, l'élite russa è stata colpita per prima. A Kiev il numero dei collaboratori della Cheka variava da 150 a 300. Il rapporto tra gli ebrei e il totale dei collaboratori era di uno su quattro, ma la maggior parte dei posti chiave era nelle loro mani: dei 20 membri della commissione, cioè di coloro che decidevano il destino del popolo, 14 erano ebrei. In un hangar riconvertito, i boia hanno portato la vittima completamente nuda, le hanno ordinato di sdraiarsi a faccia in giù sul pavimento e le hanno sparato alla nuca. Le esecuzioni venivano eseguite con i revolver (più spesso con una Colt). La vittima successiva è stata portata nello stesso luogo e si è sdraiata accanto a lui. Quando il numero delle vittime superava la capacità dell'hangar, le nuove vittime

---

415S.P. Melgounov, *La Terreur rouge en Russie*, Berlino, 1924.
416*Tribune juive*, Parigi, 1924, 1° febbraio, p. 3. [p. 139].

venivano collocate sopra i corpi di coloro che erano stati uccisi in precedenza417.

Chiese energizzanti

Nell'estate del 1918 si verificò l'assalto al clero ortodosso. La persecuzione dei sacerdoti e la profanazione delle reliquie furono accompagnate da un'esplosione di sarcasmo senza precedenti sulla stampa. Il giudice istruttore Chpitsberg, responsabile degli affari ecclesiastici, oltraggiò pubblicamente la fede religiosa del popolo e derise apertamente i riti sacri nel suo libro (*La peste religiosa*, pubblicato nel 1919), in cui chiamava Cristo con nomi abominevoli. Un tale odio e disprezzo per la religione dei russi non poteva passare inosservato o inosservabile.

Solzhenitsyn riteneva che fossero stati commessi diversi gravi errori, come nominare Gubelman-Yaroslavsky capo dell'Unione dei senza Dio, rinominare la chiesa di San Vladimir "Nachimson", trasformare Elisabetgrad in "Zinovevsk" e dare il nome "Sverdlovsk" alla città di Ekaterinburg, dove era stato assassinato lo zar. S. Boulgakov, che aveva osservato attentamente ciò che stava accadendo al cristianesimo ortodosso sotto il giogo dei bolscevichi, scrisse nel 1941: "Nell'URSS la persecuzione dei cristiani ha superato per violenza ed estensione tutte le precedenti persecuzioni conosciute nella storia. Certo, non tutto deve essere attribuito agli ebrei, ma nemmeno la loro influenza deve essere minimizzata418. "Senza dubbio, le feroci persecuzioni, i crimini e gli omicidi perpetrati contro la religione di maggioranza hanno ferito profondamente il popolo russo.

Per tutti gli anni Venti, il clero russo fu spietatamente annientato. Anche i fondamenti e i rappresentanti della scienza russa in numerose discipline - storia, archeologia, etnologia - furono distrutti; si supponeva che i russi non avessero più un passato. La nozione stessa di "storia russa" è stata abbandonata. La stessa parola "russo", quando si diceva ad esempio "sono russo", era percepita come provocatoria e controrivoluzionaria. Sulle colonne di *Vetchernaïa Moskva*, V. Blum si è permesso di chiedere di "spazzare via tutti i rifiuti storici dalle piazze delle nostre città": il monumento a Minin e Pozharsky sulla Piazza Rossa, il monumento che commemora il millennio della Russia a

---

417Alexandre Soljénisyne, *Deux siècles ensemble*, Éditions Fayard. 2003, p. 148.
418Alexandre Soljénisyne, *Deux siècles ensemble*, Éditions Fayard. 2003, p. 107.

Novgorod, la statua di San Vladimir a Kiev; "tutte quelle tonnellate di metallo avrebbero dovuto essere da tempo in una discarica"."

Il capo dinamitardo Kaganovich fece saltare in aria la Cattedrale di Cristo Salvatore a Mosca e insistette affinché anche la Cattedrale di San Basilio fosse rasa al suolo. La Chiesa ortodossa è stata oggetto di attacchi pubblici da parte di un'intera fazione di "atei militanti", con a capo Gubelman-Yaroslavsky. Sebbene molti figli di contadini russi fossero coinvolti in tali azioni, fu il coinvolgimento di altre nazionalità nella persecuzione della Chiesa ortodossa a suscitare l'impressione più forte e a rimanere impresso nella memoria.

Tali furono i carnefici della rivoluzione, ma che ne fu delle vittime? Gli ostaggi e i prigionieri in numero industriale - russi; i fucilati e gli annegati nelle chiatte affollate - russi; gli ufficiali - russi; i nobili - per lo più russi; i sacerdoti - russi; i membri dello Zemstvos419 - russi; i contadini in fuga dall'arruolamento nell'Armata Rossa e arrestati nelle foreste - tutti russi. Se oggi si potessero trovare i nomi e i cognomi e fare una lista, contando fino al 1918, di tutte le persone fucilate e annegate durante i primi anni del potere sovietico, e se si dovessero stabilire le statistiche, si scoprirebbe con sorpresa che la rivoluzione non aveva affatto una caratteristica internazionalista, ma decisamente antislava420. No, ha continuato Solzhenitsyn, "gli ebrei non sono stati la forza trainante del colpo di Stato di ottobre. Non portò loro nulla, poiché la rivoluzione di febbraio aveva già concesso loro la piena e completa libertà. Ma dopo la presa del potere con la forza, la giovane generazione secolarizzata cambiò rapidamente le sue montature e si lanciò con fiducia nella galoppata infernale del bolscevismo."

Korolenko, liberale e tollerante com'era, nella primavera del 1919 annotò nei suoi quaderni: "Tra i bolscevichi c'è un gran numero di ebrei e di ebrei. La loro mancanza di tatto e la loro sicurezza di sé sono sciocanti e irritanti421. "Altre osservazioni fatte all'epoca sono giunte fino a noi. Nakhivin, ad esempio, annota le sue impressioni sui primi giorni del potere sovietico: al Cremlino, nell'amministrazione del Sovnarkom, "regnano il disordine e il caos". Si vedono solo lettoni e ancora lettoni, ebrei e ancora ebrei. Non sono mai stato un antisemita, ma questo... Erano così tanti che era ovvio, tutti molto giovani. "Nei primi anni del potere sovietico, gli ebrei erano in maggioranza non solo nelle alte sfere del Partito, ma anche negli strati inferiori e nelle

---

[419]Lo zemstvo: una forma di governo locale istituita dalle riforme liberali dell'Impero russo dello zar Alessandro II.

[420]Alexandre Soljénisyne, *Deux siècles ensemble*, Éditions Fayard. 2003, p. 103.

[421]Alexandre Soljénisyne, *Deux siècles ensemble*, Éditions Fayard. 2003, p. 99.

amministrazioni locali. Aronson, autore de Il *libro degli ebrei in Russia*, ha ricordato: "L'azione di numerosi bolscevichi ebrei che lavoravano nelle località come agenti subordinati della dittatura e che causarono innumerevoli danni alla popolazione del paese422. "Non era tanto l'origine nazionale a essere messa in discussione, ma l'atteggiamento antinazionale e antirusso, il disprezzo di questa "marmaglia internazionale" per tutto ciò che secoli di storia russa avevano accumulato.

Uno, due, tre giri

Il desiderio di esportare la rivoluzione in tutta Europa423 portò i bolscevichi a entrare in Polonia. La popolazione ebraica locale, a quanto pare, accolse calorosamente l'Armata Rossa e si schierò massicciamente con i bolscevichi. "Interi battaglioni di lavoratori ebrei parteciparono ai combattimenti contro i polacchi" nel 1920. I sovietici, che avevano formato frettolosamente un governo per quel Paese, misero a capo Felix Dzerzhinsky e il suo braccio destro Marchlevsky. L'ex farmacista Rotenberg, che era stato capo dell'NKVD a Mosca, fu nominato specialista in "casi di sangue"; anche Bela Kun e Zalkind furono coinvolti nel governo prima di partire per "epurare la Crimea dopo il fallimento in Polonia".

Nel 1919 la Rivoluzione Rossa si diffuse in Ungheria e Germania. Un ricercatore americano, John Müller, ha scritto che "la quota di attivisti ebrei era assolutamente sproporzionata" nel partito comunista tedesco guidato dalla famosissima Rosa Luxemburg. La rivolta di Monaco fu guidata da un ebreo "di stile boemo", il critico letterario Kurt Eisner. Verrà assassinato, ma nella cattolicissima e conservatrice Baviera il potere passerà a "un nuovo governo di intellettuali ebrei di sinistra che proclameranno la "Repubblica Sovietica di Baviera"" (Landauer, Toller, Muzam, Neirat). Una settimana dopo, questa repubblica fu rovesciata "da un gruppo ancora più radicale" che proclamò la "Seconda Repubblica Sovietica di Baviera", guidata da Eugen Leviné. "Nel maggio 1919, la rivolta fu soffocata. Il fatto che i leader delle rivolte comuniste represse fossero ebrei è una delle cause principali della recrudescenza dell'antisemitismo politico nella Germania post-rivoluzionaria", ha riconosciuto John Müller,424. "Il

---

[422]G. Aronson, *Evreiskaïa obschestvennost v Rossii 1917-1918*, Petite Encyclopédie juive - 2, 1968, p. 16.
[423]Leggi Hervé Ryssen, Il *fanatismo ebraico*.
[424]John Müller, *L'Antisémitisme et le communisme*, 1990.

fatto che i leader delle rivolte comuniste represse fossero ebrei è una delle cause principali della recrudescenza dell'antisemitismo politico nella Germania post-rivoluzionaria", ha riconosciuto Müller. L'Ucraina approfittò della guerra civile per proclamare la propria indipendenza nel gennaio 1918. Subito dopo iniziò l'offensiva bolscevica, seguita dall'insediamento di un nuovo governo a Kiev alla fine del mese. Il nuovo commissario della città di Kiev era Gregory Chudnovsky; alle finanze, Kreisberg; alla stampa, Raichman; all'esercito, Schapiro. "Non mancavano i cognomi ebraici ai vertici delle autorità bolsceviche nei centri di Odessa o Ekaterinoslav425." Tutto ciò era sufficiente, scrive Solzhenitsyn, per alimentare il discorso dei "bolscevichi ebrei". La firma del trattato di pace con la Germania a Brest-Litovsk, all'inizio del febbraio 1918, cambiò radicalmente le cose. Il governo ucraino indipendente tornò a Kiev, protetto dalle baionette austro-tedesche, permettendo ai cosacchi di intercettare i commissari ebrei e di fucilarli. I pogrom arrivarono un po' più tardi: non fu quindi l'Armata Bianca a scatenarli, ma gli eserciti ucraini del democratico Petliura e del socialista Vinnichenko. Dal dicembre 1918 all'agosto 1919, i pogrom fecero quasi 50.000 vittime, secondo la Commissione Internazionale della Croce Rossa. Questi pogrom "spiegano in larga misura l'aiuto debole e riluttante che l'Occidente diede alle armate bianche426 ", stima Solzhenitsyn. Inoltre, i calcoli di Wall Street erano naturalmente favorevoli ai bolscevichi, poiché ci si aspettava che fossero i futuri padroni della ricchezza della Russia.

L'Intesa427, che non aveva riconosciuto nessuno dei governi bianchi, si affrettò a riconoscere tutti i governi nazionali che si stavano formando nelle periferie della Russia. I britannici si avventarono sui pozzi di petrolio di Baku, i giapponesi occuparono l'Estremo Oriente e la Kamchatka e gli americani aiutarono l'occupazione della costa da parte dei bolscevichi. Gli Alleati si fecero pagare a caro prezzo, in oro o in concessioni, ogni aiuto alle armate bianche. Quando gli inglesi lasciarono Arcangelo sul fronte settentrionale, presero parte dell'equipaggiamento militare dell'epoca degli zar, ne diedero una parte ai rossi e gettarono il resto in mare in modo che i bianchi non potessero usarlo. Nell'estate del 1920, la Francia fornì un misero aiuto a Wrangel

---

[425]Alexandre Soljénisyne, *Deux siècles ensemble*, Éditions Fayard. 2003, p. 155.
[426]Alexandre Soljénisyne, *Deux siècles ensemble*, Éditions Fayard. 2003, p. 171.
[427]Entente cordiale (intesa cordiale) è il nome del trattato di non aggressione e di regolamentazione dell'espansione coloniale tra il Regno Unito e la Francia, firmato nel 1904 e alla base dell'alleanza nella Prima Guerra Mondiale, tuttora in vigore. È ancora in vigore oggi.

per liberare la Polonia e sei mesi dopo pretese il pagamento dei viveri consegnati ai combattenti russi rifugiati a Gallipoli.

Nello stesso anno, un testo sorprendente ebbe un successo straordinario in tutta Europa: *I Protocolli degli Anziani di Sion* aveva avuto tirature formidabili in Francia, Inghilterra, Germania e Stati Uniti. I *Protocolli* erano stati presentati allo zar Nicola II nel 1906: "Che lungimiranza, che precisione di esecuzione! ", esclamò lo zar. Tuttavia, egli ordinò di vietare il testo dopo aver ordinato un'indagine da parte di Stolypin, che stabilì che si trattava di un falso.

La conquista delle capitali

Le posizioni di rilievo nelle due grandi capitali hanno ovviamente portato molti grandi vantaggi, come l'utilizzo degli appartamenti vuoti lasciati dai proprietari. Un'intera famiglia dell'ex area residenziale potrebbe venire a vivere in questi appartamenti. La gente emigrò in massa da Odessa a Mosca. Fu un vero e proprio esodo che coinvolse decine di migliaia di persone. Questi nuovi inquilini ricevevano abbondanti provviste da uno speciale centro di distribuzione: "caviale, formaggio, burro, storione affumicato non mancavano mai sulle loro tavole". Tutto era speciale, concepito appositamente per la nuova élite: asili, scuole, club, biblioteche, ecc... I bambini delle case vicine odiavano quelli delle "case sovietiche" e li prendevano di mira alla prima occasione428."

A partire dal 1917, molti ebrei si riversarono a Leningrado, a Mosca e nelle grandi città. Nel 1926, in Unione Sovietica c'erano 2.211.000 ebrei insediati nelle città (l'83% della popolazione ebraica) e 467.000 nelle campagne. Sebbene rappresentassero circa il 23% della popolazione urbana in Ucraina e fino al 40% nelle città della Bielorussia, erano solo l'1,82% dell'intera popolazione sovietica. Nel 1923, Biekerman espresse la sua preoccupazione: "Oggi l'ebreo è ovunque, in tutte le sfere del potere. L'uomo russo lo vede al comando di Mosca, la prima capitale di tutte le Russie, alla testa di Pietrogrado, alla testa dell'Armata Rossa. Vede che il viale di San Vladimir porta ora il nome del glorioso Nachimson. L'uomo russo vede nell'ebreo il giudice e il boia; a ogni passo incontra ebrei non comunisti, indigenti come lui, che tuttavia prendono le redini di tutto e lavorano per il potere sovietico. Non c'è da stupirsi che l'uomo russo, confrontando il vecchio

---

[428]Alexandre Soljénisyne, *Deux siècles ensemble,* Éditions Fayard. 2003, p. 126.

con il nuovo, sia convinto che il potere attuale sia ebraico, che questo potere sia fatto per gli ebrei e serva i loro interessi429."

La borghesia ebraica non era stata eliminata in modo così sistematico come la borghesia russa. I commercianti ebrei potevano trovare sostegno e protezione nell'apparato sovietico, dove avevano parenti o familiari che intervenivano a loro favore o li avvisavano in anticipo di confische di proprietà o razzie.

I russi facevano code di dieci ore al freddo o sotto la pioggia davanti ai negozi statali, il che li rendeva molto infelici, soprattutto se confrontati con i negozi relativamente ben forniti dei commercianti ebrei. Lourié-Larin, il fanatico organizzatore del "comunismo di guerra", reagì rapidamente a questa agitazione popolare: "Non nascondiamo l'aumento della popolazione ebraica a Mosca e in altre grandi città. Questo sarà inevitabile anche in futuro. "Ha persino previsto l'arrivo di altri 600.000 ebrei dall'Ucraina e dalla Bielorussia. "Questo fenomeno non deve essere considerato come qualcosa di vergognoso che il Partito deve nascondere. Bisogna far capire alla classe operaia che chiunque si dichiari pubblicamente contrario all'arrivo degli ebrei a Mosca è, consapevolmente o meno, un controrivoluzionario. "La migrazione degli ebrei verso le grandi città non si è fermata negli anni Trenta. L'Enciclopedia Ebraica ci informa che gli ebrei a Mosca erano 131 000 dopo il censimento del 1926, 226 000 nel 1933 e 250 000 nel 1939430. Si tratta di quella che negli anni Venti fu chiamata la "conquista" delle capitali e delle grandi città della Russia, dove le condizioni di vita e di approvvigionamento erano nettamente migliori. Simili spostamenti di popolazione avvenivano all'interno delle città verso i quartieri più piacevoli.

Esecutori in movimento

Nel 1922, gli ebrei rappresentavano il 26% dei membri del Comitato centrale eletti al Congresso. Tra i 25 membri del Presidium del Partito, i cui ritratti furono pubblicati sulla *Pravda*, 11 erano ebrei, 8 russi, 3 caucasici e 3 lettoni. Nel 1918, al tavolo del Presidio, gli ebrei erano in maggioranza assoluta431. Zinoviev aveva raccolto intorno a sé un gran numero di ebrei negli organi di governo di Pietrogrado. Al dodicesimo Congresso del Partito del 1923, tre dei sei membri del Politburo erano ebrei. Una tale sproporzione numerica nelle alte sfere

---

[429]Alexandre Soljénisyne, *Deux siècles ensemble*, Éditions Fayard. 2003, pag. 220.
[430]Alexandre Soljénisyne, *Deux siècles ensemble*, Éditions Fayard. 2003, p. 344.
[431]Alexandre Soljénisyne, *Deux siècles ensemble*, Éditions Fayard. 2003, p. 226.

del Partito deve essere sembrata insopportabile ad alcuni leader, scrive Solzhenitsyn.

In termini di potere reale, la Cheka era al secondo posto. Kritchevsky, uno specialista degli archivi dell'epoca, ha citato alcuni dati interessanti: "A metà degli anni '20, la percentuale di rappresentanti delle minoranze nazionali diminuì progressivamente. Per l'OGPU432 nel suo complesso è sceso al 30-35% e negli organismi di punta al 40-45%, mentre durante il Terrore Rosso le cifre erano rispettivamente del 50% e del 70%. Tuttavia, si può notare la diminuzione della percentuale di lettoni e l'aumento della percentuale di ebrei. Gli anni '20 videro un significativo afflusso di leader ebrei negli organi direttivi dell'OGPU433. "Dei quattro vice di Dzerzhinsky quando era a capo dell'OGPU, tre erano ebrei: Yagoda, Gerrson e Loutski.

Se esaminiamo le carriere di tutti questi boia, vediamo che erano sempre in movimento, passando da un incarico all'altro con una mobilità sorprendente. Questo incessante andirivieni su tutto il territorio si spiegava, ai tempi di Lenin, con la manifesta insufficienza di leader affidabili e con la sfiducia di Stalin: ogni legame che avrebbero potuto creare nei luoghi in cui erano stanziati doveva essere stroncato sul nascere.

Per celebrare il decimo anniversario della gloriosa Cheka, l'onnipresente Iósif Unszlicht (un ebreo polacco), uno dei fondatori e vicepresidente della Cheka nel 1921, elencò in un decreto i nomi di coloro che erano stati decorati per "meriti eccezionali". "Ognuno di loro avrebbe potuto ridurci in cenere con un piccolo gesto della mano", ha precisato Solzhenitsyn: Ghenrij Yagoda, Mikhail [Meier Abramovich] Trilisser, Yakov Agranov (per anni ha inventato completamente le accuse nei più importanti processi politici), Zinovi Katnelson, Marvei Berman, Lev Belski, e così via. Nejamkin, nato a Gomel da una famiglia chassidica, fu procuratore dell'Unione Sovietica e membro della delegazione sovietica al processo di Norimberga, "un simbolo434 " per Solzhenitsyn. Nella mente del contadino russo, la miriade di nomi che non riusciva a pronunciare, dal polacco Dzerzhinsky al lettone Vatsetis, sollevava interrogativi. I lettoni, per l'appunto, erano anche una minoranza piuttosto vocale: furono i fucilieri lettoni a disperdere

---

[432]La polizia segreta di Stato, dall'iniziale Cheka, fu riorganizzata a partire dal 1922 nella GPU, che nel 1923 divenne OGPU, e poi, grosso modo, NKVD, MVD e infine KGB (NdT).

[433]Kritchevski, *Les Juifs dans l'appareil de la Tchéka et du Guépéou dans les années vingt*, Mosca-Gerusalemme, 1999.

[434]Alexandre Soljénisyne, *Deux siècles ensemble*, Éditions Fayard. 2003, p. 230.

l'Assemblea Costituente e a garantire poi la protezione della leadership del Cremlino per tutta la durata della guerra civile.

"A quel tempo, tutto il potere non era nelle mani degli ebrei. Il potere era plurinazionale e comprendeva un buon numero di russi. Ma anche se la sua composizione era molto eteroclita, quel potere ruotava attorno a posizioni deliberatamente anti-russe, con la volontà di distruggere lo Stato russo e le tradizioni russe. "Ma, come ha notato Leonard Shapiro, "chiunque fosse abbastanza sfortunato da cadere nelle mani della Cheka era quasi certo di trovarsi di fronte a un giudice istruttore ebreo, o di essere fucilato su suo ordine435."

Fin dalle prime conferenze internazionali a cui l'URSS partecipò - la Conferenza di Genova, la Conferenza dell'Aia (1922) - l'Europa non poté fare a meno di notare che le delegazioni sovietiche erano composte principalmente da ebrei. In uno studio di un certo M. Zarubezhnie intitolato *Gli ebrei al Cremlino*, questo autore, basandosi sull'Annuario del Commissariato del Popolo per gli Affari Esteri del 1925, osservava che "non c'era Paese in cui il Cremlino non inviasse uno dei suoi fedeli ebrei"."

Negare l'evidenza

I rapidi successi degli ebrei nell'amministrazione bolscevica non passarono inosservati né in Europa né negli Stati Uniti. Erano persino ammirati e, dopo il colpo di Stato di ottobre, l'opinione pubblica ebraica negli Stati Uniti non fece mistero della sua simpatia per la rivoluzione russa. A loro era stato dato un "potere feroce e illimitato", scrive Solzhenitsyn. Perché questa era la verità: per tutti gli anni Venti, molti si precipitarono a servire il Moloch bolscevico, senza pensare al misero Paese che doveva servire da banco di prova. Un giorno Gorky fu violentemente attaccato dalla stampa per un articolo in cui rimproverava al governo sovietico di aver dato loro troppi posti di responsabilità. Non aveva nulla contro gli ebrei in quanto tali, ma riteneva che i russi dovessero dominare ed essere la maggioranza. Il giornale moscovita *Der Emes* (*"La verità"*), si indignò: "In breve, egli propone che gli ebrei rinuncino alla loro partecipazione agli affari dello Stato. Fuori di lì! Una decisione del genere può essere presa solo da controrivoluzionari o da codardi."

Già negli anni Venti, alla fine della guerra civile, furono diffusi argomenti per giustificare gli ebrei. È stata richiamata l'attenzione sulle

---

435Alexandre Soljénisyne, *Deux siècles ensemble*, Éditions Fayard. 2003, p. 231.

condizioni di vita in cui molti ebrei si sono trovati dopo il colpo di Stato di ottobre. Il 42% della popolazione ebraica russa era impegnata in un'attività commerciale che era stata vietata dal nuovo governo e si trovava quindi in una situazione precaria, senza alternative se non quella di entrare nell'apparato statale sovietico per non morire di fame. Lo scrittore Pomerants giustificò così l'ingresso in massa degli ebrei nell'amministrazione: "Non c'era altra via d'uscita per loro che il servizio civile". "Non c'era altra via d'uscita", si indignò Solzhenitsyn. "Ma le decine di migliaia di funzionari russi che si rifiutarono di servire il bolscevismo preferirono resistere, anche a costo di mille sofferenze. Inoltre, non ricevettero aiuti alimentari da organismi come la Giunta o l'ORT436, finanziati dai ricchi ebrei dell'Occidente. "Arruolarsi nella Cheka non è mai stata l'unica alternativa, come ha sostenuto anche Pasmanik437.

Allo stesso modo, l'argomentazione secondo cui gli ebrei di Russia si sarebbero gettati nelle braccia dei bolscevichi a causa delle umiliazioni subite in passato non regge. È necessario confrontare la situazione con gli altri due colpi di forza comunisti in Baviera e in Ungheria, avvenuti contemporaneamente al colpo di stato di Lenin. Leggiamo questa descrizione in I. Levine438: "Il numero di ebrei al servizio del regime bolscevico in questi due Paesi è molto alto. In Baviera, troviamo tra i commissari gli ebrei Levine, Axelrod, l'ideologo anarchico Landauer ed Ernst Toller", mentre "la percentuale di ebrei che hanno preso le redini del movimento bolscevico in Ungheria è del 95%. Ora, la situazione dei diritti civili degli ebrei era eccellente in Ungheria, dove da tempo non esistevano limitazioni; nella sfera culturale ed economica, gli ebrei godevano di una posizione così importante che gli antisemiti parlavano addirittura di un controllo totale degli ebrei. "Ricordiamo anche che l'ingresso in massa degli ebrei nell'apparato sovietico era avvenuto alla fine del 1917, cioè prima dei pogrom della guerra civile del 1919. Non furono quindi questi eventi a motivare gli ebrei a impegnarsi nel bolscevismo; al contrario, fu l'eccessiva partecipazione degli ebrei al bolscevismo la causa dei pogrom del 1919.

Il quotidiano parigino *Tribune juive ha* parlato di questo argomento, respingendo in toto ogni forma di possibile dibattito o introspezione su quanto accaduto in Russia: "La questione della

---

[436]Obchtchestvo Pemeslennogo Trouda soudé evreiev: Associazione per il lavoro artigianale ebraico.

[437]D.S. Pasmanik, *La Révolution russe et les Juifs*, p. 156, [p. 111].

[438]Alexandre Soljénisyne, *Deux siècles ensemble*, Éditions Fayard. 2003, p. 114.

responsabilità degli ebrei nella rivoluzione russa è stata finora sollevata solo dagli antisemiti. Ora arriva l'annuncio di una campagna di pentimento e di accuse. Nulla di nuovo, se non una serie di nomi di cui siamo pieni fino alle orecchie439."

I sentimenti di Boris Pasternak erano piuttosto unici. Quando descrisse, nel suo *Dottor Zivago*, il "modo pio e autosacrificante degli ebrei di tenersi separati" e "la loro fragilità e incapacità di reagire", un contemporaneo di quegli anni rimase "sbalordito", scrisse Solzhenitsyn. Un altro autore ebreo ha detto degli anni Venti: "Nelle aule universitarie erano spesso gli ebrei a dare il tono, senza rendersi conto che la loro festa intellettuale si svolgeva sullo sfondo della distruzione della maggioranza del popolo del Paese. "E ha aggiunto: "Mi sorprende l'unanimità con cui i miei compatrioti negano ogni responsabilità per la storia russa del XX secolo440."

"Parole come queste sarebbero salutari per i nostri due popoli, se non fossero così irrimediabilmente minoritarie e isolate... Infatti "non è per regolare i conti che la storia deve essere ricordata, né per ribadire le accuse reciproche... È in uno spirito di analisi lucida della storia che la questione della partecipazione di massa degli ebrei all'amministrazione bolscevica e alle atrocità da essa commesse deve essere chiarita". Non è accettabile eludere la domanda dicendo: "Erano gentaglia, rinnegati dall'ebraismo, non dobbiamo rispondere per loro". Se gli ebrei di Russia avessero solo i ricordi di quel periodo per giustificarsi, ha aggiunto Solzhenitsyn, significherebbe che il livello di coscienza nazionale si è abbassato, che la coscienza si è persa. I tedeschi potevano anche negare la loro responsabilità per il periodo hitleriano dicendo: "non erano veri tedeschi, erano la feccia della società, non chiedevano la nostra opinione". Ma tutti i popoli rispondono del loro passato, anche dei loro periodi più ignominiosi. Come possono rispondere? Cercando di essere consapevoli e di capire: come è potuta accadere una cosa del genere, dov'è la nostra colpa, c'è il rischio che si ripeta? È in questo spirito che il popolo ebraico deve rispondere sia ai suoi rivoluzionari assassini sia alle schiere di individui che li hanno serviti. Non si tratta di rispondere ad altri popoli, ma a se stessi, alla propria coscienza e a Dio. Così come noi russi dobbiamo rispondere dei pogrom, dei nostri contadini incendiari, insensibili alla pietà, e dei nostri soldati rossi caduti nella follia, e dei nostri marinai trasformati in bestie selvagge441."

---

[439]Alexandre Soljénisyne, *Deux siècles ensemble*, Éditions Fayard. 2003, p. 150, 171.
[440]G. Chourmak, *Choulgine et ses apologètes*, Novy mir, 1994, n. 11, p. 244, [p. 299].
[441]Alexandre Soljénisyne, *Deux siècles ensemble*, Éditions Fayard. 2003, p. 131.

Sospetto omicida

Il vecchio antisemitismo era stato completamente spazzato via dal Paese dall'imponente rivoluzione d'ottobre. Coloro che avevano protetto il trono, tutti i piccoli borghesi delle città, erano stati fucilati o rinchiusi nei campi. Non c'era antisemitismo tra gli operai e i contadini russi prima della rivoluzione e l'intellighenzia provava "profonda simpatia per gli ebrei", come del resto riconoscevano i leader bolscevichi. Ma l'antisemitismo è riemerso con maggiore forza. "È apparsa in regioni dove un tempo gli ebrei erano quasi sconosciuti e dove la questione ebraica non attraversava nemmeno la mente degli abitanti442. "Nei circoli operai o contadini, le reazioni sono state eloquenti: "È sufficiente che un ebreo - sia pure un semplice conoscente - si unisca a loro perché cambino discorso."

L'organo di stampa dei sionisti a Parigi, *Rassvet*, scrisse nel 1922: "Recentemente Gorki ha dichiarato in sostanza che "gli stessi bolscevichi ebrei contribuiscono all'aumento dell'antisemitismo in Russia con il loro comportamento spesso fuori luogo". È la pura verità!". "E non si trattava di Trotsky, Kamenev o Zinoviev, "Gorky non parla di loro, ma degli ebrei comunisti di rango, quelli che sono a capo di organismi sovietici di piccole e medie dimensioni, quelli che, attraverso le loro funzioni, entrano in contatto quotidiano e permanente con la popolazione443. "Il reclutamento di agenti amministrativi fu molto favorevole agli ebrei, poiché sfruttarono la solidarietà che li legava gli uni agli altri. "Questa preferenza per i propri ha spesso assunto una forma piuttosto rozza e umiliante per gli altri", ha scritto Maslov.

I leader bolscevichi avevano altre spiegazioni. Per loro l'antisemitismo era innanzitutto una questione di classe sociale, non di nazionalità. Ma si poteva anche vedere "la mano di un'organizzazione controrivoluzionaria clandestina che diffondeva menzogne tra le classi lavoratrici444." Secondo Larine, il "fulcro centrale dell'antisemitismo" era in realtà la borghesia urbana: "La lotta contro l'antisemitismo borghese si confonde con la questione dello sradicamento della borghesia stessa", spiegava il bolscevico. Così, "l'antisemitismo borghese scomparirà con la borghesia"."

Larine riconosceva, tuttavia, che nel mondo operaio l'antisemitismo si manifestava "con maggiore frequenza e intensità

442Maslov, *La Russie, après quatre ans de révolution*, Parigi, 1922.
443D.S. Pasmanik, *La Rivoluzione russa e i giovani*, p. 198
444Larine (Michel Lourié), *Les Juifs et l'antisémitisme*. [p. 246-252]

rispetto agli anni precedenti". Era chiaro che si trattava di propaganda orchestrata da organizzazioni segrete dell'Armata Bianca: "Dietro la propaganda antiebraica vediamo la mano di organizzazioni clandestine monarchiche". "L'antisemitismo, conclude Larine, è una mobilitazione nascosta contro il governo sovietico e coloro che sono contrari alla posizione del governo sovietico sulla questione ebraica sono, di conseguenza, contro i lavoratori e a favore del capitalismo."

Da qui, la macchina della propaganda sovietica potrebbe essere messa in moto per "sensibilizzare" la popolazione: "È essenziale far capire alle masse che l'agitazione antiebraica prepara in realtà la controrivoluzione. Le masse devono imparare a diffidare di chiunque esprima simpatie antisemite. Le masse devono vedere in lui un controrivoluzionario o un intermediario delle organizzazioni segrete monarchiche445. "Le sessioni pubbliche del "tribunale popolare per i casi legati all'antisemitismo" saranno organizzate nelle fabbriche. Gli elementi ritardanti devono essere "segnalati, gli elementi attivi devono essere repressi... Non c'è motivo per cui la legge di Lenin non debba essere applicata."

Ora, secondo la famosa legge di Lenin del 27 luglio 1918, sottolinea Solzhenitsyn, "gli antisemiti attivi dovevano essere dichiarati 'fuori legge' - cioè fucilati - perché colpevoli di aver incitato ai pogrom", e non solo per avervi partecipato. La legge incoraggiava gli ebrei a denunciare qualsiasi offesa alla loro dignità nazionale. L'articolo 59-7 del Codice Penale del 1922 ("incitamento all'odio e alla divisione nazionale o religiosa") era ampiamente sufficiente per pene che andavano fino alla confisca dei beni o alla pena di morte. Questo articolo faceva riferimento alle disposizioni sui crimini contro lo Stato del 26 febbraio 1927, che "estendevano la nozione di incitamento all'odio nazionale" per includere "la diffusione, la redazione o il possesso di documenti scritti". Il semplice possesso di documenti scritti potrebbe portare alle peggiori complicazioni.

Così, nel maggio 1928, la lotta all'antisemitismo era debitamente all'ordine del giorno delle riunioni di partito e doveva essere menzionata nelle conferenze pubbliche, sulla stampa, alla radio, al cinema e nei libri di testo scolastici; era necessario essere spietati e applicare le più severe sanzioni disciplinari. Seguì una violenta campagna di stampa: "Morte ai complici della controrivoluzione! "I militanti comunisti di un distretto di Mosca hanno deciso di includere la questione nei programmi scolastici: "L'antisemitismo non è sempre

---

445Larine (Michel Lourié), *Les Juifs et l'antisémitisme*. [p. 251]

trattato con la dovuta severità. Dovrebbe essere classificata come una perversione sociale, come l'alcolismo o la dissolutezza446."

Nel 1929, il segretario del Comitato centrale del Komsomol, Rachmanov, dichiarò che "la cosa più grave nelle circostanze attuali è l'antisemitismo nascosto". Chi conosceva la nostra lingua sovietica, spiegò Solzhenitsyn, capì subito che si trattava di combattere le opinioni solo sulla base del sospetto. Grigori Landau ha detto dei suoi avversari ebrei: "Sospettano e accusano di antisemitismo tutte le nazionalità che ci circondano. Coloro che esprimono opinioni sfavorevoli sugli ebrei sono considerati da loro antisemiti dichiarati, mentre coloro che non lo fanno sono considerati antisemiti nascosti447. "Il più furioso antisemita non avrebbe potuto trovare un argomento migliore per far sì che il popolo identificasse il potere sovietico con gli ebrei. Nel 1930, la Corte Suprema dovette fare le seguenti precisazioni: l'articolo 59-7 non doveva essere applicato "in caso di aggressione contro individui appartenenti a minoranze nazionali nel contesto di una controversia personale". Questo ha rivelato che la macchina giudiziaria era già in piena attività.

La terra non è sufficiente

Nella sua ricerca di credito, il potere sovietico cercò la simpatia e il favore della borghesia straniera, e in particolare della borghesia ebraica della diaspora. Tuttavia, questa fonte di finanziamento si sarebbe rapidamente esaurita e si sarebbe dovuto trovare un modo per incrementare nuovamente gli aiuti esteri. Sembra che il grandioso progetto di insediamento fondiario fosse a scopo propagandistico. In effetti, l'idea di una riabilitazione del lavoro della terra per gli ebrei ha sollevato un'ondata di gioiosa speranza nella comunità ebraica internazionale. Sono state organizzate raccolte in numerosi Paesi e tutti hanno contribuito. Inizialmente era previsto il trapianto di circa 100.000 famiglie ebree, pari a circa il 20% della popolazione ebraica dell'Unione Sovietica, nell'Ucraina meridionale e in Crimea. Era prevista anche la creazione di regioni ebraiche autonome. L'obiettivo era quello di legare strettamente gli ebrei del resto del mondo al potere comunista. In questo modo i ricchi americani potevano essere ricattati: se il potere sovietico fosse crollato, un enorme pogrom avrebbe

---

[446]"L'antisemitismo non è un'opinione. È una perversione. Una perversione che uccide. "Il discorso di Jacques Chirac all'inaugurazione del Memoriale della Shoah (Olocausto) a Parigi, martedì 25 gennaio 2005.

[447]Alexandre Soljénisyne, *Deux siècles ensemble*, Éditions Fayard. 2003, p. 253.

spazzato via tutte le colonie ebraiche fondate; sarebbe stato quindi necessario sostenere il potere sovietico ad ogni costo.

Nell'autunno del 1924 fu istituito un Comitato governativo per l'insediamento rurale dei lavoratori ebrei, affiancato da un'Unione panrussa di volontari per l'insediamento dei lavoratori ebrei. Solzhenitsyn ha riportato un ricordo d'infanzia con un pizzico di ironia: "Nel 1927-1928, a scuola, eravamo costretti a contribuire - cioè a chiedere soldi ai nostri genitori - all'Associazione degli Amici dei Bambini della suddetta Unione All-Russiana. Per sostenere questa iniziativa sono state create numerose associazioni in vari Paesi."

Tuttavia, questi insediamenti ebraici non si sono sviluppati come previsto. In primo luogo perché "molti ebrei, pur essendo disoccupati, rifiutavano di impegnarsi nell'agricoltura448. "Inoltre, l'insediamento di coloni ebrei in Crimea ha provocato reazioni ostili da parte dei tatari e dei contadini locali, già a corto di terra. In questa regione, tuttavia, erano riposte le maggiori speranze, anche se, a dire il vero, il progetto infastidiva i sionisti americani che lo vedevano come un'alternativa al sionismo e all'idea di un ritorno in Israele. Questo programma di conversione degli ebrei all'agricoltura fu quindi un fallimento. In Crimea si stabilirono solo cinquemila famiglie invece delle quindicimila previste. Molti coloni tornarono ai loro luoghi di residenza o partirono per le città più vicine. I kolkhoz ebraici furono integrati con gli altri e i progetti di colonizzazione ebraica in Ucraina e Crimea furono definitivamente abbandonati. L'iniziativa più importante in questo ambito fu Birobiyan, un territorio asiatico che doveva diventare una repubblica ebraica. Ma anche questo piano fu un fallimento, poiché solo il 14% dei coloni ebrei rimase in loco. Nel 1933, la popolazione ebraica era di appena 6.000 persone.

L'élite intellettuale

La cultura ebraica negli anni Venti era già una cultura sovietica "proletaria", ma in lingua yiddish. Come tale, ha potuto beneficiare del sostegno statale per i suoi giornali e teatri. Al contrario, la cultura "borghese" in ebraico è stata sradicata. Un'ondata di arresti spazzò via i circoli sionisti nel settembre 1924. La storia del popolo ebraico è stata completamente nascosta nello stesso momento in cui la scuola storica e la filosofia russa sono state smantellate. Il Teatro di Stato Ebraico, sovvenzionato dal regime, si adoperò per ridicolizzare i costumi e la

---

[448]*Petite Encyclopedie juive*, Jérusalem, 1976, p. 185.

religione delle piccole comunità ebraiche russe pre-rivoluzionarie e si sforzò di dare prestigio all'autorità del regime sovietico agli occhi degli ebrei di tutto il mondo attraverso numerose tournée in Europa. Sotto l'influenza dell'ideologia comunista, i giovani ebrei si erano allontanati dalla loro religione e dalla cultura nazionale per costruire una società egualitaria.

Un'autrice degli anni '90, Sonja Margolina, lo ha confermato: "Gli ebrei sono stati sottoposti a un processo di bolscevizzazione politica e di sovietizzazione sociale: la comunità ebraica come struttura etnica, religiosa e nazionale è scomparsa senza lasciare traccia."

Ma mentre le autorità picchiavano senza pietà la Chiesa ortodossa, considerandola uno dei "nemici più pericolosi del regime sovietico449 ", il potere bolscevico, in linea di principio ostile a qualsiasi forma di religione, aveva un atteggiamento piuttosto tollerante nei confronti della pratica religiosa degli ebrei. La maggior parte delle sinagoghe continuò a funzionare e la comunità ebraica fu l'unica a Mosca a ottenere il permesso di costruire nuovi edifici religiosi negli anni Venti. D'altra parte, la furia distruttiva dei komsomols prevalse durante la Pasqua ortodossa: "Strapparono le candele dalle mani dei parrocchiani, gettarono via i dolci pasquali benedetti, salirono sulle cupole per strappare le croci. Migliaia di belle chiese furono distrutte, ridotte a cumuli di pietre e migliaia di sacerdoti furono fucilati, altre migliaia deportati nei campi450."

Fin dai primi anni del regime, le porte della scienza e della cultura furono aperte all'intellighenzia e alla gioventù ebraica. All'inizio, l'élite culturale era governata da Olga Kameneva, sorella di Trotsky. Molti ebrei divennero direttori di studi cinematografici, una forma d'arte molto apprezzata da Lenin per il suo potenziale propagandistico. Il successo mondiale della *Corazzata Potemkin* di Eisenstein, ad esempio, fu una macchina da guerra filosovietica che alimentò l'odio verso la vecchia Russia. Il massacro sulla Grande Scala di Odessa fu una "pura invenzione". Eisenstein sarà più volte al servizio di Stalin come propagandista. Con Alexander Nevsky, che esaltava il patriottismo dei russi narrando la vittoria del 1242 contro i Cavalieri Teutonici, galvanizzò le truppe contro la Germania di Hitler. Infatti, durante la guerra, Stalin si era reso conto che solo il patriottismo poteva motivare i soldati che erano riluttanti a dare la vita per l'ideologia marxista e il sistema comunista. I sentimenti patriottici della maggioranza dei russi furono così sfruttati e messi al servizio dello Stato sovietico.

---

[449]*Petite Encyclopedie juive, tome VIII,* Jérusalem, 1976, p. 194.

[450]Alexandre Soljénisyne, *Deux siècles ensemble,* Éditions Fayard. 2003, p. 287.

Il pittore preferito di Stalin era Isaac Brodski, che divenne il ritrattista ufficiale del regime. Dipinse diversi ritratti di Lenin, Trotsky e altri dignitari del regime e fu nominato direttore dell'Accademia di Belle Arti nel 1934. Il teatro sovietico era dominato dalla figura di Meyerhold. Aveva i suoi ammiratori più convinti, ma anche alcuni detrattori. A. Tirkova-Williams ha scritto nelle sue memorie che era solito abbattere il morale di autori e attori "con il suo spirito dogmatico e la sua insensibile durezza".

La rovina dei commercianti

Il sentimento generale di simpatia permise alla leadership sovietica di negoziare facilmente gli aiuti finanziari dell'Occidente, soprattutto degli Stati Uniti. Senza questi aiuti, non sarebbero stati in grado di far uscire il Paese dalla depressione economica. L'uomo d'affari americano Armand Hammer, il preferito di Lenin, ottenne la concessione per i giacimenti di amianto di Alapayevsk nel 1921. In seguito avrebbe sfacciatamente esportato i tesori delle collezioni imperiali negli Stati Uniti. Hammer tornava periodicamente a Mosca sotto Stalin e Kruscev per portare con sé navi cargo piene di icone, dipinti, porcellane e oggetti d'oro e d'argento Fabergé[451].

Il successo dei primi due piani quinquennali non fu dovuto solo allo sfruttamento forzato delle masse lavoratrici, ma richiese anche l'abbondante fornitura di materiale e la collaborazione di esperti. Tutti questi beni provenivano dai Paesi capitalisti occidentali, soprattutto dagli Stati Uniti. I comunisti sovietici hanno pagato generosamente in natura - minerali, legname, materie prime - esportando tutte le ricchezze saccheggiate dall'ex impero degli zar. Queste transazioni sono state effettuate sotto la supervisione di magnati della finanza internazionale e sono transitate lungo le rotte commerciali inaugurate durante la guerra civile. Le navi piene d'oro e di opere d'arte del museo dell'Ermitage erano dirette ai porti dell'altra sponda dell'Atlantico. Lo storico americano Anthony Sutton è riuscito a rintracciare gli incontri tra Wall Street e i bolscevichi negli archivi diplomatici e finanziari recentemente aperti[452].

---

[451] "Armand Hammer (...) divenne uno dei leader del commercio est-ovest, conciliando la sua amicizia con Lenin e la sua piena adesione al sistema capitalista. Sfruttò le miniere di amianto in URSS, importò auto e trattori e acquistò dallo Stato opere d'arte russe in cambio di prodotti industriali."In Jacques Attali, *Les juifs, le monde et l'argent*, Fondo de cultura económica, Buenos Aires, 2005, p. 403.

[452] Anthony Sutton, *Wall Street e la rivoluzione bolscevica. Wall Street e la rivoluzione*

"I bolscevichi e i banchieri hanno una piattaforma comune: l'internazionalismo. "In questo senso, scrive Solzhenitsyn, il sostegno "di Morgan e Rockfeller alle imprese collettivizzate e all'abolizione dei diritti individuali" non era strano. I finanzieri americani si erano sempre rifiutati di prestare denaro alla Russia prima della rivoluzione, adducendo come pretesto la condizione degli ebrei, nonostante i succulenti profitti che avrebbero potuto intascare. Ora, se all'epoca erano disposti a minare i propri interessi, era chiaro che ora, nei primi anni Trenta, il minimo sospetto di persecuzione degli ebrei in Unione Sovietica avrebbe allontanato l'"impero Rockfeller" dal mercato sovietico e quest'ultimo avrebbe smesso di sostenere i bolscevichi.

Durante il periodo di liberalizzazione economica chiamato NEP (Nuova Politica Economica, 1921-1926453), a Mosca nel 1924 il 75% delle farmacie e delle profumerie era di proprietà di ebrei, il 55% dei negozi di manufatti, il 49% delle gioiellerie. "Quando arrivava in una città che non conosceva, il mercante ebreo conquistava la sua clientela facendo forti sconti sul mercato privato. Gli ebrei erano spesso tra coloro che si erano arricchiti per primi durante la NEP. L'odio nei loro confronti era dovuto anche al fatto che avevano molti agganci nell'apparato sovietico che facilitavano molte procedure e formalità454. "Questo è stato ulteriormente confermato dall'impressionante elenco pubblicato nella *Izvestia* del 22 aprile 1928 di "coloro che non avevano pagato le tasse o si erano sottratti alla riscossione".

Alla fine del 1926 iniziò il completo smantellamento della NEP. Questo processo è iniziato con la proibizione del commercio privato di cereali. Nel 1927 si iniziò a fissare i prezzi di vendita nel commercio. Gli ebrei, che si occupavano principalmente di finanza, commercio e artigianato, furono i primi a essere colpiti dalle misure anticapitalistiche. Pesanti sanzioni colpiscono il commercio privato: confisca di beni e immobili e privazione dei diritti civili. Gli esperimenti in campo sociale ed economico, le nazionalizzazioni e le collettivizzazioni di ogni tipo non colpirono solo la media borghesia, ma privarono di risorse anche i piccoli negozianti e gli artigiani. I commercianti dovettero chiudere i loro negozi a causa dell'onere fiscale e molti negozianti ebrei finirono per strada. Tanto che alla fine del 1929

---

bolscevica, p. 210 [p. 302].

[453]Nuova politica economica: era una politica economica di "capitalismo di Stato" adottata da Lenin per stabilizzare la rovinosa situazione economica dopo la rivoluzione e la guerra civile. (NdT).

[454]Alexandre Soljénisyne, *Deux siècles ensemble*, Éditions Fayard. 2003, p. 255.

il Soviet dei Commissari del Popolo emanò una risoluzione "sulle misure da adottare per la situazione economica delle masse ebraiche". "Molti si sono poi messi al servizio dello Stato, ma sempre in ambito finanziario, bancario e commerciale.

Il nemico dell'agricoltore

I kulaki non erano molto più dei mujiks, i contadini russi. Possedevano un cavallo e due o tre mucche, e assumevano per qualche mese all'anno uno o due contadini più poveri di loro; ma questa "classe", a causa della sua riluttanza al collettivismo, era problematica per il potere sovietico. Al XV Congresso del Partito, nel dicembre 1927, si dovette affrontare lo spinoso problema dei contadini. Stalin deve aver pensato che per questa campagna, che doveva essere massicciamente diretta contro le popolazioni slave, fosse più sicuro affidarsi agli ebrei che ai russi. All'interno del Gosplan (Comitato per la pianificazione economica), Stalin mantenne una solida maggioranza ebraica. Negli organismi che concepirono ed eseguirono la collettivizzazione c'era naturalmente Larine, così come Leon Kristman, che diresse l'Istituto Agrario dal 1928; Yakovlev-Epstein Yakov diresse il Commissariato dell'Agricoltura. Sarebbe ovviamente sbagliato spiegare questa spietata impresa di distruzione dei contadini incolpando gli ebrei per il ruolo che hanno svolto", ha sottolineato Solzhenitsyn. Se non ci fosse stato Yakovlev-Epstein, un russo avrebbe potuto benissimo prendere le redini del Commissariato all'Agricoltura; la storia sovietica lo ha ampiamente dimostrato. "Rimaneva vero, tuttavia, che Lenin aveva orientato la sua strategia contro il popolo russo, che considerava il "principale ostacolo455."

Tutte le grandi penne rimasero mute di fronte a "questo freddo sterminio dei contadini russi". "Tutto l'Occidente è rimasto in silenzio durante quei terribili anni in cui 15 milioni di contadini sono stati rovinati, rinchiusi come animali, cacciati dalle loro case e deportati verso una morte certa nei confini della taiga e della tundra. Qualcuno ha alzato la voce in difesa dei contadini? Poco dopo, nel 1932-1933, tra i cinque e i sei milioni di persone morirono di fame in una carestia pianificata e organizzata dal potere sovietico per eliminare i contadini. La "libera stampa del mondo libero" è rimasta ancora una volta in silenzio. L'Ucraina era stata particolarmente colpita e mortificata durante quel periodo in cui molti ebrei erano stati "investiti di un potere

---

[455]Alexandre Soljénisyne, *Deux siècles ensemble*, Éditions Fayard. 2003, p. 294.

di vita e di morte sui contadini". Per questo motivo gli ucraini avevano l'impressione che la carestia fosse direttamente attribuibile agli ebrei. "Fu durante la collettivizzazione che l'idea dell'ebreo come nemico implacabile del contadino si radicò definitivamente - anche nei luoghi più remoti dove nessuno aveva mai visto ebrei in carne e ossa456."

Non è cambiato nulla

Tra il 1923 e il 1924, Stalin e Trotsky lottarono ferocemente per il potere. Allora anche Zinoviev rivendicò con altrettanta ferocia il primo posto nel Partito. Ingannati da Stalin, Zinoviev e Kamenev si allearono con Trotsky nel 1926 in una "Opposizione unificata". "In altre parole, spiega Solzhenitsyn, tre leader ebrei di primo ordine si posizionarono sullo stesso fronte. "Ad un certo punto, Stalin aveva probabilmente preso in considerazione la carta dell'antisemitismo contro questa opposizione unificata. Questo poteva sembrare vantaggioso a breve termine, ma il suo incomparabile acume politico lo ha dissuaso proprio quando sembrava che avesse optato per quella soluzione. Sapeva che a quel tempo gli ebrei erano ancora molto numerosi nel Partito e che erano molto preziosi per ottenere il sostegno dell'estero. Infine, probabilmente pensava che avrebbe avuto ancora bisogno dei leader del Partito ebraico. In realtà, non si separò mai dal suo scagnozzo preferito, Lev Mejlis, né dal suo fedele compagno della guerra civile, Moses Rukhimovich. Denunciò le manifestazioni di antisemitismo nella lotta contro l'opposizione e promosse la penetrazione ebraica in numerosi organismi e istituzioni457. Al XVI Congresso del 1930, Stalin dichiarò che lo "sciovinismo russo" rappresentava "il principale pericolo per la questione nazionale".

Quando l'opposizione trotzkista fu completamente sconfitta, il numero di ebrei nell'apparato del Partito fu notevolmente ridotto, anche se questa epurazione non era affatto antiebraica. Nel Politburo rimase in posizione di rilievo Lazar Kaganovich, "un tipo sinistramente spietato e ridicolmente mediocre", che fece nominare tutti i suoi fratelli a posti importanti458. All'inizio degli anni Trenta, Stalin schiacciò due opposizioni nazionaliste tutte russe, quella di Rýkov-Bukharin-Tomsky da un lato e quella di Syrtsov-Ryutin-Uglanov dall'altro. Si affidò ai leader bolscevichi ebrei.

456Sonja Margolina, [p. 84].
457Alexandre Soljénisyne, *Deux siècles ensemble*, Éditions Fayard. 2003, p. 292.
458Alexandre Soljénisyne, *Deux siècles ensemble*, Éditions Fayard. 2003, p. 304.

L'attività di molti ebrei continuò all'interno di organismi come la GPU, l'esercito, la diplomazia e sul fronte ideologico. Ci limiteremo qui a una breve panoramica, basata sui diari dell'epoca e sulle più recenti enciclopedie ebraiche. Nel Presidium della Commissione Centrale di Controllo del 16° Congresso del Partito (1930), c'erano 10 ebrei su 25 membri; se confrontiamo questo dato con la situazione del Comitato Centrale del Partito negli anni '20, vediamo che nulla era realmente cambiato: gli ebrei costituivano un sesto dei membri. Ma il vero potere dei bolscevichi era concentrato nelle mani dei commissari del popolo. Nel 1936 si contavano tra loro otto ebrei: Maksim Litvinov per gli Affari Esteri; il non meno famoso Gutenrij Yagoda per gli Affari Interni; Lazar Kaganòvich per le Ferrovie; I. Weitser per il Commercio Estero; M. Kalmanovich per il Sovkhoz (Commissariato creato nel 1932); Grigory Kaminski per la Sanità; Z. Belenski era a capo della Commissione di controllo sovietica. Nello stesso governo c'erano anche numerosi cognomi ebraici nei vicecommissariati dei vari commissariati delle Finanze, delle Comunicazioni, dei Trasporti, dell'Agricoltura, della Giustizia, dell'Istruzione, della Difesa, ecc. Stalin aveva già nominato il sinistro Yakovlev-Epstein per realizzare la collettivizzazione delle campagne. Dal 1934 diventerà presidente del Kolkhoz Soviet.

Fin dall'inizio, occuparono posizioni importanti negli organi politici dell'esercito. L'intero servizio politico centrale dell'Armata Rossa era passato nelle mani del Lev Mejlis (Solzhenitsyn ha fornito un lungo elenco di ispettori, direttori, capi servizio e procuratori militari). Nel 1934, la GPU si trasformò in NKVD (Commissariato del Popolo per gli Affari Interni), con a capo Gutenj Yagoda. Per una volta, i nomi dei commissari della Sicurezza di Stato erano stati resi pubblici, e la metà di essi erano ebrei (Solzhenitsyn ha fornito un altro lungo elenco di personalità). Abram Slutsky era a capo del servizio di intelligence estera sovietico dell'NKVD; era quindi a capo dei servizi di spionaggio. I suoi vice erano Boris Berman e Sergei Chpiguelglas. Tre giorni dopo la nomina di Nikolai Yezhov al Commissariato degli Affari Interni, entrò in carica il suo vice: Matvei Berman, che allo stesso tempo mantenne la sua posizione di capo del Gulag. Mikhail Litvine divenne capo del servizio esecutivo dell'NKVD. Isaac Shapiro, un altro fedele collaboratore, fu nominato capo della segreteria dell'NKVD. Nel dicembre 1936, c'erano sette ebrei nei dieci dipartimenti del glorioso servizio GUGB (Direzione principale della sicurezza dello Stato) dell'NKVD, la polizia segreta.

Nel 1990, grazie al Glasnot ("trasparenza"), informazioni sorprendenti hanno rivelato che i furgoni di gasazione (camere a gas mobili) non erano stati inventati da Hitler, ma da Isai Davidovich Berg, capo del servizio economico dell'NKVD nella regione di Mosca. Berg era incaricato di eseguire le sentenze dell'NKVD regionale. La sua missione era quella di condurre i condannati al luogo dell'esecuzione. Ma quando tre tribunali iniziarono a funzionare a pieno regime contemporaneamente, il compito delle squadre di esecuzione divenne quasi impossibile. A qualcuno venne un'idea originale: spogliare le vittime, legarle e imbavagliarle per non farle urlare e gettarle in furgoni chiusi, camuffati da furgoni per la consegna del pane. Durante il lungo viaggio, i fumi sono fuoriusciti nel veicolo. Quando arrivarono a destinazione, sul bordo di una fossa casuale, i prigionieri giacevano già morti459. Berg fu fucilato nel 1939, non per i suoi metodi atroci, ma con l'accusa di cospirazione. Fu reintegrato nel 1956, nonostante il fatto che l'invenzione mortale fosse sulla sua fedina penale. "Non si può negare", conclude Solzhenitsyn: "La storia ha consacrato molti ebrei come esecutori del triste destino del popolo russo."

Ci si vergogna a leggere che

Lazar Kogan era stato nominato capo del Gulag, prima di essere inviato al Canale del Mar Bianco. Zinovi Katznelsohn era il secondo nella gerarchia. A partire dal 1936, Israel Pliner divenne capo del Gulag e sotto i suoi ordini furono completati i lavori del canale Mosca-Volga. Va sottolineato che i segretari dei comitati regionali non detenevano il potere assoluto, ma erano piuttosto i potentati della GPU-NKVD, i veri signori di tutti questi territori. Questi potentati regionali cambiavano continuamente i loro luoghi di assegnazione, nella massima segretezza, e avevano diritto di vita e di morte su ogni singolo abitante. Alcuni sono conosciuti con il loro nome completo, altri solo con il loro cognome, altri ancora solo con le loro iniziali.

"Il lettone Ans Bernstein, scriveva Solzhenitsyn, uno dei miei testimoni per la stesura di *Arcipelago Gulag*, credeva di essere riuscito a sopravvivere nei campi di lavoro forzato perché nei momenti più bui si era rivolto agli ebrei che lo avevano preso per uno di loro, a causa del suo cognome e del suo aspetto, e che da allora lo avevano sempre aiutato". Ha anche notato che nei campi in cui è stato imprigionato

---

[459]Alexandre Soljénisyne, *Deux siècles ensemble*, Éditions Fayard. 2003, p. 322. Il giornalista e fotografo polacco Tomasz Kizny ha documentato questo periodo: *La Grande Terreur en URSS 1937-1938*, Les Editions Noir Sur Blanc, 2013.

(quelli di Buriepolomski, per esempio, il cui capo era un certo Perelman), gli ebrei venivano sempre reclutati per i posti di impiegati liberi (Chulman, capo del reparto speciale; Grindberg, capo del campo; Keguels, capo meccanico della fabbrica) e questi a loro volta sceglievano gli ebrei tra i detenuti come loro vice.L'ebreo libero non era così sciocco da vedere in un prigioniero ebreo un "nemico del popolo", come faceva un russo indottrinato con un altro russo. In lui vedevano soprattutto un compatriota sfortunato."

A volte si formava un gruppo di prigionieri ebrei, incuranti della loro sopravvivenza. Cosa facevano allora? L'ingegnere Abram Zisman ha raccontato un aneddoto: nella prigione di Novo-Archangel, "abbiamo approfittato di un po' di tempo libero per contare quanti pogrom antiebraici ci sono stati ai tempi dello Stato russo. Questa domanda interessava i responsabili del campo. Il capo del campo era il capitano Gremine [N. Gerchel, figlio di un sarto ebreo]. Ha inviato una lettera a Leningrado, agli archivi dell'ex MVD. La risposta arrivò otto mesi dopo: tra il 1811 e il 1917, in tutta la Russia c'erano stati 76 pogrom antiebraici e le vittime erano state circa 3000" (non era specificato se si trattasse solo di morti).

L'entità del bilancio delle vittime sotto il regime sovietico è ovviamente molto diversa. Il famoso penitenziario del Mar Bianco e del Canale Baltico inghiottì centinaia di migliaia di contadini russi e ucraini negli anni 1931-1932. In un giornale dell'agosto 1933, dedicato al completamento del canale, si poteva leggere l'elenco dei decorati: molte medaglie modeste per le saracinesche e i carpentieri, ma medaglie prestigiose - l'Ordine di Lenin - per otto persone le cui foto furono pubblicate in grande formato. Tra questi, solo due ingegneri, perché l'intero top management del cantiere è stato premiato. A capo del collettivo c'erano Ghenrij Yagoda, commissario dell'NKVD; Mavtei Berman, capo del Gulag; Semion Firine, capo di BelBalt; Lazar Kogan, capo delle costruzioni; Yakov Rappoport, vice capo delle costruzioni; Naftali Frenkel, capo dei lavori del cantiere del Mar Bianco (e considerato il genio del male dell'intero arcipelago). Quarant'anni dopo gli eventi, Solzhenitsyn pubblicò i ritratti di quei "miserabili sei" in *Arcipelago Gulag*: "Mi hanno rimproverato di aver pubblicato i ritratti dei capi del cantiere del famoso Canale Bianco-Baltico, e mi hanno accusato di aver selezionato solo ebrei. Ma non ho selezionato nessuno: ho pubblicato le foto di tutti i comandanti di campo che comparivano in un annuario pubblicato nel 1936. Di chi è la colpa se erano ebrei460?" "Li ho presi così com'erano, senza selezionarli, ma tutto il

---

[460]Alexandre Soljénisyne, *Deux siècles ensemble*, Éditions Fayard. 2003, p. 317.

mondo si è indignato. Era antisemitismo! E dove guardavano quando questi ritratti sono stati pubblicati per la prima volta nel 1933? Perché non hanno espresso la loro indignazione allora? "Così, le riflessioni di alcuni intellettuali possono essere provocatorie. Quando, ad esempio, il signor S. Schwartz parla di "leggenda della dominazione ebraica" e di "idee sbagliate sul potere esagerato degli ebrei all'interno degli organi dello Stato461 ", si rimane perplessi. Secondo lui, gli intellettuali ebrei non avevano "quasi nessun'altra possibilità di sopravvivenza se non il servizio dello Stato". "Ci si vergogna a leggerlo", si indignava Solzhenitsyn, "Che cos'è questa situazione di oppressione e di disperazione che non ti lascia altra possibilità di sopravvivenza che le posizioni più privilegiate? "

La grande macelleria

Le grandi purghe staliniane del 1937-1938 furono un colpo brutale e inaspettato per gli ebrei, che sconvolse il loro intero mondo. Uno studio degli elenchi dei dignitari di alto rango che sono morti nel 1937-1938 mostra che gli ebrei rappresentano una grande percentuale. Uno storico contemporaneo ha scritto: "Mentre i rappresentanti di questa nazionalità erano a capo del 50% dei principali servizi dell'apparato centrale per gli Affari Interni, essi occupavano solo il 6% dei posti il 1° gennaio 1939462." Sulla base delle numerose liste di fucilati pubblicate negli ultimi dieci anni e sulla base dei volumi biografici della *Nuova Enciclopedia* Ebraico-Russa, ha spiegato Solzhenitsyn, siamo in grado di tracciare il destino dei cekisti, dei capi dell'Armata Rossa, dei diplomatici e dei dirigenti del Partito. In effetti, furono i cecisti a pagare il prezzo più alto per il loro passato durante le purghe "yezhoviane", soprannominate dal cognome del nuovo capo dell'NKVD, Nikolai Yezhov. La grande carneficina non risparmiò i vecchi bolscevichi: Kamenev e Zinoviev, naturalmente, ma anche Ryazanov e Goloshchokin. Anche il boia di Crimea, Bela Kun, è scomparso e con lui altri dodici commissari del governo comunista di Budapest. Solo Kaganóvich rimase in carica, partecipando anche ad altre epurazioni. Nell'estate del 1938, tutti i comandanti delle regioni militari, senza eccezione, erano stati liquidati. Tra i principali leader politici che erano morti c'erano tutti i 17 commissari dell'esercito, 25 dei 28 commissari di corpo e 34 dei 36 commissari di divisione. C'era una forte

---

461S. Schwartz, *L'antisémitisme en Union Soviétique*, New York, 1962, p. 118, [p. 335].
462Kostyrtchenko, *La politique de Staline*, Mosca, 2001, p. 210, [p. 320].

percentuale di ebrei nelle liste dei capi di guerra fucilati nel 1937-1938463, ma di per sé questo fenomeno non era stato percepito come un'offensiva specificamente diretta contro gli ebrei: gli ebrei erano finiti nel tritacarne perché occupavano un gran numero di posizioni eminenti.

A metà degli anni Trenta, Stalin si era reso conto delle complicazioni derivanti da una posizione troppo ostile nei confronti degli ebrei, sulla falsariga di Hitler e del Partito Nazionalsocialista464. Tuttavia, è possibile che nutrisse un certo astio nei loro confronti - le memorie della figlia tendono a confermarlo - anche se non lo lasciava trasparire ai suoi più stretti collaboratori. Accanto alla lotta frontale contro i trotskisti, Stalin non trascurò un altro aspetto di grande vantaggio per sé: la possibilità di avere finalmente mano libera per ridurre l'influenza degli ebrei all'interno del Partito. Inoltre, con la minaccia di guerra che incombeva sull'Europa, Stalin deve aver intuito che non sarebbe stata "l'Internazionale proletaria" a salvarlo, ma piuttosto il sentimento patriottico dei russi che avrebbe dovuto essere ravvivato per l'occasione. Tuttavia, l'atmosfera ufficiale del regime sovietico negli anni Trenta era priva di antipatia nei confronti degli ebrei. Fino alla guerra, la grande maggioranza degli ebrei sovietici rimase in linea con il regime465.

Mai in prima linea

L'invasione del territorio da parte delle armate tedesche comportò la rapida evacuazione delle popolazioni che più avevano da temere dai nazisti. Diverse fonti ebraiche sottolineano inequivocabilmente le energiche misure adottate dalle autorità sovietiche in materia, che hanno permesso a molti ebrei di sfuggire allo sterminio. In molte città gli ebrei furono evacuati prima degli altri. Erano una priorità, così come gli alti funzionari, i lavoratori industriali e gli operai. Le autorità sovietiche avevano noleggiato migliaia di treni appositamente per l'evacuazione degli ebrei il più lontano possibile, oltre gli Urali466. La portata dell'evacuazione degli ebrei da parte del regime sovietico di

---

[463]Souvenirov, *La Tragédie de l'Armée rouge*, 1998, [p. 324].

[464]Al lettore viene in mente il famoso titolo della prima pagina del *Daily Express di Londra* del 24 marzo 1933: *"La Giudea dichiara guerra alla Germania - Gli ebrei di tutto il mondo si uniscono - Boicottaggio delle merci tedesche - Manifestazioni di massa"*.

[465]Alexandre Soljénisyne, *Deux siècles ensemble*, Éditions Fayard. 2003, p. 348.

[466]Si vedano le testimonianze di Marek Halter e Samuel Pisar.

fronte all'invasione tedesca è stata unanimemente riconosciuta. I documenti del Comitato Europeo Antifascista lo confermano: "Circa un milione e mezzo di ebrei furono evacuati in Uzbekistan, Kazakistan e altre repubbliche dell'Asia centrale all'inizio della guerra. "In totale, dall'inizio della guerra al novembre 1941, 12 milioni di persone furono evacuate dalle aree minacciate verso l'interno del Paese.

Durante la Seconda guerra mondiale, gli ebrei continuarono a svolgere un ruolo molto importante nell'apparato di potere e nell'Armata Rossa. Uno storico israeliano ha pubblicato un elenco nominativo di generali e ammiragli ebrei in cui si potevano contare 270 nomi, una cifra colossale. Ha anche citato i quattro commissari del popolo in tempo di guerra: oltre a Kaganóvich, c'erano anche Boris Vannikov per le munizioni, Semyon Guinzburg per le costruzioni e Isaac Zaltsman per l'industria dei blindati. L'elenco comprendeva anche i comandanti in capo di 4 eserciti, i comandanti di 23 corpi d'armata, 72 divisioni e 103 brigate[467]. "In nessun esercito alleato, compreso quello americano, gli ebrei hanno occupato posizioni così elevate come nell'esercito sovietico", conferma I. Arad. È quindi ingiustificato parlare di esclusione degli ebrei dalle posizioni più alte durante il conflitto.

Tuttavia, la stragrande maggioranza degli slavi ebbe la sgradevole impressione che gli ebrei avrebbero potuto prendere parte alla guerra in modo più coraggioso, che ci sarebbero potuti essere più ebrei in prima linea con i soldati di rango. Una cosa "gridava al cielo": erano molto più numerosi nello Stato Maggiore, nel corpo dei quartieri, nel corpo medico, in varie unità tecniche nelle retrovie e, naturalmente, nel personale amministrativo, insieme a tutti gli addetti alla macchina della propaganda, e persino nelle orchestre di varietà e nelle compagnie teatrali itineranti sul fronte[468]. Uno storico israeliano ha notato con rammarico "l'impressione diffusa nell'esercito e nelle retrovie che gli ebrei evitassero di prendere parte ai combattimenti[469]. "Tuttavia, bisogna riconoscere che alcuni ebrei sono stati davvero audaci e hanno corso grandi rischi. La famosa "Orchestra Rossa" di Trepper e Gurevich, che spiò i ranghi di Hitler fino all'autunno del 1942 e trasmise informazioni preziose, è un esempio famoso. I due agenti furono imprigionati dalla Gestapo prima di essere imprigionati in URSS dopo la guerra.

---

[467]Alexandre Soljénisyne, *Deux siècles ensemble*, Éditions Fayard. 2003, p. 386.
[468]Alexandre Soljénisyne, *Deux siècles ensemble*, Éditions Fayard. 2003, p. 391.
[469]S. Schwartz, *Les Juifs en Union soviétique*, p. 154

Un altro storico contemporaneo, basandosi su documenti d'archivio declassificati negli anni '90, è giunto a questa conclusione: "Per tutti gli anni '40, il ruolo degli ebrei negli organi di repressione rimase estremamente importante; fu ridotto a zero solo dopo la guerra, durante la campagna contro il cosmopolitismo470. "Alla fine degli anni '70, Dan Levine scrisse: "Sono d'accordo con l'opinione del professor Branover che la Catastrofe fu in gran parte una punizione per alcuni peccati, principalmente quello di aver guidato il movimento comunista471." Ma tali opinioni non costituiscono una tendenza maggioritaria", ha scritto Solzhenitsyn. Oggi quasi tutti gli ebrei considerano questa valutazione un insulto e una bestemmia. Ed è disastroso472."

Una morte sospetta

Nel 1947, Stalin, probabilmente per controbilanciare la Gran Bretagna, ma anche per ottenere nuovi consensi, sostenne attivamente la creazione di uno Stato ebraico indipendente in Palestina, sia in sede ONU con Gromyko, sia consentendo la consegna di armi cecoslovacche. Nel maggio 1948, l'URSS decise entro 48 ore di riconoscere la proclamazione d'indipendenza di Israele. Immediatamente si moltiplicarono le richieste di immigrazione in Israele, anche se sembrava che lo Stato israeliano avrebbe adottato un atteggiamento filo-occidentale e che l'influenza statunitense sarebbe stata preponderante.

Questo convinse Stalin a cambiare la sua politica alla fine del 1948, ma senza alcun effetto annuncio. Il Comitato ebraico antifascista, che era diventato l'organo rappresentativo dell'ebraismo sovietico nel suo complesso, fu smantellato a tappe. I suoi locali furono sigillati, il giornale e la casa editrice chiusi. Nel gennaio 1949, Stalin lanciò un'offensiva contro gli ebrei che lavoravano nella sfera culturale. Già nel 1946, i rapporti del Comitato Centrale rilevavano che "dei ventinove critici teatrali attivi, solo sei erano russi", ma l'attacco a Fadeev, l'onnipotente presidente dell'Unione degli Scrittori e il preferito di Stalin, si rivelò un fallimento. Questa vicenda dei "critici teatrali", che si ripresenterà nel 1949, servirà da preludio alla lunga campagna contro i "cosmopoliti" che porterà poi alla "glorificazione imbecille della superiorità russa in tutti i campi della scienza, della tecnologia e della

---

[470]L. Kritchevski, *Les Juifs dans l'appareil du Vétchéka dans les années 20*, 1999
[471]Dan Lévine, *Au bord de la temptation*, intervista in "22", 1978, n°1, p. 55.
[472]Alexandre Soljénisyne, *Deux siècles ensemble*, Éditions Fayard. 2003, p. 421.

cultura". "La maggior parte delle volte i "cosmopoliti" non sono stati arrestati, ma rimproverati pubblicamente e rimossi dai loro incarichi. Sono stati allontanati dalle redazioni dei giornali, dalle istituzioni ideologiche e culturali, dall'agenzia TASS, dalle case editrici statali, dalle facoltà di lettere, dai teatri, dalla Filarmonica e talvolta anche dal partito473. Le epurazioni si estesero ai circoli scientifici, all'industria e all'amministrazione. Tra il 1948 e il 1953, gli ebrei furono espulsi in massa dai luoghi più alti. Sono stati banditi dalle posizioni di vertice del KGB, degli organi del Partito e dell'esercito, e in molte università, istituzioni culturali e scientifiche è stato ristabilito il numerus clausus. Da quel momento in poi, la comunità ebraica internazionale avrebbe legato ancora di più il suo destino a quello degli Stati Uniti.

Già a partire dall'autunno del 1952 Stalin avanzava alla luce del sole: in ottobre cominciarono gli arresti tra i professori di medicina a Kiev e nei circoli letterari. La notizia si diffuse immediatamente tra gli ebrei dell'Unione Sovietica e del resto del mondo. A novembre si svolse a Praga un processo in stile staliniano. Il processo a Slanski, primo segretario del Partito Comunista Cecoslovacco, è stato apertamente antiebraico. Degli undici condannati che furono impiccati, otto erano ebrei. Il sionismo è stato direttamente denunciato come il nuovo canale attraverso il quale il tradimento e lo spionaggio si sono infiltrati nel Partito Comunista.

Nel frattempo, nell'estate del 1951, il "complotto dei dottori" veniva ordito nell'ombra. Nel 1937, durante il processo Bukharin, i medici del Cremlino erano già stati accusati di pratiche criminali nei confronti di alcuni leader sovietici. La stessa mossa è stata ripetuta. Questo caso provocò un'ondata di persecuzioni contro i medici ebrei in tutto il Paese. Non osavano più andare al lavoro e i pazienti si allontanavano da loro per paura di consultarli. Questo fu il primo errore di Stalin, sostiene Solzhenitsyn, il primo della sua carriera. L'esplosione di indignazione nel mondo aveva coinciso con una repressione all'interno del Paese da parte di forze che si supponeva avessero deciso di eliminare Stalin. Chiuso e protetto dietro le sue porte blindate, Stalin non si rese conto che le implicazioni di questo caso potevano costituire un pericolo personale per se stesso. Dopo l'annuncio ufficiale del complotto dei medici, Stalin visse per 51 giorni. Solzhenitsyn fu stranamente discreto sulla morte del dittatore. Cosa era successo veramente? "L'assoluzione e la liberazione dei medici è stata percepita dagli ebrei sovietici della vecchia generazione come una ripetizione del miracolo di Purim", ha scritto, come se la data fosse stata scelta in

---

473Alexandre Soljénisyne, *Deux siècles ensemble*, Éditions Fayard. 2003, p. 435.

anticipo. Infatti, Stalin scomparve lo stesso giorno della festa di Purim, la data in cui Ester salvò gli ebrei di Persia dal massacro ordinato da Haman474.

Nei tre mesi successivi furono ripristinate le relazioni diplomatiche con Israele. Questo e il rafforzamento della posizione di Beria ravvivarono brevemente le speranze degli ebrei sovietici che si aprissero nuove promettenti prospettive. Ma la sua rapida eliminazione, il trionfo di Nikita Krusciov sui suoi avversari nel Partito e la destituzione di Kaganhovich nel 1957 segnarono una svolta definitiva. Era la fine di un'epoca. Le cifre parlano da sole: "Gli ebrei erano scomparsi non solo dai principali organi del Partito, ma anche dal governo475."

Un improvviso cambio di rotta

Gran parte della comunità ebraica internazionale, che si era già allontanata dal bolscevismo, ora si rivolgeva bruscamente contro di esso. "È stato in quel momento, scrive Solzhenitsyn, che, in un movimento di pentimento purificatore, avrebbero dovuto riconoscere la parte attiva che avevano svolto nel trionfo del regime sovietico, così come il ruolo crudele che vi avevano svolto". Ma non l'hanno fatto, o quasi. "Autori come F. Kolker hanno scritto: "Tra le numerose nazionalità che abitano l'Unione Sovietica, gli ebrei sono sempre stati considerati a parte, come l'elemento meno affidabile[476]. "Iou Chtern si spinse ancora più in là nelle smentite: "La storia sovietica è interamente segnata dalla costante volontà di distruggere e sterminare gli ebrei... Il potere sovietico fu particolarmente duro con gli ebrei[477]."

"Di che tipo di amnesia si deve soffrire per scrivere una cosa del genere nel 1983? È possibile aver dimenticato tutto a tal punto?", si indignò ancora Solzhenitsyn. Fortunatamente, ci sono alcune riflessioni che denotano una certa consapevolezza, persino un autentico pentimento da parte di alcuni ebrei. Ecco cosa ha scritto Dan Levine, un intellettuale americano che vive in Israele: "In Russia, gran parte dell'antisemitismo popolare deriva dal fatto che il popolo russo vede gli ebrei come la causa di tutto ciò che ha dovuto sopportare durante la rivoluzione[478]." "Che gioia sentirlo, esclamò Solzhenitsyn, e che

---

[474]K. Chtourman, in "22", 1985, n°42, p. 140-141, [p. 443].
[475]L. Shapiro, *Les Juifs en Russie soviétiques après Staline*, p. 360.
[476]F. Kolker, *Un nouveau plan d'aide aux Juifs soviétiques*, in "22", 1978, n. 3, p. 147.
[477]Iou Chtern, in "22", 1984, n. 38, p. 130.
[478]Dan Lévine, *Au bord de la temptation*, intervista in "22", 1978, n°1, p. 55.

speranza[479]! "Questo conferma l'idea che forse è possibile un riconoscimento reciproco, sincero e indulgente tra russi ed ebrei.

Ma quando ruppero bruscamente con il bolscevismo, molti ebrei non sentirono il minimo accenno di pentimento nelle loro anime, nemmeno un accenno di vergogna. Al contrario, si sono rivolti furiosamente contro il popolo russo. All'inizio degli anni Settanta, gli attacchi contro la Russia aumentarono costantemente: un articolo anonimo firmato da un certo S. Teleguine e intitolato "Un porcile umano" fu pubblicato su Samizdat[480]. Il testo era pieno di disprezzo per la Russia, considerata una mera materia prima da cui non si poteva ricavare nulla di più. B. Khazanov scrisse a sua volta: "La Russia che vedo intorno a me mi disgusta... è una stalla di Augean unica nel suo genere... i suoi abitanti sono pessimi... verrà il giorno in cui subirà una terribile punizione per tutto ciò che rappresenta oggi481. "Un altro autore, Arcady Belinkov, si era rifugiato all'estero nel 1968. Ciò che scrisse da lì in seguito indica che era diventato non tanto un oppositore del regime quanto un oppositore del popolo russo: "Un paese di schiavi, un paese di padroni... un branco di traditori, di informatori, di carnefici... La paura era russa, preparavano abiti caldi e aspettavano che bussassero alla porta... Una società miserabile di schiavi, di discendenti di schiavi, di antenati di schiavi... una società di bestie tremanti, piene di paura e di odio... si cagavano addosso, terrorizzati da ciò che poteva accadere482. "Notiamo che nemmeno una volta Belinkov ha usato la parola "sovietico". Yakov Yakir ha fatto dichiarazioni simili: "Si sono messi a carponi e si sono prostrati davanti ad alberi e pietre, anche se abbiamo dato loro il Dio di Abramo, Isacco e Giacobbe483. "Da parte sua, M. Grobman ha dichiarato direttamente che "l'Ortodossia è una religione di selvaggi".

L'improvviso cambiamento di molti ebrei in Russia confermò le riflessioni del leader sionista Zeev Jabotinsky, che già all'inizio del XX secolo aveva osservato: "Quando l'ebreo si assimila a una cultura straniera, non si deve fare affidamento sulla profondità e sulla coerenza della trasformazione. Un ebreo assimilato si arrende alla prima spinta, abbandona la cultura presa in prestito senza opporre la minima

---

[479]Alexandre Soljénisyne, *Deux siècles ensemble*, Éditions Fayard. 2003, p. 481.

[480]Il samizdat era la copia e la distribuzione clandestina di letteratura vietata dal regime sovietico.

[481]B. Khazanov, *Novaïa Rossia*, in VM, 1976, n. 8, pag. 143.

[482]A. Bélinkov, in Novy Kolokol, Londra, 1972, p. 323-350.

[483]Iakov Iakir, in Nacha strana, Tel-Aviv, 1973, 12 dicembre. Cité d'après Novy Journal, 1974, n. 117, p. 190.

resistenza non appena si convince che il suo regno è finito[484]. "A.B. Joshua, un autore contemporaneo, ha scritto senza mezzi termini: "Un ebreo "galout485 " è un essere amorale. Si avvale di tutti i vantaggi del Paese che lo accoglie, ma allo stesso tempo non si identifica completamente con esso"; "Queste persone chiedono uno status speciale che nessun popolo al mondo possiede: che sia loro permesso di avere due patrie, una in cui vivono e un'altra in cui "vive il loro cuore". Poi si chiedono perché sono odiati[486]."

Abbandonare la nave a tutti i costi

L'emigrazione degli ebrei dall'URSS divenne il problema numero uno per la coscienza universale. Chiunque, negli anni '50-'80, abbia ascoltato programmi radiofonici o televisivi americani sull'URSS, ha avuto l'impressione che nel Paese non ci fosse una questione più seria della questione ebraica. Si trattava di difendere i refuznik, gli ebrei a cui era stato negato il visto per recarsi in Israele. Negli Stati Uniti e in Europa il sostegno all'emigrazione ebraica era sempre più pressante. Sono state organizzate centinaia di manifestazioni di protesta. Le più imponenti si sono svolte durante le annuali "domeniche della solidarietà" a New York, che hanno richiamato fino a 250.000 persone tra il 1974 e il 1987.

Quando, nel 1972, il Presidium del Soviet Supremo dell'Unione Sovietica stabilì per i candidati all'emigrazione più istruiti la restituzione dell'investimento statale nella loro istruzione, si scatenò una protesta planetaria. Nessuno degli enormi crimini commessi dal regime aveva suscitato una tale protesta mondiale e unanime per una tassa sugli immigrati con istruzione superiore. Gli accademici americani, cinquemila professori, hanno firmato una petizione nell'autunno del 1972487. Due terzi dei senatori statunitensi bloccarono il trattato commerciale in corso di negoziazione che concedeva all'URSS la clausola della nazione più favorita. "I parlamentari europei hanno seguito l'esempio e il governo sovietico ha ceduto. Daremo il nostro aiuto solo se il governo sovietico accetterà di far uscire gli ebrei - e solo gli ebrei! Nessuno qui ha mai avuto il diritto di emigrare, e mai i politici in Occidente hanno protestato quando

---

[484]Alexandre Solzhenitsyn, *Deux siècles ensemble, tome II*, Fayard, p. 550 e VI. Jabotinski, VI. Feulletons, StP, 1913, pag. 251, 260-263.
[485]"Galout": in esilio, dalla diaspora.
[486]A.B. Joshua, articolo citato, p. 159, [p. 555].
[487]Leggete la testimonianza di Marek Halter sull'argomento.

milioni di nostri compatrioti volevano fuggire da questo abominevole regime", ha scritto Solzhenitsyn. Quindici milioni di contadini sono stati sterminati durante la "deskulakizzazione", sei milioni di contadini sono stati fatti morire di fame nel 1932, per non parlare delle esecuzioni di massa e dei milioni di persone finite nei campi di lavoro, mentre nel frattempo si firmavano compiacenti trattati con la leadership sovietica, si prestavano soldi e si chiedevano favori al regime. Solo quando gli ebrei sono stati danneggiati e privati dei loro diritti, l'intero Occidente è rimasto scioccato e profondamente solidale. Bastava che un refuznik sconosciuto firmasse una dichiarazione di inammissibilità all'emigrazione perché questa venisse immediatamente trasmessa insieme alle notizie più importanti del mondo su *Radio-Liberté, La Voix de l'Amérique* o la *BBC*. "Ancora oggi, è difficile credere che possano trarre vantaggio da un tale clamore mediatico."

L'emigrazione ebraica dall'URSS è iniziata nel 1971: 13.000 persone in un anno (il 98% delle quali si è stabilito in Israele); 32.000 nel 1972, 35.000 nel 1973 e così via. All'inizio l'attenzione era rivolta a coloro che non emigravano in Israele, ma ben presto gli ebrei emigrarono sempre più spesso nei ricchi Stati Uniti. A metà degli anni '80, la libertà di emigrare in Israele era totale. Nella nave che affondava, l'Unione Sovietica, avere una scialuppa di salvataggio era un immenso privilegio. Dopo settant'anni di dominio sovietico, gli ebrei avevano improvvisamente ottenuto il diritto di andarsene. L'inizio dell'Esodo segnò la fine dei due secoli in cui ebrei e russi avevano dovuto convivere[488].

---

[488]Ma alcuni ebrei sono rimasti per inaugurare l'era democratica post-sovietica e hanno colto le nuove opportunità. Si veda Hervé Ryssen, *La mafia ebraica*.

2. Discrezione esemplare

È chiaro che il libro di Aleksandr Solzhenitsyn ha gettato nuova luce sulla storia del XX secolo e sullo sviluppo dell'idea planetaria. Resta ora da capire perché questo aspetto della storia contemporanea sia stato oscurato fino a poco tempo fa. Lo studio di altre importanti opere sulla rivoluzione bolscevica conferma, anche se con molta meno forza, il lavoro del grande dissidente russo.

La disputa degli storici

Ernst Nolte ha dato vita a quella che è diventata nota in Germania come la "disputa degli storici". È stato respinto dalla corporazione degli storici per aver cercato di spiegare il fenomeno nazionalsocialista come una reazione alla rivoluzione bolscevica. In *La guerra civile europea, 1917-1945*, pubblicato nel 1997, ha ripreso in forma sintetica la sua precedente analisi, beneficiando questa volta del sostegno di Stéphane Courtois, il principale autore del celebre *Il libro nero del comunismo*, che nella prefazione [dell'edizione francese] scrive: "Il partito nazista ha dapprima rivendicato di essere il partito della controdittatura bolscevica, il partito della controguerra civile. L'antibolscevismo divenne antimarxismo, prendendo a pretesto la presenza di numerosi ebrei nei grandi Stati rivoluzionari, anche in Germania, come ad esempio durante la Repubblica dei Consigli bavaresi del 1919. Ora, fu a Monaco che Hitler tentò il suo primo colpo di stato sovversivo nel 1923... Nolte sostiene che, date le circostanze, l'antisemitismo hitleriano fu alimentato dalla forte presenza di attivisti di origine ebraica nel movimento comunista, sia russo che tedesco[489]."

Così scriveva Nolte, ricordando che l'antisemitismo non faceva affatto parte della politica del governo imperiale: "Nella prima guerra mondiale l'Impero tedesco aveva perseguito una politica decisamente filo-ebraica tra i suoi alleati turchi e nei territori orientali occupati, e i partiti antisemiti, la cui influenza non era superiore a quella dei corrispondenti raggruppamenti e tendenze in Francia, Russia e

---

[489]Ernst Nolte, *La Guerre civile européenne, 1917-1945*, Monaco di Baviera, 1997, Éditions de Syrtes, 2000, 625 pagine, pagg. 10-11.

Romania, erano quasi scomparsi negli anni precedenti al 1914. Deve essere successo qualcosa di molto particolare perché una giudeofobia così radicale come quella di Hitler e Rosenberg possa sorgere[490]."

Nella Germania della Repubblica di Weimar, la paura del bolscevismo era molto forte tra ampie fasce della popolazione. Ciò che stava accadendo in URSS era molto più noto ai tedeschi che ai francesi, grazie alla corrispondenza con le centinaia di migliaia di russi di etnia tedesca che si erano stabiliti nelle colonie del Volga fin dal XVIII secolo. Gli spaventosi massacri, la carestia pianificata e la repressione politica avevano creato un'immagine particolarmente negativa dell'esperienza sovietica in Germania. "La grande carestia del 1931-1933, in cui morirono milioni di persone, e soprattutto in Ucraina, dove interi villaggi furono spazzati via", provocò terrore. "In Germania c'è stata una buona informazione, perché gli eventi hanno colpito un numero considerevole di contadini di origine tedesca, i cui commoventi appelli di aiuto sono stati diffusi dall'*Hilfswerk Brüder in Not* [Fratelli in difficoltà][491]. "Fin dall'inizio del regime, le dichiarazioni dei leader prefiguravano gli eventi che sarebbero seguiti: il 17 settembre 1918, in una riunione del Partito di Pietrogrado, Grigorij Zinoviev pronunciò queste parole nel suo discorso: "Per sconfiggere i nostri nemici, dobbiamo fare affidamento sul nostro militarismo socialista. Dei 100 milioni di abitanti della Russia sotto i sovietici, dobbiamo conquistarne 90 milioni alla nostra causa. Per quanto riguarda gli altri, non abbiamo nulla da dire loro; devono essere sterminati[492]."

Secondo Nolte, gli attori della rivoluzione bolscevica erano noti. La differenza tra liberali e conservatori occidentali "si riconosceva più facilmente nella differenza tra il fatto che essi notassero solo la fortissima partecipazione di elementi esterni al popolo alla Rivoluzione russa o che vedessero negli ebrei una causa particolare di essa". Nei primi mesi successivi alla Rivoluzione di febbraio, numerosi osservatori, soprattutto in Francia e in Italia, erano molto irritati dal fatto che i promotori della pace avessero spesso o avessero avuto cognomi tedeschi come Zederbaum, Apfelbaum o Sobelsohn[493]."

---

[490]Ernst Nolte, *La guerra civile europea, 1917-1945,* Fondo de cultura económica, Messico, 2001, p. 29.

[491]Ernst Nolte, *La guerra civile europea, 1917-1945,* Fondo de cultura económica, Mexico, 2001, p. 157.

[492]Ernst Nolte, *La guerra civile europea, 1917-1945,* Fondo de cultura económica, Mexico, 2001, p. 91, che cita David Shub, *Lenin,* Wiesbaden, 1957, *Severnaia Kommuna,* 18 settembre 1918, p. 375.

[493]Ernst Nolte, *La guerra civile europea, 1917-1945,* Fondo de cultura económica, Messico, 2001, p.131.

Sarebbe tuttavia sbagliato credere che Ernst Nolte si sia concentrato su questo particolare argomento. Niente potrebbe essere più lontano dalla verità. Delle 550 pagine del suo libro, il ruolo degli ebrei nella rivoluzione bolscevica è menzionato solo nelle pagine che abbiamo citato. Solo nel caso delle grandi purghe del 1936-1938 Nolte affronta questo aspetto del problema in modo più dettagliato: "L'epurazione fece un numero considerevole di vittime tra gli ebrei, i lettoni e i polacchi, e in generale tra i membri delle minoranze nazionali. Zinoviev, Kamenev Gamarnik, Yakir e altri erano ebrei... Il fatto che la maggior parte dei principali rappresentanti della tendenza critica occidentale o intellettuale fossero ebrei facilitò la loro eliminazione, nonostante l'Unione Sovietica fosse l'unico paese al mondo a prevedere la pena di morte per antisemitismo494."

Ne *I fondamenti storici del nazionalsocialismo*, pubblicato nel 1998, si possono notare in Ernst Nolte alcuni passaggi furtivi che confermano le osservazioni di Aleksandr Solzhenitsyn. Per Hitler scrisse: "Il marxismo è opera degli ebrei". E questa idea non era una semplice illusione, perché Thomas Mann e Winston Churchill la condividevano."

Tuttavia, l'interpretazione di Ernst Nolte ci sembra alquanto fragile. La lotta di Hitler e dei nazionalsocialisti contro quello che chiamavano "giudeo-bolscevismo" non può da sola riassumere l'antisemitismo nazista. L'ascesa del nazionalsocialismo non fu solo una reazione alla barbarie sovietica, e Nolte sembra dimenticare che milioni di tedeschi, che avevano sofferto per l'inflazione e la disoccupazione, provavano un certo risentimento nei confronti della Repubblica di Weimar, un regime democratico di cui non approvavano il cosmopolitismo. Nel clima di repressione intellettuale che regnava in Europa, e soprattutto in Germania nella seconda metà del XX secolo, Nolte tentò probabilmente un nuovo approccio storico, diverso da quello predominante di spiegare tutto sulla base della follia di Hitler e del popolo tedesco nel suo complesso. Non potendo accusare il regime della Repubblica di Weimar, che lo avrebbe ostracizzato dai suoi coetanei e probabilmente esposto a un'azione penale, Nolte basò la sua spiegazione sulla tesi del rifiuto del comunismo, un approccio oggi tollerato e persino incoraggiato in qualche misura nelle democrazie occidentali, purché non tocchi le questioni che Solzhenitsyn ha svelato495. In effetti, ci sembra che Nolte abbia scritto con poca

---

494Ernst Nolte, *La guerra civile europea, 1917-1945*, Fondo de cultura económica, Messico, 2001, p. 272, 274.
495Il libro di Solzhenitsyn ha potuto essere pubblicato in francese e distribuito su larga

convinzione che: "la glorificazione della società multiculturale" è una "cosa necessaria496 "; come se dovesse fare certe concessioni o segnali per scusarsi in anticipo di accuse terribili.

All'inizio del suo libro sui *Fondamenti storici del nazionalsocialismo,* Nolte pubblicò una parte della sua corrispondenza con il famoso storico francese François Furet, che dimostrava perfettamente le pressioni subite anche da quest'ultimo per sostenere lo storico tedesco. Nella sua prima lettera a Nolte, François Furet commenta il loro famoso scambio epistolare del 1996497: "Quando le ho fatto un lungo commento, ero pienamente consapevole che così facendo avrei suscitato ostilità nei confronti del mio libro nel suo Paese, ma anche al di fuori di esso. Questo è esattamente ciò che è successo; il solo fatto che l'abbia citato ha provocato un riflesso francamente "pavloviano" nella sinistra. Anche storici anglosassoni molto diversi tra loro come Eric Hobsbawn e Tony Judt mi hanno rimproverato di aver citato solo il suo nome, senza ritenere necessario giustificare tale scomunica. L'anatema di un simile ragionamento magico deve essere infranto; pertanto, meno che mai mi pento delle mie azioni."

Stalin, "il georgiano"

François Furet aveva provocato un piccolo terremoto prendendo le parti di Ernst Nolte nella controversia. Nel suo libro *Il passato di un'illusione498,* ha spiegato: "Uno dei suoi meriti è stato quello di aver trascurato, molto presto, il divieto di fare parallel tra comunismo e nazismo: un divieto più o meno generale in Europa occidentale, soprattutto in Francia e in Italia, e particolarmente assoluto in Germania. "Nel 1963, il libro di Ernst Nolte, Il *fascismo nel suo tempo,* e poi, nel 1966, *Movimenti fascisti,* spiegavano che l'estremismo

---

scala probabilmente perché la casa editrice Fayard era contrattualmente legata all'autore. Tuttavia, il libro non ha ricevuto alcuna promozione mediatica in Francia. [Purtroppo non esiste una traduzione in inglese. I lettori possono consultare questa recensione dell'opera dello scrittore russo su Internet: *Solzhenitsyn, Russia and the Jews: New Considerations,* di Daniel J. Mahoney].

[496]Ernst Nolte, *Les Fondements historiques du national-socialisme,* Milano, 1998, Parigi, Editions du Rocher, 2002, per la traduzione in francese, p. 162.

[497]Ernst Nolte, *Les Fondements historiques du national-socialisme,* Milano, 1998, Paris, Editions du Rocher, 2002, p. 9, e in Ernst Nolte, *La guerre civil européenne, 1917-1945,* p. 523 (lettera di François Furet a Ernst Nolte).

[498]François Furet, *Le Passé d'une illusion, essai sur l'idée communiste au XXe siècle,* Paris, Robert Laffont, 1995. François Furet, *Il passato di un'illusione, Saggio sull'idea comunista nel XX secolo,* 1995, Lectulandia.com, Queequeg editore digitale.

bolscevico aveva fatalmente provocato una risposta tedesca. "La cosa triste è che, nella discussione degli storici tedeschi sul nazismo, l'interpretazione di Nolte è stata indebolita dall'esagerazione della sua tesi: egli voleva fare degli ebrei gli avversari organizzati di Hitler, come alleati dei suoi nemici... Cercando di decifrare la paranoia antisemita di Hitler, Nolte, in un recente articolo, sembra trovare una sorta di base "razionale" in una dichiarazione di Chaim Weizman del settembre 1939, a nome del Congresso ebraico mondiale, in cui chiede che gli ebrei di tutto il mondo combattano a fianco dell'Inghilterra. La sua argomentazione è scioccante e falsa499."

L'ebreo prima del 1914 era borghese o socialista", scrive Furet. L'ebreo del dopoguerra è anche comunista. Il personaggio offre l'incomparabile vantaggio di incarnare sia il capitalismo che il comunismo, il liberalismo e la sua negazione. Con il pretesto del denaro, egli distrugge le società e le nazioni. Sotto le spoglie del bolscevismo, minaccia persino la loro stessa esistenza. In lui si incarnano i due nemici del nazionalsocialismo: il borghese e il bolscevico, che sono anche le figure della *Zivilisation*, le due versioni dell'homo oeconomicus, le due forme del materialismo attuale500. "Non sappiamo se sia stato proprio un "vantaggio", come ha detto ironicamente François Furet per screditare la stravaganza delle idee antisemite, per gli ebrei o per gli antisemiti. In effetti, questa duplice qualità può apparire così grottesca a chi non ha familiarità con l'argomento che chi fa eco a queste teorie rischia di essere considerato un illuminato. I loro avversari possono quindi facilmente ritrarli come tali, come vedremo.

È vero, tuttavia, che la lotta di Hitler contro il bolscevismo non basta a spiegare il fenomeno nazionalsocialista, come afferma Nolte: "Hitler detestava il bolscevismo come ultima forma di cospirazione ebraica e fece della lotta contro le ambizioni bolsceviche sulla Germania uno dei suoi primi slogan. Ma condivide con i bolscevichi l'odio e il disprezzo per la democrazia liberale e la certezza rivoluzionaria che l'epoca della borghesia è finita. Il punto di partenza della conquista ebraica, le sue radici più profonde sono lì, nel liberalismo moderno, e poi nel cristianesimo, che anche i comunisti stanno cercando di sradicare. Il confronto tra nazionalsocialismo e bolscevismo non è quindi principalmente ideologico."

499François Furet, *Il passato di un'illusione, Saggio sull'idea comunista nel XX secolo*, pag. 580.
500François Furet, *Il passato di un'illusione, Saggio sull'idea comunista nel XX secolo*, pagg. 209-210.

In effetti, mentre la lotta di Hitler era diretta contro il bolscevismo, il suo notevole odio per la democrazia liberale lo rese indulgente nei confronti dei militanti comunisti che, come lui, desideravano rovesciare il regime borghese. Le purghe staliniane, l'espulsione dei principali leader ebrei dall'URSS durante le purghe del 1936-1938 avrebbero rafforzato questa tendenza, il cui primo risultato fu il patto Molotov-Ribbentrop del 23 agosto 1939. D'ora in poi, le due nazioni antiborghesi saranno unite contro l'Occidente capitalista.

"Stalin, scrive François Furet, si era liberato della vecchia guardia, in gran parte ebraica, dei compagni di Lenin: Trotsky, Zinoviev, Kamenev e Radek, che erano stati perseguitati o sottomessi dal 1927. "Non è la Germania che diventerà bolscevica", predisse Hitler a Rauschning nella primavera del 1934, ma il bolscevismo che diventerà una sorta di nazionalsocialismo. Inoltre, i legami che ci uniscono al bolscevismo sono più numerosi degli elementi che ci separano da esso. C'è soprattutto un vero sentimento rivoluzionario, vivo ovunque in Russia, tranne dove ci sono ebrei marxisti. Ho sempre saputo dare a ogni cosa il suo posto, e ho sempre ordinato che gli ex comunisti fossero ammessi nel partito senza indugio. Il socialista piccolo borghese e il dirigente sindacale non saranno mai nazionalsocialisti, ma il militante comunista501.""

Né si deve pensare che il libro di François Furet si concentri molto sul ruolo e sulla responsabilità degli ebrei nel comunismo o nella democrazia; al contrario. Il passato di un'illusione è in questo senso un modello di discrezione: delle 800 pagine dell'edizione in brossura, troviamo solo tre pagine dedicate all'argomento: nulla è stato menzionato nel suo libro sul ruolo degli ebrei nel socialismo e nella rivoluzione del 1917, a parte quanto qui riportato. Né una parola sul loro ruolo nelle rivoluzioni in Baviera e in Ungheria, che spiegano in parte anche l'antisemitismo ungherese tra le due guerre. "L'esperimento, sgradito in Ungheria, cedette all'intervento delle truppe rumene il 1° agosto 1919 dopo 133 giorni di esistenza", scrive semplicemente502. D'altra parte, ha insistito più volte sulla nazionalità di Stalin: "L'ex-seminario georgiano è all'altezza della nazionalità di Stalin..."; "Essere un georgiano..."; "Essere un georgiano...". "; "Essendo georgiano, diventa più russo dei russi"; "Stalin, georgiano, scelse di essere russo perché era un rivoluzionario... "; "Il georgiano è

501François Furet, *Il passato di un'illusione, Saggio sull'idea comunista nel XX secolo*, p. 213. Hermannn Rauschning, *Hitler Told Me*.
502François Furet, *Il passato di un'illusione, Saggio sull'idea comunista nel XX secolo*, pag. 350.

in cima all'apparato..."; "Il georgiano è in cima all'apparato...". "; "Il dittatore georgiano..."; "Il cinico georgiano...". "; "Il cinico georgiano503..."

Furet evita il più possibile di evocare le origini degli altri grandi leader bolscevichi, tranne nel caso di alcuni ritratti di personaggi eminenti. Rosa Luxemburg, scrive, è stata "la prima a criticare l'Ottobre in nome del marxismo rivoluzionario... era preoccupata per la Rivoluzione russa, prima di essere assassinata... Ma l'Ottobre la spaventava. Aveva paura del mostro nascente che avrebbe privato la sua esistenza di ogni significato. Giovane ebrea polacca, è nata e cresciuta a Varsavia. Ha poi trascorso gli anni universitari a Zurigo, studiando storia, economia politica e *capitale*. Nel 1898 si stabilisce a Berlino come centro del movimento operaio europeo... non appartiene a nessuna patria ma interamente alla rivoluzione504."

"I due uomini chiave del Komintern a Parigi erano Fried e Togliatti. Ebreo ungherese di origine slovacca, Eugen Fried divenne membro dell'ufficio organizzativo del Komintern negli anni Venti. Inviato in Francia nell'autunno del 1930 come addetto alla direzione del PCF, controllò un "collegio di direzione" incaricato di supervisionare la politica corrente e istituì i metodi di selezione dei quadri. Dal 1932 in poi formò con M. Thorez una sorta di tandem in cui Fried proteggeva Thorez. Nel 1934 lo sostenne contro Doriot e diede inizio alla "svolta" verso la politica del Fronte Popolare... Il 24 ottobre Thorez, che era sotto la tutela di Fried, suo diretto superiore nell'Internazionale, avrebbe proposto al Partito Radicale un Fronte Popolare antifascista la cui portata sarebbe andata oltre quella della SFIO505. Fried sembra aver inventato il termine "Fronte Popolare", che avrebbe avuto un grande futuro". "Eugen Fried, scrive Furet, giovane slovacco reduce del primo periodo, sfuggito all'avventura di Béla Kun nel 1919 e entrato nell'apparato dell'Internazionale nel 1924; nel 1928 divenne membro del Politburo del partito ceco, per poi essere insediato a Parigi con pieni poteri. Fried è in Francia l'uomo di quella che

---

[503]François Furet, *Il passato di un'illusione, Saggio sull'idea comunista nel XX secolo*, p. 152, 153, 156, 169, 222, 218.

[504]François Furet, *Il passato di un'illusione, Saggio sull'idea comunista nel XX secolo*, p. 99.

[505]La Sezione francese dell'Internazionale dei Lavoratori, meglio conosciuta con l'abbreviazione SFIO, è stata il partito politico dei socialisti francesi dalla sua fondazione nel 1905 fino al 1969. Il suo nome indica il suo carattere di sezione nazionale della Seconda Internazionale (Internazionale dei Lavoratori) (wikipedia, NdT).

Robrieux chiama la "glaciazione", termine che designa il predominio completo e diretto dell'Internazionale sul PCF506."

Tra i sostenitori e i disillusi del comunismo, François Furet descrive in dettaglio gli sviluppi politici di tre eminenti personalità: Pascal, Boris Souvarine e Georg Lukacs.

Pascal, uno dei primi testimoni stranieri della rivoluzione russa, era un giovane intellettuale cattolico francese. Ogni giorno annota su un quaderno tutto ciò che vede e pensa dal 1917 al 1927 in Russia. Si era unito ai bolscevichi nel febbraio 1917. Di lingua russa, fu assegnato alla missione militare francese a San Pietroburgo, dove rimase a lungo fino a quando non fu amareggiato dal corso degli eventi. Del popolo russo amava "l'egualitarismo dei poveri, il socialismo utopico, lo spirito cristiano della comunità". "Le cause della sua amarezza erano piuttosto confuse: "La rivoluzione bolscevica è morta, non ha prodotto altro che uno Stato burocratico, beneficiario di un nuovo capitalismo", scriveva Furet. Pascal era in corrispondenza con Boris Suvarin, che era stato escluso dall'Internazionale nel 1924. Furet ha addirittura sostenuto che: "Pascal non amava la rivoluzione anche se era russa, come i comunisti occidentali e anche molti bolscevichi, ma perché era russa e quindi cristiana507. "Pascal tornò infine in Francia nel 1933, dove fece carriera come professore di storia russa.

Boris Suvarin era della stessa generazione di Pascal. "È nato a Kiev in una famiglia di piccoli gioiellieri ebrei, emigrati e stabilitisi a Parigi alla fine del secolo scorso. Fu uno dei primi bolscevichi francesi nei primi mesi del 1918 e da allora fu uno degli artefici dell'incorporazione della maggioranza del partito socialista nel campo di Lenin. Fu eletto al Presidium dell'Internazionale in compagnia di illustri bolscevichi come Zinoviev, Radek, Bukharin e Bela Kun. All'età di ventisei anni divenne segretario esecutivo dell'Internazionale, anche se fu escluso dal partito dopo la morte di Lenin per deviazionismo di destra. Lascia Mosca per stabilirsi a Yalta, in Crimea, il piccolo comune libertario dove incontra Pascal. Suvarin sarebbe diventato uno storico del fallimento del comunismo. Dopo la Seconda guerra mondiale, sarà quasi l'unico intellettuale a combattere il sentimento filosovietico quasi unanime nell'opinione pubblica francese.

Mentre nel caso di Pascal e Boris Suvarin "l'uno e l'altro alla fine sono sfuggiti alla maledizione", non è stato così per il terzo illustre

---

[506]François Furet, *Il passato di un'illusione, Saggio sull'idea comunista nel XX secolo*, pagg. 599 (nota 298), 242, 249-250.
[507]François Furet, *Il passato di un'illusione, Saggio sull'idea comunista nel XX secolo*, pagg. 124, 125,

uomo selezionato da François Furet: George Lukacs, che ha esemplificato il contrario. Era un tipico esempio di convinzione politica sopravvissuta a più di mezzo secolo di osservazione ed esperienza. "Il più grande filosofo contemporaneo dell'alienazione capitalista ha vissuto per tutta la vita come un prigioniero dell'alienazione comunista... Lukács nasce nel 1885, nell'aristocrazia ebraica di Budapest: la famiglia è ricca da entrambe le parti: la madre per eredità, il padre per il suo talento508. Il padre, Joseph Löwinger, "ha imparato il mestiere man mano che andava avanti". Entrato nel settore bancario all'età di 18 anni, a 24 anni era a capo della filiale ungherese della Banca Anglo-Austriaca e uno dei principali uomini di finanza dell'Impero. Presto nobilitato dall'imperatore Francesco Giuseppe e convertito, nel 1910 cambia nome e diventa Joseph von Lukács. Suo figlio, Georg, entrerà in guerra contro il padre: diventerà commissario del popolo per l'istruzione nella breve Repubblica ungherese dei Consigli, modellata sul modello sovietico. "Abbiamo fotografie straordinarie di questo Lukács, metà civile e metà soldato, che arringa i soldati "proletari", con un lungo trench abbottonato fino al collo, da cui emerge un bel viso intellettuale, metà Groucho Marx, metà Trotsky", ci ha detto sardonicamente François Furet509. In seguito sarebbe diventato il "più grande filosofo del comunismo" con libri come *Storia e coscienza di classe* (Mosca, 1923) e *L'assalto alla ragione* (1954). Ha partecipato attivamente all'instaurazione della dittatura stalinista in Ungheria dopo la guerra. Accettò la carica di Ministro della Cultura nel gabinetto di Nagy nel 1956, pochi giorni prima dell'intervento dei blindati sovietici nella capitale.

Il libro di François Furet offre quindi alcuni scorci qua e là di informazioni che confermano il lavoro di Solzhenitsyn. Solo che era dispersivo e aneddotico, rendendo impossibile per un lettore non informato evidenziare e apprezzare il fenomeno essenziale che era così importante per la comunità ebraica mondiale. Leggendo Nolte, e ancor più Furet, si ha l'impressione che la preoccupazione per la rispettabilità abbia proibito a questi due grandi storici di scrivere ciò che sembravano sapere.

---

[508]François Furet, *Il passato di un'illusione, Saggio sull'idea comunista nel XX secolo*, pagg. 127, 136, 137, 138.

[509]François Furet, *Il passato di un'illusione, Saggio sull'idea comunista nel XX secolo*, p. 138, 141. Questo ci ricorda l'immagine di Solzhenitsyn degli oratori sulle casse di sapone che arringano la folla nel 1917.

Libro nero, modestia bianca

Due anni dopo *Il passato di un'illusione*, viene pubblicato *Il libro nero del comunismo*510, una famosa opera collettiva diretta da Stéphane Courtois. Purtroppo, non era nemmeno molto audace. Tradotto in tutti i Paesi europei, questo libro ha segnato una svolta nell'analisi dell'esperienza comunista, anche se il ruolo degli ebrei viene toccato solo superficialmente. I passaggi qui citati, posti uno dopo l'altro, non devono trarre in inganno, perché le 850 pagine del libro trattano l'argomento solo in modo molto secondario.

Nicolas Werth, uno dei collaboratori, ha tuttavia ammesso che "il vecchio retroterra dell'antisemitismo popolare, sempre pronto a riemergere, ha immediatamente associato ebrei e bolscevichi non appena questi ultimi hanno perso il credito di cui avevano momentaneamente goduto subito dopo la rivoluzione d'ottobre del 1917. Il fatto che una parte significativa dei più noti leader bolscevichi (Trotsky, Zinoviev, Kamenev, Rykov, Radek511, ecc.) fossero ebrei giustificava, agli occhi delle masse, questa identificazione dei bolscevichi con gli ebrei. 512"

Frasi come queste erano piene di ambiguità: "Nel 1942, il governo sovietico, ansioso di fare pressione sugli ebrei americani per incoraggiare il governo americano ad aprire più rapidamente un "secondo fronte" contro la Germania nazista in Europa, istituì un comitato antifascista ebraico-sovietico presieduto da Solomon Mikhoels, il direttore del famoso teatro yiddish di Mosca. Diverse centinaia di intellettuali ebrei erano casti e attivi in essa: il romanziere Ilia Ehrenburg, i poeti Samuel Marshak e Peretz Markish, il pianista Emile Guilels, lo scrittore Vassili Grossman, il grande fisico Piotr Kapitza, padre della bomba atomica sovietica, e così via. Il comitato andò rapidamente oltre il suo ruolo di organo di propaganda non

---

[510]Stéphane Courtois, Nicolas Werth, *Le Livre noir du communisme. Crimini, terreur, repressione*. Parigi, Robert Laffont, 1997.

[511]Nel 1938, la scrittrice Marieta Chaguinian pubblicò un libro sugli Ulyanov in cui ricordava le radici ebraiche di Lenin. "Stalin voleva persino cancellare le radici ebraiche di Lenin quando la sorella maggiore del leader bolscevico cercò di scrivere una storia della famiglia Ulyanov (il vero cognome di Lenin). "Non è certo un segreto per te che le ricerche su nostro nonno hanno dimostrato che proveniva da una famiglia ebrea povera", scrisse a Stalin. Questo fatto potrebbe servire a combattere l'antisemitismo". -Non una parola su questo, rispose il dittatore."(citato in Thierry Wolton, *Rouge, brun, le mal du siècle*, p. 132).

[512]Stéphane Courtois, Nicolas Werth, *Il libro nero del comunismo. Crimini, terrore e repressione*. Espasa-Planeta, 1998, p. 105.

ufficiale per diventare un'organizzazione ombrello della comunità ebraica, un organo rappresentativo dell'ebraismo sovietico513. "Questo significa che gli ebrei americani hanno fatto pressione sul proprio governo per espandere il campo di battaglia della guerra, come se avessero potuto fare pressioni per entrare in guerra, nonostante il pacifismo della popolazione e l'impegno elettorale del presidente Roosevelt?

Il capitolo intitolato *L'altra Europa, vittima del comunismo*, è stato scritto da Andrzej Paczkowski e Karel Bartosek. In questa parte del libro si legge: "I comunisti ebrei, ben rappresentati nell'apparato comunista internazionale, continuarono dopo la guerra a occupare posizioni chiave in molti partiti e apparati statali dell'Europa centrale. Nella sua sintesi sul comunismo ungherese, Miklos Molnar ha scritto: "Ai vertici della gerarchia, i dirigenti sono, quasi senza eccezione, di origine ebraica, così come, in proporzione minore, nell'apparato del Comitato Centrale, nella polizia politica, nella stampa, nell'editoria, nel teatro, nel cinema... La forte e incontestabile promozione dei quadri dirigenti dei lavoratori non può mascherare il fatto che essi provengono dalla piccola borghesia ebraica514."

Stessa storia in Romania: "In Romania, il destino dell'ebrea kominternita Anna Pauker è stato stabilito nel 1952. Faceva parte della troika di comando insieme a Gheorghiu Dej, capo del partito, e Vasile Luca. Secondo una testimonianza non riportata da altre fonti, Stalin, durante un incontro con Dej nel 1951, si stupì del fatto che gli agenti del titoismo e del sionismo non fossero ancora stati arrestati in Romania e chiese il "pugno di ferro". Così Vasile Luca, ministro delle Finanze, fu destituito nel maggio 1952 insieme a Teohari Georgescu, ministro degli Interni, e successivamente condannato a morte; la sua pena fu commutata in ergastolo e morì in carcere. Ana Pauker, Ministro degli Affari Esteri, è stata licenziata all'inizio di luglio. Arrestata nel febbraio 1953 e rilasciata nel 1954, si dedica alla vita familiare. La repressione dei risentimenti antisemiti colpì i quadri di livello inferiore con il suo515."

---

[513]Stéphane Courtois, Nicolas Werth, *El Libro negro del comunismo*, Espasa-Planeta, 1998, p. 279.
[514]M. Molnar, *Da Béla Kun a Janos Kadar. Soixante-dix ans de comunisme hongrois*, Paris, Presses de la Fondation nationale des sciences politiques, pag. 187, in Stéphane Courtois, Nicolas Werth, *El Libro negro del comunismo*, Espasa-Planeta, 1998, pag. 485.
[515]Stéphane Courtois, Nicolas Werth, *El Libro negro del comunismo*, Espasa-Planeta, 1998, p. 485, 486.

Nel suo capitolo su *"Rivoluzione mondiale, guerra civile e terrore"*, Stéphane Courtois è stato perfettamente discreto sulle rivoluzioni in Germania, Baviera e Ungheria. Poiché le affermazioni sopra citate sono gli unici passaggi del libro che menzionano la questione sollevata da Solzhenitsyn, si può affermare ancora una volta che il problema è stato ampiamente eluso.

Nel *fare tabula rasa del passato. Storia e memoria del comunismo in Europa*, un'altra opera collettiva pubblicata nel 2002 e incentrata sulla storia del comunismo in Europa, Stéphane Courtois ha mostrato un po' più di coraggio, citando ad esempio il famoso caso del colonnello Nicolski: "Il suo vero nome era Boris Grünberg. È stato un agente del KGB in Romania, diventando nel 1948 il vice direttore della sinistra Securitate - la polizia politica - personalmente implicato in migliaia di omicidi, inventore del terrificante esperimento di "rieducazione" nella prigione di Pitesti. Nicolski è morto serenamente nella sua splendida villa di Bucarest il 16 aprile 1992. Perché il suo nome è sconosciuto all'opinione pubblica europea, in particolare alla sinistra e all'estrema sinistra, così pronte a mobilitarsi in difesa dei diritti umani? I "nemici del popolo" sterminati da Nicolski non avevano forse il diritto di essere difesi516?".

Allo stesso modo, leggiamo in questo libro che la giustizia in Russia al tempo degli zar era infinitamente più clemente che sotto il regime bolscevico: "Mentre in Russia, dal 1900 al 1913, i tribunali ordinari hanno emesso 1.085.422 sentenze, tra il 1937 e il 1954 ne sono state emesse 33.374.906 - comprese 13.033 condanne a morte. Per le pene detentive, il rapporto è di 1 a 20 tra il periodo 1900-19013 e il periodo 1940-1953... I luogotenenti di Stalin invitavano a una maggiore prudenza, mentre Molotov giustificava il Terrore e Kaganóvich - che aveva supervisionato la carestia organizzata nel Kuban e nel Caucaso settentrionale - raccomandava di "fare le cose a sangue freddo517.""

A chi vorrebbe far ricadere tutto il peso dei crimini sulle spalle di Stalin, per scusare Lenin e Trotsky, Stéphane Courtois ha risposto in anticipo: "Trotsky fu il fondatore dei campi di concentramento sovietici nell'estate del 1918 e coprì sotto la propria autorità innumerevoli massacri". "Fu il generale in capo che attuò la repressione contro i marinai, gli operai e i contadini dell'isola di Kronstadt in rivolta contro l'"autocrazia bolscevica" nel marzo 1921; dopo violenti combattimenti,

---

[516]*Du passé faisons table rase, Histoire et mémoire du communisme en Europe*, ouvrage collectif, sous la direction de Stéphane Courtois, Robert Laffont, 2002, p. 49.
[517]*Du passé faisons table rase, Histoire et mémoire du communisme en Europe*, Stéphane Courtois, Robert Laffont, 2002, p. 81.

i ribelli furono schiacciati nel sangue la mattina del 18 marzo, appena cinquant'anni dopo la proclamazione della Comune di Parigi; un migliaio di prigionieri e di feriti furono fucilati sul posto, altri 213 furono condannati a morte... Nell'estate del 1923, ancora una volta, Trotsky incoraggiò fortemente la preparazione di un'insurrezione armata in Germania, contribuendo a peggiorare il clima di guerra civile che regnava nel Paese... e dichiarò in *Difesa del terrorismo*, pubblicato nel 1920: "Dobbiamo porre fine una volta per tutte alla favola papista-quakerista sul segno sacro della vita umana". Edwy Plenel[518] dimentica che Trotsky non si accontentava di agire, ma giustificava ampiamente le sue azioni, anche le più criminali, nel suo libro... Si rimane quindi perplessi di fronte all'amnesia sistematica di un giornalista informato e di un trotskista irriducibile come lui. A quanto pare, troppa memoria uccide la storia[519]."

Nella storiografia sul comunismo, scrive Stéphane Courtois, le reazioni conservatrici si sono cristallizzate "in quattro libri emblematici: *L'età degli estremi* di Eric Hobsbawm, *La strada del terrore* di J. Arch Getty e Oleg Naoumov, *Il secolo dei comunisti* di un gruppo di accademici francesi e *Le furie* di Arno Mayer. Tutti e quattro sono rappresentativi di tre generazioni filocomuniste: quella dei vecchi marxisti e comunisti occidentali, la generazione accademica degli anni Settanta e, infine, la generazione di sinistra e comunista del '68. "Stéphane Courtois avrebbe potuto notare altre somiglianze tra gli autori di questi libri, più vicini al nostro oggetto di studio.

Secondo Hobsbawm, la sua analisi è molto parziale: "Non solo non si sofferma sul patto tedesco-sovietico del 1939, sulla spartizione della Polonia - non una parola su Katyn - o sull'annessione da parte di Stalin dei paesi balcanici e della Bessarabia, ma non menziona nemmeno la guerra civile provocata in Grecia dai comunisti nel 1946, il "colpo di stato di Praga" del 1948 o il blocco di Berlino nel 1948-1949[520]."

"Alcuni di questi blocchi sono visibili anche in Francia dove, ad esempio, in occasione della tradizionale *Fête de l'Humanité*, nel settembre 2000, è stato pubblicato *Il secolo del comunismo*, un'opera collettiva promossa con un'accattivante pubblicità che recitava: "E se il Libro Nero non avesse detto tutto? È davvero possibile. Composto da

---

[518]Edwy Plenel, trotzkista impenitente, è stato per un certo periodo caporedattore del "giornale di riferimento" *Le Monde*. Oggi dirige Mediapart.fr, un portale internet di informazione, ricerca e divulgazione.

[519]*Du passé faisons table rase, Histoire et mémoire du communisme en Europe*, Stéphane Courtois, Robert Laffont, 2002, pagg. 83-84.

[520]*Du passé faisons table rase, Histoire et mémoire du communisme en Europe*, Stéphane Courtois, Robert Laffont, 2002, pagg. 92-93.

testi di una ventina di autori, il libro curato da Michel Dreyfus minimizza tutto ciò che Stéphane Courtois ha denunciato.

Quanto ad Arno Mayer, ha letteralmente nascosto le due grandi carestie provocate del 1921-1923 e del 1932-1933: "Alla prima, che causò quasi cinque milioni di morti, dedica solo poche righe, senza sottolineare che fu in gran parte provocata dalle esorbitanti requisizioni del potere bolscevico... Alla carestia del 1932-1933 e ai suoi sei milioni di morti, dedica solo mezza pagina - circa 680!", e senza menzionare il suo carattere organizzato "oggi ampiamente dimostrato521."

Nelle 567 pagine del libro di Stéphane Courtois, si trova poco altro che menzioni il ruolo degli ebrei nel comunismo. Martin Malia, specialista della questione sovietica e coautore di uno dei capitoli del libro sulle atrocità, è rimasto sorpreso e ha osservato: "C'è stato persino un forum aperto su *Le Monde*, scritto da un noto ricercatore, che ha denunciato l'introduzione di Courtois a *Il libro nero* come antisemita522." In effetti, un po' è ancora troppo.

Note a piè di pagina

Vediamo però che molto è stato detto, anche se in maniera diluita, sparsa e aneddotica, per non dare adito a terribili accuse e non allarmare i lettori. In una documentata biografia di Hitler pubblicata nel 1976 dallo storico americano John Toland, troviamo anche alcune indicazioni che confermano gli scritti di Solzhenitsyn. All'uscita dalla Prima Guerra Mondiale, la Germania e l'Ungheria si trovavano in una situazione rivoluzionaria: fu proclamata una Repubblica Sovietica Ungherese, guidata da uno sconosciuto, Bela Kun. "Era ebreo, così come venticinque dei suoi trentadue commissari523, portando il *Times* di Londra a definire il regime come una "mafia ebraica". Il trionfo di Bela Kun ha rafforzato la sinistra monacense524." La rivoluzione di Monaco era una rivoluzione da caffè, una versione innocente della

---

[521]*Du passé faisons table rase, Histoire et mémoire du communisme en Europe,* Stéphane Courtois, Robert Laffont, 2002, pag. 106.
[522]*Du passé faisons table rase, Histoire et mémoire du communisme en Europe,* Stéphane Courtois, Robert Laffont, 2002, p. 218.
[523]Un lavoro pubblicato nel 2002 dalle *Publications de l'Université de Saint-Étienne* ha confermato questa affermazione, ma con alcune differenze: "Molti dei membri del governo di Bela Kun erano tra gli "ebrei assimilati" della fine del XIX secolo. Dei quarantacinque commissari del popolo che componevano il governo, trentacinque erano di origine ebraica."(Suzanne Schegerin-Vulin, *Une Famille sur les chemins de l'Europe*, Publications de l'Université de Saint-Étienne, 2002, p. 67).
[524]John Toland, *Adolf Hitler*, Ediciones B, Barcelona, 2009, p. 132.

realtà sanguinosa: "Il suo leader spirituale era il poeta Ernst Toller, e la sua piattaforma richiedeva anche nuove riforme artistiche nel teatro, nella pittura e nell'architettura per liberare lo spirito dell'umanità. Il gabinetto era un insieme di eccentrici variopinti... Questa volta le redini del governo furono prese da comunisti professionisti, guidati da Eugen Leviné, nativo di San Pietroburgo e figlio di un commerciante ebreo. Il Partito Comunista li aveva inviati a Monaco per organizzare la rivoluzione e, dopo aver arrestato il poeta Toller, formarono rapidamente un vero e proprio soviet525."

Lo scenario bavarese conferma l'analisi di Ernst Nolte su Adolf Hitler: "L'odio che nutriva per gli ebrei era stato intensificato da ciò che lui stesso aveva visto per le strade di Monaco. Ovunque, ebrei al potere: prima Eisner, poi anarchici come Toller, infine comunisti russi come Leviné. A Berlino era salita alla ribalta Rosa Luxemburg; a Budapest Béla Kun; a Mosca Trotsky, Zinoviev e Kamenev. La cospirazione che Hitler aveva solo sospettato in precedenza fu sempre più confermata nella realtà[526]."

Si ritrovano qui le stesse osservazioni espresse da Churchill sulla rivoluzione bolscevica, a proposito di quella "sinistra banda di anarchici ebrei... ideologi di una temibile setta, la più temibile del mondo[527]", che aveva preso l'impero russo per la gola. John Toland ha aggiunto: "In tutto il mondo, persone diverse da Hitler consideravano gli ebrei come il seme della rivoluzione e del comunismo... In Occidente si diffuse una campagna di voci secondo cui la Rivoluzione russa era stata pagata con denaro ebraico: uno dei principali tedeschi responsabili della fornitura di fondi a Lenin era Max Warburg, il cui fratello era Paul Warburg, direttore del Federal Reserve System statunitense; e il suocero di suo fratello Felix Warburg non era forse lo stesso Jacob Schiff della Kuhn Loeb and Company che aveva finanziato la rivoluzione bolscevica? Questa accusa è stata lanciata di nuovo anni dopo, il 3 febbraio 1939, dal New York *Journal American*: "Oggi il nipote di Jacob, John Schiff, stima che il vecchio abbia donato circa 20 milioni di dollari per il trionfo finale del bolscevismo in Russia528."

Va sottolineato, tuttavia, che queste considerazioni sono state relegate nelle note a piè di pagina alla fine del libro, a pagina 1362. Ancora una volta, non bisogna perdere di vista il fatto che i passaggi

---

[525] John Toland, *Adolf Hitler*, Ediciones B, Barcellona, 2009, p. 132-133.
[526] John Toland, *Adolf Hitler*, Ediciones B, Barcellona, 2009, p. 137.
[527] John Toland, *Adolf Hitler*, Ediciones B, Barcellona, 2009, p. 1362 (nota 313-314).
[528] John Toland, *Adolf Hitler*, Ediciones B, Barcellona, 2009, p. 1361-1362 (note)

citati sono gli unici che fanno riferimento a questo doloroso argomento in un libro di quasi 1500 pagine.

Altri testi avevano già confermato alcuni aspetti della storia contemporanea che fino ad allora ci erano sorprendentemente sfuggiti e che Aleksandr Solzhenitsyn avrebbe svelato. Così, ad esempio, si può leggere nell'Enciclopedia Britannica: "Il governo di Béla Kun era composto quasi interamente da ebrei529. "Lo storico Barnet Litvikof, autore di *A Peculiar People: Inside the Jewish World Today*, ha scritto: "Al culmine della tirannia staliniana, una volta che il controllo dei Paesi satelliti fu totale, potenti personalità ebraiche divennero molto visibili nelle gerarchie comuniste di Polonia, Cecoslovacchia, Ungheria e Romania: Hillary Minc e Jacob Berman a Varsavia, Erno Gero, Mátyás Rákosi e Mihály Farkas [nato Hermann Löwy] ricoprirono posizioni simili in Ungheria, mentre Ana Pauker divenne la padrona e l'amante indiscussa della Romania, con un'autorità paragonabile a quella di Rudolf Slansky in Cecoslovacchia530."

Lo stesso autore aggiunge: "Lavrenti Beria, membro del Presidium del Partito Comunista Sovietico, rimproverò a Rákosi di aver collocato degli ebrei in posti chiave del partito. "Era quindi molto probabile, come sosteneva Solzhenitsyn, che ci fosse una dimensione antisemita nella rivolta ungherese del 1956531: "La rivolta del 1956 in Ungheria aveva avuto un carattere antiebraico - cosa trascurata dagli storici - forse a causa del gran numero di ebrei all'interno del KGB ungherese. Non fu forse questa una delle ragioni, anche se non la principale, per cui l'Occidente non sostenne la rivolta ungherese?".

Il messianismo trotskista

Per i trotskisti, l'episodio sovietico, per quanto sfortunato, non invalidava in alcun modo la validità della dottrina marxista e degli insegnamenti di Lenin. Per loro l'URSS non era uno Stato comunista, ma solo uno "Stato burocratico degenerato". Gli eventuali eccessi commessi dovevano essere imputati a Stalin, che portava la responsabilità principale del fallimento della "patria del proletariato". Decretando la costruzione del "socialismo in un solo Paese" alla morte di Lenin nel 1924, la sua politica non poteva che portare al fallimento, mentre sul piano economico la NEP era vista come un regalo che Stalin

---

[529]Enciclopedia Britannica, edizione 1946, vol. 13, p. 517
[530]Barnet Litvikoff, *A peculiar People:inside the jewish world today,* Weidenfield and Nicholson, Londra, 1969, pagg. 104-105.
[531]Alexandre Soljénisyne, *Deux siècles ensemble*, Éditions Fayard. 2003, p. 449.

e Bukharin avevano fatto ai ricchi contadini, ai trafficanti e ai mercanti. I trotskisti contrastarono questa tendenza di destra e proposero un'alternativa che si poteva riassumere in tre parole: industrializzazione, collettivizzazione e pianificazione. Per loro la soluzione non poteva consistere in una pausa rivoluzionaria, ma piuttosto nella sua accelerazione. Si trattava di procedere verso la totale militarizzazione del Paese, un programma che Stalin avrebbe attuato alla lettera pochi anni dopo. La proposta dell'opposizione di sinistra allo stalinismo era infine che, con loro alla guida, la rivoluzione sarebbe stata più radicale e, soprattutto, più pulita e avrebbe abbracciato tutta la Terra.

Lev Davidovich Bronstein, "Trotsky", nacque nel 1879 in una famiglia "contadina" di ebrei benestanti: il padre aveva fatto fortuna nel commercio del grano; possedeva cento ettari di terreno e ne aveva affittati circa trecento. Non era religioso e non parlava yiddish, ma suo figlio, il giovane Lev (Leon), avrebbe comunque frequentato una scuola ebraica. Dopo l'abortita rivoluzione russa del 1905, Leon Trotsky si sarebbe recato a Vienna dove avrebbe fondato il giornale *Pravda*, sviluppando lì la teoria della "rivoluzione permanente" con la quale prevedeva l'estensione della rivoluzione a tutta l'Europa e poi all'intero pianeta. Nel 1917 divenne capo dell'Armata Rossa. Dopo l'espulsione dall'URSS nel 1929, nei primi mesi di esilio cercò di scrivere le sue memorie, un libro ormai di culto intitolato *La mia vita*. Marcel Bleibtreu lo ricorda ancora: "Nel 1934, *La mia vita è* stata pubblicata in una versione abbreviata. Mi ha affascinato. Per il bambino che ero, il libro era una miniera di riflessioni politiche, storiche e militari. Per mio padre, il nome di Trotsky faceva parte della monumentale trilogia: Freud, Einstein, Trotsky - le tre grandi glorie ebraiche532!".

In effetti, il fenomeno trotskista è stato fortemente influenzato dalla presenza al suo interno di attivisti di origine ebraica, soprattutto provenienti dall'Europa centrale. Ne *I trotskisti*, l'autore Christophe Nick ha ripreso, per uno dei suoi capitoli, il titolo del libro di Alain Brossat e Silvia Klinberg pubblicato nel 1983: *La Yiddishland rivoluzionaria533*. L'arrivo in Francia, all'inizio del XX secolo, di una grande ondata di immigrazione ebraica dall'Europa orientale sarà decisivo per lo sviluppo del movimento. In effetti, molti dei principali

---

532Christophe Nick, *Les Trotskistes*, Éditions Fayard, 2002, p. 44.
533Il lettore può anche consultare i libri di questi autori: *Il était une fois la révolution*, di Benoît Rayski; *Les Juifs de mai*, di Benjamin Stora; *68: une révolution juive*, di Annie-Paule Derczansky; nonché la rivista *Passages* n°8. [Si veda anche Hervé Ryssen, *Jewish Fanaticism*].

leader di questo movimento erano ebrei ashkenaziti: Frank, fondatore del Partito Comunista Internazionalista (PCI), era il padre della tendenza *pablista* che avrebbe portato alla creazione della Lega dei Comunisti rivoluzionari. "È nato a Parigi nel 1905 da genitori appena arrivati da Vilna, in Lituania. "Barta è stato il fondatore dell'Unione Comunista Internazionalista (UCI) nel 1947. È nato nel 1914 a Buhusi, in Romania, da una famiglia di piccoli commercianti ebrei. Il suo vero nome era David Korner. È stato un attivista nell'ombra: l'uomo che ha dato origine al movimento che sarebbe poi diventato Lotta Operaia (LO) ha rilasciato una sola intervista discreta in tutta la sua vita, a un ex militante di LO per una tesi universitaria. Un'altra grande figura del trotskismo francese fu Lambert, il fondatore della terza grande organizzazione trotskista francese. Il suo vero nome era Boussel ed era nato il 9 giugno 1920 a Parigi da genitori ebrei russi che si erano da poco stabiliti nella capitale. Insieme ai suoi amici si unì all'*Achomer Hatzaïr*, "la giovane guardia", un'organizzazione scoutistica sionista di sinistra. Il leader storico della Lega Comunista Rivoluzionaria (LCR), Alain Krivine, proveniva da una famiglia fuggita dai pogrom in Russia e giunta in Francia alla fine del XIX secolo. Henri Weber, oggi senatore socialista, cofondatore della Lega dei Comunisti con Alain Krivine, era originario dell'Europa centrale: "Nel 1938, alla vigilia della guerra, i suoi genitori, orologiai ebrei, vivevano a Cznanow nell'Alta Slesia534. "Anche Maurice e Charly Najman, "i due principali leader trotskisti degli studenti universitari e liceali degli anni 1969-1978", così come Robi Morder, "un altro leader studentesco degli anni Settanta", provenivano dall'Europa centrale, così come Michel Rodinson, figlio di Maxime, caporedattore di *Lucha Obrera*. L'8 ottobre 1998, la rivista *L'Express ha* finalmente rivelato la vera identità del mentore di Arlette Laguiller, la passionaria della Lucha Obrera: il famoso e misterioso Hardy era infatti Robert Barcia, nato a Parigi nel 1928, e aveva mosso i primi passi politici con Barta (David Korner).

"Questi esempi potrebbero essere moltiplicati all'infinito", ha dichiarato Christophe Nick. "Nella LCR, negli anni '70, una battuta riassumeva perfettamente la situazione: "Perché nell'ufficio politico della Lega dei Comunisti non si parla yiddish? Perché Bensaid è un sefardita535!". In effetti, Daniel Bensaid, originario del Nord Africa (sefardita), non capiva lo yiddish parlato dagli altri leader trotskisti di origine ashkenazita.

---

[534]Henri Weber (1944-2020). Si veda il necrologio dell'Eliseo nella nota del traduttore in allegato. (NdT).
[535]Christophe Nick, *Les Trotskistes*, Éditions Fayard, 2002, pag. 31-34.

Anche uno storico israeliano, Ya'ir Auron, ha studiato e pubblicato un libro su questo aspetto del mondo ebraico dal titolo *Gli ebrei dell'estrema sinistra nel maggio 1968*, confermando ampiamente le informazioni di Christophe Nick: "Dei dodici membri dell'ufficio politico della Lega all'inizio, Bensaid doveva essere aggiunto agli altri dieci ebrei dell'Europa orientale e a un solo membro non ebreo. "Chiunque direbbe che si trattava in realtà del goy del sabato dell'ufficio, cioè di un "goy di servizio", come tradizionalmente le famiglie ebraiche li avevano per aprire le porte, accendere la luce o rispondere al telefono durante il sabato. Yaír Auron ha anche scritto: "Dei "quattro grandi" del maggio '68, Daniel Cohn-Bendit, Alain Krivine, Alain Gesmar, Jacques Sauvageot, i primi tre sono ebrei. "Una nota aggiunge: "Anche Marc Kravetz ha avuto un ruolo importante nel maggio '68, ed è anch'egli di origine ebraica. "Inoltre, ciò è stato esplicitamente riconosciuto da Daniel Cohn-Bendit nella sua autobiografia *The Big Fuss*: "Gli ebrei rappresentavano una maggioranza non trascurabile, per non dire la grande maggioranza dei militanti."

Ovviamente, sappiamo che il trotskismo ha avuto le sue ore di gloria durante gli eventi del maggio 1968. Il 19 maggio i leader delle tre più importanti organizzazioni trotskiste si sono riuniti per decidere la formazione di un comitato di coordinamento permanente e per chiedere l'unificazione. Barcia, a nome dell'ICU, ha incontrato in quell'occasione "Frank e Michel Lequenne del PCI, Alain Krivine e Daniel Bensaid della LCR. Insieme hanno redatto un proclama solenne", scrive Christophe Nick. Con Alain Geismar, leader maoista, e Daniel Cohn-Bendit, rappresentante dell'ala anarchica, si poteva dire che la rivolta del maggio 1968 era davvero in buone mani.

Sul versante maoista, la tendenza era la stessa: la sinistra proletaria era guidata da Alain Geismar, ora Ispettore Generale dell'Educazione Nazionale, e da Benny Levy (alias Victor) che sarebbe diventato il segretario privato di Jean-Paul Sartre prima di fare la sua *teshuvah* e *aliyah*[536]. Quest'ultimo sarebbe poi diventato rabbino e insegnante in una yeshiva (scuola ebraica) a Gerusalemme. Allo stesso modo, scrive Yair Auron, "ai vertici dell'organizzazione studentesca del Partito Comunista Francese negli anni '70, molti erano anche ebrei. "Ricordiamo ad esempio Zarka, che divenne direttore del giornale *L'Humanité*. Lo stesso si può osservare nel caso di attivisti caduti nel gangsterismo duro, come Goldman, autore di numerose rapine. La sua

---

[536]Teshuvah: pentirsi dei propri peccati e tornare alla pratica dell'ebraismo. Aliyah: emigrare in terra d'Israele.

biografia ufficiale rivela che Goldman, per quanto rivoluzionario, era solito andare a festeggiare con i membri del Betar dopo le offensive israeliane del giugno 1967, durante la Guerra dei Sei Giorni. Le testimonianze di Marek Halter o di Guy Konopnicki, come abbiamo già sottolineato in queste pagine, confermano a loro volta che i rivoluzionari internazionalisti di estrema sinistra avevano sempre mantenuto più o meno segretamente intatto il loro amore per Israele.

In ultima analisi, vediamo che i trotskisti avevano le stesse disposizioni ferocemente militanti e, va detto, francamente messianiche degli intellettuali più formali e tranquilli che abbiamo già studiato. Nelle file della Lega dei Comunisti rivoluzionari, scrive Christophe Nick, spicca il cineasta Romain Goupil: "È pieno di odio per coloro che vivono nell'ossessione del ghetto di Varsavia. Un odio che lo ha portato a rischiare la vita negli anni '90 a Sarajevo, dove, in un cortometraggio per la televisione, percorreva il viale dei cecchini a bordo di un'auto contrassegnata come esca volontaria per i cecchini serbi, superando i cortei e ripetendo migliaia di volte nel microfono del suo megafono: "Sarajevo-Sarajevo-Sarajevo-Sarajevo-Sarajevo-Sarajevo[537]! "In una forma un po' più primordiale, si trattava di un'ossessione paragonabile a quella di Bernard-Henri Levy, anch'egli appassionato difensore di Sarajevo, ma per mezzo di penna e microfono. Dopo il 1968, i tre leader della Lega - Alain Krivine, Daniel Bensaïd e Henri Weber - misero Romain Goupil a capo del movimento giovanile.

Nel 1968, Shapira era responsabile della sicurezza della Gioventù comunista rivoluzionaria. Jean-Luc Benhammias, oggi membro del Consiglio economico e sociale ed ex segretario nazionale dei Verdi (ecologisti), ricorda bene quei felici anni studenteschi, così come il filosofo André Glucksmann, passato dalla Gioventù comunista rivoluzionaria alla Sinistra proletaria. Il belga Ernest Mandel, segretario della Quarta Internazionale, era anche il consigliere economico di Castro a Cuba; e Boris Fraenkel era il traduttore francese di Wilhelm Reich.

Gli anni '70 furono davvero molto turbolenti. "Ecco Gérard Karstein. Era studente all'Università di Orsay quando, nel 1973, il ministro della Difesa Michel Debré tentò di riformare le estensioni militari. Gérard si lanciò in una battaglia che sarebbe culminata nello sciopero più lungo della storia dell'istruzione nazionale: sei settimane di occupazione di scuole superiori e università. La Lega dei Comunisti fu senza dubbio la forza trainante del movimento con il suo leader

---

[537]Christophe Nick, *Les Trotskistes*, Éditions Fayard, 2002, p. 73.

studentesco dell'epoca: Michel Field538. "Gérard Karstein è stato anche all'origine dei comitati dei soldati negli anni Settanta. Infatti, durante il servizio militare, non poté evitare di continuare a fare propaganda. Che si tratti di romanzieri, cineasti o politici, la speranza messianica che è in loro li porta immancabilmente al servizio militare continuo e ininterrotto, con una propaganda implacabile e perpetua che non si ferma mai: "Poi comprai una macchina duplicatrice di seconda mano a Emmaus539, e la portai in caserma... Ci piaceva tutto ciò che era clandestino540. "Due anni dopo, in tutta la Francia c'erano più di duecento comitati di soldati. Per la tradizionale parata del 1° maggio 1976, la Lega organizzò la prima manifestazione nazionale di soldati in uniforme: più di un centinaio di militanti che avevano appena prestato il giuramento di servizio militare sfilarono con passamontagna e pugni alzati, pesantemente protetti da diverse centinaia di membri del Servizio di Sicurezza della Lega.

Come è noto, molte personalità dell'arte, dello spettacolo, del cinema, della politica e dei media hanno mosso i primi passi nelle organizzazioni trotzkiste e spesso rimangono segretamente fedeli ai loro ideali. In realtà, ciò che meglio caratterizza la formazione dei militanti trotskisti è la dissimulazione e l'entrismo, cioè la penetrazione nelle organizzazioni nemiche o rivali attraverso militanti addestrati e fedeli che nascondono le loro vere opinioni. Centinaia di migliaia di persone avevano la missione di infiltrarsi in ambienti ostili per raccogliere informazioni e influenzarne le linee politiche. Questa attitudine alla dissimulazione, questo gusto per la clandestinità e l'organizzazione poliziesca, il culto della segretezza, il rigore, persino l'austerità della vita del militante, come il grande leader bolscevico, costituiscono la specificità del movimento trotskista. Nei media, i trotzkisti sono una moltitudine, e ne è una buona prova la festa simbolica per il 50° compleanno di Alain Krivine, che si è svolta a Saint-Denis nei famosi studi cinematografici della AB Productions, sui set cinematografici di Azoulay (A) e Bensoussan (B)541.

Nel suo *Saggio di topologia generale542* pubblicato nel 2001, Daniel Bensaid, ideologo della Lega dei Comunisti, si è soffermato a

---

538Christophe Nick, *Les Trotskistes*, Éditions Fayard, 2002, p. 218.
539Nota fondazione di beneficenza creata dall'Abbé Pierre, per decenni una delle personalità preferite dai francesi (NdT).
540Christophe Nick, *Les Trotskistes*, Éditions Fayard, 2002, p. 86.
541Gruppo audiovisivo *AB Productions*. In totale, sono state scritte e girate più di 30 serie e 3.000 episodi, principalmente per la gioventù francese degli anni Novanta.
542*Saggio di taupologia generale*. Daniel Bensaïd. [Dal mammifero francese *"taupe"*, cioè la "talpa", non *"topologie"*. (NdT)].

lungo sul caso dei marrani, gli ebrei portoghesi e spagnoli perseguitati dall'Inquisizione nel XVI secolo. Avendo optato per la conversione al cristianesimo per evitare l'espulsione, avevano ufficialmente abiurato la loro fede mosaica, pur continuando a praticare il culto in segreto. La comunità marraniana, che poi si è diffusa in tutto il mondo, ha così potuto attraversare i secoli fingendo di essere buoni cattolici andando a messa la domenica. Per Daniel Bensaid, questa comunità simboleggiava lo spirito del messianismo ebraico e, in questo senso, il trotskismo non era che il suo avatar moderno: "Il messianismo, scrive Bensaid, è una fervida attesa... Si afferma nell'attesa delle catastrofi storiche che i profeti ci esortano a evitare, seguendo la profonda dialettica di disastro e speranza. A differenza del pessimismo apocalittico, che si nutre di punizioni, questo stimola un ottimismo della volontà... Assetata di una nuova era, la speranza messianica delinea così un progetto politico... e si lascia trasportare dal sogno di una conquista senza battaglia. Come pacifico preludio alla stessa guerra messianica, la segreta aspirazione rivoluzionaria è allora inestricabilmente legata alla concezione tradizionale della vita ebraica... Questa è la grande lezione da trarre dalla storia dei marrani: la vera fede deve sempre rimanere nascosta: "Ogni ebreo deve diventare un marrano". In altre parole, deve imparare a vivere in segreto[543]."

---

[543]Daniel Bensaïd, *Résistances, essai de taupologie générale*, Fayard, 2001, in *Les Trotskistes*, pag. 224.
Hervé Ryssen ha ampliato lo studio di questi aspetti della religione ebraica in *Psicoanalisi dell'ebraismo*, in particolare del concetto di messianismo analizzato dall'eminente pensatore ebreo Gershom Scholem, che in una delle sue opere ha scritto quanto segue:
"C'è un punto importante in cui l'apocalisse secolarizzata o la teoria catastrofica della rivoluzione (che gioca un ruolo così importante nei dibattiti attuali) rimane legata al suo punto di partenza nella teologia ebraica, da cui deriva, anche se non lo confessa. È questo rifiuto dell'interiorizzazione radicale della redenzione. Non è che nella storia del giudaismo siano mancati i tentativi di scoprire una tale dimensione anche nel messianismo ebraico (soprattutto, e non sorprende, nella mistica). Ma in tutte le sue configurazioni storiche, l'ebraismo ha rifiutato completamente la tesi di un'interiorizzazione chimicamente pura della redenzione. Un'interiorità che non si esprimesse anche nell'esterno, che non fosse legata ad esso dall'inizio alla fine, qui non valeva assolutamente nulla. L'avanzamento verso il nucleo è qui, allo stesso tempo, un avanzamento verso l'esterno. La redenzione, intesa come restituzione di tutte le cose al loro posto, riproduce una totalità che non conosce tale distinzione tra interiorità ed esteriorità. L'elemento utopico del messianismo, che domina così ampiamente la tradizione ebraica, si riferiva a questa totalità, e solo a questa totalità.
La differenza tra la moderna "teologia della rivoluzione" che ci viene offerta da più parti e l'idea messianica dell'ebraismo consiste in gran parte in uno spostamento terminologico: nella nuova versione, la storia diventa preistoria e l'esperienza umana di cui abbiamo parlato finora non è più l'esperienza autentica, che sarà conferita solo a

L a concezione di un mondo senza confini e di un'umanità finalmente unificata non è certo nuova. La novità dell'inizio del terzo millennio è che, per la prima volta nella loro storia, gli occidentali hanno la sensazione che l'intera umanità abbia intrapreso questo cammino. La caduta del muro di Berlino nel 1989 e il crollo del blocco sovietico sono stati senza dubbio fattori importanti per la realizzazione dell'unificazione mondiale e l'accelerazione del processo alla fine del XX secolo. In effetti, è in questi anni che quella che è stata definita "mundializzazione o globalizzazione[544] " è diventata oggetto di un dibattito ricorrente. Il trionfo della democrazia sul comunismo sembrava aver aperto le porte a una nuova era, a un "Nuovo Ordine Mondiale" e a preparare tutte le nazioni a un'inevitabile fusione planetaria.

Il mondo bipolare, che aveva caratterizzato il breve XX secolo (1914-1991), stava temporaneamente lasciando il posto a un mondo dominato dalla "superpotenza" americana, ma soprattutto la democrazia sembrava imporsi in tutti i continenti e offrire all'umanità la garanzia di un mondo migliore, al punto che alcuni parlavano già di "fine della storia": la società dei consumi e il commercio avrebbero sostituito con il fuoco gli imperialismi e gli istinti bellicosi che avevano

---

un'umanità redenta. Questo semplificava le considerazioni sul valore o meno della storia precedente, dalla quale era già scomparso l'elemento essenziale della libertà e dell'autonomia dell'uomo, spostando così l'intera discussione sui valori autentici e genuini dell'umano sul piano escatologico. Questo è l'atteggiamento alla base degli scritti dei principali ideologi di questo messianismo rivoluzionario, come Walter Benjamin, Theodor Adorno, Ernst Bloch e Herbert Marcuse, in tutti i quali è evidente un legame, riconosciuto o meno, con la loro eredità ebraica. "Gershom Scholem, *C'è un mistero nel mondo. Tradizione e secolarizzazione (Alcune considerazioni sulla teologia ebraica in questo tempo)*, Minima Trotta, 2006, Madrid, pagg. 40-41.

[544] I due termini sono praticamente equivalenti. Nel mondo francofono il termine "globalizzazione" è quello più comune (nota del traduttore, di seguito).

fino ad allora segnato il destino dell'umanità. In un rinnovato spirito di cooperazione, le nazioni si sarebbero avvicinate e presto si sarebbero fuse in una repubblica mondiale, unica garante della pace universale.

Tuttavia, la "Fine della Storia", prevista nel 1992 con il trionfo della democrazia, non sembrava più all'ordine del giorno dopo la caduta delle due torri del World Trade Center l'11 settembre 2001. Ma invece di arrestare la marcia in avanti dell'ideale democratico, sembrava, al contrario, che questo evento spettacolare facesse precipitare ulteriormente il corso della storia. La macchina è andata in tilt e le democrazie occidentali hanno approfittato del trauma per estendere la loro influenza e imporre la loro volontà con rinnovato vigore. Gli Stati Uniti si sono imposti sul mondo attraverso la loro diplomazia, le loro forze armate, le loro continue manovre occulte che immancabilmente sfociavano in "grandi rivoluzioni democratiche" nei Paesi poveri, con magliette rosse per la folla e trionfo mediatico globale per il fortunato vincitore, mentre le nazioni europee si stavano rapidamente dissolvendo in un grande insieme sempre più multietnico, dai contorni vaghi che prefiguravano quello che avrebbe dovuto essere il mondo di domani: senza razze e senza confini.

Gli occidentali, che spingono per l'adozione di un regime democratico in tutti i Paesi del mondo, insistono anche sulla necessità assoluta del rispetto delle minoranze e dell'accoglienza dei rifugiati, al punto che la democrazia può essere concepita solo come un insieme "multiculturale, multietnico e multirazziale". La fusione pianificata delle nazioni del mondo, come si vede, prevede la creazione di società "plurali" nel quadro della democrazia parlamentare. I due concetti sono ormai inscindibili. Questo sembra essere il piano di montaggio di questi grandiosi progetti di globalizzazione che, ancora una volta, sono prodotti del pensiero e della volontà occidentale.

Il mondo di ieri, che abbiamo chiamato "bipolare", era già principalmente una visione occidentale. Molti Paesi dell'Asia, dell'Africa e del Sudamerica sono stati colpiti dalle nostre lotte ideologiche e hanno dovuto schierarsi dalla parte di Mosca o di Washington, anche se la stragrande maggioranza di queste popolazioni aveva conservato i propri modi di vita ancestrali e aveva vissuto in modo tradizionale per tutto il secolo, senza dover scegliere tra il sistema marxista e l'economia di mercato. Dopo la seconda guerra mondiale, si è soliti raggruppare questi Paesi sotto il termine generico di "terzo mondo", nel senso di "terzo mondo[545]." E proprio questo terzo mondo

---

[545] Il termine ha cambiato significato ed è stato successivamente utilizzato per indicare i Paesi poveri, che all'epoca venivano comunemente chiamati "Paesi sottosviluppati".

era poco interessato alle dispute ideologiche generate dal pensiero occidentale. Evitiamo quindi il peccato di occidentalismo.

Il concetto di "globalizzazione" è oggi più giustificato? Il termine è prima di tutto un fenomeno economico. Certamente, la moltiplicazione degli scambi economici, lo sviluppo di un capitalismo finanziario globale, la delocalizzazione delle imprese e l'emergere di nuove tecnologie di comunicazione e di informazione hanno avvicinato e accentuato l'interdipendenza tra le economie del mondo. Da questo punto di vista economico, si può giustamente parlare di "globalizzazione". Questo sembra essere la continuazione di un lungo processo iniziato nel XVI secolo, dopo la scoperta di nuovi continenti, e proseguito con l'occidentalizzazione del mondo fino al XIX secolo con la colonizzazione dell'Africa e dell'Asia, ma anche con l'insediamento del Nord America e dell'Oceania. La globalizzazione delle idee (Darwin, socialismo, liberalismo) aveva completato l'egemonia dell'Europa sul mondo prima del 1914, egemonia che avrebbe perso in gran parte dopo due guerre anch'esse globalizzate.

Tuttavia, non dobbiamo credere che l'evoluzione delle economie mondiali verso una maggiore unità sia un processo regolare, continuo e inevitabilmente inarrestabile. Gli economisti concordano sul fatto che oggi il mondo non è più aperto di quanto non lo fosse prima della Prima Guerra Mondiale. Nel 1991, il livello relativo delle esportazioni di capitali era inferiore a quello del 1915[546]. Per quanto riguarda le multinazionali, la maggior parte di esse dipende ancora dalle proprie radici nazionali. Le imprese globali si contano ancora sulle dita di una mano. Per George Soros - il famoso speculatore internazionale - l'emergere di un capitalismo veramente globale è avvenuto negli anni Settanta. Nel 1973, i Paesi produttori di petrolio, raggruppati nell'OPEC (Organizzazione dei Paesi Esportatori di Petrolio), aumentarono per la prima volta il prezzo al barile: "Gli esportatori di petrolio hanno goduto di improvvise e ampie eccedenze, mentre i Paesi importatori di petrolio hanno dovuto finanziare ampi deficit. La responsabilità di riciclare i fondi è ricaduta sulle banche commerciali con l'incoraggiamento dietro le quinte dei governi occidentali. Vengono inventati gli eurodollari e si sviluppano grandi mercati offshore[547]."

Negli anni '90 si è preferito il termine più "politicamente corretto" di "Paesi in via di sviluppo" o "Paesi del Sud".

[546]Elie Cohen, *Mondialisation et souveraineté*, Le Débat, novembre-dicembre 1997, pp. 24-27.

[547]Un mercato finanziario che si sviluppa al di fuori del paese di origine. George Soros, *La crisis del capitalismo global; La sociedad abierta en peligro*, Editorial Debate, Madrid, 1999, pagg. 139, 140.

Ma il senso diffuso della globalizzazione è ancora molto più recente. A metà degli anni Novanta, gli europei hanno iniziato a percepire in modo confuso che il mondo intero era entrato in una fase accelerata di unificazione globale. Le numerose delocalizzazioni di aziende in Paesi a bassa intensità di manodopera e la conseguente perdita di posti di lavoro hanno regolarmente alimentato il dibattito. Inoltre, potremmo aggiungere che la diffusione dei viaggi aerei, lo sviluppo del turismo e dei flussi migratori hanno rafforzato l'idea che il mondo sia diventato un "villaggio globale". Ma, a dire il vero, si tratta solo di un'immagine, perché se è vero che i contadini di un tempo attraversavano i loro villaggi con i loro carretti o a dorso d'asino due o tre volte al giorno, bisogna ammettere che oggi solo un'esigua minoranza di esseri umani su questa terra frequenta regolarmente gli aeroporti internazionali. La stragrande maggioranza dell'umanità è ancora ancorata alla propria area di civiltà, persino alla propria città natale. Le possibilità offerte dalla tecnologia di Internet non ci hanno quindi portato nuovi amici dall'altra parte del pianeta. Il "villaggio globale" in questione, lungi dall'essere una realtà, è una prospettiva, un'utopia mobilitante, ed è proprio questa la dimensione ideologica che caratterizza il mondo occidentale del nostro tempo.

La globalizzazione economica di cui si sente tanto parlare da un decennio a questa parte non è il fattore primario di questa coscienza planetaria in fase di progetto. La "globalizzazione", come dicono gli anglofoni, non è solo il fenomeno economico di cui prendiamo atto, ma un tranquillo desiderio di fondere i popoli della terra in un unico stampo, di abolire le frontiere e di istituire un governo mondiale. Tutta la nostra filosofia ci porta su questa strada: i liberali chiedono la liberalizzazione del commercio e l'adozione da parte di tutti i popoli del mondo del sistema democratico e della "società aperta", mentre i loro "oppositori", chiamati "alter-globalisti", si battono per l'apertura delle frontiere a tutti i migranti del mondo e per dare sempre più potere agli organismi internazionali, che si suppone siano in grado di risolvere i grandi problemi globali come la gestione delle sfide ecologiche, il "commercio ineguale" tra il "Nord" e il "Sud", la fame e la povertà nel mondo. È in questa prospettiva planetaria che vediamo costruirsi davanti ai nostri occhi questa società plurale, multietnica e multiculturale, che è il passo necessario e obbligato verso la grande fraternità universale auspicata dagli ideologi occidentali. Questo è l'unico modo per dissolvere gradualmente le società tradizionali radicate che sono i principali ostacoli a questo progetto. Attraverso il gioco democratico delle elezioni, qualsiasi reazione nazionalista è impedita dal peso crescente delle varie minoranze rispetto all'ex maggioranza. Promuovendo la miscegenazione, si minano le basi etniche delle popolazioni indigene e si annullano i loro riflessi identitari. D'altra parte, l'immigrazione - legale o illegale - ha l'inestimabile vantaggio per i datori di lavoro di costituire un bacino inesauribile di manodopera a basso costo. Come si vede, la società plurale è in questo senso incomparabilmente più efficace della società sovietica, che ha mostrato i suoi limiti dopo settant'anni di esperienza comunista, quando i suoi principi filosofici erano in origine proprio gli stessi che oggi sono alla base della società liberale, ossia il rispetto della persona umana e la fraternità planetaria.

La costruzione di società plurali in Europa è innegabilmente il fenomeno più importante della fine del XX secolo, se non dell'intera storia europea degli ultimi 3000 anni. Il fatto che i popoli dell'Occidente siano stati gli unici a intraprendere questo percorso è del tutto sintomatico del progresso dell'idea planetaria nelle menti occidentali negli ultimi decenni. Il mondo in cui viviamo oggi nelle grandi città francesi non è più lo stesso di vent'anni fa: la società multietnica sta prendendo forma sotto i nostri occhi in modo sorprendente, senza alcun legame reale con le recenti mutazioni economiche. Il Giappone, ad esempio, la cui economia è globalizzata quanto la nostra, non è stato travolto da questo vortice ideologico. Questo perché non si tratta di un fenomeno naturale, ma corrisponde alla realizzazione di un obiettivo politico molto caratteristico del pensiero occidentale.

Queste speranze planetarie, che sono penetrate così profondamente nelle menti degli occidentali, non sono apparse all'improvviso con la caduta del Muro di Berlino e la vittoria delle democrazie, anche se certamente le hanno stimolate con forza. Un intellettuale come Jean-François Revel, che nel 1983 poteva ancora prevedere la scomparsa delle nostre democrazie, "brevi e precarie parentesi sulla superficie della storia" e la "probabile, per non dire ineluttabile" vittoria del comunismo, può farci sorridere a posteriori, di fronte alla folgorante evoluzione del mondo in pochi anni. È vero che il suo pessimismo potrebbe essere spiegato dalla situazione dell'epoca: la stagnazione della resistenza afghana contro l'URSS, la recrudescenza della repressione in Polonia e la compiacenza dei governi occidentali[548]. Dieci anni dopo, in *La fine della storia e l'ultimo uomo*, un saggio pubblicato nel 1992 e ampiamente tradotto in tutto il mondo, Francis

---

[548]Jean-François Revel, *Comment les démocraties finissent*, Grasset, 1983.

Fukuyama annunciava il trionfo delle democrazie liberali da una "prospettiva globalista[549] ", come appariva in copertina, e niente meno che "la fine della Storia". Notando la vittoria dei regimi democratici in quasi tutto il mondo, l'autore americano ha scritto: "Se le società umane, nel corso dei secoli, si evolvono verso o convergono verso un'unica forma di organizzazione socio-politica, come la democrazia liberale, se non sembrano esserci alternative valide alla democrazia liberale e se le persone che vivono nelle democrazie liberali non esprimono un'insoddisfazione radicale per la loro vita, possiamo dire che il dialogo ha raggiunto una conclusione finale e definitiva. Il filosofo storicista sarà costretto ad accettare la superiorità e la finalità della democrazia liberale che egli stesso proclama[550]. "Secondo Fukuyama, lo Stato liberale deve essere "universale", anche se l'autore non intende altro che il riconoscimento concesso da ogni Stato a tutti i suoi cittadini, senza discriminazioni di alcun tipo. In nessun punto del suo saggio ha evocato l'aspirazione a uno Stato mondiale, a un governo mondiale, anche se era sottinteso che le istituzioni internazionali si sarebbero occupate dei destini dell'umanità. Si limita a constatare che "queste stesse forze economiche incoraggiano ora l'abbattimento delle barriere nazionali attraverso la creazione di un unico mercato mondiale integrato", ma non prende in considerazione la possibilità della distruzione delle nazioni e della scomparsa degli Stati. Solo il nazionalismo aggressivo dovrà scomparire con la vittoria del modello liberale: "Il fatto che la neutralizzazione politica del nazionalismo possa non avvenire nella generazione attuale o in quella successiva non significa che non avverrà[551]."

Questo ideale di pace universale che accompagna il credo democratico, così come accompagnava il credo comunista, solleva tuttavia alcuni interrogativi, perché "gli esseri umani si ribelleranno a questa idea. Cioè, si ribelleranno alla prospettiva di diventare membri indifferenziati dello Stato universale e omogeneo, ognuno simile agli

---

[549]Da parte nostra, preferiamo usare il termine "planetario", non per amore del neologismo, che è sempre difficile da gestire, soprattutto nel titolo di un'opera, ma perché la parola "mundialista" ci sembra avere un aspetto ideologico. Il suo uso è cambiato negli ultimi anni: la sinistra radicale, che si è definita mundialista fino al 1998-99, si è poi dichiarata anti-globalista, quindi "alter-globalista" dal 2003. La bandiera "antiglobalizzazione" è stata poi mantenuta dai nazionalisti e lo stesso termine "mundialista" sembra talvolta avere una connotazione offensiva, almeno in Francia.
[550]Francis Fukuyama, *El fin de la Historia y el último hombre*, Planeta, Barcellona, 1992, pagg. 199-200.
[551]Francis Fukuyama, *El fin de la Historia y el último hombre*, Planeta, Barcellona, 1992, p. 373.

altri ovunque vada sul pianeta. "Questo è l'unico passaggio del suo voluminoso libro di 461 pagine in cui viene evocata l'eventualità di uno Stato mondiale, ed è immediatamente seguito da considerazioni di buon senso sul "tedio" che tale Nuovo Ordine Mondiale[552] genererebbe. I nuovi cittadini del mondo sentiranno infatti che una vita di mero consumismo è alla fine molto "noiosa"; "vorranno avere degli ideali per cui vivere e morire, e vorranno rischiare la vita, anche se il sistema internazionale degli Stati è riuscito ad abolire la possibilità della guerra". Gli studenti del maggio 1968, ad esempio, "non avevano alcun motivo razionale per ribellarsi, perché erano per la maggior parte figli viziati di una delle società più libere e prospere del pianeta". "Infatti, "questa è la contraddizione che la democrazia liberale non ha ancora risolto[553]. "Il saggio di Francis Fukuyama era in definitiva piuttosto prudente; alcuni intellettuali, come vedremo più avanti, si stanno muovendo in modo molto più audace in questa prospettiva planetaria.

In ogni caso, questi concetti non sono nulla di nuovo; essi riprendono, in forma nuova, le idee già esposte dalla filosofia illuminista del XVIII secolo. Tocqueville annunciava già nel 1848, ispirato da "una preoccupazione costante e un unico pensiero: l'avvento irresistibile e universale della Democrazia nel mondo[554]. "Prima di lui, Kant, il filosofo solitario, già nel 1784 riteneva che "si dovesse istituire uno Stato cosmopolita di pubblica sicurezza statale, affinché [gli Stati] non si distruggano a vicenda". Il filosofo di Konigsberg nutriva inoltre "la speranza che, dopo diverse rivoluzioni di ristrutturazione, si realizzi finalmente ciò che la natura ha come intenzione suprema: uno stato cosmopolita universale all'interno del quale si sviluppino tutte le disposizioni originali della specie umana[555]. "Tuttavia, gli uomini del XVIII secolo erano troppo pieni di pregiudizi razziali per immaginare la società plurale, multietnica e multiculturale come la intendono i nostri filosofi planetari. La verità è che l'antropologia di Buffon, Maupertuis, Diderot, d'Alembert o Voltaire rimarrà per sempre un

---

[552]L'espressione "Nuovo Ordine Mondiale" deriva dal Presidente degli Stati Uniti George Bush Senior, che la pronunciò con particolare intonazione nel suo discorso televisivo mentre si preparava a bombardare l'Iraq di Saddam Hussein nel 1991. Il Nuovo Ordine Mondiale avrebbe dovuto succedere all'era del confronto tra Est e Ovest dopo il crollo del sistema comunista.

[553]Francis Fukuyama, *El fin de la Historia y el último hombre*, Planeta, Barcellona, 1992, p. 419, 438.

[554]Alexis de Tocqueville, *La democrazia in America, Avvertenza alla dodicesima edizione.*

[555]Immanuel Kant, *Idea di una storia universale in chiave cosmopolita*, 1784, Universidad Nacional Autónoma de México, 2006, p. 54, 60.

argomento tabù sul quale è meglio non soffermarsi se vogliamo mantenere questi grandi antenati nel sacro pantheon della democrazia.

D'altra parte, se il termine "Umanità" era in voga nella filosofia del Secolo dei Lumi, anche i riferimenti alla Nazione erano molto ricorrenti e i due termini andavano quasi sempre insieme. La dedizione all'umanità e alla patria" faceva parte della fraseologia dell'epoca. Inoltre, il termine "umanità" aveva probabilmente un significato più ristretto di quello odierno, e nel linguaggio quotidiano il suo significato spesso non andava molto oltre quello di "popolo". Naturalmente, i filosofi di allora non pensavano ancora concretamente alla grande commistione universale e al "villaggio globale". Sappiamo fino a che punto gli uomini della Rivoluzione francese erano patrioti accaniti oltre che umanisti. Babeuf, antenato del socialismo e fervente "difensore della patria", dichiarò: "Solo gli amici disinteressati dell'umanità e della patria possono fondare una vera repubblica. "Sebbene la filosofia alla base della loro lotta fosse umanista, i soldati dell'Anno II della Rivoluzione non si preoccuparono della fratellanza universale e si preoccuparono più di distruggere i regimi "tirannici" d'Europa che di unire i popoli. La "Dichiarazione dei diritti dell'uomo e del cittadino" lo illustra perfettamente, perché include il termine "cittadino" oltre all'indifferenziato "uomo": in altre parole, si intendeva che tutti i francesi erano ormai uguali di fronte alla legge, perché era soprattutto in questo senso che si intendeva "universale". Così, nella nuova repubblica, gli stranieri erano tenuti sotto stretta osservazione.

Anche l'idea di Francis Fukuyama di una "fine della storia" non era nuova. Hegel aveva già definito la storia come l'inarrestabile progressione dell'uomo verso le più alte vette del razionalismo e della libertà. Questo processo, secondo lui, ha avuto un punto di arrivo logico nello Stato liberale moderno che era apparso dopo la dichiarazione di indipendenza americana del 1776 e la Rivoluzione francese. Anche Marx condivideva questa convinzione della possibilità di una fine della storia.

Per i marxisti, anche le classi sociali sarebbero scomparse con la stessa inevitabilità con cui si erano formate e lo Stato stesso sarebbe scomparso allo stesso tempo. Friedrich Engels disse: "La società, riorganizzando la produzione in modo nuovo sulla base di una libera associazione di produttori uguali, manderà l'intera macchina statale al posto che le spetta: nel museo delle antichità, accanto all'arcolaio e all'ascia di bronzo[556]. "Anche con questo, era indispensabile una fase

---

[556]Friedrich Engels, *L'origine della famiglia, della proprietà privata e dello Stato (IX Barbarie e civiltà)*, 1884

transitoria di dittatura: il proletariato si impadronirà del potere statale e trasformerà i mezzi di produzione "provvisoriamente" in proprietà dello Stato. La macchina statale capitalista, la polizia capitalista, il funzionarismo capitalista, la burocrazia capitalista saranno sostituiti dalla macchina del potere del proletariato, ma senza gli antagonismi di classe; così lo Stato proletario si estinguerà naturalmente.

A differenza di altre forme di socialismo del XIX secolo, quello di Marx aveva una forte vocazione universale. Secondo lui, il processo storico stava trascinando il capitalismo verso la globalizzazione e tendeva in ogni caso alla creazione di un mercato mondiale in cui le frontiere sarebbero state cancellate e le differenze nazionali sarebbero scomparse. I proletari potrebbero allora considerarsi come individui astratti e non vincolati, il che renderebbe possibile il grande salto nel paradiso senza classi della società comunista. Questo proletariato universalizzato, senza nazionalità, diventerebbe allora una sorta di nazione universale, costruita sulle rovine delle vecchie nazioni e dei vecchi particolarismi.

In effetti, il messianismo planetario contemporaneo è apparso per la prima volta con il marxismo. Le parole di Bukharin sulla rivoluzione bolscevica del 1917 sono piuttosto eloquenti a questo proposito: "È nata la nuova era. L'era della dissoluzione del capitalismo, della sua decomposizione interna, della rivoluzione comunista del proletariato (...) Piegherà il dominio del capitale, renderà impossibili le guerre, cancellerà le frontiere tra gli Stati, trasformerà il mondo intero in una comunità che lavora per se stessa, unirà e libererà i popoli[557]. "Si tratta delle "Direttive dell'Internazionale Comunista" redatte dallo stesso Bukharin, anche se il lettore avrà notato le strane somiglianze con le parole dei pensatori liberali. Solo le idee economiche li differenziano: i primi pensavano che la collettivizzazione avrebbe liberato il proletariato dallo sfruttamento della borghesia, mentre i secondi si sono resi conto del totale fallimento della società collettivizzata. Per il resto, si può solo constatare con stupore quanto gli obiettivi marxisti siano simili a quelli dei pensatori planetari di oggi, fino a credere nell'ineluttabilità dell'unificazione e nella fine della storia. Il mondo sta evolvendo inevitabilmente verso la realizzazione del suo destino: il processo di unificazione finale che nulla al mondo può impedire. È un'idea ricorrente nel discorso planetario e vedremo che questa convinzione inamovibile è fortemente legata a una fede religiosa.

---

[557] Ernst Nolte, *La guerra civile europea, 1917-1945*, Fondo de cultura económica, Messico, 2001, pagg. 112, 113.

La congiunzione dei punti di vista si spiega facilmente anche con il fatto che tutti hanno attinto la loro visione del mondo dalla stessa fonte - la filosofia dell'Illuminismo - che è il riferimento obbligato per i pensatori marxisti e soprattutto per i liberali[558]. Doveva semplicemente essere aggiornato, adattato alle realtà attuali. Nel XIX secolo, con la rivoluzione industriale, si era un po' impolverata e non sembrava più in grado di suscitare l'entusiasmo né delle masse lavoratrici, che avevano sofferto soprattutto della società borghese liberale, né dei giovani europei, che nel corso del secolo avevano portato avanti le loro rivoluzioni di liberazione nazionale in Europa e che ora aspiravano a rovesciare la "vile borghesia". Il marxismo subentrerà così alla fraternità universale contemporaneamente all'uguaglianza sociale, mentre lo spirito democratico si smarrirà nel patriottismo, portando allo scoppio della Prima Guerra Mondiale.

Ma non siamo troppo severi con questo patriottismo. In effetti, è un patriottismo per il quale si può perdonare molto, e i nostri intellettuali oggi provano ancora una certa benevolenza per l'entusiasmo revanscista dei francesi nel 1914, perché fu grazie al sangue di un milione e quattrocentomila francesi, "uccisi per la Francia", che le monarchie prussiane, austriache, russe e ottomane poterono essere rovesciate e i regimi democratici poterono essere instaurati in tutta Europa. La caduta delle monarchie e degli imperi fu la vera celebrazione dei democratici di quell'epoca. Con il senno di poi, la questione dell'Alsazia-Lorena era solo una questione secondaria nel mezzo delle immense trasformazioni provocate dal conflitto europeo. Il militarismo della Repubblica francese del 1914 è quindi ancora ricordato e celebrato dai pensatori planetari, perché fu innanzitutto un militarismo capace di imporre idee universali a chi non le aveva ancora integrate.

In effetti, è proprio questo che ci ha detto lo storico Michel Winock, che ha concettualizzato l'idea patriottica in senso planetario, distinguendo tra "nazionalismo aperto, proveniente dalla filosofia ottimista dell'Illuminismo e dalle reminiscenze della Rivoluzione (ad esempio, in Michelet[559], ma anche nel generale De Gaulle), e

---

[558] Infatti, sia il marxismo che la scuola economica classica e neoclassica (i liberali) si abbeverano alla fonte dell'Illuminismo e alla sua concezione astratta, idealistica e universale dell'uomo. Elevano l'*homoeconomicus* egoista e materialista con vocazione cosmopolita a categoria irriducibile. A questa potente corrente, che domina ancora oggi, si sono opposti nel XIX secolo il Romanticismo tedesco e la scuola storica tedesca di economia (NdT).

[559] Uno dei grandi storici francesi del XIX secolo, anche se dalla fine del XX secolo è piuttosto controverso nella storiografia contemporanea. Liberale e anticlericale, fu uno

nazionalismo chiuso, basato su una visione pessimistica dell'evoluzione storica e sull'idea di decadenza". Il nazionalismo aperto, ha spiegato Winock, è "figlio di una nazione giovane, espansiva e missionaria, segnata dalla fede nel progresso e nella fratellanza dei popoli". È il nazionalismo di "una nazione permeata da una missione civilizzatrice, generosa, ospitale, solidale con le altre nazioni in formazione, difensore degli oppressi, e che innalza la bandiera della libertà e dell'indipendenza per tutti i popoli del mondo". Al contrario, il nazionalismo chiuso è un "nazionalismo recintato, spaventato ed esclusivista che definisce la nazione escludendo gli intrusi: ebrei, immigrati, rivoluzionari". "Questo nazionalismo è "una paranoia collettiva, alimentata da ossessioni di decadenza e complotti". Questo nazionalismo è invariabilmente pessimista: "La Francia è minacciata di morte, minata dall'interno dalle sue istituzioni parlamentari, dalle trasformazioni economiche e sociali, un Paese in cui si denuncia sempre la "mano dell'ebreo", il degrado della vecchia società, la rovina della famiglia e la scristianizzazione. Si tratta di un "nazionalismo mortale"[560]."

Le guerre della Rivoluzione e dell'Impero napoleonico sono così giustificate, poiché hanno avuto il merito di diffondere le idee dell'Illuminismo e di distruggere le vecchie nazioni aristocratiche d'Europa durante quel primo assalto. La Prima guerra mondiale, dal canto suo, permise di liquidare definitivamente la doppia monarchia cattolica dell'Austria-Ungheria, di rovesciare il Kaiser e di instaurare una repubblica in Germania, e soprattutto di rovesciare lo zar Nicola II, che ancora rifiutava di concedere la cittadinanza agli ebrei di Russia. È in questo senso che si può essere patrioti e guerrafondai. Si può quindi applaudire l'entusiasmo patriottico dei soldati francesi che hanno marciato in buona fede verso il massacro per riconquistare l'Alsazia-Mosella, non perché si approvi il loro sciovinismo imbecille, ma perché ci si aspettava che combattessero per i grandi ideali democratici. Il loro sciovinismo sarà condannato a guerra finita, senza alcuna considerazione per le loro ferite e il loro sacrificio.

È in questo senso che lo intendono oggi alcune personalità dei media e della cultura, come Jean-François Kahn, direttore della stampa di un importante settimanale, quando dichiara: "Da parte mia, sono rabbiosamente patriottico quanto lo consente la ragione", aggiungendo nella pagina successiva del suo libro: *I francesi sono formidabili*: "È

---

schietto sostenitore della Repubblica.
[560] Michel Winock, *Nationalisme, antisémitisme et fascisme en France*, Points Seuil, 1990, pagg. 7, 22, 38.

infatti "formidabile" essere francesi nella misura in cui questo concetto assume il senso esteso del termine che la Storia gli attribuisce, e non il significato molto limitato che gli ottusi nazionalisti e reazionari apolidi (che spesso sono gli stessi) gli conferiscono[561]. "Nella stessa ottica, abbiamo Jean Daniel, direttore di un altro grande quotidiano progressista, e la sua dichiarazione di fede patriottica quando annota: "Colazione con Azoulay [il famoso "banchiere ebreo" e consigliere del re del Marocco Hassan II]: Questo ebreo è un patriota marocchino tanto o più di quanto io sia un patriota francese. Quasi. In altre parole, il legame dell'ebraismo è molto, molto relativo quando non c'è persecuzione, né coercizione, né coscienza religiosa[562]."

Lo stesso patriottismo di circostanza trasuda da uno scrittore di ispirazione comunista come Guy Konopnicki, che aveva celebrato la vittoria della nazionale di calcio francese nella Coppa del Mondo del 1998. Chiaramente, non era la Francia della patria che Guy Konopnicki apprezzava nella vittoria della squadra di calcio francese, verso la quale aveva già espresso il suo disprezzo, ma il trionfo della Francia meticcia *nerazzurra*[563]. È stato allora che è stato sopraffatto da un intenso fervore patriottico, strappando la bandiera tricolore dalle mani di Jean-Marie Le Pen e cantando a squarciagola la *Marsigliese*. Così che, qualche anno dopo, lo sentiremo, con grande sincerità, desolato per aver sentito l'inno nazionale fischiato dai giovani immigrati che aveva tanto lodato. Il 6 ottobre 2001, 70.000 spettatori di origine nordafricana hanno fischiato la *Marsigliese* durante la partita Francia-Algeria allo *Stade de France, alla* presenza del Presidente della Repubblica. Per Guy Konopnicki, questo ha rappresentato il crollo del suo ideale di una Francia multietnica, della Francia meticcia tanto desiderata dall'*intellighenzia*: "Sono costernato quando la *Marsigliese* che ho cantato in mezzo a una folla di nordafricani, quando Zidane e tutti gli altri ci hanno portato una vittoria così bella, viene fischiata. La Francia è proprio quel paese dove, nonostante le difficoltà e il razzismo, si vive

---

[561] Jean-François Kahn, *Les Français sont formidables,* Balland, 1987, p. 24-25. Ci asterremo dal commentare qui questo curioso amalgama tra "nazionalisti ottusi" e "reazionari apolidi". Il lettore lo capirà naturalmente dopo aver acquisito familiarità con il pensiero planetario nel corso della lettura di questo libro.

[562] Jean Daniel, *Soleils d'hiver, Carnets 1998-2000,* Grasset, Poche, 2000, p. 122 [Jean Daniel è stato il fondatore di *Le Nouvel Observateur,* membro del Consiglio di amministrazione dell'Agence France-Presse (AFP) e vincitore del Premio Principe delle Asturie per la comunicazione e le scienze umane nel 2004].

[563] Nero-Bianco-Maghrebino: è un'espressione coniata dalla sfera mediatica e culturale francese (NdT).

tutti insieme senza distinzioni di sorta[564]. "È chiaro, quindi, che non è la Francia che egli ama, ma l'embrione di una repubblica universale in miniatura che essa rappresenta.

Molto prima di loro, il famoso poeta tedesco Heinrich Heine, aborrito dai nazionalisti dell'altra sponda del Reno, aveva espresso il suo amore per la Francia repubblicana che lo aveva accolto. Nel 1830, dopo l'abdicazione di Carlo X - che definisce "quel pazzo reale" - è entusiasta del movimento rivoluzionario francese e del vecchio generale Lafayette: "Sono già passati sessant'anni da quando è tornato dall'America, da quando ci ha portato la dichiarazione dei diritti dell'uomo, quei dieci comandamenti della nuova religione"; "Lafayette... la bandiera tricolore... la Marsigliese... sono come inebriato". Speranze ardite sorgono dal mio cuore[565]. "Quando si conoscono le opinioni di Heinrich Heine e il suo disprezzo per le culture europee, è chiaro anche in questo caso che il suo amore e la sua ammirazione non erano tanto per la Francia quanto per la repubblica universale che essa incarnava. Quanto alle sue "audaci speranze", scommettiamo che si riferiva a un nuovo piccolo tour militare per sottomettere l'Europa con sangue e fuoco e far saltare qualche testa coronata. È in questo senso che ci si può dichiarare "rabbiosamente patriottici".

Gli intellettuali planetari, pieni di idee generose di pacifismo e tolleranza, sono in prima linea nel patriottismo e nel militarismo aggressivo non appena si tratta di una "giusta causa" democratica. In questo caso, suonano la tromba senza complessi e diventano propagandisti per le forze armate. Così, i soldati francesi erano "formidabili" nel 1792, nel 1914 e nel 1940, quando si trattava di andare al fronte per distruggere regimi politici non democratici. Altrettanto "formidabili" sono le truppe sovietiche o i partigiani serbi che hanno combattuto contro i nazisti; così come i patrioti iracheni che si sono radunati dietro Saddam Hussein e che l'Occidente ha generosamente sostenuto nella loro guerra contro il regime dei mullah nel vicino Iran negli anni Ottanta. D'altra parte, i soldati francesi durante la guerra d'Algeria sono famigerati torturatori. Questo è ciò che Guy Konopnicki ha voluto raccontarci a tutti i costi: "A quel tempo, i giovani ebrei di Parigi presero una posizione radicale contro il colonialismo francese e il suo esercito di torturatori[566]. "I soldati serbi che respingevano i musulmani bosniaci o kosovari erano anche assimilati a "bestie

---

[564] Guy Konopnicki, *La Faute des Juifs*, Balland, 2002, p. 26.
[565] Heinrich Heine, *De l'Allemagne*, 1835, Gallimard, 1998, p. 291.
[566] Guy Konopnicki, *La Faute des Juifs*, Balland, 2002, p. 20.

sanguinarie" responsabili di immense "fosse comuni". Per questo motivo, nel 1999, saranno bombardati dall'aviazione statunitense in una nuova operazione "Just Cause". Come per i soldati iracheni di Saddam Hussein nel 1991 e nel 2003, ora non sono altro che pedine al servizio della tirannia, che possono essere vituperate senza pensarci due volte. Così, il patriottismo sarà esaltato quando corrisponderà agli interessi della politica planetaria. Quando la causa sembra giusta, allora la bandiera viene strappata dalle mani dei patrioti occidentali, che cantano a squarciagola il loro inno nazionale per trascinarli nel conflitto. Gli intellettuali progressisti, sempre pronti a mobilitarsi in nome del pacifismo e della fratellanza universale, a firmare tutte le petizioni a favore dei diritti umani, entrano poi in una frenesia guerrafondaia che invariabilmente invade la stampa e tutti i media.

Questo atteggiamento è il risultato diretto del messianismo guerriero della filosofia illuminista. Sono queste idee liberali che hanno dato origine ai movimenti di liberazione nazionale nel corso del XIX secolo, contro quelle che venivano chiamate "tirannie", cioè i regimi monarchici. I liberali tedeschi, ungheresi e polacchi cantarono la Marsigliese nel 1830 e nel 1848, esaltando il buon vecchio patriottismo repubblicano. L'identità del popolo non era più incarnata nella persona del monarca incoronato, ma nell'intera nazione e nel popolo in armi sotto il bastone del nuovo regime repubblicano, che già preannunciava i grandi massacri collettivi del XX secolo.

Tuttavia, l'avvento del regno della borghesia e le orribili ingiustizie del capitalismo trionfante dovevano suscitare il sospetto e l'ostilità del mondo operaio nei confronti delle idee liberali. Mai, infatti, le persone umili hanno sofferto così tanto come in quel periodo, che rimarrà per sempre uno dei periodi più terribili della storia per gli umili e gli indigenti. In queste condizioni, il socialismo era legittimo. Ma il socialismo che alla fine avrebbe prevalso non era quello di Proudhon, Blanqui o Sorel[567], quel socialismo gallico intriso di terroir, radicato nella storia e nelle tradizioni, bensì quello di Karl Marx. Da allora fino al periodo tra le due guerre, il marxismo avrebbe mantenuto accesa la fiamma del pacifismo e lo spirito universale ereditato dall'Illuminismo: " Lavoratori di tutti i Paesi, unitevi!". I liberali, da parte loro, hanno mantenuto la fiamma dello spirito guerriero e patriottico dei grandi antenati, sempre pronti a morire per una "giusta causa[568]." L'idea

---

[567] Grandi figure storiche alternative del socialismo, dell'anarchismo e del sindacalismo francese (NdT).

[568] "Just Cause" è il nome dato a un'operazione di bombardamento statunitense su Panama nel 1990.

planetaria, come si vede, era all'epoca sia l'abitudine al pacifismo militante sia l'abitudine al patriottismo bellicoso. Questa idea era già all'epoca il "sistema", e l'opposizione al "sistema".

All'inizio del XX secolo, i concetti di pacifismo e fratellanza universale erano ancora in gran parte assorbiti dalla galassia socialista, all'interno della quale si sarebbero affermate le teorie marxiste. Ma il marxismo era forte soprattutto in Germania. A quel tempo, la Francia conosceva a malapena il marxismo in forma denaturata (Jaurès era spiritualmente più vicino a Michelet che a Marx); il socialismo fabiano inglese non era affatto marxista, e negli Stati Uniti questa dottrina era appannaggio solo di una manciata di immigrati ebrei dall'Europa orientale. Il marxismo avrebbe veramente attraversato il Reno in Occidente solo dopo il 1917.

La corrente anarchica mantenne un certo vigore nelle sue roccaforti italiane, francesi, russe e soprattutto spagnole. Ma questo socialismo libertario era molto simile ai principi marxisti in termini di universalismo delle idee: l'eliminazione della religione, dei confini e delle nazioni; l'istituzione di una società globalizzata rimaneva l'obiettivo finale che avrebbe finalmente garantito la pace universale.

Tuttavia, all'interno del movimento socialista esistevano ancora correnti che conservavano un istinto "razziale" - termine molto in voga all'epoca - in cui l'antisemitismo non era del tutto assente. In Francia, l'odio per la Repubblica e per tutto il suo arsenale ideologico era evidentemente generato in gran parte dallo sfruttamento spudorato dei lavoratori e dalle violente repressioni che avevano subito per mano dei guardiani dell'ordine democratico. Gli operai hanno ricordato i 30.000 morti durante la repressione della Comune nel 1871. In molte occasioni, sotto Ferry e Clemenceau, la Repubblica non aveva esitato a sparare sui poveri per garantire l'ordine borghese, il che spiegava alcuni risentimenti. Il 1° maggio 1908, in Place de la Bourse a Parigi, il proletariato rivoluzionario appese e fischiò l'effigie di Mariana la "Fuciliera". "È l'atto più significativo della nostra storia dal 14 luglio", dirà Charles Maurras su[569] in *La Action française* del 4 agosto 1908. In effetti, i sindacalisti e i "reazionari" di Georges Sorel convergono dopo aver analizzato la loro comune opposizione all'ipocrisia borghese e aver notato la somiglianza delle loro conclusioni. Nel 1911, come risultato della convergenza di queste due correnti, nacque il circolo Proudhon.

---

[569] Charles Maurras (1868-1952): Importante intellettuale del XX secolo. È stato l'ideologo dell'*Action Française* (NdT), nazionalista, monarchica, antiparlamentare e antisemita.

La guerra del 1914 pose fine a questo esperimento e la tendenza soreliana del socialismo fu poi emarginata in Francia, anche se questo connubio tra nazionalismo e socialismo rimase una matrice ideologica di primaria importanza, perché fu da questa fusione che Mussolini formulò la sua concezione del fascismo dopo essersi ispirato all'esempio francese.

La seconda grande trasformazione dottrinale di quel periodo ebbe luogo nel 1916. In quell'anno, Lenin pubblicò il suo più importante contributo teorico al marxismo, *Imperialismo, la fase più alta del capitalismo*. Mentre le contraddizioni capitalistiche enunciate da Marx stavano per essere smentite, all'inizio del secolo, sia dal corso della storia sia dalle conclusioni di Bernstein sul miglioramento delle condizioni di vita dei lavoratori, Lenin produsse uno sforzo teorico che evidenziava una nuova serie di contraddizioni sulla base dei dati contemporanei. L'*imperialismo* sarebbe diventato per l'epoca moderna l'equivalente del *Manifesto* di Marx del 1848. Il colpo di genio di Lenin consistette nell'adattare la teoria marxista alla situazione dei Paesi arretrati. Per Marx, infatti, è nelle società industriali europee che si manifestano le contraddizioni interne e fatali del capitalismo. Lenin globalizzò queste contraddizioni: la rivalità delle potenze europee per la spartizione del mondo attraverso la colonizzazione, disse, non poteva che finire in una guerra tra rivali imperialisti ai ferri corti, e da questa apocalisse sarebbe nata la rivoluzione socialista mondiale. Così la teoria leninista spostò la forza motrice della rivoluzione dalla lotta di classe interna alla guerra tra nazioni. L'antagonismo tra le nazioni sfruttatrici dell'Europa e i popoli colonizzati ha legittimato la lotta del proletariato mondiale per la loro liberazione. La teoria spiegava perché la rivoluzione potesse richiedere così tanto tempo nelle società avanzate: i profitti degli imperialisti permettevano loro di creare un'aristocrazia del lavoro a capo del movimento operaio che rinnegava la sua base. I marxisti isolati della Russia arretrata potrebbero quindi prendere il potere. La Russia, anello debole del capitalismo, divenne così logicamente il centro della rivoluzione mondiale.

La rivoluzione bolscevica dell'ottobre 1917[570] avrebbe suscitato grandi speranze in tutto il mondo. Nel 1918, dopo quattro anni di guerra, il comunismo russo tornò a rappresentare le speranze dei pacifisti europei che nel 1914 erano rimasti crudelmente delusi nell'assistere impotenti all'adesione delle masse al patriottismo in tutti i Paesi europei. I vincitori in Russia, i bolscevichi, che dovevano ancora

---

[570] Fine ottobre nel calendario giuliano russo; inizio novembre 1917 nel calendario gregoriano occidentale, con un ritardo di 13 giorni.

combattere una certa resistenza interna, volevano la pace a tutti i costi per consolidare la loro rivoluzione. Il 23 novembre 1917 chiesero l'armistizio. Il 3 marzo firmarono la pace di Brest-Litovsk, cedendo alla Germania vasti territori dall'Ucraina ai Paesi baltici e abbandonando senza esitazione gli alleati occidentali. Dal loro punto di vista, non si trattava di un tradimento, poiché la guerra era per loro una guerra tra Stati capitalisti in cui non avevano alcun interesse. Inoltre, il 7 dicembre 1917, si appellarono a tutti i popoli dell'Oriente, invitando Paesi come l'India, l'Egitto e tutti i popoli colonizzati a liberarsi dal giogo dell'imperialismo, indebolendo così ulteriormente le posizioni di inglesi e francesi. Per questo il marxismo di allora rappresentava l'ideale pacifista planetario e la liberazione degli oppressi. Ci si aspettava che la Terza Internazionale dei Lavoratori, l'Internazionale Comunista, riuscisse dove la Seconda Internazionale socialista aveva fallito miseramente nel 1914.

La costruzione della società sovietica in Russia avrebbe messo a dura prova gli ideali rivoluzionari. Gli anarchici di tutto il mondo si sarebbero rapidamente disillusi dopo la repressione dei sostenitori ucraini di Makhno e la sanguinosa repressione di Kronsdadt nel 1921. Inoltre, sarebbero stati gravemente maltrattati dai rossi durante la guerra civile spagnola, nonostante rappresentassero una massa militante molto più numerosa. Tuttavia, la stragrande maggioranza degli intellettuali progressisti in Occidente rimase affascinata dalla rivoluzione bolscevica, senza curarsi degli eccessi che aveva prodotto, e la maggior parte della classe dirigente rimase devota alla causa e alla difesa dell'URSS almeno fino alla fine della Seconda guerra mondiale e alla distruzione del nazionalsocialismo, e anche oltre in termini di fedeltà ai principi marxisti.

Nel 1918 tutti i pacifisti non erano marxisti, ma coloro che professavano tali idee venivano etichettati come tali dai loro avversari. Il fisico Albert Einstein, ad esempio, dopo la Prima Guerra Mondiale fu una delle personalità in prima linea nel chiedere il disarmo mondiale nelle sue conferenze. Se l'odio dei nazionalisti tedeschi si cristallizzò in lui, non fu tanto perché era l'apostolo del disarmo quanto perché era il propagandista del globalismo, perché per Einstein la pace universale poteva essere garantita solo dall'istituzione di un governo mondiale. In una Germania sconfitta, dilaniata dalla guerra civile e in cui i comunisti svolgevano un ruolo di primo piano, Einstein fu inevitabilmente esposto alle accuse e alle minacce di coloro che lo consideravano un traditore e un bolscevico. Ciò significa che le sue idee pacifiste sono state assimilate al marxismo dell'epoca. Anche se meno dogmatico nella sua lotta per la pace, il grande scrittore viennese Stefan Zweig ebbe le stesse difficoltà in Austria.

Indubbiamente, la rivoluzione bolscevica aveva scosso molti spiriti in Occidente e suscitato ovunque un odio omicida. A questa sacralizzazione della dottrina marxista elevata quasi al rango di teologia", ha scritto Pascal Bruckner, "i pensatori democratici hanno risposto con un elogio della moderazione volto a frenare gli scoppi della storia. È stata la grandezza di un Karl Popper, di un Isaiah Berlin, di un Raymond Aron ad alzarsi e a cercare di smobilitare le speranze rivoluzionarie che rivendicavano la libertà totale per espandere il terrore assoluto[571]."

Un altro viennese, il filosofo Karl Popper, era stato effettivamente sedotto dal bolscevismo in gioventù, sebbene se ne fosse rapidamente allontanato per diventare il campione della democrazia liberale. Come Albert Einstein, Joseph Roth e Stefan Zweig, Karl Popper, anch'egli ebreo, era andato in esilio dopo l'ascesa al potere di Adolf Hitler. Si rifugiò a Londra, dove nel 1945 pubblicò il famoso libro *The Open Society and its Enemies*[572], in cui criticava il marxismo e i sistemi totalitari. Questo libro sarebbe diventato uno dei riferimenti obbligati per i pensatori liberali e avrebbe ispirato un altro filosofo molto più noto per la sua attività speculativa internazionale.

Infatti, il miliardario George Soros ha sempre riconosciuto in Karl Popper il suo maestro e mentore e si è fatto apostolo della "società aperta", incoraggiandola e promuovendola in tutto il mondo attraverso la sua fondazione. L'erede spirituale di Karl Popper non si accontenta di ragionare sui concetti: spende miliardi per diffondere gli ideali democratici, soprattutto nei Paesi dell'ex blocco orientale e nell'Europa centrale, di cui è originario. Ma, come lui stesso ha raccontato, la sua azione era già iniziata prima della caduta del Muro di Berlino: "Nel 1979, quando avevo guadagnato più soldi di quanti me ne potessero servire, ho creato una fondazione chiamata Open Society Fund, i cui obiettivi ho definito come aiutare ad aprire le società chiuse, aiutare a rendere le società aperte più vitali e promuovere un modo di pensare critico. Attraverso la fondazione, sono stato profondamente coinvolto nella disintegrazione del sistema sovietico[573]. "Queste sono ovviamente affermazioni che potrebbero portarci molto lontano nell'interpretazione

---

[571] Pascal Bruckner, *La Mélancolie démocratique*, Éditions du Seuil, 1990, p. 150.

[572] Karl Popper, *La società aperta e i suoi nemici*, Londra, 1945.

[573] George Soros, *La crisi del capitalismo globale; La sociedad abierta en peligro*. Editorial Debate, Madrid, 1999, p. 12.

della caduta del regime comunista: è morto a causa delle sue stesse debolezze o è stato aiutato a morire?

È chiaro che le aspirazioni planetarie avrebbero potuto essere frustrate dallo sviluppo dei Paesi comunisti, che avrebbero dovuto costruire una società fraterna per i proletari e soprattutto realizzare finalmente l'unificazione mondiale. Queste delusioni avrebbero gradualmente allontanato gli intellettuali occidentali dal comunismo internazionale, almeno dalla versione sovietica.

Uno dei principali punti di rottura fu senza dubbio la politica sovietica nei confronti dello Stato di Israele. Creato nel 1948, lo Stato fu immediatamente riconosciuto dall'Unione Sovietica, che sperava di farne un forte alleato in Medio Oriente. Ma gli ebrei israeliani hanno ottenuto un maggiore sostegno finanziario negli Stati Uniti e hanno rapidamente privilegiato le loro relazioni con questo Paese. Mosca cambiò poi bruscamente politica e appoggiò le richieste arabe, mettendo molti intellettuali marxisti di fronte a un dilemma corneliano: come conciliare il sostegno alla patria dei lavoratori con l'amore per Israele? Molti si allontanarono definitivamente dall'Unione Sovietica in questo periodo, tanto più che la radicalizzazione della linea antisionista dell'URSS prese una piega antisemita che si accentuò nel 1951. La difesa dei *refuseniks* - gli ebrei russi a cui il regime sovietico impediva di emigrare in Israele - e il rispetto dei diritti umani in URSS erano allora il fulcro della lotta di tutti questi nuovi attivisti per i diritti umani. Molti ebrei utilizzarono queste nuove disposizioni dello Stato sovietico come pretesto per intraprendere un improvviso e particolarissimo anticomunismo, tanto più virulento perché permetteva loro di sconfessare un sistema in cui alcuni ebrei avevano svolto per trent'anni un ruolo molto importante e compromettente.

Su questo punto, la testimonianza del grande scrittore russo Aleksandr Solzhenitsyn è di fondamentale importanza per noi[574]. Egli ha giustamente sottolineato che né la carestia organizzata, né le sanguinose repressioni, né i milioni di morti nei gulag durante il terribile periodo degli anni Venti e Trenta in URSS, hanno intaccato il sostegno degli intellettuali occidentali progressisti al regime bolscevico. Durante la Seconda guerra mondiale, le truppe sovietiche, galvanizzate dal cineasta Eisenstein e dal poeta Ilya Ehrenbourg, secondo la suddetta logica del "patriottismo modulabile", furono applaudite da tutta l'*intellighenzia* occidentale, oltre ad essere ampiamente rifornite di armi, aerei e attrezzature militari e di trasporto di ogni tipo dai democratici Stati Uniti. Solo quando le armate tedesche

---

[574] Alexandre Soljénitsyne, *Deux siècles ensemble*, Fayard, 2003.

furono distrutte, soprattutto grazie al sangue versato dai russi, e dopo che l'Unione Sovietica sostenne gli Stati arabi, questi intellettuali cominciarono a voltare le spalle al regime comunista. Questa tendenza si è accentuata quando, a partire dal 1951, gli ebrei dell'URSS sono stati rimossi dalle principali posizioni di comando. La lotta per i diritti dei *rifiutati* è diventata allora la grande causa planetaria e ha beneficiato di tutta la potenza mediatica dell'Occidente. L'ideologia dei diritti umani sembrava essere stata invocata solo per difendere gli ebrei rimossi dal potere in URSS. Ma decine di milioni di sovietici che avrebbero scelto l'esilio non hanno avuto altra scelta che soffrire in silenzio.

Tuttavia, le idee socialiste continuarono a lungo a esercitare un formidabile potere di attrazione attraverso le varie correnti del marxismo che, pur criticando l'URSS, mantenevano intatte le speranze planetarie del comunismo. La rivolta del maggio 1968 testimonia il predominio di questa ideologia nelle università dell'Occidente in quel periodo. L'URSS era ormai solo un modello per i vecchi "stalinisti" del Partito Comunista, ma il mito rivoluzionario persisteva attraverso il trotskismo, il maoismo, l'anarchismo e più in generale in tutte le lotte di emancipazione del Terzo Mondo. Tutti continuavano a credere in quel messianismo universale alimentato dalle produzioni intellettuali della "Scuola di Francoforte", rappresentata da Herbert Marcuse, Max Horckheimer, Theodor Wiesengrund Adorno, Jürgen Habermas, che erano i portabandiera dei ribelli insieme a Marx, Lenin e Mao. Non era ancora giunto il momento di guardare ai successi indiscussi della democrazia liberale nella realizzazione di obiettivi planetari e di mettere da parte gli ideali della gioventù. Per gli studenti del maggio 1968, il nemico da battere rimaneva il capitalismo internazionale, che aveva immancabilmente il volto della civiltà europea, colpevole di aver dato vita al capitalismo e all'oppressione non solo dei proletari europei, ma anche e soprattutto dei lavoratori di tutto il mondo. Così la lotta dei Viet Minh è stata sostenuta nello stesso modo in cui erano state sostenute le fatiche del FLN algerino. Anche in questo caso, non si trattava di un tradimento, ma di una lotta liberatoria contro l'oppressione capitalista. Ben presto il mito rivoluzionario, con il suo proletariato e le sue classi lavoratrici europee che dovevano guidare la rivoluzione socialista, sarebbe stato sostituito dalle masse del terzo mondo che popolavano i Paesi del Sud e che prima o poi avrebbero popolato sempre più i Paesi ricchi.

Era infatti giunto il momento di trovare una classe operaia sostitutiva. Le società occidentali hanno subito un'importante mutazione economica caratterizzata da un forte incremento del settore terziario a scapito di quello industriale. Con il passaggio a un'economia post-industriale, il numero di lavoratori ha iniziato a diminuire. Questa evoluzione della società e l'arricchimento generale che accompagnò questa mutazione economica e sociale non intaccarono in alcun modo la lotta dei progressisti, le cui convinzioni planetarie si riaffermarono con ancora maggior vigore. Le loro speranze si sono poi spostate su tutte le "minoranze oppresse": gli immigrati in primo luogo, le vittime della colonizzazione, ma anche tutte le categorie di persone che possono sentirsi oppresse o offese dalla società borghese e dal dominio del "maschio bianco eterosessuale". A ciò si aggiunsero le rivendicazioni delle femministe e di tutte le minoranze sessuali che, insieme alle lotte dei popoli del Terzo Mondo, alimentarono l'idea che il proletariato europeo potesse essere sostituito, tanto più che gli immigrati avrebbero costituito la grande riserva di nuovi rivoluzionari, o almeno di nuovi elettori[575].

I più poveri hanno ovviamente subito l'impatto della concorrenza di questa nuova forza lavoro a cottimo, importata dai grandi datori di lavoro che contavano su questo serbatoio per esercitare una pressione al ribasso sui salari. Le chiusure e le delocalizzazioni di aziende che si sono moltiplicate, con tutti i problemi derivanti dalla coesistenza di comunità nelle periferie un tempo operaie, hanno colpito per primi i lavoratori indigeni più svantaggiati. Sono stati infatti i primi a soffrire di questa nuova forma di società inventata dagli ideologi e sostenuta dalle grandi imprese. Infatti, l'afflusso di manodopera straniera dal Maghreb e dall'Africa subsahariana e la massiccia immigrazione degli anni '80-'90 hanno trasformato notevolmente il loro ambiente sociale. Un film francese degli anni Cinquanta, Sessanta, Settanta e persino degli anni Ottanta mostrava una società europea autoctona. In vent'anni, la società francese ha subito una profonda mutazione demografica, un fenomeno di tale portata da rendere incontrovertibile la nascita di una società globale.

Le periferie operaie degli anni Sessanta erano diventate veri e propri ghetti urbani da cui la minoranza dei "piccoli bianchi[576]" voleva fuggire. Se guardiamo con freddezza e lungimiranza all'evoluzione del mondo occidentale, ci rendiamo conto che, dopo un secolo di lotte

---

[575] Questo *"allargamento del campo di battaglia"* post-marxista può essere compreso leggendo un libro della sinistra contemporanea, soprattutto nel mondo di lingua spagnola: *Egemonia e strategia socialista. Hacia una radicalización de la democracia* (1987), Ediciones Siglo XXI, Madrid, 2015, di Ernesto Laclau e Chantal Mouffe (NdT).
[576] Les *"petits blancs"* è un'espressione dispregiativa usata da alcuni per riferirsi ai nativi francesi e agli europei bianchi, sottolineando la loro presunta debolezza di cuore. Anche la parola africana babtou, verlan de toubab, è diventata popolare.

sociali, l'unico risultato tangibile del comunismo locale in Francia è quello di aver trasformato i suoi comuni in città del terzo mondo, in una sorprendente congiunzione di vedute con i padroni.

Sentendosi traditi dai loro presunti difensori, abbandonati dai loro intellettuali a favore di immigrati e minoranze di ogni tipo, i "piccoli bianchi" si sono giustamente rifugiati tra le braccia dei "populisti". Secondo il *Manifesto del Partito Comunista* di Marx, "gli operai non hanno una patria"; a meno che, ovviamente, non abbiano solo quella. Nel discorso dei progressisti, i "proletari" venivano ora sprezzantemente chiamati *"beaufs* [bifolchi][577] ", cioè i francesi autoctoni arretrati, attaccati alle loro spregevoli tradizioni e incapaci di comprendere l'immenso progresso rappresentato dalla società plurale. Se nel XIX secolo il marxismo si era tradotto nella difesa del mondo operaio, la fine del XX secolo ha rivelato alla luce del sole l'importanza dell'universalismo, insito nella sua causa e nel suo progetto di società mondiale, di Stato mondiale e di governo mondiale.

L'ideale planetario e la volontà di costruire la società plurale hanno finalmente prevalso sul credo anticapitalista. Il cambiamento è avvenuto naturalmente perché nella mente di tutti i marxisti il capitalismo è, consapevolmente o meno, assimilato a una razza bianca arrogante e imperialista. La "vulgata" marxista sostiene da tempo l'idea che l'uomo bianco sia colpevole di quasi tutti i mali della terra. È in gran parte responsabile dei peggiori crimini e atrocità commessi nella storia, dal massacro degli indiani d'America al genocidio degli ebrei a tutti gli orrori della colonizzazione e della schiavitù. Tutta la loro storia è un orrore indicibile, e tutte le loro tradizioni non valgono i più nobili costumi di una tribù africana. E come se non bastasse, l'uomo bianco ha creato questa disperata società dei consumi in cui siamo attualmente impantanati fino al collo. Questo è ciò che insegna il marxismo dalle sue varie cattedre. È quindi più facile capire perché la gioventù europea sia così incline a detestare tutte le generazioni che l'hanno preceduta. In nessun'altra parte del mondo c'è questo fascino per la società multietnica, questo amore per la società aperta, ma anche questa avversione e indifferenza per le proprie tradizioni e i propri popoli, che si spera di vedere estinguersi il più rapidamente possibile. Questa impresa di profonda colpa non avrebbe potuto dare altri frutti. Quando i sostenitori della globalizzazione chiedono a gran voce l'abolizione

---

[577] I *"beaufs"*, da *"beau-frère"*, letteralmente i "cognati", ma non nel senso spagnolo di "cuñadismo", bensì nel senso del cittadino medio dalla mentalità conservatrice, ristretta, prevenuta e intollerante, spesso parodiato e deriso dalla sfera culturale dell'intrattenimento (NdT).

delle frontiere, non solo per le merci ma anche per tutte le persone, sanno benissimo che i flussi migratori andranno in una sola direzione e che saranno diretti verso i Paesi del Nord. Consapevolmente o meno, vogliono che la loro specie scompaia. Questo perché i francesi, e anche molti europei, sono convinti che le loro vecchie tradizioni, lasciate in eredità dal passato, siano barriere all'amore universale tra tutti gli abitanti del pianeta. Ciò che non riescono più a vedere è che la volontà di costruire una società plurale che sostituisca le società tradizionali è specificamente europea e occidentale, e che in nessun'altra parte del mondo si aprono i confini del loro territorio, si rifiutano il loro passato, la loro religione e i loro vecchi costumi in nome di una ipotetica pace universale.

Ciò premesso, bisogna ammettere che l'immigrazione odierna non è un fenomeno naturale, ma il prodotto di un'ideologia universalista che lavora per la scomparsa delle nazioni, che corrisponde alle aspirazioni sia marxiste che liberali. Le menti planetarie spiegheranno che questa evoluzione è inevitabile, che gli abitanti dei Paesi poveri cercheranno in tutti i modi e con tutti i mezzi di raggiungere i Paesi ricchi e che è del tutto illusorio mettere dei fili alle frontiere finché non si risolve il problema della malnutrizione in Africa. La volontà politica si combina qui con il credo umanitario di legare le mani agli occidentali in nome dei diritti umani e della democrazia. Ma la verità è che l'incapacità degli europei di risolvere la questione dei flussi migratori è dovuta principalmente a considerazioni ideologiche, non a reali impossibilità materiali. Con mezzi molto più precari, i Paesi del Sud si permettono regolarmente di espellere decine di migliaia di stranieri dai loro territori in pochi giorni, quando lo ritengono necessario: Nel settembre 2003, Gibuti ha espulso 80.000 somali ed etiopi (il 15% della popolazione) entrati illegalmente nel Paese; nel 1998, l'Etiopia ha espulso senza troppi complimenti 50.000 eritrei; nel 1996, il Gabon si è sbarazzato di 80.000 immigrati illegali e la Libia di 330.000; nel 1983, la Nigeria si è sbarazzata di 1,5 milioni di indesiderabili, per poi ripetersi nel 1985 senza suscitare le reazioni epidermiche dei media occidentali.

Si potrebbero citare numerosi altri esempi, ma per dimostrare che il controllo delle frontiere dipende solo dalla volontà politica basta citare i casi della defunta Unione Sovietica o della Cina, o di qualsiasi altro Paese che non faccia dei "diritti umani" il suo unico sistema di riferimento, ma si basi anche sul legittimo diritto di tutti i popoli di questa terra di esistere su un determinato territorio secondo le proprie regole, leggi e costumi. Perché è questa, in fondo, la diversità fondamentale che costituisce la ricchezza del mondo. Come si vede, l'immigrazione in Occidente oggi non è inevitabile e il suo carattere "ineluttabile" corrisponde solo a un discorso politico mascherato, nascosto sotto la maschera della "tolleranza" e dell'ideologia dei diritti umani.

Gli attuali militanti e simpatizzanti del marxismo, difensori dei poveri e degli umili, non vedono la contraddizione di incoraggiare l'immigrazione di massa, in totale accordo con il grande capitale, quando questa, sia essa legale o clandestina, esercita chiaramente una pressione al ribasso sui salari dei lavoratori francesi più svantaggiati e distrugge la vecchia cultura popolare. Il marxismo ha avuto il risultato pratico di sradicare la coscienza identitaria degli occidentali, talmente sradicati da arrivare a considerare "reazionario" difendere la cultura bretone, ma indispensabile salvare a tutti i costi una tribù indiana in Amazzonia. Inoltre, si sentiranno più a loro agio in un quartiere di immigrati che in un quartiere francese, perché hanno acquisito la convinzione che questi immigrati non sono degli intrusi, ma i legittimi rappresentanti del proletariato mondiale, l'unico in grado di liberare il mondo dalla società capitalista, assimilata, più o meno consapevolmente, alla razza bianca oppressiva e conquistatrice. In nome della diversità, si predica la società plurale, senza rendersi conto che tutte le tradizioni, qualunque esse siano, si sgretolano nella società consumistica occidentale, finendo infine nel tipo di società americana che si aborrisce e si pretende di combattere.

Si osserverà anche un altro sorprendente paradosso, del tutto simile, che ci fa sospettare che l'idea di incolpare il mondo europeo, soprattutto attraverso una storiografia di parte, non sia un fenomeno naturale, ma sia senza dubbio l'obiettivo di certi intellettuali che hanno deciso di distruggere l'antica civiltà.

Sappiamo che il marxismo si oppone al controllo delle religioni, di tutte le religioni, considerate "l'oppio dei popoli", perché servono solo a far dimenticare ai proletari la loro condizione di uomini sfruttati dal capitalismo e a legittimare il dominio della classe proprietaria. Ma possiamo osservare come la lotta dei marxisti e dei sostenitori del secolarismo sia diretta più fortemente, quasi esclusivamente, contro il cattolicesimo che contro il protestantesimo, per non parlare dell'ebraismo e dell'Islam. Eppure il protestantesimo è una religione molto più vicina alle realtà del mercato. Sono i protestanti a pensare che il successo commerciale sia il segno della predestinazione, dell'elezione divina, non il cattolicesimo. Sono stati i protestanti puritani anglosassoni a massacrare consapevolmente gli indiani del Nord America, perché si sono identificati con l'Antico Testamento e con il popolo ebraico massacrando gli indigeni fino all'ultimo, credendo di essere il nuovo popolo eletto che prende possesso della terra di Canaan. È stato anche il protestantesimo puritano a presentare la religione nel modo più austero e "arretrato": sono stati i puritani inglesi a vietare il ballo, il teatro e le corse, non i cattolici. La loro frugalità, l'autodisciplina, l'onestà e l'avversione per i piaceri più semplici costituivano una sorta di ascetismo secolare che avrebbe dovuto logicamente respingere i militanti marxisti, il cui slogan del maggio '68 era "godimento senza limiti". Ma nonostante ciò, è il cattolicesimo a cristallizzare in sé l'odio marxista per la religione. Alla vulgata anticapitalista deve quindi aggiungersi un elemento esterno nascosto. C'è una contraddizione che si può spiegare solo con l'odio religioso presente nel marxismo, ma che vediamo anche in molti prodotti culturali della nostra società democratica occidentale.

Possiamo anche notare come in Occidente non si sollevi alcuna critica nei confronti dell'induismo, una delle poche grandi religioni che non si basa su una dottrina di uguaglianza universale. Al contrario, la dottrina indù divide le persone in un rigido sistema di caste che definisce i diritti, i privilegi e lo stile di vita di ciascuna casta. Sancisce la povertà e l'immobilità sociale delle caste inferiori, promettendo loro la possibilità di una reincarnazione superiore nelle vite successive. In questo senso, questa religione dovrebbe subire un attacco più forte da parte dei dottrinari del marxismo, così come l'Islam e l'Ebraismo. Ma, ancora una volta, non è così, e solo il cattolicesimo è il bersaglio delle solite prese in giro.

Queste evidenti contraddizioni ci confermano nella nostra opinione che l'anticattolicesimo non è solo una reazione dei paladini della libertà contro l'"ordine morale"; non è solo una partigianeria progressista contro l'"oscurantismo", ma la manifestazione di un odio religioso che risale a molto prima del XIX secolo e delle lotte sociali. Questi attacchi incessanti alla società tradizionale europea non sono un'esclusiva del marxismo, poiché percepiamo che lo stesso tema della colpevolizzazione si diffonde ampiamente in tutto il sistema democratico, in cui i media occupano una posizione di vero potere, tanto che è difficile distinguere l'influenza del marxismo da quella del pensiero liberale. Questo perché entrambe le politiche affondano le radici nello stesso terreno fertilizzato dal cosmopolitismo. Si tratta di un elemento importante che contribuisce a rendere meno netta la tradizionale divisione politica tra "destra" e "sinistra".

La globalizzazione non è quindi tanto un fenomeno economico quanto il culmine di una volontà ideologica e politica ben precisa di unificare il mondo in un modo o nell'altro. In questa prospettiva, il crollo del blocco comunista nel 1991 è stato un passo molto importante. Liberato dalla zavorra sovietica, il marxismo militante è emerso, soprattutto in Occidente, come vettore di idee cosmopolite e punta di diamante di una società pluralista. Mentre nella sua versione ex sovietica assumeva una forma più arcaica, reazionaria e militarista, oggi viene presentata come una forza di progresso, che beneficia della complicità di quasi tutti i principali media e di sovvenzioni statali. Lungi dall'essere stato sconfitto e schiacciato dal fallimento dell'esperienza sovietica, il marxismo occidentale è stato al contrario totalmente liberato. Da allora ha intrapreso una frenetica propaganda globalista o "alter-globalista", facendo di una società mondiale senza confini e senza discriminazioni di alcun tipo l'obiettivo ultimo del suo progetto politico.

Le sfide geostrategiche e l'antagonismo tra Mosca e Washington nascondevano in realtà le straordinarie affinità ideologiche tra il pensiero marxista e l'ideale democratico. È infatti illuminante notare come queste due ideologie condividano le stesse aspirazioni: entrambe tendono nei loro principi all'unificazione del mondo, all'abolizione delle frontiere, all'istituzione di un governo mondiale e alla creazione di un uomo nuovo. Ma in questo, come in quasi tutto il resto, il modello sovietico è stato un clamoroso fallimento. Dopo la caduta del Muro di Berlino, è stato necessario fare un bilancio dell'esperimento. Indubbiamente, la democrazia capitalista era riuscita dove il comunismo aveva fallito. La costruzione in corso della società multietnica e plurale e l'abbozzo di un governo mondiale sono opera delle democrazie. Inoltre, il comunismo aveva fallito nel suo compito storico di costruire una società senza classi, rispettosa dei diritti umani e delle diverse comunità. Invece, l'Unione Sovietica era diventata una sorta di campo barricato, dove la libertà era sorvegliata, la vita era piuttosto difficile, e in ogni caso era impossibile andarsene, tranne che per gli ebrei, che beneficiavano del sostegno dei Paesi occidentali. Era chiaro che la realizzazione delle speranze planetarie sarebbe stata opera della democrazia e non frutto dell'esperienza sovietica.

Già da tempo la maggior parte degli intellettuali occidentali, plasmati con idee di società egualitaria e speranze messianiche, aveva accettato la fine della patria del socialismo come ideale per i lavoratori del mondo. Le principali parrocchie marxiste avevano già da tempo preso la misura del fallimento del sovietismo ed effettuato la sua mutazione. Hanno riorientato la loro lotta in senso planetario, mobilitando le loro truppe per cause umanitarie piuttosto che contro il modo di produzione capitalistico: l'uguaglianza dei cittadini, la "lotta contro la discriminazione", la lotta contro il razzismo in Occidente e per il riconoscimento delle minoranze nazionali o sessuali, l'attivismo per l'abolizione delle frontiere, così come la difesa dell'ambiente all'interno di una visione ecologica planetaria, hanno avuto un'impennata senza precedenti. Tutte le speranze messianiche del marxismo sembravano essere rapidamente accomodate dalla democrazia liberale, pur mantenendo il credo rivoluzionario per mobilitare gli idealisti di massa di una disperata società dei consumi.

Il romanziere Mario Vargas Llosa[578] ha espresso molto bene questo sentimento riguardo all'evoluzione dell'ideale planetario: "Uno degli ideali della nostra gioventù - la scomparsa delle frontiere, l'integrazione dei Paesi del mondo in un sistema di scambi vantaggioso per tutti - tende ora a diventare realtà. Ma, contrariamente a quanto si pensava, non è stata la rivoluzione socialista a portare a questa internazionalizzazione, bensì la sua bête noire: il capitalismo e il mercato. Tuttavia, questo è il più bel progresso della storia moderna, perché pone le basi di una nuova civiltà su scala planetaria, organizzata intorno alla democrazia politica, al predominio della società civile, alla libertà economica e ai diritti umani[579]."

L'intellettuale Michel Winock si era trovato nella posizione di riconoscere la stessa evidenza, anche se un po' ossessionato da un tema ricorrente che sembra turbare molti intellettuali: "Il socialismo reale, così come è stato costruito nell'Est del nostro continente, si è rivelato un'altra società chiusa in cui gli ebrei, come altre minoranze, cercano il loro posto. Solo la "società aperta" può offrire l'opportunità di una vera democrazia pluralista capace di integrare gli ebrei senza costringerli ad alienare il proprio essere, la propria memoria collettiva, la propria doppia solidarietà (francese ed ebraica)[580]."

Per questi intellettuali, i cui predecessori e padri ideologici avevano dato vita a tali mostruosità, la scomparsa del fastidiosissimo regime sovietico era stata un sollievo infinito. Ma invece di riconoscere i propri errori e pronunciare un mea culpa, gli intellettuali occidentali

---

[578] Scrittore pluripremiato e candidato sconfitto alle elezioni presidenziali degli anni '90 in Perù.

[579] In Alain Finkielkraut, *La Humanidad perdida*, Anagrama, Barcellona, 1998, p. 144-145.

[580] Michel Winock, *Nationalisme, antisémitisme et fascisme en France*, Points Seuil, 1990, pag. 223.

degli anni Novanta hanno approfittato di questo momento di cambiamento per gettarsi senza ulteriori indugi nell'altro progetto cosmopolita promosso dalla società democratica. Lavorare all'interno della democrazia è stato molto più efficace. Nella letteratura, nella stampa e nel cinema abbiamo assistito a un'accelerazione sfrenata delle idee planetarie, come se i tragici errori dell'epoca precedente dovessero essere dimenticati al più presto e i crimini del comunismo esorcizzati. Non c'è stato nessun pentimento, nessuna scusa per i milioni di morti nei Gulag[581], le deportazioni, le carestie e gli omicidi perpetrati in nome dell'ideale comunista e della grande fratellanza dei popoli da coloro che ne erano stati i più ardenti propagandisti.

In Occidente, questo evento storico non ha avuto un grande impatto. La società ha continuato a evolversi senza grandi cambiamenti, a parte l'agitazione degli intellettuali planetari che hanno raddoppiato gli sforzi per promuovere il loro ideale. L'obiettivo era quello di dimenticare al più presto l'errore commesso, di ripensare la società egualitaria, di "inventare", come si diceva, nuove utopie. Gli ideologi planetari, animati da un entusiasmo millenario, sembravano aver trovato il messia tra le macerie del Muro di Berlino ed erano convinti che il mondo fraterno sarebbe finalmente diventato una realtà.

Questa nuova filosofia, che inneggia all'unità del genere umano e alla democrazia plurale come sostituto del discorso comunista, è decollata negli anni Novanta. La fioritura della produzione intellettuale planetaria, che si è realmente affermata attraverso il marxismo nelle sue versioni culturali nel maggio 1968, prosegue ora in modo ancora più estatico con gli intellettuali democratici, più o meno imbevuti di marxismo culturale, ma liberati da tutte le pesanti considerazioni economiche che gravavano sulle opere marxiste-leniniste[582]. D'altra parte, il loro disprezzo per la vecchia cultura europea e la vecchia civiltà rimane intatto. Questo perché gli intellettuali degli anni '90 sono gli stessi che hanno alimentato lo spirito del maggio 1968. Da questa affiliazione, gli intellettuali planetari intendono perseguire la realizzazione delle speranze planetarie in modo diverso.

Concetti pronti all'uso come "la Terra è di tutti" sono quindi molto di moda, e non solo nelle aree di gioco delle scuole. Ci piace definirci

---

[581] Gulag: Direzione generale dei campi di lavoro correzionali e delle colonie. Era il ramo dell'NKVD che gestiva il sistema penale dei campi di lavoro forzato in Unione Sovietica. Si veda Aleksandr Solzhenitsyn, *Arcipelago Gulag*, Tusquets, 2015. (NdT).

[582] Tipicamente, ciò che era scientifico e rigoroso nell'analisi materialista del socialismo, per quanto riguarda le condizioni economiche e sociali del proletariato europeo, è stato progressivamente sostituito dai sottoprodotti degenerati della sinistra progressista del sistema, come l'antifascismo, l'antirazzismo, l'ambientalismo, ecc.

"cittadini del mondo": è meno antiquato dell'essere volgarmente galiziani o andalusi e non dà adito a terribili accuse. Secondo i canoni decisi dall'UNESCO, una bella chiesa del XII secolo sarà dichiarata "patrimonio mondiale dell'umanità", il che è perfettamente in linea con quanto ci ha detto il filosofo Lévy quando ha dichiarato: "Quando sentiamo i giapponesi suonare una partitura di Beethoven o i cinesi cantare un'opera di Verdi, non dobbiamo pensare che siano stati sedotti dalla musica "occidentale". Questa musica non è "occidentale", è universale[583]. "Siamo lontani dall'idea che la globalizzazione sia sinonimo di mera evoluzione economica. Ovviamente, questi riflessi sono stati creati da una campagna di sensibilizzazione instancabile e permanente che ha invaso i nostri schermi televisivi per decenni.

Il sistema sovietico era di fatto un'anomalia, perché non corrispondeva affatto alle idee generose che avevano entusiasmato milioni di persone, idee sulle quali avrebbe dovuto basarsi il regime costruito. Con la fine di quel sistema, si può dire che in un certo senso siamo tornati alla normalità. Con il fastidioso fardello siberiano sollevato dalle sue spalle, l'idea comunista può tornare a svolgere correttamente il suo ruolo, secondo i suoi principi: essere il pungolo della democrazia all'interno della stessa democrazia liberale per raggiungere la società pluralistica universale. Infatti, è rimanendo in opposizione attiva che il marxismo è veramente efficace. È nell'opposizione che può rendere il suo servizio migliore, perché le permette di mantenere gli oppositori del sistema liberale in una prospettiva planetaria. In un certo senso, è la valvola di sicurezza di un sistema liberale senza speranza, puramente materialista e fatalmente foriero di opposizioni radicali. Questi vengono recuperati dall'ideale comunista e riscaldati nel brodo globalista. Senza di essa, gli oppositori della democrazia borghese e della società dei consumi si unirebbero inevitabilmente ai movimenti di reazione identitaria ed etnica, che il sistema cosmopolita non vuole per nulla al mondo. Lo scenario che si sta delineando davanti ai nostri occhi è quindi quello immaginato da Georges Orwell nel suo famoso romanzo di finzione *1984*, in cui il capo dell'opposizione clandestina, il famoso e sfuggente Goldstein, non era altro che un agente del sistema la cui missione era quella di incanalare l'opposizione. Il comunismo ha così riacquistato il ruolo che non avrebbe mai dovuto cessare di svolgere: quello di utopia mobilitante all'interno della democrazia. Il sovietismo è morto, forse è stato addirittura ucciso. Ma l'ideale comunista è stato accuratamente conservato, riciclato all'interno della democrazia liberale, accomodato

---

[583] Pierre Lévy, La *filosofia del mondo*, Odile Jacob, 2000, p. 150.

e sovvenzionato all'interno delle istituzioni. È così che funziona la spirale planetaria: da un lato il sistema, dall'altro un'opposizione falsa e fittizia. Le due forze sono assolutamente complementari e indispensabili l'una all'altra.

Oggi, la congiunzione degli ideali planetari dei marxisti e dei democratici occidentali non è più ostacolata dal conflitto geostrategico tra Mosca e Washington. L'Occidente può finalmente dare libero sfogo ai suoi istinti di dominio planetario, incarnati vittoriosamente nel modello democratico che cerca di imporre a tutti i popoli del pianeta. Come ai tempi della gloriosa Rivoluzione francese, è stata dichiarata la "guerra contro i tiranni". Ma questa volta la lotta è su scala globale e sono gli Stati Uniti ad aver guidato immediatamente gli eserciti liberatori, una volta che l'URSS smantellata non era più in grado di opporsi a questi grandiosi disegni. La prima guerra del Golfo contro l'Iraq nel 1991 è stata seguita dal bombardamento della Serbia nel 1999 e, dopo gli attentati dell'11 settembre 2001, dall'invasione dell'Afghanistan e da una seconda guerra del Golfo che si è conclusa con l'occupazione dell'Iraq.

Si è parlato molto di quei "neo-conservatori" che hanno gravitato intorno al Presidente degli Stati Uniti George W. Bush Junior e che hanno determinato la sua politica guerrafondaia. Questi ex trotzkisti che si erano trasformati in ferventi democratici negli anni '80, durante l'era del presidente Reagan, erano ora pronti a dichiarare tutte le guerre necessarie per imporre l'ideale democratico in tutto il mondo. Ma va detto, a rischio di fraintendere l'evoluzione del mondo, che nella Guerra del Golfo era in gioco l'interesse geopolitico dello Stato d'Israele e che la maggior parte dei neoconservatori dell'amministrazione statunitense erano essi stessi fortemente influenzati dal sionismo e convinti che una potenza irachena che un giorno avrebbe potuto minacciare lo Stato ebraico dovesse essere distrutta[584].

In effetti, le guerre statunitensi in Iraq hanno innegabilmente beneficiato del sostegno della maggior parte della comunità ebraica internazionale. Anche in questo caso, come nel caso delle guerre contro la Serbia e l'Afghanistan, gli intellettuali cosmopoliti sono stati tra i più accaniti lobbisti guerrafondai, per la semplice ragione che queste guerre corrispondevano agli obiettivi globalisti: il bombardamento della Serbia da parte della NATO ha avuto l'effetto di favorire la diffusione

---

[584]John J. Mearsheimer - Stephen M. Walt: *The Israel Lobby and American Foreign Policy*, Università di Harvard, 2006. La geopolitica di Israele viene spesso confusa con la sua escatologia religiosa. Chiaramente, d'altra parte, il complesso militare-industriale ed energetico degli Stati Uniti partecipa e trae vantaggio da questa politica estera. (NdT)

dell'Islam nei Balcani, realizzando così l'obiettivo globalista di promuovere le società multietniche che devono accompagnare l'instaurazione della democrazia. Come ha detto senza mezzi termini il generale Wesley Clark, comandante in capo della NATO in Europa all'epoca dei fatti, "in Europa non ci deve più essere posto per società etnicamente omogenee".

L'invasione dell'Afghanistan da parte delle truppe statunitensi è stata una risposta agli attacchi dell'11 settembre e alla necessità di combattere l'antisemitismo diffuso dall'Islam nel mondo. Abbiamo così visto come il sistema democratico abbia incoraggiato l'Islam all'interno degli Stati occidentali in vista della creazione di una società pluralistica, ma come lo abbia combattuto duramente sulla scena internazionale nella misura in cui si opponeva agli interessi di Israele e degli Stati occidentali, soprattutto in Medio Oriente.

Queste guerre corrispondono perfettamente al progetto di costruzione di un impero globale, che può essere imposto solo sulle rovine delle società tradizionali e delle libertà nazionali. In questa prospettiva, il sistema dei media rappresenta ovviamente la pietra angolare delle speranze planetarie, poiché è attraverso continue campagne di "sensibilizzazione" che queste idee si imporranno progressivamente nella mente degli occidentali. Tuttavia, sembra che i nostri concittadini comincino a provare un sentimento più o meno diffuso di sfiducia nei confronti di un discorso politico tranquillizzante troppo ripetuto che fa dell'abolizione delle frontiere il sesamo del paradiso in terra.

A questo proposito, il rifiuto della Costituzione europea da parte degli elettori francesi nel referendum del maggio 2005 è stato forse un segno della consapevolezza del pericolo imminente che sembra nascondersi sotto le idee più nobili e generose[585]. Infatti, nelle menti dei loro sostenitori più informati, la costituzione europea e la formazione di un governo europeo prefigurano la realizzazione di progetti molto più grandi.

L'idea di una pace universale che ci garantirebbe un'Europa senza confini è spesso un argomento che seduce gli occidentali, ma questa volta sembra che i nostri compatrioti abbiano preferito la loro libertà

---

[585]Il referendum sul Trattato che istituisce una Costituzione per l'Europa si è tenuto in Francia il 29 maggio 2005, per consultare i cittadini sulla volontà della Francia di ratificare la Costituzione dell'UE. Il risultato è stato una vittoria del No con il 55% dei votanti contrari e un'affluenza del 69%. Nicolas Sarkozy ha poi manovrato per approvare il trattato facendolo votare dalle camere parlamentari, perpetrando così la massima anticostituzionalità. (NdT).

tribale a tutte le illusioni della globalizzazione. Di fronte alle promesse di "Pace" e "Prosperità" (la famosa Europa sociale così spesso propagandata dai nostri politici), i francesi hanno preferito rifiutare educatamente, come chi ignora un venditore ambulante un po' ingannevole che insiste troppo nel vendere il suo rimedio miracoloso. Vedremo di seguito che, nella bocca di alcuni esperti, le parole "tolleranza" e "diritti umani" possono essere usate come potenti anestetici e che dietro a discorsi smielati, maniere educate e belle promesse si possono nascondere intenzioni indicibili.

PARTE TERZA

LA MENTALITÀ COSMOPOLITA

La nostra esperienza comunista è stata un'eccellente visione della mentalità del mosaico. Mai prima d'ora, infatti, gli ebrei si erano impegnati così tanto in un progetto politico, in modo così massiccio e con tanto slancio. Il fallimento di questa prima esperienza non ha fatto svanire le speranze planetarie, anzi, il progresso della democrazia occidentale dimostra che il liberalismo e la socialdemocrazia stanno riuscendo dove il comunismo ha miseramente fallito. Ciononostante, riteniamo di avere diritto ad alcune spiegazioni sul ruolo di ciascuno nelle atrocità commesse, anche se, per usare un eufemismo, si rimane piuttosto perplessi di fronte alle spiegazioni di alcuni intellettuali occidentali sulla questione. La teoria del "capro espiatorio" è ancora una volta di inestimabile aiuto per questi autori, anche se non esitano a proporre le teorie più implausibili e contorte per far credere ai loro lettori verità che sono frutto della loro immaginazione. Gli accusatori sono ignoranti o malati di mente. In entrambi i casi, dimostrano una deplorevole ingratitudine, perché, a dire il vero, le comunità ebraiche sono sempre state integrate nella popolazione locale e hanno sempre portato un arricchimento culturale e materiale alle comunità nazionali. Il contributo degli ebrei alla cultura rivela effettivamente che si tratta di un popolo dotato di una rinnovata vitalità.

1. Memoria insufficiente

L'analisi del fenomeno comunista attraverso le opere accademiche dimostra in modo incontrovertibile che il ruolo degli ebrei nella rivoluzione era noto all'intellighenzia occidentale. Solzhenitsyn è stato semplicemente il primo, nel 2003, a rivelarne la portata in un libro di sintesi. Abbiamo visto che lamentava anche il fatto che molti intellettuali si rifiutassero ancora di riconoscere la responsabilità di alcuni membri della loro comunità nel dramma russo tra il 1917 e il 1949. L'obiettivo di questo capitolo è osservare questa tendenza attraverso le pubblicazioni degli specialisti di "sovietologia", ma anche attraverso le riflessioni raccolte qua e là nei libri destinati al grande pubblico. Non abbiamo altra scelta che sottoscrivere le conclusioni del grande dissidente russo. Comprendiamo che si tratta di una questione delicata, soprattutto dopo decenni di occultamento del fenomeno. Sarebbe stato più sano aprire un dibattito sul tema dopo la caduta del Muro di Berlino, ad esempio, se non fosse stato fatto prima. La seconda guerra mondiale dopo il 1945 ha completamente oscurato questo aspetto della storia del XX secolo. Si può persino affermare che la crescente copertura mediatica del dramma vissuto dagli ebrei europei tra il 1942 e il 1945 è stata una corsa a perdifiato. Ancora una volta, invece di aprire un dibattito democratico e pacifico, si preferisce un incessante bombardamento propagandistico come distrazione da un tema troppo doloroso. La verità è che gli spiriti messianici sono ben consapevoli che l'esperienza sovietica è stata un grave errore. Il comunismo valeva solo come utopia mobilitante, come pungolo dell'ideale planetario, e non come sistema di gestione della società. Dopo un errore così disastroso e, soprattutto, dopo che la verità sulle atrocità è stata scoperta, non si può che provare disagio. Questo disagio, percepibile nei libri che analizzeremo, rimane però molto in secondo piano rispetto alla formidabile impudenza che porta alcuni autori a negare categoricamente ogni responsabilità, o meglio (peggio) a presentarsi come vittime.

Soprattutto non parlarne

Ciò che abbiamo scoperto attraverso l'opera di Solzhenitsyn era, come abbiamo visto, noto agli intellettuali, ma molto poco sviluppato e spiegato nei libri sulla rivoluzione russa in modo tale che il pubblico potesse rendersi conto della portata del fenomeno. Al contrario, molti autori, compresi i più importanti "specialisti" del comunismo, hanno cercato di sorvolare sul tema affrontato dal dissidente sovietico.

Il famoso libro di Robert Conquest sulle purghe staliniane degli anni '30, *Il Grande Terrore*, non era molto prolisso sul ruolo svolto dagli ebrei nel regime bolscevico. Nelle 528 pagine fitte fitte del suo libro, l'autore non ha menzionato nemmeno una volta le origini dei vari protagonisti. Il termine compare solo una volta, a pagina 289, per spiegare che "un ingegnere ebreo è stato arrestato per aver disegnato i progetti di un istituto scientifico a forma di svastica". È lecito criticare gli autori a condizione che non vengano citate le loro origini: "L'epurazione ha devastato anche i comunisti ungheresi", ha scritto Robert Conquest. Béla Kun, l'istigatore della rivoluzione ungherese del 1919, fu una delle principali vittime. Aveva scatenato tali atrocità nell'esecuzione del terrore a Budapest e poi in Crimea che lo stesso Lenin lo ammonì per la sua eccessiva crudeltà e lo rimosse dal governo della penisola[586]. In seguito operò dal Komintern e fu in parte responsabile del fallimento del comunismo in Germania nel 1921. Victor Serge lo descrive come un tipico intellettuale incompetente e un despota spregevole e corrotto[587]."

Un altro grande "specialista" dell'argomento è Martin Malia, che nel 1995 ha pubblicato *La tragedia sovietica*[588], "un'opera a lungo attesa da uno dei migliori specialisti di storia russa", si legge nella quarta di copertina del libro: "Fino a poco tempo fa, vedevamo questo fenomeno solo attraverso un vetro scuro. Fino alla fine, o quasi, la realtà sovietica è stata un segreto ben custodito. Poiché l'esperienza sovietica è ormai un capitolo chiuso della storia, è giunto il momento di riprendere il fenomeno comunista nel suo complesso e di analizzarlo con il realismo e la serenità dello storico."

Ed è con grande serenità, bisogna ammetterlo, che Martin Malia è riuscito nell'impresa di non rivelare nemmeno una volta il ruolo degli ebrei nel bolscevismo in tutte le 630 pagine del suo libro. Solo a pagina

---

[586]Questo ci ricorda l'analoga punizione che il generale de Gaulle inflisse a Raymond "Aubrac" per la crudeltà con cui aveva amministrato Marsiglia nel 1944.

[587]Robert Conquest, *La grande terreur*, Stock, 1970, p. 408.

[588]Martin Malia, *La Tragédie soviétique*, Éditions du Seuil, 1995.

372 leggiamo della loro esistenza in Russia: "Numerosi medici del Cremlino, molti dei quali con cognome ebraico, furono arrestati con l'accusa di aver ucciso Zhdanov e di aver commesso altri crimini antisovietici. "Era il 1953 quando scoppiò il famoso "complotto dei medici". Così, al lettore rimarrà solo il fatto che gli ebrei sono stati vittime di persecuzioni. In nessun punto, nemmeno in relazione alle purghe del 1936-1938, Martin Malia, professore di storia a Berkeley, la prestigiosa università californiana, ha toccato l'argomento. Tutto ciò non fu casuale, ma derivò da un'intenzione deliberata o dal timore di essere accusato o licenziato dal suo incarico universitario.

Le stesse precauzioni sono state osservate da "La" grande specialista francese per eccellenza dell'Unione Sovietica, Helena Carrère d'Encausse (nata Zourabichvili), membro dell'Académie française, nel suo libro intitolato *L'URSS dalla rivoluzione alla morte di Stalin*, pubblicato nel 1993. Lo storico ha anche evitato accuratamente di parlare dell'argomento che ci interessa, nemmeno per dirci che numerosi dignitari ebrei erano stati vittime delle grandi purghe degli anni Trenta, il che sarebbe stato ovviamente un modo per accennare al grande ruolo che avevano svolto. Anche in questo caso, la questione viene sollevata solo dopo la guerra, solo per denunciare le odiose persecuzioni che gli ebrei dell'URSS subirono: "L'antisemitismo si sviluppò a partire dalla fine del 1948 con lo scioglimento del Comitato ebraico antifascista e l'arresto di molti dei suoi membri589. "Riguardo all'esperimento rivoluzionario ungherese del 1919, scriveva tranquillamente: "Per la grande maggioranza degli ungheresi, il governo di Bela Kun ricorda il disordine e persino la violenza590."

Parliamo proprio dell'esperimento ungherese. Ne *La tradizione russa591*, nel capitolo intitolato *La tradizione rivoluzionaria russa* (pagine da 171 a 498), Tibor Szamuely non ha mai menzionato il nostro argomento. Va notato che la prefazione dell'opera è stata scritta dallo stesso Robert Conquest, che ha detto dell'autore: "Lo zio di cui porta lo stesso nome aveva svolto un ruolo eminente nella rivoluzione ungherese del 1919". Un ruolo "eminente", se non addirittura glorioso, che non ha impedito al nipote del boia di ottenere in seguito una cattedra all'Università di Budapest, di cui è diventato vice-cancelliere nel 1958,

---

[589]Hélène Carrèred'Encausse, *L'URSS de la Révolution à la mort de Stalin*, Édditions du Seuil, 1993, p. 256.
[590]Hélène Carrèred'Encausse, *L'URSS dalla rivoluzione alla morte di Stalin*, Édditions du Seuil, 1993, p. 308.
[591]Tibor Szamuely, *La Tradition russe*, 1974, Stock, 1976, per la traduzione francese.

dimostrando che gli ungheresi non sono un popolo ingrato. Sottolineiamo, per non essere ingiusti, che il libro è ben referenziato e denota una grande cultura; inoltre, è importante non attribuire agli individui i crimini commessi dai loro parenti. Ma resta il fatto che suo zio e omonimo, Tibor Szamuely, è stato probabilmente uno dei personaggi più tristi della storia ungherese.

Jerôme e Jean Tharaud dell'Académie française hanno lasciato un resoconto sconvolgente della rivoluzione ungherese, che riassumiamo qui di seguito: Tibor Szamuely, un giornalista non addestrato, era a capo di un distaccamento di una trentina di uomini reclutati tra i "ragazzi di Lenin". Il suo compito era quello di setacciare le campagne per costringere i contadini ungheresi a consegnare le derrate alimentari e reprimere le rivolte che scoppiavano qua e là. Il suo treno blindato, armato di mitragliatrici, si recava nei villaggi dove erano state segnalate attività sospette o agitazioni. I contadini denunciati dal soviet locale furono poi portati uno dopo l'altro davanti al tribunale rivoluzionario e sistematicamente impiccati. Otto boia qualificati erano tra i trenta uomini che accompagnavano Szamuely ovunque andasse. Il loro leader, il ventitreenne Arpad Kohn Kerekes, per sua stessa ammissione, aveva sparato a cinque persone e ne aveva impiccate tredici; ma la sua accusa consisteva in centocinquanta omicidi. A volte Tibor Szamuely si divertiva a legare lui stesso la corda al collo del torturato, formando un bel nodo. Gli è piaciuto anche essere baciato da quest'ultimo prima di morire. "È stato visto portare il suo sadismo fino al punto di costringere un parente del condannato a tirare la sedia che teneva il povero diavolo. Oppure ha costretto i bambini di una scuola a sfilare nella piazza dove erano appese le sue vittime; o ancora è riuscito a far passare una donna, che non sapeva dove fosse il marito, davanti al suo cadavere appeso al ramo di un'acacia. "Ogni sua spedizione era accompagnata da requisizioni di animali, vino, verdure, grano, che venivano poi spediti in carri a Budapest. "Poi Szamuely tornava in città, dove lo si vedeva la sera all'Othon Club, più dandy di chiunque altro, con i capelli neri sciolti all'indietro e una giacca dal taglio impeccabile, mentre stringeva distrattamente mani e fingeva di non conoscere nessuno. "Durante la disfatta, avrebbe cercato di fuggire in auto, ma sarebbe stato fermato al confine con l'Austria. Tirando fuori dalla tasca un fazzoletto, finse di pulirsi la fronte e si fece saltare le cervella con un piccolo revolver. La comunità israeliana locale si è rifiutata di accogliere il suo corpo nel cimitero. Fu sepolto separatamente e sulla lapide fu scritto un epitaffio a matita blu: "Qui è morto un cane". Questo è il personaggio "eminente" di cui parlava Robert Conquest.

Il famoso storico Michel Winock, professore all'Istituto di Scienze Politiche di Parigi, ha risolto il problema a modo suo. Nel suo libro *Nazionalismo, antisemitismo e fascismo in Francia,* passa direttamente dalla situazione all'inizio del XX secolo al capitolo successivo sulla situazione negli anni Trenta. L'argomento viene menzionato solo di sfuggita nella sua conclusione, per sottolineare l'assoluta implausibilità della questione: "La rivoluzione socialista e comunista completa la cristallizzazione del mito ebraico", scrive Winock. Non è solo l'uomo del Capitale, è anche il rivoluzionario sovversivo. Non solo distrugge la società dall'alto (banchieri, uomini d'affari, politici massoni), ma mina anche le fondamenta della società. Rothschild e Marx, stesso combattimento: la demolizione della società occidentale. La rivoluzione bolscevica del 1917 appare agli antisemiti come una delle ultime vicende del "complotto ebraico". Il tema del "giudeo-marxismo", del "giudeo-bolscevismo", sarà utilizzato ad nauseam dalla stampa di estrema destra durante gli anni '30, anche quando Stalin aveva iniziato la liquidazione dei comunisti ebrei592."

Anche negli autori "non specialisti" del comunismo si riscontra la stessa difficoltà nel parlare del ruolo degli ebrei nella rivoluzione bolscevica. Come nel caso del famoso Primo Levi, che scrisse: "L'identificazione dell'ebraismo con il bolscevismo, idea fissa di Hitler, non ha mai avuto una base oggettiva. Soprattutto in Germania, dove la grande maggioranza degli ebrei apparteneva alla classe borghese593. "Primo Levi probabilmente sottintendeva che non si poteva essere contemporaneamente borghesi e bolscevichi. In *L'altrui mestiere,* scrive: "Nel corso di poco più di una generazione, gli ebrei orientali passarono da uno stile di vita appartato e arcaico alla partecipazione attiva alle lotte operaie, alle rivendicazioni nazionali, ai dibattiti sui diritti e sulla dignità umana. Gli ebrei furono tra i protagonisti delle rivoluzioni russe del 1905 e del febbraio 1917. Negli anni '20 solo a Varsavia si stampavano fino a tre quotidiani, ecc.594. "Pardon? Ottobre 1917? La rivoluzione bolscevica": - Non mi dice niente!

Jacques Attali ha spiegato in alcuni punti le inclinazioni rivoluzionarie di alcuni dei suoi correligionari: "Nel 1848, in tutta Europa, molti intellettuali, commercianti, operai, mercanti e artigiani ebrei parteciparono alle rivoluzioni nazionali. Prima di essere ebrei, si sentivano tedeschi, austriaci o francesi. In Germania, Gabriel Riesser,

592Michel Winock, *Nationalisme, antisémitisme et fascisme en France,* collezione Points Seuil, 1990, pagg. 204-205, 220.
593Primo Lévi, *L'asimmetria e la vita, articoli,* Robert Laffont, 2002, p. 166.
594Primo Lévi, *Le Métier des autres,* 1985, Gallimard, 1992, Folio, p. 275.

nipote di un famoso rabbino di Altana e leader di un movimento di "ebrei liberali", fu uno dei capi delle insurrezioni. I capi delle comunità ebraiche dell'Impero - ricchi mercanti - sono anche alla testa della rivoluzione di Vienna595. "Attali riconosce anche che gli ebrei possono aver svolto un ruolo "eminente" nel movimento rivoluzionario russo: "Gli ebrei sono così numerosi nell'avanguardia del movimento che, nel 1896, all'11° Congresso della Seconda Internazionale, il leader russo Plekhanov dichiara che essi sono "l'avanguardia dell'esercito operaio" in Russia596. "La loro presenza in tutti i grandi cambiamenti moderni è infatti innegabile: "Mentre gli ebrei russi hanno inventato il socialismo e gli ebrei austriaci hanno scoperto la psicoanalisi, gli ebrei americani, in primissima fila, hanno partecipato alla nascita del capitalismo americano e all'americanizzazione del mondo597."

Dobbiamo anche riconoscere che i finanzieri ebrei hanno svolto un ruolo chiave nella guerra del 1905 tra Giappone e Russia. In odio allo zarismo e alla Russia, dove gli ebrei non avevano cittadinanza, gli ebrei americani sostennero il Giappone con tutte le loro forze finanziarie: nel 1906, "Max Warburg e Jacob Schiff divennero i principali finanziatori del Giappone". Schiff ha perfino compiuto un viaggio trionfale nell'arcipelago, con grande furore dei russi. Per la prima volta, un imperatore giapponese invitò alla sua tavola uno straniero che non fosse membro di una famiglia regnante598."

Attali ha poi ricordato il ruolo di alcuni ebrei durante i gravi sconvolgimenti che hanno scosso la Germania dopo la Prima guerra mondiale: "Hugo Preuss, un giurista ebreo, ha redatto la Costituzione di Weimar. Kurt Eisner è a capo del governo rivoluzionario bavarese, a capo di una squadra i cui ministri sono in maggioranza ebrei. Esplode l'antisemitismo. La caccia agli ebrei fu presto aperta. Nella primavera del 1921, Kurt Eisner e alcuni dei suoi ministri ebrei, così come Hugo Preuss, vengono assassinati599."

Ma a chi pensava di accusare gli ebrei di essere i principali protagonisti del regime bolscevico, Attali rispondeva in un modo che non lasciava spazio ad ambiguità: "Nel 1925, il corrispondente *del Times* in URSS, Robert Wilton, crede tuttavia di poter ancora scrivere, usando i nomi a sostegno della sua affermazione, che tre quarti del Comitato Centrale del Partito Comunista sono ebrei, così come 17

---

[595]Jacques Attali, *Les juifs, le monde et l'argent*, Fayard, 2002, p. 308.
[596]Jacques Attali, *Les juifs, le monde et l'argent*, Fayard, 2002, pag. 349.
[597]Jacques Attali, *Les juifs, le monde et l'argent*, Fayard, 2002, p. 357.
[598]Jacques Attali, *Les juifs, le monde et l'argent*, Fayard, 2002, p. 378.
[599]Jacques Attali, *Les juifs, le monde et l'argent*, Fayard, 2002, p. 405.

ministri su 23 e 41 membri del Politburo su 60". Non è verificabile: i nomi non provano nulla e l'autore non presenta prove convincenti."

Inoltre, gli ebrei erano perseguitati in URSS, come è noto, perché già nel 1920 "le organizzazioni ebraiche, accusate di rappresentare una "tendenza borghese-clericale", furono liquidate... Anche l'insegnamento dell'ebraico, una "lingua reazionaria e clericale", fu vietato... L'annientamento dell'ebraismo russo continuò. L'esilio è precluso agli ebrei: figuriamoci se si parte per l'America. La Russia era un inferno aperto; l'URSS diventa un inferno chiuso600. "Ci sarebbe voluto molto tempo e molte sofferenze e privazioni prima che gli ebrei riuscissero a fuggire da quell'inferno sovietico: "Dal 1968 al 1981, 250.000 ebrei lasciarono l'URSS, uno ad uno, strappati dagli interventi occidentali, in cambio di forniture di grano o altre razioni alimentari601. "È stata una sorta di nuova partenza dall'Egitto. I russi, dal canto loro, poterono continuare a soffrire sul posto in silenzio.

Ebrei, vittime del comunismo

Proseguendo nello studio del divorzio tra ebrei e comunismo, e della loro volontà di dissociarsene per scaricare su altri le proprie responsabilità, si arriva rapidamente ad analisi che tendono a presentare gli ebrei come le prime vittime del sistema sovietico. Meglio ancora, la lotta contro il regime tirannico sarebbe stata la loro. Questo può essere vero, come ha dimostrato Soros ("Sono stato profondamente coinvolto nella disintegrazione del sistema sovietico602 "), ma se così fosse, non si è trattato affatto di un glorioso atto d'armi. Una cosa è certa: per la stragrande maggioranza di loro, la lotta contro il comunismo è iniziata solo nel 1949, quando il regime ha iniziato a rimuoverli dalle posizioni di comando.

Ascoltiamo il lamento di Shmuel Trigano: "Che il comunismo sia stato criminale, chi può dubitarne? Gli ebrei sovietici che hanno sofferto così tanto, certamente no... La lotta mondiale condotta dal mondo ebraico contro l'oppressione subita è stata un momento importante nel processo che ha contribuito alla caduta del comunismo603. "Dopo tanto dolore e tanti sacrifici, le accuse di certi intellettuali come Stéphane

---

[600]Jacques Attali, *Les juifs, le monde et l'argent*, Fayard, 2002, pag. 401-402.
[601]Jacques Attali, *Les juifs, le monde et l'argent*, Fayard, 2002, p. 472.
[602]George Soros, *La crisi del capitalismo globale; La sociedad abierta en peligro.* Editorial Debate, Madrid, 1999, p. 12.
[603]Shmuel Trigano, *L'Idéal démocratique... à l'épreuve de la shoah*, Éditions Odile Jacob, 1999, p. 72.

Courtois non possono che far male. È questo il caso de *Il libro nero del comunismo*, un libro in cui "si assiste al riemergere di una "comunità ebraica internazionale" per spiegare che il crimine comunista è stato nascosto a favore del crimine contro gli ebrei". "Tutto questo è davvero scoraggiante. Tanto più scoraggiante è il fatto che non ci sia nulla di tutto ciò nel *Libro nero del comunismo604*.

Ascoltando Marek Halter parlare a lungo della sua lotta contro il comunismo, sembrava che alla fine tutto si fosse concluso con un'amara delusione dopo aver visto il ritorno al "tribalismo" dei popoli dell'Europa centrale. Eppure persone come lui avevano dato il massimo per i popoli che soffrivano sotto il giogo sovietico; o almeno per i refuznik che desideravano poter volare in Israele... In uno dei suoi libri, *One Man, One Cry*, Halter parla della sua disperazione e della sua tristezza per ciò che i popoli liberati dal comunismo hanno fatto con quella liberazione: "Ci siamo preoccupati di coloro che soffrivano lì, nell'Est, abbiamo combattuto per la loro libertà. Non abbiamo organizzato campagne per la loro liberazione? Suscitato l'opinione pubblica occidentale? Liberato diversi dissidenti dimenticati nei Gulag o rinchiusi in manicomi psichiatrici?... Dopo esserci tanto preoccupati per questi Paesi, abbiamo provato una vera tristezza, simile a una grande delusione, quando questi uomini e queste donne, appena liberati dalla schiavitù, invece di perseguire questa liberazione per allontanarsi dalla natura e dallo spirito del clan primitivo, si sono lasciati guidare da esigenze tribali... Ma come rimproverare agli uomini dell'Est il loro "impulso tribale", noi che avevamo sempre sostenuto il diritto dei popoli all'autodeterminazione605? "Leggendo quest'ultima frase, abbiamo avuto un breve barlume di speranza. In effetti, per un breve momento, abbiamo potuto sperare che ammettesse finalmente il proprio "impulso tribale", il che sarebbe stato più logico. Ma ancora una volta le nostre speranze sono state deluse.

Marek Halter avrebbe potuto approfondire un po' di più il ruolo svolto dai suoi correligionari tra il 1917 e il 1949. Nato a Varsavia ed esiliato in URSS durante la Seconda Guerra Mondiale, Marek Halter vi ha trascorso l'infanzia. La sua famiglia era stata evacuata dalle autorità sovietiche negli Urali orientali, confermando le parole di Solzhenitsyn

---

[604]Shmuel Trigano, *L'Idéal démocratique... à l'épreuve de la shoah*, Éditions Odile Jacob, 1999, p. 74. Dopo aver controllato, non ne abbiamo trovato traccia nel *Libro nero*, né a pagina 27, né altrove. Invece, leggiamo in quella pagina la seguente affermazione: "Jean Ellenstein ha definito il fenomeno stalinista come un misto di tirannia greca e dispotismo orientale."
"

[605]Marek Halter, *Un Homme, un cri*, Robert Laffont, Parigi, 1991, p. 19.

sull'evacuazione di massa degli ebrei dai territori invasi dai tedeschi come questione prioritaria. "Mia madre, scrive, aveva la tessera dell'Unione degli Scrittori Sovietici... Ero stato incluso nella delegazione dei Pionieri dell'Uzbekistan che dovevano partecipare alla Festa della Vittoria a Mosca... All'ultimo momento, fui incaricato di offrire a Stalin il bouquet dei Pionieri dell'Uzbekistan. Ero così eccitato che hanno dovuto spingermi. Stalin prese i miei fiori, mi passò la mano tra i capelli e disse qualcosa che non capii da quanto era sconvolto606. "È chiaro, quindi, che in alcuni ambienti sociali la resistenza contro la tirannia è iniziata un po' tardi e che, soprattutto, rispondeva a interessi molto specifici. Ancora una volta, la "memoria" è difettosa. Dopo la "memoria che sanguina", abbiamo con Marek Halter la "memoria che fallisce".

Elie Wiesel è stato un altro protagonista di quel periodo. Spesso sostiene anche di aver agito per conto dei dissidenti sovietici. E sarebbe inopportuno accusarlo di mobilitarsi solo a favore dei suoi correligionari: "Quando denuncio l'odio dell'ebreo, non sto forse condannando l'odio dell'altro? Chiedendo la libertà per gli ebrei russi, non sto forse sostenendo anche la causa dei dissidenti607? "La domanda è se avrebbe sposato la causa dei dissidenti prima che il regime si rivoltasse contro il "sionismo". La risposta è ovvia.

La testimonianza di Samuel Pisar nel suo libro *La risorsa umana* soffre delle stesse carenze. Nel testo che segue, che racconta l'arrivo delle truppe sovietiche in Polonia nel 1939, il lettore può avere l'impressione che il regime stesse perseguitando e deportando gli ebrei in Siberia, mentre in realtà è noto che si trattava di misure di protezione. Ancora una volta, notiamo questa tendenza a fare la vittima: "Nel 1939, quando avevo dieci anni, vidi per la prima volta i sovietici. Hitler e Stalin avevano diviso il Paese. Dal balcone della nostra casa ho visto passare la cavalleria rossa, slava, mongola e musulmana. Ricordo il sollievo dei miei genitori. E l'ho condiviso. Queste persone sono venute per salvarci dal peggio: per sfuggire alla furia nazista. In verità, abbiamo pagato a caro prezzo quella salvezza. Code interminabili per pane, verdure e vestiti. Angoscia per le visite notturne, per il bussare alla porta a mezzanotte. Un gran numero di famiglie ebree fu surrettiziamente radunato ed esiliato in Siberia. Tutte le fabbriche, tutti i negozi, espropriati e nazionalizzati, consegnati ai funzionari statali. Fu così che, vent'anni dopo il popolo russo, ricevemmo a Bialystock la rivoluzione bolscevica."

606Marek Halter, *Le Fou et les rois*, Albin Michel-Poche, 1976, p. 26, 33
607Elie Wiesel, *Mémoires, tome II*, Éditions du Seuil, 1996, p. 172.

Come Marek Halter, Samuel Pisar è stato in gioventù un piccolo soldato entusiasta del bolscevismo: "Anch'io sono diventato un piccolo bolscevico... I nostri insegnanti ci raccontavano molte storie sui crimini commessi dall'ancien régime, soprattutto contro i nostri correligionari. Un Uomo Nuovo, l'uomo socialista, stava emergendo dalla Storia[608]."

Solzhenitsyn aveva probabilmente ragione sul fatto che i finanziatori ebrei negli Stati Uniti non avrebbero mai collaborato con il regime se questo fosse stato antisemita. Samuel Pisar, e molti altri, hanno costruito le loro colossali fortune proprio grazie a questa fruttuosa collaborazione: "Negli ultimi venticinque anni", ha dichiarato, "ho girato l'Unione Sovietica. "Vi trascorse diversi soggiorni grazie all'amico Armand Hammer, il famoso miliardario presidente della compagnia occidentale Petroleum: "Hammer, all'età di ventitré anni, si recò in Unione Sovietica. Il giovane capitalista americano incontrerà personalmente la maggior parte dei leader sovietici, farà amicizia con loro e alla fine svilupperà con loro la prima collaborazione economica americano-sovietica... Tornato negli Stati Uniti, Hammer diventerà il "re" di molte cose: whisky, bestiame, arte, petrolio, ecc... accumulando una delle più grandi fortune del mondo e un potere in grado, se avesse voluto, di rovesciare le economie di molti Paesi. Il suo lussuoso ufficio di Los Angeles è pieno di foto con capi di Stato firmate con lode... Fu con questo favoloso, insondabile martello che arrivai a Mosca nel 1972[609]."

Samuel Pisar è stato un miracoloso sopravvissuto ad Auschwitz. Nel suo libro, racconta il suo calvario e spiega quello che sarà l'asse esistenziale guida di tutta la sua vita: "Trovare la via d'uscita, in fretta, a qualsiasi costo". "La storia che segue è straordinaria:

"Ero quel bambino che, a pochi metri di distanza, a pochi minuti dall'ingresso nella camera a gas, ha dovuto, contro ogni previsione, superare il destino e la morte - inventando "una via d'uscita". Quel ragazzo aveva quattordici anni e l'unica possibilità di sopravvivenza era trovare in se stesso il modo di forzare il destino: "Siamo arrivati al crematorio". Nessuno può più fuggire. Le colonne passano davanti a noi. Poi veniamo raggruppati. I condannati si scambiano silenziosamente sguardi in cui la rabbia di essere in trappola si unisce alla paura della morte imminente. In fondo alla sala d'attesa, dove siamo ammassati, vedo un secchio di legno e una spazzola. In mezzo alla paralisi delle anime e dei corpi, alla disperazione, mi accovaccio e comincio a lavare il pavimento con il vigore del prigioniero attivo e

[608]Samuel Pisar, La Ressource humaine, Jean-Claude Lattès, 1983, pagg. 112-113.
[609]Samuel Pisar, *La Ressource humaine*, Jean-Claude Lattès, 1983, pagg. 170, 171.

docile che svolge il compito assegnatogli. Non trascurando nessun angolo, mi dedico al mio lavoro con regolarità e applicazione, mentre mi avvicino, centimetro dopo centimetro, a quella che sembra essere un'uscita. Le guardie, che regolarmente sbirciano all'interno attraverso la porta aperta, mi vedono. Diventano ciò che avevo sperato nel mio improbabile piano: i miei complici. -Ehi, questa parte è ancora sporca, rifatela! Strofino il pavimento ancora più forte. Mi arrampico sui gradini che portano a quel miraggio: un'uscita. Afferro il secchio, la spazzola e inizio ad allontanarmi. Un grido o un fischio che mi dice di fermarmi; sto solo aspettando quella fatalità. Ma le guardie non sono più interessate a me. Con passo indolente, ritorno nell'anonimato del campo. Ancora vivo, raggiungo la mia caserma e crollo sul mio letto[610]."

Come Marek Halter, lui e la sua famiglia furono evacuati verso est il 22 giugno 1941, quando le truppe tedesche invasero l'URSS: "Fuggendo verso est con un camion che mio padre era riuscito a procurarsi, vidi i battaglioni dell'Armata Rossa trasformarsi in colonne stracciate, cenciose e affamate. Nessun comando o autorità, nessuna resistenza. Più che la sconfitta, mi ha stupito il modo in cui il loro coraggio è svanito. Il tradimento, la collaborazione con il nemico e la corruzione sembravano in loro una cosa ovvia e, per molti, addirittura una liberazione[611]."

Nella sua testimonianza sull'Armata Rossa c'erano una costernazione e un disprezzo che rendevano evidente, ancora una volta, la sua totale incapacità di comprendere la mentalità di persone che non erano come loro. Il fatto è che il popolo russo, che aveva sofferto così tanto per il collettivismo e le politiche antislave del bolscevismo, forse non desiderava nel 1941 dare la vita per un regime che lo trattava come un nemico nel proprio Paese. Né Samuel Pisar né Marek Halter sembrano in grado di vedere o sentire questa circostanza. D'altra parte, è un peccato che Samuel Pisar non abbia raccontato nel suo libro come sia riuscito a raggiungere Auschwitz dopo essere stato evacuato a est. Un simile episodio della sua vita avrebbe aiutato a comprendere la storia.

Seguendo la nostra ricerca, ci si rende conto che alcune testimonianze confermano effettivamente il ruolo degli ebrei nel bolscevismo sovietico. Shmuel Trigano ammise perfettamente questo ruolo, ma solo dopo la Seconda Guerra Mondiale. Come sempre, è andato esattamente contro la realtà. Secondo lui, gli ebrei hanno

---

[610]Samuel Pisar, *La Ressource humaine*, Jean-Claude Lattès, 1983, p. 48.
[611]Samuel Pisar, *La Ressource humaine*, Jean-Claude Lattès, 1983, pag. 115.

intrapreso il comunismo con grande spirito di sacrificio. Come al solito, non lo hanno fatto per se stessi, ma per l'intera umanità. Al contrario, la caduta del comunismo fu un'esperienza molto dolorosa e gli ebrei sperimentarono sofferenze infinite: "L'impegno per il comunismo si identificava con l'URSS che aveva trionfato contro il nazismo. Ha fornito agli ebrei, che ricordavano la loro esclusione, un modello di identificazione e una situazione che contrastava con l'emarginazione e il rifiuto al di fuori del sistema moderno che avevano subito. Trovarono così un modo per razionalizzare i loro sentimenti e le loro esperienze... In nome dell'umanità, si arruolarono in proporzione significativa nelle file di un partito-paria del sistema politico... L'impegno parossistico e singolare degli ebrei rifletteva così, in ultima analisi, il destino comune degli europei... È quindi comprensibile che il crollo dell'URSS nel 1989 abbia rappresentato per gran parte del mondo ebraico una svolta quasi altrettanto drastica della *Shoah* [Olocausto], idealizzata grazie all'impegno militante del dopoguerra. È stato negli anni '90 che gli ebrei sono veramente "usciti" dai campi di concentramento e si sono resi conto, nella loro interiorità censurata, della desolazione del mondo e della crisi della cittadinanza democratica[612]."

Il dolore è immenso, possiamo immaginare. Ma Shmuel Trigano non aveva scritto, trenta pagine dopo, che gli ebrei dovevano soffrire per il regime comunista? Non è la prima volta che vediamo contraddizioni nella stessa opera. Soprattutto, comprendiamo che alcuni spiriti hanno il genio di capovolgere le situazioni per confondere le acque e, alla fine, imputare agli altri le proprie nefandezze. Vedremo di seguito le antiche origini di questa singolare attitudine alle contorsioni intellettuali. Abbiamo già parlato del caso di Norman Mailer, che ha accusato i conservatori e i patrioti cristiani di fomentare la guerra contro l'Iraq. Nello stesso genere francamente contorto, possiamo citare questo passaggio di Jacques Attali: "Gli ebrei sono persino accusati di essere indirettamente responsabili della Shoah: Hitler, dicono alcuni storici tedeschi come Ernst Nolte, non era altro che una risposta al marxismo e all'Unione Sovietica. Basta aggiungere che il marxismo e l'URSS sono "creazioni ebraiche" perché l'ebreo persecutore diventi - suprema raffinatezza - responsabile della propria persecuzione[613]! "Naturalmente non può essere così, perché l'ebreo è, per così dire, innocente per natura.

---

[612]Shmuel Trigano, *L'Idéal démocratique... à l'épreuve de la shoah*, Éditions Odile Jacob, 1999, p. 34-35.
[613]Jacques Attali, *Les juifs, le monde et l'argent*, Fayard, 2002, pag. 483.

Non abbiamo nulla a che fare con questo

Per alcuni analisti, il comunismo è percepito come un'ideologia che genera razzismo. Ovviamente, si tratta di una tesi che non possiamo condividere in alcun modo. All'inizio degli anni '80, un consiglio comunale comunista della regione parigina aveva effettivamente adottato alcune misure forti contro la popolazione immigrata per compiacere il suo elettorato popolare. Questo è stato un ottimo pretesto per i nostri intellettuali per prendere ulteriormente le distanze. Evidentemente, si trattava di una via d'uscita per poter rifiutare con disgusto un'ideologia in cui erano stati pericolosamente coinvolti.

Quando parla di comunismo, il saggista Albert Memmi sottolinea intenzionalmente alcuni aspetti specifici della situazione: "Ricordiamo - scrive - l'azione sorprendente di alcune municipalità comuniste che espulsero i lavoratori nordafricani con straordinaria brutalità... Come politici competenti, sapevano come esprimere il potenziale razzismo delle loro truppe. È sufficiente esaminare le giustificazioni addotte per le loro azioni: le giovani coppie non trovano più alloggio negli HLM614, i figli dei lavoratori non trovano più posto nei campi scuola, parlano sempre peggio il francese a causa del contatto con i bambini stranieri; gli immigrati sono troppo rumorosi di notte in strada, la loro cucina puzza sui pianerottoli e sulle scale, la loro musica è assordante, rompono tutti i mobili, ecc. Il crimine dei comunisti è quello di aver usato questi sentimenti purtroppo molto reali615."

Marek Halter ha fatto la stessa analisi e si è espresso contro di essa, anche se esagerando molto, come al solito. Dopo le "ruspe comuniste a Vitry, le manifestazioni fasciste a Dreux e gli omicidi razzisti a Lione e Marsiglia, ecc. la situazione francese nel 1981 era più che allarmante. "la situazione francese nel 1981 era più che allarmante. Lo stesso Partito Comunista fa eco all'indicibile razzismo dei francesi autoctoni: "In Francia oggi, in questi tempi di crisi e di disoccupazione, si cerca di mettere la popolazione contro gli immigrati, i lavoratori francesi contro i lavoratori immigrati. Il partito comunista con le ruspe e il governo con i decreti discriminatori li indicano come capro espiatorio. Stanno per espellerli. Cinquecentomila figli di immigrati, nati qui e che parlano la nostra lingua, sono minacciati di espulsione616. "Questo è quanto si leggeva nel quotidiano *parigino Le Quotidien del* 2 maggio 1981.

---

[614]Alloggi sociali (NdT).

[615]Albert Memmi, *Le Racisme*, Gallimard, 1982, riedizione di pochi, 1994, p. 121.

[616]Marek Halter, *Un Homme, un cri*, Robert Laffont, Parigi, 1991, pagg. 142-146, 199.

Nel suo *Ideologia francese*, Bernard-Henri Lévy ha bruciato tutti i ponti per denunciare questo comunismo con cui non si può scendere a compromessi: "Vediamo che i ranghi del Partito Comunista sono volentieri alimentati da questi nuovi xenofobi", ha scritto, commentando un sondaggio condotto sui francesi nel 1980. "Questa collezione di ipocrisie e infamie mascherate è stata per un secolo forse la cosa più condivisa in Francia. Ancora oggi, la maggioranza delle persone in questo paese, sia di destra che di sinistra, di estrema sinistra o di estrema destra, vi si abbandona volentieri[617]. "Nel 1969, quando Georges Pompidou entrò a Matignon come primo ministro, *L'Humanité*, un giornale comunista, e *Aspects de la France*, un quotidiano monarchico, osarono entrambi titolare in prima pagina, mostrando la loro avversione per lui: "Il capo della banca Rothschild ha formato il governo[618]."

Per BHL era quindi chiaro che il partito comunista era antisemita e razzista e che questo era un motivo ampiamente sufficiente per rifiutare questa nauseante ideologia. Un uomo come George Marchais, che riprendeva il ritornello di "Jeanne la contadina" ed esprimeva la sua "preoccupazione per la salute morale del nostro popolo[619] ", gli ripugnava profondamente. Il suo "comunismo con i colori della Francia" era quello di Georges Sorel, che chiedeva un "socialismo gallico, tricolore e patriottico". "Non si dovrebbe avallare questa ordinaria xenofobia che fa sì che nella Parigi del 1980 un uomo, una donna e un bambino siano letteralmente in pericolo di vita perché la loro carnagione è leggermente diversa dalla nostra[620]. "Notiamo però che da diversi decenni gli immigrati sono sempre più numerosi nel voler affrontare il pericolo, senza tener conto della cattiveria, dell'aggressività e dell'ignominia dei francesi. In breve, né i mujiks russi né i bifolchi francesi saranno mai all'altezza di soddisfare questi signori.

Vediamo che in questi scrittori la denuncia del comunismo è ancora più virulenta perché permette loro di tagliare l'erba da sotto i piedi a tutti coloro che potrebbero ancora accusare gli ebrei di essere diventati propagandisti del "giudeo-bolscevismo". Il "dovere di

---

[617]Bernard-Henri Lévy, *L'Idéologie française*, Grasset, 1981, p. 216.
[618]Bernard-Henri Lévy, *L'Idéologie française*, Grasset, 1981, pag. 280.
[619]Celebre discorso di George Marchais, segretario del PCF, a Montigny-les-Cormeilles il 21 febbraio 1981. Georges Marchais aveva chiesto di fermare l'immigrazione, visto l'alto livello di disoccupazione già all'epoca.
[620]Bernard-Henri Lévy, *L'Idéologie française*, Grasset, 1981, p. 97.

ricordare" non è più valido di fronte alla necessità vitale di dimenticare - il prima possibile!

Grossolane falsificazioni e provocazioni antisemite

Per il grande storico dell'ebraismo Leon Poliakov, il ruolo svolto dagli ebrei nella Rivoluzione russa non deve essere completamente negato, ma deve essere visto nella sua giusta luce per non dare adito a divagazioni antisemite e porre così fine alle "chimere che ossessionano così tanto l'immaginazione cristiana su certi punti", come egli ha gentilmente affermato: "Alcuni ebrei, ha ammesso, hanno giocato un ruolo di primo piano, un ruolo più che sufficiente per confermare e dare per buono, nell'opinione della grande massa di antibolscevichi di ogni genere e condizione, il vecchio mito della rivoluzione ebraica. "Ma resta il fatto che "il primo governo formato nel novembre 1917 dai bolscevichi aveva un solo ebreo (Trotsky) su quindici membri."

Tra le elucubrazioni antisemite, "mancava un pezzo del puzzle. Rivoluzione ebraica o giudeo-tedesca, d'accordo: ma qual è stato il ruolo dei capitalisti internazionali ebrei? Una serie di falsi venduti a Pietrogrado dal giornalista Eugene Semyonov al diplomatico Edgar Sisson fornì la risposta: i bolscevichi, in primis Trotsky, erano finanziati da un "sindacato renano-westfalico" attraverso il banchiere ebreo Max Warburg e il bolscevico ebreo Furstenberg. "Lo stesso governo americano pubblicò i documenti nel settembre 1918 con il titolo *The German-Bolshevik Conspiracy*. "La data del documento merita di essere ricordata, scrive Poliakov, in quanto costituisce la prima pubblicazione ufficiale di un falso antisemita. La propaganda antisemita si spinse oltre con "il presunto rapporto segreto del governo francese, fabbricato a New York da un emigrato russo, che riportava in dettaglio l'elenco dei principali leader comunisti, tutti ebrei tranne Lenin, e che descriveva i loro obiettivi di dominazione sionista universale". Quel rapporto era "scritto in un linguaggio assolutamente inverosimile, trasmettendo in qualche modo le chimere che tanto ossessionano l'immaginazione cristiana in alcuni momenti, forse in modo cronico"."

Queste odiose bugie sono continuate anche dopo la vittoria dei comunisti. "Un terzo falso, il documento di Zunder, ebbe l'onore nel 1922 di essere letto integralmente dal rostro del giovane parlamento cecoslovacco. Secondo una quarta, diffusa nel 1922 negli Stati Uniti dal re dell'automobile Henry Ford, gli ebrei dell'East Side di New York avevano designato il successore dell'ultimo zar. Queste favole inventate negli uffici di Rostov o di Kiev hanno messo in guardia tutti i popoli della terra dall'esistenza di una cospirazione ebraica mondiale. Non dobbiamo nemmeno dimenticare il mito storicamente più influente e dinamico, *I Protocolli degli Anziani di Sion,* stampato in centinaia di migliaia di copie nei territori controllati dai bianchi621. "L'8 maggio 1920, il *Times* di Londra pubblicò un articolo intitolato *The Jewish Peril in cui si* suggeriva che il Primo Ministro britannico Lloyd George aveva avviato trattative con un gruppo di cospiratori. "La manifestazione si è basata sui *Protocolli degli Anziani di Sion,* contribuendo così alla sua notorietà in tutto il mondo e amplificando l'odiosa e fuorviante propaganda622."

Nel seguito della sua *Storia dell'antisemitismo,* Leon Poliakov ha espresso la sua opinione sulla "disputa tra storici". "Troviamo in Nolte i semi di un revival del mito hitleriano e una legittimazione del nazionalsocialismo come unica forma efficace di lotta contro il marxismo. Hitler viene presentato come il primo eroe nazionale e internazionale della lotta contro il bolscevismo ebraico mondiale623. "Poliakov ha tratto questa conclusione inappellabile: "L'argomentazione di Nolte può giustificare i crimini antisemiti che verranno624. Se è vero che "ai posti di comando, gli ebrei sembravano vittoriosi e onnipotenti". Il Comitato Centrale del Partito aveva tre ebrei

---

[621]Léon Poliakov, *Histoire de l'antisémitisme,* 1981, Calmann-Lévy, 1991, Points Seuil, vol. 2, p. 394-395. I russi bianchi erano la parte della popolazione russa che non aveva accettato il colpo di Stato bolscevico e aveva combattuto nella guerra civile.

[622]Léon Poliakov, *Histoire de l'antisémitisme,* 1981, Points Seuil, vol. 2, p. 411-412. [È interessante citare anche una lettera che all'epoca suscitò una certa polemica, dopo essere stata pubblicata il 1° giugno 1928 su *La Revue de Paris.* Si tratta di una presunta lettera scritta nel 1879 dal rabbino Baruch Levy a Karl Marx, in cui si legge: "Il popolo ebraico nel suo insieme sarà il proprio Messia. Il suo regno sull'universo si realizzerà con l'unificazione delle altre razze umane, l'abolizione delle monarchie e delle frontiere che sono il baluardo del particolarismo e l'istituzione di una Repubblica Universale che riconoscerà ovunque i diritti di cittadinanza degli ebrei. In questa nuova organizzazione dell'umanità, i figli di Israele, ora sparsi su tutta la superficie della terra, tutti della stessa razza e di uguali tradizioni, riusciranno senza troppa opposizione a diventare l'elemento di punta in tutto e dappertutto se riusciranno a imporre la leadership ebraica alle masse lavoratrici. Così, con la vittoria del proletariato, i governi di tutte le nazioni passeranno nelle mani degli israeliti attraverso la realizzazione della Repubblica Universale. La proprietà individuale potrà poi essere abolita dai governanti di razza ebraica, che potranno così amministrare la ricchezza dei popoli ovunque. Così si realizzerà la promessa del Talmud secondo cui, quando arriveranno i tempi messianici, gli ebrei avranno sotto chiave le proprietà di tutti i popoli della terra. "L'autenticità della lettera era abbastanza convincente da essere trascritta da Flavien Brenier "Salluste" nel suo libro *Le origini segrete del bolscevismo: Heinrich Heine e Karl Marx,* Parigi: J. Tallandier, 1930, Déterna Éditions, 2014. (NdT)]

[623]Léon Poliakov, *Histoire de l'antisémitisme 1945-1993,* Points Seuil, 1994, p. 42-43.

[624]Léon Poliakov, *Histoire de l'antisémitisme 1945-1993,* Points Seuil, 1994, p. 54.

su sette membri: Trotsky, all'epoca paragonabile a Lenin e che sarebbe stato più popolare di lui nell'esercito, nonché Kamenev e Zinoviev, il capo della Terza Internazionale. Inoltre, Yakov Sverdlov fu eletto presidente del Comitato esecutivo, cioè capo del giovane Stato sovietico... Tuttavia, gli ebrei costituivano solo il 16% degli iscritti al Partito, contro il 60% di origine russa625."

Sul *Sole d'Inverno*, anche Jean Daniel ha contribuito con il suo granello di sabbia all'analisi della "disputa degli storici". Secondo il suo ragionamento, Ernst Nolte e Stéphane Courtois potevano essere sospettati di antisemitismo perché avevano sollevato - anche se con estrema cautela - il problema della forte presenza di ebrei nel regime bolscevico. Ovviamente, questo secondo lui era altamente condannabile e inaccettabile come argomento per spiegare la nascita del nazionalsocialismo per il semplice motivo che gli ebrei tedeschi erano perfettamente integrati nella società tedesca. "Sapevo - al contrario di François Furet, Besançon e Revel - che questo Stéphane Courtois non era uno di noi. Che era più preoccupato di mettere la mostruosità di Stalin al di sopra di quella di Hitler626... Va notato che nessuno dei due storici che si sono impegnati in un dialogo così edificante su questo argomento è di origine ebraica: il francese François Furet e il tedesco Ernst Nolte... Sfortunatamente per Ernst Nolte, l'integrazione degli ebrei tedeschi nella patria tedesca aveva raggiunto un grado così alto che avrebbe dovuto ignorare l'ostacolo della differenza ebraica. Come avrebbe potuto Hitler ignorare questa integrazione di ebrei nel suo Paese con il pretesto che c'era un numero insolito di ebrei nei principali Stati del bolscevismo in Russia e altrove? È una questione che Nolte non vuole sollevare. Si rifiuta sospettosamente di farlo627. "Questo si chiama menare il can per l'aia.

Vediamo quindi che Solzhenitsyn aveva ragione a indignarsi per il rifiuto della stragrande maggioranza degli intellettuali ebrei di accettare la loro parte di responsabilità nell'esperimento comunista. Durante questo difficile esercizio di mea culpa, abbiamo almeno potuto apprezzare la grande padronanza che hanno di tutte le forme di contorsione intellettuale, una più sorprendente dell'altra. Dopo tutto, i circhi itineranti di Barnum, Zavata, Gruss, Amar, Pinder e altri sono sempre stati lì per distrarre e divertire gli incorreggibili bifolchi che siamo rimasti in fondo.

---

[625] Léon Poliakov, *Histoire de l'antisémitisme 1945-1993*, Points Seuil, 1994, pag. 260.
[626] Jean Daniel, *Soleil d'hiver*, Carnets 1998-2000, Grasset, Poche, 2000, p. 330.
[627] Jean Daniel, *Soleil d'hiver*, Carnets 1998-2000, Grasset, Poche, 2000, p. 354.

2. Spiegare il fenomeno

L'antisemitismo esisteva molto prima della rivoluzione bolscevica, quindi non può essere considerato l'unica causa del fenomeno. Quali spiegazioni si possono dare alle atroci persecuzioni subite dagli ebrei nel corso della loro storia? In primo luogo, gli intellettuali hanno proposto la teoria del capro espiatorio, ossia la designazione di un nemico responsabile di tutti i mali e che doveva essere eliminato per garantire l'armonia sociale e la pace. Un secondo tipo di spiegazione sottolinea il rifiuto umano della differenza e l'invidia dei mediocri nei confronti dei vincenti. Il gruppo sociale dominante ha infatti una tendenza naturale a rifiutare lo straniero, l'estraneo, l'outsider, il marginale e l'emergente. Una terza reazione manifesta piuttosto una totale incomprensione del fenomeno. L'impossibilità di spiegare il male porta allora a una quarta spiegazione: la follia delle persone, la malattia mentale di chi ne è colpito.

I capri espiatori

Hannah Arendt è stata una figura centrale nel mondo intellettuale del dopoguerra e il suo libro *Le origini del totalitarismo* è tuttora un'opera di riferimento per comprendere le grandi trasformazioni del XX secolo. Il suo interessante *antisemitismo* costituisce la prima delle tre parti del suo libro. Hannah Arendt ha cercato di dimostrare che l'aumento dell'antisemitismo nel XIX secolo non corrispondeva affatto al prodigioso aumento del potere degli ebrei nella società europea dopo la loro emancipazione, come gli spiriti superficiali avevano fino ad allora creduto, ma, paradossalmente, alla perdita di potere e di influenza dei finanzieri ebrei. Nell'antico Impero germanico, diviso in centinaia di piccoli principati quasi indipendenti, è noto che i principi tedeschi avevano sempre intorno a sé, come grandi tesorieri, quelli che venivano chiamati "ebrei di palazzo". Nel XVII e XVIII secolo, questi erano i loro consulenti finanziari e intermediari a livello europeo.

Seguendo l'esempio della Rivoluzione francese, nel corso del XIX secolo la cittadinanza fu concessa agli ebrei in quasi tutti i Paesi europei, con la notevole eccezione di Russia e Romania. Dopo i cambiamenti rivoluzionari e la riorganizzazione territoriale della

Germania, spiega Hannah Arendt, "nei primi decenni di questa evoluzione gli ebrei persero la loro posizione esclusiva nella finanza pubblica a favore di imprenditori di mentalità imperialista; la loro importanza come gruppo diminuì, anche se alcuni ebrei mantennero la loro influenza, sia come consulenti finanziari che come intermediari intereuropei". Questi ebrei, tuttavia, avevano ancora meno bisogno della comunità ebraica in senso lato, nonostante la loro ricchezza, rispetto agli ebrei di palazzo del XVII e XVIII secolo, e quindi spesso si separavano completamente dalla comunità ebraica. Le comunità ebraiche non erano più organizzate economicamente e, sebbene agli occhi del mondo gentile alcuni ebrei di alto livello fossero ancora rappresentativi dell'ebraismo in generale, la realtà materiale dietro questa idea era scarsa o nulla628. Dobbiamo quindi ritenere che "come gruppo, l'ebraismo occidentale si è disintegrato insieme allo Stato-nazione nei decenni precedenti lo scoppio della Prima guerra mondiale". "Si può osservare che "l'antisemitismo raggiunse il suo apice quando gli ebrei avevano perso le loro funzioni pubbliche e la loro influenza ed erano rimasti solo con la loro ricchezza. Quando Hitler salì al potere, le banche tedesche erano già quasi interamente *giudaizzate* (ed era proprio in quel settore che gli ebrei avevano occupato posizioni decisive per oltre cento anni)... Lo stesso si può dire di quasi tutti i Paesi dell'Europa occidentale. L'affare Dreyfus non è scoppiato sotto il Secondo Impero, quando l'ebraismo francese era all'apice della sua prosperità e della sua influenza, ma sotto la Terza Repubblica, quando gli ebrei erano quasi completamente scomparsi dalle posizioni importanti (anche se non dalla scena politica). L'antisemitismo austriaco non divenne violento sotto Metternich e Francesco Giuseppe, ma nel dopoguerra, quando divenne chiaro che nessun altro gruppo aveva subito una tale perdita di influenza e di prestigio a causa della scomparsa della monarchia asburgica629. "Un gruppo dirigente è rispettato se svolge una funzione utile per la società. Diventa rapidamente il bersaglio del risentimento popolare se si limita a mantenere i privilegi della sua funzione senza assumersi la responsabilità sociale.

---

[628]Hannah Arendt, *Le origini del totalitarismo*, *l'antisemitismo*, 1951, Taurus-Santillana, Madrid, 1998, p. 37. Il banchiere marrano di Elisabetta, i finanziatori degli eserciti di Cromwell, Federico II, l'imperatore d'Austria e Bismarck non dettarono la politica ai sovrani, perché se avessero osato ingannarli avrebbero probabilmente finito i loro giorni in una prigione malsana.
[629]Hannah Arendt, *Le origini del totalitarismo*, *l'antisemitismo*, 1951, Taurus-Santillana, Madrid, 1998, pag. 29.

"L'elemento ebraico nazionale e intereuropeo divenne oggetto di odio universale proprio per la sua inutile ricchezza e di disprezzo per la sua mancanza di potere630. "Le accuse degli antisemiti sul potere degli ebrei non avevano quindi alcuna base valida. Gli antisemiti, che personificano la "bassezza umana", non attaccano i potenti, ma "gruppi privati del potere o che rischiano di perderlo", cioè gruppi senza difesa. Il caso Dreyfus ne fu un buon esempio, scrisse Hannah Arendt, perché "non fu un caso che ciò avvenne poco dopo che l'ebraismo francese autoctono, durante lo scandalo di Panama, cedette all'iniziativa e alla spregiudicatezza di alcuni avventurieri ebrei tedeschi631."

Il successo dell'antisemitismo nella Francia di fine Ottocento "può essere attribuito anche alla mancanza di autorità della Terza Repubblica, che fu approvata da una maggioranza risicata. Agli occhi delle masse lo Stato aveva perso il suo prestigio insieme alla monarchia e gli attacchi allo Stato non erano più un sacrilegio... . Qui era molto più facile attaccare gli ebrei e lo Stato insieme632."

"La crescente influenza delle grandi imprese sullo Stato e la diminuzione del bisogno di servizi ebraici da parte dello Stato minacciarono la scomparsa del banchiere ebreo e determinarono alcuni cambiamenti nelle occupazioni ebraiche... . Un numero sempre maggiore di ebrei abbandonò le finanze statali per dedicarsi all'imprenditoria indipendente. "L'afflusso dei figli di genitori ebrei benestanti verso le professioni colte fu particolarmente evidente in Germania e in Austria, dove gran parte delle istituzioni culturali, come giornali, case editrici, musica e teatro, divennero imprese ebraiche. Ciò che è stato reso possibile dalla tradizionale preferenza e dal rispetto degli ebrei per le occupazioni intellettuali ha determinato una vera e propria rottura con la tradizione, l'assimilazione intellettuale e la nazionalizzazione di importanti strati dell'ebraismo dell'Europa occidentale e centrale. Politicamente, significava l'emancipazione degli ebrei dalla protezione dello Stato633."

Nonostante la sua notevole ingegnosità, la tesi di Hannah Arendt non è stata ripresa da nessun autore. Oltre ad aver completamente evitato il fenomeno socialista, la sua spiegazione di un antisemitismo

[630]Hannah Arendt, *Le origini del totalitarismo*, *l'antisemitismo*, 1951, Taurus-Santillana, Madrid, 1998, p. 37.
[631]Hannah Arendt, *Le origini del totalitarismo*, *l'antisemitismo*, 1951, Taurus-Santillana, Madrid, 1998, p. 88.
[632]Hannah Arendt, *Le origini del totalitarismo*, *l'antisemitismo*, 1951, Taurus-Santillana, Madrid, 1998, p. 60.
[633]Hannah Arendt, *Le origini del totalitarismo*, *l'antisemitismo*, 1951, Taurus-Santillana, Madrid, 1998, p. 64.

che attacca una comunità indebolita dalla perdita di potere nel XIX secolo contraddice totalmente tutto ciò che era stato generalmente accettato fino ad allora, ovvero che l'emancipazione degli ebrei europei aveva portato a un notevole aumento della loro influenza fin dall'inizio. Come abbiamo visto, questo a volte paga, ma in questo caso la tesi non ha mai preso piede. L'immagine del favoloso potere dei cinque fratelli Rothschild che dominano l'Europa del XIX secolo rimane il riferimento mitico della "fortuna anonima e vagabonda634."

Il grande scrittore Primo Levi, la cui opera è studiata in tutte le scuole superiori d'Europa, aveva un'interpretazione più classica dell'antisemitismo. Ricordando i tempi tristi che ha dovuto vivere, ha detto: "C'erano leggi assurde, ingiuste e vessatorie. Ogni giorno i giornali erano pieni di bugie e insulti. Abbiamo assistito a una ridicola e crudele inversione della verità: gli ebrei sono stati considerati non solo i nemici dello Stato, ma anche i negatori della giustizia e della morale, i distruttori della scienza e dell'arte, le termiti che, con la loro attività nascosta, minano le fondamenta dell'edificio sociale, i colpevoli dell'imminente conflitto. "Ha instillato nei giovani tedeschi "un odio viscerale, una ripugnanza fisica verso l'ebreo, distruttore del mondo e dell'ordine, colpevole di tutti i mali". Come ogni potere assoluto, il nazismo aveva bisogno di un anti-potere, di un anti-Stato, su cui scaricare la colpa di tutti i problemi, presenti e passati, reali e presunti, di cui i tedeschi soffrivano. Indifesi e spesso considerati come gli "Altri", gli ebrei costituivano l'anti-Stato ideale, il bersaglio contro cui dirigere l'esaltazione nazionalista e manichea che la propaganda nazista alimentava nel Paese635. Per Primo Levi, "l'antisemitismo è un fatto

---

[634]Più interessante per noi è la sua analisi dell'assimilazione di un certo ceto medio ebraico di intellettuali, artisti e rampanti: "La secolarizzazione, quindi, ha finalmente determinato quel paradosso, così decisivo per la psicologia degli ebrei moderni, per cui l'assimilazione ebraica nella sua liquidazione della coscienza nazionale, nella sua trasformazione da religione nazionale a denominazione e nel suo modo di rispondere alle fredde e ambigue richieste dello Stato e della società con risorse e trucchi psicologici altrettanto ambigui - ha generato un vero e proprio sciovinismo ebraico, se per sciovinismo intendiamo il nazionalismo perverso in cui "l'individuo è egli stesso ciò che adora"; l'individuo è il proprio ideale e persino il proprio idolo". Laddove gli ebrei sono stati educati, secolarizzati e assimilati nelle condizioni ambigue della società e dello Stato dell'Europa occidentale e centrale, hanno perso quella misura di responsabilità politica che la loro origine implicava e che i notabili ebrei avevano sempre sentito, anche se sotto forma di privilegio e dominio. L'origine ebraica, priva di connotazioni religiose e politiche, divenne ovunque una qualità psicologica, divenne "ebraismo" e da quel momento in poi poté essere considerata solo all'interno delle categorie di virtù o vizio. "In *Le origini del totalitarismo*, *L'antisemitismo*", pagg. 81, 88.

[635]Primo Lévi, *L'asymétrie et la vie, articoli*, Robert Laffont, 2002, p. 90.

antico e complesso, le cui radici sono barbariche, quasi pre-umane (esiste, come è noto, un razzismo zoologico negli animali sociali); ma viene periodicamente rilanciato in virtù di un cinico calcolo la cui utilità in tempi di instabilità e sofferenza politica permette di trovare o inventare un capro espiatorio a cui attribuire tutti i problemi passati, presenti e futuri, e su cui scaricare le tensioni aggressive e vendicative del popolo". Gli ebrei, dispersi e indifesi, sono stati presentati, dopo la diaspora, come le vittime ideali. La Germania di Weimar era malata e instabile, aveva bisogno di un capro espiatorio636."

Troviamo lo stesso tipo di spiegazioni da parte degli intellettuali francesi. Albert Memmi ha analizzato l'antisemitismo tedesco degli anni '30 come segue: l'ebreo, ha scritto, "era particolarmente a suo agio. Il suo stereotipo negativo era già diffuso e poteva facilmente servire da valvola di sfogo per l'aggressività del popolo tedesco, come di tutti gli altri popoli conquistati... Dal suo grasso si poteva ricavare sapone, dalla sua pelle lanterne e dai suoi capelli stoffe637."

In *Tierra-Patria*, anche il sociologo Edgar Morin ci ha fornito la sua spiegazione dell'antisemitismo hitleriano. Dopo la guerra, "le disgrazie e l'angoscia della disoccupazione e della miseria ravvivano il sentimento di umiliazione nazionale provocato dal Trattato di Versailles, e la paura del comunismo "senza Stato" infiammerà il desiderio di vendetta nazionalista e l'odio verso gli ebrei, indicati da Hitler come diabolici manipolatori di un complotto internazionale plutocratico-bolscevico638. "Questa era davvero una visione delirante della realtà.

Da parte sua, l'umanista Marek Halter, instancabile sostenitore della Pace, non nascondeva una certa cupezza, come abbiamo già visto, sull'evoluzione dei Paesi dell'Est dopo la caduta dei regimi totalitari: "Questa nuova situazione ha riportato l'animosità arcaica verso l'altro, il diverso, che viene di nuovo accusato di tutti i mali, che viene umiliato e, se necessario, ucciso. Nella storia di questi Paesi, l'altro, lo straniero, il diavolo, è sempre stato l'ebreo. Da qui la rinascita dell'antisemitismo. Gli ebrei sono ritenuti responsabili di tutto ciò che è andato male, sta andando male o andrà male in Unione Sovietica. Sono incolpati delle

---

636Primo Lévi, *La Stampa*, 20 maggio 1979, in *L'asymétrie et la vie, articoli*, Robert Laffont, 2002.
637Albert Memmi, *Le Racisme*, Gallimard, 1982, réédition de poche, 1994, p. 92, 93. Per quanto oggi possano sembrare sorprendenti, queste atrocità erano comunemente ammesse dalla storiografia degli anni Ottanta. Sono stati abbandonati negli anni '90.
638Edgar Morin e Anne-Brigitte Kern, *Tierra-Patria*, 1993, Editorial Kairós, Barcellona, 2005, pagg. 25-26.

persecuzioni staliniane, della distruzione del patrimonio russo, della miseria economica e persino della perestrojka."

Tutto questo era completamente falso, naturalmente, ma queste calunnie hanno dato adito alle peggiori ipotesi: "Così gli ebrei hanno paura", ha spiegato Marek Halter, "e ancora una volta sono costretti all'esilio, sempre vittime, sempre perseguitati". Per questo motivo fuggono in Israele. "È importante capire che "non è, come credono alcuni arabi, per danneggiare i palestinesi che Israele li accoglie, ma per salvare i perseguitati639. "Dobbiamo quindi capire che le persecuzioni subite dagli ebrei nei Paesi dell'Europa orientale dopo la caduta del comunismo non sono state riportate da nessun mezzo di comunicazione perché gli antisemiti, proprietari dei media, hanno probabilmente organizzato una cospirazione del silenzio sull'argomento. "Ai miei amici palestinesi dico questo: Non temete. Gli ebrei sovietici stanno lasciando il loro Paese perché l'ambiente è diventato ostile per loro; non si stabiliranno né in Cisgiordania né a Gaza, dove l'ambiente sarebbe ancora più ostile. "Questo discorso era probabilmente necessario per rassicurare una popolazione palestinese legittimamente preoccupata per l'afflusso di centinaia di migliaia di coloni di origine sovietica negli anni Novanta. Speriamo solo che in questo caso i palestinesi mostrino un po' più di gratitudine rispetto alle popolazioni europee liberate dal giogo comunista, altrimenti Marek Halter rischia di sprofondare nella più profonda disperazione.

Riguardo all'interpretazione dell'antisemitismo, Shmuel Trigano ha scritto: "So per esperienza che l'antisemitismo è un fenomeno paragonabile a uno strumento di misurazione sociale. Permette di rilevare il grado di malessere di una società... Nella tempesta, nella disoccupazione, nell'inflazione, nel caos sociale, nel terrorismo, nella paura, bisogna trovare qualcuno da incolpare. È sempre colpa di qualcuno - colpa dell'altro640."

In un libro di interviste intitolato *Ritratti ebraici641*, pubblicato in Germania nel 1989, le opinioni di diverse personalità ebraiche tedesche e dell'Europa centrale che hanno vissuto le ore tragiche della Seconda guerra mondiale coincidono con le testimonianze sopra riportate. Di seguito abbiamo estratto alcune affermazioni che riguardano il nostro

---

[639]Marek Halter, *Un Homme, un cri*, Robert Laffont, Parigi, 1991, pagg. 291-292.
[640]Shmuel Trigano, *L'Idéal démocratique... à l'épreuve de la shoah*, Éditions Odile Jacob, 1999, p. 43.
[641]Herlinde Loelbl, *Portraits juifs, Photographies et entretiens*, L'Arche éditeur, Francfort-sur-le Main, 1989, 2003 per la versione francese.

tema, ovvero le radici dell'antisemitismo, l'identità ebraica e lo spirito universalistico. Queste testimonianze sono particolarmente importanti perché tutti questi personaggi fanno parte dell'élite sociale e intellettuale della comunità ebraica.

Il primo è Bruno Bettelheim, psicosociologo nato nel 1903 a Vienna: "- Secondo lei, quali sono state le cause dell'antisemitismo storico? - Esse variano da un periodo all'altro. Penso in ogni caso che i cristiani non abbiano perdonato agli ebrei il fatto che l'origine della loro religione sia ebraica e che Cristo stesso fosse ebreo. È stato difficile conviverci, vero? Ma l'inconscio sapeva ancora che Gesù Cristo era un ebreo. Inoltre, era sempre molto comodo avere un capro espiatorio a portata di mano."

Edward Goldstücker, professore di letteratura a Brighton, nato nel 1913 a Odbiel, in Cecoslovacchia:

"Che spiegazione avete dell'antisemitismo? - Gli ebrei erano una minoranza straniera che si nascondeva nella sua differenza. Minoranza, erano quindi privi di difese e costituivano un bersaglio ideale per chi voleva scatenare i propri impulsi aggressivi."

Arthur Brauner, produttore cinematografico a Berlino, nato nel 1918 a Lodz, in Polonia:

"Si può spiegare l'antisemitismo dei tedeschi e di altri popoli? - Se fosse esistito uno Stato di Israele durante i duemila anni della diaspora, non ci sarebbe stato antisemitismo. Almeno non in questa forma e dimensione. Ma poiché per duemila anni non è esistito uno Stato di Israele, gli ebrei erano impotenti. Si è rispettati e stimati quando si è forti, anche solo per paura."

George Tabori, scrittore, attore e regista viennese, nato a Budapest nel 1914: "Per quanto riguarda l'antisemitismo, le solite spiegazioni sociologiche ed economiche non reggono. L'ostilità contro gli ebrei si è manifestata anche in luoghi in cui chiaramente non rappresentavano una concorrenza o una minaccia economica. L'esempio più recente che mi viene in mente è l'Austria. L'antisemitismo è in fondo un'ideologia di vigliaccheria. Si proiettano le proprie paure e la propria aggressività sugli altri, che si sentono minacciati e si sfogano. Naturalmente, è meglio scegliere un gruppo debole e disarmato, un gruppo che non può difendersi. Gli ebrei sono sempre stati i capri espiatori ideali e le prime vittime nelle situazioni di crisi. Sono stati gli ebrei a formulare le leggi - i Dieci Comandamenti, le prescrizioni igieniche di Mosè - e, di fatto, il Discorso della Montagna non è altro che una riproposizione degli antichi testi profetici. Queste leggi sono buone, ragionevoli, in un certo senso un perfetto codice morale. Ma è impossibile per noi osservarli tutti fino in fondo. Da qui il sentimento di cattiva coscienza, di irritazione permanente nei confronti degli ebrei. Rappresentano la legge biblica e la loro semplice esistenza ricorda ai cristiani l'ideale inaccessibile642. -C'è un paese che considera la sua patria? - Per molto tempo ho avuto nostalgia dell'Ungheria, ma ormai è acqua passata. Per me tutti questi discorsi sulla patria e sul patriottismo sono dannosi. "In precedenza aveva dichiarato: "New York è una città ebraica. Ci si sente, per così dire, a casa."

Nella sua analisi della situazione in Medio Oriente, il grande giornalista e scrittore americano Norman Mailer sembrava preoccuparsi principalmente della sorte degli ebrei, senza alcuna considerazione per i popoli stranieri. Secondo lui, l'antisemitismo non sarebbe altro che un mezzo molto pratico utilizzato dai Paesi arabi per giustificare il loro abbandono. "È nell'interesse dei Paesi arabi che Israele sia il cattivo. Pur essendo ebreo fino al midollo, non sono un patriota ebreo nel senso di difendere Israele, il mio Israele, contro ogni previsione. Non provo questi sentimenti. Ma credo che la fine dell'Olocausto ci abbia dato un grande esempio di quanto crudeli e disumani fossero gli sceicchi e i massimi dirigenti di molti Paesi arabi in quel periodo. Avrebbero potuto dire: "Lasciate che gli ebrei occupino questa terra. Non ci danneggerà. Potremmo anche usarli per i nostri scopi. Non l'hanno fatto. Hanno scelto di considerare i sopravvissuti all'Olocausto come nemici. Hanno usato Israele per spostare su Israele l'odio contro i loro stessi regimi. "E di nuovo, vediamo le stesse rotatorie, le solite contorsioni che ci permettono di rigirare le questioni nei modi più implausibili. Sentite questa: "I sauditi hanno ora un magnifico stratagemma: usano i palestinesi come giustificazione per il loro odio verso Israele, mentre in realtà vedono Israele come la loro salvaguardia contro i palestinesi643. "Questa dialettica ci ricorda le parole di Cohn-Bendit sull'immigrazione in Germania, quando scrisse esplicitamente che le frontiere dovrebbero essere aperte per limitare l'immigrazione e che l'immigrazione dovrebbe essere incoraggiata per ridurre il razzismo.

Questa tendenza di fondo a invertire i valori e a negare l'evidenza più consolidata è stata messa in luce da Friedrich Nietzsche, che l'ha espressa in modo mirabile nella sua *Genealogia della morale*: "Sono stati gli ebrei che, con terrificante conseguenza logica, hanno osato invertire l'identificazione aristocratica dei valori (buono = nobile = potente = bello = bello = felice = amato da Dio) e hanno sostenuto con

---

[642]Notiamo questo mirabile esempio di contorsione intellettuale.

[643]Norman Mailer, *Perché siamo in guerra?* Editorial Anagrama, 2003, Barcellona, p. 104, 105.

i denti dell'odio più abissale (l'odio dell'impotenza) quell'inversione, cioè "i miserabili sono i buoni; i poveri, gli impotenti, i bassi sono gli unici buoni"; i sofferenti, gli indigenti, i malati, i deformi sono anche gli unici pii, gli unici benedetti da Dio, solo per loro c'è la beatitudine, - ma voi, voi, nobili e violenti, siete, per tutta l'eternità, i malvagi, i crudeli, i lascivi, gli insaziabili, gli atei, e anche voi sarete eternamente i miserabili, i maledetti e i dannati644! "L'inversione accusatoria è una forza potente e temibile645.

Infine, Norman Mailer prosegue ingenuamente il filo della sua riflessione sull'antisemitismo delle nazioni arabe in Medio Oriente, affermando: "Se i leader arabi fossero stati un po' gentili, avrebbero potuto dire che queste persone avevano passato l'inferno... Invece li hanno dichiarati nemici. Gli israeliani non avevano altra scelta che cercare di rafforzarsi. Così facendo, alcuni dei tratti migliori del carattere ebraico - l'ironia, l'arguzia, l'amore per la verità, l'amore per la saggezza e la giustizia - hanno subito un deterioramento interno... Sono quindi propenso a pensare, conclude Mailer, che la migliore spiegazione dell'11 settembre sia che quel giorno il diavolo ha vinto una grande battaglia. Sì, Satana è stato il pilota che ha guidato quegli aerei in quell'esito atroce[646]."

Assassini politici

Non dobbiamo pensare che gli ebrei siano incapaci di difendersi. Questa opinione, diffusa dopo la drammatica prova dell'Olocausto, tende a dare credito all'idea antisemita della debolezza intrinseca del popolo ebraico e della presunta superiorità della "razza ariana". Gli ebrei, al contrario, hanno dimostrato in molte occasioni di avere la forza di opporsi ai loro oppressori e di saper difendere i loro diritti e i loro interessi con notevole vigore.

Per rispondere all'affermazione di Boris Pasternak, riguardante "il modo modesto e abnegante degli ebrei di tenersi separati", "la loro fragilità e la loro incapacità di reagire", potremmo iniziare citando alcuni esempi di atti di coraggio che Solzhenitsyn ha riportato nel suo libro e che illustrano il coraggio fisico e prolungato stimolato dallo spirito di vendetta. In epoca zarista, quando i rivoluzionari russi

---

[644]Friedrich Nietzsche, *La Genealogía de la moral*, Alianza Editorial de bolsillo, 2005, Madrid, p. 46.
[645]Si veda Hervé Ryssen, *Lo specchio del giudaismo*.
[646]Norman Mailer, *Perché siamo in guerra?* Editorial Anagrama, 2003, Barcellona, p. 105-106, 121.

optarono per il terrorismo, gli ebrei erano ancora una rara eccezione in questi movimenti. Ma alla fine degli anni Settanta del XIX secolo, nel movimento "La volontà del popolo" (*Narodnaya Volia*) erano presenti alcuni ebrei come Aaron Gobet, Salomon Wittenberg, Meir Mlodetsky, Grigori Goldenberg, Aaron Zundelevitch, Saveli Zlatopolsky, Deitch e Hessia Helfmann. Dopo l'assassinio di Alessandro II, la loro presenza provocò uno scoppio di indignazione popolare contro di loro. Ma il fatto è che *Il Giornale della Volontà Popolare concordava* con questi disturbi invocando il ruolo degli ebrei come "sfruttatori del popolo". Ciò dimostra che all'epoca la sua influenza all'interno dell'Organizzazione era insignificante. Ma alla fine degli anni Ottanta del XIX secolo, scrive Solzhenitsyn, la situazione era cambiata. Dopo la creazione del partito S.R. (Socialista-Rivoluzionario), gli ebrei formarono una solida maggioranza all'interno della leadership di quel movimento. I membri della cerchia ristretta della leadership del partito erano Mendel, Wittenberg, Levine, Levite e Azef. La sezione di combattimento della S.R. era stata creata e fu guidata da Grigori Gershuni dal 1901 al 1903, poi da Yevno Azef dal 1903 al 1906 e da Zilberberg dal 1906 al 1907. Uno sviluppo simile si può osservare all'interno dei movimenti socialdemocratici.

Un libro del 1965 intitolato *I terroristi*[647], di Roland Gaucher, ha fornito alcuni approfondimenti sulle azioni del Partito Socialista-Rivoluzionario. Fin dall'inizio, il partito ricorse all'azione armata per rovesciare il regime zarista. Fin dall'inizio è stata istituita l'Organizzazione di combattimento. Era la punta di diamante del Partito. Ben presto divenne quasi autonomo e fu in grado di incutere terrore nel cuore dell'apparato nemico. "Gershuni è stato il vero creatore della C.O. Di origine ebraica, ex tirocinante in farmacia, aveva circa trent'anni quando ha redatto lo statuto dell'Organizzazione. Sotto la sua guida, gli uomini dell'O.C. assassinarono il Ministro degli Interni Dmitrij Sipiaguin, spararono al Principe Obolensky e uccisero il Governatore Bogdanovich nel 1903". Von Pleve succedette a Sipiaguin come Ministro degli Interni nel 1902. Un anno dopo la nomina di Von Pleve, l'ingegnere Yevno Azef sostituì Gershuni ma fu catturato dalla polizia di Kiev. Il 15 luglio 1904, una bomba uccide Von Pleve. Il Granduca Sergio fu a sua volta assassinato in un attentato. Il C.O., che aveva subito pesanti perdite, fu sciolto dopo diversi disaccordi all'interno del Comitato Centrale. Un nuovo gruppo di terroristi fu quindi creato da Zilberberg con il nome di Distaccamento di Combattimento. Ma si disintegra nel febbraio 1907. Si sa anche che Pëtr

---

[647]Roland Gaucher, *Les Terroristes*, Éditions Albin Michel, 1965.

Stolypin, ministro degli Interni dello zar che aveva promosso un'importante riforma agraria tra il 1906 e il 1910, fu assassinato a Kiev il 2 settembre 1911 dall'estremista ebreo Bogrov durante le cerimonie per il 300° anniversario della dinastia.

Durante la rivoluzione bolscevica, il conte von Mirbach, ambasciatore tedesco, fu ucciso da Blumkine, un giovane di diciotto anni. Apparteneva alla Cheka ed era membro del partito di sinistra S.R.. Il suo assassinio aveva lo scopo di riaccendere l'ostilità tra Russia e Germania.

Nella Russia Rossa, due illustri atti terroristici perpetrati da ebrei contro gli stessi bolscevichi meritano un posto a parte: il 30 agosto 1918, Moisei Uritski, capo della Cheka, fu assassinato da uno studente della S.R. di nome Leonid Kannegisser. Lo stesso giorno Lenin tenne un comizio in cui tuonò contro i nemici della rivoluzione. Dopo aver lasciato la sala e aver preso la sua auto, Fanny Kaplan, un'ex anarchica, gli si avvicinò e sparò tre proiettili, due dei quali colpirono Lenin alla spalla e al collo.

Leonid Kannegisser, di nobiltà ereditaria attraverso il nonno, era entrato nella scuola per ufficiali nel 1917. I suoi motivi sono noti da una lettera inviata alla sorella alla vigilia dell'attentato, in cui diceva di voler vendicare la pace di Brest-Litovsk, che si vergognava di vedere gli ebrei contribuire all'insediamento dei bolscevichi al potere e che avrebbe anche vendicato l'esecuzione da parte della Cheka di Pietrogrado di un suo compagno della scuola militare[648]. "Ma c'è una cosa che lascia perplessi, si chiedeva Solzhenitsyn: com'è possibile che più tardi, al culmine del terrore rosso e mentre migliaia di ostaggi innocenti, completamente estranei al caso, venivano messi a ferro e fuoco in tutto il Paese, la famiglia Kannegisser sia stata rilasciata dalla prigione e autorizzata a emigrare? I genitori e gli amici avevano persino elaborato un piano per un attacco armato alla Cheka di Pietrogrado per liberare il prigioniero e tutti loro, dopo essere stati arrestati, furono rilasciati e rimasero a vivere a Pietrogrado indisturbati. L'artiglio bolscevico non è riconoscibile in questo caso. Tale indulgenza si spiega forse con la preoccupazione delle autorità bolsceviche di non irritare gli influenti circoli ebraici di Pietrogrado. La famiglia Kannegisser aveva mantenuto la propria fede ebraica e la madre di Leonid testimoniò in un interrogatorio che il figlio aveva sparato a Uritski perché si era allontanato dall'ebraismo."

Anche l'attacco di Fanny Kaplan a Lenin rivela circostanze sospette. "Potrebbe essere stato un atto politico di una militante vicina

---

[648]Alexandre Soljénitsyne, *Deux siècles ensemble*, Fayard, 2003.

ai socialisti-rivoluzionari, ma ci sono forti presunzioni, secondo studi recenti649, che Fanny Kaplan non abbia sparato a Lenin, e che sia stata semplicemente arrestata "per chiudere l'indagine" e fungere da comodo colpevole."

Altri omicidi politici furono commessi da membri della comunità ebraica al di fuori della Russia: il caso di Friedrich Adler è ben noto. Nel 1916 aveva abbattuto il primo ministro austriaco, anche se poi era stato graziato. Dalla prigione austriaca, nell'estate del 1918 ottenne la grazia da R. Abramovich, un importante leader menscevico, scrivendo una lettera a Lenin.

Nel 1927 si svolse a Parigi il processo molto pubblicizzato di Samuel Sholem Schwarzbard, un orologiaio la cui famiglia era morta nei pogrom ucraini e che era stato ucciso con cinque colpi di pistola dal leader nazionalista ucraino Simon Petliura a Parigi. Gli avvocati avevano legittimato l'omicidio come una giusta punizione. Schwarzbard è stato assolto dal tribunale francese e rilasciato. Tuttavia, il pubblico ministero aveva fatto sapere all'imputato che Petliura viveva in Polonia e che: "Non l'hai ucciso lì perché sapevi che in Polonia saresti stato portato davanti a un tribunale militare d'eccezione"."

Anche nel 1927 il giovane Koverda aveva voluto "attirare l'attenzione della coscienza mondiale" assassinando il bolscevico Voikov a Varsavia. È stato condannato a dieci anni di carcere, che ha scontato per intero. Nel 1929, a Mosca, Lazar Kolenberg assassinò Slatchev, un ex generale bianco passato ai sovietici, colpevole di aver tollerato i pogrom di Nikolayev. Kolenberg è stato giudicato irresponsabile durante l'indagine e rilasciato650.

In Romania, "la prima azione decisiva dei comunisti, ancor prima della creazione ufficiale del partito, fu l'attentato perpetrato dal militante Max Goldstein nell'aula del Senato a Bucarest l'8 dicembre 1920, che fece numerose vittime651.

Lo storico Ernst Nolte nel suo libro *La guerra civile europea*652 cita anche altri casi di assassinio politico: nel 1936, il giovane David Frankfurter assassinò il capo dell'organizzazione nazionalsocialista svizzera Wilhelm Gustloff. All'epoca, i vertici dello Stato avevano

---

[649]B. Orlov, *Le Mythe de Fanny Kaplan*, ME, 1975, n. 2, citato da Solzhenitsyn, *Deux siècles ensemble*, p. 124.

[650]Alexandre Soljénitsyne, *Deux siècles ensemble*, Fayard, 2003, p. 212.

[651]Romulus Rusan, in *Du Passé faisons table rase, Histoire et mémoire du communisme en Europe*, ouvrage collectif, sous la direction de Stéphane Courtois, Robert Laffont, 2002, p. 372.

[652]Ernst Nolte, *La guerra civile europea, 1917-1945*, Fondo de cultura económica, Messico, 2001, p. 292.

impedito qualsiasi tipo di eccesso e di esazione in vista degli imminenti Giochi Olimpici.

Naturalmente si può citare anche l'assassinio, il 7 novembre 1938, del segretario della legazione tedesca Ernst vom Rath da parte del giovane Herschel Grynszpan nell'ambasciata parigina del Reich. Nolte ha scritto: "Questo atto potrebbe essere uno dei fattori che "ha innescato la sorprendente rinascita dell'antisemitismo proprio in un momento in cui tutto sembrava indicare che qualsiasi politica di successo avrebbe dovuto concentrarsi esclusivamente sull'anticomunismo". Sotto gli auspici delle Leggi di Norimberga, gli ebrei tedeschi hanno vissuto alcuni anni di relativa tranquillità, durante i quali sono stati aiutati a emigrare, e il gran numero di ebrei rimasti nel Paese ha sviluppato una vita comunitaria di sorprendente diversità e vitalità. Nell'economia, le posizioni ebraiche erano intatte, e chiunque ha notato che, oltre alla firma di Adolf Hitler, le leggi economiche erano molto spesso firmate da vari banchieri ebrei[653]. "Tuttavia, l'atto di Grynszpan fu seguito da esazioni di ogni tipo contro gli ebrei di Germania durante quella che fu chiamata la "Notte dei vetri rotti", che causò trentasei morti.

L'assassinio di Trotsky in Messico da parte di un agente stalinista nel 1940 è impresso nelle memorie. Il lavoro è stato eseguito con straordinaria barbarie: l'ex capo dell'Armata Rossa è stato ucciso con un colpo di pistola al cranio. Ma questo non ha risparmiato i responsabili dell'assassinio, inviati da Stalin, dal tritacarne sovietico, come ha notato *Il libro nero*: "Nell'ottobre 1951, Stalin assestò un altro colpo a Beria ordinandogli di arrestare un gruppo di vecchi quadri ebrei della sicurezza e della magistratura, tra cui il tenente colonnello Eitingon, che, su ordine di Beria, nel 1940 aveva organizzato l'assassinio di Trotsky; Il generale Leonid Raijman, capo interrogatore dell'NKVD che aveva partecipato alla messa in scena dei processi di Mosca; il colonnello Lev Schwarzmann, torturatore di Babel e Meyerhold, e il giudice istruttore Lev Sheinin, braccio destro di Vyshinsky, il procuratore dei grandi processi di Mosca del 1936-1938... Tutti sono stati accusati di essere gli organizzatori di una vasta "cospirazione nazionalista ebraica" guidata da... Abakumov, ministro della Sicurezza di Stato e stretto collaboratore di Beria[654]."

In Palestina, gli ebrei aprirono un nuovo capitolo della loro storia. Hanno avuto subito l'opportunità di dimostrare le loro capacità

---

[653]Ernst Nolte, *La guerra civile europea, 1917-1945*, Fondo de cultura económica, Messico, 2001, p. 291.

[654]Stéphane Courtois, Nicolas Werth, *El Libro negro del comunismo*, Espasa-Planeta, 1998, p. 283, 284.

offensive. Quando iniziarono a stabilirsi in Palestina, i conflitti con gli arabi scoppiarono subito e si crearono gruppi di combattimento da entrambe le parti. Menachem Begin era uno dei leader dell'Irgun. Ma nel Gruppo Stern o Leji l'uso della violenza era molto più sistematico. Il gruppo fondato da Abraham Stern nacque da una scissione all'interno dell'Irgun, a sua volta frutto del dissenso dell'Haganah, una milizia ebraica anti-araba. Nel 1920, Zeev Jabotinsky aveva formato il movimento sionista revisionista per chiedere immediatamente la creazione di uno Stato ebraico indipendente sul territorio corrispondente ai confini della Palestina storica. Questo obiettivo, secondo lui, poteva essere raggiunto solo se gli ebrei fossero stati disposti a prendere le armi e a combattere colpo su colpo contro le incursioni terroristiche perpetrate dagli arabi contro le colonie ebraiche. Nel 1937 creò la sua organizzazione combattente, l'Irgun (*HaIrgun HaTzva'i HaLe'umi BeEretz Yisra'el*), l'Organizzazione militare nazionale. L'Irgun fu organizzato secondo i principi militari già in vigore tra i membri di un precedente movimento giovanile, il Betar.

L'Irgun iniziò la sua attività lanciando bombe nei mercati arabi o collocandole negli autobus passeggeri come rappresaglia per il terrorismo arabo. Nel febbraio 1939, l'Irgun lanciò una serie di terribili attacchi. L'Haganah distribuì ampiamente un volantino che richiamava la parola biblica: "Non uccidere" (*Esodo* XX, 13), a cui l'Irgun rispose con un'altra citazione: "Ma se si verificano altre ferite, la pena sarà vita per vita, occhio per occhio, dente per dente, mano per mano, piede per piede, bruciatura per bruciatura, ferita per ferita, colpo per colpo". Questa violenza non tardò a rivoltarsi contro gli inglesi che amministravano la regione sotto il mandato della Società delle Nazioni" (*Esodo* XXI, 23-25). A quel punto, quattrocentocinquantamila ebrei si erano stabiliti in Palestina, provocando la conseguente rabbia dei palestinesi. Il 17 maggio 1939 il governo Chamberlain pubblicò il Libro Bianco, che giungeva a questa cruda conclusione: la fine dell'emigrazione ebraica. Scoppiarono violente dimostrazioni e i membri dell'Irgun State-major furono arrestati. Durante la guerra contro la Germania nazista, la maggior parte dei leader dell'Irgun riteneva che le operazioni contro gli inglesi dovessero comunque essere sospese fino alla fine della guerra. Ma Abraham Stern riteneva che l'unico nemico fosse la Gran Bretagna.

Un partito radicale ebraico assassina Folke Bernadotte, conte di Wisborg, per aver sostenuto all'ONU l'attribuzione di Gerusalemme alla Giordania. Il conte Bernadotte non è mai stato adeguatamente onorato dalla memoria ebraica, perché sebbene anch'egli avesse salvato migliaia di ebrei durante la guerra, in seguito è stato rinnegato per essere stato troppo favorevole agli arabi. Il futuro ministro israeliano Isaac Shamir ordinò il suo assassinio. La spiegazione di Jacques Attali è laconica e rivelatrice: "In agosto, il conte Bernadotte viene a negoziare un accordo per conto dell'ONU: propone a Israele di restituire il Negev e Gerusalemme in cambio della Galilea, che entrambe le parti rifiutano; Bernadotte viene assassinato655."

Anche Lord Moyne (Walter Edward Guinness), Ministro di Stato del governo di Churchill nel Vicino Oriente, viene assassinato con tre colpi di pistola a bruciapelo, così come il suo autista. L'attacco è stato compiuto da due giovani ebrei di 23 e 17 anni: Bet Zuri e Hakim. L'Irgun attaccò installazioni militari e impiccò persino ufficiali britannici. Il 1° luglio 1946, gli uomini dell'Irgun fecero esplodere l'Hotel King David, che fungeva da quartier generale britannico a Gerusalemme. I morti e i feriti furono duecento. Indubbiamente, tutta questa violenza precipitò la partenza definitiva degli inglesi.

Durante la guerra d'Algeria, anche i membri della comunità ebraica hanno svolto un ruolo di primo piano. Il 6 maggio 1956 si verificò un'esplosione accidentale all'ospedale Mustafa di Algeri, dove un estraneo di nome Daniel Timsit stava sperimentando i suoi ingredienti. Il FLN (Fronte di Liberazione Nazionale) aveva a sua volta messo a disposizione del Partito Comunista Algerino (Meyer, i fratelli Timsit, Smadja, Habib Giorgio) una villa alla periferia di Algeri per il suo laboratorio. Lo scioglimento dell'APC nel settembre 1955 spinse i suoi membri a intraprendere la lotta armata. Il 30 settembre 1955, due bombe esplodono in diverse strade commerciali. Uno al *Milk Bar*, in Place d'Isly, l'altro alla *Cafetaria*, in Rue Michelet. Una giovane ragazza "europea", Daniela Mine, avrebbe piazzato la bomba nel *Milk Bar per* conto dell'FLN656.

Più recentemente, possiamo citare e ricordare l'assassinio del militante nazionalista francese François Duprat a Parigi nel marzo 1978. L'uomo è rimasto ucciso nell'esplosione della sua auto e la moglie è rimasta gravemente ferita. L'attacco non è mai stato chiarito, ma l'orientamento antisionista delle vittime non lascia dubbi sull'origine dei possibili istigatori dell'attacco.

Questo elenco non è esaustivo, ma alla luce di questi casi è chiaro che gli ebrei non sono agnelli da condurre docilmente al macello. Il tema della vendetta è invece ricorrente nei loro scritti, in modo esplicito o sottinteso. Nel calendario ebraico si celebrano due giorni di vendetta:

---

655 Jacques Attali, *Les juifs, le monde et l'argent*, Fayard, 2002, p. 454.
656 Roland Gaucher, *Les Terroristes*, Éditions Albin Michel, 1965.

il primo è Purim, il giorno in cui, secondo il Libro di Ester, gli ebrei uccisero 75.000 gentili in Persia. Fu in questo giorno di Purim, il 25 febbraio 1994, che Baruch Goldstein, un immigrato di Brooklyn (New York) stabilitosi a Hebron (Israele), massacrò con un fucile d'assalto ventinove pii musulmani riuniti presso la Tomba dei Patriarchi657. Fu linciato dai sopravvissuti al massacro, ma da allora la sua tomba è diventata un luogo di pellegrinaggio per gli ebrei ortodossi. È stato anche il giorno di Purim che i ministri della Germania nazista sono stati giustiziati a Norimberga nel 1946. Così come la festa di Purim è stata scelta anche per immolare duecentomila iracheni con l'offensiva dell'aviazione statunitense nel 1991. Nel 2003, gli Stati Uniti dichiararono guerra il 20 marzo: quel giorno corrispondeva al 16 di Aadar, l'ultimo giorno della festa religiosa di Purim che commemorava la vittoria degli ebrei contro i persiani del malvagio Haman, il grande cancelliere del re Assuero. Come si legge in un lungo articolo della Jewish Telegraphic Agency del 18 marzo 2003: "Per i rabbini non è una coincidenza che la guerra contro l'Iraq sia nuovamente associata al giorno di Purim". Ricordiamo anche che in questo giorno morì Stalin. Il Purim è un giorno propizio per la vendetta, anche se il Giorno del Giudizio può essere altrettanto propizio. Poco dopo, si celebra la festa di Sukkot (festa delle Capanne o dei Tabernacoli), durante la quale il Messia può finalmente essere rivelato.

Conoscersi meglio

L'antisemitismo può anche essere spiegato dall'ignoranza delle persone e dalla paura che gli esseri umani hanno di ciò che è diverso da loro. Conoscere meglio se stessi ridurrebbe ovviamente il male. È vero che gli ebrei hanno saputo attirare l'attenzione e suscitare invidia grazie al loro successo sociale e materiale. Questo si aggiunge al vecchio antisemitismo di origine cristiana.

Nel mondo ellenistico dell'Antichità e dell'Egitto, ha affermato Albert Memmi, "la giudeofobia faceva parte di una più generale xenofobia nei confronti degli stranieri. Nel mondo antico, si trattava soprattutto di una fobia culturale piuttosto che religiosa. Le credenze e le usanze degli ebrei non erano ben conosciute, spesso in modo fantasioso, il che aumentava l'ansia dei loro concittadini. "La saggezza e la ragionevolezza dei Greci e degli Egizi erano in definitiva limitate,

---

657Un luogo altamente sacro dove si suppone siano sepolte tre coppie bibliche molto importanti: Abramo e Sara; Isacco e Rebecca; Giacobbe e Lia.

perché dopo diversi secoli di convivenza non avevano ancora compreso i nobili costumi degli "Ebrei". Non avevano intravisto la piena umanità di questo piccolo popolo. Tuttavia, il peggio doveva ancora venire: "L'ostilità specifica contro gli ebrei sarebbe iniziata intorno al primo secolo, con l'avvento del cristianesimo. "Così la civiltà europea ha raggiunto nuove vette di intolleranza e stupidità nel corso della sua storia. Fu nella Spagna dei Re Cattolici che fu introdotta la prima legislazione razzista in Europa, al fine di preservare il sangue spagnolo dalla contaminazione di quegli ebrei che si erano convertiti al cattolicesimo, ma che continuavano a giudaizzare segretamente. I marrani erano diventati gradualmente la fobia degli spagnoli benestanti, i vecchi cristiani. Fu lì, in quel momento storico, che l'Europa diede un esempio del massimo della stupidità umana: "Quando gli spagnoli parlano di purezza del sangue, il loro naturalmente, suggeriscono che quello degli altri, ebrei e mori, sarebbe impuro. A rigore, questo non ha ovviamente senso. Forse era una sorta di oscura paura dei marrani, personaggi più o meno segreti[658]. "Come vediamo, gli spagnoli del XVI secolo non erano molto più intelligenti dei greci e degli egizi dell'antichità[659].

Il libro *Ritratti ebraici*[660] ci ha fornito alcune interessanti testimonianze in merito, tratte da interviste a brillanti personalità.

Rafael Buber, esecutore testamentario del filosofo Martin Buber, nato nel 1900 a Sils e morto a Gerusalemme nel 1990: "Oggi sono convinto che gran parte del sentimento di rifiuto sia il risultato della stranezza della nostra fede. I non ebrei non ne sanno quasi nulla."

Fred Lessing, uomo d'affari di New York, nato nel 1915 a Bamberg: "Il fatto che tutti gli uomini odino gli ebrei è abbastanza normale: semplicemente perché sono diversi. In Baviera, ad esempio, i prussiani erano i più odiati perché erano diversi e volevano rimanere tali. E anche perché pensano di essere migliori degli altri."

Erika Landau, psicoterapeuta di Tel Aviv, nata nel 1931 a Chernobyl: "La differenza è temuta perché non è compresa. Gli ebrei si sono sempre differenziati dalle società in cui vivevano. Ecco perché erano motivo di preoccupazione. In quanto minoranza, gli ebrei

---

[658]Albert Memmi, *Le Racisme*, Gallimard, 1982, Poche, 1994, p. 88.
[659]Né lo fece Francisco de Quevedo nel XVII secolo, quando scrisse in modo inopportuno: "I topi sono, Signore, nemici della luce, amici delle tenebre, immondi, idiondi, disgustosi, sotterranei"; "Dio permette che questa razza infernale duri solo perché, nella loro esecrabile perfidia, l'Anticristo abbia un grembo in cui essere concepito", in *Execración de los judíos*, Madrid, 1633. (NdT).
[660]Herlinde Loelbl, *Portraits juifs, Photographies et entretiens*, L'Arche éditeur, Frankfurt-sur-le Main, 1989, 2003.

dovevano essere i migliori, imparare meglio, ottenere voti migliori, guadagnare di più. E questo ha ovviamente suscitato una colossale invidia. È questo disagio e questa invidia che hanno portato all'odio verso gli ebrei."

Erwin Leiser, regista e giornalista, nato nel 1923 a Berlino: "Sono sempre stati una seccatura. Hanno sempre fissato degli standard che gli altri trovavano intollerabili, quando invece li avevano fissati solo per se stessi. Gli ebrei devono sempre fare un po' di più degli altri, anche nel loro rapporto con Dio. Non sono "scelti" perché sono un'élite, ma perché sono "speciali". Attraverso di loro Dio intende realizzare un progetto particolare: mettere alla prova l'umanità degli altri popoli. Forse il mondo si sentirebbe più leggero e tranquillo senza gli ebrei661! So di essere segnato dal mio passato. Non lo evito, lo faccio rivivere nei miei film. "I libri e i film sono i vettori privilegiati di questo messaggio universale che cerco di trasmettere ad altre persone.

Gershom Schocken, editore e politico nato nel 1912 a Zwickau e morto nel 1990 a Tel Aviv: "L'antisemitismo è sempre esistito e sempre esisterà finché ci saranno ebrei. Esisteva già nell'antichità, anche prima dell'antisemitismo cristiano. E l'antisemitismo si spiega molto chiaramente con il fatto che di tutti i popoli del mondo greco, gli ebrei erano gli unici a rifiutare di fraternizzare con gli altri. Non avrebbero mangiato, bevuto o sposato persone non ebree. A questo si aggiungeva il rifiuto degli ebrei di interessarsi alla religione di altri popoli. Dichiararono imperturbabili: "C'è un solo Dio, è il nostro Dio e il resto è solo idolatria". Questo atteggiamento, che consiste nel dire: "I costumi degli altri sono abominevoli, dobbiamo starne lontani", è stato evidentemente ripreso dai cristiani da noi ebrei. È questa ostinata affermazione di un unico Dio a cui si può solo pregare che ha separato gli ebrei dell'antichità dagli altri popoli. I cristiani, da parte loro, rimproveravano soprattutto agli ebrei di non aver riconosciuto Gesù. Fu allora che uno degli apostoli ebbe la brillante idea, dal punto di vista della propaganda, di dire che gli ebrei avevano ucciso il Salvatore. Questo primo antisemitismo del cristianesimo si basava anche sulla competizione, perché fin dall'inizio i cristiani erano una setta ebraica che voleva che tutti gli ebrei riconoscessero Gesù come Messia. Per inciso, qualcosa di simile è accaduto in questo secolo in Russia tra ebrei e comunisti. In effetti, agli inizi del movimento comunista, i suoi leader erano quasi esclusivamente ebrei e i comunisti consideravano la gioventù ebraica come il principale serbatoio di militanti. Ma c'erano anche movimenti ebraici anticomunisti o non comunisti, come il

---

[661]Questa idea si ritrova anche in Levinas, Cohn-Bendit e George Steiner.

sionismo e il Bund, motivo per cui il comunismo era arrabbiato con il sionismo e il Bund per avergli sottratto potenziali militanti. Questo spiega l'iniziale ostilità tra comunisti e sionisti: per un comunista di base, settant'anni fa, un sionista doveva essere un comunista. Ha invece aderito a quel nazionalismo imbecille, reazionario e borghese che è il sionismo. Infine, l'ultima causa dell'antisemitismo è ovviamente l'invidia, che da sola potrebbe spiegare tutto. Per non parlare della xenofobia che regna ovunque nel mondo, tra tutti i popoli. Le cause dell'antisemitismo sono molteplici! "

In totale, delle diciotto personalità intervistate che si sono espresse sull'argomento in questo libro intitolato *Ritratti ebraici*, Gershom Schoken è stato l'unico ad aver ammesso il forte coinvolgimento degli ebrei nella grande avventura bolscevica. La spiegazione più frequente e ricorrente tra tutti gli intervistati è che l'antisemitismo è uno sfogo contro un "capro espiatorio senza difesa".

Il grande scrittore russo Vasilij Grossman, "il Tolstoj del XX secolo", aveva una visione più severa delle deplorevoli manifestazioni dell'antisemitismo. È stato, con Ehrenburg, Eisenstein e Zalavsky, uno dei principali propagandisti dell'era staliniana. Allo stesso tempo, però, scrisse segretamente diverse opere antistaliniste, pubblicate solo dopo la sua morte[662]. Il suo romanzo *Tutto scorre* contiene una dura critica a Stalin e Lenin, pur mostrando una certa simpatia per Trotsky. Grossman ha anche mostrato un certo disprezzo per i russi, a cui anche i francesi sono abituati con le letture edificanti di Alain Minc, BHL o Daniel Cohn-Bendit. Vasili Grossman sosteneva che l'intera storia russa non fosse altro che schiavitù, che l'anima slava fosse una schiava secolare. Nei suoi articoli durante la guerra, tuttavia, usò un tono molto diverso per galvanizzare i coraggiosi *"Popov"* contro i nazisti. In quegli anni vide in quella stessa anima russa "uno slancio irresistibile" e "una forza di ferro che non può essere né piegata né spezzata". Possiamo individuare la stessa peculiarità di Albert Einstein, pacifista convinto nel 1933 e militarista acceso dopo l'ascesa al potere di Hitler. Anche in questo caso, il ragionamento si basa esclusivamente sugli interessi molto particolari del popolo ebraico.

Per Grossman, gli antisemiti che sfogano la loro rabbia contro un capro espiatorio sono deboli e inutili. In *Vita e destino,* lamentava che "anche un genio come Dostoevskij vedeva un ebreo usuraio dove avrebbe dovuto vedere gli occhi spietati dell'appaltatore, del

---

[662]Questo ci ricorda Spinoza che, nel suo primo libro, riconosceva di scrivere il contrario di ciò che pensava, rendendolo noto al lettore attraverso la sua prefazione (in Alain Minc, *Spinoza*).

fabbricante e dello schiavista russo". "D'altra parte, individuare un meraviglioso violinista ebreo o un grande umorista ebreo di solito non è affatto un problema.

"L'antisemitismo, ha spiegato, è uno specchio che riflette le carenze degli individui, delle strutture sociali e dei sistemi statali. Dimmi di cosa accusi un ebreo e ti dirò di cosa sei colpevole... Il nazionalsocialismo, accusando il popolo ebraico da lui stesso inventato di razzismo, di brama di dominio mondiale e di indifferenza cosmopolita nei confronti della nazione tedesca, proiettava sugli ebrei i suoi stessi tratti. "Abbiamo già incontrato questo tipo di ragionamento.

Ma questo è solo un aspetto dell'antisemitismo", ha scritto Vasili Grossman. L'antisemitismo è l'espressione di una mancanza di talento, dell'incapacità di vincere in una gara combattuta con le stesse armi; e questo vale per tutti i campi, la scienza come il commercio, l'artigianato, la pittura. L'antisemitismo è la misura della mediocrità umana... . L'antisemitismo è l'espressione della mancanza di cultura delle masse popolari, incapaci di analizzare le vere cause della loro povertà e sofferenza. Le persone non istruite vedono negli ebrei la causa delle loro disgrazie, anziché nella struttura sociale e nello Stato. Ma anche l'antisemitismo delle masse è solo un aspetto di questo fenomeno. L'antisemitismo è la misura del pregiudizio religioso latente negli strati più bassi della società... Questo testimonia solo che al mondo ci sono idioti, invidiosi e persone senza successo[663]."

Il mistero assoluto

Le righe che seguono ci aiuteranno a comprendere meglio lo stupore e l'indignazione di Solzhenitsyn. Di fronte a un tale divario con la realtà, non si sa se l'incomprensione della situazione corrisponda a un astuto tentativo di ingannare "l'altro", o se rifletta in qualche modo una toccante sincerità.

Shmuel Trigano non ha nascosto la sua sorpresa per le manifestazioni dell'antisemitismo, affermando: "Uno dei più grandi misteri della modernità è senza dubbio (molto prima del razzismo) il fenomeno dell'antisemitismo, ancora inspiegabile nonostante un'immensa biblioteca sull'argomento... Non si è capito fino ad oggi perché gli uomini moderni, i cittadini del *demos*, abbiano attaccato altri cittadini con il pretesto che erano ebrei... Il più grande storico

---

[663]Vasili Grossman, *Vita e destino*, Galaxia Gutenberg, 2007, Barcellona, pagg. 362, 363, 364.

dell'antisemitismo, Leon Poliakov, ha scritto una grande storia dell'antisemitismo, ma leggendola, non sappiamo ancora perché sia successo agli ebrei. Il fenomeno antisemita è sicuramente uno dei fenomeni più importanti che, come il fascismo e il totalitarismo, è rimasto un mistero[664]."

Questo è anche ciò che ci ha detto il filosofo francese André Glucksmann nel suo libro *Il discorso dell'odio*, pubblicato nel 2004: "L'odio per gli ebrei è l'enigma di tutti gli enigmi. Questa passione distruttiva attraversa i millenni, assume varie forme, rinasce continuamente dalle ceneri dei vari fanatismi che la motivano. Sembrava cristiano, ma quando l'Europa si è scristianizzata ha raggiunto il suo apice. Pensavamo che si fosse estinto dopo Hitler, ma ora sta diventando globale... Per l'antisemita, l'oggetto della sua avversione è ancora un UFO. Non sa di chi o di cosa sta parlando... L'ebreo non è affatto la causa dell'antisemitismo; bisogna analizzare questa passione per sé, come se l'ebreo che si perseguita senza conoscerlo non esistesse... Per due millenni l'ebreo è stato una fonte di disagio. Due millenni di domande vive per il mondo intero. Due millenni di innocenza, che non hanno nulla a che fare con[665]."

Per il premio Nobel Elie Wiesel, gli antisemiti sono nemici dell'umanità. È semplicemente impossibile che gli individui possano nutrire razionalmente ostilità nei confronti degli ebrei: "È così e non ci si può fare nulla", scriveva: il nemico degli ebrei è il nemico dell'umanità. E viceversa. Uccidendo gli ebrei, l'assassino uccide più degli ebrei. Comincia con gli ebrei, ma poi se la prende inevitabilmente con gli altri gruppi etnici, religiosi o sociali... Uccidendo gli ebrei, gli assassini hanno intrapreso l'omicidio di tutta l'umanità[666]."

Nelle sue *memorie*, Elie Wiesel ha anche scritto: "Una scrittrice francese ha pubblicato un articolo su un mensile parigino dal titolo: "Gli ebrei mi danno fastidio" - in realtà ha usato un termine più grossolano, ma il significato rimane lo stesso. Cosa dimostra questo? Che la società è malata? L'antisemitismo è sempre stato un barometro morale. L'odio per gli ebrei non è mai stato limitato ai soli ebrei: si riversa su altre minoranze. Inizia con l'odio per l'ebreo e finisce con il detestare chi è diverso, chi viene da altrove, chi pensa e vive in modo diverso. Ecco perché l'antisemitismo non riguarda solo gli ebrei, ma colpisce l'intera società in cui viviamo... Mentre scrivo queste righe, la marea antisemita si sta alzando. Sessantacinque gruppi razzisti, più o meno influenti,

---

[664]Shmuel Trigano, *L'Idéal démocratique...*, Odile Jacob, 1999, p. 17, 92

[665]André Glucksmann, *Le Discours de la haine*, Plon, 2004, pagg. 73, 86, 88.

[666] Elie Wiesel, *Mémoires, tome II*, Éditions du Seuil, 1996, p. 72, 319.

diffondono l'odio negli Stati Uniti. In Giappone, i libri antisemiti sono nelle classifiche dei bestseller... Ora, una volta scatenato, l'odio non conosce limiti. L'odio chiama l'odio. L'odio uccide l'uomo dentro l'uomo prima di ucciderlo[667]."

C'è un modo per porre fine all'ingiustizia in questo mondo: "Gli ebrei nella storia sono stati vittime, non assassini... ebrei sono stati condannati non per quello che avevano fatto o detto, ma per essere stati quello che erano: i figli e le figlie di un popolo la cui sofferenza è la più antica della storia668. "Ma non sappiamo ancora perché siano le eterne vittime.

Neanche Alexandre Adler, direttore del noto giornale *Courrier international*, riusciva a spiegare il fenomeno, nonostante la sua immensa cultura: "Perché gli ebrei sono diventati una sorta di mecenate, lo zero assoluto della politica di annientamento razziale dell'umanità? Affermo serenamente che a questa domanda si è risposto con una serie di concatenazioni di cause ed effetti che hanno gettato una breve luce su alcuni aspetti di questa politica, ma che la sua improvvisa comparsa non è ancora stata spiegata. Rimandiamo i nostri lettori a quelle spiegazioni attuali in cui il razzismo coloniale del XIX secolo si mescola al settarismo pagano degli inizi della biologia moderna, all'eugenismo diffuso, anche nei regimi democratici, all'antisemitismo tedesco maturato nelle repliche di Richard Wagner, nel lustro stupido e autocompiaciuto di Guglielmo II e di suo figlio, esacerbato dalla rapida ascesa delle élite ebraiche nella Repubblica di Weimar e dai presunti traumi insopportabili della Prima guerra mondiale che, curiosamente, generarono altrove, come ad esempio in Francia o in Inghilterra, solo esagerati sentimenti pacifisti. Capiamo sempre meglio il modus operandi del genocidio, ma non capiamo bene l'improvvisa comparsa di questo buco nero, di questo abisso669."

In *Libertà difficile*, il grande filosofo Emmanuel Levinas esprimeva inizialmente una certa reticenza di fronte alle parole di Simone Weil che si dichiarava "indignata" per le innumerevoli crudeltà perpetrate dagli ebrei raccontate nell'Antico Testamento. Pur concordando sul fatto che "lo sterminio dei popoli cananei durante la conquista della Terra Promessa sarebbe il più indigesto di tutti i passaggi indigesti della Bibbia", come sosteneva Simone Weil670, la

---

[667]Elie Wiesel, *Mémoires, Tome II*, Éditions du Seuil, 1996, p. 128-129.
[668]Elie Wiesel, *Mémoires, Tome II*, Éditions du Seuil, 1996, p. 241, 283.
[669]Alexandre Adler, *Le Figaro*, 26 gennaio 2005
[670]Si tratta della filosofa Simone Weil (1909-1943), e non della politica francese Simone Veil, sopravvissuta ad Auschwitz, motore della legge che ha legalizzato l'aborto in

sua risposta è stata invece sorprendentemente tagliente - o sfacciata, che dir si voglia: "La cosa straordinaria è che lo stesso vale per noi. La cosa straordinaria è che la coscienza ebraica, formatasi proprio a contatto con questa dura moralità con obblighi e sanzioni, ha imparato lì l'orrore assoluto del sangue671." "Essere perseguitati, essere colpevoli senza aver commesso alcuna colpa, non è un peccato originale, ma l'altra faccia di una responsabilità universale - una responsabilità verso l'Altro - più antica di qualsiasi peccato[672]."

Il libro *Ritratti ebraici* ci ha fornito ancora una volta alcune testimonianze illustrative e convergenti:

Walter Laqueur, storico e scrittore londinese, nato nel 1921 a Breslau: "Da dove viene l'antisemitismo? - Non si sa esattamente, ha risposto. È molto raro che gli storici abbiano risposte chiare e inequivocabili. Osserviamo questo fenomeno di esclusione nei confronti di tutti i popoli dispersi: sia nei confronti dei cinesi in Asia, sia degli indiani in Africa e di tutti i popoli che non vivono insieme in un Paese che appartiene loro."

Yeshayahu Leibowitz, filosofo delle religioni e biochimico, nato a Riga nel 1903, ha dichiarato: "Adolf Hitler non è l'apice dell'antisemitismo tedesco tradizionale: è un fenomeno di natura totalmente diversa, storicamente incomprensibile. Per me l'antisemitismo non è un problema degli ebrei ma dei goyim[673]."

Questo è esattamente ciò che scrisse Jean-Paul Sartre nel suo famoso saggio del 1946 *Riflessioni sulla questione ebraica*[674]: "Richard Wright, lo scrittore nero, ha detto recentemente: "Non c'è un problema nero negli Stati Uniti; c'è solo un problema bianco". Allo stesso modo diremo che l'antisemitismo non è un problema degli ebrei: è un nostro problema... Dobbiamo essere molto ciechi per non vedere che l'antisemitismo è principalmente un nostro problema[675]." "Non capiremmo nulla dell'antisemitismo, infatti, se non ricordassimo che l'ebreo, oggetto di tanta esecrazione, è perfettamente innocente e, oserei dire, innocuo. Ecco perché l'antisemita si preoccupa di parlarci di associazioni ebraiche segrete, di una massoneria pericolosa e

---

Francia nel 1975. [Il politico Simone Veil riposa dal 2018 nel Pantheon di Parigi, con i grandi personaggi della nazione francese.

[671] Emmanuel Levinas, *Libertà difficile, Saggi sull'ebraismo*. Ediciones Lilmod, Buenos Aires, 2004, p. 166.

[672] Emmanuel Levinas, *Difficile liberté*, Albin Michel, 1963, 1995, pag. 290.

[673] Herlinde Loelbl, *Portraits juifs*, L'Arche, 1989, 2003 per la versione francese.

[674] Jean-Paul Sartre, *Réflexions sur la question juive*, 1946, Gallimard, 1954.

[675] Jean-Paul Sartre, *Riflessioni sulla questione ebraica*, Ediciones Sur, Buenos Aires, 1948, p. 141.

clandestina. Ma se incontra un ebreo faccia a faccia, il più delle volte si tratta di una persona debole che, mal preparata alla violenza, non riesce nemmeno a difendersi. È questa debolezza individuale dell'ebreo che lo consegna mani e piedi ai pogrom676."

"Gli ebrei sono gli uomini più pacifici. Sono nemici appassionati della violenza. E questa ostinata dolcezza che conservano in mezzo alle persecuzioni più atroci, questo senso della giustizia e della ragione che propongono come unica difesa contro una società ostile, brutale e ingiusta, è forse il migliore dei messaggi che ci portano e il vero segno della loro grandezza677. "In realtà, le calunnie contro di loro e la costante ostilità degli europei sono la vera radice del problema: "perché non appena ci mostrano, dietro l'ebreo, il capitalismo internazionale, l'imperialismo dei "trust" e dei mercanti d'armi, non appena ci mostrano il bolscevismo, con il suo coltello tra i denti, non esitano a ritenere ugualmente responsabili del comunismo i banchieri israeliani, che dovrebbero inorridire, e dell'imperialismo capitalista i miserabili ebrei che popolano la *rue des Rosiers678*."

"L'ebreo è un uomo che gli altri uomini considerano ebreo: questa è la semplice verità da cui partire... l'antisemita fa l'ebreo... Infatti, abbiamo visto che, contrariamente a un'opinione diffusa, il carattere ebraico non causa l'antisemitismo ma, al contrario, è l'antisemita che crea l'ebreo... Se l'ebreo non esistesse, l'antisemita lo inventerebbe679."

L'ebreo, spiegava Sartre, "può scegliere di essere coraggioso o vigliacco, triste o gioioso; può scegliere di uccidere i cristiani o di amarli". Ma non può scegliere di non essere ebreo. O meglio, se sceglie la seconda, se dichiara che l'ebreo non esiste, se nega violentemente, disperatamente, il carattere ebraico in sé, è un ebreo proprio per questo. Perché io, che non sono ebreo, non ho nulla da negare, nulla da dimostrare, mentre l'ebreo, se ha deciso che la sua razza non esiste, deve dimostrarlo680."

---

[676] Jean-Paul Sartre, *Riflessioni sulla questione ebraica*, Ediciones Sur, Buenos Aires, 1948, p. 42.

[677] Jean-Paul Sartre, *Riflessioni sulla questione ebraica*, Ediciones Sur, Buenos Aires, 1948, pag. 109.

[678] Jean-Paul Sartre, *Reflexiones sobre la cuestión judía*, Ediciones Sur, Buenos Aires, 1948, p. 35 [*Rue des Rosiers* si trova al centro del tradizionale quartiere ebraico del Marais (oggi "quartiere gay", come Chuecas a Madrid, nel IV arrondissement di Parigi)].

[679] Jean-Paul Sartre, *Riflessioni sulla questione ebraica*, Ediciones Sur, Buenos Aires, 1948, pagg. 64, 133, 12.

[680] Jean-Paul Sartre, *Riflessioni sulla questione ebraica*, Ediciones Sur, Buenos Aires, 1948, p. 83.

A prima vista, la questione è indubbiamente un po' complicata per chi non ha familiarità con l'argomento. Non sappiamo se sarebbe diventato chiaro che "Sartre", dal latino sartor, significa "sarto" e che Jean-Paul Sartre era il pronipote di Albert Schweitzer, premio Nobel per la pace; Schweitzer era il cognome della madre di Jean-Paul Sartre.

In effetti, tutto questo sembra piuttosto contorto, ma ritroviamo i nostri fari quando Sartre espone giustamente un altro tratto caratteristico del pensiero ebraico: "Il modo migliore per non sentirsi ebrei è ragionare, perché il ragionamento è valido per tutti e può essere rielaborato da tutti: non c'è un modo ebraico di fare matematica".Ha un'inclinazione per l'intelligenza pura, che ama esercitare su tutto e su niente... Si considera un missionario dell'universale... Non a caso Leon Brunschvieg, un filosofo israelita, assimila il progresso della ragione e il progresso dell'Unificazione (unificazione delle idee, unificazione degli uomini)681. "In effetti, ci siamo già scontrati con questo tipo di predilezione per il ragionamento.

Con Jean-Paul Sartre, i temi marxisti (lotta di classe, rivoluzione, internazionalismo, ecc.) sono molto ricorrenti. La sua analisi dell'antisemitismo è quindi molto simile a quella di Larin, il leader bolscevico citato da Solzhenitsyn: "L'antisemitismo è una rappresentazione mitica e borghese della lotta di classe e non potrebbe esistere in una società senza classi... In una società senza classi, fondata sulla proprietà collettiva degli strumenti di lavoro, quando l'uomo, liberato dalle allucinazioni del mondo, intraprenderà finalmente la sua impresa, che è quella di far nascere il regno umano, l'antisemitismo non avrà più ragione di esistere682."

In conclusione, il filosofo scriveva: "Non un solo francese sarà libero finché gli ebrei non godranno della pienezza dei loro diritti. Non un solo francese sarà al sicuro finché un ebreo, in Francia e nel mondo intero, potrà temere per la propria vita683. "Con queste parole si concludeva questo brillante saggio che ha contribuito in modo così forte alla comprensione del problema.

L'antisemitismo è ancora più difficile da comprendere perché, dopo l'emancipazione nel XIX secolo, gli ebrei dell'Occidente si sono integrati nei rispettivi Paesi, spesso dando prova di un patriottismo di

---

681Jean-Paul Sartre, *Riflessioni sulla questione ebraica*, Ediciones Sur, Buenos Aires, 1948, pagg. 103-105.
682Jean-Paul Sartre, *Riflessioni sulla questione ebraica*, Ediciones Sur, Buenos Aires, 1948, p. 139.
683Jean-Paul Sartre, *Riflessioni sulla questione ebraica*, Ediciones Sur, Buenos Aires, 1948, p. 142.

prim'ordine. È quanto ha sostenuto Patrice Bollon nella rivista letteraria *Le Figaro littéraire* del 18 novembre 2004. La Francia, ha detto, può essere orgogliosa di essere stata il primo Paese europeo ad aver concesso agli ebrei l'emancipazione e il pieno riconoscimento di diritti equivalenti a quelli degli altri cittadini. Fu anche il Paese che nel 1870 procedette "alla naturalizzazione collettiva di 35.000 ebrei sefarditi provenienti dall'Algeria, che per secoli erano stati tenuti separati dagli Ottomani in uno status di sudditi di seconda classe, privati della loro libertà di culto con tasse sproporzionate ed emarginati economicamente e socialmente". "La Francia repubblicana li liberò nel 1870, grazie all'energica azione del ministro della Giustizia Gambetta e di Adolphe (Isaac Jacob) Cremieux, a sua volta presidente dell'Alleanza israelita universale. Il patriottismo degli ebrei francesi ha avuto molte occasioni per manifestarsi nel corso degli anni a favore del Paese dei diritti dell'uomo. Durante la Prima guerra mondiale, ad esempio, scrive Patrice Bollon, "i morti nelle loro file furono in proporzione più numerosi che tra i francesi autoctoni. "Questa affermazione sembrava però contraddire l'opinione comune fino ad allora, come scrisse lo stesso Sartre nel 1946: "Se si è creduto che il numero dei soldati ebrei fosse, nel 1914, inferiore a quello che avrebbe dovuto essere, è stato perché si è avuta la curiosità di consultare le statistiche684. "Tuttavia, nel museo dell'esercito di Parigi, nella grande sala dedicata alla Prima Guerra Mondiale, si possono vedere in una grande teca di vetro, uno accanto all'altro, due elmetti *da poilus685* trafitti da proiettili nemici. Uno dei due apparteneva a un "Dupont", ma l'altro, e questa è la cosa importante, apparteneva a un "Lévy", il che dimostra molto chiaramente che molti ebrei hanno versato il loro sangue per difendere la patria, come indicava l'etichetta sull'elmetto.

Infine, Patrice Bollon ha concordato con Daniel Sibony nel dirci che gli ebrei "sono lo spauracchio inventato dagli antisemiti per negare o reprimere, con il pretesto della loro identità, i propri "difetti" o la propria "mancanza di identità". A questo punto del nostro studio, e di fronte a un ragionamento così sottile, il lettore astuto riconoscerà l'inconfondibile "stile", quello "stile" intellettuale acquisito dopo lunghi anni di studio del Talmud686. Questo meraviglioso libro è molto

---

[684]Jean-Paul Sartre, *Riflessioni sulla questione ebraica*, Ediciones Sur, Buenos Aires, 1948, p. 13.

[685]Soldati francesi della Prima Guerra Mondiale, soprannominati così (NdT).

[686]Patrice Bollon segnala che sono appena state pubblicate tre opere sullo stesso tema: *La France et les Juifs, de 1789 à nos jours*, di Michel Winock, 22€; *La République et les antisémites*, di Nicolas Weill, 12€; *L'Énigme antisémite*, di Daniel Sibony, 14€. Presto, tutte le scorte devono andare via.

utile per imparare a uscire dalle situazioni più estreme, per "trovare la via d'uscita", come direbbero Samuel Pisar e George Soros.

L'incomprensione degli ebrei di fronte al fenomeno dell'antisemitismo è stata ben illustrata da un'altra preziosa testimonianza, quella del grande scrittore Stefan Zweig. Ne *Il mondo di ieri, Memorie di un europeo*, racconta la vita nella capitale austriaca all'inizio del XX secolo e i grandi cambiamenti che ne sono seguiti. Suo padre, originario della Moravia, era un potente industriale tessile; sua madre proveniva da una famiglia di banchieri con sede in Svizzera, a Parigi e a New York. "Il suo modo di vivere mi sembra così tipico della cosiddetta "buona borghesia ebraica" (la borghesia che ha dato alla cultura viennese valori così essenziali e che, in cambio, doveva essere completamente sterminata[687])". All'epoca Vienna era, insieme a Parigi, la capitale culturale e artistica d'Europa. "Accogliente e dotata di uno speciale senso di ricettività, la città attraeva le forze più disparate, le distendeva, le placava e le calmava; vivere in una tale atmosfera di conciliazione spirituale era un balsamo, e il cittadino veniva inconsciamente educato a livello sovranazionale e cosmopolita a diventare un cittadino del mondo[688]. Il genio di Vienna", scrive Zweig, "era sempre consistito nell'armonizzare al suo interno tutti i contrasti nazionali e linguistici, e la sua cultura era una sintesi di tutte le culture occidentali; chi viveva e lavorava lì si sentiva libero dalla ristrettezza dei pregiudizi". In nessun altro luogo era più facile essere europei[689]."

A Vienna, tuttavia, alcune tradizioni prevalenti erano profondamente sgradite al giovane intellettuale che era. Chiaramente, l'integrazione dei giovani ebrei nella società germanica non era del tutto completa: "Era nelle sale di scherma delle "corporazioni" che questa nobile e importantissima attività veniva inculcata ai nuovi studenti e, inoltre, essi venivano iniziati ai costumi dell'associazione... bere fino a vomitare, scolare un grosso boccale di birra fino all'ultima goccia in un solo sorso (il test dell'acido) per confermare gloriosamente che non si era un "tocco morbido", o gridare in coro canzoni studentesche e sbeffeggiare la polizia segnando il passo dell'oca e facendo baccano nelle strade di notte. Tutto questo era considerato "virile",

---

[687]Stefan Zweig, *El mundo de ayer; memorias de un Europeo*, Acantilado 44, Barcellona, p. 8.

[688]Stefan Zweig, *El mundo de ayer; memorias de un Europeo*, Acantilado 44, Barcellona, pagg. 11, 12.

[689]Stefan Zweig, *El mundo de ayer; memorias de un Europeo*, Acantilado 44, Barcellona, p. 17.

"studentesco" e "tedesco", e quando le corporazioni, con i loro berretti e le loro fasce colorate, sfilavano sventolando i loro striscioni nelle "parate di strada" del sabato, questi ragazzi sempliciotti, spinti dal loro stesso impulso a un orgoglio assurdo, si sentivano i veri rappresentanti della gioventù intellettuale... Noi, invece, eravamo solo disgustati da questa *attività sciocca* e brutale, e quando ci siamo imbattuti in una di queste orde con le fasce al braccio, abbiamo saggiamente girato l'angolo... e così abbiamo evitato qualsiasi incontro con quei tristi eroi690."

Durante la Prima guerra mondiale, Stefan Zweig riuscì a sottrarsi al servizio militare: "Benché avessi raggiunto l'età di trentadue anni, per il momento non avevo alcun obbligo militare, perché ero stato dichiarato inutile a tutte le rassegne, cosa di cui ero stato molto contento in quel momento... l'eroismo non fa parte del mio carattere. In tutte le situazioni di pericolo, il mio atteggiamento naturale è sempre stato quello di evitarle. Ho quindi cercato un'attività che mi permettesse di fare qualcosa senza sembrare un agitatore, e il fatto che un amico, un alto ufficiale, lavorasse nell'archivio mi ha permesso di essere assunto lì. "A Vienna mi ero allontanato dai miei vecchi amici e non era il momento di fare nuove amicizie. Ho avuto solo poche conversazioni con Rainer Maria Rilke, perché ci capivamo intimamente. Siamo anche riusciti a prenderlo per il nostro archivio di guerra solitario, poiché sarebbe stato la persona più inutile come soldato a causa dei suoi nervi ipersensibili, ai quali la sporcizia, i cattivi odori e i rumori causavano un vero e proprio disagio fisico691."

Stefan Zweig inveì contro le menzogne ideate per servire il patriottismo bellicoso della monarchia austro-ungarica: "Decine di persone in Germania giurarono di aver visto con i loro occhi, poco prima dello scoppio della guerra, vagoni carichi d'oro che andavano dalla Francia alla Russia; storie di occhi cavati e mani mozzate, che in tutte le guerre cominciano a circolare puntualmente il terzo o il quarto giorno, riempirono i giornali692. "Vediamo che la credulità della folla non conosceva limiti; quanto alle testimonianze oculari, erano decisamente discutibili. Il lavaggio del cervello da parte dello Stato e la propaganda che permeava la vita pubblica da ogni parte gli fecero

---

690Stefan Zweig, *El mundo de ayer; memorias de un Europeo*, Acantilado 44, Barcelona, p. 51.
691Stefan Zweig, *El mundo de ayer; memorias de un Europeo*, Acantilado 44, Barcellona, p. 118-122.
692Stefan Zweig, *El mundo de ayer; memorias de un Europeo*, Acantilado 44, Barcellona, p. 121.

abbracciare la causa del pacifismo. Non era una cosa facile da fare nel bel mezzo della guerra. Nella Pasqua del 1917, Stefan Zweig presentò una tragedia che andava contro lo spirito dominante. Egli prese come tema la figura di Geremia, il profeta ebreo: "Non è forse il mio popolo che è stato sempre sconfitto da tutti gli altri popoli, più e più volte, e che tuttavia è sopravvissuto grazie a un potere misterioso, proprio quello di trasformare la sconfitta in vittoria... I nostri profeti non hanno forse conosciuto in anticipo quell'eterna persecuzione ed espulsione che oggi ci getta di nuovo per le strade come rifiuti693?" Contrariamente alle sue aspettative, la pièce fu ben accolta e riscosse un certo successo. La realtà è che tre anni di guerra avevano smorzato lo sciovinismo e c'era un maggiore desiderio di pace.

Dopo l'armistizio, la situazione in Austria e soprattutto in Germania era estremamente difficile. L'assassinio di Walter Rathenau, il ricco magnate tedesco dell'elettricità, appena nominato ministro, scosse l'intero impero. Lo scrittore ci ha lasciato un resoconto sconvolgente della situazione nel Reich dopo la sconfitta e la morte di Rathenau, che era anche un suo amico:

"Il marco precipitò e non arrestò la sua caduta fino a raggiungere la fantastica e terrificante cifra di miliardi... Ho vissuto giorni in cui la mattina dovevo pagare cinquantamila marchi per un giornale e la sera centomila... I lacci delle scarpe costavano più di un paio di scarpe, no, come dire, più di un negozio di scarpe di lusso con duemila paia di scarpe; una finestra rotta costava più di un'intera casa da riparare; un libro costava più di una tipografia con tutti i suoi macchinari; con cento dollari si potevano comprare file di case a sei piani sul Kurfürstendamm; un libro costava più di una tipografia con tutti i suoi macchinari. Con cento dollari si potevano comprare file di case a sei piani sul Kurfürstendamm; le fabbriche non costavano più, al tasso di cambio dell'epoca, di quanto non costasse un tempo una carriola... Migliaia di disoccupati vagavano oziosi per le strade e alzavano i pugni contro gli stracciani e gli stranieri che, con le loro auto di lusso, compravano un'intera strada come se fosse una scatola di fiammiferi... Credo di conoscere abbastanza bene la storia, ma, per quanto ne so, non c'era mai stato un periodo di follia di proporzioni così enormi. Tutti i valori, e non solo quelli materiali, erano stati alterati; la gente si faceva beffe dei decreti statali, non aveva rispetto per l'etica e la morale, Berlino era diventata la Babele del mondo. Bar, locali notturni e taverne spuntano come funghi. Quello che avevamo visto in Austria si rivelò un

---

693Stefan Zweig, *El mundo de ayer; memorias de un Europeo*, Acantilado 44, Barcellona, p. 131.

timido e gentile preludio a quella congrega, poiché i tedeschi impiegarono tutta la loro veemenza e capacità di sistematizzazione nella perversione. Lungo il Kurfürstendamm passeggiavano giovani truccati e con la vita artificiale, e non tutti erano professionisti; tutti i diplomati volevano guadagnare qualcosa, e in bar squallidi si vedevano segretari di Stato e importanti finanzieri corteggiare affettuosamente marinai ubriachi, senza alcuna remora. Nemmeno la Roma di Svetonio aveva conosciuto orge come i balli dei travestiti di Berlino, dove centinaia di uomini vestiti da donne e donne vestite da uomini ballavano sotto gli occhi benevoli della polizia. Con il declino di tutti i valori, una sorta di follia ha preso piede proprio nei circoli borghesi, fino a quel momento fermamente conservatori nel loro ordine. Le ragazze si vantavano orgogliosamente di essere perverse; in qualsiasi scuola berlinese sarebbe stato considerato un disonore essere sospettate di verginità a sedici anni; tutte volevano poter spiegare le loro avventure, e quanto più esotiche tanto meglio...

"Il culto orgiastico tedesco che si è accompagnato all'inflazione non era altro che una febbrile imitazione scimmiesca... Chi ha vissuto quei mesi e quegli anni apocalittici, stanco e infuriato, ha sentito che doveva esserci una reazione, una reazione terribile". "Niente ha avvelenato così tanto il popolo tedesco, va sempre ricordato, niente ha infiammato così tanto il suo odio e lo ha fatto maturare per l'avvento di Hitler come l'inflazione... un'intera generazione non ha dimenticato né perdonato la Repubblica tedesca di quegli anni."

Ma per Stefan Zweig i responsabili di questa gigantesca disfatta non sono i padroni marxisti che abbiamo visto all'opera nei capitoli precedenti, né i plutocrati speculatori che hanno costruito le loro colossali fortune sulla miseria tedesca; no, i responsabili sono i reazionari e i nazisti: "Coloro che avevano spinto il popolo tedesco in quel caos ora stavano sorridendo sullo sfondo, con l'orologio in mano: "Peggio va il Paese, meglio è per noi[694] "". Stefan Zweig avrebbe potuto ricordare il ruolo nefasto di alcuni finanzieri. Tre di loro, Strauss, Goldschmidt e Gutman, organizzarono la caduta del marco per acquistare parte dell'industria tedesca a un prezzo ignobile. Fortunatamente per loro, riuscirono a sfuggire alle conseguenze: Strauss morì in Svizzera, Gutman negli Stati Uniti e Goldschmidt a Londra.

L'ascesa al potere di Hitler nel 1933 avrebbe significato un nuovo esodo di ebrei. La testimonianza di Zweig su questo punto è istruttiva:

---

[694]Stefan Zweig, *El mundo de ayer; memorias de un Europeo*, Acantilado 44, Barcellona, pagg. 160-162.

"Una massa gigantesca" fuggiva "nel panico dal fuoco di Hitler, assediando le stazioni ferroviarie su tutti i confini" dell'Europa. Un "intero popolo espulso a cui è stato negato il diritto di essere un popolo, eppure un popolo che per duemila anni non ha desiderato altro che non dover più emigrare e sentire sotto i propri piedi una terra, una terra tranquilla e pacifica". "Nel 1942, ancora ignaro del genocidio, Zweig scrisse dagli Stati Uniti: "Ma la cosa più tragica di questa tragedia ebraica del secolo è che coloro che l'hanno subita non vi hanno trovato alcun significato o colpa. "Questo acuto osservatore, Stefan Zweig, non aveva davvero visto nulla dell'agitazione marxista che i suoi stessi correligionari avevano intrapreso in tutte le città della Germania, né del ruolo dei grandi speculatori? Com'è possibile che questo brillante scrittore - l'unico, a nostro avviso, tra tutti quelli che abbiamo recensito, a mostrare un vero talento letterario - sia così ottuso e paradossale quando si tratta di cercare di capire le reazioni ostili della popolazione? Il senso della propria identità che ha espresso a proposito della sua recita nel 1917, il suo dichiarato disprezzo per i compagni di università o la sua identità di "cittadino del mondo" avrebbero potuto essere un punto di partenza per una spiegazione, o almeno un punto interrogativo. Come ha potuto non vedere l'ovvia contraddizione tra l'esprimere il suo orgoglio di essere ebreo prima del conflitto europeo e poi affermare di essere sempre stato "integrato"? Per lui, nonostante la sua brillante intelligenza, non c'era nemmeno una "spiegazione" per la rinascita dei sentimenti antisemiti.

"Gli ebrei del secolo, invece, avevano da tempo cessato di essere una comunità. Non avevano una fede comune, consideravano il loro ebraismo più un peso che un motivo di orgoglio e non avevano alcun senso della missione... Con tutta la loro ansia sempre più impaziente, aspiravano a essere incorporati e integrati nei popoli che li circondavano, a dissolversi nella comunità... Così, non si capivano più, si fondevano con gli altri popoli: da tempo erano più francesi, tedeschi, inglesi o russi che ebrei... Qual era la causa, il significato e lo scopo di questa assurda persecuzione? Furono espulsi dalla loro terra e non ne ricevettero altre. Fu detto loro: non vogliamo che viviate tra noi, ma non fu detto loro dove dovevano vivere. Sono stati incolpati della loro colpa e gli sono stati negati i mezzi per espiarla. E si guardarono con occhi ardenti al momento del volo e si chiesero: Perché io? Perché tu?

Perché io e voi, che non conosco, di cui non capisco la lingua, di cui non capisco il modo di pensare, a cui non mi lega nulla? Perché tutti noi? E nessuno conosceva la risposta. Nemmeno Freud, la mente più lucida del tempo, con cui parlavo spesso in quei giorni, vedeva una soluzione o un significato a tale assurdità695."

Possiamo ripetere qui le parole di Primo Levi che, in *Asimmetria e vita*, pochi giorni prima di morire, disse con dolore: "C'è stato Auschwitz, quindi non può esserci Dio". Non riesco a trovare una soluzione al dilemma. Lo cerco, ma non lo trovo."

L'ingratitudine degli altri

Anche il filosofo miliardario Georges Soros ha espresso la stessa incomprensione per l'antisemitismo, a maggior ragione quando l'uomo aveva investito in modo inverosimile per migliorare le condizioni di vita dei popoli europei liberati dal giogo del comunismo: "A causa del mio esagerato potere, ha scritto, sono diventato il principale bersaglio dei discorsi antisemiti che alimentano l'eterna teoria del complotto ebraico". Se mai c'è stato un uomo che corrisponde allo stereotipo dell'ebreo-plutocrate-sionista-bolscevico, quello sono io... Ecco la prova che le buone azioni vengono sempre punite! Il mio obiettivo, quando ho creato la *Open Society Foundation* nel 1979, era quello di creare una società in cui tali teorie sarebbero cadute in disuso. Ma diventando il sostenitore della società aperta, ho concentrato in me una sorta di potere mistico che ha finito per alimentare la teoria della cospirazione. Questo lo ha portato alla conclusione che "non si può attaccare l'antisemitismo frontalmente, né lo faremo sparire vietandolo". L'educazione rimane l'opzione migliore per affrontare il problema. L'antisemitismo è il conforto degli ignoranti. Se lo si porta all'aria aperta e lo si espone alla luce, svanisce696."

Anche in *Ebrei, mondo e denaro* di Jacques Attali troviamo l'idea che chi si oppone agli ebrei dimostra una grande ingratitudine. Nel 325, data di fondazione del Concilio di Nicea, Jacques Attali scriveva: "L'antigiudaismo cristiano è consolidato, basato sull'odio verso colui che ha portato la buona parola. Odio verso chi ha reso un servizio. Questo si ritroverà molto più avanti nel rapporto con il denaro: l'odio per chi presta denaro a chi non è favorevole.

altri dopo aver fornito loro il loro Dio697."

Per quanto riguarda altri episodi della storia ebraica, l'autore si astiene semplicemente dal fornire al lettore ulteriori spiegazioni. Ad

---

695Stefan Zweig, *El mundo de ayer; memorias de un Europeo*, Acantilado 44, Barcellona, pagg. 218-219.

696George Soros, *Le Défi de l'argent*, Plon, 1996, pagg. 185 e 188.

697Jacques Attali, *Les juifs, le monde et l'argent*, Fayard, 2002, p. 95.

esempio, l'espulsione degli ebrei dalle corporazioni non merita alcuna spiegazione logica da parte di Attali, ma la stupidità e la malvagità dei Goyim: "All'inizio del millennio, sia nell'Europa meridionale che nella terra dell'Islam e a Costantinopoli, gli ebrei crearono le loro corporazioni di artigiani. Nel Nord si unirono alle corporazioni cristiane, a volte apertamente, a volte clandestinamente. Poi, sia al Nord che al Sud, le corporazioni, divenute onnipotenti, li escludono dalle professioni artigianali, anche dai mestieri meno ambiti... E così, in molte parti d'Europa, non resta loro altro che il commercio di cavalli, la macellazione e soprattutto - tragico ginepraio - il prestito di denaro, occupazione strategica in questa fase di capitalismo nascente e di costituzione delle nazioni. Poiché sono costretti a farlo, lo faranno a loro piacimento. Con loro grande infelicità. Ancora una volta, saranno utili e saranno odiati per i servizi resi698."

È un'idea lancinante nell'opera di Jacques Attali, che ritorna come leitmotiv: "Certo, i rabbini hanno ragione a essere sospettosi: nonostante la convivenza popolare e la sua utilità economica, l'odio è tornato. Grazie a una sapiente miscela di teologia ed economia, l'Occidente si libererà presto dei suoi creditori accusandoli di deicidio. Così, le comunità ebraiche diventeranno il bersaglio di nuovi attacchi, scivolando incessantemente da un campo all'altro. C'è risentimento contro gli ebrei per aver fornito il loro Dio e il loro denaro, perché si risentono perché non possono più astenersi né dall'uno né dall'altro699."

L'ingratitudine dei Goyim è stata evidente in molte altre occasioni nel corso della storia: "Durante la prigionia di Luigi IX, nel 1253, la reggente Bianca di Castiglia, sua madre, decise di espellere tutti gli ebrei dai suoi Stati; poi, come tanti altri governanti, scelse di far pagare loro una parte dell'enorme riscatto - 400.000 sterline - richiesto per la liberazione del sovrano. Al suo ritorno, il futuro San Luigi, in segno di gratitudine verso coloro che gli hanno permesso di tornare vivo... li bandisce!... Tuttavia, gli ebrei riescono a rimanere in cambio del pagamento di una nuova tassa."

Un altro passaggio eloquente recita: "I duemila ebrei veneziani sono così ben integrati nei vari mestieri che il doge se ne preoccupa e, a partire dal 1420, fa indossare loro un cappello giallo per distinguerli. "Identica situazione dopo l'espulsione dalla Spagna nel 1492: "Poveri e ricchi se ne vanno insieme, senza beni o quasi, e senza capire perché sono stati espulsi."

---

[698] Jacques Attali, *Les juifs, le monde et l'argent*, Fayard, 2002, p. 167.
[699] Jacques Attali, *Les juifs, le monde et l'argent*, Fayard, 2002, p. 177, 178.

"A Baghdad lo avevano già sperimentato nel nono secolo, a Londra nel dodicesimo, a Cordoba nel tredicesimo, a Siviglia nel quindicesimo, a Francoforte nel diciottesimo: più erano odiati, più ampia era la gamma di servizi che rendevano700. "Il grande reporter Albert London seppe esprimere il grande dolore del popolo ebraico di fronte a tante ingiustizie con questa esclamazione: *"Shalom!"* significa *Pace con voi!* e ovunque mandiate il vostro saluto, ebrei, la guerra vi risponde701! "

Una testimonianza tratta dal libro *Ritratti ebraici* illustra molto bene questo modo di pensare e l'incomprensione di fronte al rifiuto e alla vendicatività degli "altri".

Gottfried Reinhardt, produttore cinematografico, nato nel 1913 a Berlino: "Gli ebrei hanno svolto in Germania un ruolo più importante di quanto ci si potesse aspettare dalla loro percentuale di popolazione. Quasi tutte le banche tedesche, Deutsche Bank, Dresdner Bank e Commerz Bank, sono state fondate da ebrei. E non parlo nemmeno delle numerose banche private. Il banchiere di Bismarck era Herr Bleichröder. Il migliore amico dell'imperatore Guglielmo II era Albert Ballin, proprietario della linea di navigazione Amburgo-New York, che sentì l'esito della Prima Guerra Mondiale in modo così drammatico da suicidarsi. Gli ebrei tedeschi hanno avuto un ruolo importante anche nella scienza. Ullstein e Mosse erano i papi della stampa tedesca, e il *Berliner Tageblatt* era allora probabilmente uno dei migliori giornali del mondo. Tragicamente, fu proprio in Germania, un Paese che doveva tanto agli ebrei, che i nazisti riuscirono ad avere la meglio. Gli ebrei hanno reso immensi servizi alla Germania, e lo hanno fatto volentieri. Naturalmente, non potevano immaginare che sarebbe finita così male. Questa è la cosa più tragica di tutte. Dopotutto, Goebbels aveva studiato con Gundolf a Heidelberg e lì aveva difeso la sua tesi. Fece quindi domanda per un posto di giornalista al *Berliner Tageblatt,* e se Theodor Wolff glielo avesse dato, forse tutto sarebbe andato diversamente."

Come esprimere altrimenti che i Goebbels sono tollerati a condizione che rimangano al loro posto di piccoli pennivendoli esemplari in un giornale dove il capo è ancora il capo?

L'analisi di uno studente universitario non offriva ulteriori spiegazioni, se non la conferma di questo universo mentale ereditato dalla religione mosaica, così profondamente diverso da quello dei

---

700Jacques Attali, *Les juifs, le monde et l'argent,* Fayard, 2002, p. 197, 218, 327.

701Albert Londres, *El judío errante ya ha llegado,* Editorial Melusina, 2012, p. 201. [Albert Londres (1884-1932) è stato uno scrittore e giornalista francese. È stato uno dei fondatori del giornalismo d'inchiesta, critico nei confronti degli abusi del colonialismo e delle prigioni dei lavori forzati].

Goyim702. Il professor A. Neher, dell'Università di Strasburgo, si è espresso in questo modo durante un simposio presso l'Istituto di Sociologia Contemporanea di Bruxelles: "Una cosa che l'ebraismo possiede e che altre spiritualità non possiedono è l'innocenza. Siamo innocenti e sentiamo ancora più profondamente di esserlo perché siamo stati accusati. Siamo stati accusati tra il 1933 e il 1945, e siamo spesso accusati ancora oggi, di essere nemici del mondo, della razza umana, di essere sfruttatori, di essere stati i disintegratori delle civiltà europee, eccetera eccetera eccetera. Ora, sappiamo che siamo innocenti e che questa innocenza, che è di natura spirituale e che ispira tutta la nostra tradizione religiosa, attinge alle fonti della tradizione della Torah, della mistica ebraica e del Talmud. È di questa innocenza che dobbiamo essere consapevoli oggi e che non dobbiamo mai e poi mai rinnegare, in nessuna circostanza. Sì, siamo innocenti di vari crimini commessi, ma commessi da altri. Sì, il cristianesimo è colpevole. L'intera storia del Medioevo e tutto ciò che ha portato al XX secolo, ad Auschwitz e Hiroshima, è in gran parte il risultato, non certo del messaggio cristiano, ma dell'interpretazione che i cristiani e le chiese cristiane hanno dato a quel messaggio. L'ebraismo, da parte sua, è al di fuori di questa responsabilità in Europa... L'ebraismo potrà dialogare con il Terzo Mondo solo nella misura in cui si impegnerà per questa innocenza... con questo mondo di popoli neri, di popoli di colore, anch'essi non complici dei crimini che l'Europa ha commesso, e che troveranno nel messaggio ebraico un messaggio fraterno, un messaggio con cui il Terzo Mondo si identificherà e riconoscerà la luce di questa innocenza che è la condivisione comune di questi popoli e del popolo ebraico703. "Resta solo da convincere i palestinesi e gli iracheni di questa innocenza."

Accuse infamanti

Ma nonostante questo, siamo obbligati a sollevare il velo sulle accuse dei cristiani e dei goyim in generale. In *Gli ebrei, il mondo e il denaro*, Jacques Attali ci ha fornito almeno un po' di informazioni per spiegare questo antisemitismo che dura da secoli e attraversa tutte le frontiere. Già nell'antichità, nell'Egitto dei faraoni, le reazioni erano chiaramente percepibili: "I loro faraoni, tra cui Ramses II (-1294/ -1229), si opponevano aspramente agli ebrei. Erano preoccupati per le

---

[702]Ci sembra pertinente contrapporre radicalmente il metodo di apprendimento talmudico a quello dell'*Organon* di Aristotele (NdT).
[703]Herlinde Loelbl, *Portraits juifs, Photographies et entretiens*, L'Arche éditeur, Frankfurt-sur-le Main, 1989, 2003.

loro dimensioni, la loro solidarietà, la loro non ancora trascurabile influenza nell'apparato statale e nell'esercito. "La reazione degli Egiziani non si fece attendere: "Isolarono gli Ebrei, proibirono loro di esercitare certi mestieri, di sposarsi, di avere figli, uccisero tutti i neonati e trasformarono i sopravvissuti in schiavi704."

Anche nell'Europa cristiana, la cristianità, gli ebrei erano oggetto di ostilità generale: "Prestatori di Dio, prestatori di denaro, li accusano indistintamente di essere ladri, sfruttatori, parassiti, accaparratori, usurai, complottisti, bevitori di sangue, avvelenatori, assassini di bambini, profanatori di ostie, nemici di Dio, assassini di Cristo, gelosi di Gesù". "In Polonia, "nel 1683, i sarti cristiani accusarono i concorrenti ebrei di disonestà. Si verificarono nuovi massacri. Nel 1569, Pio V li accusò nuovamente di "falsità", di "tradimento" e di aver "rovinato gli Stati della Chiesa con la loro "rapacità"705." Ovviamente, tutte queste accuse erano totalmente assurde, così come l'accusa di tradimento, che ricorre nell'opera di Jacques Attali: "In ogni angolo dell'Impero Romano, sono accusati di finanziare rivolte contro Roma. "Allo stesso modo, le comunità ebraiche in Spagna sembrano aver sposato la causa degli invasori musulmani: "L'arcivescovo di Toledo accusa gli ebrei di tradimento a favore dei saraceni, provocando così una rivolta; organizza anche il saccheggio delle sinagoghe706. "Con il loro aiuto, le truppe musulmane sconfissero il re Roderico nel luglio del 711 e conquistarono rapidamente l'intera penisola, ad eccezione di alcune enclavi nel nord. "La Spagna multiculturale sotto il dominio musulmano, in cui i cristiani dovevano cavalcare gli asini e pagare una tassa, mentre i musulmani andavano a cavallo, è rimasta nella memoria degli ebrei come un'età dell'oro di cui si sente molto la mancanza: "Gli ebrei non hanno mai conosciuto un luogo di soggiorno più bello di quello dell'Islam europeo dell'VIII secolo"; in effetti, in quell'età dell'oro occupavano le posizioni e le responsabilità più alte: "Il califfo Omar II si impegna a rafforzare la presenza musulmana nell'apparato statale. Cercò di sostituire tutti i funzionari *dhimmis707* con musulmani.

---

[704]Jacques Attali, *Les juifs, le monde et l'argent*, Fayard, 2002, pag. 27.

[705]Jacques Attali, *Les juifs, le monde et l'argent*, Fayard, 2002, p. 178, 238-239, 242.

[706]Jacques Attali, *Les juifs, le monde et l'argent*, Fayard, 2002, p. 102, 204. ["È noto che l'invasione degli arabi fu sponsorizzata esclusivamente dagli ebrei residenti in Spagna. Hanno aperto loro le porte delle principali città. Erano infatti numerosi e ricchi e già al tempo di Egica avevano cospirato, mettendo in serio pericolo la sicurezza del regno. "Marcelino Menendez Pelayo, *Historia de los Heterodoxos españoles, Tomo I*, Ed. F. Maroto, Madrid, 1880. p. 216].

[707]*Dhimmis*: credenti di fede monoteista che vivono in stato di soggezione in una regione invasa dalla conquista musulmana, ai quali viene concesso uno status di

Di conseguenza, cercò di sbarazzarsi degli alti funzionari ebrei, che erano diventati troppo numerosi e troppo influenti. Ma non ci riesce, per mancanza di leader di valore, tanto che i musulmani religiosi rimproverano ai califfi la loro eccessiva benevolenza verso gli ebrei708. "Si deve quindi notare che i musulmani non erano più capaci dei russi bolscevichi di amministrare il proprio Stato.

L'impegno per la conquista dell'Islam si manifesta ancora una volta nel ruolo di alcuni finanziatori del Gran Turco. Giovanni Ha-Nassi, scrive Attali, era il più importante finanziatore del sultano Solimano II. Nel 1565, lo convinse "a chiedere al Papa la liberazione degli ebrei tenuti in ostaggio ad Ancona". "Nel 1569, "Nassi consiglia a Solimano di attaccare Venezia per prendere Cipro, che vuole trasformare in un rifugio per gli ebrei. Si rivela un disastro: nel 1571, la guerra si conclude con una sconfitta a Lepanto contro l'esercito veneziano comandato da don Giovanni d'Austria709. "Due anni dopo, dopo la vittoria di Lepanto, il governo veneziano decise a sua volta di espellere dal ghetto tutti gli ebrei, dichiarati complici dei turchi e agenti del duca di Nasso [Ha-Nassi, ndla]; poi, come spesso accade nella storia, revocò questa decisione in cambio del pagamento di una tassa710. Jacques Attali avrebbe potuto aggiungere: "e come spesso accade nella storia, gli ebrei preferiscono pagare piuttosto che andarsene". Così, "gli ebrei di Venezia furono considerati complici di Giovanni Ha-Nassi, che cadde in disgrazia e morì nel 1579". Ma il periodo di Faust è finito. Come sempre accade in un periodo di decadenza, gli ebrei vengono perseguitati."

Il libro di Jacques Attali contiene anche un'altra vile accusa di tradimento: "Nel 1744, quando l'imperatore Maria Teresa decise di espellere gli ebrei dalla Boemia con l'accusa di spionaggio per i prussiani... Su richiesta degli ebrei del suo entourage, il re d'Inghilterra e gli Stati Generali dei Paesi Bassi intervennero presso Maria Teresa, che alla fine annullò il decreto di espulsione in cambio del pagamento di 240.000 fiorini711."

Questa accusa ritorna poco più avanti, anche se viene attenuata da Jacques Attali, in considerazione del comportamento eroico di molti

---

protezione e la possibilità di mantenere la propria fede originaria (abramitica), sottoposta a una speciale tassazione (NdT).

[708]Jacques Attali, *Les juifs, le monde et l'argent*, Fayard, 2002, pag. 134.

[709]Jacques Attali, *Les juifs, le monde et l'argent*, Fayard, 2002, p. 226, 227 [Esercito della coalizione cattolica chiamata Lega Santa, formata principalmente dall'Impero spagnolo e dalla Repubblica di Venezia].

[710]Jacques Attali, *Les juifs, le monde et l'argent*, Fayard, 2002, p. 242.

[711]Jacques Attali, *Les juifs, le monde et l'argent*, Fayard, 2002, p. 283.

ebrei durante la ritirata della *Grande Armée* napoleonica: "In Prussia, una timida emancipazione, decisa nel 1812, non si concretizzò, perché gli ebrei erano accusati di essere spie al soldo di Napoleone - ma dovevano proteggere la loro fuga durante la ritirata dalla Russia". "100.000 polacchi (compresi gli ebrei) muoiono da eroi coprendo la ritirata della Grande Armata712."

Nonostante tutte queste informazioni che abbiamo potuto leggere sparse tra le pagine di questo denso libro, dobbiamo sapere che il popolo ebraico obbedisce a certe leggi intangibili: "Accettare la legge dell'ospite senza violare la propria... Anche con il cittadino che deve essere assolutamente fedele a qualsiasi repubblica che lo accoglie713 ", ci ha spiegato Attali. In effetti, questo sembra essere l'unico modo per vivere in pace nella casa dell'ospite.

Eppure la "fedeltà al Paese ospitante" non sembra essere un principio così intangibile. Karl Popper, ad esempio, il mentore di George Soros, suddito austriaco prima della Prima guerra mondiale, aveva un concetto molto personale di "lealtà verso il Paese ospitante". Questo filosofo viennese, che sarebbe diventato "l'appassionato difensore delle libertà e il critico imparziale di tutte le forme di totalitarismo", "l'instancabile detrattore delle mode intellettuali e dell'oscurantismo", "l'autore della critica più radicale e completa del marxismo", durante la guerra scelse la sua parte, ma non proprio quella del Paese che lo ospitava: "Fin dai primi mesi del 1915, dopo l'invasione del Belgio, mi resi conto che era stato perpetrato un atto contrario agli accordi internazionali e che si trattava di una violazione dei trattati. Questo mi ha convinto che ci sbagliavamo, che la nostra parte era sbagliata. Quindi ho dedotto che dovevamo perdere714. "Il patriottismo degli intellettuali cosmopoliti, il più delle volte, non ha nulla a che fare con il Paese in cui vivono, ma corrisponde agli interessi dell'idea planetaria. Il Paese da sostenere in un conflitto è quello che offre le maggiori garanzie democratiche e finanziarie. In questo caso, Francia e Inghilterra hanno svolto questo ruolo nel 1915.

Ci sono altre contraddizioni da sottolineare nell'opera di Jacques Attali. Ad esempio, ha insinuato che gli ebrei sono stati costretti a

---

[712]Jacques Attali, *Les juifs, le monde et l'argent*, Fayard, 2002, p. 306, 342. Nei *Cahiers du capitaine Coignet*, invece, troviamo questa testimonianza: "Gli ebrei e i russi hanno sgozzato un migliaio di francesi; le strade di Vilna erano coperte di cadaveri. Gli ebrei sono stati i carnefici dei nostri francesi. Fortunatamente la Guardia li fermò e l'intrepido Maresciallo Ney ristabilì l'ordine."(*Cahiers du capitaine Coignet*, 1850, la retraite de la Grande Armée, 1812).

[713]Jacques Attali, *Les juifs, le monde et l'argent*, Fayard, 2002, p. 490.

[714]Karl Popper, *La Leçon de ce siècle*, Anatolia, 1992, p. 32.

dedicarsi al commercio del denaro perché nel Medioevo gli ebrei erano stati incomprensibilmente esclusi da tutti gli altri mestieri. Tuttavia, un centinaio di pagine prima, l'autore ci aveva informato che nell'antica Roma gli stessi rabbini avevano proibito ai membri della comunità ebraica di entrare in tali associazioni: "Essi amministrano anche i rapporti con i non ebrei, a volte per limitarli. Così, quando Roma impone la creazione di collegi di artigiani, i tribunali rabbinici esortano gli ebrei a non diventarne membri per non dover lavorare di Shabbat715."

L'isolamento volontario degli ebrei dalle altre comunità appare di nuovo in questo passo: "Il Talmud dice: "Il vino dei gentili è proibito in virtù delle loro figlie". Non è possibile berlo insieme". Ancora una volta, compare la paura del matrimonio tra persone. "Ma poiché l'assimilazione è temuta più di ogni altra cosa, i rabbini si preoccupano di far rispettare le prescrizioni alimentari, vietando a qualsiasi ebreo di condividere un pasto o una bevanda con un cristiano. Esortano i loro seguaci a riunirsi negli stessi quartieri, intorno a una sinagoga, a un bagno rituale o a un cimitero. A volte rivendicano il diritto di chiudere le due estremità della loro strada con un cancello per difendersi meglio in caso di aggressione. D'ora in poi, in questo tipo di quartiere, il rabbino, il maestro di scuola, il macellaio e alcuni artigiani non avranno mai alcun contatto con i gentili716. "Così, gli stessi ebrei avrebbero preso l'iniziativa di rinchiudersi in quello che in seguito sarebbe stato chiamato ghetto.

La reticenza secolare degli ebrei verso l'agricoltura può essere spiegata in parte da considerazioni religiose. Jacques Attali offre la seguente spiegazione: "I figli di Adamo si uccidono a vicenda. Caino - il cui nome significa "acquisire" o "invidiare" - ottiene la terra. Abele - il cui nome significa nulla, respiro, vanità, fumo - riceve le greggi. Quando il contadino nega al pastore il diritto di passaggio, uno dei due fratelli perde la vita... L'omicidio del pastore non è un semplice fratricidio; il vero colpevole è la terra stessa, la terra maledetta che Caino aveva ricevuto solo per accogliere suo fratello. Se la Bibbia dà il ruolo buono alla vittima nomade, se permette all'assassino sedentario di sopravvivere, è per lanciarlo, a sua volta, in un viaggio di redenzione717. "La terra è quindi da biasimare, e "d'altra parte, il

---

[715]Jacques Attali, *Les juifs, le monde et l'argent*, Fondo di cultura economica, 2005, Buenos Aires, p. 83.
[716]Jacques Attali, *Les juifs, le monde et l'argent*, Fayard, 2002, p. 144, 177.
[717]Jacques Attali, *Les juifs, le monde et l'argent*, Fayard, 2002, pag. 19.

Talmud proibiva loro di coltivare il suolo straniero718 ", ci ha ricordato Albert London, il "Principe dei giornalisti". Ecco quindi alcuni indizi del fallimento delle colonie agricole dell'URSS in Crimea e in Birobiya.

Altre contraddizioni erano evidenti. Quando, a pagina 242, Attali racconta le accuse di Papa Pio V, che nel 1569 li accusò "ancora una volta di "falsità", di "tradimento" e di aver, con "la loro rapina, rovinato gli Stati della Chiesa", come se si trattasse di rozze invenzioni, sembra dimenticare che lui stesso aveva messo per iscritto le prove a sostegno di queste accuse. A pagina 263, ad esempio, leggiamo queste righe: Allo stesso tempo, a Lisbona, "gli ebrei mascherati... importano, vendono e talvolta trasformano spezie, droghe, cotone, sete, perle e diamanti". Confondono gli indizi in modo che non si sappia chi è il vero proprietario dei carichi che trasportano. "Allo stesso modo, a pagina 199, scrive: "A volte, i nomi scelti si riferiscono deliberatamente a mestieri umili per nascondere le fortune". E a pagina 150: "In base alla legge talmudica, sia i contratti che i crediti dei mercanti ebrei sono altamente protetti. Le loro cambiali e lettere di credito sono spesso scritte in ebraico per renderle indecifrabili agli aspiranti pirati. Quando i poliziotti locali imparano a decifrare l'alfabeto ebraico, i corrieri usano codici segreti composti dagli stessi caratteri. Le controversie sono risolte da tribunali rabbinici che applicano la loro legge, non quella del Paese in cui viaggiano. La legge è nomade, viaggia con il mercante. "In altre parole, la legge del sedentario è nulla719.

Ma la "frode" e l'"astuzia", per dirla con il poeta Ronsard, risalgono a tempi ben più lontani, come confessò discretamente Jacques Attali: "Tutti i mezzi sono buoni, anche l'astuzia: Abramo arrivò a far passare sua moglie Sara per sua sorella, sperando di ricevere doni da coloro che volevano sposarla720! "

Sensibilità epidermica

Abbiamo scoperto che la maggior parte degli intellettuali cosmopoliti rifiuta di assumersi la responsabilità dei tragici eventi che hanno afflitto la storia comunista, soprattutto in Russia. Abbiamo anche notato che molti di loro non vedono alcuna spiegazione valida per

---

[718]Albert Londres, *L'ebreo errante è arrivato*, Editoriale Melusina, 2012, p. 73.
[719]Nel suo *Dizionario del XXI secolo*, Attali scrive: "Sarà necessario inventare un diritto molto specifico, diverso da quello dei sedentari, perché senza diritto non c'è nomadismo" (capitolo "Tutti i nomadi")."(capitolo "Tutti i nomadi") L'intenzione di vedere i goyim conformarsi alla legge degli ebrei non era forse davvero svelata?
[720]Jacques Attali, *Les juifs, le monde et l'argent*, Fayard, 2002, pag. 22.

l'antisemitismo e ritengono che il male provenga necessariamente da altri. Certo, la mentalità mosaica può sembrarci piuttosto unica e disarmantemente sincera. Vediamo allora, attraverso la letteratura e l'immaginazione del grande romanziere Albert Cohen, un'altra illustrazione di questa "innocenza". Scrittore di fama internazionale, Albert Cohen è nato nel 1895 a Corfù, in Grecia. Aveva quindi la nazionalità ottomana prima del 1914. Ha trascorso l'infanzia a Marsiglia prima di diventare cittadino svizzero naturalizzato. Nel suo bellissimo libro intitolato *O fratelli umani*, scritto in età avanzata, ha raccontato con molta poesia un doloroso ricordo d'infanzia a Marsiglia, dandoci un assaggio di quell'acuta sensibilità mosaica. Quasi tutto il libro è un soliloquio che ruota attorno a quel ricordo. Ecco alcuni estratti:

"Antisemiti, preparatevi ad assaporare la disgrazia di un bambino, voi che presto morirete senza che la vostra imminente agonia vi impedisca di odiare. O rictus falsamente ridente delle mie pene ebraiche. O tristezza di quell'uomo nello specchio che sto guardando. O rictus di riso falso, o mio amore deluso. Perché io amo, e quando vedo un bambino nella sua carrozzina che mi offre un sorriso sdentato... oh piccioncino, che tentazione di prendere la sua tenera manina, di chinarmi su quella nuova mano e baciarla teneramente, baciarla più volte, tenerla contro i miei occhi più volte... ma subito sono ossessionato dal fatto che non sarà sempre un bambino deliziosamente innocuo, e che in esso un adulto zannuto sta pericolosamente osservando e preparandosi, un antisemita peloso, un odiatore che non mi sorriderà più. Oh povero rictus ebraico, oh le scrollate di spalle stanche e rassegnate, piccole morti delle nostre anime... Chissà, mi sono detto, quello che sto per dire potrebbe forse cambiare gli odiatori di ebrei, strappare loro le zanne dall'anima... Mia madre mi approva, lo so, mia madre che è morta durante l'occupazione tedesca, mia madre che era ingenua e gentile, e che è stata fatta soffrire... Ricordo che un giorno, per parlarmi della grandezza dell'Eterno, mi spiegò che amava anche le mosche, e ogni mosca in particolare, e aggiunse: ho cercato di fare come Lui con le mosche, ma non ci sono riuscito, sono troppe[721]."

---

[721]Albert Cohen, *Oh voi, fratelli umani*, Editorial Losada, 2004, Madrid, pagg. 29-30, 35-36. Troviamo questa immagine anche nello scrittore Joseph Roth: "Il gesto della mano di un cameriere sulla terrazza di un caffè per uccidere una mosca è più significativo del destino di tutti i clienti della terrazza. La mosca è libera e il cameriere è deluso. Perché, o cameriere, sei arrabbiato con la mosca?" (Joseph Roth, articolo del 24 maggio 1921, *Berliner Börsen-Courier*, Éditions du Rocher, 2003).

Quel fatidico giorno, da bambino, Cohen fu insultato da un ambulante. Mentre si avvicinava alla sua bancarella, fiducioso e in soggezione nei confronti dell'uomo, fu insultato e vilipeso perché ebreo. Questo evento doloroso è rimasto impresso come un trauma nella memoria del bambino di dieci anni. Ecco come Albert Cohen ricorda l'affronto: "Guardai con supplica il boia che mi stava disonorando, cercai di comporre un sorriso per commuoverlo, un sorriso tremante, un sorriso malato, un sorriso di persona disturbata, un sorriso ebraico troppo dolce che volevo disarmare con la sua femminilità e la sua tenerezza.Ma il mio carnefice era implacabile, e vedo ancora il suo sorriso da macellaio con le lunghe zanne, il suo rictus giulivo, vedo ancora il dito teso che mi ordinava di andarmene, mentre quei nullatenenti si allontanavano, con risate di approvazione, per lasciar passare il piccolo lebbroso espulso. E ho obbedito, a testa bassa, ho obbedito e me ne sono andato, da solo... Mi sono seduto in un angolo buio per piangere a mio agio..., per piangere nel decimo anno ebraico della mia vita... Sei un lurido ebreo, vero? Ripetevo tra me e me, e meditavo su quelle parole dell'ambulante, su quella frase inaspettata che mi aveva trasformato in un prigioniero... Oh mio popolo fiero, zelantemente desideroso di sopravvivere e di preservare la propria anima, popolo di resistenza, di resistenza non per un anno, non per cinque anni, non per venti anni, ma popolo di resistenza per duemila anni, quale altro popolo ha resistito così? Sì, duemila anni di resistenza, e che gli altri popoli imparino... Dannazione, ho benedetto tutti i malvagi e in particolare le bionde, li ho benedetti e amati in nome di Israele, mescolando nelle mie benedizioni vaghe parole ebraiche dell'unica preghiera che conoscevo, ma soprattutto inventando parole che speravo fossero un po' ebraiche, e che mi commuovevano e mi sembravano sublimi... camminavo, completamente impazzito... vendicato il bambino pazzo camminava, benevolo e sprezzante... annunciai loro che un giorno mi avrebbero amato e che quel giorno sarebbe stato il giorno del bacio infinito di tutti gli uomini per me diventato umano. Camminavo, con piedi grandiosamente scivolanti, e benedicevo le folle e sorridevo e facevo saluti regali..., camminavo, portatore privilegiato della Legge, dei santi comandamenti dell'Eterno, camminavo tra lo schiocco dei cedri, falso re di Israele e vero discendente di Aronne, il grande sacerdote, fratello di Mosè... Senza l'imbroglione e i suoi pari in malvagità, i suoi innumerevoli colleghi tedeschi e non, non ci sarebbero state le camere a gas... i cadaveri... gettati allegramente nei forni tedeschi dagli atleti biondi e con gli stivali che gli odiatori di ebrei amano tanto... Dite, antisemiti, odiatori che improvvisamente oso chiamare fratelli umani... dite, antisemiti, fratelli, siete davvero felici di odiare e vi accontentate di essere malvagi?... Da quel giorno dell'ambulante, non sono più riuscito a prendere in mano un giornale senza trovare la parola che dice ciò che sono, immediatamente, al primo sguardo. E individuo persino le parole che assomigliano alla terribile parola dolorosa e bella, individuo subito *"juin"* e *"suif"* e, in inglese, individuo subito *few, dew, jewel*. Basta così722."

Ferito e lacerato dall'odio vendicativo, dalla disperata impotenza, dall'amore fittizio per lo straniero e dalla fede messianica: Albert Cohen non assomiglia forse a Golum, la mitica creatura del *Signore degli Anelli*?

In *Beautiful of the Lord*, Albert Cohen sembrava scrivere in uno stato di trance estatica. Adottando uno stile di scrittura particolare, Cohen ha riversato i suoi pensieri per diverse pagine senza pause o punteggiatura, rivelando così i sentimenti profondi nascosti nel suo essere, così come alcune caratteristiche della mentalità del mosaico:

"Tra i miei amici ebrei ho incontrato gli esseri più nobili di cuore e di maniere... .forse è un orribile desiderio velato di rinnegare il più grande popolo della terra un orribile desiderio di emancipazione da loro forse è una vendetta contro la mia sfortuna per punirli di essere la causa della mia sfortuna è una sfortuna che non ti amano e sospettano sempre di te sì una vendetta contro la mia bella sfortuna di appartenere al popolo eletto o peggio ancora forse è un indegno risentimento contro il mio popolo no no no io venero il mio popolo sofferente di Israele salvatore salvatore per i suoi occhi per i suoi occhi che sanno per i suoi occhi che hanno pianto gli insulti delle folle salvatore per il suo volto per il suo volto doloroso per il suo volto deforme per il suo volto dove scorre in una lunga bava il riso e l'odio dei suoi figli uomini oh vergogna forse è un'abominevole antipatia inconscia...e glielo sbatto in faccia forse nella stessa cella rinchiusi i prigionieri si detestano a vicenda no non li amo caro il mio amato i miei teneri ebrei intelligenti la paura del pericolo li ha resi intelligenti la necessità di essere sempre svegli per indovinare il nemico feroce che li ha resi in la necessità di essere sempre svegli per indovinare il nemico feroce che li ha trasformati in fenomenali psicologi è anche una contaminazione delle beffe di chi ci odia e io imito quelle ingiuste forse è anche per divertirmi tristemente con il mio dolore e consolarmi con esso è anche contagio del loro odio sì a forza di sentire le loro vili accuse ci hanno fatto sentire

722Albert Cohen, *Oh voi, fratelli e sorelle umani*, Editorial Losada, 2004, Madrid, p. 61-62, 67-68, 103, 155-156, 201-203, 213, 217, 92

la disperata tentazione la disperata tentazione di concepire il pensiero che se ci odiano così tanto e dappertutto è perché ce lo meritiamo e per Dio so che non lo meritiamo e che il loro odio è lo sciocco odio tribale del diverso e anche un odio di invidia e anche un odio animale dei deboli perché siamo deboli di numero. L'odio animale per i deboli, perché deboli di numero, siamo deboli dappertutto e gli uomini non sono buoni e la debolezza attrae e stimola l'innata bestiale crudeltà nascosta e senza dubbio è piacevole odiare i deboli che si possono impunemente insultare e picchiare, oh mio tormentato popolo, io sono tuo figlio che ti ama e ti riverisce...e vedrete come nella terra d'Israele i figli del mio popolo ritornato saranno gentili e arroganti e belli e di portamento nobile e guerrieri impavidi se necessario e vedrete finalmente il loro vero volto alleluia amerete il mio popolo amerete Israele che vi ha dato Dio che vi ha dato il più grande libro che vi ha dato il profeta che era l'amore e in effetti è strano che i tedeschi, popolo della natura, abbiano sempre detestato Israele, popolo dell'innaturalezza, perché in effetti l'uomo tedesco ha sentito e ascoltato più degli altri la voce giovane e ferma che viene dalle foreste della notte, silenziosa e scricchiolante delle foreste... e quando cantano delle loro antiche leggende e dei loro antenati dalle lunghe trecce bionde723 e dagli zoccoli cornuti, sì cornuti perché ciò che conta è soprattutto assomigliare a un animale ed è certamente squisito travestirsi da toro, di cosa cantano se non di un passato disumano di cui hanno nostalgia e da cui sono attratti e quando si rallegrano della loro razza e della loro comunità di sangue cosa fanno se non tornare a nozioni animali che anche i lupi capiscono che non si mangiano l'un l'altro e che non sono in grado di mangiare. quando esaltano la forza o gli esercizi del corpo che cosa esaltano ed esaltano se non un ritorno alla grande monnezza della giungla preistorica e infatti quando massacrano gli ebrei o li torturano puniscono il popolo della Legge e dei profeti il popolo che ha voluto l'avvento dell'umano sulla terra se sanno o intuiscono di essere il popolo della natura e che Israele è il popolo dell'innaturale portatore di una folle speranza che il naturale aborre... e che lo sappiano o no, che gli piaccia o no, le porzioni più nobili dell'umanità sono di anima ebraica e stanno salde sulla loro roccia che è la Bibbia oh miei ebrei a cui parlo in silenzio, sappiate che il vostro popolo li venera per aver voluto lo scisma e la separazione per aver condotto la lotta contro la natura e le sue leggi724..."

---

[723]Notiamo in Albert Cohen una certa diffidenza nei confronti degli individui biondi. Questa inclinazione è presente anche nello scrittore Joseph Roth. Tuttavia, questa animosità è più visibile nelle produzioni cinematografiche, come abbiamo già visto.
[724]Albert Cohen, *Bella del Señor*, Anagrama, Barcellona, 2017, p. 711-716. È il flusso

Senza dubbio si tratta di un grande, un grandissimo scrittore. In questo testo vediamo l'immenso orgoglio del popolo eletto, il disprezzo dell'"altro", del goy, il sentimento di vendetta, la sensazione di essere incompresi, ma, soprattutto, il dubbio percepibile sul fondamento della missione del popolo ebraico e la tentazione dell'odio di sé.

È chiaro che, come Kafka nei suoi *Diari*, Albert Cohen sembrava totalmente ossessionato dal suo essere ebreo. Questo libro commovente deve aver rappresentato per lui un tentativo di esorcizzare i suoi demoni. In una sua biografia, l'autore ha messo come didascalia queste parole, così caratteristiche dello stile particolare e degli stati d'animo ambivalenti del grande romanziere: "Sontuosa, o tu, mia penna d'oro, vai per la foglia, vai a caso finché mi resta un briciolo di giovinezza, segui il tuo lento corso irregolare, vacillante come nei sogni, goffo ma governato. Vai, che ti amo, mia unica consolazione, sfoglia le pagine in cui mi abbandono tristemente e il cui strabismo mi delizia tacitamente. Sì, le parole, mia patria, le parole consolano e vendicano725. "La vendetta era chiaramente un sentimento profondamente radicato in quest'uomo maltrattato. Forse l'origine del suo talento di romanziere e poeta deriva dalla sua infanzia dolorosa. In ogni caso, il genio di Albert Cohen non poteva essere ignorato a lungo, come testimoniano alcuni critici letterari dell'epoca: "Nel 1933, quando il primo romanzo fu pubblicato negli Stati Uniti, un critico di New York disse: "*Solal* è religioso alla maniera dei romanzi di Dostoevskij". "Alla prima di *Ezechiele* alla *Comédie-Française*, il critico *del Paris-Midi* proclamò: "C'è un'eco di Shakespeare nell'opera726. "La sensibilità di questo "genio letterario" si percepiva anche in queste poche righe, che avevano lo scopo di far conoscere Albert Cohen: "Un pazzo di sensibilità, pronto al dolore assoluto per tutto, alla gioia assoluta per tutto, che soffre quasi altrettanto per non aver trovato le sue chiavi che per aver perso la moglie727. "Questo, almeno, ci rassicura un po' sulla profondità della sua sofferenza.

Le persecuzioni subite dagli ebrei nel corso dei secoli hanno segnato a fuoco rosso la loro "sensibilità nomade" e per le vecchie generazioni le ferite dell'Olocausto sono ancora vive. La sensibilità

---

di coscienza, un flusso ininterrotto senza punteggiatura tipografica o differenziazione in cui emergono i pensieri e le impressioni del personaggio (si può leggere nel famoso soliloquio di Molly Blum nell'*Ulisse di* James Joyce e nei romanzi di Marcel Proust).

[725] Albert Cohen, *El libro de mi madre*, Anagrama, Barcellona, 1999, p. 6, in Gérard Valbert, Albert Cohen, *Le Seigneur*, Grasset, 1990.

[726] Gérard Valbert, Albert Cohen, *Le Seigneur*, Grasset, 1990. I cognomi dei due giornalisti non sono menzionati.

[727] Gérard Valbert, Albert Cohen, *Le Seigneur*, Grasset, 1990, p. 11.

ebraica era percepibile in un autore come Marek Halter. "Nel 1981, scrive, ho acquistato una casa colonica sgangherata con travi a vista per restaurarla. L'autostrada era vicina, i vicini tenevano polli e mucche grasse. Era di mia proprietà. La mia casa era bellissima, circondata da strade dissestate. Quando mio padre ha saputo che possedevo davvero un pezzo di terra, ha pianto. 728"L'ebraismo si manifesta anche nei testi religiosi con una sensibilità esacerbata per il danno che si può arrecare al "prossimo": "La tractate Metzia del Talmud non ci ha forse insegnato che "chi fa arrossire il suo prossimo in pubblico, è come se lo avesse ucciso"? "

Elie Wiesel ha confermato che questa tendenza, ancora una volta, risale molto indietro nel tempo: "I nostri Saggi citano la Scrittura: quando Esaù baciò suo fratello Giacobbe, Giacobbe pianse. Perché pianse? Perché, rispondono i Saggi, Giacobbe capì che il bacio di Esaù era una trappola più pericolosa del suo odio729. "Si piange per niente, per un sì o per un no: questa è la tradizione.

Anche il finanziere socialista Samuel Pisar ha presentato nelle sue opere alcune testimonianze sulla stessa linea: "Ero con Judith in Italia, sulle rive del lago di Como. Una sera accesi il mio transistor. Ho sentito la risposta negativa del generale de Gaulle al referendum, le sue dimissioni e la sua partenza immediata. Ascoltando il laconico testo ("Cedo le mie funzioni di Presidente della Repubblica. Questa decisione ha effetto a mezzogiorno"), ho sentito che un capitolo della storia era stato brutalmente chiuso. E un capitolo della mia vita. In quell'istante scopro che sto piangendo. Sono un cittadino americano e piango. Con la sua partenza, il film della mia vita mi scorre di nuovo davanti agli occhi[730]. "Questa sensibilità non poteva essere ignorata nella nostra analisi del fenomeno antisemita.

Joseph Roth è un altro autore con una considerevole opera romanzesca e giornalistica. La *Marcia di Radetsky* gli valse la fama internazionale. Anche lui aveva quella singolare predisposizione ebraica alla sofferenza: "Ovunque si fermi un ebreo, sorge un Muro del Pianto". Ovunque si stabilisca un ebreo, nasce un pogrom... Allo stesso modo, il presente degli ebrei è probabilmente più grande del loro passato, perché è ancora più tragico[731]. "Questa è un'affermazione tratta

---

[728]Marek Halter, *Un Homme, un cri*, Robert Laffont, Paris, 1991, p. 176. Gli ebrei considerano il "vicino" nei loro testi come altri ebrei. Su questo tema si può leggere l'illuminante libro di Israel Shahak, *Historia judía, Religión judía, El peso de tres milaños*, Ediciones A. Machado, 2016, Madrid.
[729]Elie Wiesel, *Memoires (Tome II)*, Éditions du Seuil, 1996, p. 242.
[730]Samuel Pisar, *La Resource humaine*, Jean-Claude Lattès, 1983, p. 50.
[731]Joseph Roth, *A Berlino*, Éditions du Rocher, 2003, p. 33.

da un articolo di *Das Tagebuch* del 14 settembre 1929, quindi prima della crisi economica e della presa di potere di Hitler, ma a quanto pare il momento era già considerato sufficientemente "tragico".

Questa propensione alle "Lamentazioni", a dispiacersi per se stessi, potrebbe essere una delle ragioni dell'incapacità di dispiacersi per gli altri, in particolare per le innumerevoli vittime della rivoluzione bolscevica. A questo proposito, è interessante citare ancora una volta alcune parole di Hannah Arendt, che nel 1951 scrisse: "Più il fatto di nascere ebreo perdeva il suo significato religioso, nazionale e socio-economico, più l'ebraismo diventava ossessivo; gli ebrei ne erano ossessionati come si può essere ossessionati da un difetto o da un vantaggio fisico, e vi erano dediti come si può essere dediti a un vizio[732]. "Sembra quindi che molti ebrei alimentino consciamente o inconsciamente quell'angoscia, quell'inquietudine interiore, che Georges Perec ha espresso così bene, e che è uno dei tratti del carattere ebraico che più contribuisce a promuovere in loro un sentimento di ebraicità a scapito della loro integrazione nel resto della popolazione. Shmuel Trigano era ben consapevole di questa deplorevole situazione quando scriveva: "Gli ebrei sono spesso accusati di crogiolarsi in questo lamento vittimistico e io sono il primo a deplorarlo[733]."

Una minaccia permanente

Questa sensibilità ebraica si riflette anche in altre caratteristiche. Come ha già espresso Jacques Derrida, ad esempio, c'è in molti ebrei quell'istinto, sempre all'erta, che li fa reagire immediatamente al minimo accenno o sospetto di razzismo e antisemitismo. Questa impercettibile inquietudine, che è stata un tormento sotterraneo per l'anima ebraica nel corso dei secoli, si manifesta in riflessi allarmistici di fronte a ciò che viene percepito come l'ascesa del "flagello". Al minimo segno di opposizione o di critica alle azioni di qualsiasi ebreo, l'intera comunità salta sotto i riflettori dei media e si sentono le grida strazianti della terribile minaccia e il coro di lutto in sottofondo. Personalità che pensavamo fossero più dignitose e ragionevoli cadono in interpretazioni esagerate che sembrano quasi ridicole una volta che il trambusto si placa. Così, ad esempio, abbiamo visto Elie Wiesel pubblicare, già nel 1974, articoli in cui esprimeva i suoi più profondi timori per la recrudescenza dell'antisemitismo: "Pubblico un articolo

---

[732]Hannah Arendt, *Los orígenes del totalitarismo*, Taurus-Santillana, 1998, Madrid, p. 88.
[733]Shmuel Trigano, *L'Idéal démocratique...* Odile Jacob, 1999, pag. 43.

sul *New York Times* e su *Le Figaro* intitolato "Perché ho paura""... I segnali sono apparsi e sono inquietanti. Lo spettacolo rivoltante di un'assemblea internazionale in delirio, che celebra un portavoce del terrore[734]. I discorsi, i voti contro Israele. La drammatica solitudine di questo popolo dalla vocazione universale. Un re arabo offre ai suoi ospiti edizioni deluxe dei famigerati *Protocolli degli Anziani di Sion*. Cimiteri profanati in Francia e Germania. Campagne stampa nella Russia sovietica. L'onda retrò che banalizza la nostra sofferenza e i pamphlet antisionisti e antiebraici che distorcono le nostre speranze. Bisognerebbe essere ciechi per non riconoscerlo: l'odio per gli ebrei è tornato di moda[735]."

C'è indubbiamente una tendenza tra gli intellettuali ebrei a drammatizzare e sistematizzare eccessivamente ciò che viene percepito come "antisemitismo ambientale". L'ex Presidente della Repubblica Valéry Giscard d'Estaing ha dovuto affrontare alcune accuse odiose. Questo è ciò che ha scritto Elie Wiesel:

"L'anno 1977 è iniziato male. A gennaio, il governo francese ha rilasciato il terrorista palestinese Abu Daoud prima che Israele potesse avviare la procedura di estradizione. In tutto il mondo, lo scandalo ha provocato un'ondata di proteste senza precedenti. Mai la Francia è stata chiamata in causa in questo modo. Negli Stati Uniti, molte voci[736] hanno chiesto il boicottaggio dei suoi prodotti. Con il sostegno finanziario di alcuni amici, ho fatto pubblicare una pagina pubblicitaria sul *New York Times* sotto forma di lettera aperta a Valéry Giscard d'Estaing, Presidente della Repubblica francese: "E adesso, signor Presidente? E adesso, signor Presidente, cosa è successo alla Francia? La sua leadership morale è scomparsa e la sua gloria si è offuscata agli occhi degli uomini di coscienza. In effetti, pochi paesi hanno perso tanto prestigio in così poco tempo: cosa è successo alla Francia? Ha tradito le proprie tradizioni. La Francia è diventata cinica come il resto del mondo. Perché il vostro governo ha rilasciato Abu Daoud?... Il vostro stesso popolo si è sollevato contro di voi. Perché, visitando Auschwitz, avete ignorato le lezioni del luogo. In effetti, c'era da aspettarselo. Di recente, i segnali si sono moltiplicati. Dichiarazioni offensive. Commenti ironici. Modifiche alla politica. Strane alleanze. Promesse tradite. Embarghi unilaterali. Il caso Cherbourg[737]. La vendita di

---

[734]Yasser Arafat, presidente palestinese, davanti all'Assemblea Generale delle Nazioni Unite.

[735]Elie Wiesel, *Mémoires, tome II*, Editions du Seuil, 1996, p. 97.

[736]Indovinate quali?

[737]L'affare delle Vedettes di Cherbourg fu un'operazione militare israeliana che ebbe

Mirage. Raramente i governi francesi hanno perso l'occasione di dimostrare la loro ostilità a Israele e al popolo ebraico. Per motivi ideologici? Peggio: per denaro. Esatto, signor Presidente: prima ero orgoglioso della Francia e di ciò che rappresentava. Non sono più738."

Possiamo constatare che il sentimento di persecuzione è reale, anche se vent'anni dopo ci rendiamo conto che queste paure sono irreali. Sulla stessa linea, possiamo leggere questo passo di Samuel Pisar, scritto nel 1983: "La recente esplosione di bombe nelle grandi città, i graffiti antisemiti, la profanazione di scuole e cimiteri, sono gli stessi che hanno scosso la mia infanzia, distrutto il mio mondo". Viveva a Parigi, a poche centinaia di metri da Rue Copernicus. Saremo vigili, alla ricerca del più flebile suono dei passi del mostro. I nostri nemici ci stanno già osservando senza sosta. Per loro, saremo sempre colpevoli. Colpevoli di essere ebrei in Israele, di essere ebrei altrove, di essere ebrei. Colpevoli, a seconda, di essere capitalisti o bolscevichi. Colpevoli in Europa di essere stati macellati come pecore, e colpevoli in Israele di aver preso le armi per non essere di nuovo pecore. Colpevole, anzi, di continuare ad esistere[739]."

Quando Pisar scrisse queste righe, nel 1983, i socialisti erano al potere in Francia e il numero di ministri e personalità di origine ebraica che gravitavano intorno al presidente Mitterrand dimostrava che la situazione della comunità nel Paese era piuttosto fiorente: Robert Badinter, George Kiejman, Bernard Kouchner, Jacques Attali, Jack Lang, Dominique Strauss-Kahn, Laurent Fabius, Roger-Gérard Schwartzenberg, Pierre Bérégovoy, Henri Emmanuelli, Michel Sapin, Jean-Denis Bredin, Véronique Néiertz, Charles Fiterman, Georges-Marc Benamou e molti altri erano lì, al governo per garantire la lotta contro ogni forma di rancido antisemitismo.

Questa paranoia si spingeva fino a denunciare, alla minima discrepanza e nei termini più duri, personalità che fino a quel momento avevano dimostrato la massima simpatia e benevolenza nei confronti della comunità ebraica. Lo stesso Presidente Mitterrand è stato trascinato nel fango quando il suo passato e la sua complicità con il regime di Vichy sono stati rivelati in età avanzata. Leggete in quali termini la famosa giornalista Françoise Giroud ha parlato di lui dopo la sua morte. Nel suo diario del 29 agosto 1999, ha denunciato quella che

---

luogo nel dicembre 1969 e che comportò il furto di cinque navi della classe Sa'ar III dal porto francese di Cherbourg. Le navi erano state pagate dal governo israeliano, ma trattenute a causa dell'embargo decretato da Charles de Gaulle nel 1967 (NdT).

[738]Elie Wiesel, *Mémoires, tome II*, Editions du Seuil, 1996, p. 108-110.

[739]Samuel Pisar, *La Ressource humaine*, Jean-Claude Lattès, 1983, p. 250-251.

alcuni osano definire "la potente e dannosa influenza della lobby ebraica in Francia". "Incredibile! E di chi si tratta? François Mitterrand, se dobbiamo credere a Jean d'Ormesson che ha ripetuto questa frase. Mitterrand l'avrebbe detto in una conversazione privata con il suo accademico preferito poco prima di morire. L'ha detto davvero? La figlia si strozza. I suoi figli si danno aria da soli. Il fedele elucubra: certo che l'ha detto! Come de Gaulle, come Mauriac740... L'influenza della lobby ebraica è un classico della cultura francese. Mitterrand lo ha succhiato dal biberon. Odiava che gli si parlasse di René Bousquet741. Quando Jean d'Ormesson lo fece, si irritò un po' e sbottò in questa misera risposta: "Tutto ciò non merita tre righe."

Questa ingratitudine si manifesta immediatamente al minimo passo falso della persona interessata, qualunque siano state le sue precedenti dimostrazioni di amicizia o di sottomissione. Al minimo errore, l'accusato viene escluso e messo alla gogna nella storia. Sappiamo che l'ingratitudine è un'altra delle accuse che gli intellettuali cosmopoliti rivolgono spesso agli antisemiti. Anche in questo caso, vediamo che il modo migliore per evitare gli affronti è accusare la loro vittima. "L'assassino grida di essere sgozzato", come dice il proverbio.

All'inizio del XXI secolo in Francia, i media ci assicurano che l'antisemitismo non è mai stato così virulento, mentre i governi di destra liberale al potere a livello globale portano avanti la stessa agenda e le stesse idee di quelli di sinistra. Le notizie allarmistiche sull'argomento sono da tempo una costante del nostro sistema mediatico. L'interesse è triplice: da un lato, tenere all'erta la "vigilanza repubblicana" della popolazione francese; dall'altro, garantire la coesione della comunità ebraica; infine, attraverso l'angoscia che la situazione può suscitare, precipitare l'*aliyah* di alcuni ebrei verso Israele, la cui situazione demografica è minacciata da quella dei palestinesi.

Per inciso, si tratta di qualcosa a cui Hannah Arendt aveva già accennato nel 1951: vedendo le vecchie comunità ebraiche d'Europa, chiuse in se stesse per secoli, disintegrarsi con il diritto di cittadinanza concesso agli ebrei nel XIX secolo e integrarsi nelle società circostanti, era naturale che in qualche modo gli ebrei, "preoccupati per la sopravvivenza del loro popolo... arrivassero alla consolante idea che,

---

[740]François Mauriac (1885-1970) è stato un giornalista, critico e scrittore francese. Vincitore del Premio Nobel per la letteratura nel 1952, è conosciuto come uno dei più grandi scrittori cattolici del XX secolo.

[741]René Bousquet (1909-1993) è stato un alto funzionario francese e collaboratore degli occupanti nazisti durante la Seconda Guerra Mondiale.

dopo tutto, l'antisemitismo poteva essere un ottimo mezzo per tenere insieme il loro popolo"... si fece l'idea consolante che, dopo tutto, l'antisemitismo poteva essere un ottimo mezzo per tenere unito il loro popolo, e così la presunzione di un antisemitismo eterno sarebbe arrivata a implicare una garanzia eterna dell'esistenza degli ebrei[742]. "Marek Halter ha confermato questa idea in un'intervista pubblicata sul quotidiano *Le Point* l'8 ottobre 1999: "Diciamo innanzitutto che molti ebrei sono rimasti ebrei perché non volevano, come Bergson[743], ad esempio, lasciare la loro comunità quando questa era minacciata. "La minaccia antisemita, sia essa fittizia o reale, è quindi una benedizione mascherata per i leader della comunità ebraica, che temono l'assimilazione più di ogni altra cosa.

Follia antisemita

Queste stesse personalità con forti tendenze ossessive spesso considerano anche l'antisemitismo come una "malattia", evitando così qualsiasi forma di introspezione. È un tema molto presente nelle spiegazioni del fenomeno antisemita, come si può vedere nell'analisi della grande politologa Hannah Arendt: "Sebbene i sentimenti antiebraici fossero diffusi tra le classi colte in Europa durante il XIX secolo, l'antisemitismo come ideologia rimase appannaggio dei fanatici in generale e dei pazzi in particolare. "L'antisemitismo è un "insulto al senso comune", un'idea "strampalata". Il famoso testo "*I Protocolli degli Anziani di Sion*" ne è il miglior esempio. Il documento era un grossolano falso, una favola "grottesca", un "racconto inverosimile[744] ", ed era semplicemente incredibile che un tale "palese falso" potesse essere "creduto da così tanti" e "diventare il testo di un intero movimento politico". Quando si pensa alla "ridicola storia dei *Protocolli degli Anziani di Sion*" e "all'uso che i nazisti fecero di questo falso come libro di testo per una conquista globale[745] ", si rimane sbalorditi da tanta cieca stupidità e malafede. In breve, secondo Hannah Arendt, basterebbe vietare i *Protocolli* per veder scomparire l'antisemitismo, il che sarebbe una grande follia. In realtà, Hannah

---

[742]Hannah Arendt, *Le origini del totalitarismo*, l'*antisemitismo*, 1951, Taurus-Santillana, Madrid, 1998, pag. 31.

[743]Henri-Louis Bergson (1859-1941) è stato un famoso filosofo e scrittore francese, vincitore del Premio Nobel per la letteratura nel 1927.

[744]Hannah Arendt, *Le origini del totalitarismo*, l'*antisemitismo*, 1951, Taurus-Santillana, Madrid, 1998, p. 8, 9.

[745]Hannah Arendt, *Le origini del totalitarismo*, l'*antisemitismo*, 1951, Taurus-Santillana, Madrid, 1998, p. 31, 9

Arendt era forse un po' disonesta, perché fingeva di credere che *i Protocolli* fossero alla base dell'antisemitismo, quando era noto che si trattava di un falso e gli stessi antisemiti lo riconoscevano spesso. Infatti, lo zar Nicola II si rifiutò di avallare un falso così evidente.

Per sottolineare l'assurdità dell'antisemitismo, la Arendt prosegue esponendo un'altra implausibilità: "Il nucleo del movimento degli Schoenerer [i partiti antisemiti austriaci] si trovava nelle province di lingua tedesca prive di popolazione ebraica, dove non c'era mai stata competizione con gli ebrei o odio per i banchieri ebrei. "Quindi l'antisemitismo è altrettanto assurdo del voto di estrema destra in aree dove non ci sono immigrati, come ha brillantemente dimostrato Daniel Cohn-Bendit. L'antisemitismo era tanto più assurdo in quanto "accompagnato e interconnesso con l'assimilazione ebraica, la secolarizzazione e l'indebolimento degli antichi valori religiosi e spirituali dell'ebraismo". "Gli ebrei divennero simbolo della società in quanto tale e oggetto di odio per tutti coloro che la società non accettava. L'antisemitismo, avendo perso le sue basi nelle condizioni particolari che ne avevano influenzato lo sviluppo durante il XIX secolo, poté essere liberamente elaborato da ciarlatani e fanatici in quel fantastico miscuglio di mezze verità e superstizioni selvagge che emerse in Europa dopo il 1914, l'ideologia di tutti gli elementi frustrati e risentiti746. Un "eccezionale antisemita" come Louis-Ferdinand Céline747, ad esempio, "comprese la portata e le possibilità della nuova arma". "Fortunatamente", ha scritto Hannah Arendt, "l'intrinseco buon senso dei politici francesi e la loro radicata rispettabilità hanno impedito loro di accettare un ciarlatano e un fanatico748. "In effetti, è difficile immaginare che Céline venga ricevuta da Daladier, Paul Reynaud o Léon Blum.

Nella sua monumentale *Storia dell'antisemitismo*, il grande storico Leon Poliakov, nel capitolo intitolato *Lo scoppio del conflitto (1914-1933), ha* presentato un'interpretazione simile delle tendenze antisemite in Germania dopo la sconfitta del 1918. La spiegazione era molto semplice: i tedeschi erano afflitti da una malattia ben nota - la sindrome di persecuzione o delirio - che può portare chi ne è affetto alla totale follia: "All'indomani della rivoluzione d'ottobre, le dichiarazioni di alcuni responsabili dei destini della Germania rasentavano il delirio

---

746Hannah Arendt, *Le origini del totalitarismo,* l'*antisemitismo*. 1951, Taurus-Santillana, Madrid, 1998, pagg. 59, 31, 65.
747Si veda la nota 155.
748Hannah Arendt, *Le origini del totalitarismo,* l'*antisemitismo*. 1951, Taurus-Santillana, Madrid, 1998, p. 62.

perché secondo loro un numero indeterminato di bolscevichi era di origine ebraica... Questa tendenza delirante si accentuò quando divenne chiaro che la Germania aveva perso la guerra. "Secondo Leon Poliakov, lo stesso generale Ludendorff, il leader della vittoria di Tannemberg nel 1914, dopo essere stato lo stratega che guidò le Potenze Centrali tra il 1916 e il 1918, "cadde nella più consumata follia antiebraica". Il male era visibilmente contagioso, ma "i meccanismi del suo delirio erano facili da smontare", ha spiegato Poliakov. Fortunatamente, il "delirio della persecuzione" non diminuì "la sua immensa capacità di lavoro che gli permise, mentre pubblicava un libro dopo l'altro sugli ebrei o sull'antica Roma e dirigeva una rivista settimanale, di scrivere opere sulla guerra totale che sono ancora ammirate da alcuni esperti". "La follia del generale Ludendorff riapparve solo quando iniziò a elaborare un problema molto particolare.

Abbiamo già visto come anche Winston Churchill abbia ceduto a questo delirio in un momento di debolezza. Alla fine del 1919, giustificò la crociata antibolscevica in un discorso alla Camera dei Comuni in cui castigò, secondo Poliakov, "la setta più formidabile del mondo". Ha anche elaborato le sue idee in un articolo pubblicato l'8 febbraio 1920 dal titolo *Sionismo contro il bolscevismo*. In quell'articolo, "distingueva gli ebrei in tre categorie: alcuni che si comportavano come cittadini fedeli dei rispettivi Paesi, altri che volevano ricostruire la propria patria; e infine gli ebrei internazionali, "ebrei terroristi". La descrizione di Churchill della terza categoria rasentava il delirio, scrive Poliakov, perché gli antisemiti più frenetici potevano approfittarne[749]."

Il famoso storico dell'Istituto di Scienze Politiche di Parigi, Michel Winock, ha osservato che, su questo punto in particolare, "la demonologia e il delirio dell'estrema destra sono andati al di là delle normali finzioni: l'antisemitismo è una frenesia permanente750."

In una raccolta di articoli pubblicata con il titolo *Asimmetria e vita*, Primo Levi ci ha dato la sua spiegazione dell'antisemitismo tedesco: "Non credo sia possibile, né ora né in futuro, dare una risposta esauriente a questa domanda. Possiamo in qualche modo metterci nei panni di un ladro, di un assassino, ma non possiamo metterci nei panni di un pazzo. È altrettanto impossibile per noi ripercorrere il cammino dei grandi carnefici: per noi le loro azioni e le loro parole saranno sempre avvolte nell'oscurità... Per me Auschwitz può essere

---

[749]Léon Poliakov, *Histoire de l'antisémitisme II*, 1981, Points Seuil, 1990, p. 409.
[750]Michel Winock, *Nationalisme, antisémitisme et fascisme en France*, Points Seuil, 1990, p. 7.

interpretato solo in questo modo: come la follia di una piccola minoranza e il consenso stupido e vigliacco della maggioranza. Il massacro nazista porta il marchio della follia. È la realizzazione di un sogno folle, in cui uno comanda e nessuno pensa più751. "Senza dubbio, il regime nazionalsocialista era "demoniaco752."

Gli storici revisionisti hanno gli stessi gravi difetti: "Non so chi sia il professor Faurrisson. Forse è solo un pazzo, ci sono anche quelli delle università753. Con questi idioti, "il nero è diventato bianco, lo sbagliato è diventato giusto, i morti non sono più morti, non ci sono più assassini, non c'è più colpa, o meglio non c'è mai stata colpa". Non solo non ho commesso l'atto, ma, inoltre, non ci sono prove della sua esistenza. "I crimini dei tedeschi, invece, sono innumerevoli e Primo Levi può raccontarli con dovizia di particolari. Durante la Notte dei Cristalli, ad esempio: "Un pogrom scoppia in tutta la Germania", scrive. Settemilacinquecento negozi e locali di proprietà di ebrei vengono distrutti e saccheggiati: di questi ottocentoquindici vengono completamente distrutti, centonovantacinque sinagoghe vengono distrutte, trentasei ebrei vengono uccisi e ventimila arrestati, scelti tra i più ricchi754."

"È impossibile capire Hitler se si ignorano le ferite inferte all'orgoglio tedesco dalla sconfitta del 1918, i tentativi rivoluzionari che seguirono, la disastrosa inflazione del 1923, la violenza dei Corpi liberi [Freikorps] e la vertiginosa instabilità politica della Repubblica di Weimar. Non intendo dire che tutte queste cause siano sufficienti per comprendere l'hitlerismo, ma sono indubbiamente necessarie... Ci sono anche spiegazioni economiche. È vero, ed è innegabile, che gli ebrei appartenevano all'inizio del secolo alla borghesia tedesca, che erano

[751]Primo Lévi, *La Stampa*, 18 luglio 1959, in *L'asymétrie et la vie, articoli*, Robert Laffont, 2002, pagg. 26-28.

[752]Primo Lévi, *L'Asymétrie et la vie*, Robert Laffont, 2002, p. 73.

[753]Si tratta del noto storico revisionista francese Robert Faurrisson (1929-2018). Secondo Elisabeth Roudinesco, Faurrisson è un falsificatore, un pericoloso falsificatore della storia: "Un autore negazionista, i cui scritti sono così deliranti da suscitare un interesse formidabile. Non si dirà mai abbastanza che quanto più falsificata è la verità, quanto più grossolana è la menzogna, quanto più evidente è l'impostura, tanto maggiore è la probabilità di ottenere seguaci. Allucinazione, negazione, paranoia, insomma, tutto ciò che caratterizza il negazionismo, come espressione estrema dell'antisemitismo. "In Jacques Derrida, Élisabeth Roudinesco, *Y mañana, qué?* Fondo de Cultura Económica, Buenos Aires, 2002, p. 144.

[754]Primo Lévi, *La Stampa*, 9 novembre 1978, in *L'asymétrie et la vie, articoli*, Robert Laffont, 2002, p. 92, 98.

fortemente radicati nella finanza, nella stampa, nella cultura, nelle arti, nel cinema e così via. Ciò ha indubbiamente suscitato invidia755."

Sulle motivazioni di Hitler e sulla portata del suo antisemitismo sono state scritte decine di libri", ha continuato Primo Levi. Questo dimostra anche che è difficile da spiegare. Probabilmente si trattava di un'ossessione personale di cui non si conoscono le radici, anche se se ne è parlato molto. Si dice che temesse di avere sangue ebraico nelle vene perché una delle sue nonne era rimasta incinta mentre lavorava in una casa di ebrei; aveva provato questa paura per tutta la vita; ossessionato dalla purezza del sangue, temeva di non essere puro lui stesso. Altre spiegazioni sono state proposte dagli psicanalisti, spiegazioni che rivelano tutto, giustamente: dicono e hanno detto che Hitler era paranoico e perverso, che aveva proiettato le sue caratteristiche sugli ebrei per liberarsene. La verità è che non capisco molto bene. Non conosco il linguaggio degli psicoanalisti e forse non spetta a me parlarne; in ogni caso, si tratta di un principio di ulteriore spiegazione... Vale la pena ricordare che il testamento che Hitler dettò, quando i russi erano a ottanta metri dal bunker, un'ora prima del suo suicidio, si concludeva con questa frase: "Incarico i miei successori di portare a termine la campagna razziale di sterminio del popolo ebraico, che è portatore di tutti i mali dell'Umanità". Questo basta, a mio avviso, a dimostrare che la necessità di attribuire tutti i mali possibili a un capro espiatorio, sentita dall'uomo Hitler, aveva completamente oltrepassato i limiti della ragione, della razionalità756."

Va notato che non sono gli ebrei a essere "paranoici e perversi", come potrebbero pensare le menti semplicistiche, ma gli antisemiti. E che sono anche questi ultimi a proiettare le loro caratteristiche sugli ebrei per liberarsene, e non certo il contrario.

Il grande storico William Shirer, autore di una monumentale storia del Terzo Reich, ha presentato una spiegazione simile dell'antisemitismo hitleriano. Non si può dire che abbia approfondito molto l'argomento, poiché delle 1500 pagine dei suoi due volumi, solo una è dedicata alla spiegazione dell'antisemitismo nazista. In realtà, ha citato solo alcuni brevi passaggi del *Mein Kampf*: Hitler, ha scritto lo storico, "ha scoperto il marchio morale di questo 'popolo eletto'"... C'era forse una qualsiasi forma di sporcizia o licenziosità, soprattutto nella vita culturale, senza che vi fosse coinvolto almeno un ebreo? "Ha inoltre citato alcuni brevi estratti sulla prostituzione e sulla tratta delle schiave bianche: *"Il Mein Kampf* è disseminato di allusioni luride a

[755]Primo Lévi, *L'Asymétrie et la vie*, Robert Laffont, 2002, p. 113.
[756]Primo Lévi, *L'Asymétrie et la vie*, Robert Laffont, 2002, p. 205-206.

strani ebrei che seducono innocenti ragazze cristiane e quindi adulterano il loro sangue. C'è una grande quantità di sessualità morbosa nelle farneticazioni di Hitler sugli ebrei. Hitler era, insomma, un vero e proprio antisemita ossessivo e "sarebbe rimasto tale, offuscato e fanatico, fino alla fine; le sue ultime volontà, scritte poche ore prima della sua morte, avrebbero contenuto il colpo finale contro gli ebrei con cui li riteneva responsabili della guerra che aveva iniziato e che ora stava finendo con lui e il Terzo Reich". "Tuttavia, secondo William Shirer, nulla potrebbe spiegare "questo terribile odio, che avrebbe contaminato così tanti tedeschi[757]."

Il regime nazista aveva compromesso il destino di numerosi intellettuali, come Stefan Zweig, "l'eminente scrittore ebreo austriaco". Diversi politici altrettanto "eminenti" subiranno la persecuzione, come Kurt Eisner, "un popolare scrittore ebreo", che era tornato a Monaco alla fine di novembre del 1918, dopo l'abdicazione del sovrano della dinastia Wittelsbach per assumere la guida di "uno Stato popolare"; o come Walter Rathenau, "il brillante e colto ministro degli Esteri che gli estremisti odiavano per il fatto di essere ebreo e di aver orientato la politica nazionale verso un tentativo di attuazione di alcune clausole del Trattato di Versailles"; fu assassinato a Monaco. Di fronte, sul versante nazista, abbiamo visto personaggi molto più inquietanti. Tutti i dignitari nazisti sono stati ritratti nel modo più sinistro. "In una società normale, sarebbero stati sicuramente messi da parte come un insieme grottesco di persone che non si adattavano. Tuttavia, negli ultimi giorni della Repubblica di Weimar cominciarono ad apparire a milioni di tedeschi confusi come autentici salvatori758."

Il Testamento politico

Abbiamo dovuto verificare in quel *Testamento politico759* le affermazioni di Primo Levi e William Shirer. Entrambi avevano ragione nel denunciare l'ossessione di Hitler che, nella sua follia, imputava la responsabilità della guerra al popolo ebraico. Tuttavia, non è scritto in quel testo, come Primo Levi ha citato Hitler, che Hitler aveva incaricato i suoi "successori di completare la campagna razziale di sterminio del

---

[757]William L. Shirer, *Auge y caída del Tercer Reich, volume I,* Editorial Planeta, Barcellona, 2013, pagg. 54-55, 52, 63, 65.

[758]William L. Shirer, *Auge y caída del Tercer Reich, volume I,* Editorial Planeta, Barcellona, 2013, pagg. 218-219.

[759]Adolf Hitler, *Il mio testamento politico* e Appunti raccolti al Quartier Generale del Führer da Martin Bormann, Ministro del Partito Nazionalsocialista Tedesco.

popolo ebraico, portatore di tutti i mali dell'umanità". Per quanto riguarda gli ebrei, abbiamo trovato solo queste parole: "Mi sono dimostrato leale con gli ebrei; ho dato loro, alla vigilia della guerra, un ultimo avvertimento. Li ho avvertiti che, se avessero fatto precipitare di nuovo il mondo in guerra, non sarebbero stati risparmiati in questa occasione: avremmo sterminato quel verme dall'Europa una volta per tutte. A questo mio avvertimento risposero con una dichiarazione di guerra, affermando che ovunque ci fosse un ebreo era, per definizione, un nemico inespugnabile della Germania nazionalsocialista."(Quartier generale del Führer, *Note*, 13 febbraio 1945). "Passeranno i secoli, ma dalle rovine delle nostre città e dei nostri monumenti artistici, l'odio tornerà a crescere verso i responsabili finali, verso coloro che dobbiamo ringraziare per tutto questo: il popolo ebraico internazionale e coloro che lo aiutano... Ho anche chiarito che se i popoli europei dovessero essere di nuovo contemplati come meri pacchetti di azioni dei cospiratori internazionali del denaro e della finanza, allora i veri colpevoli di questa guerra assassina dovranno risponderne: gli ebrei". Né ho lasciato dubbi sul fatto che questa volta non dovesse accadere che milioni di bambini delle nazioni europee e ariane morissero di fame, che milioni di uomini adulti perissero e che centinaia di migliaia di donne e bambini venissero bruciati e bombardati a morte nelle città, senza che i veri responsabili pagassero per la loro colpa, anche se in modo più umano."(*Il mio testamento politico*, 29 aprile 1945).

Sul razzismo: "I bianchi, nonostante tutto, hanno portato qualcosa a questi popoli, il peggio che si potesse portare loro, le piaghe di questo nostro mondo: materialismo, fanatismo, alcolismo e sifilide. Per il resto, poiché questi popoli possedevano qualcosa di proprio superiore a ciò che potevamo dare loro, sono rimasti se stessi. Inoltre, ciò che è stato tentato con la forza ha prodotto risultati ancora peggiori. L'intelligenza ci impone di astenerci da sforzi di questo tipo, quando sappiamo che si riveleranno inutili. Un solo successo noteremo all'attivo dei colonizzatori: hanno suscitato odio ovunque."(*Note*, 7 febbraio 1945). "Non ho mai pensato che un cinese o un giapponese fossero inferiori a noi. Appartengono a civiltà antiche e accetto persino che il loro passato sia superiore al nostro. Riconosco loro tutte le ragioni per esserne orgogliosi, come noi siamo orgogliosi della civiltà a cui apparteniamo. Mi spingo a pensare che più i cinesi e i giapponesi continueranno a essere orgogliosi della loro razza, più sarà facile per me capirli."(*Note*, 13 febbraio 1945).

"Solo noi avremmo potuto emancipare i Paesi musulmani dominati dalla Francia. E questo avrebbe avuto un'enorme risonanza in Egitto e nel Vicino Oriente, soggiogato dagli inglesi. Poiché avevamo legato il nostro destino a quello degli italiani, questo diventava impossibile come politica. Tutto l'Islam vibrava all'annuncio delle nostre vittorie. Gli egiziani, gli iracheni e il Vicino Oriente erano pronti alla rivolta, tutti insieme... La presenza degli italiani al nostro fianco ci paralizzava e creava disagio tra i nostri amici dell'Islam, perché vedevano in noi solo dei complici, volenti o nolenti, dei loro oppressori. Ora, gli italiani, in quelle regioni, sono ancora più odiati dei francesi e degli inglesi760."(*Note*, 17 febbraio 1945).

"Il nostro razzismo è aggressivo solo nei confronti della razza ebraica. Parliamo di razza ebraica per comodità di linguaggio, perché non esiste, se vogliamo esprimerci con precisione e dal punto di vista della genetica, una razza ebraica. Ciononostante, esiste una realtà di fatto a cui si può attribuire, senza la minima esitazione, questa denominazione e che è ammessa anche dagli stessi ebrei. È l'esistenza di un gruppo umano spiritualmente omogeneo, di cui gli ebrei di tutto il mondo sono consapevoli di far parte, indipendentemente dai Paesi di cui sono cittadini dal punto di vista amministrativo. È questo gruppo umano che chiamiamo razza ebraica. Tuttavia, non si tratta affatto di una comunità religiosa, né di un legame costituito dall'appartenenza a una religione comune, anche se la religione ebraica serve da pretesto.

La razza ebraica è prima di tutto una razza mentale. Sebbene abbia la sua origine nella religione ebraica e sia stata in parte plasmata da essa, non ha tuttavia un'essenza puramente religiosa, poiché comprende sia atei convinti che praticanti sinceri. A questo dobbiamo aggiungere il legame costituito dalle persecuzioni subite nel corso dei secoli; ma a proposito delle quali gli ebrei dimenticano sempre che sono loro stessi

---

760"Il più grande servizio che l'Italia avrebbe potuto renderci è stato quello di rimanere fuori dal conflitto. Questa astensione le avrebbe fatto guadagnare tutti i sacrifici, tutti i doni da parte nostra. Se fosse rimasta in quel ruolo, l'avremmo riempita di favori. In caso di vittoria, avremmo condiviso con lei tutti i vantaggi e, inoltre, la gloria. Avremmo contribuito con tutto il cuore alla creazione del mito storico della supremazia degli italiani, figli legittimi dei romani. Sarebbe stato meglio e preferibile non averli come combattenti dalla nostra parte! " (Note, 17 febbraio). Di Franco, Hitler disse: "Non posso perdonare a Franco di non aver saputo, appena finita la guerra civile, riconciliare gli spagnoli, di aver messo da parte i falangisti, ai quali la Spagna deve l'aiuto che le abbiamo dato, e di aver trattato come banditi gli ex avversari che erano ben lontani dall'essere tutti rossi. Non è una soluzione mettere mezzo Paese fuori dalla legge, mentre una minoranza di ladri si arricchisce a spese di tutti... con la benedizione del clero. Sono sicuro che tra i presunti rossi spagnoli c'erano pochissimi comunisti. Siamo stati ingannati, perché non avrei mai accettato, sapendo di cosa si trattava, che i nostri aerei venissero usati per schiacciare dei poveri affamati e per restituire ai preti spagnoli i loro orribili privilegi."(Note, 10 febbraio) (NdT).

che non hanno cessato di provocarli761... Una gara mentale, cioè qualcosa di molto più solido, molto più duraturo, di una gara, senza più o più. Trapiantate un tedesco negli Stati Uniti e otterrete un americano. L'ebreo, ovunque vada, rimane un ebreo. È un essere inassimilabile per natura. Ed è proprio questo carattere che lo rende inadatto all'assimilazione, che definisce la sua razza. Questa è la prova della superiorità dello spirito sulla carne" (*Note*, 13 febbraio 1945).

La piccola borghesia soggiogata

L'analisi dell'antisemitismo non sarebbe completa senza prendere in considerazione il lavoro di Wilhelm Reich sul fascismo, che abbiamo già discusso in precedenza e che può essere applicato anche all'analisi dell'antisemitismo. Scritto tra il 1930 e il 1933, il classico di Wilhelm Reich *La psicologia di massa del fascismo* rimane un importante contributo alla comprensione non tanto del fascismo quanto della mentalità antifascista, e di quella straordinaria capacità di "inventare", come scriveva Attali, le teorie più contorte e sconfortanti che oscurano sempre più la realtà. Rifiutando di vedere nel fascismo l'ideologia o l'azione di un individuo isolato, e rifiutando anche la spiegazione socio-economica sostenuta dai marxisti ortodossi, Reich vede "il fascismo come l'espressione politicamente organizzata della struttura caratteriale dell'uomo medio", i cui bisogni e pulsioni primordiali e biologici sono stati repressi per millenni: "La colpa e l'angoscia sessuale dell'uomo reazionario... producono la vita psichica inconscia del lettore integrato nella massa". È qui che dobbiamo cercare la radice dell'antisemitismo nazionalsocialista", ha affermato Reich. "È nella sfera irrazionale della paura della sifilide che la visione politica nazionalsocialista del mondo e l'antisemitismo trovano una delle loro fonti più importanti. Di conseguenza, la purezza razziale, cioè la purezza del sangue, è un ideale

---

[761]"Gli ebrei hanno sempre suscitato antisemitismo. I popoli non ebrei, nel corso dei secoli, dagli egiziani a noi, hanno reagito tutti allo stesso modo. Arriva un momento in cui si stancano di essere sfruttati dall'ebreo violento. Sbuffano e sbuffano come animali che si scrollano di dosso il verme. Reagiscono in modo brutale, finiscono per ribellarsi. È una reazione istintiva. È una reazione di xenofobia nei confronti dello straniero che si rifiuta di adattarsi, di sciogliersi, che è incorporato, che si impone su di noi e che ci sfrutta. L'ebreo è, per definizione, lo straniero inammissibile e che rifiuta anche di assimilarsi. È questo che distingue l'ebreo dagli altri stranieri: pretende di avere, nella nostra casa, i diritti di un membro della comunità e di rimanere ebreo. Considera questa possibilità di giocare contemporaneamente sui due tappeti come qualcosa che gli è dovuto, ed è l'unico al mondo a rivendicare un privilegio così esorbitante."(Note, 13 febbraio) (NdT).

degno di essere perseguito e per il cui raggiungimento si devono impiegare tutti i mezzi... Faremo parlare lo stesso Rosenberg per dimostrare che il nucleo della teoria razziale fascista è la paura mortale della sessualità naturale e della sua funzione di orgasmo. Infatti, egli "tenta di dimostrare la validità della tesi secondo cui l'ascesa e il declino delle nazioni devono essere attribuiti all'incrocio delle razze e all'"avvelenamento del sangue"762."

Il fascismo, secondo Reich, si spiegherebbe con il desiderio orgastico insoddisfatto delle masse. Per giudicare le reazioni umane, dobbiamo tenere conto di tre diversi strati della struttura biopsicologica: "Nello strato superficiale della sua personalità l'uomo medio è riservato, gentile, compassionevole, responsabile, coscienzioso... questo strato superficiale di cooperazione sociale non è in contatto con il nucleo biologico profondo dell'individuo; è sostenuto da un secondo strato intermedio del carattere, che è composto esclusivamente da impulsi crudeli, sadici, lascivi, rapaci e invidiosi. Rappresenta l'"inconscio" o "represso" di Freud" Poi, "penetrando più a fondo attraverso questo secondo strato del perverso fino al fondamento biologico dell'animale umano, si scopre regolarmente il terzo e più profondo strato, che chiamiamo "nucleo biologico". Al livello più profondo, l'uomo è, in circostanze sociali favorevoli, un animale onesto, industrioso, cooperativo, affettuoso o, se ne ha motivo, razionalmente odioso. Tuttavia, in nessun caso di rilassamento del carattere dell'uomo di oggi si può avanzare verso questo strato profondo e promettente senza prima rimuovere la superficie inautentica e solo apparentemente sociale. Quando la maschera del civile è caduta, non appare prima la socialità naturale, ma solo lo strato sadico-perverso del personaggio763."

"Nelle idee etiche e sociali del liberalismo riconosciamo la rappresentazione dei tratti dello strato superficiale del carattere, che si occupa di autocontrollo e tolleranza. Questo liberalismo accentua la sua etica per frenare il "mostro nell'uomo"". "Il liberale non tiene conto della naturale socialità dello strato più profondo, il terzo, il nucleare. Egli deplora e combatte la perversione del carattere umano da parte delle norme etiche, ma le catastrofi sociali del XX secolo dimostrano che non è andato molto lontano in questo compito. Tutto ciò che è veramente rivoluzionario, ogni vera arte e scienza nasce dal nucleo

---

762Wilhelm Reich, *Psicologia di massa del fascismo*, (1933), EspaPdf (en.scribd.com), p. 3, 298-299, 375-376, 381-382
763Wilhelm Reich, *Psicologia di massa del fascismo*, (1933), EspaPdf (en.scribd.com), p. 23-25

biologico naturale dell'uomo... Ben diversa, e opposta al liberalismo e alla vera rivoluzione, è la situazione del fascismo. Nella sua natura non è rappresentato né lo strato superficiale né quello più profondo, ma essenzialmente il secondo, lo strato intermedio del carattere, quello degli istinti secondari... . Questo "fascismo" non è altro che l'espressione politicamente organizzata della struttura del carattere dell'uomo medio, di una struttura che non è legata a certe razze o nazioni né a certi partiti, ma è generale e internazionale. In questa accezione del carattere, il "fascismo" è l'atteggiamento emotivo di base dell'uomo soggiogato autoritario della civiltà macchinista e della sua concezione di vita mistico-meccanicistica764."

"La mentalità fascista è quella del "piccolo uomo" meschino, sottomesso, assetato di autorità e allo stesso tempo ribelle. Non è un caso che tutti i dittatori fascisti provengano dalla sfera di vita del piccolo uomo reazionario... Bisogna aver studiato a fondo il carattere del piccolo uomo soggiogato per anni, mentre i fatti si svolgono dietro la facciata, per capire su quali poteri poggia il fascismo765."

Agli uomini piacciono gli altri uomini

Abbiamo già visto che il sentimento di ebraicità non era da ridurre a un aspetto accessorio della personalità, ma ne era profondamente costitutivo. Questo è talmente vero che arriva a determinare negli individui non solo le opinioni, soprattutto quelle che esprimono l'ossessione egualitaria e la speranza planetaria, ma anche un certo modo di pensare, così come i costumi comunitari e la fede religiosa. A volte, a seconda delle circostanze, gli ebrei affermano di essere perfettamente integrati nella comunità in cui hanno scelto - spesso temporaneamente - di stabilirsi; altre volte, al contrario, affermano la loro ebraicità come il primo dei loro valori. "Orgoglioso di essere ebreo" è quanto emerge dall'analisi di alcune testimonianze contenute nel già citato libro *Ritratti ebraici*.

Ilse Bing, fotografa a New York, nata nel 1899 a Francoforte sul Meno: "Cosa significa per lei la parola 'patria'? - Per me la patria è il mondo intero. Non ho legami con il mondo. - Lei ha detto di essere ebreo, ma che non ha avuto alcuna influenza sulla sua vita e che ne ha preso coscienza solo in tarda età. Che cosa significa per lei oggi la sua

---

764Wilhelm Reich, *Psicologia di massa del fascismo*, (1933), EspaPdf (en.scribd.com), p. 28-31
765Wilhelm Reich, *Psicologia di massa del fascismo*, (1933), EspaPdf (en.scribd.com), p. 38-39, 41

origine ebraica? - Sono molto consapevole della mia origine ebraica nel senso razziale del termine. Ovviamente non mi basta incrociare Moshe Isaak per strada per sentirmi vicino a lui. C'è qualcosa dentro di noi che risale a molto tempo fa, ben oltre le tre generazioni. Ho la sensazione di discendere da antichi antenati di diversi millenni. Questo non ha nulla a che fare con Israele."

Ernst Gombrich, storico dell'arte a Londra, nato nel 1909 a Vienna: "Come si spiegano le persecuzioni che gli ebrei hanno dovuto subire nella storia? - Non vogliono riconoscere che Gesù Cristo è il messia... Lo schema è sempre lo stesso: queste persone sono ambiziose, hanno rapporti stretti tra loro, si aiutano a vicenda e gli altri sono invidiosi di loro. La seconda causa dell'antisemitismo è il nazionalismo... Le comunità ebraiche hanno probabilmente guardato molto spesso ai gentili con una certa condiscendenza. Non c'è dubbio su questo. Ma è impossibile parlarne senza pregiudizi. Se oggi si suggerisse che la colpa è anche degli ebrei, sarebbe inevitabilmente visto come un tentativo di banalizzare Auschwitz. Per questo dobbiamo, abbiamo l'obbligo di rimanere in silenzio. Ma il problema esiste."

Marcel Reich-Ranicki, critico letterario a Francoforte sul Meno, nato nel 1920 a Wloclawek sulla Vistola. In Germania è considerato il "Papa della letteratura": "L'umanità intera ha riconosciuto in Kafka lo scrittore del nostro secolo766. Franz Kafka ha posto le basi della letteratura moderna; Gustav Malher e Arnold Schönberg hanno posto le basi della musica moderna; Karl Marx ha posto le basi della sociologia moderna. Tutti erano ebrei e di lingua tedesca. Solo questa doppia appartenenza ha prodotto tali geni. Non so dirvi perché, ma posso formulare un'ipotesi: il fatto che gli ebrei (perseguitati in tutto il mondo nel XVIII secolo) avessero la possibilità in alcuni Stati tedeschi di dedicarsi al lavoro intellettuale nonostante tutto ha probabilmente giocato un ruolo. Questo era particolarmente vero in Prussia767... Non avete il diritto di fare di me un tedesco. Sono certamente un cittadino della Repubblica federale, e sono felice di ammetterlo. Mi piace questo Paese, nonostante tutto. Scrivo in tedesco, sono un critico letterario tedesco, appartengo alla letteratura e alla cultura tedesca, ma non sono tedesco e non lo sarò mai. Eppure non mi considero un ospite in Germania, né uno straniero. Affermo la legittimità della mia presenza e

---

[766]Ora sappiamo cosa significa "umanità".

[767]Sembra che M. Reich-Ranicki usi il termine "perseguitato" per riferirsi al fatto che gli ebrei in Europa all'epoca non avevano la cittadinanza dei Paesi in cui vivevano. Sono state le trasformazioni della Rivoluzione francese e dell'Impero napoleonico, eredi delle idee dell'Illuminismo, a porre queste basi.

rivendico il diritto di partecipare pienamente alla vita culturale di questo Paese."

Curt Siodmak, regista, produttore e autore; nato nel 1902 a Dresda e morto a Three Rivers nel 2000: "Esiste un antisemitismo latente in America? -Ma certo! Il Los Angeles Tennis Club non accetta ebrei. E nemmeno le fabbriche Chrysler li assumono. - Ne soffrite? - Io? Per niente. Non sono affatto interessato a far parte del "club". Gli ebrei hanno anche i loro club di golf da cui gli altri sono esclusi. Occasionalmente, fanno di un cristiano un "ebreo onorario"! "

Simon Wiesenthal, direttore del Centro di documentazione ebraica di Vienna; nato nel 1908 a Buchach: "- Lei non va in sinagoga e mi sembra che non sia un ebreo credente. In cosa consiste allora il suo essere ebreo? - Ho mantenuto l'etica ebraica. Per me è la cosa più preziosa, quella che mi rende orgoglioso di essere ebreo. Inoltre, sento con tutti gli ebrei, ovunque essi vivano, una sorta di comunità di destino."

Artur Brauner, produttore cinematografico di Berlino, nato nel 1918 a Lodz, in Polonia: "Signor Brauner, come vede il futuro del popolo ebraico? - A dire il vero, ciò che mi preoccupa molto è l'assimilazione, il gran numero di matrimoni misti. Questo sta decimando il popolo ebraico. Inoltre, i bambini ebrei che nascono sono pochissimi. Ma forse dobbiamo solo aspettare. Il popolo ebraico ha sempre visto accadere miracoli[768]."

Se l'orgoglio di appartenere al popolo ebraico sopra ogni altra cosa può essere liberamente espresso in un libro di interviste per un pubblico ebraico, non è detto che queste stesse persone avrebbero dichiarato lo stesso a persone esterne alla loro comunità. In effetti, non si vedono quasi mai in televisione, nei media o nel mondo politico, uomini e donne famosi che dichiarano la loro ebraicità e che affermano di essere ebrei, mentre, al contrario, la stampa ebraica fa regolarmente eco a dichiarazioni in tal senso. Questo doppio linguaggio, che è abbastanza caratteristico di alcune persone in questa comunità, si manifesta anche, come abbiamo già visto, a seconda delle circostanze del momento. C'è da scommettere che se, malauguratamente, la Germania decidesse di ritirare nuovamente la cittadinanza tedesca agli ebrei, il signor Reich-Ranicki giurerebbe su Dio di essere perfettamente integrato nella comunità tedesca, affermando a chiunque lo ascolti che, dopo tutto quello che ha contribuito al Paese, non sarebbe dignitoso "discriminarlo" di nuovo.

---

[768]Herlinde Loelbl, *Portraits juifs, Photographies et entretiens*, L'Arche éditeur, Frankfurt-sur-le Main, 1989, 2003.

Questo tratto non è chiaramente specifico degli ebrei tedeschi. Nel suo libro *Un segreto*, vincitore del Premio Goncourt 2004 per l'istruzione secondaria, il giovane romanziere Philippe Grimbert ha anche rivelato nel corso del libro un'evidente ossessione per la sua ebraicità. "Ero orgoglioso di ciò che avevo ereditato... orgoglioso del mio cognome, al punto di volerne ripristinare l'ortografia originale769."

Alla luce di queste testimonianze, bisogna ammettere che per la maggior parte degli ebrei essere ebrei non è una questione banale. Infatti, tutti coloro che sostengono che "gli ebrei sono persone come le altre", sottintendendo che l'ebraismo non ha assolutamente alcuna influenza sul loro modo di pensare e di percepire il mondo, dovrebbero innanzitutto condividere i loro pensieri con i principali interessati.

La perdita della linfa vitale dell'ebraismo è senza dubbio una questione essenziale per questo popolo che vive in mezzo ad altre nazioni. L'oblio delle proprie radici e l'aumento dei matrimoni misti sono semplicemente una minaccia di estinzione. Il rafforzamento della coesione della comunità ebraica è quindi assolutamente vitale dopo l'emancipazione degli ebrei e la distruzione delle vecchie comunità organizzate. Lo storico Israel Shahak ha fornito importanti spunti di riflessione su questo punto: "Tuttavia, tutto questo cambiò grazie a due processi paralleli che iniziarono in Olanda e in Inghilterra e continuarono nella Francia rivoluzionaria e nei Paesi che seguirono l'esempio della Rivoluzione francese. Gli ebrei ottennero un livello significativo di diritti individuali (in alcuni casi, la piena uguaglianza legale), e il potere legale della comunità ebraica sui suoi membri ebbe fine... Fin dall'epoca del tardo Impero Romano, le comunità ebraiche avevano notevoli poteri legali sui loro membri. Non solo poteri radicati nella mobilitazione volontaria della pressione sociale (ad esempio, il rifiuto di avere rapporti con un ebreo scomunicato, escluso dalla comunità, fino al rifiuto di seppellire il suo corpo), ma un potere di pura coercizione: fustigazione, imprigionamento, espulsione; i tribunali rabbinici potevano legalmente infliggere tutto questo a un individuo ebreo per ogni sorta di reato... Questo era il fatto sociale più importante dell'esistenza ebraica prima dell'avvento dello Stato moderno: sia l'osservanza delle leggi religiose dell'ebraismo che la loro inculcazione attraverso l'educazione erano imposte agli ebrei attraverso la coercizione fisica, alla quale si poteva sfuggire solo convertendosi alla religione della maggioranza, che in quelle circostanze equivaleva a una rottura sociale assoluta e proprio per questo impossibile da attuare, se

---

769Philippe Grimbert, *Un Secret*, Prix Goncourt des lycéens, 2004, Grasset, p. 178.

non durante una crisi religiosa. (Tutto questo viene di solito omesso nella storiografia ebraica più comune, per propagare il mito che gli ebrei abbiano mantenuto la loro religione in modo miracoloso o in virtù di qualche peculiare forza mistica770.")".

Questa vigilanza implacabile e spietata oggi non esiste più, per cui è opportuno, per consolidare i sentimenti identitari e cercare di ridurre il numero di matrimoni tra persone che stanno pericolosamente aumentando, mettendo a rischio la sopravvivenza del gruppo, alimentare e favorire in modo permanente la minaccia dell'antisemitismo. Bisogna fare ogni sforzo per mantenere la fiamma dell'ebraismo in ogni ebreo e, a tal fine, la paura dell'antisemitismo può servire da potente collante per tenere unita la comunità. In questo modo, la "memoria" ebraica sarà mantenuta permanentemente viva, così come la costante paura di pogrom e violenze antisemite, reali o immaginarie. Marek Halter era ben consapevole del "ruolo fondamentale della memoria nel destino di un popolo destinato alla dispersione e all'esilio771." "Sì, conosco il precetto biblico: "Zakhor", "Ricorda" in ebraico. Questo verbo compare ben centosessantanove volte nella Bibbia". "La Memoria, il Libro, il Nome: sono questi i tre pilastri che sorreggono "l'edificio invisibile dell'ebraismo", di cui parla Sigmund Freud772."

Per Elie Wiesel, "l'ebreo è ossessionato dall'inizio piuttosto che dalla fine. Il suo sogno messianico si riferisce al regno di Davide. Si sente più vicino al profeta Elia che al suo vicino di casa... Tutto ciò che ha colpito i suoi antenati lo colpisce. Il loro lutto gli pesa, i loro trionfi lo incoraggiano[773]." "Ammetto che di tutti i tratti che caratterizzano il popolo ebraico, quello che mi sconvolge di più è il dovere della speranza[774]."

Lo scrittore Joseph Roth si è spinto oltre. Per lui l'ebraismo è una scelta e una predestinazione da cui non ci si può distaccare in alcun modo: "La religiosità diventa una funzione organica dell'individuo ebreo. Un ebreo adempie ai suoi "doveri religiosi" anche quando non li compie. È religioso per il solo fatto di essere. È un ebreo. Tutti gli altri devono, al momento opportuno, fare professione della loro "fede" o

---

[770]Israel Shahak, *Historia judía, religión judía. El peso de tres mil años*, A. Machado Libros, Madrid, 2002, pagg. 70-72.
[771]Marek Halter, *Un Homme, un cri*, Robert Laffont, Parigi, 1991, pag. 244.
[772]Marek Halter, *Un Homme, un cri*, Robert Laffont, Parigi, 1991, p. 303.
[773]Elie Wiesel, *Memoires Tome II*, Editions du Seuil, 1996, p.46.
[774]Elie Wiesel, *Mémoires Tome II*, Éditions du Seuil, 1996, p. 156.

della loro "nazionalità", è automatico solo nell'ebreo. Viene identificato fino alla decima generazione775."

L'identità ebraica si basa principalmente sulla memoria e sulla speranza messianica, molto prima che su una caratteristica razziale o religiosa. Pertanto, l'antisemitismo non può essere razzismo e i due termini sono erroneamente collegati, nello stesso modo in cui i problemi dei neri, delle donne, degli omosessuali e di qualsiasi altra minoranza sono sistematicamente equiparati alla discriminazione contro gli ebrei. Ovviamente, tutto questo fa parte di una strategia ben studiata che consiste nell'affermare che l'ostilità verso gli ebrei, e solo contro gli ebrei, è assolutamente infondata. In queste condizioni, infatti, se partiamo dal principio che gli ebrei sono totalmente estranei a ciò che gli antisemiti rimproverano loro, attaccare gli ebrei significa attaccare qualsiasi comunità, e per estensione l'intera umanità.

Questo senso di identità aiuta senza dubbio a evitare il peggio: la dissoluzione all'interno della comunità nazionale e, infine, la scomparsa della comunità ebraica. Secondo Jacques Attali, "la maggior parte dei matrimoni misti non comporta la conversione del coniuge ebreo a un'altra religione, ma piuttosto il rifiuto del coniuge non ebreo di convertirsi e, soprattutto, l'abbandono dell'ebraismo nella generazione successiva. Oggi, sebbene un terzo dei giovani della Diaspora sposi un non ebreo che non si converte, più della metà dei figli di matrimoni misti negli Stati Uniti non diventerà ebreo. In questo Paese, 700.000 giovani di età inferiore ai 18 anni di cui un genitore è ebreo sono cresciuti in un'altra religione e 600.000 adulti nati da almeno un genitore ebreo praticano un'altra religione776. "Per questo motivo, i capi della comunità ebraica considerano giustamente il matrimonio misto come una calamità.

La tradizionale protezione del popolo ebraico contro la corruzione del sangue straniero è stata dimostrata da questo mirabile esempio: il 23 dicembre 2003 un portavoce della polizia israeliana ha dichiarato che "un'azienda israeliana ha chiesto a migliaia di lavoratori cinesi di firmare un contratto in cui si impegnavano ad astenersi da qualsiasi rapporto sessuale con donne israeliane o dal tentare di convertirle". "Notiamo, ancora una volta, quanto sia paradossale accusare gli altri di razzismo mentre si applica a se stessi il razzismo più severo e implacabile. La situazione diventa ancora più contorta quando sentiamo alcuni ebrei accusare gli antisemiti di vedere negli ebrei il riflesso delle proprie colpe, un atteggiamento che sembra essere proprio il loro.

775Joseph Roth, *A Berlino*, Éditions du Rocher, 2003, p. 33.
776Jacques Attali, *Les juifs, le monde et l'argent*, Fayard, 2002, p. 497.

Ricordiamo le parole di Vasili Grossman, citate sopra: "L'antisemitismo è uno specchio che riflette i difetti degli individui, delle strutture sociali e dei sistemi statali. Ditemi di cosa accusate un ebreo e vi dirò di cosa siete colpevoli. "Sono note anche le seguenti parole di Sigmund Freud: "Né fu per incomprensibile caso che il sogno della supremazia mondiale germanica ricorresse come complemento all'incitamento dell'antisemitismo777. "Ancora una volta ci sembra che ci sia una totale inversione della realtà. La miglior difesa è un buon attacco: invece di lasciarsi denunciare, si accusa l'altro delle proprie mancanze, approfittando del fatto che questa forma di crimine intellettuale non è sanzionata dalla legge.

Chi si interroga su questa singolare disposizione degli ebrei a ragionare, a discutere, a menare il can per l'aia, a trovare ogni sorta di stratagemma per eludere una questione e a contorcersi in ogni modo per dimostrare la propria buona fede, dovrebbe cominciare a familiarizzare con quello che viene chiamato "spirito talmudico". Albert London, il "principe dei reporter", ci ha lasciato in eredità un testo molto interessante su questo tema, nel suo libro del 1929 *L'ebreo errante è arrivato*, in cui descrive le antiche comunità ebraiche dell'Europa centrale, negli "shtetl" e nei quartieri ebraici:

"Sono sulla soglia della *Mesybtha*, il grande seminario dell'ebraismo mondiale. I giovani sensazionali... gli intellettuali esili, pallidi, con il cappello rotondo, quei volti dai sedici ai ventidue anni, ascetici, ispirati, divorati dallo spirito Moloch778, quei portatori del fuoco di Israele provenienti dalla Polonia, dalla Romania, dall'Ucraina, dalla Cecoslovacchia e persino dal Belgio, sono tutti lì. Li sento dal pianerottolo. Il mormorio delle loro voci si gonfia, si placa, si spegne, rinasce. La fabbrica dei rabbini è in piena attività. Entriamo. Certo, entriamo! L'odore di questo posto è terribile? Non hai sentito altri odori? Fate finta di avere il raffreddore, mordete il fazzoletto sotto il naso, ma andate avanti, vi abituerete! L'odore è particolarmente ebraico - ebreo ortodosso. In un cinema di Cernauti sono dovuto uscire prima della fine. Questo odore è un misto di odore di cipolla, di aringa salata e di fumo di caftano... Niente di ciò che viene dall'esterno può impressionare questi studenti. Non c'è assolutamente nulla... Penetrare

---

777Sigmund Freud, *Il malessere della cultura, Parte V, Opere raccolte*, EpubLibre, trad. Luis López Ballesteros y de Torres, 2001, p. 4092. [La traduzione di Presses Universitaires de France (1971) recita: "Né fu un caso che i tedeschi ricorsero all'antisemitismo per meglio realizzare il loro sogno di supremazia mondiale". (NdT)]
778Divinità semitica a cui venivano offerti sacrifici di fuoco di bambini. Nota di Albert London, *L'ebreo errante è arrivato*.

i misteri, allontanare le ombre, sferzare la propria intelligenza che non galoppa mai troppo velocemente, raggiungere un picco di comprensione solo per sfrecciare verso un altro picco, speculare su tutte le cause e tutti i principi: queste sono le uniche preoccupazioni di questi instancabili teorici. Questo seminario rabbinico è straordinario... Lavorano così per sedici o diciassette ore al giorno. Cosa imparano? Innanzitutto il Talmud, a memoria, anche i due Talmud: il Talmud di Gerusalemme e il Talmud babilonese. Si rimpinzano letteralmente di tutte le vecchie tradizioni rabbiniche. Cos'è il Talmud? È il libro delle interpretazioni che mille rabbini, per millenni, hanno dato della legge di Mosè. È l'amore per la discussione portato quasi alla follia. Il significato e la contraddizione di una parola sono oggetto di infinite controversie. Per esempio, questa parola di Dio non viene discussa con leggerezza: "Ognuno rimanga in casa sua e non esca dal *suo luogo* il settimo giorno". Qual è questo *luogo*? Fino a che punto ci si può spingere in un sabato senza offendere il Signore? La parola *luogo* designa le immediate vicinanze della casa? L'intero villaggio può essere considerato come il *luogo* voluto dall'Eterno? Se sì, questo può valere per tutti i villaggi, indipendentemente dalle loro dimensioni? E ciò che può essere accettato per un villaggio, può essere accettato per una città? Dove inizia una città? Dove finisce? Una volta fissati i limiti, la città non è troppo grande per essere trattata come un *luogo*?... Oh, insaziabile spirito di Israele!...E ciò che questi giovani acrobati del pensiero, questi cervelloni imparano qui, non è tanto la letteratura ebraica, l'etica e la morale, ma diventare più sottili, più acuti, più penetranti, più attenti. Un bello sport!

(...) La purezza dei loro costumi è leggendaria. Entrano come angeli e se ne vanno come angeli. Tutta la ferocia della loro prima giovinezza è per il Talmud. Lo sognano soltanto e con esso vivono e dormono. Se la Thora è la *sposa incoronata*, il Talmud è la *sposa in fiore*779."

Tamburi e trombe

I motivi di orgoglio sono espressi più spesso e in modo più convincente quando si tratta di elogiare i propri connazionali. Questo è uno degli aspetti più notevoli e lodevoli dello spirito comunitario, purché sia giustificato e non a spese degli "altri".

779Albert Londres, *L'ebreo errante è arrivato*, Editoriale Melusina, 2012, pagg. 160-165.

Mentre nel 1930 descriveva la Berlino dei suoi amori, "l'industria del piacere berlinese" e tutte le gioie della vita nella capitale della nuova Repubblica di Weimar, nel 1933 il tono cambiò improvvisamente: Joseph Roth non si sentiva più un tedesco innamorato del suo Paese, ma al contrario mostrava un cambiamento brusco e radicale che ci è già familiare dopo aver studiato i casi di Albert Einstein e Stefan Zweig, tra gli altri. Anche in questo caso, questa brusca virata è del tutto sintomatica di una mentalità ambivalente, il cui volto nascosto si rivela solo in circostanze particolari: subito dopo aver trionfato, o nel corso della vendetta. A questo si aggiungeva un sovrano disprezzo per il popolo che li aveva rifiutati: "Noi, discendenti degli antichi ebrei, antenati della cultura europea, rimaniamo fino ad oggi gli unici legittimi rappresentanti tedeschi di questa cultura... Grazie all'insondabile saggezza divina, siamo fisicamente incapaci di tradirla per amore della civiltà pagana dei gas soffocanti, del dio della guerra germanico armato di ammoniaca... Si può dire che dal 1900 questo "strato superiore" di ebrei tedeschi ha ampiamente determinato, se non dominato, la vita artistica della Germania.

In tutto il vasto Reich, popolato da sessanta milioni di abitanti, non c'era, tranne ovviamente in casi singoli, un solo medium che manifestasse un interesse attivo per l'arte e lo spirito. Per quanto riguarda gli Junker prussiani, il mondo civilizzato si rese conto che a malapena sapevano leggere e scrivere... Solo gli ebrei tedeschi manifestavano interesse per i libri, il teatro, i musei, la musica... Riviste e giornali erano editi da ebrei, pagati da ebrei, letti da ebrei. Un intero sciame di critici e intellettuali ebrei scoprì e promosse numerosi poeti, scrittori e attori "puramente ariani"."

La sterilità intellettuale dei tedeschi contrastava così con l'incredibile fecondità dello spirito ebraico, e questo aperto disprezzo per i goyim era eguagliato solo dall'adulazione dei loro stessi correligionari, tanto che mancavano gli epiteti per lodarli: "Dall'inizio del XX secolo", scriveva ancora Joseph Roth, "i seguenti scrittori ebrei, mezzi ebrei e quarti ebrei hanno contribuito alla letteratura tedesca: Peter Altenberg, tenero poeta della femminilità più dolce e segreta, da tempo trattato come un "pornografo decadente" dai barbari delle teorie razziste; Oscar Blumenthal, autore di commedie raffinate e prive di grandiloquenza ma piene di buon gusto; Richard Beer-Hoffmann, nobile falsario della lingua tedesca, erede e interprete dell'eredità biblica; Max Brod, autore di racconti di grande lignaggio, pieni di prurigine ed erudizione; Bruno Frank, coscienzioso artigiano della parola ed esperto drammaturgo; Ludwig Fulda, poeta lirico e autore di commedie piene di fascino e finezza; Walter Hasenclever, uno dei più ardenti drammaturghi; Hugo von Hofmansthal, uno dei più nobili poeti e scrittori di prosa; Alfred Kerr, critico teatrale pieno di poesia; Karl Krauss, grande polemista, professore di lettere tedesche, fanatico della purezza linguistica; Else Lasker-Schüler, poetessa incommensurabile; Klauss Mann (mezzo ebreo, figlio di Thomas Mann), giovane scrittore promettente con un notevole talento stilistico; Alfred e Robert Neumann, eccezionali autori epici; Rainer Maria Rilke (per un quarto ebreo), uno dei più grandi autori lirici europei; Peter Panter, pamphleter di spirito brillante; Carl Sternheim, romanziere e drammaturgo penetrante; Ernst Toller, coro di rondini, drammaturgo rivoluzionario che trascorse sette anni in una fortezza bavarese per amore della libertà del popolo tedesco780; Jacob Wassermann, uno dei più grandi romanzieri europei; Franz Werfel, drammaturgo lirico, scrittore di racconti e magnifico poeta: Carl Zuckmayer, potente drammaturgo; Arnold Zweig, romanziere e saggista per grazia di Dio. "Tutto sommato, grandi, grandissimi uomini, rispetto agli intellettuali e agli artisti locali, quei poveri tedeschi rozzi, brutali e inetti.

"Perseguitando gli ebrei, scriveva Joseph Roth con quella logica che il lettore già conosce, si perseguita Gesù Cristo. Per una volta, i Giudei non vengono massacrati perché hanno crocifisso Gesù Cristo, ma perché lo hanno generato781. Quando vengono bruciati libri di autori ebrei o presunti tali, il Libro dei libri - la Bibbia - viene effettivamente dato alle fiamme. Quando giudici e avvocati ebrei vengono espulsi e imprigionati, si tratta nello spirito di un attacco al diritto e alla giustizia. Quando i comunisti vengono martirizzati, viene attaccato il mondo russo e slavo, il mondo di Tolstoj e Dostoevskij ancor più di quello di Lenin e Trotsky". Questa volta sono stati assimilati i cristiani, la legge e il mondo russo per ingraziarsi nuovi alleati contro i "cattivi". E Joseph Roth ha concluso: "Abbiamo cantato le lodi della Germania, la vera Germania! Ecco perché oggi la Germania ci brucia782! "

In *Vita e destino*, Vasili Grossman ha dimostrato la stessa tendenza a mettere i membri della sua comunità su un piedistallo quando ha detto: Albert Einstein è "il primo genio del nostro tempo"; "I fascisti hanno espulso il brillante Einstein, e la sua fisica è diventata la fisica delle

---

780Ernst Toller fu uno dei leader della rivoluzione bavarese del 1919.

781Il primo "massacro" è del novembre 1938, durante la Notte dei vetri rotti (36 vittime), quando l'autore scriveva questo testo nel settembre 1933.

782Si riferisce a libri "bruciati". Joseph Roth, *A Berlino*, Éditions du Rocher, 2003, p. 195-204.

scimmie". Ma grazie a Dio abbiamo fermato l'avanzata del fascismo...
La fisica contemporanea senza Einstein sarebbe una fisica delle
scimmie783. "Disprezzo sovrano per alcuni, gloria assoluta per altri. È
uno dei tanti sintomi dell'isteria. È una delle affezioni che si riscontra
solo nelle donne di altri popoli, come ha sottolineato a suo tempo il
professor Charcot.

Nel suo libro *Il mondo di ieri*, anche Stefan Zweig fa lo stesso
ragionamento: "A Vienna l'amore e l'arte erano considerati un diritto
comune, e il ruolo che la borghesia ebraica, con il suo contributo e la
sua protezione, ha svolto nella cultura viennese è incommensurabile.
Erano il pubblico, riempivano i teatri e i concerti, compravano i libri e
i dipinti, visitavano le mostre e, con la loro comprensione più flessibile
e meno legata alla tradizione, diventavano ovunque i promotori e i
precursori di tutte le novità. Gli ebrei crearono quasi tutte le collezioni
d'arte del XIX secolo, fu grazie a loro che la maggior parte dei saggi
artistici divenne possibile; senza l'incessante e stimolante interesse
della borghesia ebraica, Vienna sarebbe rimasta indietro rispetto a
Berlino per quanto riguarda l'arte... Chiunque volesse fare qualcosa di
nuovo a Vienna non poteva fare a meno della borghesia ebraica... Nove
decimi di quella che il mondo ha celebrato come cultura viennese del
XIX secolo era una cultura promossa, alimentata e persino creata dalla
comunità ebraica di Vienna784."

Alla fine del XIX secolo, "come la Spagna prima del suo
altrettanto tragico declino, l'ebraismo viennese era stato molto
produttivo artisticamente, anche se non in modo specificamente
ebraico, ma esprimendo con la massima energia, per un miracolo di
compenetrazione, tutto ciò che era tipicamente austriaco e viennese.
Goldmark, Gustav Mahler e Schönberg divennero figure internazionali
della creazione musicale; Oscar Strauss, Leo Fall e Kálmán fecero
rifiorire la tradizione del valzer e dell'operetta; Hofmannsthal, Arthur
Schnitzler, Beer-Hofmann e Peter Altenberg elevarono la letteratura
viennese a un rango europeo non raggiunto nemmeno da Grillparzer e
Stifter; Sonnethal e Max Reinhardt hanno ravvivato la fama della città
del teatro e l'hanno portata in tutto il mondo; Freud e le grandi autorità
della scienza hanno attirato gli occhi del mondo sulla celebre università;
ovunque, come studiosi, virtuosi, pittori, direttori artistici, architetti e
giornalisti, gli ebrei si sono assicurati posizioni elevate ed eminenti

---

[783]Vasili Grossman, *Vita e destino*, Galaxia Gutenberg, 2007, Barcellona, pagg. 339, 340.
[784]Stefan Zweig, *El mundo de ayer; memorias de un Europeo*, Acantilado 44, Barcelona, p. 16.

nella vita intellettuale di Vienna. Grazie al loro amore appassionato per questa città e alla loro volontà di assimilazione, si erano completamente adattati ed erano felici di servire la fama dell'Austria; Essi sentivano la loro condizione di austriaci come una missione verso il mondo e, per onestà, è bene ribadire che gran parte, se non la maggior parte, di tutto ciò che l'Europa e l'America ammirano oggi come espressione di una rinata cultura austriaca - nella musica, nella letteratura, nel teatro e nelle arti industriali - è stato creato dagli ebrei di Vienna, i quali, a loro volta, ottennero con questa rinuncia un altissimo rendimento del loro antico impulso spirituale."

Una figura "ci affascinava, ci seduceva, ci inebriava e ci eccitava", ha scritto Stefan Zweig, "il fenomeno unico di Hugo von Hofmannsthal", che rappresentava "la perfezione poetica assoluta". Aveva "una tale infallibile padronanza della lingua" che "questo grande genio, che all'età di sedici e diciassette anni, con i suoi versi e la sua prosa indelebili, insuperati fino ad oggi, è iscritto negli annali eterni della lingua tedesca". "C'era stato "un evento soprannaturale"; "uno scapolo che possedeva una tale padronanza dell'arte, una tale chiaroveggenza, una visione così profonda e una conoscenza così impressionante della vita prima di viverla! Aveva "un'intelligenza così agile"; "un verso così perfetto, una plasticità così impeccabile, così intrisa di musica"; "una maestria che non ha eguali in nessun altro tedesco da allora"; "risiedeva in una conoscenza del mondo che, per un ragazzo che passava le sue giornate seduto su un banco di scuola, poteva provenire solo da un'intuizione magica"; "doveva diventare un fratello nel mondo"; "doveva diventare un fratello nel mondo"; "doveva diventare un fratello nel mondo"; "doveva diventare un fratello nel mondo"; "doveva diventare un fratello nel mondo"; "doveva diventare un fratello nel mondo"; doveva diventare il fratello di Goethe e di Shakespeare"; "si sentiva che qualcosa di inconscio e incomprensibile doveva segretamente guidarlo lungo questi sentieri verso luoghi mai battuti"; "un poeta puro, sublime, un poeta che nessuno concepiva se non nelle forme leggendarie di un Hölderlin, di un Keats", e aveva la nostra età; "il suo viso, dal profilo marcato e dalla carnagione scura, era "un po' italiano"; "ogni parola delle parole del poeta era "un po' italiana"; "ogni parola delle parole del poeta era "un po' italiana"; "ogni parola delle parole del poeta era "un po' italiana"": Era "un piccolo italiano"; "ogni sua frase aveva quell'alone di perfezione che deriva naturalmente dal magico senso della forma"; "tutto ciò che scriveva era come cristallo illuminato dall'interno"; tale era "la forza magica di questo inventore"; "non ho mai sperimentato una conversazione di così alto volo intellettuale come la sua"; "era un prodigio inimitabile di precoce perfezione785." La presenza di un tale genio ha ovviamente alimentato le speranze di tutti i giovani allievi. La gloria e la celebrità erano quindi possibili: "Dopo tutto, suo padre, un direttore di banca, proveniva dallo stesso ambiente borghese ebraico di tutti noi; il genio era cresciuto in una casa simile alla nostra, con gli stessi mobili e la stessa morale di classe... "

Un tale entusiasmo, una tale pubblicità a favore dei loro correligionari erano evidentemente sintomatici di un latente sentimento di inferiorità. A rischio di dispiacere, dobbiamo ammettere che, ad eccezione di Stefan Zweig, nessuno degli autori studiati nel presente lavoro ci è sembrato avere particolari qualità letterarie. Le loro produzioni sono spesso mediocri e sembra che il loro successo sia dovuto principalmente al genio della pubblicità. Le librerie, va detto, sono oggi invase da libri mediocri. In realtà, il "popolo del libro" è soprattutto il popolo del microfono e dello schermo televisivo, o ancora più certamente il popolo del megafono, perché senza pubblicità è chiaro che molte di queste pubblicazioni rimarrebbero dimenticate. Pochissimi di quelli che abbiamo recensito sanno scrivere correttamente. Guy Sorman ci sembra un eccellente giornalista; Stefan Zweig ha indubbiamente una bella penna; ma gli altri sono privi di talento letterario. L'accademico Michel Serres riesce persino nell'impresa, usando parole francesi, di scrivere in una lingua che non capiamo. Alcuni beneficiano semplicemente della compiacenza di tutti i canali mediatici e dell'aiuto esclusivo dei loro correligionari, probabilmente un'altra causa inconfessabile di antisemitismo, che alcuni ebrei tendono ad attribuire all'"invidia". Ancora una volta, non è impossibile che ciò che si rimprovera agli avversari sia in realtà un riflesso delle proprie mancanze.

Oggi sappiamo che Jacques Derrida era "il Papa del pensiero universitario"; che Armand Hammer era "il re del petrolio, dell'allevamento e del whisky"; che Albert Londres era "il principe dei giornalisti" e che Isidore Partouche era "l'imperatore dei casinò". Ci mancava una "regina", e l'abbiamo trovata nella persona di Françoise Giroud, la grande giornalista scomparsa nel 2004, che è stata senza dubbio la "regina dei giornalisti", la "migliore delle migliori", una "grande signora" e una "figura illustre". Nel suo *Diario di una parigina*[786] ritroviamo ancora una volta, per il periodo 1996-1999, i

---

[785]Stefan Zweig, *El mundo de ayer; memorias de un Europeo*, Acantilado 44, Barcellona, p. 16-17, 28-31.
[786]Françoise Giroud, *Journal d'une parisienne*, Éditions du Seuil, 1997, 2000.

tratti caratteristici di questa particolare mentalità: l'esaltazione abusiva dei correligionari, l'insopprimibile tendenza a dare lezioni di morale, le contorsioni intellettuali, l'antirazzismo militante e l'indignazione selettiva:

"13 febbraio 1996: riscoperta del Surrealismo, la cui figura più emblematica, Victor Brauner, morto nel 1996, è attualmente esposta al Beaubourg. L'omaggio tardivo del Beaubourg riunisce una trentina di dipinti e disegni. Guardandoli, è chiaro che questo mago provocatore è stato sottovalutato. La sontuosità, la forza, la padronanza assoluta della sua arte, devono essere viste senza dubbio.

"11 aprile: Marcel Bleustein muore all'età di 89 anni. Era ancora in buona salute, anche se era completamente sordo, il che rendeva difficile interagire con lui. Mi piaceva questo vecchio bandito dallo sguardo candido, pieno di audacia, fantasia e talento. Aveva il dono della pubblicità come altri avevano il dono della musica. Ha fatto fortuna con lui[787].

"20 aprile: Abbé Pierre... che tristezza. Quest'uomo che possiamo solo amare si è smarrito, gettandosi a capofitto in una storia sinistra. Qui lo vediamo improvvisamente porsi come garante morale del negazionista Roger Garaudy, con il pretesto che lo conosce da quarant'anni. Può essere tenuto con affetto, come un vecchio stanco. Non si può più avere rispetto per lui.

"26 giugno: Jean-Marie Le Pen, maleducato, accusa la squadra di calcio francese di non conoscere la Marsigliese e addirittura di non essere francese. Falso. Lo sono tutti, anche se a volte sono splendidamente neri. Questo si chiama perdere l'opportunità di stare zitti.

"9 agosto: la mostra di arte africana organizzata dalla famiglia Nahon alla galleria di Vence è stata visitata per la quarta volta. Si può vedere e rivedere per la ricchezza, la varietà e l'impressionante qualità degli oggetti presentati. È così semplice: si vuole tutto. Sono incantata da una piccola terracotta proveniente dalla Nigeria, irresistibile.

"12 settembre: indignazione per la dichiarazione di Jean-Marie Le Pen sulla "disuguaglianza delle razze". Inoltre, insiste: "Ebrei ed eschimesi non hanno avuto lo stesso ruolo nella storia del mondo. E nemmeno i Pigmei e i Greci contemporanei di Pericle". Pertanto, esistono razze inferiori. Un vecchio ritornello scientificamente falso: il patrimonio genetico dell'intera razza umana è lo stesso, il suo sangue è lo stesso. E tra Nelson Mandela e Le Pen, chi è "inferiore"?

---

[787]Ex proprietario di Publicis, il principale gruppo pubblicitario francese.

"27 settembre: le memorie di Brigitte Bardot vanno a ruba. Le viene rimproverata la sua simpatia per Le Pen - "un uomo affascinante" - le sue parole schiette sugli immigrati e anche alcune frasi snob da piccola borghesia come: "Odio le vacanze pagate". La Bardot dovrebbe essere bruciata? No. Dovrebbe essere tirata per le orecchie.

"27 ottobre: Marek Halter è stato invitato alla Fiera del Libro di Tolone. Aveva appena pubblicato un voluminoso libro, *Il Messia*. Si è deciso di rendergli omaggio. Ma tutto è crollato quando il sindaco di Tolone, M. Le Chevalier, del Fronte Nazionale, ha dichiarato Marek Halter persona non grata. Non gli sarà vietato di restare, ma l'omaggio sarà per... Brigitte Bardot. Cosa viene rimproverato a Marek Halter? M. Le Chevalier ha detto senza mezzi termini: Marek Halter ha "una visione del mondo più internazionalista, più globalista che radicata a una nazione, a una patria". Marek Halter si è quasi strozzato. È così che nasce il fascismo. Non dice mai il suo nome, si aggira, fluttua nell'aria, quando si mostra, tutti si chiedono: è lui, secondo voi? Non si può esagerare! E poi un giorno ci si trova faccia a faccia con lui ed è troppo tardi per espellerlo.

"14 gennaio 1999: ho visto la commedia di Jacques Attali su Carlo V, interpretata da Depardieu: magnifica. Mostra Rothko: un grande pittore americano che i francesi conoscono poco. È una pittura astratta, metafisica: grandi riquadri di colori davanti ai quali, quando ti fermi a guardare, ti invade la spiritualità, la comunicazione con un infinito[788]... Uno rimane lì, bloccato. Colori sottili, preziosi, elaborati, da cui emerge una luce; neri su grigi che annunciano la morte. Un'opera unica. "Ho catturato la violenza più assoluta in ogni centimetro quadrato", ha detto. Rothko si è suicidato nel 1970.

"18 gennaio: Colloquio Françoise Dolto; un trionfo. La grande sala dell'Unesco è stata piena per quattro giorni.

"23 gennaio: la mia stampante si è rotta. Devo comprarne uno nuovo, non posso farne a meno. Ma nessun negozio consegna una stampante a casa mia. Pesa molto e non ho una macchina: come faccio a portarla a casa?

"16 marzo: Yehudi Menuhin, il sublime, muore all'età di 82 anni. Ha suonato il violino degli angeli.

"21 aprile: pranzo con Jacques Attali. È un piacere vederlo... La sua opera su Carlo V ha avuto un successo molto onorevole in un momento in cui i teatri sono vuoti[789]... Nessuno è più fecondo di lui. Naturalmente, affascina e irrita. Mi piace molto.

---

[788]La frase è incompiuta; probabilmente si tratta di un modo di dire.
[789]Traduzione: un fiasco.

"30 aprile: una parte interessante del *Diario* di Paul Léautaud riguarda il periodo dell'occupazione così come l'ha vissuto: persone che non si preoccupano di nulla, che trovano i tedeschi piuttosto simpatici e che sono ossessionati dalle forniture, lui stesso in primis.

"14 settembre: la Volpe dell'agricoltura, José Bové, nella sua crociata contro il "cibo spazzatura", va in giro a distruggere i McDonald's. Si guadagna qualche giorno di carcere e diventa una figura popolare. Si è guadagnato qualche giorno di carcere ed è diventato una figura popolare. Ebbe queste straordinarie parole: "La Chiesa di Scientology e Mc Donalds sono la stessa cosa...". In altre parole: vedete tutto questo, è americano.

"Yuck[790]! "

È chiaro che abbiamo a che fare con un grande, un grandissimo giornalista.

Ascoltiamo ora una testimonianza tratta dal nostro libro *Ritratti*, *quella* di Erwin Chargaff, biologo a New York, nato nel 1905 a Chernivtsi:

"State mettendo in dubbio i talenti particolari degli ebrei?

"Mi sembra che gli ebrei siano un popolo abbastanza dotato. Basta guardare come, lasciati a loro stessi, si presenta la situazione in Israele. Non sono dei bravi economisti. Gli ebrei sono straordinariamente dotati nella trasmissione, cioè ci sono molti eccellenti musicisti solisti, cantanti e strumentisti ebrei. Sembrano particolarmente dotati nell'interpretare e riprodurre ciò che altri hanno scritto. Ma mi sembra uno stupido sciovinismo affermare che gli ebrei sono l'elemento principale del mondo intellettuale occidentale. È assolutamente falso. Al contrario, direi che gli ebrei hanno sempre mostrato un certo deficit nel campo della creazione. Sono piuttosto meno creativi di altri. Il numero di geni manifesti tra gli ebrei è di gran lunga inferiore a quello dei non ebrei. Penso che abbiano poco talento nella letteratura e ancor meno nelle arti pittoriche. Né credo che sia stata fatta un'ingiustizia agli ebrei. Se avessero scritto poesie migliori, sarebbero state stampate. Karl Marx è stato senza dubbio una sorta di genio filosofico o politico-filosofico[791], ma a parte lui, i geni ebrei sono pochissimi. Gli ebrei non hanno esitato a chiamare molti di loro geni. In tutte le minoranze si tratta sempre di tessere le proprie lodi, ma le minoranze, in generale, non

---

[790]Questo è il commento di Françoise Giroud.
[791]"Marx aveva una grande visione, scrive Sollers. Compatisco chiunque non abbia provato il rigore di questa esperienza. Così come Freud."(Philippe Sollers, *Vision à New York*, Grasset, 1981, p. 16).

hanno il senso delle proporzioni e mi dispiace molto di questo sciovinismo. "Questa era già l'opinione di Spinoza.

Uscire dall'ebraismo

Il rifiuto della propria comunità da parte di alcuni ebrei è un argomento che richiederebbe uno studio a sé. L'esempio più noto è quello di Karl Marx. Nato "in una famiglia di rabbini e commercianti ebrei di Treviri (il padre è Hirschel Ha Levi e la madre Henrietta Pressburg Hirshel), si convertì al protestantesimo all'età di 6 anni. "Quattro anni prima del *Manifesto*, nel 1844 pubblicò *La questione ebraica*. Per lui, "l'ebreo è la matrice del capitalismo; quindi assimilarlo non cambierebbe in alcun modo il suo status". Può emanciparsi solo con la scomparsa congiunta di capitalismo e giudaismo. "In "Quel terribile testo", Jacques Attali ha individuato una delle fonti involontarie del moderno antisemitismo economico. Infatti, questo è ciò che Marx scrisse: "Non cerchiamo il segreto dell'ebreo nella sua religione, cerchiamo invece il segreto della religione nel vero ebreo. Qual è il substrato profano dell'ebraismo? Necessità pratica, guadagno personale. Qual è il culto profano dell'ebreo? Traffico. Qual è il suo dio profano? Il denaro (...) La nazionalità chimerica dell'ebreo è la nazionalità del mercante, dell'uomo del denaro. Il giudaismo raggiunge il suo apogeo solo con la perfezione della società borghese; ma questa raggiunge la sua perfezione solo nel mondo cristiano (...). Il cristianesimo è nato dal giudaismo e ha finito per inchinarsi al giudaismo. (...) L'essenza dell'ebreo dei nostri giorni la troviamo quindi non solo nel Pentateuco e nel Talmud, ma anche nella società attuale. (...) Il denaro è il dio geloso di Israele, davanti al quale nessun altro dio deve sussistere[792]."

Marx intendeva dimostrare che la liberazione dell'ebreo avrebbe comportato la liberazione della società dall'ebraismo: "Marx spiega che l'ebraismo e il denaro sono inseparabili, che l'uno non può essere eliminato senza eliminare l'altro, che l'operaio, attraverso una rivoluzione contro la proprietà privata, può allo stesso tempo essere liberato da Dio e dal capitale". "Così, anticapitalismo e antigiudaismo si confondono in una miscela di cui molti si nutriranno dopo Marx", ha osservato Jacques Attali, ricordando l'antisemitismo di una parte della sinistra rivoluzionaria del XIX secolo. Tuttavia, abbiamo già visto che

---

[792]Jacques Attali, *Les juifs, le monde et l'argent*, Fayard, 2002, p. 329-330.

l'opera di Karl Marx, come quella di Spinoza, è perfettamente in linea con i testi profetici e l'universalismo tanto caro a Israele.

Nel 1860, un altro ebreo tedesco, Ferdinand Lassalle, fondatore del movimento socialista, scrisse: "Posso affermare di aver cessato di essere ebreo (...) Non amo gli ebrei e tenderei piuttosto a detestarli in generale[793]."

L'odio ebraico per se stessi è un fenomeno osservato in molti altri autori. Israel Shamir, ad esempio, è un israeliano che sembra essersi sinceramente convertito al cristianesimo ortodosso e aver abbandonato la sua comunità di origine. Oggi il suo pensiero non contiene più nulla di ciò che abbiamo potuto identificare come costitutivo della mentalità ebraica, e quindi non c'è più motivo di considerarlo un rappresentante del "popolo eletto". Nel suo *Pardes, A Study in Kabbalah*, scritto nel 2004, ha ricordato che Golda Meir, Primo Ministro di Israele, un giorno aveva dichiarato: "Il matrimonio tra persone è peggio dell'Olocausto". Israel Shamir ha commentato: "Meir e Lipstadt hanno seguito la linea tradizionale ebraica: l'Antico Testamento glorifica Fineo che uccise un uomo ebreo per aver avuto rapporti sessuali con una donna gentile; Esdra escluse tutti i sacerdoti ebrei che si erano sposati con donne native palestinesi; il Talmud paragonò il matrimonio misto alla bestialità: "perché i gentili sono più vicini alle bestie che agli ebrei". Nella tradizione ebraica, una famiglia ebraica dovrebbe celebrare riti funebri solo formalmente se il figlio o la figlia sposano un goy [non ebreo, peggiorativo]". "Nonostante queste condanne, uomini e donne di origine ebraica si sposano tra loro e rompono consapevolmente con l'ebraismo. Questo atto è una prova importante della loro volontà di rinunciare al particolarismo e di unirsi alle persone con cui vivono. È, in un certo senso, una forma conclusiva di coming out come il battesimo".

Tuttavia, la rottura con l'ebraismo non è così semplice. "I figli dei matrimoni misti spesso non capiscono l'azione iconoclasta dei loro genitori, e questi ultimi spesso esitano prima di spiegare ai figli il significato sacro del loro atto". I figli nati da questi matrimoni, "invece di essere orgogliosi - e anche a causa dello spirito di contraddizione insito nella loro età - tendono a voler contraddire i loro genitori e a tornare all'ovile ebraico". È un desiderio altrimenti controproducente, ha scritto Israel Shamir, perché "il loro tentativo di "ritorno" è destinato a fallire, perché un bambino del genere non potrà mai diventare un "ebreo a tutti gli effetti" secondo la legge ebraica". Non potrà sposarsi

---

[793]Jacques Attali, *Les juifs, le monde et l'argent*, Fayard, 2002, pag. 331.

con un Cohen o con una "vera" famiglia ebraica. La sua posizione è praticamente uguale a quella di un *mamzer*, un bastardo, "un figlio di puttana". Avrà il diritto di sostenere gli ebrei, di morire per gli ebrei, ma non di essere sepolto in un cimitero ebraico". Ma non lamentatevi, nostri figli parzialmente ebrei e pienamente umani", scriveva Shamir, "perché non solo è impossibile per voi unirvi agli ebrei, ma non è nemmeno auspicabile, perché l'ebraismo non è una buona organizzazione. L'ebraismo non è affatto una sinecura[794]."

Marek Halter coincideva curiosamente con Israel Shamir nella sua analisi dell'ebraismo, ma al contrario, se così si può dire: mentre per Shamir si può uscire dall'ebraismo ma non entrarvi, o entrarvi molto difficilmente, per Marek Halter si può entrare ma non uscirne: "Non si nasce ebrei, lo si diventa", ha detto in un'intervista pubblicata sul quotidiano *Le Point* l'8 ottobre 1999. "Ci sono ebrei neri, ebrei etiopi, ebrei cinesi, ebrei indiani, ecc. che non hanno una goccia di sangue in comune, senza contare i convertiti! Gli ebrei non sono né una razza né solo una religione, ma un gruppo di persone che ha mantenuto per secoli una certa tradizione, un rapporto specifico con la lingua e la storia, che oggi può scegliere di fare proprio... oppure no". Marek Halter ammetterà, tuttavia, che le conversioni sono molto rare e che è molto più facile essere ammessi in qualsiasi altra religione che in quella ebraica, dove la filiazione dalla madre rimane una norma quasi intangibile. Per quanto riguarda gli ebrei neri, sembra che siano trattati piuttosto duramente dallo Stato ebraico.

Certamente, l'intenzione di Israel Shamir è quella di aiutare i suoi ex correligionari a "liberarsi dalla loro ebraicità". E per questo, l'intermarriage - la grande paura dei rabbini - è l'opzione più semplice. Tuttavia, l'angoscia deliberatamente fomentata dell'antisemitismo contrasta questa possibilità di liberazione: "All'inizio del XX secolo, il figlio di un matrimonio intersemiotico era quasi sempre identificato con i nativi del suo paese. Ma questa tendenza è stata contrastata dalla narrazione dell'Olocausto, un costrutto ideologico che ha imposto ai discendenti degli ebrei un senso fatalistico di "assenza di scampo"[795]."

---

[794] Israel Shamir, *Pardes: uno studio sulla Cabala*, Pdf, trad. Germán Leyens, p. 3, 4

[795] Un articolo del Pew Research Center del 16 marzo 2016, intitolato "*A Closer Look at Jewish Identity in Israel and the United States*" (*Uno sguardo più ravvicinato all'identità ebraica in Israele e negli Stati Uniti*), ha fornito i risultati di un sondaggio condotto tra gli ebrei israeliani e americani sulla loro identità. Entrambe le indagini hanno chiesto agli ebrei un elenco di otto possibili comportamenti e attributi che potrebbero essere "essenziali" o "importanti" per la loro identità ebraica personale. In entrambi i Paesi, la maggioranza ha dichiarato che ricordare l'Olocausto è essenziale per la propria identità ebraica (73% negli Stati Uniti, 65% in Israele). Su https://

Shamir ha fatto eco alle dichiarazioni di Abram Leon, "un giovane sostenitore di Trotsky, morto ad Auschwitz nel 1944". Nel suo libro intitolato *La questione ebraica*, Abram Leon ha spiegato che un uomo di origine ebraica ha sempre la possibilità di lasciare gli ebrei e di entrare nella "comunità umana". "Sono grato a Noam Chomsky per avermi fatto scoprire questo autore", ha scritto Israel Shamir, i cui testi pubblicati su Internet sono pieni di energia. Israel Shamir ci ha anche informato dell'esistenza di Rabbi Abraham Isaac Kook, "un grande rabbino di Israele, ora deceduto, il più grande sostenitore dell'ebraismo contemporaneo", che ha scritto: "La differenza tra un'anima ebraica e un'anima non ebraica è più importante e profonda di quella tra un'anima umana e un'anima di mucca". Da quel poco che sappiamo di lui, ci sembra abbastanza chiaro che Israel Shamir deve essere collegato a illustri ebrei che hanno rotto con la comunità. Ma mentre in Spinoza e Marx alcuni aspetti delle loro dottrine sono ancora legati all'ebraismo, in Israel Shamir e Israel Shahak l'antisemitismo che sembra animarli rende completa la loro rottura con l'ebraismo. Altri intellettuali di spicco li avevano preceduti in questo percorso. Pensiamo, ad esempio, a Otto Weininger, per il quale l'ebraismo non era "né una razza, né un popolo, né una fede religiosa riconosciuta, ma una disposizione mentale". "Il suo "monoteismo", ha spiegato, non è una religione tribale, come sostengono i suoi detrattori. No: è l'estremo egocentrismo di una formica del tutto incapace di immaginare che possa esistere qualsiasi altra forma di vita al di fuori del suo formicaio, o che possa esistere un dio diverso da quello delle formiche."

"Per secoli, scrive Shamir, centinaia di ebrei hanno rinunciato al credo, si sono rivolti a Cristo e hanno rivelato il segreto del loro odio per i Goyim e della loro ricerca del potere assoluto. "Così, grazie a lui, sappiamo qual è l'ideologia predominante in Israele all'interno del movimento ebraico ortodosso: "La ricerca del potere assoluto è il suo obiettivo determinante, che dirige i suoi passi verso la distruzione della democrazia israeliana, la ricostruzione del Terzo Tempio (che annuncerà l'era del Messia), e forse la realizzazione dell'apocalisse mondiale[796]. "Ma Jacques Attali ci aveva già fatto intravedere questo aspetto del messianismo. Ricordiamo il passo del dialogo che aveva immaginato nel suo romanzo *La venuta*, che abbiamo citato nella prima parte di questo libro: "- Gli ebrei, con la loro follia, sono capaci di

---

www.pewresearch.org/fact-tank/2016/03/16/a-closer-look-at-jewish-identity-in-israel-and-the-u-s/. (NdT).

[796]Israel Shamir, *Pardes: uno studio sulla Cabala*, Pdf, trad. Germán Leyens, p. 18, 19, 43, 4

provocare massacri e cataclismi. - Questo è vero! Se i pazzi del Partito della Ricostruzione iniziassero a ricostruire il Tempio, ciò provocherebbe sicuramente una guerra planetaria[797]."

Shamir vede Israele solo come una semplice base per la comunità ebraica mondiale, e non come il cuore della diaspora. "I sionisti formano un popolo sempliciotto... Gli ebrei intelligenti e di successo non sono quasi mai immigrati in Israele". Sarebbero piuttosto gli Stati Uniti di oggi a costituire, secondo Shamir, il cuore della comunità ebraica mondiale. È lì che sarebbero più prosperi e influenti. In effetti, ha ricordato Israel Shamir, sembra che "i principali candidati alla presidenza degli Stati Uniti nel 2004 siano in lizza per trovare le loro radici ebraiche". Il generale Wesley Clark[798] ha dichiarato di "provenire da una lunga stirpe di rabbini di Minsk". La nonna di Hillary Clinton ha sposato un certo Max Rosenberg e John Kerry ha scoperto che entrambi i suoi nonni paterni erano ebrei[799] (Kerry era originariamente Kohn). I figli di Howard Dean e della moglie cristiana di origine ebraica sono stati cresciuti in ebraico. Così tutti gli sforzi della generazione precedente vengono vanificati nel nostro tempo."

Secondo Shamir, la guerra degli Stati Uniti "contro l'Islam non è solo una guerra per il petrolio, non è solo una guerra per lo Stato di Israele e i suoi interessi, è anche una guerra religiosa per imporre la fede nel "Dio di Yisrael" e sradicare la fede esistente". "In questo senso, "gli Stati Uniti hanno cercato di bandire qualsiasi menzione di Allah e del Corano nei libri di testo scolastici iracheni durante l'occupazione militare. I dipendenti dell'USAID hanno chiesto agli esperti del Ministero iracheno dell'Educazione nazionale di eliminare tutti i versetti coranici dai libri di testo sperimentali di grammatica araba e di sostituirli con frasi neutre. "Se una frase come "Grazie a Dio" compare in un testo di grammatica, solleveremo una discussione per trovare un'altra frase che la sostituisca", ha spiegato un esperto statunitense[800]."

---

[797]Jacques Attali, *Il viendra*, Fayard, 1994, p. 309.

[798]Il generale Wesley Clark, ex comandante in capo della NATO in Europa, aveva dichiarato durante l'aggressione del 1999 contro la Serbia che "non dovrebbe più esserci posto in Europa per nazioni etnicamente omogenee"."
"

[799]Si noti che Shamir non scrive in maiuscolo la parola "ebreo". Questo perché ritiene che tale qualità non rifletta tanto l'appartenenza a un popolo, quanto piuttosto un'opinione e una certa mentalità. Si è ebrei come si è comunisti, liberali o seguaci della Chiesa di Scientology; e soprattutto: si può andarsene.

[800]Israel Shamir, *Pardes: uno studio sulla Kabbalah*, Pdf, trad. Germán Leyens, p. 28, 32

Negli Stati Uniti, tra l'altro, "la fede di Cristo è a malapena tollerata. Persino la Passione di Cristo sembra essere vietata: il film di Mel Gibson, condannato dagli ebrei, non riesce a trovare un distributore, mentre persino l'esposizione di figure della Natività a Natale è vietata nei luoghi pubblici. "I calvinisti protestanti hanno probabilmente meno problemi: si può dire che hanno "praticamente ricreato il giudaismo senza gli ebrei". Si sono rivolti all'Antico Testamento, hanno legittimato l'usura, hanno rinunciato alla Vergine, hanno rifiutato la Chiesa e i sacramenti, hanno causato abbondanti genocidi e hanno dato vita al capitalismo predatorio". Vedremo di seguito la spiegazione del loro ruolo nel sostegno incondizionato a Israele.

È quindi possibile per un ebreo abbandonare l'ebraismo: Karl Marx, Abram Leon, Otto Weininger, Noam Chomsky, Israel Shamir, Ferdinand Lassalle, Israel Shahak, Norman Finkelstein e probabilmente molti altri hanno preso le distanze da una religione che non sembrava loro conforme alla loro idea di "leggi dell'ospitalità", come direbbe Edgar Morin. Anche se, certamente, per Edgar Morin e altri messianisti, questi buoni precetti sono validi solo per le nazioni corrotte e colpevoli. Predicano l'uguaglianza tra gli uomini, ma continuano a credere di essere il popolo eletto; calpestano le tradizioni altrui, ma si aggrappano alle loro leggi ancestrali; inveiscono contro la religione cristiana, ma vivono in attesa del loro Messia; incoraggiano l'immigrazione in Occidente, ma la combattono in Israele[801]; esaltano la bontà della miscegenazione per i Goyim, ma la considerano un orrore per la propria famiglia. Queste sono le contraddizioni che possono aver fatto sorgere in molti ebrei dei dubbi sulla validità di questa dottrina. La crisi d'identità che questa messa in discussione può generare è probabilmente dolorosa, e vedremo più avanti in questo libro che questa angoscia può talvolta concludersi tragicamente. Un motivo in più per accogliere fraternamente chi decide di abbracciare altre leggi umane.

---

[801]Criticano la costruzione di un muro tra Stati Uniti e Messico, ma ne hanno costruito uno lungo 800 chilometri e alto 8 metri in Palestina e in Cisgiordania (NdT).

3. Una difficile integrazione

I testi che abbiamo presentato sottolineano le profonde differenze che esistono, nonostante secoli di convivenza, tra gli intellettuali cosmopoliti e il mondo che li circonda. Osservando le ripetute smentite e le contorsioni ideologiche per difendersi da certe accuse, qualcuno potrebbe concludere che stanno agendo in malafede, senza ulteriori indugi. Eppure, le spiegazioni dell'antisemitismo che abbiamo letto sembrano così sincere da essere quasi commoventi, e viene da chiedersi se si possa sospettare una certa malizia, o se l'innocenza mostrata rifletta davvero l'insondabile profondità della loro anima. In entrambi i casi, ci troviamo di fronte a un vero problema di incomprensione.

La convinzione della loro perfetta innocenza, la loro fede messianica, la certezza di essere al di sopra di tutte le altre nazioni inibisce completamente qualsiasi senso di colpa in molti intellettuali. A questo punto, lo spazio per il dibattito si è già ridotto. Ma la situazione è ulteriormente complicata dal linguaggio doppio così estraneo alla tradizione europea: A seconda delle circostanze, si è "ebrei e fieri di esserlo" o "perfettamente integrati"; si milita per la distruzione delle nazioni e si dice di essere venuti per servirle; si gode delle meravigliose tradizioni del popolo ebraico e allo stesso tempo "non si sopportano", come ha dichiarato Bernard-Henri Levy, le culture "tradizionali" di altri popoli; si adora Yahweh, si rispettano i rabbini, ma si espongono cose bagnate con le giarrettiere sui manifesti della metropolitana; mostrando una potenza finanziaria colossale e rivendicando la debolezza dell'eterno capro espiatorio; accusando i bianchi di essere responsabili della schiavitù, quando invece ne sono stati i maggiori beneficiari; accusando i bianchi di razzismo e mettendo in guardia la loro comunità contro i matrimoni misti; promuovendo l'immigrazione musulmana in Francia e combattendola in Israele; contro il presunto razzismo dei bianchi, schierandosi con altre minoranze oppresse: Donne, neri, colonizzati, omosessuali, ecc.Per combattere l'improvviso antisemitismo degli arabi, si crea un'associazione "contro il razzismo anti-bianco"; si fanno pressioni per la guerra contro l'Iraq che minaccia Israele, ma lo si fa in nome della civiltà occidentale e non come ebreo; si denuncia l'imperialismo, la volontà degli europei di dominare il mondo, ma si dichiara invece che Yahweh deve portarglielo su un piatto d'argento[802]. Ammetteranno che tutto questo non facilita il dialogo.

Il dibattito televisivo svoltosi il 4 maggio 2005 sul set di *Culture et dépendance ha* affrontato ancora una volta la questione del "razzismo anti-bianco". Gli invitati al programma erano da una parte del tavolo: il musulmano radicale Tariq Ramadan, un rappresentante della comunità nera militante, Calixte Beyala, e un "bianco" che presentava un libro violentemente anticolonialista e pieno di sensi di colpa, un certo Grandmaison. Di fronte a loro: un "còrso" venuto a presentare il suo libro che denuncia come la Corsica sia diventata la regione all'avanguardia del razzismo anti-arabo, e il filosofo Alain Finkielkraut, che si è presentato come difensore dell'associazione contro il razzismo anti-bianco. Lui, l'antirazzista, il promotore della società plurale, si trovava ora nella posizione del razzista bianco, accusato dalla parte avversa di giocare un gioco ambiguo e pericoloso. Mentre parlava dei "bianchi", gli ospiti gli rimproveravano il suo insopportabile razzismo. A questo rispose che se avesse parlato in difesa dei francesi, gli avrebbero fatto sapere senza mezzi termini che i neri e gli arabi erano "francesi quanto lui". Subito dopo, abbiamo appreso che l'anti-corso che ha denunciato il razzismo dei corsi, un insegnante di Educazione Nazionale, era stato chiamato "sporco ebreo" dai suoi alunni di origine immigrata. Inoltre, Grandmaison, che denunciava il razzismo dei francesi e l'arroganza dei colonialisti bianchi, è stato messo al suo posto dalla giornalista Elisabeth Levy, che gli ha chiesto perché gli africani fossero tutti candidati all'emigrazione in un Paese orribile come il nostro. In breve, oggi, nel 2005, viviamo in una cacofonia totale che sfiora la frenopatia. Ciò che è emerso chiaramente è che, intorno al tavolo, tutti si sono dichiarati antirazzisti. Avevamo un arabo antirazzista, attivista per i diritti degli arabi e dei musulmani; una donna nera antirazzista e anticolonialista, che diceva "noi" quando parlava dei neri, ma che rimproverava ai bianchi di dire "noi" per esprimersi a nome dei bianchi; e un bianco antirazzista e anticolonialista, troppo antibianco per essere perfettamente bianco. Dall'altra parte, i "bianchi" non potevano permettersi di essere accusati di razzismo perché erano ebrei e militanti antirazzisti: un ebreo corso antirazzista che parlava a

---

[802] "Le tue porte saranno sempre aperte - non saranno chiuse né di giorno né di notte - per far entrare il flusso delle nazioni, con i loro re in processione. Perché la nazione o il regno che non ti servirà perirà; tali nazioni saranno distrutte. "Isaia, LX, 11-12. "Si ricorderanno, e tutti gli angoli della terra si volgeranno a Yahweh; le famiglie di tutte le nazioni si prostreranno davanti a te". Perché il regno è di Yahweh ed egli governa le nazioni. "Salmi, Tehillim, XXII, 27-28.

nome dei corsi, e un filosofo ebreo antirazzista che parlava a nome dei bianchi in generale, che mettevano in guardia dal razzismo antibianco per non fare il gioco del razzismo - bianco! Come il lettore capirà, gli unici assenti da quel televisore erano i bianchi indigeni, non ebrei, che sono ancora la maggioranza in questo Paese, ma che sono stati privati di tutti i mezzi di espressione e che rischiano di finire in tribunale se osano esprimere troppo forte la loro opinione su questa situazione.

Ovviamente, tutto sarebbe più semplice se ognuno accettasse di parlare a nome della propria comunità. Del resto, perché Madame Calixte Beyala non poteva parlare a nome dei neri di Francia, come le rimproverava Alain Finkielkraut, denunciando il comunitarismo in nome dei valori dell'unità repubblicana? Perché, del resto, Tariq Ramadan non potrebbe esprimersi a nome degli arabi di Francia? E perché, del resto, Alain Finkielkraut, invece di esprimersi a nome dei bianchi di Francia, ma militante di una Francia plurale, non potrebbe esprimersi a nome degli ebrei di Francia? Questo renderebbe le cose molto più chiare. Permetterebbe ai goyim bianchi di Francia di avere i propri rappresentanti nelle televisioni[803].

Una presenza presumibilmente invasiva

Il comunitarismo non è una tradizione repubblicana francese. Gli abitanti della Francia si esprimono come cittadini francesi, non come rappresentanti di una comunità etnica. In effetti, in questo Paese le razze non esistono più e alcuni intellettuali che si sono espressi contro quella

---

[803]Forse la soluzione a una situazione così complicata ci arriverà nel 2022 dall'altra parte dell'Atlantico, come spesso accade. In effetti, l'ADL, l'Anti-Defamation League, precedentemente nota come Anti-Defamation League of B'nai B'rith (esclusivamente massoneria ebraica), un'organizzazione internazionale non governativa ebraica con sede negli Stati Uniti, ha fatto progressi nella definizione di razzismo. Il concetto di "razzismo sistemico" è il nuovo contributo dell'organizzazione alla giustizia sociale. È definita come: "Una combinazione di sistemi e fattori che favoriscono i bianchi e che, per le persone di colore, causano danni diffusi e svantaggi nell'accesso e nelle opportunità". Il razzismo sistemico non è stato creato da una sola persona o da un gruppo di persone, ma è radicato in primo luogo nella storia delle nostre leggi e istituzioni, che sono state create sulla base della supremazia bianca; in secondo luogo, esiste nelle istituzioni e nelle politiche che favoriscono i bianchi e svantaggiano le persone di colore; e, in terzo luogo, si manifesta nella comunicazione e nel comportamento interpersonale (ad esempio, insulti, bullismo, linguaggio offensivo) che mantiene e sostiene le disuguaglianze sistemiche e il razzismo sistemico. "Su https://www.adl.org/racism. (I popoli bianchi d'Europa avrebbero creato i loro Paesi per se stessi a scapito delle altre popolazioni del mondo). (NdT).

che consideravano una sovra-rappresentazione degli ebrei nel mondo dei media sono stati severamente rimproverati.

Così lo scrittore Renaud Camus ha fatto notizia nel 2000 quando ha pubblicato il suo diario *Campagna per la Francia* della casa editrice Fayard, in cui contava il numero di giornalisti ebrei presenti in un programma radiofonico di *France Culture sul tema dell'*immigrazione e del comunitarismo: "Cinque partecipanti e quale percentuale di non ebrei? Pochissimi, se non inesistenti. Ecco, questo mi sembra, non proprio scandaloso forse, ma esagerato e fuori luogo, scorretto. E no, non sono antisemita, e sì, considero che la razza ebraica abbia dato uno dei più alti contributi spirituali, intellettuali e artistici all'umanità... Ma no, non mi sembra opportuno che un talk show, preparato e annunciato in anticipo, cioè ufficiale, sull'integrazione nel nostro Paese, su una radio del servizio pubblico, si svolga esclusivamente tra giornalisti e intellettuali ebrei o di origine ebraica... Credo di avere il diritto di dirlo. E se non lo faccio, lo dico comunque. Lo dico in nome di questa cultura e civiltà francese dalle radici antiche, che sono le mie, e le cui conquiste nel corso dei secoli sono più che rispettabili e di cui mi dispiace non sentire quasi più parlare nel Paese che fu loro."

L'editore Fayard fu costretto da pressioni sconosciute a ritirare il libro dalla vendita, prima di ripubblicarlo senza i passaggi incriminati. "Le parole del signor Camus, si legge su *Le Monde* del 12 febbraio 2004, hanno suscitato indignazione, anche se diverse personalità lo hanno difeso, denunciando un "linciaggio mediatico". Ma nonostante Camus rispondesse a tutti i criteri di rispettabilità, essendo omosessuale e di sinistra, questo non bastò a salvarlo. In effetti, non è stato il primo a subire il terrorismo intellettuale che regna in Francia dalla fine del XX secolo, con un intero arsenale di leggi repressive. D'ora in poi nessuno scrittore di spicco oserà più esprimere la propria opinione sull'argomento, pena l'anatemizzazione da parte dei media e le vessazioni giudiziarie.

Ancora una volta, le reazioni dei principali interlocutori hanno evidenziato un'incredibile disponibilità a contorsioni intellettuali. In *Soli d'inverno*, il noto direttore di giornale e scrittore Jean Daniel ha espresso la sua opinione sul caso, in cui si può notare una forma piuttosto sottile di riflessione, oltre al consueto disprezzo per gli indigeni arretrati. Il suo discorso è stato in qualche modo distorto dal non detto, perché Jean Daniel era ovviamente indignato dalle idee di Renaud Camus in quanto ebreo, anche se si presentava come francese ai suoi lettori, che probabilmente non erano a conoscenza della sua appartenenza comunitaria[804]. Non fu in qualità di ebreo che si oppose al folle - che fu fatto passare per malato di mente - ma come giornalista noto per la sua obiettività e impeccabile onestà. Si opponeva così al comunitarismo, che pretende illegittimamente che ogni comunità etnica abbia i suoi rappresentanti, in nome del talento e della professionalità individuale, e soprattutto in nome della libertà dall'ondata di comunitarismo "politicamente corretto". A tal fine, si è allora un comune cittadino, un comune francese: che vinca il migliore! La società multiculturale è lodata, a patto che ognuno mantenga il proprio posto, cioè i bretoni nella marina, i corsi nella dogana, gli antilleani nella piccola amministrazione e gli albanesi nella mafia. Ma chiunque osi non più criticare il numero di ebrei nei media, ma semplicemente sottolinearlo, viene immediatamente denunciato come un odioso antisemita. In realtà, Jean Daniel fingeva di credere che le accuse fossero rivolte agli ebrei, mentre il cuore della questione risiedeva nei pregiudizi di alcuni intellettuali ebrei. Ha fatto finta di non capire e ha abilmente eluso la questione.

Ecco cosa scrive Jean Daniel: "Questa esasperazione per la composizione prevalentemente ebraica del chat show" di *France Culture*, "questo stato d'animo diffidente, antipatico e tipicamente francese rivela una mentalità molto specifica. Cosa significa l'espressione 'sovrarappresentazione'? Innanzitutto, ci sono sovrarappresentazioni e sottorappresentazioni, ma di chi? Delle comunità che compongono la società francese? Sarebbe opportuno - secondo il pensiero paritario e politicamente corretto - che ognuna delle comunità fosse equamente rappresentata, se non per province, almeno per religioni? I musulmani e i neri che recentemente si sono dichiarati mal rappresentati in televisione e alla radio sarebbero legittimati in questo modo? Questo può essere rimpianto o meno. Questa estensione della parità tra uomini e donne a tutte le categorie andrebbe a scapito del merito e delle capacità?... Si dice, si può dire o si dirà: ci sono troppi neri nelle squadre di calcio, troppi indiani dell'ovest nelle infermiere, troppi catalani nelle squadre di rugby, troppi corsi nei doganieri, ecc. Ma questo ovviamente non ha lo stesso significato del sottolineare che ci sono troppi albanesi nella mafia, troppi zingari ladri di auto, troppi

---

[804]"Ci sono molti Daniels in Bretagna, bretoni il cui cognome è quel nome biblico. Ricevo spesso lettere da persone di cognome Daniel che mi chiedono se sono parente della loro famiglia. Tanto che a volte ho l'impressione di avere degli antenati qui, perché dimentico che questo cognome è stato scelto da mio padre come nome in chiara previsione che lo avrei adottato."(Jean Daniel, *Soleils d'hiver*, Carnets 1998-2000, Grasset, Poche, 2000, p. 172).

nordafricani e neri nelle carceri, troppi manager protestanti nelle banche - e troppi ebrei nei media. È una sovrarappresentazione? E se è così, dov'è il pericolo in una società così plurale, così multiconfessionale e così multietnica? Chi può ancora avere, senza soffrire della cecità dell'odio, nostalgia di quella Francia cattolica e pura, in un'Europa al sicuro dai Mori e dai Saraceni?... In realtà, temo che il signor Renaud Camus sia un vero antisemita e, se posso dirlo, un antisemita in buona compagnia. Sono sicuro che ha ottimi amici ebrei e che è fedele a loro. Ma credetemi, è assolutamente antisemita. In casi come il suo - così pacifici - dubito che possa essere curato[805]."

Il grande filosofo Jacques Derrida è stato uno dei firmatari della petizione lanciata da Claude Lanzman806 che ha definito "criminali" i passaggi antisemiti del libro di Renaud Camus. Il suo libro, secondo il filosofo, era un "libro sorprendente sia per l'ingenua cecità e la follia sociologica che si manifesta in ogni pagina, sia per i tic e gli impulsi letterari in stile "vecchia Francia di destra"... Bisognerebbe chiedersi cosa succede nel nostro spazio pubblico quando un editore e un certo numero di "intellettuali" chiudono gli occhi di fronte a queste frasi tanto spaventose quanto grottesche[807]. "Da grande umanista, Jacques Derrida si è interessato al problema della pena di morte e del sistema carcerario americano: "Dobbiamo ricordare che negli Stati Uniti, nonostante i progressi dei diritti civili, il razzismo è un fenomeno massiccio. Attualmente mi sto occupando della pena di morte e non c'è dubbio che quasi tutti i condannati a morte giustiziati siano neri. Tra i prigionieri, la stragrande maggioranza è di colore. E neri (afroamericani!) poveri. Ricordarlo o mostrarlo, analizzare con insistenza questo fenomeno, significa cedere alla "correttezza politica[808] "? "Certamente no. Jacques Derrida, oppositore del Sistema, non è un uomo che cede alle pressioni del "politicamente corretto". Infatti, è in questo coraggioso spirito di opposizione e resistenza che i neri possono essere contati nelle carceri, ma non gli ebrei nei media.

Le pressioni morali, giudiziarie e finanziarie sul mondo intellettuale e artistico francese non si esercitano solo sull'editoria. Sebbene il cinema sia stato a lungo appannaggio del pensiero

---

[805]Jean Daniel Bensaid, *Soleils d'hiver*, Grasset, Poche, 2000, p. 337, 323

[806]Claude Lanzmann (1925-2018) è stato un regista, sceneggiatore, produttore e giornalista francese. Il suo lavoro di riferimento è *Shoah*, un documentario di quasi dieci ore sull'Olocausto.

[807]Jacques Derrida, Élisabeth Roudinesco, *Y mañana, qué...* Fondo de Cultura Económica, Buenos Aires, 2002, p. 36, 136.

[808]Jacques Derrida, Élisabeth Roudinesco, *Y mañana, qué...* Fondo de Cultura Económica, Buenos Aires, 2002, p. 38.

cosmopolita, basta un solo film nel flusso di centinaia di altri per scatenare, se necessario, la reazione epidermica del Sistema.

Il primo distributore indipendente francese dell'industria cinematografica, Marin Karmitz, presidente del Gruppo MK2, è stato in prima linea nel boicottaggio del film *La passione di Cristo*. Mentre il film di Mel Gibson non è riuscito a trovare un distributore in Francia, egli ha dichiarato: "Alcuni organi di stampa ci hanno accusato di aver boicottato *The Passion* per paura o per le pressioni di una presunta lobby ebraica. Ma questa è una tattica deliberata da parte di Icon, la società di Mel Gibson, per farsi passare per martiri. Alla fine è stato un certo Tarek Ben Ammar, musulmano, a distribuire il film in 530 cinema francesi. Karmitz avrebbe poi rivelato ciò che pensava veramente in un'intervista rilasciata a *The Hollywood Reporter* il 24 marzo 2004: "Ho sempre combattuto il fascismo, soprattutto attraverso i film che distribuisco. Per me, *The Passion* è un film di propaganda fascista. "Il 25 marzo ha anche dichiarato all'AFP che il film era "antisemita", "di una violenza inaudita", "revisionista". È "un martirologio basato sulla violenza, sul disprezzo dei corpi e sull'odio umano". Infine, ha ritenuto che Mel Gibson abbia condotto una campagna di distribuzione del suo film "molto vicina a quella condotta da Jean-Marie Le Pen"."

Nel 1989, un noto giornalista, Jean-Marie Domenach, aveva fatto notizia e provocato l'indignazione di Elie Wiesel: "Ho seguito con tristezza lo scandalo che il signor Domenach ha provocato. Ho letto le sue interviste su *L'Événement du jeudi* e *Le Figaro*, ho ascoltato i suoi sghignazzi pedanti su *Europe 1* e gli avvertimenti che si degna di dare a noi ebrei per stare più attenti a evitare reazioni antisemite. Qual è il metodo che ci propone? È molto semplice, quasi banale: parlare più piano, non mostrarsi, rinunciare alla fedeltà ebraica (denunciare Israele, per esempio), non menzionare l'ebraicità delle vittime ebree. Lo confesso: a causa delle sue implicazioni perverse, questo suggerimento gentile scoraggia alcuni ebrei - in primo luogo, perché fa sì che gli antisemiti smettano di sentirsi in colpa. In che modo? L'antisemitismo non sarebbe più colpa degli antisemiti, ma degli ebrei stessi? L'odio che gli ebrei suscitano sarebbe dovuto solo al loro comportamento? Ci disprezzano, ci perseguitano, e noi dovremmo prendercela con noi stessi[809]? "

E ancora, osserviamo come un intellettuale ebreo parta per la tangente per finire immancabilmente ad accusare l'altro delle proprie colpe e a rimproverarlo di accusare gli ebrei di colpe molto reali:

---

[809]Elie Wiesel, *Mémoires, Tome II*, Seuil, 1996, p. 169, 171.

"Se quello che dice è vero", ha continuato Wiesel, "gli ebrei - scusate: 'alcuni' ebrei - starebbero usando l'Olocausto per arricchirsi e, inoltre, per perseguitare lui e altre persone onorevoli... Malattia da persecuzione? È incredibile ma vero: "alcuni" antisemiti si sentono perseguitati dagli ebrei che essi stessi perseguitano."

In quell'occasione, Jean Daniel era intervenuto in soccorso dell'amico Elie Wiesel, cogliendo l'occasione per esprimere il suo rammarico: "Ho trovato insopportabile, e l'ho detto, che lei sia stato accusato di collezionare "dividendi di Auschwitz". Ma mi ha rattristato vedere nella sua intervista con Anne Sinclair la sua mancanza di conoscenza del contesto francese. Caro Elie Wiesel, tu vivi troppo in America. Si dimentica che gli ebrei di Francia sono più radiosi, più prosperi, più potenti che a Vienna all'inizio del secolo o nella Germania di Weimar. E godono anche della protezione della gerarchia cattolica[810]. "Interessante, vero?

Le odiose accuse degli antisemiti circa il presunto "eccesso di personale" degli ebrei erano già state mosse nel XIX secolo. Questo dimostra quanto sia tenace il pregiudizio. Su *Le Figaro littéraire* del 18 novembre 2004, Patrice Bollon ha spiegato che la presunta "invasione" ebraica denunciata da Edouard Drumont nel suo famoso *best-seller* del 1886, *La France Judaise*, era semplicemente grottesca, dal momento che gli ebrei, ha detto, "rappresentano lo 0,5% della popolazione! "In effetti, Drumond doveva essere cieco o disonesto per sostenere tali falsità, e anche che centinaia di migliaia di lettori erano troppo ingenui per rispondere al suo appello. Ovviamente, Drumond era "basato su vecchi pregiudizi", e questa è sicuramente la spiegazione di tale cecità.

La paura del nero

Nel mondo dello spettacolo, il caso che meglio illustra la dittatura morale e intellettuale che regna in Francia è quello del comico mulatto franco-camerunense Dieudonné[811]. Quando si limitava a gettare fango e a prendere in giro la vecchia Francia reazionaria e il cattolicesimo con il suo compagno Elie Semoun, tutto andava a gonfie vele. Per anni, Dieudonné ha criticato spietatamente "lo Stato bianco, settario, maschile e cattolico" senza che nessuno sollevasse un polverone. Questo Dieudonne libertario è apparso un giorno all'improvviso in un programma televisivo alla moda vestito da rabbino con i riccioli, con il

---

[810]Elie Wiesel, *Mémoires, Tome II*, Seuil, 1996, pag. 193.
[811]Si veda ancora la nota 293.

braccio alzato e pronunciando un fragoroso "Isra-Heil!", esortando ironicamente i giovani delle "periferie" ad arruolarsi nell'"Asse americano-sionista" nella guerra contro l'Iraq. Ciò ha provocato uno scandalo senza precedenti, scatenando una raffica di proteste, denunce pubbliche, minacce, insulti, editoriali, nonché un'agitazione governativa e il ripudio di tutti gli antirazzisti del Paese. Dieudonné ha affrontato il grande clamore della riprovazione universale che comunemente chiamiamo "opinione pubblica". È diventato un fetente. I suoi "colleghi" nel mondo dell'arte gli voltano le spalle e le sue mostre vengono annullate una dopo l'altra dopo il lancio di una bottiglia incendiaria a Lione. Dieudonné, fermo e combattivo, si è arreso all'evidenza: "Se è relativamente facile lottare contro l'estrema destra, non è altrettanto facile quando si tratta dell'estrema destra ebraica in Francia e nel mondo."

Ecco cosa ha pubblicato *Le Nouvel Observateur* il 26 febbraio 2004 sull'argomento: "All'uscita della metropolitana, un imponente uomo nero in cappotto si precipita verso la folla che si accalca davanti all'*Olympia*. Lo abbiamo interrogato: -Perché state manifestando? Il giovane risponde senza esitazione: -Per combattere contro il potere invisibile che voleva darci una lezione. -Ma cos'è questo potere invisibile? Ma chi voleva dare una lezione, ha insistito il giornalista. -La comunità, la comunità nera", ha risposto prima di allontanarsi."

Le Point del 10 marzo 2005 ha riferito che Dieudonné è stato aggredito due volte durante il suo viaggio in Martinica. I suoi assalitori, due agenti commerciali, erano titolari di passaporto francese con due visti che attestavano un lungo soggiorno in Israele.

Se le tensioni tra la comunità ebraica e quella nera sono un fenomeno recente in Francia, negli Stati Uniti esistono da decenni. In *The World is My Tribe*, il saggista Guy Sorman ha raccontato gli episodi di razzismo avvenuti a New York. A Brooklyn, il 19 agosto 1991, un bambino nero di sette anni è stato investito mortalmente da un'auto guidata da un ebreo Lubavitch. Tre ore dopo, uno studente chassidico australiano di ventinove anni, Yankel Rosenbaum, è stato accoltellato a morte da una banda di venti neri. La polizia è intervenuta solo dopo quattro notti di disordini. Il giovane nero arrestato per l'omicidio di Rosenbaum è stato assolto da una giuria composta da sei neri, quattro ispanici e due goyim bianchi. Da quell'evento a Brooklyn, "l'ansia ribolle nei quartieri ebraici, costantemente riaccesa da nuovi scontri. Nel 1995, ad Harlem, un negozio ebraico è stato incendiato da un nero. Se è vero che i bianchi americani sono antisemiti, ha concluso Guy Sorman, i neri intervistati hanno il doppio delle probabilità rispetto ai bianchi di essere antisemiti e sono più propensi a pronunciare insulti antisemiti o a commettere crimini antisemiti[812]."

Così, la società pluralistica, tanto decantata da tutte le autorità occidentali, potrebbe non rivelarsi il paradiso sperato, ma piuttosto il nido di un'internazionale veramente antisemita.

Eppure, come ha osservato lo storico Leon Poiliakov, "la comunità ebraica americana, a stragrande maggioranza liberale, è stata la più attiva e preziosa sostenitrice della comunità nera durante i difficili anni di lotta[813] [per i diritti civili]"."

Infatti, il pastore Martin Luther King ha reso loro un vibrante omaggio nel suo discorso finale della grande Marcia su Washington del 1968, "*I have a dream*", perché il suo sogno recitava così: "Quando faremo risuonare la voce della libertà, quando la faremo risuonare in ogni villaggio e in ogni paese, in ogni stato e in ogni città, potremo affrettare il giorno in cui tutti i figli di Dio, neri e bianchi, ebrei e cristiani, protestanti e cattolici, potranno unire le mani e cantare con le parole del vecchio spiritual negro: "Finalmente liberi, finalmente liberi; grazie a Dio Onnipotente! "La morte del grande leader avrebbe lasciato un grande vuoto nella comunità nera, in parte colmato da coloro che predicavano il nazionalismo, come i musulmani dell'imam Wallace D. Muhammad. Dopo la Guerra dei Sei Giorni del 1967, esplose definitivamente l'antisemitismo del "primo ministro" delle Pantere Nere Stokely Carmichael, alias Kwame Ture (Kwame in omaggio a Nkrumah, di cui era segretario, e Ture in omaggio a Sekou Touré, di cui era amico). Il movimento per il "*controllo della comunità*" ha poi preso piede nella comunità nera. Ogni comunità doveva controllare il proprio territorio, i propri ospedali, le proprie scuole e imporre i propri

---

[812]Guy Sorman, *Le Monde est ma tribu,* Fayard, 1997, p. 410. [Non è sempre stato così: "Fino agli anni Sessanta, essendo entrambi vittime del razzismo bianco, i neri e gli ebrei americani hanno combattuto fianco a fianco per i diritti civili. I loro leader si trovavano spesso nel Partito Comunista di prima della guerra e tra i Democratici. Nella visione bianca, anglosassone e protestante, l'ebreo è stato a lungo equiparato al negro, anche se i suoi antenati erano stati schiavi in Egitto, non in Alabama. "In *El Mundo es mi tribu*", Editorial Andrés Bello, Barcellona, 1998, p. 386].

[813]Léon Poliakov, *Histoire de l'antisémitisme 1945-1993,* Points Seuil, 1994. Ricordiamo che la giovane attrice Jean Seberg era la moglie del grande scrittore Romain Gary. La coppia ha finanziato gli attivisti neri del Black Panther Party. Jean Seberg finì per sprofondare nella schizofrenia e suicidarsi nel 1979. Anche Romain Gary, l'eroe della Francia libera, il "ragazzo del ghetto di Wilno, il resistente, il diplomatico, il depresso", come lo descrive *Le Nouvel Observateur* il 26 febbraio 2004, finirà per suicidarsi. "Bayard Rustin fu l'organizzatore della marcia su Washington di Martin Luther King", ha ricordato anche Elie Wiesel nei suoi *Mémoires, Tome II,* Seuil, 1996, p. 278.

programmi. Nelle università, i professori neri si scontrarono inevitabilmente con i professori ebrei, che erano molto numerosi a New York. Quando nel 1984 il pastore Jesse Jackson, futuro candidato alla presidenza, dichiarò che New York era "la capitale degli ebrei", gli ebrei capirono che non sarebbe stato un nuovo Martin Luther King.

Negli anni '90, Louis Farrakhan, leader dell'organizzazione "Nation of Islam", è diventato dominante. Ha invocato la separazione delle razze, ha sostenuto il nazionalismo nero appoggiato dai regimi musulmani in Africa e in Medio Oriente. Nell'autunno del 1995, è riuscito a radunare a Washington un milione di uomini di colore che non avevano altro scopo se non quello di affermare la loro dignità nei confronti dei bianchi. Farrakhan li ha arringati per quattro ore, senza essere interrotto o contraddetto, rafforzando il suo discorso con slogan antisemiti. Per le strade di New York o di Chicago, i discepoli di Farrakahn commercializzavano libri di storia revisionista che negavano le camere a gas, saggi che esponevano come gli ebrei avessero preso il controllo degli Stati Uniti, altri sul "ruolo decisivo" di molti ebrei nella tratta degli schiavi nei secoli XVII e XVIII[814]. La disputa tra le due comunità è attualmente piuttosto forte. Gli studenti e gli intellettuali neri hanno sempre più accesso all'istruzione superiore e alle cattedre, ma chi li ostacola? Studenti universitari ebrei, sovrarappresentati rispetto ai neri; "non cerchiamo più la causa dell'antisemitismo tra i giovani neri", ha scritto Guy Sorman. Nei campus delle migliori università, spesso mostrano un comportamento sprezzante e offensivo nei confronti degli ebrei. "Non è nel ghetto, ma nell'università che la Nation of Islam recluta i suoi fanatici". Il conflitto tra neri ed ebrei si è diffuso ovunque, e non più solo a New York. Anche in Israele, ad esempio, "un migliaio di ebrei neri di New York stabilitisi in Galilea attendono da anni che i rabbini locali riconoscano la loro autenticità e concedano loro il beneficio della legge del ritorno"."

Si può portare una testimonianza piuttosto singolare dal libro già citato, *Ritratti ebraici*. In una delle interviste, Fed Lessing, un uomo d'affari di New York, ha fatto una dichiarazione sorprendente, informandoci sulla diffidenza di alcuni ebrei nei confronti della comunità nera e, tra l'altro, sul fatto che gli ebrei "hanno il potere di decidere le elezioni" negli Stati Uniti: "Chi lo sa, ha detto Lessing, cosa

---

[814]Le recriminazioni dei negri su questo tema sono uno dei principali pesi della discordia tra le due comunità. Su questo tema si possono leggere ottimi articoli su *Le Libre Journal* del 31 maggio 2001, 31 gennaio 2004, 11 febbraio 2004 e 28 aprile 2005. Si può anche consultare l'opera di Bernard Lugan, lo specialista francese di storia africana. [Sulla tratta degli schiavi, si veda Hervé Ryssen, *La mafia ebraica*].

accadrà tra venti o trent'anni? È una falsa credenza pensare che avremo il potere di decidere le elezioni. Ma chi può garantire che la Costituzione rimanga invariata? E se la prossima volta venisse eletto un vicepresidente nero? Basterebbe che il presidente in carica avesse un incidente per far sì che il presidente sia nero. E quel presidente non avrebbe motivo di essere molto amichevole con gli ebrei. È quindi perfettamente possibile che i miei figli o nipoti debbano emigrare."

Guy Sorman ha notato questa riflessione nel suo libro *Il mondo è la mia tribù*: "Sono simili nel loro rapporto ossessivo con le loro origini, con la Bibbia, con l'escatologia. Simili negli eccessi: eccesso di intelletto in alcuni, eccesso di corpo in altri (sport, danza, droghe). Tracimazione fisica e tracimazione psichica. Due popoli squilibrati, per i quali l'espressione *mens sana in corpore sano* sarà sempre intraducibile[815]."

Avrebbero quindi la stessa predisposizione a fare la vittima: "Strana competizione questa, tra neri ed ebrei, per appropriarsi del ruolo di vittime nella storia[816]! "Certo, ma resta vero che nella storia della schiavitù i neri non viaggiavano sui ponti delle navi. Israel Shahak ce lo ha ricordato nel suo *Storia ebraica, religione ebraica*. Questo aspetto della storia è spesso trascurato e gli intellettuali neri hanno probabilmente ragione a volerlo ricordare. Bisogna risalire al 1965 per trovare uno storico ebreo che si sia occupato di questo doloroso argomento. Hugh Trevor-Roper è stato uno dei pochi storici moderni ad aver sottolineato "il ruolo predominante degli ebrei nel commercio di schiavi del primo Medioevo tra l'Europa cristiana (e pagana) e il mondo musulmano[817]."

Israel Shahak ha aggiunto a questo proposito che, nel XII secolo, "Maimonide permetteva agli ebrei, in nome della religione ebraica, di rapire bambini gentili per renderli schiavi, e non c'è dubbio che la sua opinione sia stata messa in pratica o abbia rispecchiato le pratiche dell'epoca". "Ricordiamo che Maimonide non si dedicò solo alla codificazione del Talmud, ma fu anche un filosofo eccezionale. La sua

---

[815]Guy Sorman, *Il mondo è la mia tribù*, Editorial Andrés Bello, Barcellona, 1998, pagg. 393, 394.

[816]Guy Sorman, *Aspettando i barbari*, Seix Barral, 1993, Barcellona, p. 100. "Come molti leader afroamericani, Mazrui non smette mai di parlare o scrivere degli ebrei; 'È inaccettabile', mi dice, "che gli ebrei monopolizzino i concetti di diaspora e olocausto". Anche la deportazione dei neri in America, la loro riduzione in schiavitù, è un olocausto. Anche gli africani presenti in tutti i continenti sono una diaspora".

[817]Hugh Trevor-Roper, *The Rise of Christian Europe*, Thames and Hudson, London, 1965, p. 92-93, in Israel Shahak, *Historia judía, Religión judía, El peso de tres mil años*, Ediciones A. Machado, 2016, Madrid, p. 115 (nota).

Guida dei perplessi è giustamente considerata la più grande opera di filosofia religiosa ebraica e viene letta ancora oggi da molte persone che continuano a trarne ispirazione nonostante i numerosi passaggi offensivi nei confronti di cristiani, turchi e negri, almeno nelle versioni non modificate.

La bestia deve essere cacciata

L'instaurazione della società pluralistica che si è andata delineando negli ultimi quindici anni non è stata priva di tensioni tra le varie comunità. Tra i milioni di crimini e reati commessi sul nostro territorio (omicidi, stupri, rapine, furti ed effrazioni, truffe, ecc.), le autorità si sono finalmente rese conto che il fenomeno del razzismo, e in particolare dell'antisemitismo, si stava sviluppando in modo preoccupante (graffiti sulle cassette delle lettere, schiaffi, calci e pugni, lettere anonime, ecc.) Il governo liberale del giorno ha quindi deciso di prendere il toro per le corna: "Dedicare più energia alla questione". Il primo ministro Jean-Pierre R. (il suo cognome è irrilevante) ha definito gli obiettivi della lotta contro il razzismo e l'antisemitismo dopo una riunione con il suo gabinetto a Matignon il 9 luglio 2004. Si tratta del quinto incontro su questo tema dal novembre 2003. È chiaro che non prende il problema alla leggera. All'indomani del discorso del Presidente della Repubblica che ha chiesto una "reazione" delle autorità contro l'intolleranza, il Primo Ministro ha voluto mostrare la determinazione dei poteri pubblici a mobilitarsi contro un flagello che sta colpendo gravemente la società francese. Gli ultimi dati sugli atti di razzismo e antisemitismo sono preoccupanti. Il bilancio del primo semestre 2004 mostra una "fortissima accelerazione" nel numero di atti e insulti registrati. Il numero di attacchi antisemiti è stato di 135, rispetto ai 127 del 2003, mentre sono state registrate 376 minacce. Gli atti di razzismo contro magrebini e neri sono stati 95, rispetto ai 51 del 2003; sono state registrate 161 minacce. Su 4,3 milioni di crimini e delitti ufficialmente registrati, questo dato sembra certamente molto basso (0,0003%), ma a Matignon si ritiene che "siamo innegabilmente in presenza di una preoccupante tendenza di fondo[818]. "Per rafforzare le azioni dello Stato e mobilitare meglio i suoi servizi, il signor R. riunirà tutti i prefetti e i sottoprefetti all'inizio di settembre per fare il punto sulle azioni intraprese per combattere la xenofobia e l'antisemitismo. Sono state date istruzioni al Ministro della Giustizia affinché i

---

[818]*Le Monde*, lunedì 12 luglio 2004.

procuratori chiedano pene "più esemplari" contro coloro che commettono tali atti. "Chiunque commetta un atto razzista o antisemita deve essere perseguito con determinazione e condannato in modo commisurato alla natura inaccettabile di tali atti", ha dichiarato il portavoce del governo.

Roger Cukierman, presidente del Consiglio rappresentativo delle istituzioni ebraiche in Francia (CRIF), che rappresenta la maggior parte delle associazioni ebraiche, è indignato per l'"ondata di violenza antisemita" (*Le Figaro*, 18 febbraio 2004). Riconosce infine che "gli autori delle violenze sono soprattutto giovani di immigrazione arabo-musulmana". Si è sviluppata per tre anni all'ombra del conflitto israelo-palestinese e mescola antisemitismo e antisionismo. Non esiste un conflitto intercomunitario, spiega, perché la violenza è unilaterale e "gli ebrei non hanno attaccato nessuna moschea o imam in Europa". D'altra parte, molte sinagoghe sono state bruciate819, scuole, scuolabus, rabbini e bambini ebrei sono stati attaccati, molestati e perseguitati a causa del loro essere ebrei. "Se a questo aggiungiamo che "una parte degli europei è ancora ricettiva alle tesi dell'estrema destra razzista e antisemita, e che l'altra tendenza, quella di sinistra-trotzkista, ha intrapreso un antisionismo sistematico che la avvicina, volente o nolente, all'antisemitismo, vediamo che le ideologie che hanno fatto tanti danni al XX secolo, il nazismo e lo stalinismo, hanno gli stessi obiettivi con il fondamentalismo islamico del XXI secolo: la democrazia e gli ebrei."

Ovviamente, Roger Cukierman stava parlando in qualità di funzionario dell'UE. In seguito, però, ha cambiato bandiera ed è diventato un francese qualunque per dichiarare: "Chi ha scelto di vivere nel nostro Paese deve sottostare alle nostre regole e ai nostri costumi". I quindici ministri francesi presenti alla cena del Crif nel febbraio 2005 hanno dovuto subire lo stesso tipo di lezioni sulla politica mediorientale. Ora con un comitato di collegamento con i ministeri dell'Interno, della Giustizia e dell'Educazione nazionale, i leader del Crif si incontrano regolarmente con il CSA (Conseil Supérieur Audiovisuel), "che è stato incaricato dal governo di monitorare e prevenire la diffusione di programmi televisivi antisemiti trasmessi dal Medio Oriente via satellite, i cui segnali sono ricevuti da 2,5 milioni di parabole installate in Francia". "In breve, ha concluso Roger Cukierman, "dobbiamo punire, educare, integrare e combattere con forza l'avanzata sul nostro territorio del fondamentalismo islamico, che

---

[819]Nel 2003, alla periferia di Lione, sono state date alle fiamme le porte di una sinagoga.

sta cercando di sostituire il nostro sistema di valori con il proprio. "Qui non sappiamo più sotto quale bandiera ci stesse parlando.

È inoltre molto preoccupante notare che, secondo un sondaggio commissionato dalle autorità europee, il 59% degli europei considera lo Stato di Israele la più grande minaccia alla pace nel mondo. Non sembrano aver capito che, di fronte al pericolo islamico, gli ebrei sono le sentinelle dei valori occidentali. Come ha detto Jacques Chirac il 17 novembre 2003: "Quando un ebreo viene attaccato in Francia, è l'intera Francia che viene attaccata. "Questa è anche l'opinione di Bernard-Henri Levy, che nel programma popolare *Tout le monde en parle* ha dichiarato con naturalezza che gli ebrei rappresentano il "tempio della repubblica".

Dall'altra parte dell'Atlantico, la mobilitazione è stata decretata anche contro gli sbalzi d'umore di un Paese i cui *"ragazzi"* sono stati ancora una volta inviati in una guerra straniera per salvaguardare dubbi interessi. Inoltre, il 16 ottobre 2004 il presidente George W. Bush ha promulgato una nuova legge che obbliga il Dipartimento di Stato a registrare gli atti di antisemitismo nel mondo e a valutare l'atteggiamento dei Paesi al riguardo, nonché nei confronti dello Stato di Israele. "La nostra nazione sarà vigile e attenta e faremo in modo che i vecchi riflessi dell'antisemitismo non possano attecchire in nessuna patria del mondo moderno", ha dichiarato in un comizio in Florida, sede della terza comunità ebraica più grande al mondo dopo Israele e New York.

Prosopopea dei media

Tuttavia, se da un lato è deplorevole che nel mondo esistano ancora sentimenti antisemiti, dall'altro alcuni eventi hanno beneficiato di una copertura mediatica smodata e probabilmente eccessiva.

Così, nel gennaio 2003, l'accoltellamento del rabbino Gabriel Fahri era stato esageratamente pubblicizzato e politicizzato, prima che il caso fosse definitivamente insabbiato: in realtà, non c'era stato alcun attacco. La perizia medica parlava di "una ferita dubbia", che non aveva provocato alcuna lesione addominale. Inoltre, lo strappo di 10 centimetri dei vestiti era "incompatibile con la presunta aggressione". A causa della mancanza di testimoni, l'intero caso è dipeso dalle dichiarazioni della vittima, che ha incolpato un "uomo con il casco", che avrebbe gridato "Allah Akbar" con "un accento francese". In realtà, il rabbino Farhi si era accoltellato da solo.

L'incendio doloso di un centro sociale ebraico a Parigi, avvenuto il 22 agosto 2004, è stato ampiamente riportato dai media. I colpevoli hanno lasciato graffiti antisemiti, svastiche rovesciate e slogan islamisti con errori di scrittura. Il sindaco di Parigi e il primo ministro si sono recati sul luogo dell'incendio per esprimere il loro sdegno. All'indomani dell'attentato, il sindaco ha stanziato altri 300.000 euro per la sicurezza dei luoghi frequentati dalla comunità ebraica a Parigi. Ma alla fine le indagini hanno portato alla scoperta di un uomo di 52 anni, membro della comunità e volontario che si divertiva a servire i pasti ai meno abbienti. "Mentalmente fragile", non era riuscito a sopportare la perdita dell'appartamento affittatogli dal centro sociale, che gli aveva provocato un forte risentimento.

Abbiamo anche ricevuto la notizia di un caso scoppiato nel 2004: una ventina di negozi di proprietà di ebrei nei quartieri newyorkesi di Brooklyn e Queens, nonché sinagoghe, erano stati imbrattati con svastiche. L'indignazione è stata diffusa. Un rabbino ha offerto un bonus di 5.000 dollari in cambio di qualsiasi informazione. Il 18 ottobre 2004 la polizia ha finalmente arrestato il colpevole. È stata Olga Abramovich, 49 anni, a spiegare che voleva vendicarsi del marito 78enne, Jack Greenberg, che aveva appena divorziato per sposare una donna più giovane. La stampa e le organizzazioni ebraiche hanno poi messo a tacere l'intera storia. Fortunatamente, il pubblico dimentica rapidamente ciò che vede in televisione.

Nessun media francese aveva riportato il verdetto della 17a corte del tribunale correzionale di Parigi che condannava Alex Moïse a una multa di 750 euro. Moïse aveva denunciato minacce e insulti antisemiti ricevuti a casa sua, ma l'indagine aveva stabilito che li aveva inviati lui stesso. Alex Moïse, segretario generale della Federazione sionista di Francia (membro a pieno titolo del CRIF) ed ex portavoce di Likoud France, è stato anche uno degli istigatori dei divieti agli spettacoli del comico nero di origine camerunense Dieudonné M'Bala. Negli anni Novanta era stato presidente del comitato di coordinamento del Sentier, la locale milizia ebraica di autodifesa, e nel 1995 aveva presieduto un'associazione comunitaria a favore del voto per Jacques Chirac alle elezioni presidenziali.

"Quando il figlio di un rabbino di Boulogne, un elegante sobborgo di Parigi, ha dichiarato di aver ricevuto insulti antisemiti e un paio di schiaffi, il Ministro degli Interni ha immediatamente telefonato per esprimere "il suo profondo sgomento per questi atti inqualificabili e la sua più ferma condanna di questa aggressione palesemente antisemita". Ha assicurato che "sarà fatto tutto il possibile per trovare i colpevoli al più presto". Lo stesso giorno, un imam di Strasburgo si è accorto che qualcuno aveva dato fuoco al bidone della spazzatura nel suo giardino. Il ministro ha immediatamente reagito e ha telefonato per esprimere la sua profonda commozione, la sua solidarietà e il suo sostegno in questo momento difficile, nonché la sua più ferma condanna di questi atti spregevoli e la sua determinazione a trovare gli autori al più presto, specificando di aver "ordinato alla polizia di mobilitare tutti i mezzi necessari per svolgere le indagini". "Lo stesso giorno, sempre a Ivry, un passante è morto a causa di un regolamento di conti tra due bande etniche. Questa volta, il signor de Villepin non ha chiamato il padre disabile della vittima per dirgli qualcosa. La povera Laura (la stampa ha dato il suo nome, ma non quello del suo "accidentale" assassino) non era probabilmente né ebrea né araba: una semplice francese. "Non spenderemo un chip per così poco", ha commentato Serge di Beketech[820] nel suo editoriale del 5 giugno 2004. Pensateci, ci si potrebbe spendere la vita: ogni anno in Francia vengono commessi quattro milioni di reati. Il ministro non può ovviamente telefonare ai quattro milioni di vittime. È già abbastanza impegnato a visitare cimiteri ebraici profanati, moschee deturpate, rabbini auto-accoltellati, imam sciiti aggrediti da fedeli sunniti e, al contrario, macellai halal o kosher estorti dalle rispettive mafie; se oltre a questo deve occuparsi di chiese bruciate, cimiteri cristiani vandalizzati, donne native francesi violentate, giovani cattolici bianchi-rubani aggrediti, vecchi galli maltrattati nelle loro case di periferia e migliaia di veicoli incendiati ogni anno, allora non avrebbe più tempo per lucidare i suoi discorsi antirazzisti."

Le notizie scioccanti che hanno lo scopo di creare un'ondata di opinioni sono molto più numerose di quanto immaginiamo. Aleksandr Solzhenitsyn aveva già raccontato un caso simile in *Duecento anni insieme*: "Nel maggio del 1978, la stampa mondiale attirò una forte attenzione su un caso particolarmente toccante: una bambina moscovita di 7 anni, Jessica Katz, era affetta da una malattia incurabile ma non le era stato permesso di viaggiare con i suoi genitori negli Stati Uniti. Che

---

[820]Serge de Beketch (1946-2007) è stato un giornalista, radiocronista, scrittore e attivista di "estrema destra" francese. Ricordato e apprezzato dalla sfera nazionalista francese, è stato cofondatore di *Radio Courtoisie* e, fino alla sua morte, responsabile di un programma del mercoledì sera su questa emittente. Ha inoltre fondato e curato la pubblicazione *Le Libre Journal de la France courtoise*. Serge de Beketch era di origine russa. Il nonno materno era stato colonnello dell'esercito francese. Il nonno paterno, aiutante di campo del generale Denikin, capo dell'Armata Bianca durante la guerra civile russa. Suo padre, Youri, sottufficiale della Legione Straniera, morì nella battaglia di Dien Bien Phu in Indocina, dove è sepolto (NdT).

scandalo! La stampa impazzì e il senatore Edward Kennedy intervenne personalmente. Tutte le reti televisive hanno mostrato nei loro notiziari di prima serata l'accoglienza all'aeroporto, le lacrime di felicità della bambina in braccio ai genitori. La *Voice of America ha* dedicato un intero programma in russo alla salvezza di Jessica Katz (senza pensare che altre famiglie russe con bambini altrettanto malati incurabili sono rimaste in Russia). Improvvisamente, dopo gli esami medici, abbiamo appreso che Jessica non era affetta da alcuna malattia, che i suoi astuti genitori avevano ingannato il mondo intero per permettere loro di lasciare la Russia. La radio ne parlò a malapena, con riluttanza", e l'intera faccenda fu dimenticata.

Nello stesso genere di bluff, abbiamo avuto più recentemente la campagna mediatica a favore della piccola Jila. Il 25 ottobre 2004 la rivista *Elle ha* pubblicato un appello di Elisabeth Badinter, figlia di Marcel Bleustein-Blanchet (il re della pubblicità francese, proprietario di Publicis) per salvare "Jila", una ragazzina iraniana di 13 anni condannata alla lapidazione per aver avuto rapporti sessuali con il fratello. Numerose personalità e associazioni hanno firmato l'appello. Dopo un'indagine, nel gennaio 2005 il Ministero degli Affari Esteri e la Presidenza dell'UE hanno riferito che il "caso" non era mai esistito e che per mesi non era stata pronunciata alcuna sentenza di lapidazione da parte dei malvagi musulmani. Non sappiamo più cosa fare", hanno spiegato diversi diplomatici a *Le Point* del 2 dicembre 2004. Vogliamo andare avanti in un dialogo responsabile e onesto con l'Iran, ma questo tipo di iniziativa ci scredita. "Certamente, dopo l'Iraq, l'Iran è ora l'obiettivo dei globalisti occidentali; è semplicemente un modo per testare e preparare l'opinione pubblica a una nuova piccola crociata militare "a favore della democrazia e dei diritti umani", tanto più che un "ultra" è stato appena eletto al governo di quel Paese nel 2005.

Ci sarebbe molto da dire anche sulle "fosse comuni" di Timisoara, scoperte dopo la caduta del dittatore comunista Ceaucescu in Romania, o sulle tombe lasciate dai serbi in Bosnia. Nel *Diario di una donna parigina*, Françoise Gourdji-Giroud scrive il 22 gennaio: "Sono state scoperte delle fosse comuni in Bosnia. Si dice che settemila persone scomparse dopo la presa di Srebrenica da parte dei serbi siano ammassate in una fossa comune. "Si noti l'uso del condizionale. La moltiplicazione dei morti per dieci, venti o trenta spesso nascondeva il fatto che si trattava di semplici cimiteri scavati dopo i combattimenti.

Crimine intellettuale

Gli spettatori occidentali sono già abituati a queste operazioni mediatiche. Fomentare la paura e l'ansia nell'opinione pubblica è infatti un modo eccellente per distogliere l'opinione pubblica da altri problemi. Conosciamo il posto del catastrofismo ecologico e delle presunte minacce di distruzione planetaria nel dispositivo globalista di "sensibilizzazione" dei media. Ma oggi, dopo gli attentati dell'11 settembre 2001, l'islamismo radicale è indiscutibilmente il terribile spauracchio che minaccia direttamente gli interessi sionisti nel mondo. Il fenomeno ci viene descritto come una bestia mostruosa: un'idra dalla potenza finanziaria colossale che è emersa all'improvviso e che starebbe sostenendo organizzazioni terroristiche con innumerevoli ramificazioni in tutto il mondo. L'opinione pubblica mondiale potrebbe essere messa in guardia anche da altre organizzazioni, come l'Opus Dei in Spagna, la setta della Luna o la famosa Chiesa di Scientology - quei temuti scientologist di cui si è sentito parlare come "padroni di Hollywood".

Tutte queste organizzazioni, ovviamente, minacciano di conquistare il pianeta e i loro discorsi insidiosi devono essere contrastati. Ma la più recente di tutte le minacce, quella che cresce più rapidamente e che ha maggiori probabilità di soggiogarci, è la Chiesa Cristiana Evangelica: una terribile setta che negli ultimi anni ha acquisito una notevole influenza negli Stati Uniti e che ha già in pugno il governo americano. Lo stesso presidente George Bush è un membro della Chiesa evangelica, come tutti sanno, e i cristiani fanatici che lo circondano hanno un'enorme influenza sulle sue decisioni. È stato accertato che la guerra in Iraq e l'invasione di quel Paese nel 2003 da parte delle truppe statunitensi è stata voluta e pianificata da questa estrema destra fascista, come ha potuto dimostrare un importante settimanale progressista. Questi guerrafondai sono - nonostante i loro membri siano di tutte le razze - fascisti razzisti e antisemiti, come ha rivelato *Le Nouvel Observateur* il 26 febbraio 2004 in un allarmante dossier:

"La dottrina evangelica, la cui terra d'elezione è ancora l'America, è oggi il movimento religioso in più rapida crescita al mondo dalla seconda guerra mondiale, a scapito della Chiesa cattolica, delle Chiese protestanti storiche (battista, metodista) e persino dell'Islam. Le cifre sono impressionanti: dai 4 milioni del 1940, gli evangelisti sono oggi

500 milioni[821], includendo il pentecostalismo e i carismatici, oltre 2 miliardi di cristiani. "George Bush, l'uomo più potente del mondo non è un esegeta di alto livello, né un pazzo. È semplicemente un membro fedele di questa Chiesa protestante, espansionista, millenarista e apocalittica. George Bush è un *cristiano nato di nuovo,* letteralmente un cristiano nato di nuovo? Queste chiese neoprotestanti intendono conquistare l'America prima di conquistare il mondo! Né più né meno. Con un uomo come Bush alla Casa Bianca, è un buon inizio."

Il planisfero presentato nelle pagine della rivista è eloquente. In rosso, la "presenza forte": le due Americhe sono in rosso vivo, così come parti del Nord Europa e dell'Africa meridionale; in giallo, la "presenza significativa"; in rosa, la "presenza recente". Solo Groenlandia, Mongolia, Libia, Birmania, Somalia, Mali e Marocco sono in bianco. A parte questi paesi, tutta la terra è coperta! Dobbiamo reagire, e in fretta!

La corrente pentecostale sottolinea "l'unione con Gesù Cristo, la guarigione attraverso la preghiera, l'impegno volontario del credente". A metà del XX secolo è nato il movimento carismatico. Prende dal pentecostalismo la credenza nei doni miracolosi. È caratterizzato da vibranti incontri di preghiera con orchestre, pianti, trance, esorcismi pubblici, imposizione delle mani, guarigioni miracolose, una grande dedizione agli altri, una costante disponibilità al servizio della Chiesa. "In breve: fanatici. "Credono nell'Armageddon, l'imminente battaglia finale tra le forze del Bene e del Male. Usano la televisione, Internet, i videogiochi o i romanzi di fantascienza per convertire le masse. George W. Bush, come molti dei suoi ministri e consiglieri, condividono la loro visione messianica del mondo e del futuro... La Columbia International University, nella Carolina del Sud, forma missionari d'assalto il cui obiettivo è "liquidare l'Islam". I Battisti del Sud sono stati "l'unica Chiesa ad aver benedetto l'invasione dell'Iraq"."

"È arrivato il momento di salvare questa società decadente, dicono gli evangelici, di ripulire il Paese da tutti quegli omosessuali, femministe e liberali. "Per loro, il ritorno del Messia avverrà solo a condizione sine qua non che tutti gli ebrei tornino in Terra Santa. "Così, finanziano l'emigrazione verso Sion, sponsorizzano le colonie e difendono il progetto del Grande Israele a Washington. Ma non è tutto: quando Gesù Cristo tornerà in Terra Santa, gli ebrei potranno riscattarsi riconoscendolo finalmente come loro Messia. Altrimenti, saranno annientati per sempre. "Non amano gli ebrei", si indigna l'israelo-americano Gershom Gorenberg, autore del libro *The End Times*. La

---

[821]660 milioni di euro nel 2020.

dottrina evangelica della salvezza è una commedia in cinque atti in cui gli ebrei scompaiono nell'ultimo".

Che cosa dovrebbe ritenere il lettore del *Nouvel Observateur dopo aver* letto questo dossier: primo, che questi evangelisti sono chiaramente razzisti, dal momento che hanno benedetto la crociata americana contro l'Iraq e i musulmani. Inoltre, saprà che queste persone sono terribilmente antisemite. D'altra parte, non vedrà che l'esercito statunitense è un esercito multirazziale, come lo sono i filigranisti di questa Chiesa, e trascurerà che questi evangelisti sono in realtà i più fedeli sostenitori di Israele e della lobby sionista negli Stati Uniti. Gli viene fatto capire esattamente il contrario.

Dopo gli attentati dell'11 settembre 2001, il nemico, il male assoluto, era l'Islam, che minacciava Israele in Medio Oriente. Dopo l'invasione dell'Iraq, la minaccia viene ora dalle sette fasciste americane che gestiscono il governo degli Stati Uniti con la loro politica imperialista. La farsa non si ferma qui, perché gli evangelisti, nonostante il loro incrollabile sostegno alla politica sionista, vengono descritti come fanatici fascisti. Tutto questo, evidentemente, ha lo scopo di far dimenticare che il principale potere che influenza i governi americani, democratici o repubblicani, dalla fine del XIX secolo, non è né cattolico, né scientologo, né evangelico. Per dirla senza mezzi termini: dopo averci fatto precipitare in una nuova guerra, l'estrema destra cristiana è accusata di esserne responsabile.

Israel Shamir ci ha fornito informazioni cruciali per comprendere l'incrollabile sostegno di queste sette evangeliche americane al sionismo e a quelle influenti personalità che, intorno al presidente George Bush, sono state determinanti per l'invasione dell'Iraq. Per comprendere il fenomeno, è essenziale conoscere alcuni fatti, in particolare che la Bibbia, la più diffusa negli Stati Uniti, è stata da tempo distorta:

"Gli ebrei non hanno smesso di modificare la Bibbia fino ad oggi: C.E. Carlson e Steven Sizer hanno osservato che la storica Bibbia di Scofield, pubblicata dalla Oxford University Press, invita al culto di Israele in modo sempre più esplicito ad ogni ristampa: "Grazie a campagne pubblicitarie e promozionali che non conoscono limiti, questa edizione è diventata la "Bibbia" più venduta negli Stati Uniti, e questo da più di novant'anni. Scofield, con acuta intelligenza, scelse di non cambiare nulla nel corpo del testo della Bibbia di Re Giacomo. Inoltre, ha aggiunto centinaia di note a piè di pagina di facile lettura a quasi metà delle pagine, e le annotazioni mescolano citazioni dell'Antico e del Nuovo Testamento con assoluta disinvoltura, come se le stesse persone le avessero scritte nello stesso momento. La prima edizione fu curata e finanziata da Samuel Untermeyer, un avvocato di New York il cui studio esiste ancora oggi, uno dei sionisti più ricchi e influenti degli Stati Uniti. Questa importante edizione sionista dell'Antico Testamento contribuisce a spiegare lo strano fenomeno del sionismo cristiano[822]."

In effetti, i cristiani hanno ora a disposizione nelle loro Bibbie note a piè di pagina piuttosto esplicite e dirette: "Chi benedice gli ebrei sarà benedetto e chi maledice gli ebrei sarà maledetto[823]." Ma in realtà "non c'è nessuna affermazione del genere nella Bibbia", ha ricordato Israel Shamir.

Nella stessa edizione si trovano anche alcune considerazioni come questa: "C'è una promessa di benedizione per coloro che, tra le Nazioni, benedicono i discendenti di Abramo. E la maledizione è su coloro che perseguitano i Giudei. Un avvertimento che si è letteralmente realizzato nella storia delle persecuzioni di Israele. Invariabilmente, è andata male per chi ha perseguitato gli ebrei e molto bene per chi li ha protetti. Per una nazione commettere il peccato di antisemitismo comporta un inevitabile Giudizio. Il futuro dimostrerà in modo ancora più eclatante la validità di questo principio (pagina 19, Bibbia Scofield, 1967, Genesi XII: 1-3)". "Si tratta di una vasta impresa di propaganda che trova un'eco inaudita tra i predicatori sempliciotti d'America", ha concluso Israel Shamir[824].

Nell'estate del 2004, un libro straordinario vendeva milioni di copie negli Stati Uniti. Il fenomeno sbarca in Francia e in Europa con grande clamore. La minaccia cristiana era reale e molto antica: Il *Codice Da Vinci,* di un certo Dan Brown, aveva finalmente rivelato gli indicibili segreti del Vaticano sui discendenti di Gesù Cristo.

L'idea centrale del romanzo è che Gesù Cristo, marito di Maria Maddalena, abbia avuto una discendenza che è sopravvissuta fino ai giorni nostri grazie all'efficacia di un'oscura organizzazione, il Priorato di Sion, la cui missione è difendere la sacra stirpe della coppia. Questa tesi fantasiosa era già stata sfruttata in diversi libri pubblicati in

---

[822]Israel Shamir, *La otra cara de Israel,* Ediciones Ojeda, Barcellona, 2004, p. 200-201. (Shamir nota: *"Perché la maggior parte degli evangelici cristiani favorisce la guerra",* C. E. Carlson, http://www.whtt.org.articles/02080.htm; http://virginiawater.org.uk/christchurh).
[823]"Benedirò chi ti benedice, ma maledirò chi ti maledice", Genesi XII, 3, Bibbia messianica israelita Kadosh.
[824]Si veda Joseph M. Canfield, *The incredible Scofield and his book,* Chalcedon/Ross House Books, 2005.

precedenza. Dan Brown l'ha ripresa, presentando la tesi che il Graal è una metafora della discendenza di Cristo come verità nascosta dalla Chiesa cattolica. Per ravvivare un po' la storia, bastava aggiungere che i Templari erano stati creati per proteggere il segreto del Santo Graal, e basta. Il fatto che il già citato Dan Brown non appaia in televisione per spiegare tutte le implausibilità denunciate dagli storici non ha alcuna importanza. L'essenziale è che la gente creda che la Chiesa ha sempre mentito, che il libro venda bene e che le riviste facciano le loro copertine per alimentare la polemica.

Pierre-André Taguieff, filosofo, politologo e storico delle idee, ha spiegato il mistero in *Le Point* del 24 febbraio 2005: "Ciò che suscita curiosità, ha detto, è la tesi che la verità sia nascosta da individui cinici mascherati dietro maschere sociali. Ciò che seduce è lo spettacolo di una lotta all'ultimo sangue tra ribelli organizzati (in società segrete o sètte) e i governanti visibili o invisibili. A tenerci con il fiato sospeso sono le vicende di questo grande confronto tra i difensori delle verità ufficiali (bugie della Chiesa) e coloro che possiedono la verità proibita, pronti a tutto. Ciò che fa piacere è vedere finalmente smascherati i maestri-liri ufficiali e svelati i loro segreti. Ciò che ci fa divertire sono le "rivelazioni"."

Questo spiega il formidabile successo del *Codice da Vinci*, un record assoluto negli annali dell'editoria: 32 milioni di copie vendute in tutto il mondo in 42 traduzioni.

"Dan Brown, ha proseguito Taguieff, ha raggiunto un delicato equilibrio: estrarre da un groviglio simbolico dominato dalla cospirazione e dall'antisemitismo i materiali per creare un intrigo "purificato". Tuttavia, sebbene le tracce della mitologia antigiudaica siano state cancellate dal romanziere, i lettori sensibili a questa mitologia la percepiscono. Lo sfondo viene in superficie... Ciò che soddisfa il lettore... è anche l'illusione di avere accesso ai "segreti" della storia e di poterli possedere."

Un altro bluff intellettuale dello stesso tipo è stato recentemente rivelato in un articolo del *Nouvel Observateur*. Il 5 agosto 2004, il settimanale ha pubblicato un articolo a firma di Fabien Gruhier che forniva alcune precisazioni sulla scoperta della relatività e sul lavoro di Albert Einstein: "Secondo il fisico Jean Hladik, il geniale inventore della teoria della relatività ha clamorosamente plagiato le scoperte di Henri Poincaré.Fin dai lontani tempi in cui era studente, Jean Hladik, universitario, specialista in fisica teorica e autore di diversi lavori sulla Relatività, si accorse che c'era qualcosa di sbagliato nel modo in cui la

Relatività veniva sviluppata. Inoltre, la sua paternità è stata troppo unanimemente attribuita al famoso Albert Einstein. Quattro anni fa, pur intitolando ancora un'opera della sua *Relatività secondo Einstein*, si sforzava già di restituire a Poincaré ciò che gli apparteneva. Da allora, Hladik ha continuato le sue ricerche e alla fine ha deciso di pubblicare un libro francamente sacrilego dal titolo: "*Come il giovane e ambizioso Einstein si appropriò della Relatività Speciale di Poincaré*[825]." A differenza della maggior parte degli studiosi, Jean Hladik è andato direttamente alle fonti. Lesse le pubblicazioni "totalmente ignorate" di Henri Poincaré, un geniale fisico e matematico "molto più bravo di Einstein" e trovò scritti nero su bianco tutti gli elementi della Relatività "spazio-temporale". Ciò includeva il rallentamento degli orologi in movimento, la contrazione dei corpi nella direzione del loro moto e l'impossibilità di definire in modo assoluto la simultaneità di due eventi distanti. Così, nei testi pubblicati nel 1898 e il 5 giugno 1905 c'era tutto sotto la firma di Poincaré. Tuttavia, il 30 giugno 1905, gli "*Annalen der Physik*" ricevettero il manoscritto del famoso articolo fondativo della Relatività Speciale, firmato da Einstein. Un articolo che, secondo Hladik, non apportava "nulla di nuovo" rispetto agli scritti di Poincaré e nel quale l'autore si asteneva dal fare qualsiasi riferimento all'opera di Poincaré. Sorge quindi la domanda: Einstein ha scoperto tutto da solo o Poincaré ha deliberatamente e spudoratamente plagiato?

Per Jean Hladik, dopo un'indagine approfondita, il dubbio non è più possibile e solo la seconda ipotesi ha senso. Infatti, non solo Einstein leggeva perfettamente il francese, ma all'epoca dei fatti era responsabile di una sezione degli "*Annalen der Physik*" che consisteva nel riportare articoli pubblicati in varie riviste scientifiche straniere, tra cui, curiosamente, i "*Comptes-rendus de l'Académie des Sciences de Paris*", dove il 5 giugno 1905 era stato pubblicato l'articolo più completo di Poincaré sull'argomento. Il grande Alberto non poteva non prenderne atto. È noto, inoltre, che in quegli anni Einstein faticava a sbarcare il lunario. Era riuscito a malapena a diplomarsi come insegnante di scuola secondaria, la sua tesi di dottorato era stata respinta tre volte, e cercava di farsi un nome "sfruttando le idee degli altri[826]." In questo caso, ha messo a segno un magnifico colpo, e Hladik ha riassunto la storia in questo modo: "Il gatto Poincaré, con la sua zampa

---

[825] Jean Hladik, *Comment le jeune et ambitieux Einstein s'est approprié la Relativité restreinte de Poincaré*, Éditions Ellipses, 2004.

[826] Oltre a Poincaré, prima di Einstein ci furono molti altri scienziati il cui lavoro fu decisivo: Olinto de Pretto, Hendrik Lorentz, Paul Gerber, Heinrich Hertz, James Maxwell, Hermann Minkowski, Bernhard Riemann (NdT).

delicata, tolse le castagne dal fuoco relativistico a beneficio della scimmia Einstein, che, spudoratamente, le mangiò tutte, illustrando così la famosa favola di Jean de la Fontaine. "In seguito, "la storia lo ha messo a tacere ed è diventato un tabù", e c'è voluto quasi un secolo perché si facesse luce su di esso. Questo era già stato suggerito da François de Closets, che Hladik ha citato nella sua recente biografia di Eisntein[827] quando ha scritto: "Poincaré aveva tutti i pezzi del puzzle nelle sue mani. "Questo fu il motivo dell'assoluto e persistente occultamento di Poincaré, al quale Einstein avrebbe reso un laconico e tardivo omaggio nel 1955, due mesi prima della sua morte.

Il quotidiano *Le Monde* (17-18 novembre 1996) aveva già screditato un po' il famoso scienziato pubblicando alcuni suoi appunti personali. Il disinteresse di Einstein per la famiglia e le persone a lui vicine è ormai noto, anche se è ancora sorprendente il trattamento in codice che egli riservò per lettera alla prima moglie Mileva Maric: "Ti assicurerai che: 1- La mia biancheria da letto e le mie lenzuola siano sempre in ordine. 2- Mi servirai tre pasti al giorno nel mio ufficio... Rinuncerai a qualsiasi rapporto personale con me... 3- Mi risponderai immediatamente quando ti parlerò". Come diceva Montesquieu, "amo l'umanità, il che mi permette di odiare il mio prossimo"."

Nel libro già citato, *Naked Power828*, abbiamo avuto modo di leggere ciò che Einstein scrisse nel novembre 1945 sulla rivista *Atlantic Monthly*: "Non mi considero il padre dell'energia atomica. La mia partecipazione è stata piuttosto indiretta... . Credevo solo che fosse teoricamente possibile. È diventata pratica grazie alla scoperta accidentale della reazione a catena, che non avrei potuto prevedere. È stato scoperto da Hahn a Berlino, e lui stesso ha interpretato male ciò che ha scoperto. A fornire l'interpretazione corretta fu Lise Meitner, che fuggì dalla Germania per mettere le informazioni nelle mani di Niels Bohr[829]."

Nello stesso libro troviamo anche la sua ultima lettera, scritta alla Regina Madre Elisabetta del Belgio l'11 marzo 1955. Questo è stato piuttosto sorprendente alla luce delle recenti rivelazioni pubblicate sulle accuse di plagio: "Devo confessare", ha scritto, "che la stima esagerata in cui è tenuto il mio lavoro mi mette spesso a disagio. A volte ho la sensazione di essere un "truffatore" mio malgrado. Ma se cercassi di fare qualcosa al riguardo, probabilmente peggiorerei solo le cose. "Il

---

[827]François de Closets, *Ne dites pas à Dieu ce qu'il doit faire*, Éditions du Seuil, 2004.
[828]Albert Einstein, *Le Pouvoir nu, Propos sur la guerre et la paix*, Hermann, 1991.
[829]*Atlantic Monthly, Boston, novembre 1945 e novembre 1947*, in *Ideas and Opinions by Albert Einstein*, Crown Publishers, Inc. New York, 1954, pag. 121.

libro non approfondisce la questione. Forse è stato il rimpianto per la paternità della Relatività Speciale a tormentarlo.

Il 13 maggio 2005 la televisione e i principali quotidiani hanno svelato un'altra spiacevole bufala. Il presidente dell'associazione dei deportati spagnoli, Enric Marco, aveva appena fatto una confessione scioccante830. Il quotidiano *Le Monde* ci ha fornito i dettagli: "Non ha mai avuto il numero di identificazione 6448. Non ha mai fatto parte della Resistenza in Francia. Non ha mai attraversato il campo di concentramento tedesco di Flossenburg, in Baviera. Per trent'anni ha mentito. L'imbroglio è stato scoperto grazie ai sospetti di uno storico che stava conducendo una ricerca in occasione del 60° anniversario della liberazione di Mathausen. Non trovando il nome di Enric Marco nella lista dei prigionieri, lo storico ha immediatamente allertato l'associazione dei deportati che, per evitare ulteriori scandali, ha deciso di convocare d'urgenza il suo presidente presente in Austria per le cerimonie dal 5 al 9 maggio in compagnia del primo ministro spagnolo José Luis Rodríguez Zapatero."

Per trent'anni Enric Marco, residente a Barcellona, ha ingannato tutti. Rimosso dalla carica di presidente dell'associazione dei deportati spagnoli, ha almeno avuto l'onestà di ammettere la sua menzogna in un comunicato stampa di martedì 10 maggio 2005: "Ammetto di non essere stato internato nel campo di Flossenburg, sebbene fossi in arresto preventivo con l'accusa di complotto contro il Terzo Reich. "Rilasciato nel 1943, tornò in Spagna, dove, dopo la dittatura di Franco, alla fine degli anni '70, si specializzò nel tenere lezioni nelle scuole della Catalogna. Segretario generale del sindacato CNT e presidente della Federazione dei genitori della Catalogna, Enric Marco è stato insignito della Croce di San Giorgio, la più alta onorificenza civile della Catalogna, per la sua lotta contro il franchismo e il nazismo. Nel 1978 firmò addirittura un'autobiografia, *Memoria del fuoco*, un libro commovente[831], religiosamente citato in tutti gli studi sull'universo dei campi di concentramento. Lo scorso gennaio, all'età di 84 anni, ha preso la parola di fronte ai parlamentari spagnoli per testimoniare la barbarie delle SS: "Quando siamo arrivati in quei treni bestiame infetti

---

[830]https://elpais.com/diario/2005/05/11/ultima/1115762401_850215.html. *El País,* 11 maggio 2005: *El deportado que nunca estuvo allí (Il deportato che non c'è mai stato).*
[831]Un intellettuale progressista come Javier Cercas ha tentato di smorzare i toni, contestualizzando la sua vita e scrivendo addirittura un libro ispirato a questo personaggio. In un'intervista rilasciata a un giornale di Barcellona, lo scrittore arrivò a dire: "Quello che ha fatto Marco lo hanno fatto tutti", aggiungendo, frivolamente: "È il Maradona, il Picasso degli impostori". Quando lo paragonano a qualcun altro, mi offendo."(*El Periódico*, 18 novembre 2014). (NdT).

nei campi di concentramento, ci hanno spogliato nudi, i loro cani ci hanno morso, le loro luci ci hanno accecato", ha detto, piangendo. Trent'anni di bugie e inganni da parte di un falso deportato hanno finalmente smascherato[832].

Un altro duro colpo ha recentemente colpito un'icona del pensiero planetario. Il 28 aprile 2005, il quotidiano *Le Point ha* pubblicato un doloroso dossier speciale sullo scrittore Marek Halter, intitolato "Marek Halter, l'uomo che ha vissuto tutto questo", scritto dal giornalista Christophe Deloire.

"Marek Halter racconta con talento come ha preso il tè alla tavola dei grandi di questo mondo, da Golda Meir a Giovanni Paolo II, da Nasser a Yeltsine, da Sharon a Putin... Il curriculum di Marek Halter è difficile da decifrare come la cabala, perché sembra aver avuto tante vite. Con la sua barba, il suo volto antico e i suoi capelli alla Sansone, questo Depardieu della storia biblica ha una figura degna di interpretare il ruolo di Mosè in un film. In ogni caso, è vero che "Halter ha storie da raccontare".

"Il mistero di Marek Halter risale alla sua nascita. È nato a Varsavia prima della guerra. Sua madre, Perl, era una poetessa yiddish, suo padre, Solomon, un tipografo. Per il resto, lo stato civile dello scrittore lascia perplessi. In primo luogo, il nome di Marek non è Marek, ma Aron, come dimostra la copia del suo certificato di nascita. Ha una spiegazione: "C'è stato un errore nel visto collettivo della mia famiglia quando siamo arrivati in Francia, subito dopo la guerra"... . Data di nascita? Lo scrittore riporta il 27 gennaio 1936 ovunque, sulla scheda "Who's Who" e sui documenti ufficiali, ad esempio. L'anno è sbagliato. La data ufficiale dello stato civile francese sulla sua carta d'identità o sul passaporto è il 27 gennaio 1932: "Questo è un altro errore di stato civile", dice, "e non ho mai cercato di rettificarlo". A volte capita di fare confusione. A pagina 23 di *Judaism Told to My Godchildren* (Pocket, 2001), Marek Halter scrive "Avevo 9 anni" in una scena logicamente ambientata nel 1941. In altre parole, una data di nascita corrispondente al 1932... L'inganno di un uomo desideroso di nascondere la propria

---

[832]Nel 2016, un altro falso prigioniero ha confessato la sua impostura. Si tratta di Joseph Hirt, che all'età di 86 anni ha dichiarato: "Scrivo oggi per scusarmi pubblicamente del danno causato a chiunque dalle false descrizioni della mia vita ad Auschwitz. Non ero un prigioniero né intendevo mettere in ombra gli eventi realmente accaduti. Ho sbagliato e mi scuso."
(*La Vanguardia, Joseph Hirt e le sue bugie sull'Olocausto ad Auschwitz*, 25 giugno 2016, https://www.lavanguardia.com/internacional/20160625/40275197869/joseph-hirt-mentiras-holocausto-auschwitz.html). (NdT).

età? Il dettaglio non è indifferente. Perché ci permette di capire i primi anni della sua vita, soprattutto l'evento fondante della sua biografia: la fuga dal ghetto di Varsavia attraverso le fogne. Dal momento in cui ha bussato alla porta di Sartre, al quale ha detto: "Sono un sopravvissuto del ghetto", Halter racconta le sue esperienze fin dalla più tenera età. Nel 1995, il Papa gli chiese: "Quindi lei è nato a Varsavia? Lo scrittore risponde: "No, Santo Padre, sono nato nel ghetto di Varsavia". Ora, i quartieri ebraici di Varsavia sono stati murati solo nel novembre 1940. Prima di allora, non c'era nessun ghetto."

"Nei circoli yiddish di Parigi, le contraddizioni di Marek Halter sono da tempo sulla bocca di tutti", ha commentato Christophe Deloire. Nel marzo 1980, Michel Borwicz, uno storico del ghetto, pubblicò un articolo sul quotidiano *Unzer Wort in cui* sosteneva che Halter non aveva mai vissuto nel ghetto. Dopo *La memoria di Abramo*, nel 1983, lo storico scrisse un altro pamphlet di 14 pagine per smascherare le sue grossolane incongruenze, intitolato: "Il caso Marek Halter, fino a che punto è tollerabile spingersi? La figlia di amici intimi di Marek Halter, Rachel Hertel, rivela: "I genitori di Marek non hanno mai raccontato di aver vissuto nel ghetto, hanno affermato di essersene andati subito dopo lo scoppio della guerra nel 1939", come decine di migliaia di ebrei polacchi fuggiti in Unione Sovietica. Halter si difende: "Non so perché Borwicz sia arrabbiato con me, tra l'altro non ho mai detto di essere stato nel ghetto per molto tempo."

"La vita di Marek Halter è un romanzo. Leggendo la sua biografia ufficiale, vediamo che nel 1945 era il delegato dei pionieri dell'Uzbekistan al festival della Vittoria a Mosca. Il direttore dell'Istituto ebraico di Varsavia, Felix Tych, non ci crede: "È molto strano che un giovane ebreo polacco sia il delegato di una repubblica dell'Unione Sovietica, soprattutto in quel periodo. Quel giorno, Marek Halter giura di aver consegnato un mazzo di fiori al "Padre dei popoli": "Stalin prese i miei fiori, mi passò la mano tra i capelli e disse qualcosa che non capii perché ero così scioccato. Il suo primo incontro con un grande uomo di questo mondo. Rachel Hertel dice che Marek Halter non ne aveva mai parlato prima della morte dei suoi genitori."

Al ritorno dall'Unione Sovietica, la famiglia Halter si stabilì a Lodz, in Polonia, prima di partire per la Francia. A Parigi, Halter entra a far parte del Bella Artes e vince il Premio Internazionale di Deauville. Secondo la sua biografia, si stabilì a Buenos Aires per lavorare, dove "fece amicizia con il presidente argentino Perón". "A quanto pare Perón aveva uno strano senso dell'amicizia", scrive il giornalista, poiché

Marek Halter frequentava alcuni rivoluzionari e fu costretto a lasciare l'Argentina due anni dopo."

"Lo scrittore racconta spesso questo aneddoto: il 6 giugno 1967 "fui ricevuto all'Eliseo dal generale de Gaulle". Maurice Clavel lo avrebbe presentato specificando: "Signor Generale, le presento quest'uomo che ha visto tutto, ha vissuto tutto". In effetti, *Le Monde* del 7 giugno 1967 menziona una "delegazione", senza nominare Halter. Egli stesso scrisse in *Il pazzo e i re*: "In verità, solo Clavel è stato ricevuto".

"Nel 1977 si è imbarcato in una grande avventura, la preparazione de *La memoria di Abramo*. "Romanzo", scrive sotto il titolo. Ma alcuni passaggi in corsivo suggeriscono che la storia è quella della famiglia dell'autore, una stirpe di scribi vecchia di 2000 anni... Marek Halter ha chiamato un team di documentaristi. Lo storico Patrick Girard è divertito: "L'albero genealogico è completamente falso. La cronologia ebraica non va oltre il XVI o XVII secolo. Il piccolo team ha cercato riferimenti culturali per stabilire la trama della storia. La stesura del libro è affidata a un "ghost writer", Jean-Noël Gurgand, che lavora al manoscritto per due mesi...

"Sempre più missioni ufficiali vengono affidate a lui. Nel 1991 è stato nominato presidente del Collegio universitario francese di Mosca. Marek Halter sostiene di aver lanciato l'idea di creare un istituto francese nell'ufficio di Gorbatchev, da cui si dice che l'abbia portato il suo "amico" Sacharov. "Contattata da *Le Point*, la vedova di Sacharov, Elena Bonner, che vive a Boston, ha confermato che lo scrittore francese e lo scienziato russo si sono incontrati solo una volta a Mosca nel 1986, dopo il ritorno del marito dall'esilio, e ha aggiunto che il marito non è mai stato nell'ufficio di Gorbatchev.

"Nel 1999, lo scrittore ha interceduto presso il ministro degli Interni Jean-Pierre Chevènement per chiedergli di revocare il divieto di soggiorno per un uzbeko. Tuttavia, questo individuo si è rivelato un importante membro della criminalità organizzata. I servizi francesi sono rimasti ancora più perplessi quando un altro mafioso uzbeko, respinto alla frontiera francese, ha gridato: "Sono un amico di Marek Halter!

Il giornalista Christophe Deloire ha aggiunto maliziosamente alla fine del suo articolo: "Quando a Marek Halter vengono poste domande scomode, risponde con delicatezza, mettendo la mano sull'avambraccio del suo interlocutore."

Nel numero del 9 maggio 2005 di *Le Point*, Marek Halter ha pubblicato un diritto di replica: "L'articolo del 28 aprile 2005 "L'uomo che ha vissuto tutto questo" ha ferito i miei parenti e me. Rileggendolo, mi ha fatto ridere. Scoprire alla mia età che il mio nome non è il mio nome, che la mia infanzia, il mio lavoro, la mia vita non sono nemmeno il mio nome... In breve, che non sono io. Bisogna ammettere che è ridicolo. Vi sarei grato se voleste pubblicare questa breve risposta sulla vostra rivista, per rispetto dei miei amici in Francia e all'estero, per rispetto di tutti coloro che condividono le mie battaglie, per rispetto dei miei lettori. "È possibile che la risata di Marek Halter nasconda un dolore profondo: perché gli esseri umani sono così cattivi? Perché non possono amarsi, qui e ora, invece di far sanguinare la memoria?

Possiamo trascrivere qui la straordinaria testimonianza di Elie Wiesel durante la prima guerra del Golfo nel 1991. Il grande scrittore si recò poi in Israele per sostenere la sua comunità nei momenti difficili in cui l'Iraq, devastato dai bombardamenti degli Stati Uniti, lanciava con foga i suoi vecchi missili Scud sullo Stato ebraico:

Mio cugino Eli Hollender è contento che io sia venuto: "Torna a casa", dice. Venite a cena. Aspettiamo insieme gli Scud. Strano invito, idea curiosa... Accetto il suo invito e decidiamo di incontrarci. All'ultimo minuto disdico. Un impedimento imprevisto. La sera stessa, ascoltiamo alla radio, ognuno a turno, le informazioni sull'attacco missilistico appena iniziato... Un mese dopo, ricevo una lettera di Eli in cui ringrazia Dio per il mio impedimento: "Se tu fossi venuto, saremmo rimasti a casa invece di passare la notte a casa dei nostri figli. E chissà cosa ci sarebbe successo. Uno Scud cadde sulla nostra casa e la distrusse completamente. È un miracolo che non siate venuti[833]."

Elie Wiesel è senza dubbio un sopravvissuto alla Guerra del Golfo. La sua avventura è ancora più straordinaria se, per sua stessa ammissione, "gli Scud non hanno fatto vittime". L'uomo che è morto a Bnei Brak? Arresto cardiaco. Altrove, una donna si è chiusa in un armadio e ha pregato salmi. La stanza è crollata, ma l'armadio è rimasto intatto. "È proprio come vi dicono: Israele è la terra dei miracoli!

Rifugio in Israele

Le truffe intellettuali che costellano la storia non sono così percepibili dal grande pubblico. Gli occidentali spesso non ne sono consapevoli e restano totalmente all'oscuro dell'avventura in cui si imbarcano. Le truffe finanziarie sono molto più tangibili, in quanto le vittime possono misurare direttamente l'impatto sul loro conto corrente. Questo capitolo intende rispondere all'affermazione di Jacques Attali,

---

[833]Elie Wiesel, *Mémoires, tome II*, Éditions du Seuil, 1996, p. 148.

nel suo libro *"Gli ebrei, il mondo e il denaro"*, secondo cui Israele rifiuta di accogliere gangster e assassini che vogliono rifugiarsi lì. Commentando il noto gangster ebreo americano Meyer Lansky, Attali scrive: "Qualche anno dopo, Lansky cercherà di rifugiarsi in Israele, che gli negherà il beneficio della Legge del Ritorno: per i suoi crimini, avrà perso il diritto di essere riconosciuto come ebreo. Morirà a Miami, nel suo letto[834]. "L'affermazione era troppo schietta e lontana dalla realtà per non essere esaudita nei dettagli. In effetti, Israele è spesso servito come rifugio per gli ebrei condannati per crimini, appropriazioni indebite e truffe nei loro Paesi. Naturalmente, va sottolineato che gli ebrei sono ben lungi dal costituire il grosso dei battaglioni di truffatori e fenici che portano scompiglio in tutte le società e inoltre, come ha giustamente sottolineato Patrice Bollon, rappresentano solo una minima percentuale della popolazione.

In risposta a Jacques Attali, possiamo citare, ad esempio, il famoso caso del truffatore Samuel Szyjewicz. Samuel Szyjewicz, soprannominato Flatto-Sharon, è nato il 18 gennaio 1930 a Lodz, in Polonia, da Josef Flatto e Esther Szyjevicz. Dopo essersi stabilito in Francia, ha adottato il cognome Flatto-Sharon per iniziare la sua carriera.

Flatto-Sharon ha effettuato ventinove transazioni immobiliari, sia su terreni da costruire, sia su immobili da ristrutturare o da ricostruire dopo la demolizione. Li rivendeva a società di comodo create dai suoi complici. Aveva anche beneficiato della complicità di politici che avevano accelerato i permessi di costruzione. Samuel Flatto-Sharon ha così intascato una plusvalenza di 324 milioni di franchi (circa 50 milioni di euro). Ma non gli bastava: ha inventato lavori di ristrutturazione fittizi e si è anche indebitato per finanziarli. Grazie a uomini di paglia, i prestiti sono stati ritirati e immediatamente depositati in altri istituti finanziari. Quando, nel 1975, la truffa fu finalmente scoperta in Francia, 550 milioni di franchi erano evaporati e Flatto-Sharon era partito per un Paese in cui non esistono accordi di estradizione con nessun Paese: Israele. Lì acquistò una sontuosa proprietà di 1700 m2 a Savyon, alla periferia di Tel Aviv, e riuscì persino a farsi eleggere alla Knesset, il parlamento israeliano, dove rimase fino al luglio 1981. Patriota dichiarato, finanziò milizie per proteggere le sinagoghe in Francia e un gruppo di sicari per assassinare il cancelliere Kurt Waldheim in Austria. Arrestato in Italia, dove avrebbe dovuto incontrare il suo avvocato Klarsfeld, riuscì miracolosamente a fuggire senza che la Francia ne richiedesse l'estradizione. Per il resto del caso e le oscure relazioni

---

[834] Jacques Attali, *Les juifs, le monde et l'argent*, Fayard, 2002, p. 412.

politiche di Flatto-Sharon con un individuo che sarebbe diventato presidente della Repubblica francese, si veda *Le Crapouillot* del marzo 1989.

Ricordiamo anche il caso Elf-Bidermann in Francia. Dal 1990 al 1994, la compagnia petrolifera Elf ha distribuito circa 183 milioni di franchi alle aziende tessili di Maurice Bidermann, "il re dell'abbigliamento", con il pretesto di salvare "l'industria tessile francese". In cambio, Bidermann ha pagato il presidente di Elf Loïc Le Floch-Prigent e sua moglie Fatima Belaïd in natura (viaggi, hotel, appartamenti...). Lo scandalo divenne mediatico: Moses Zylberberg, alias Maurice Bidermann, era il fratello di Régine Choukroun, la proprietaria della famosa discoteca parigina *"Chez Régine"* (la "regina delle notti parigine"). Su *Le Figaro* del 2 settembre 1996, leggiamo le seguenti informazioni: "Il magistrato nutre grandi aspettative sulle dichiarazioni dell'avvocato parigino Claude Richard. Quest'ultimo, che era a conoscenza di diverse operazioni immobiliari effettuate dalla compagnia petrolifera Elf, si era rifugiato in Israele, Paese di cui è cittadino dal 1992". Alfred Sirven, vicino agli ambienti massonici, è stato il principale attore dello schema della scatola nera e ha accusato il suo ex capo durante l'udienza. Già in carcere dal suo arresto nel 2001 dopo tre anni di latitanza, è stato condannato ad altri tre anni nel 2003. Il bretone Loïc Le Floch-Prigent è stato condannato a cinque anni di carcere per abuso di beni sociali. Maurice Bidermann è stato condannato a tre anni di carcere, due anni di libertà vigilata e una multa di un milione di euro.

Ovviamente non possiamo elencare tutti i casi di corruzione e truffa che hanno fatto notizia in Francia durante la Terza, la Quarta e la Quinta Repubblica. Sono troppo numerosi e meriterebbero uno studio esaustivo. Tuttavia, sarà sufficiente citarne alcuni degli ultimi anni per dimostrare l'entità del fenomeno in corso.

Tra questi c'è il caso di Jean Frydman, incriminata nel 1996 per abuso di beni sociali, falsificazione di documenti e uso di documenti falsi. È stato accusato di aver organizzato nel 1989 un'enorme campagna di stampa che accusava l'azienda di cosmetici L'Oréal di antisemitismo e di averla costretta a pagare prezzi gonfiati per i diritti di proprietà di vecchi film senza copyright che aveva acquisito attraverso società di facciata.

Ricordiamo anche l'enorme scandalo dell'ARC (Associazione per la Ricerca sul Cancro), scoppiato nel gennaio 1996, e del suo presidente Jacques Crozemarie, che abbiamo visto decine di volte in televisione negli spot pubblicitari. Con tutta l'autorità conferita dal suo camice bianco, ha guardato negli occhi gli spettatori ("Donate alla ricerca sul cancro, unitevi all'ARC!") per convincere tutte le modeste famiglie, toccate dall'appello, a inviare parte dei loro risparmi. Tutte le brave persone che hanno donato parte dei loro risparmi non sapevano che le centinaia di milioni di franchi sottratti dal truffatore sono andati a finanziare i suoi viaggi in aereo, le sue auto aziendali, la sua piscina, le sue attrezzature video e audio all'avanguardia, la ristrutturazione del suo appartamento di Villejuif, l'aria condizionata di una delle sue ville, gli stipendi dei suoi domestici e delle sue amanti. Almeno 300 milioni di franchi sono stati sottratti, come ha rivelato il processo aperto nel maggio 1999.

Jacques Crozemarie, dottore honoris causa dell'Università di Tel-Aviv e membro della loggia massonica del Grande Oriente di Francia, ha subappaltato le sue campagne di comunicazione alla società International Developpement, che ha sovrafatturato i suoi servizi e ha poi pagato stipendi non dovuti al truffatore. La relazione della Corte dei Conti del 1996 aveva rivelato che solo il 26% delle donazioni ricevute dall'ARC raggiungeva effettivamente gli scienziati. È stato anche rivelato che il suo camice bianco era un travestimento di circostanza: il capo dell'ARC non era mai stato un medico. Laureato in ingegneria radioelettrica, era entrato al CNRS nel 1954 come "vice capo servizio" all'età di 29 anni. Grazie alla sua fenomenale impudenza, era riuscito a controllare passo dopo passo gli ingranaggi della principale associazione che sollecitava la generosità dei francesi. *Le Nouvel Observateur* del 14 agosto 1996 scrive: "C'è un uomo che avrebbe potuto fugare i dubbi del giudice istruttore: Ronald Lifschultz, direttore finanziario di International Developpement. All'inizio di giugno, la brigata finanziaria si è presentata di mattina nel suo appartamento, un HLM del Comune di Parigi [case popolari]. Purtroppo, l'inquilino prudente era volato in Israele un paio di settimane prima". Nel giugno 2000 Jacques Crozemarie è stato condannato a quattro anni di carcere, a una multa di 380.000 euro e a 30,5 milioni di euro (200 milioni di franchi) di danni da versare all'ARC. Rilasciato nell'ottobre 2002, dopo 33 mesi di carcere, Jacques Crozemarie ha dichiarato in un'intervista al quotidiano *Le Parisien*: "Non sono un ladro. Non ho mai capito perché sono stato condannato, e non lo capirò mai. Non voglio essere condannato per il resto della mia vita. Mi fa indignare: non ho pagato nulla! Ci imbatteremo ancora in questa mentalità molto pittoresca che consiste nel negare tutto in modo scabroso, nonostante le prove più inconfutabili.

Ricordiamo anche Didier Schuller, la grande speranza della destra liberale nel dipartimento Hauts-de-Seine e braccio destro del ministro Charles Pasqua. Con Patrick Balkany, il sindaco di Levallois aveva creato una rete di fatture false per progetti di edilizia pubblica. Nel 1995 ha scelto di fuggire e ha navigato tra Israele, le Bahamas e Santo Domingo, dove ora vive tranquillamente in una residenza multimilionaria, come ha raccontato il figlio a un programma televisivo nel gennaio 2002. Il suo processo è attualmente in corso nel luglio 2005.

Anche l'ex sindaco di Cannes, Michel Mouillot, ha dovuto fare i conti con la giustizia francese. Il quotidiano *Libération* del 13 agosto 1996 spiegava cosa era successo: "Mouillot... ha stabilito legami privilegiati con il clan Gaon [una famiglia di ebrei egiziani che possiede diversi hotel Noga - anagramma di Gaon - nel mondo] e in particolare con il genero, Joël Herzog, figlio dell'ex presidente della Repubblica di Israele, che ora è a capo del casinò di Cannes. Come il suo amico François Léotard, futuro Ministro della Difesa, Mouillot si recava spesso a Gerusalemme e Tel Aviv, dove veniva decorato con le più alte onorificenze del Paese. Nell'ottobre 1995, dopo due rifiuti, il casinò Cannes Riviera, situato nel sottobosco di Noga, ha ottenuto il permesso di installare circa 100 slot machine. All'improvviso, apparve un altro possibile complice che Michel Mouillot cercò di avvicinare: si trattava di Isidore Partouche, l'imperatore di casinos... "

I francesi hanno sentito parlare del "Sentier case[835] ", una gigantesca truffa che ha fatto notizia alla fine del XX secolo nel quartiere dell'abbigliamento nel cuore di Parigi. Diciotto mesi di indagini giudiziarie, accompagnate da due spettacolari retate della polizia nel quartiere Sentier e da 188 arresti, hanno portato alla scoperta di una "straordinaria serie di operazioni realizzate in un periodo di tempo molto breve prima che le banche si accorgessero della truffa", secondo il rapporto redatto dalla Brigata di investigazione sui crimini finanziari (Brif). Il processo, iniziato il 20 febbraio 2001, è durato non meno di dieci settimane, data la portata del procedimento giudiziario. 124 imputati hanno testimoniato davanti al tribunale penale di Parigi per frode organizzata. Avevano organizzato una rete di *"cavalerie"* e *"carambouille"*. Il primo consisteva in un sistema di emissione di cambiali non finanziate alla scadenza per finanziare transazioni inesistenti attraverso le banche. La *carambouille* è una procedura un po' più primitiva che consiste nell'acquistare beni senza pagarli, venderli

---

[835]*Libération*, 20 febbraio 2001, p. 17; 31 marzo 2001, p. 18, *Le Parisien*, 29 gennaio 2002, p. 12.

con uno sconto e sparire a spese del fornitore al momento opportuno. La *"cavalleria"* - *lo* scambio di false cambiali - è considerata una delle truffe più antiche del mondo. È un inganno troppo semplice per degenerare nel colpo del secolo, a meno che non venga praticato su larga scala. In questo caso, 93 aziende hanno truffato banchieri e fornitori per 540 milioni di franchi, anche se se l'indagine avesse riguardato le 768 aziende potenzialmente coinvolte, si sarebbe superata la soglia del miliardo di franchi.

Una cambiale è un pezzo di carta che stabilisce che le merci consegnate al momento T saranno pagate entro due mesi. Lo sconto di una cambiale da parte di una banca consente al venditore di essere pagato immediatamente. La banca incassa il denaro dall'acquirente due mesi dopo. Tutti vincono: la banca riceve una commissione e il venditore riceve il denaro in contanti. Se l'acquirente diventa insolvente dopo due mesi, la banca viene piantata in asso; questi sono i rischi del commercio. Tra l'altro, nessuno - o quasi - controllerà se la merce è stata consegnata. Tuttavia, se più cambiali circolano ovunque e gli acquirenti falliscono contemporaneamente, la banca è definitivamente fallita. Per questo motivo è necessario coinvolgere un gran numero di banche, in modo che non si accorgano della mossa. Da qui l'incentivo a mettere in piedi la vasta operazione chiamata "standing the bank". Avrebbe potuto chiamarsi "difendere i fornitori", visto che, dopo tutto, hanno perso più delle banche. Ma sarebbe stato meno popolare.

La mente dell'operazione era Haïm Weizman, che era solito aggirarsi per il quartiere vestito con la tuta di Tsahal, a ricordo del suo grado di sergente capo dell'esercito israeliano. Weizman aveva già provato la *cavalleria* nel 1995 per imparare il mestiere. Si mise poi al lavoro seriamente nella prima metà del 1997, lanciando l'operazione "stand up the bank" in cui furono emesse 2.700 cambiali in poche settimane, preludio di numerosi fallimenti a catena e della sua fuga in Israele. La *cavalleria* è stata accompagnata da una vasta frode assicurativa. Il 25 aprile 1997, un negozio di abbigliamento è andato a fuoco ad Aubervilliers. Le false cambiali alla base della truffa sono state utilizzate per estorcere 16 milioni alle compagnie assicurative. Quando a luglio le banche hanno deciso di avvertire la Procura, era ormai troppo tardi.

A settembre, gli investigatori hanno avuto una grande sorpresa. Dietro la "rete morta", i cui protagonisti erano in fuga, era ancora in funzione una "rete viva". Alla vigilia dell'arresto, Samy Brami era sul punto di fuggire, ma alla fine gli investigatori sono riusciti ad arrestarlo in un hotel. Samy, alias Little Sam, a differenza del suo socio Samson

Simeoni, alias Big Sam (in fuga in Israele), ha spiegato di essersi rifugiato da solo nell'hotel per "fare il punto della situazione". Gilles-William Goldnapel[836], avvocato di Samy Brami, ha parlato di un processo-farsa che, secondo lui, non è altro che il frutto di un "insieme eterogeneo di piccole e medie truffe" che non meritavano un tale scandalo: "Faccio fatica a capire come il Sentier possa essere sconfitto nel campo della farsa e della provocazione". La presidente del tribunale, Anny Dauvillaire, ha preso le cose con filosofia. Solo una cosa la irritava: le incessanti uscite degli imputati dall'aula per fare telefonate. Gli inquirenti, da parte loro, hanno ricordato alcuni comportamenti piuttosto pittoreschi: lo svenimento improvviso di una donna "ogni volta che le domande erano fastidiose"; le confessioni acconsentite dopo "grandi circonvoluzioni"; o il capo della rete che non riconosceva più il cugino; o il confronto che per poco non finiva in rissa nelle aule del palazzo di giustizia.

Il 28 gennaio 2002, il tribunale correzionale di Parigi aveva condannato 88 dei 124 imputati a pene detentive. La sentenza più dura - 7 anni di carcere incondizionato - era stata pronunciata contro Haïm Weizman. Ma lui e altri dodici imputati erano ancora in Israele. Samy è stato condannato a cinque anni di carcere con trenta mesi di sospensione.

Oltre alle pene detentive, l'accusa di frode organizzata, che era stata mantenuta, obbligava gli imputati a rimborsare in solido le banche e i fornitori. La somma da pagare era di 280 milioni di franchi. Questa condanna al rimborso dei danni non è stata accolta molto bene. "Ci vogliono morti", si è lamentato Samy Brami, la "Donnola", dopo l'udienza. Vogliono ucciderci con i soldi", gridò infine in preda al dolore.

Il 10 maggio 2004, la camera istruttoria del tribunale di Parigi ha esaminato il dossier Sentier II[837], incentrato sulle reti di riciclaggio di denaro tra Francia e Israele. 142 persone sono state accusate di riciclaggio di denaro: 138 individui e quattro banche. A differenza del Sentier I, i commercianti (tessili, cuoio, trasporti) e le agenzie di lavoro interinale non erano gli unici coinvolti. Le banche sono state perseguite come persone giuridiche (come Société Générale, Bred e American

---

[836]Gilles-William Goldnadel è un avvocato franco-israeliano con una forte presenza sulla scena politica e mediatica francese. È anche saggista, attivista associativo e politico. Di destra e conservatore, è noto per il suo impegno politico pro-israeliano e per la sua fervente difesa dello Stato di Israele. Gilles-William Goldnadel è stato il fondatore e presidente di Avocats sans frontières (Avvocati senza frontiere) nel 1993.
[837]*Libération* del 10 maggio 2004 e del 19 giugno 2004, articolo di Renaud Lecadre.

Express), mentre 33 banchieri (come Daniel Bouton, presidente di Société Générale) sono stati perseguiti come persone fisiche. Ma c'erano anche quattro rabbini del movimento Chabad-Lubacitch[838] e una nebulosa di 140 associazioni religiose che avevano usato il sistema in modo estensivo.

Il traffico consisteva nel "girare" gli assegni, cioè modificare il nome del beneficiario con una semplice menzione sul retro con un timbro bancario. L'endorsement è vietato in Francia dagli anni '70, come in quasi tutto il resto del mondo, tranne che in Israele. L'assegno veniva consegnato a un "cambiavalute" in cambio di contanti (meno la commissione). Il cambiavalute depositava quindi l'assegno nella sua banca israeliana e quest'ultima si faceva accreditare il conto dalla banca francese. Il contante permetteva di frodare il fisco francese o di pagare gli stipendi in nero. La Brigata di investigazione finanziaria (Brif) aveva esaminato meticolosamente tutti gli assegni di oltre 20.000 franchi che circolavano tra la Francia e Israele, ed era emerso che il traffico di assegni riciclati in contanti ammontava a più di 1 miliardo di franchi.

È quasi certo che le banche abbiano esercitato forti pressioni sulle autorità pubbliche nel corso dell'indagine per ottenere la loro posizione. Alla fine l'accusa ha dimostrato che avevano ragione. In pratica, le banche non potevano verificare tutto, dato il numero di assegni in circolazione - diverse decine di migliaia al giorno. Ma gli investigatori hanno avuto dei sospetti fondati quando hanno scoperto che una banca accettava di trasferire a terzi un assegno intestato al Tesoro o all'Urssaf[839] con una semplice dicitura in ebraico sul retro. Si trattava di una semplice negligenza o, secondo l'ufficio del procuratore, di una pratica piuttosto diffusa; il procuratore ha quindi approfittato di un difetto procedurale per annullare il rinvio del caso al tribunale correzionale, probabilmente per non coinvolgere i grandi nomi del settore finanziario coinvolti nel caso.

Nello stesso mese di maggio 2004, un altro caso correlato ha suscitato scalpore negli ambienti dell'UE. Sei rabbini francesi sono stati inviati al tribunale correzionale per riciclaggio di denaro. Questi religiosi del movimento Chabad-Lubavitch e più di venti altri leader di associazioni sono stati coinvolti[840]. Rifornivano i mercanti del Sentier

---

[838] "Bouton" fa parte dell'onomastica ebraica. Su Jabab-Lubavitch, leggere *Psicoanalisi dell'ebraismo e Fanatismo ebraico.*

[839] In Francia, le Unioni per la riscossione dei contributi di sicurezza sociale e degli assegni familiari (URSSAF) sono enti privati con una missione di servizio pubblico che rientrano nel ramo "riscossione" del sistema generale di sicurezza sociale (NdT).

[840] *Le Parisien*, 12 maggio 2004, p. 15, articolo di Renaud Lecadre.

con valigie di denaro contante. In effetti, c'era una nebulosa di associazioni confessionali ebraiche ampiamente coinvolte. I rabbini e le loro squadre di raccolta fondi hanno offerto ai donatori un ritorno in denaro fino al 50%. Un argomento decisivo per sedurre alcuni commercianti dipendenti dal mercato nero. La camera istruttoria che aveva passato due giorni a esaminare il caso Sentier II doveva decidere se questi rabbini sarebbero stati processati separatamente o insieme al centinaio di altre persone coinvolte in questo tentacolare schema.

Due rabbini, Joseph Rotnemer e Jacques Schwarcz, erano tra i principali imputati. I Rotner erano una famiglia importante nella comunità ebraica. Erano a capo di una delle più importanti reti di scuole ebraiche in Francia. Il rabbino Elie Rotnemer è stato il fondatore del *Rifugio,* un ente che raccoglie l'1% per l'edilizia popolare. Il *Rifugio* e le sue 92 società immobiliari civili controllavano quasi 4.000 alloggi sociali. All'inizio degli anni '90, un'indagine aveva rivelato che i fondi *del Refuge* non erano destinati all'edilizia sociale, ma a investimenti in imprese commerciali.

Quando Elie Rotnemer morì nel 1994, suo figlio Joseph Rotnemer divenne il nuovo patriarca della famiglia. Aveva ampliato e diversificato i metodi di raccolta fondi a favore di una nebulosa di 150 associazioni (scuole pubbliche, case di riposo...), tutte domiciliate nella Seine-et-Marne e nel 19° arrondissement di Parigi - i due centri nevralgici degli ebrei chabad-lubavitch chassidici: in cinque anni (dal 1997 al 2001), i Rotnemer avevano così assorbito 450 milioni di franchi, circa 70 milioni di euro. Joseph Rotnemer e il rabbino Jacques Schwarcz erano entrambi in fuga in Israele.

La progressiva deviazione dell'associazione, originariamente fondata sul principio della solidarietà comunitaria, ha avuto inizio a Mulhouse nel 1997, con una rete non autorizzata creata da Georges Tuil (anch'egli latitante in Israele). È stato il primo a proporre la girata di assegni in Israele in cambio di pagamenti in contanti. Come ha confessato uno dei suoi scagnozzi: "Per inviare gli assegni e recuperare i contanti, abbiamo dovuto trovare dei portatori". È nata quindi l'idea di consegnare le buste ai religiosi, poiché è improbabile che vengano perquisiti all'aeroporto.

Il capo dei finanziatori forse esagerava un po' quando ripeteva agli inquirenti: "Rischio la mia vita e quella della mia famiglia, perché chi denuncia il prossimo è condannato a morte dalla comunità. Non posso più parlare. "Era davvero un'ottima scusa per tacere.

Il 10 maggio 2004, il quotidiano *Libération ha* pubblicato un articolo di Renaud Lecadre che riassume le principali truffe in atto nella comunità:

Assegni rubati: sacchi postali con assegni intestati all'Urssaf o al Tesoro sono stati rubati dai centri di smistamento. Il "riciclaggio del denaro dei poveri" consisteva nel contrabbandare l'assegno, intestato ad esempio a M. Urssafi, Hussard o Gorssappian, per poi girarlo in Israele: l'assegno intestato a Urssaf veniva consegnato a un "cambiavalute", professione legale in quel Paese, in cambio di contanti (meno la commissione). Il truffatore recuperava il denaro e il cambiavalute depositava l'assegno nella sua banca israeliana, che si faceva accreditare il conto dalla banca francese.

Truffare i trader: un grande classico. Si tratta di attirare i piccoli commercianti facendogli credere che una pubblicità per loro sarà inserita in una rivista della polizia o in un annuario fiscale, e che questo li aiuterà molto in caso di multa o di rettifica fiscale. Questi mezzi pubblicitari non esistevano, ma esistevano gli assegni a loro intestati, incassati anche in Israele.

Pubblicità ingannevole: questa volta il commerciante è stato complice. Firmava un assegno con un'agenzia pubblicitaria per un annuncio che non sarebbe mai stato pubblicato. L'agenzia restituirebbe poi l'importo in contanti applicando una commissione. Il commerciante, che ha giustificato l'uscita di denaro, recupera il contante al netto delle imposte; l'agenzia recupera la sua posizione avallando l'assegno in Israele. Il direttore della RPMP, l'agenzia radiofonica ebraica francese (le radio non erano coinvolte) ha confessato e rivelato come funzionava il sistema.

False donazioni: In questo caso, sono state coinvolte alcune associazioni culturali ebraiche. Il commerciante stava facendo qualcosa di redditizio e piacevole, in quanto finanziava un'opera di beneficenza e ne ricavava la metà in attivo, dato che alcuni rabbini concordavano di dividere i profitti al 50%. Un funzionario di Lubavitch ha riconosciuto che bisognava distinguere tra le "donazioni *kosher*[841] ", che erano donazioni reali, e le donazioni "*non kosher*", che erano transazioni con assegni in cambio di contanti.

Le Parisien del 22 giugno 2004 ha rivelato un altro caso in un articolo che avrebbe potuto intitolarsi: "Come truffare i poliziotti, i gendarmi e i pompieri francesi? "Nel giugno 2004, a Parigi, è stata effettuata una perquisizione presso una curiosa banca israeliana il cui

---

[841]"Corretto" o "appropriato" da consumare, cioè conforme ai precetti della religione ebraica. Il sigillo *kosher* è un marchio di qualità che comporta una tassa per i rabbini.

indirizzo non compariva nelle pagine gialle. "Anche se si passava davanti al suo ufficio di rappresentanza al 33 di rue Marbeuf, bisognava guardare con attenzione per vedere se esisteva. La Hapoalim Bank è una delle più grandi banche di Israele, ma a quanto pare preferisce essere discreta. Gli agenti di polizia del Brif hanno effettuato un'importante perquisizione nella sede di Parigi nell'ambito di un'indagine su uno schema di frode che coinvolge diverse agenzie pubblicitarie. Una ventina di complici sono stati perseguiti per riciclaggio aggravato e frode organizzata. La truffa consisteva nel vendere a grandi aziende annunci pubblicitari su pubblicazioni specializzate edite dalla polizia, dalla gendarmeria, dai vigili del fuoco e dal Ministero delle Finanze. Mentre gli annunci non sono stati pubblicati, gli assegni lo sono stati. Il bottino è stato stimato in 55 milioni di euro accumulati in diciotto mesi. Per reinvestire una tale fortuna era necessaria una grande rete di riciclaggio, che la banca Hapoalim era in grado di fornire. Le intercettazioni indicavano che la mente dell'operazione, Samy Souied, era legata a un dirigente dell'istituto finanziario in Israele. Durante la perquisizione, gli agenti di polizia hanno scoperto ordini di trasferimento in bianco e richieste di apertura di conti compilati nonostante tali operazioni siano vietate per un ufficio di rappresentanza. "Un complice portava i documenti alle banche Hapoalim in Lussemburgo, Svizzera o Israele per aprire i conti. In questo modo è stato possibile non lasciare traccia del reinvestimento del denaro sporco."

Le Parisien del 4 settembre 2004 riporta una nuova truffa: "Enorme truffa assicurativa francese", si legge sulle pagine del giornale. "Una delle più grandi truffe assicurative mai scoperte in Francia. "La base della truffa era molto semplice: i meccanici reclutavano le vittime di incidenti stradali e creavano false pratiche basate sulla dichiarazione dei danni. Poi, con la complicità degli esperti, i danni sono stati esageratamente sovrastimati. Infine, tutto ciò che dovevano fare era fabbricare fatture false a nome di garage reali o meno. Tutto questo - false dichiarazioni di danno, false perizie e false fatture - è stato inviato agli assicuratori. I profitti realizzati da questo gruppo altamente organizzato tra il 2000 e il 2003 sono stati stimati in 8 milioni di euro, a scapito delle principali compagnie assicurative francesi (AGF, Matmut, Axa, Macif, Maaf). Tutti i profitti realizzati dai boss del gruppo sono stati trasferiti in Israele. In totale, sono stati aperti 1.200 casi di frode e circa venti persone sono state accusate a Parigi. "La cosa più incredibile è che questo sistema è stato in grado di funzionare per quattro anni senza che gli assicuratori se ne accorgessero", ha detto un poliziotto. Sono stati emessi diversi mandati di arresto internazionali, in particolare quello per Bruce Chen-Lee, un "franco-israeliano" di 48 anni in fuga in Israele[842]. Secondo gli investigatori, la presunta mente della banda, Chen-Lee, possedeva un elicottero di stanza in Grecia, un aereo bimotore in un aeroporto della regione di Parigi, oltre a diverse ville in Francia e Israele. Davanti a un'udienza in Israele, aveva negato di essere il mandante della truffa e si era presentato come un eremita, una guida spirituale che dedicava la sua vita a scrivere libri religiosi.

Contrariamente a quanto scritto da Jacques Attali, Israele sembra essere un vero e proprio rifugio per i criminali. Ovviamente, non tutti i truffatori sono ebrei e non tutti gli ebrei sono truffatori. Ma come scriveva Attali: "Ma tra loro, come sempre, le cose non si fanno a metà: poiché sono criminali, è meglio essere i primi[843]."

D'altra parte, non bisogna pensare che i criminali di origine ebraica truffino solo i Goyim: un articolo del settembre 2000, pubblicato sul sito *www.sefarad.org*, ci informava di questa lurida truffa: "Più di 1000 sopravvissuti all'Olocausto in Israele hanno denunciato un avvocato israeliano. "Le informazioni sono state confermate dal Ministero della Giustizia israeliano. Il caso è stato citato da alcuni organi di stampa come il settimanale tedesco *Der Spiegel*, il domenicale svizzero *Sonntags Zeitung* e *La Tribune de Genève*. Israel Perry, con sede a Londra, avrebbe abusato della fiducia di numerosi sopravvissuti all'Olocausto che ricevevano una pensione dalla Germania. Con l'aiuto di due finanzieri tedeschi, l'avvocato ha anticipato una piccola somma di denaro per elaborare le richieste al fondo pensionistico tedesco, ma ha trattenuto i pagamenti mensili destinati a questi anziani. Quando i suoi clienti si lamentavano che le loro richieste non procedevano, Israel Perry invocava la "cattiva volontà tedesca" e la lentezza della diplomazia internazionale. La "truffa delle pensioni tedesche" è stata uno scandalo enorme in Israele. In vent'anni, l'intermediario aveva trattato migliaia di pratiche e sottratto 320 milioni di marchi (quasi 150 milioni di euro!) depositati in tre banche di Zurigo. Il Ministero della Giustizia israeliano era tuttavia riuscito ad applicare accordi di assistenza reciproca con il sistema giudiziario svizzero per bloccare questi depositi.

Queste truffe non sono assolutamente un elenco esaustivo. Un'indagine approfondita ne porterebbe senza dubbio alla luce molti altri negli ultimi decenni, poiché i media sono piuttosto discreti al

---

[842] I cognomi sono talvolta fuorvianti. Qui, a "Chen" manca ovviamente una lettera: forse una "O"?

[843] Jacques Attali, *Les juifs, le monde et l'argent*, Fayard, 2002, pag. 410.

riguardo, soprattutto quando si tratta di casi all'estero. Una delle più grandi truffe al mondo, ad esempio, è stata recentemente scoperta senza che nessuno ne abbia sentito parlare in Francia.

Si tratta della gigantesca truffa messa in atto dal rabbino Sholam Weiss, un ebreo chassidico nato nel 1954, che ha lasciato un gigante americano delle assicurazioni sulla vita, la National Heritage Life Insurance Company, sull'orlo della bancarotta. Stiamo parlando di una somma di 450 milioni di dollari. Weiss era già stato condannato a otto mesi di reclusione senza condizionale per aver truffato una compagnia di assicurazioni con un falso incendio che avrebbe distrutto vasche da bagno per un valore di un milione di dollari appartenenti alla sua azienda di sanitari e attrezzature per la casa. Ma poiché il rabbino era un buon marito, un padre di famiglia attento, malato e profondamente religioso, il giudice aveva acconsentito a fargli celebrare la Pasqua con la sua famiglia. Appena uscito di prigione, il rabbino si è recato con un aereo privato in un hotel casinò di Atlantic City per spendere non meno di settantamila dollari in quattro giorni.

Poi incontrò Michael D. Blutrich, proprietario di un nightclub protetto dalla mafia sulla 60a strada a Manhattan. Weiss divenne un cliente abituale e scoprì che il titolare del bar era anche uno degli avvocati della National Heritage Life Insurance Company: fu così che iniziarono le cose. Weiss sosteneva di aver imparato l'arte della truffa alla Talmud School di Boro Park, New York, e spiegava che la sua rovina era dovuta al fallimento del suo matrimonio. All'età di trent'anni, dovette *ottenere un get* (divorzio talmudico) accettando di pagare alla moglie una *ketuva* di centomila dollari per ogni Bar Mitzvah[844] e matrimonio dei loro cinque figli.

Ma il suo avvocato Joel Hirschorn non sembra essere stato molto sensibile alla sua situazione. Ogni volta che il suo cliente veniva nominato davanti a lui, lanciava una filippica: "Non parlatemi di quel tizio nauseabondo! "Si è indignato prima di ricordare le sfuriate di Weiss, che "mandava a quel paese" i suoi complici al telefono nell'atrio del tribunale e anche all'interno dell'aula, comportandosi in modo odioso davanti alla corte. Infatti, ha spiegato che "ha dovuto continuamente ricordare alla corte che il suo cliente non era giudicato per la sua arroganza e maleducazione, ma per la sua truffa". Contrariamente all'opinione di tutti gli osservatori del tribunale, Weiss aveva ottenuto il diritto di rimanere in libertà pagando una ridicola cauzione di cinquecentomila dollari, cioè un millesimo dell'enorme bottino di 450 milioni di dollari. Tutti sapevano che Weiss sarebbe stato

---

[844]Il Bar-mitzvah è il rito ebraico di passaggio all'età adulta all'età di 13 anni.

in fuga. Il giornalista americano Mickael A. Hoffman si è chiesto perché il governo federale non abbia previsto la fuga che tutti si aspettavano. Infatti, Weiss è scomparso, facendosi beffe della condanna inflitta in contumacia il 15 febbraio 2000: ergastolo, più di 845 anni di carcere, una multa di 123 milioni di dollari e l'ordine di restituire 125 milioni di dollari alla compagnia assicurativa. Ma in Israele il rabbino Weiss era libero di godere dei risparmi dei 25.000 americani, per lo più pensionati, che avevano investito le loro pensioni in quella compagnia assicurativa.

Il 31 gennaio 2001, il quotidiano *Le Monde* si occupa finalmente del caso Marc Rich. Nato ad Anversa nel 1934 e arrivato a New York nel 1941 con i genitori ebrei in fuga dal nazismo, Marc Rich è stato, insieme al suo socio Pincus Green - graziato come lui - uno dei trader che hanno trasformato il mercato mondiale del petrolio con il *trading a pronti* e successivamente con un'altra tecnica totalmente illegale chiamata *daisy-chaining,* grazie alla quale, dopo la crisi del 1973, ha rivenduto petrolio molto costoso comprato a poco prezzo. Nel corso delle indagini, gli agenti federali statunitensi hanno scoperto che il gruppo Rich, con sede in Svizzera, non solo aveva effettuato transazioni fraudolente con il Dipartimento dell'Energia degli Stati Uniti e, non contento di aver frodato il governo federale di 48 milioni di dollari in tasse, aveva anche violato l'embargo petrolifero imposto all'Iran dal Presidente Carter durante la crisi degli ostaggi.

Incriminato nel 1983 per 65 capi d'accusa mentre si trovava in Svizzera, Rich non ha mai più messo piede negli Stati Uniti. Ha ottenuto la cittadinanza spagnola e poi quella israeliana. Secondo la stampa statunitense, il Primo Ministro israeliano Ehud Barak ha chiamato direttamente il Presidente degli Stati Uniti Bill Clinton per perorare la causa del miliardario. Marc Rich è stato infine graziato nel febbraio 2001. L'influenza delle presunte generose donazioni dell'ex moglie di Marc Rich ai coniugi Clinton e al Partito Democratico" è spesso citata a questo proposito. *Point d'Information Palestine* n. 217 del 1° aprile 2003, ha pubblicato un articolo di Israel Shamir del dicembre 2002, che forniva maggiori dettagli: Abel Foxman, un ebreo americano, il celebre direttore dell'ADL, la Lega Antidiffamazione, era stato colto in flagrante mentre "riceveva un'enorme quantità di denaro dalle mani del super truffatore Marc Rich".Il migliore amico di Foxman era Ariel Sharon, il macellaio di Sabra, Chatila, Qibya e Jenin", nonché Primo Ministro dello Stato ebraico.

Gli americani probabilmente non ricorderanno il caso di Martin Frankel, che aveva estorto più di 200 milioni di dollari a compagnie assicurative in più di cinque Stati ed era fuggito dagli Stati Uniti nel

1999; né il caso dei "New Square Four", quei quattro ebrei ortodossi di New Square City, alle porte di New York, che avevano fondato una yeshiva (università ebraica) fittizia per riscuotere più di 40 milioni di dollari in prestiti dallo Stato. Poche ore prima di lasciare l'incarico, il presidente Bill Clinton aveva commutato le sentenze dei quattro criminali, Chaim Berger, Kalmen Stern, David Goldstein e Jacob Elbaum. Il tribunale li ha semplicemente condannati a restituire i 40 milioni di dollari... un motivo più che sufficiente per mettersi comodi.

Nel famoso scandalo Enron, il giornalista israeliano Israel Shamir ha ricordato che "il responsabile delle finanze di Enron era Andrew Fastow, descritto dal rabbino della sua sinagoga come "un mensch, un membro molto impegnato della comunità". È attivo nel sostenere le cause ebraiche, è un devoto sostenitore di Israele", mentre sua moglie Lea Weingarten, che "proviene da una famiglia filantropica importante e molto rispettata", non ha mai perso una lezione in sinagoga".

Ma "anche Kenneth Lay, il goy al culmine dello scandalo Enron, era devoto alla causa ebraica. Secondo il *Jerusalem Report,* l'anno scorso lui e la moglie Linda, altrettanto goy, hanno donato 850.000 dollari in occasione di una raccolta fondi per il Museo dell'Olocausto di Houston, in Texas."

Come eterne vittime, conclude Israel Shamir nel suo libro *Pardes: A Study in Kabbalah*, alcuni ebrei "sentono il bisogno di correggere l'"ingiustizia" con qualche azione extra-legale". Gli israeliani spiegano il loro furto di terre giordane nella Valle dell'Arava con il desiderio di correggere l'"ingiustizia" della natura: per ragioni geologiche, i migliori terreni alluvionali si accumulano sulla sponda orientale dell'Arava giordana. Il furto della terra palestinese è stato spiegato (tra gli altri, dal rabbino Lerner) con la necessità di correggere l'"ingiustizia" dell'occupazione romana della Palestina di 2000 anni fa. L'istituzione dello Stato ebraico si spiega con l'"ingiustizia" degli arabi che avevano 22 Stati, mentre gli ebrei non ne avevano nessuno. La rapina quotidiana delle banche svizzere correggeva l'"ingiustizia" delle confische naziste, anche se le banche non avevano mai avuto depositi ebraici. In un certo senso, i musei dell'Olocausto sono un fattore importante nella crescita della criminalità ebraica, perché rafforzano il sentimento di vittimismo degli ebrei[845]."

Le parole di Israel Shamir sono perfettamente confermate da quelle di Jacques Attali che descrive la partenza del popolo ebraico dall'Egitto, che partì ricoperto d'oro: "Quattro testi lo confermano. Innanzitutto, la predizione fatta molto tempo prima ad Abramo di farli partire ricchi:

---

[845]Israel Shamir, *Pardes: uno studio sulla Cabala*, Pdf, Trad. Germán Leyens, p. 10-11

"Uscirete da quel Paese con grandi ricchezze" (*Genesi 15, 13-14*); poi, l'ordine dato a Mosè davanti al roveto ardente: "Ogni donna chiederà alla sua vicina e alla sua ospite vasi d'oro e d'argento; vesti con le quali coprirete i vostri figli e spoglierete l'Egitto" (*Esodo 3,21-22*); poi, l'ordine trasmesso da Mosè ai capi tribù poco prima della partenza: "Ognuno chieda oro e argento" (*Esodo 11,1-2-3*); infine, il brutale riassunto della situazione, poco più avanti: "Chiesero e spogliarono" (*Esodo 12,35-36*)". Controllando il testo originale, senza passare per Attali, leggiamo i dettagli della storia nell'Antico Testamento: "I figli di Yisra'el avevano fatto come aveva detto Moshe: avevano chiesto ai Mitzrayimim [egiziani] di dare loro gioielli d'oro e d'argento; e Yahweh aveva reso i Mitzrayimim così favorevolmente disposti verso i figli di Yisra'el che diedero loro ciò che avevano chiesto. Così saccheggiarono il Mitzrayim (*Esodo XII, 35-36* Bibbia messianica israelita Kadosh)".

In breve, gli israeliti avevano abusato della fiducia degli egiziani. E "a chi si stupisce di vedere gli schiavi fuggire ricchi, i commentatori risponderanno, nel corso dei secoli, che queste ricchezze sono loro dovute come compenso per il lavoro prestato gratuitamente durante gli anni di schiavitù, o come dono d'addio, o ancora come tributo pagato ai vincitori da un esercito sconfitto[846]."

"Secondo la tradizione, questa partenza avviene nel -1212. I testi egiziani dell'epoca menzionano anche l'espulsione di un popolo malato, o di un popolo con un re lebbroso, e una rivolta di schiavi stranieri... Decine di migliaia di donne, uomini e bambini si misero allora in viaggio, alcuni ricchi di oro, argento e ogni genere di beni, anche con schiavi" in direzione di Canaan attraverso il deserto del Sinai. Gli Ebrei avrebbero poi fatto il loro Vitello d'oro, perché "prendendo l'oro dagli Egiziani, gli Ebrei lo presero per fare un Vitello d'oro". Quanto ai soldati egiziani che li inseguirono e finirono, pare, sommersi nelle acque del Mar Rosso, forse stavano semplicemente cercando di recuperare ciò che apparteneva loro.

Se va bene per me, va bene anche per voi.

La ricerca del profitto e l'amore per il denaro rappresentano senza dubbio altri tratti caratteristici comunemente accettati, che anche gli stessi umoristi ebrei spesso caricaturano. È vero che gli ebrei, che non credono in una vita ultraterrena, hanno più probabilità di godersi il loro soggiorno terreno rispetto alle persone la cui religione promette

---

[846]Jacques Attali, *Les juifs, le monde et l'argent*, Fayard, 2002, p. 28, 29.

consolazioni metafisiche in un paradiso eterno. Queste radici religiose possono fornire importanti elementi di spiegazione, come afferma Jacques Attali in *Gli ebrei, il mondo e il denaro*: "Isacco e Giacobbe confermano la necessità di arricchirsi per piacere a Dio. Isaac accumula animali. "Si è arricchito sempre di più fino a diventare estremamente ricco. Aveva grandi greggi di pecore, grandi mandrie di bestiame e molti schiavi" (Genesi 26:13-14). Allora Giacobbe "divenne molto ricco, ebbe molti greggi, serve e servi, cammelli e asini" (Genesi 30:43). Dio benedice la sua fortuna e gli permette di comprare il suo diritto di successione dal fratello Esaù, a riprova del fatto che tutto è monetizzabile, anche per un piatto di lenticchie... "

Attali ci fornisce anche un altro dettaglio divertente e rivelatore: "A differenza dei loro vicini, gli Ebrei seppelliscono i loro morti fuori dalle città, in tombe. Furono indubbiamente tra i primi a proibire che vi si mettessero oggetti o esseri viventi: la fortuna non deve scomparire con la morte, il grado supremo di impurità847. "E tra l'altro hanno anche risparmiato un po' di soldi, va detto.

Il denaro era così importante per gli Ebrei che non esitavano a depositarlo nel luogo più sacro: "Il Tempio, il luogo meglio sorvegliato del paese, divenne così una camera fortificata che veniva utilizzata anche dallo Stato e dalle grandi fortune private per salvaguardare le loro ricchezze. In breve tempo divenne l'attrazione principale del Paese, il luogo di incontro di tutti gli ebrei provenienti dagli imperi vicini. Il suo atrio divenne persino il luogo di lavoro dei pesatori di metalli preziosi, poi degli usurai, che lavoravano sia con i privati sia con i datori di lavoro, soprattutto i proprietari terrieri rurali, che prendevano in prestito denaro prima del raccolto per pagare i salari dei loro mezzadri. Una vera banca *avant l'heure*...

Durante l'occupazione romana, bisognava pagare un tributo all'occupante straniero e tasse commisurate alla ricchezza, con grande disappunto degli abitanti della Giudea. Quando il successore di Tito, Domiziano, decise di aumentare "il *fiscus judaicus* e di applicarlo a qualsiasi uomo nato ebreo... Molti si nascondono per non pagare la tassa848."

Gli ebrei della diaspora accumularono grandi fortune. Nel X secolo, in Medio Oriente, "la loro situazione è così prospera che alcuni opuscoli accusano la dinastia fatimide di avere origini ebraiche... Poi Baghdad declina; il potere economico dei califfi si perde nelle sabbie del deserto. Le élite ebraiche partirono poi per l'Egitto e la Spagna",

---

[847]Jacques Attali, *Les juifs, le monde et l'argent*, Fayard, 2002, pagg. 23, 39.
[848]Jacques Attali, *Les juifs, le monde et l'argent*, Fayard, 2002, pagg. 44, 85.

dove supponiamo potessero trovare altri... mezzi per arricchirsi, prima di ripartire, vittime di un destino crudele. "Già nel X secolo, a Baghdad, intere comunità erano state perseguitate perché alcuni di loro avevano accettato di fare i banchieri... I *ravim discussero* a lungo la questione; si scambiarono lettere. E tornano sempre alla stessa domanda: perché rischiare di essere sterminati dai debitori arrabbiati[849]? "Molto umilmente, pensiamo di poter suggerire a Jacques Attali la seguente spiegazione: "Forse perché così si possono fare molti soldi". Ma la questione rimane aperta.

In ogni caso, è vero che, lungi dal rovinare le popolazioni come si potrebbe pensare, la presenza degli ebrei è, al contrario, indispensabile per l'economia. Un Paese che espelle i suoi ebrei cade nella palude. È il caso del Regno di Spagna, che "con la scoperta dell'America e del suo oro, credeva che fosse arrivata la sua ora di gloria". Ma con l'espulsione degli ebrei nel 1492, scrive Attali, la Spagna fu "privata di gran parte della sua élite culturale, commerciale e amministrativa, [e] conosce solo una vitalità senza futuro, al di là dell'età dell'oro". La storia della Spagna, più di ogni altra, mostra fino a che punto le comunità ebraiche siano utili per lo sviluppo di un paese[850]. "Dopo il 1492, la Spagna ha effettivamente vissuto la grande età dell'oro spagnola, anche se Jacques Attali ha presentato la questione in modo probabilmente un po' fuorviante.

I prestiti a interesse sono la base esclusiva e unica di tutte le grandi fortune bancarie: "Non è insolito che un banchiere prenda a prestito al 3% in Olanda e presti al 7% in Inghilterra[851]." "Tra gli Ebrei la solidarietà è organizzata attraverso il baratto e i prestiti senza interessi[852]. "Per i Goyim, invece, il prestito a interesse è lecito. Tra i cristiani, contrariamente a quanto scrive Attali, la Chiesa non proibiva di prestare denaro, ma di prestarlo *con interesse*. Paradossalmente, la Chiesa non ha proibito ai fedeli di prendere in prestito. Gli ebrei avrebbero poi svolto il ruolo di usurai, contribuendo così al notevole arricchimento di tutte le popolazioni dell'Europa centrale, del Marocco, dell'Algeria, nonché dei contadini alsaziani che ancora li ricordano con le lacrime agli occhi. È innegabile che gli ebrei abbiano una grande capacità di generare ricchezza e che la loro naturale e proverbiale generosità vada a beneficio dell'intera popolazione, come ripeteva insistentemente Jacques Attali: "Il popolo ebraico non può essere felice

---

[849]Jacques Attali, *Les juifs, le monde et l'argent*, Fayard, 2002, pagg. 137, 169.

[850]Jacques Attali, *Les juifs, le monde et l'argent*, Fayard, 2002, p. 219.

[851]Jacques Attali, *Les juifs, le monde et l'argent*, Fayard, 2002, p. 262.

[852]Jacques Attali, *Les juifs, le monde et l'argent*, Fayard, 2002, pag. 26.

se gli altri non lo sono". In quanto popolo eletto, la loro ricchezza ha senso solo se contribuisce alla ricchezza degli altri. Nulla è buono per gli ebrei se non è buono per gli altri, e tutta la ricchezza deve essere condivisa con il resto del mondo."(pagina 44). "Sempre la vecchia idea: nulla è buono per gli ebrei se non lo è anche per gli altri."(pagina 177).

Il problema è che, purtroppo, gli ebrei non tendono a rimanere a lungo nello stesso posto. A partire dall'XI secolo, "i mercanti e gli artigiani, non potendo acquistare beni immobili, preoccupati di cosa fare in fretta in caso di minaccia, accumulano una certa liquidità in monete, oro e pietre preziose, che possono prestare continuando a esercitare gli altri mestieri, se ne hanno il diritto. D'altra parte, i tassi di interesse sono tali (a volte anche superiori al 60% annuo, in virtù della domanda e dei rischi) che la loro liquidità aumenta rapidamente[853]. Un fenomeno che Albert London aveva compreso e saggiamente sintetizzato: "Questo popolo non deve quindi sperperare il proprio denaro, ma conservarlo per poter fuggire". Il denaro è il passaporto dell'ebreo[854]."

Infatti, nonostante tutti i servizi resi, gli ebrei continuano a subire le accuse più terribili. Ne è prova il libro di Eustace Mullins, citato da Attali, recentemente pubblicato negli Stati Uniti, *The Federal Reserve Conspiracy*[855], che riprende i soliti vecchi pregiudizi: "Il popolo americano è gravato da centinaia di miliardi di dollari di debito semplicemente perché abbiamo lasciato che un manipolo di alieni nemici prendesse il controllo del nostro sistema monetario. I tre più importanti sono: Paul Warburg, l'ebreo tedesco che redasse il Federal Reserve Act; Emmanuel Goldenweiser, l'ebreo russo che controllò i dettagli delle operazioni del Federal Reserve Board per trent'anni; e Harry Dexter White, figlio di ebrei lituani, che creò il Fondo Monetario Internazionale[856]. Ancora una volta, dobbiamo arrenderci all'evidenza che gli ebrei sono "sempre odiati per i servizi che rendono"."

Tuttavia, la ricchezza degli ebrei non deve essere esagerata, ha osservato Jacques Attali: "Amsterdam è diventata il tempio della speculazione, il luogo dove si formano le "bolle" finanziarie. Mentre la comunità costruisce una magnifica sinagoga, la città arriva a esagerare

---

[853]Jacques Attali, *Les juifs, le monde et l'argent*, Fayard, 2002, p. 168.
[854]Albert Londres, *L'ebreo errante è arrivato*, Editoriale Melusina, 2012, p. 196.
[855]Eustace Mullins, *I segreti della Federal Reserve: The London Connection*, Omnia Veritas Ltd, 2017. (NdT).
[856]Jacques Attali, *Les juifs, le monde et l'argent*, Fayard, 2002, p. 481, 488.

la ricchezza degli ebrei... In realtà, la fortuna degli ebrei è più apparente che reale[857]."

Allo stesso modo in cui non si deve credere che i Rothschild fossero i più ricchi, neanche per sogno, perché sarebbe un errore farlo, dato che tali menzogne alimentano la propaganda antisemita: "I Rothschild non sono paragonabili alla centesima fortuna britannica, e Fred Krupp rimane, senza ombra di dubbio, il tedesco più ricco del suo tempo... in Francia, nessun ebreo ha una fortuna che si avvicini a quella dei Morny o degli Hottinger". Essi costituiscono un'élite culturale piuttosto che materiale[858]. "Gli ebrei sono deboli e vulnerabili, è risaputo. La "banca ebraica" è un mito della propaganda antisemita e reazionaria per ingannare le masse e gettarle contro gli eterni capri espiatori.

La mafia della felicità

Tuttavia, il modo migliore per costruire rapidamente grandi fortune è ancora quello di operare legalmente e di agire alla luce del sole. Ma questo richiede alcune circostanze favorevoli. Guerre, rivoluzioni e grandi cambiamenti sono molto opportuni per gli individui più reattivi, più esperti nella gestione del denaro e più spregiudicati.

Un esempio su mille: sappiamo che la fortuna dei Rothschild è stata costruita sulla sconfitta delle armate napoleoniche nella battaglia di Waterloo del 1815. Informato dell'esito della battaglia prima di tutti, Rothschild si presentò alla Borsa di Londra con un'aria sconsolata che lasciava intendere che Napoleone avesse vinto. Questo gli ha permesso di prendere tutti i titoli che erano stati frettolosamente venduti a un prezzo molto basso. Questo famoso episodio aveva ispirato alcuni versi di Victor Hugo, che così vedeva passare il finanziere davanti a sé nelle sue *Contemplazioni*:

"Questo che passa ha fatto la sua fortuna nell'ora in cui voi versavate il vostro sangue, scommetteva in basso e si alzava man mano che andava, che la nostra caduta era più profonda e più sicura, che doveva esserci un avvoltoio per i nostri morti, lui era[859]."

---

[857]Jacques Attali, *Les juifs, le monde et l'argent,* Fayard, 2002, p. 262-263.

[858]Jacques Attali, *Les juifs, le monde et l'argent,* Fayard, 2002, p. 324.

[859]Victor Hugo ricordava che gli ebrei erano i ladri di corpi sui campi di battaglia. Ad Austerlitz, la notte del 2 dicembre 1805, Talleyrand passeggia sinistramente con il maresciallo Lannes: il maresciallo "era così eccitato che, mentre mi mostrava i diversi punti da cui erano stati sferrati gli attacchi principali, mi disse: "Non ne posso più! A

Il caos che ha seguito il crollo del comunismo in Russia ha rappresentato un formidabile terreno di caccia per i predatori. La Russia divenne quindi preda di alcuni uomini d'affari cosmopoliti che acquistarono tutte le ex imprese e fabbriche collettivizzate a prezzi ridicolmente bassi. Alcuni individui hanno accumulato fortune colossali durante le privatizzazioni degli anni '90, mentre la stragrande maggioranza della popolazione è caduta nella povertà e nell'indigenza. Oggi la Russia sembra essere di nuovo l'obiettivo di alcuni guerrafondai e circoli finanziari occidentali, da quando il suo presidente Vladimir Putin ha deciso di porre fine al caos e alla corruzione.

Nel 2003, la "campagna contro gli oligarchi" di Vladimir Putin ha portato all'arresto di Mikhail Khodorkovsky. Secondo la rivista *Forbes*, Khodorkovsky, all'età di 41 anni, era diventato l'uomo più ricco della Russia. È stato il più grande acquirente di aziende collettivizzate che lo Stato russo aveva venduto dopo il crollo del regime comunista. I famosi oligarchi russi sono quegli uomini che si sono accaparrati tutto il bottino dello Stato nel caos degli anni '90 e che tendevano a ignorare le regole dello Stato di diritto e a comportarsi come volpi nel pollaio. Putin ha affrontato di petto la situazione nel 2003 con questa campagna contro gli oligarchi, che si è ulteriormente intensificata quando l'ufficio del procuratore russo ha annunciato l'apertura di cinque indagini contro Khodorkovsky per omicidio e tentato omicidio in relazione alla sua società Yukos. Ma prima del suo arresto, il miliardario aveva cercato di affidare la gestione della sua banca al suo correligionario britannico Jacob Rothschild. I prezzi di mercato hanno continuato a crollare, mentre il *New York Times* ha descritto l'acquisizione di Yukos da parte del governo russo come "la più grande spoliazione di interessi ebraici dagli anni '30". "Invece, questa politica ha portato gioia al popolo russo che ha ascoltato con soddisfazione Vladimir Putin denunciare coloro il cui "comportamento isterico" stava danneggiando il Paese. Il presidente russo ha appoggiato le indagini della procura contro il plutocrate, ma ha rassicurato gli altri oligarchi che si sono accontentati di condurre i loro affari nel quadro della legge. In Russia, ha ribadito il presidente, nessuno può imporsi al di sopra della legge con i miliardi; tutti devono essere uguali davanti ai tribunali per combattere il crimine e la corruzione.

---

meno che non vogliate venire con me a disincrostare tutti quei miserabili ebrei che spogliano i morti e i moribondi. (in Jean Orieux, *Talleyrand*, Flammarion, 1970, p. 437). Il giornale *L'Illustration* del 27 settembre 1873 scrisse che i soldati avevano l'abitudine di chiamare gli ebrei "corvi", un soprannome che in seguito sarebbe stato dato ai gesuiti.

Le Figaro del 17 maggio 2005 ha riferito del processo al finanziere. Per la giornalista Laura "Mandeville", il caso Yukos ha ovviamente "infangato" l'immagine di Mosca e Mikhail è stato una povera vittima del fascismo. Tuttavia, abbiamo appreso che il suo patrimonio si aggirava intorno ai 15 miliardi di dollari. Un esercito di venti avvocati stava lavorando per difenderlo, mentre diversi suoi collaboratori erano fuggiti: "Tre di loro vivono in Israele, un Paese dal quale non smetteranno di accusare il sistema giudiziario russo di essere al soldo del potere. "Come al solito, Khodorkovsky ha dichiarato la sua innocenza: "Il caso è stato inventato dal nulla". E ha fatto i nomi dei colpevoli: "Una burocrazia criminale. "Il miliardario, a capo della compagnia petrolifera Yukos, è stato accusato di evasione fiscale: la sua società aveva un debito fiscale colossale di quasi 27 miliardi di dollari.

Nell'editoriale del giornale si possono leggere alcune righe piene di buon senso sugli oligarchi: "Il fatto che questi uomini, partiti da zero, siano riusciti ad appropriarsi di intere risorse naturali della Russia per un piatto di lenticchie non li ha resi particolarmente popolari nel loro Paese."

Leggendo i resoconti del giornalista Albert Londres, ci si rende conto che la riluttanza a pagare le tasse non era del tutto nuova. Nel suo libro del 1929 *"L'ebreo errante è già arrivato"*, l'autore raccontava in modo sorprendente un'operazione dei funzionari del fisco polacco in un quartiere ebraico di Varsavia: "Quarto piano. Sette persone in una grande stanza, tra cui tre ragazzi. Madre e figlia che piangono. Due ebrei in caftano, appoggiati indolentemente sulle sedie. I tre ragazzi, intenti a leggere il Talmud, non si sono nemmeno accorti del nostro arrivo. La ricevuta è di centodiciassette zloty. Si tratta di imposte dovute da quattro anni. Il funzionario prega le donne di svuotare i cassetti dei mobili. Le donne hanno offerto quaranta zloty sul tavolo. Svuotano i cassetti con un gemito. I due caftani non vogliono avere nulla a che fare con la scena. Si guardano le mani mentre le fanno danzare davanti ai loro occhi. Le donne singhiozzano. I tre ragazzi ondeggiano, completamente rapiti dall'ebreo. Le donne rimuovono gli allegati dai tavoli. I caftani restano all'oscuro di tutto, mentre i ragazzi si entusiasmano sempre di più per il libro sacro. Il funzionario ordina di aprire gli armadi. Le donne si inginocchiano. E mentre singhiozzano rumorosamente, i tre ragazzi alzano il tono del loro studio. Il cocchiere, che ha trovato degli aiutanti, abbassa per primo la credenza. Le donne urlano terrorizzate. I due caftani non si tirano indietro. I tre ragazzi leggono sempre più forte. Poi portano via la credenza, il tavolo, una poltrona, spostano il candelabro rituale, che non può essere sequestrato, e portano via il mobile che lo sostiene. Ora la stanza è vuota. Poi uno dei due caftani si alza e capisce che il funzionario fa sul serio. Con un gesto nobile, estrae dalla tasca duecento zloty e dice: "Ecco a voi! I mobili tornano al piano di sopra. Le donne piangevano per niente. I tre ragazzi hanno continuato a studiare. Il padre prende il candeliere a sette bracci e lo appoggia devotamente sul mobile restaurato[860]! "

Tra le maggiori fortune russe nella lista della rivista *Forbes*, Roman Abramovitch compare subito dopo Khodorkovsky. Abramovitch possiede l'80% di Sibneft, la quinta compagnia petrolifera russa, il 50% di Rusal, che detiene il monopolio dell'alluminio russo, e un quarto di Aeroflot. È famoso in Europa per aver acquistato la squadra di calcio londinese del Chelsea. È stato anche coinvolto in numerosi casi di frode. Nel 1995 ha incontrato Boris Berezovsky, che si era rifugiato in Gran Bretagna per sfuggire a un'indagine per frode fiscale. Dal suo esilio londinese, ha continuato a finanziare l'opposizione a Vladimir Putin, anche se ha dovuto cedere la maggior parte della sua fortuna ad Abramovitch. Il prossimo nella lista dei nuovi miliardari russi è Victor Vekselberg, che ha preso il controllo del mercato dei computer portatili. La sua fortuna gli permise di rilevare la favolosa collezione di gioielli Fabergé messa insieme dall'americano Forbes. Intrattiene rapporti d'affari con il quinto della lista, Mikhail Fridman, che con Alfa, la più grande banca privata russa, controlla le telecomunicazioni del Paese. Oleg Deripaska è il più giovane degli oligarchi. A 35 anni è il magnate dell'alluminio, anche se ha costruito il suo impero anche sul gas, sull'industria automobilistica e sull'Aeroflot. Era anche uno dei membri del clan dell'ex presidente Boris Yeltsine, alcolizzato, subito dopo la caduta del regime comunista. È oggetto di una denuncia legale per l'acquisto fraudolento di diverse sue aziende sotto minaccia. Il settimo della lista è Vladimir Gusinsky, che, dopo essersi arricchito nella finanza e nei media, ha preferito andare in esilio in Israele nel luglio del 2000 per evitare il carcere dopo essere stato arrestato per frode fiscale dalla polizia economica del presidente Putin.

Seguono Mikhail Prokhorov, con una fortuna stimata in 5,4 miliardi di dollari (metallurgia, ingegneria, agricoltura, media), e Vladimir Potanin, capo del gigante metallurgico Norilsk Nickel e socio del predatore finanziario George Soros. Nove delle dieci maggiori fortune del Paese sono nelle mani di cittadini ex sovietici di confessione israeliana che hanno saputo approfittare del cambiamento delle istituzioni. Questa situazione non sembra piacere al popolo russo:

---

[860]Albert Londres, *L'ebreo errante è arrivato*, Editoriale Melusina, 2012, pagg. 177-178.

"Nove russi su dieci pensano che le attuali fortune siano state ottenute in modo illecito e più del cinquanta per cento approva i procedimenti giudiziari", ha scritto Helena Despic-Popovic sul quotidiano *Libération* il 19 luglio 2003. Il giornalista ha aggiunto: "La campagna è accettata di buon grado da una società ancora contaminata da tracce di antisemitismo, poiché buona parte degli oligarchi sono ebrei."

Come avrebbe detto Mikhail Khodorkovsky nel suo libro, la Russia era "un terreno di caccia aperto a tutti" prima che Vladimir Putin salisse al potere. Un'ulteriore ricerca su Internet ha rivelato che prima di essere imprigionato come un comune ladro di polli, il miliardario Khodorkovsky era anche amico di Richard Perle, uno dei "falchi" sionisti neo-conservatori della Casa Bianca, e un fervente sostenitore dell'invasione dell'Iraq nel 2003.

I nouveau riches russi hanno fatto notizia anche in Francia, dove hanno acquistato le più belle ville della Costa Azzurra, magnifici yacht e organizzato feste grandiose, spendendo centinaia di migliaia di euro trasportati in volgari sacchetti di plastica imbottiti di banconote. Boris Berezovski, Arcadi Gaydamak (ora rifugiato in Israele), Boris Birshstein, Sergei Rubinstein, Alexandros Kazarian, Alexander Sabadsh, Gueorgui Jatsenkov, sono i nuovi "*nababbi* del freddo", come ha osservato il quotidiano *L'Express* il 2 maggio 2002. Alcuni di loro erano ovviamente coinvolti in reti di criminalità organizzata, droga e prostituzione.

Indubbiamente, il crollo dell'impero sovietico aveva liberato alcune energie fino ad allora represse dalle istituzioni comuniste. La famosa mafia russa, di cui si parla molto dal 1991, è anche la manifestazione della liberazione di forze che sono state contenute per troppo tempo, e che sono molto simili alla mafia americana tra le due guerre. Nel suo libro *Red Mafiya: How the Russian Mob has invaded America* (*Mafia rossa: come la mafia russa ha invaso l'America*)[861], il giornalista americano Robert Friedman è stato categorico: all'inizio degli anni '90, c'erano già circa 5.000 gangster ebrei provenienti dall'Unione Sovietica che operavano a New York. Era più di tutti i membri delle famiglie italiane dell'intero Paese. Questo numero ha smesso di aumentare dopo la seconda Intifada (2000). Questi "russi" sono in realtà ebrei che avevano trasferito le loro attività criminali in Israele prima di cercare nuovi orizzonti, quando la ribellione palestinese ha causato la quasi scomparsa del turismo e una grave recessione economica.

---

[861]Robert Friedman, *La Mafia rouge: comment la pègre russe a envahi l'Amérique.* Robert Friedman, *Red Mafiya, ed. Little, Brown and Co., 2000.*

"Poiché questa malavita russa è *per lo più ebraica*, eliminarla è un'operazione eminentemente politica, soprattutto nella regione di New York", ha scritto Friedman, sottolineando che le associazioni ebraiche "rispettabili", come la Anti-Defamation League of B'nai B'rith, la più importante lega antirazzista americana, ha fatto pressioni sulla polizia che perseguiva queste bande affinché non si parlasse pubblicamente di "qualsiasi origine che potrebbe indurre l'opinione pubblica cristiana a protestare contro il flusso costante di criminali ebrei che si presentano come rifugiati". "Alti ufficiali di polizia avevano confessato al giornalista: "I russi sono spietati e pazzi. È una pessima combinazione. Sparano per qualsiasi motivo. "Uno dei padrini di quegli anni, Monya Elson aveva iniziato la sua carriera "liquidando ucraini dalla sua città natale, Chisinau, poi a Mosca, dove liquidava russi, e infine negli Stati Uniti, dove liquidava americani - forse un centinaio di omicidi. Un altro famigerato boss era Ludwig Fainberg, alias Tarzan, proveniente da Kiev (dove sosteneva che "gli ebrei erano i più ricchi della città"). Avevano auto, soldi, vivevano in bellissimi appartamenti e pagavano per avere le donne più belle") e Marat Balagula, anch'egli ucraino, che ha confermato che "gli ebrei erano nelle posizioni migliori perché avevano i soldi. "Friedman ha potuto incontrare anche l'ex procuratore generale dell'Unione Sovietica, Boris Urov: "È meraviglioso che la cortina di ferro sia sparita, ha detto, ma era una protezione per l'Occidente. Ora che abbiamo aperto i cancelli, il mondo intero è in pericolo[862]."

Queste parole possono essere paragonate a quelle di Jacques Attali, che ci ha fornito alcune informazioni sul gangsterismo negli Stati Uniti durante gli anni del proibizionismo. Ha scritto: "A parte le accuse di "crimini rituali", non si può trovare nessuna seria accusa di omicidio organizzato da parte di bande prima dell'arrivo in massa degli ebrei russi sul suolo americano, intorno al 1910... Secondo *The jewish Almanach*, "non è esagerato dire che la loro influenza sul crimine organizzato negli Stati Uniti negli anni '20 e '30 ha eguagliato, e persino superato, quella degli italiani"."

Il primo boss della criminalità ebraica di New York, Arnold Rothstein, soprannominato "il Cervello", nel 1910 organizza la corruzione nelle partite di baseball, assume il controllo delle forze di polizia della città, progetta l'importazione di alcolici (vietati dal Canada e dall'Europa a partire dal 1919), arbitra e mantiene l'ordine tra altri temibili boss delle bande, come Arthur Flegenheimer (detto "Dutch Schultz"), pianifica l'importazione di alcolici (vietati dal 1919) dal Canada e dall'Europa - arbitra e mantiene l'ordine tra altri temibili boss

---

[862]Sulla mafia "russa" si legga Hervé Ryssen, *La mafia ebraica*.

di bande, come Arthur Flegenheimer (detto "Dutch Schultz") e Louis Buchalter, che sgomina la sua stessa banda con l'aiuto del suo luogotenente, Jack "Legs" Diamond. Rothstein rintraccia Mayer Lansky, un giovane figlio di immigrati russi, nato nel 1902 a Grodno, in Russia. "Entra in affari con un siciliano di nuova generazione di nome Charlie Luciano. "Il russo e il siciliano si apprezzano a vicenda e si capiscono con le mezze parole. Insieme, assumono il controllo di usurai e agenti assicurativi nei ghetti e a *Little Italy*, acquistano imprese di gioco d'azzardo a New York e creano un sindacato di *librai* a livello nazionale, pianificando al contempo la corruzione di poliziotti e politici già iniziata da Rothstein... Nel settembre del 1928, Arnold Rothstein viene assassinato a New York, senza dubbio su ordine di Dutch Schultz, che vuole prendere il suo posto. Il 9 maggio 1929, Lansky e Luciano riunirono ad Atlantic City tutti i boss della criminalità orientale: Guzik e Capone da Chicago, Buchalter da New York, Bernstein da Detroit, Dalitz da Cleveland, Hoff e Rosen da Philadelphia. Per porre fine alle vendette, "propongono di organizzare l'Unione come una sorta di cooperativa, senza padrone, con divisione dei territori. Lansky fondò quella che sarebbe stata chiamata "Murder lnc.", un gruppo di assassini al suo servizio, la cui guida fu affidata a Siegel e Buchalter. Da quel momento in poi, Schultz e Lansky diventano i grandi capi del gangsterismo ebraico americano."

La mafia italiana è stata gradualmente smantellata. Al Capone fu arrestato nel 1932 per frode fiscale; Lucky Luciano nel 1935. Anche Dutch Schultz, rivale di Lansky, fu ucciso quell'anno in una sparatoria. "Lansky, che senza dubbio lo aveva fatto fuori, fa fuori il suo ultimo rivale, Charles "King" Solomon di Boston, che importa la maggior parte del whisky nel paese. Alla fine del proibizionismo, Lansky si dedicò al gioco d'azzardo... Qualche anno dopo, Lansky cercò di rifugiarsi in Israele, che gli negò il beneficio della Legge del Ritorno: per i suoi crimini, aveva perso il diritto di essere riconosciuto come ebreo. Morirà a Miami, nel suo letto[863]."

Jacques Attali avrebbe potuto parlarci anche del gangster ebreo Mickey Cohen, che raccolse fondi per i terroristi ebrei dell'Irgun, che allora combattevano contro gli inglesi per creare uno Stato ebraico in Palestina. Ha anche dimenticato di sottolineare che il boss mafioso Mayer Lansky aveva ucciso un esportatore di armi nei Paesi arabi e che aveva lasciato in eredità la sua fortuna al *Combined Jewish Appeal (CJA)*[864]. Attali avrebbe potuto citare il caso del mafioso "Steinhardt il

---

[863]Jacques Attali, *Les juifs, le monde et l'argent*, Fayard, 2002, p. 410-412.
[864]Quando Israele non è minacciato, gli arabi sembrano essere preferiti agli europei.

Rosso", padre di Michael Steinhardt, uno dei principali mecenati di Joseph Lieberman, vice di Al Gore, candidato democratico alla presidenza degli Stati Uniti nel 1999.

Ma, soprattutto, avrebbe potuto esporre in quel capitolo le origini della colossale fortuna di Edgar Bronfman, l'attuale presidente del World Jewish Congress, uno degli uomini più ricchi del mondo con un patrimonio netto valutato in 30 miliardi di dollari. Suo padre Samuel era il famoso spacciatore di alcolici. Profondamente religioso e sionista convinto, armò la milizia Haganah durante la prima guerra d'indipendenza di Israele. Una delle sue figlie sposò Alain de Gunzburg, che sarebbe diventato il primo azionista privato del quotidiano francese *Le Monde*. Il fondo Bronfman comprende molti marchi famosi: whisky Four Roses, Glenlivet, White Horse, Chivas, London Gin, Absolut Vodka, champagne Mumm, Perrier-Jouët, cognac Martell, ecc. Bronfman possiede anche etichette discografiche come Polygram, Deutsche Gramophon, Decca, Philips Music.

"Anche il ruolo relativo della "malavita" ebraica nella criminalità sta diminuendo con la globalizzazione, anche se alcuni dei suoi membri si trovano ancora come intermediari in alcuni tipi di riciclaggio di denaro, traffico di droga, da Los Angeles a Mosca, da Bogotà a Tel Aviv. Un'unica rete specificamente ebraica è stata scoperta nel febbraio 1990 a New York; essa seguiva il seguente percorso: parte della droga del cartello di Cali veniva scambiata in Colombia con diamanti; per trasformarli in denaro contante, i diamanti venivano spediti a Milano e assemblati in gioielli, che venivano poi rispediti a Manhattan per essere venduti legalmente - alla conta - sulla 47esima strada, dove, secondo un commento empatico del quotidiano israeliano Maariv, che ha rivelato il caso, "ci sono più ristoranti kosher che in tutta Tel-Aviv, e dove si trova il più grande riciclaggio di denaro sporco negli Stati Uniti". Una parte del ricavato veniva poi consegnata dai gioiellieri alle istituzioni ebraiche di New York, che ne restituivano una parte - sempre in contanti - ai contrabbandieri del cartello. I leader del giro hanno fatto credere ad alcuni dei loro assistiti - ebrei ortodossi, come un rabbino di Brooklyn il cui arresto nel febbraio 1990 ha rivelato l'intera vicenda - che stavano aiutando i commercianti di diamanti della 47a Strada a frodare il fisco o a sottrarre i loro soldi agli ebrei iraniani. Il capo di questa rete, un israeliano, ha confessato di aver riciclato 200 milioni di dollari per

---

Durante la guerra d'Algeria, David Serfati era uno dei maggiori trafficanti d'armi al servizio dei Felaga. Dopo la dichiarazione di indipendenza, l'FLN ha inaugurato con gratitudine una piazza di Orano intitolata a suo nome. È nota anche la famosa rete "Curiel", dal nome dell'ebreo egiziano che organizzò l'azione dei "portavaligie".

conto del cartello di Cali, ovvero meno dell'1% dell'importo gestito annualmente dal cartello, che distribuisce quattro quinti della cocaina e un terzo dell'eroina consumata nel mondo[865]. "Se Jacques Attali è discreto sul ruolo degli ebrei nella criminalità come lo era sul loro ruolo nel bolscevismo, questa rivelazione da sola rappresenta molto.

Ricordiamo ora le affermazioni di Bernard-Henri Levy, di cui abbiamo già parlato sopra, e poi la conclusione del filosofo: "Credo che interi Stati cadranno sotto l'azione delle mafie planetarie; e che, se non sotto la loro azione, cadranno nelle loro mani. "E la citazione continuava: "Credo che il mondo stia per diventare un ghetto e il pianeta una mafia. E non credo che ne usciremo limitandoci a mormorare, come fanno già alcuni furbi, che il mondo è sempre stato un agglomerato di ghetti; Stati, mafie sotto mentite spoglie, e società civili, associazioni contrattuali di malfattori, e che, quindi, è meglio che le cose vengano raccontate così come sono, che l'umanità passi alle confessioni e che non si finga di essere sorpresi quando le maschere del mondo cadono. Credo in una futura frammentazione del mondo, in una polverizzazione degli Stati e in una dissoluzione delle vecchie nazioni pacifiche[866]."

In breve, Bernard-Henri Levy ci ha dichiarato nel modo più semplice del mondo che giustifica le mafie transnazionali, considerate in ultima analisi meno perverse degli Stati e delle nazioni sedentarie. Alla fine, forse è proprio questo l'ideale di Bernard-Henri Levy e dei filosofi planetari: la distruzione delle nazioni, e al loro posto il controllo del pianeta da parte delle mafie. Ma il termine "mafia" è forse un po' "discriminante", quindi suggeriamo umilmente al nostro grande filosofo l'adozione di un'espressione più moderna e accettabile per il gregge che si sta radunando: "reti informali di gestione interconnesse". È un po' più lungo, ma se ci permette di evitare l'incornata, dobbiamo fare lo sforzo.

In mezzo a noi...

Gli spiriti messianici sembrano tuttavia totalmente convinti di venire a portare benessere e prosperità. Gli ebrei sono semplicemente indispensabili per le altre nazioni. L'ultima tribù indiana della giungla amazzonica non può vivere senza le sue idee grandiose e la sua formidabile capacità di arricchire i popoli. Nonostante ciò, le innumerevoli contraddizioni presenti nei suoi libri lasciano talvolta

---

[865]Jacques Attali, *Les juifs, le monde et l'argent*, Fayard, 2002, pagg. 479, 480.
[866]Bernard-Henri Lévy, *La pureza peligrosa*, Espasa Calpe, Madrid, 1996, pag. 167.

perplessi sulla sincerità del suo discorso. Dopo tutta questa lettura, si rimane ancora stupiti dall'incredibile aplomb di alcune affermazioni ispirate dalle sue convinzioni messianiche. Una tale moralità è probabilmente molto pesante da portare e faticosa. A giudicare dal numero di suicidi che colpiscono gli aderenti a questa credenza, si può supporre che questa concezione della vita sulla terra debba esercitare una qualche forma di tortura mentale e spirituale.

Jacques Attali ha insistito nel suo libro sull'immensa generosità del popolo ebraico, come se avesse qualcosa da dimostrare. In *Gli ebrei, il mondo e il denaro*, ripete in modo lancinante l'idea che gli ebrei sono un beneficio per il resto dell'umanità: secondo il Talmud, ha detto, "nulla è buono per gli ebrei se non lo è anche per coloro che li circondano". È "il fondamento stesso dell'altruismo ebraico: nulla è buono per loro se non lo è anche per chi li ospita". "Era anche l'opinione di Menasseh Ben Israel, il rabbino di Amsterdam che aveva convinto Cromwell a far rientrare gli ebrei in Inghilterra nel XVII secolo: "Ovunque siano ammessi, gli ebrei sono buoni cittadini che non desiderano altro che contribuire alla prosperità generale. "Sono vassalli fedeli[867].""

Gli ebrei non sono solo vantaggiosi per gli altri, ma anche, secondo Jacques Attali, indispensabili: "Nessuna delle società sedentarie avrebbe potuto sopravvivere senza i nomadi che trasportavano merci, idee e capitali tra di loro e che osavano correre rischi intellettuali e materiali che nessun sedentario sarebbe stato disposto a correre... Il popolo ebraico ha svolto il ruolo del nomade che crea ricchezza per i sedentari. In questo modo, hanno svolto il loro compito, "riparando il mondo[868].".. Il nomadismo non è una superiorità, ma solo una specificità condivisa con altri popoli e assolutamente necessaria per la

---

[867]Jacques Attali, *Les juifs, le monde et l'argent*, Fayard, 2002, p. 243, 256, 260. "Il pragmatismo inglese, nutrito dagli argomenti espressi mezzo secolo prima da Menasseh ben Israel, prevale così su tre secoli di ostracismo: gli inglesi hanno bisogno degli ebrei, di cui conoscono il ruolo nei Paesi Bassi."
"

[868]Allusione al concetto di *tikkun olam* dell'ebraismo esoterico: secondo il misticismo ebraico, la creazione dell'universo è rappresentata figurativamente come un vaso che non poteva contenere la Luce Sacra e si è rotto in pezzi (*Shevirat Hakelim*). Quindi, secondo i cabalisti, l'Universo come lo conosciamo è letteralmente rotto e necessita di essere riparato. Di conseguenza, seguendo la *Halacha* (legge ebraica) e adempiendo alle *mitzvot* (precetti), il popolo [ebraico] contribuisce a riparare il vaso dell'Universo. Così, i cabalisti insegnano che attraverso le loro azioni, ogni persona [ebrea] può partecipare al *tikkun olam*, letteralmente riparare l'Universo e l'Umanità come parte della Creazione Divina (fonte wikipedia). Si legga in Hervé Ryssen, *Psicoanalisi dell'ebraismo* (NdT).

sopravvivenza e il benessere dei sedentari[869]." "Sono la chiave per lo sviluppo del mondo. Non c'è sviluppo sedentario senza questi nomadi. Ma non c'è nemmeno la possibilità di mettere in discussione l'ordine costituito senza di loro". Se Israele "cerca di limitare la sua identità alle terre acquisite, è perduto". Se continua il suo percorso, può sopravvivere e aiutare l'umanità a non scomparire[870]."

In queste condizioni, "la disgrazia del popolo ebraico è quindi una disgrazia per tutti i popoli[871]." Poiché, come ha osservato anche Elie Wiesel, tutto ciò che colpisce gli ebrei riguarda l'intera umanità, possiamo quindi considerare con Jacques Attali che "la scomparsa del Tempio è una tragedia anche per i non ebrei, perché gli ebrei hanno pregato per loro: "Non sanno cosa hanno perso"" (Sukkah 55a). (Sukkah 55a)872. "Il popolo ebraico è al centro dell'umanità ed è inimmaginabile che la vita possa essere concepita in altro modo. Gli altri popoli della terra non possono esistere senza gli ebrei, nemmeno la più remota tribù dell'Amazzonia. Con un punto di vista così soggettivo, Jacques Attali si permette infine di ricordare le note regole dell'ebraismo: "Imporre una morale molto austera, non tollerare l'arroganza o l'immoralità, per non creare gelosie o pretesti di persecuzione[873]. "Era proprio il momento di dirlo.

Vediamo ora un'opera che senza dubbio permette di comprendere meglio il monito dantesco: "In mezzo a noi il bugiardo ride di noi". Il famoso scrittore francese Patrick Modiano, nel suo romanzo *Il posto della stella*, pubblicato nel 1968, ha immaginato un personaggio completamente delirante, buffonesco e simpatico. L'azione si svolge nel giugno 1942 a Parigi; il narratore, Schlemilovitch, è un eroe delirante e donchisciottesco che si immagina di essere un grande scrittore. Sotto una veste grottesca, Patrick Modiano mette in bocca parole così sorprendenti sugli ebrei che nessun lettore sano di mente potrebbe leggerle senza rendersi conto della loro ridicolaggine. L'antisemitismo è un'allucinazione. Ciò di cui gli ebrei sono accusati è talmente enorme per il lettore medio che le accuse appaiono come un disturbo

---

[869]Jacques Attali, *Les juifs, le monde et l'argent*, Fayard, 2002, p. 485-486.

[870]Jacques Attali, *Les juifs, le monde et l'argent*, Fayard, 2002, p. 489, 491.

[871]Jacques Attali, *Les juifs, le monde et l'argent*, Fayard, 2002, p. 122. "Il mondo ha interesse a lasciare agli ebrei una libertà sufficiente per poter svolgere questo ruolo. Quindi, secondo un commento (*Sukkah 55b*), il mondo è in uno stato migliore quando gli ebrei sono liberi e quindi in grado di intercedere a suo favore."
"

[872]Jacques Attali, *Les juifs, le monde et l'argent*, Fayard, 2002, p. 75.

[873]Jacques Attali, *Les juifs, le monde et l'argent*, Fayard, 2002, p. 490.

psichiatrico di chi le formula. Ecco perché Patrick Modiano poteva permettersi di scriverli. Ma sentiamo parlare Schlemilovitch:

"Per il resto, le mie azioni e i miei discorsi contraddicevano le virtù coltivate dai francesi: discrezione, parsimonia e lavoro. Dai miei antenati orientali ho preso gli occhi neri, il gusto per l'esibizionismo e il lusso sfrenato e un'inguaribile pigrizia. Non sono un figlio di questo paese... Ho guidato la cospirazione ebraica mondiale a suon di orge e milioni... Sì, la guerra del 1939 fu dichiarata a causa mia. Sì, sono una specie di Barbablù, un antropofago che mangia giovani arie dopo averle violentate. Sì, sogno di rovinare tutti i contadini francesi e di trasformare l'intero Cantal[874] ebraico...".

"Questi francesi hanno un attaccamento smodato per le puttane che scrivono le loro memorie, i poeti pedofili, i papponi arabi, i neri drogati e gli ebrei provocatori. È chiaro che la moralità non è più di moda. L'ebreo era merce apprezzata, ci rispettavano troppo."

Lévy-Vendôme espresse le sue motivazioni: "Non contento di aver pervertito le donne di questo paese, volevo anche prostituire l'intera letteratura francese. Trasformare le eroine di Racine e Marivaux in puttane. Giunia va volentieri a letto con Nerone davanti allo sguardo sciocato del Britanno. Andromaca che cade tra le braccia di Pirro nel primo incontro. Le contesse di Marivaux indossano i loro abiti da cameriere e prendono in prestito il loro amante per una notte. Vede, Schlemilovitch, la schiavitù bianca non toglie che sia un uomo colto. Scrivo apocrifi da quarant'anni. Mi sono dedicato a disonorare i più illustri scrittori francesi. Prendete esempio, Schlemilovitch! Vendetta, Schlemilovitch, vendetta!

Schlemilovitch ricevette questo buon consiglio: "Lei, Schlemilovitch, ha del tempo davanti a sé: lo sfrutti al meglio! Usate le vostre carte vincenti personali e pervertite le giovani ragazze ariane. In seguito, scriverete le vostre memorie. Potrebbero chiamarsi "Gli sradicati": la storia di sette ragazze francesi che non hanno saputo resistere al fascino dell'ebreo Schlemilovitch e si sono ritrovate un giorno internate in bordelli orientali o sudamericani. Morale: non avrebbero dovuto dare retta a quel seducente ebreo, ma rimanere nei rigogliosi prati alpini e nei verdi boschetti[875]."

In un altro passaggio, leggiamo come il nostro proteiforme eroe abbia commesso un grave reato: "In prigione, Schlemilovitch, in prigione! E tu lascerai il liceo proprio questa notte! Al che Schlemilovitch rispose: "Se quei signori vogliono portarmi in

---

[874]Patrick Modiano, *Il posto della stella*, Pdf, http://Lelibros.org/, p. 14, 15, 26, 27
[875]Patrick Modiano, *Il posto della stella*, Pdf, http://Lelibros.org/, p. 42-43

tribunale", dissi, "allora mi spiegherò una volta per tutte". Mi faranno molta pubblicità. Parigi non è Bordeaux, sapete; a Parigi danno sempre ragione al povero ebreo indifeso, e mai agli animali ariani! Interpreterò alla perfezione il ruolo del perseguitato. La sinistra organizzerà raduni e manifestazioni e potete credermi quando vi dico che sarà molto elegante firmare un manifesto a favore di Raphaël Schlemilovitch. In breve, questo scandalo sarà un grande danno per la vostra promozione. Ci pensi bene, signor Direttore, lei si trova di fronte a un avversario potente. Ricordate il capitano Dreyfus e, più recentemente, il clamore suscitato da Jacob X, un giovane ebreo disertore... A Parigi sono sempre pazzi di noi. Ci scusano. Le strutture etiche sono andate all'inferno nell'ultima guerra, o meglio, sono tornate al Medioevo! Ricordate quella bella usanza francese: ogni anno, a Pasqua, il conte di Tolosa schiaffeggiava in pompa magna il capo della comunità ebraica, che lo implorava: "Di nuovo, conte! Di nuovo! Con il pomo della spada! Dovete trapassarmi! Tiratemi fuori le budella! Calpestate il mio cadavere! "Come poteva il mio antenato, l'ebreo di Tolosa, immaginare che un giorno avrei spezzato le vertebre di un Val-Suzon? E che avrei rotto l'occhio a un Gerbier e a un La Rochepot? Ognuno ha il suo turno, signor direttore! La vendetta è una prelibatezza che va mangiata fredda! E soprattutto, non pensi che me ne sia pentito! Faccia sapere ai genitori di questi ragazzi quanto mi dispiace di non averli uccisi! Immaginate la cerimonia al tribunale penale: un giovane ebreo, livido e appassionato, che dichiara di voler vendicare gli insulti sistematici del conte di Tolosa ai suoi antenati! Sartre sarebbe stato più giovane di qualche secolo per difendermi! Mi avrebbero portato in spalla da Place de l'Etoile alla Bastiglia! Mi avrebbero incoronato principe della gioventù francese! - Sei disgustoso, Schlemilovitch. Disgustoso! Non voglio ascoltarti per un altro minuto. -Ecco, signor direttore! Disgustoso876! "

Ma il lettore capirà che tutto questo non era altro che follia, che il nostro eroe Schlemilovitch stava vaneggiando. Tali immaginazioni selvagge possono essere solo il frutto di una mente malata: "Un trattamento psicoanalitico ti schiarirà le idee". Diventerai un giovane uomo sano, ottimista e sportivo, te lo prometto. Senta, voglio che legga il penetrante saggio del suo compatriota Jean-Paul Schweitzer de la Sarthe: *Riflessioni sulla questione ebraica*. Dovete capirlo a tutti i costi: gli ebrei non esistono, come dice giustamente Schweitzer de la Sarthe. Non sei un ebreo, sei un uomo tra gli altri uomini e basta. Ti ripeto che non sei un ebreo; hai semplicemente delle manie allucinatorie, delle ossessioni, e niente di più, una paranoia molto lieve... Nessuno vuole

---

[876]Patrick Modiano, *Il posto della stella*, Pdf, http://Lelibros.org/, p. 39-40

farti del male, figliolo, tutti sono disposti a essere gentili con te. Oggi viviamo in un mondo pacificato877. "L'antisemitismo non sarà mai credibile per il pubblico goy medio. Questa è la morale di questa storia.

Ma prendiamo ad esempio le accuse di "tratta degli schiavi bianchi". Abbiamo visto come il grande storico del Terzo Reich, William Shirer, avesse sottolineato le assurde accuse di Hitler contro gli ebrei a questo proposito ("*Il Mein Kampf* è disseminato di luride allusioni a strani ebrei che seducono innocenti ragazze cristiane e così adulterano il loro sangue. C'è una grande quantità di sessualità morbosa nelle farneticazioni di Hitler sugli ebrei. ")

Per dimostrare la ridicolaggine di tali accuse, Albert Memimi aveva citato un caso un po' dimenticato: "Ricordiamo il famoso "pettegolezzo di Orléans", quella stupefacente accusa di stupri seriali, che sarebbero stati organizzati da negozianti ebrei sulle loro clienti donne cloroformizzate[878]."

Anche l'eminente storico ebreo Léon Poliakov si è lasciato andare a queste accuse grottesche: "Cosa è successo nella tranquilla città di Orléans nel maggio 1969? Niente di che, dopotutto. Le ragazze delle scuole superiori hanno diffuso la voce che i camerini di alcuni negozi di abbigliamento della loro città, gestiti da negozianti ebrei, venivano utilizzati come punto di partenza per una rete di traffico di bianchi. Prima di svanire, questo piccolo delirio riuscì comunque a far impazzire parte della popolazione di Orléans, mentre gli ebrei locali, da parte loro, credettero di vedere improvvisamente risorgere per un attimo lo spettro del pogrom. Fenomeni simili, anche se meno spettacolari, si sono verificati in altre città francesi, soprattutto ad Amiens, ma anche a Chalon-sur-Saône, Dinan, Grenoble e Strasburgo, dando luogo qua e là a una credulità che poteva sembrare il rovescio di un antisemitismo diffuso. Tuttavia, quaranta pagine dopo, esaminando altre accuse di antisemitismo in America Latina, Poliakov, che non poteva prendere sul serio tali sciocchezze, riconosceva che "diverse personalità ebraiche erano coinvolte in questo abietto traffico all'inizio del XX secolo"."(p. 181). Su questo fenomeno, il lettore può guardare il film del regista israeliano Amos Gitai, *Promised Land*, uscito nel 2005, che ha ricreato il calvario di giovani donne dell'Europa dell'Est intrappolate in giri di prostituzione, trattate come bestiame e finite nei bordelli israeliani ai margini del Mar Morto. Ma tutto questo ovviamente non è altro che finzione, non è vero, signor Poliakov?

---

[877]Patrick Modiano, *Il posto della stella*, Pdf, http://Lelibros.org/, p. 87
[878]Albert Memmi, *Le Racisme*, Gallimard, 1982, riedizione di pochi 1994, p. 41.

Parliamo per un momento della tribù amazzonica che ci perseguita fin dall'inizio di questo libro: Mario Vargas Llosa è un romanziere peruviano di fama mondiale. Uno dei suoi romanzi, intitolato *El Hablador (Il chiacchierone)*, illustra molto bene l'ossessione planetaria quando attanaglia lo spirito e l'anima di chi la subisce. Le prime pagine del romanzo ambientano la scena di un turista peruviano a Firenze che sta visitando una mostra fotografica in una galleria d'arte. All'improvviso, si ferma davanti a una foto che ha catturato la sua attenzione: nel cuore della foresta amazzonica, indiani accovacciati e attenti sembrano pietrificati nell'immobilità assoluta, come ipnotizzati da una sorta di incantesimo. Al centro del cerchio che formano, si intravede solo una sagoma, ma è indubbiamente un uomo che parla con loro: è "Il Parlatore".

Nella memoria del narratore affiorano i ricordi, perché probabilmente aveva conosciuto El Hablador molti anni prima, quando era studente all'Università di Lima. Ventitré anni dopo, come giornalista televisivo peruviano, ha avuto l'opportunità di incontrare nuovamente il suo strano compagno scomparso. Fino a quel momento, aveva realizzato numerosi reportage: "Nel 1981 ho condotto per sei mesi un programma sulla televisione peruviana intitolato La Torre de Babel (La Torre di Babele). Il proprietario del canale, Genaro Delgado, mi ha accompagnato in questa avventura... Siamo stati in quattro a fare La Torre de Babel: Luis Llosa, che si occupava della produzione e della gestione delle telecamere; Moshe Dan Furgang, che era il montatore; il cameraman Alejandro Pérez e io[879]."

È in questo contesto professionale che ha conosciuto una coppia di etnologi che studiavano gli indiani della giungla, il cui marito aveva avuto la fortuna di vedere e ascoltare El Hablador. "È un argomento che nessun Machiguenga ama toccare. Una questione molto privata, molto segreta. Nemmeno con noi, che li conosciamo da tanto tempo... Raccontano tutto delle loro credenze, dei loro riti... Non hanno riserve su nulla. Non hanno riserve su nulla. Ma per quanto riguarda i parlanti, sì. "C'era una specie di mistero, un tabù per gli etnologi: "Quello che era certo è che la parola "Hablador" era pronunciata con straordinario rispetto da tutti i Machiguengas e che ogni volta che qualcuno l'aveva pronunciata davanti agli Schneil, gli altri avevano cambiato argomento..."

Gli etnologi gli dissero che il Parlatore aveva un volto piuttosto spaventoso: "E il Parlatore? -Aveva un grosso neo. Un tipo strano... Un eccentrico, qualcuno di diverso dalla norma. Per quei capelli color

---

[879]Mario Vargas Llosa, *El Hablador*, Alfaguara Santillana, Madrid, 2008, p. 162-163.

carota lo chiamiamo l'albino, il gringo". Era lui! Era quello strano studente che chiamavano "Mascarita". In realtà, il suo nome era Saul. Era quell'"ebreo creolo, marginale ed escluso" che il narratore aveva incontrato all'università tanti anni prima; "aveva un neo viola scuro, color vino d'aceto, che gli copriva tutto il lato destro del viso, e capelli rossi e spettinati come le setole di una scopa... Era il ragazzo più brutto del mondo". Aveva sviluppato una passione per una comunità indiana nella giungla amazzonica. "Ora conosceva il motivo del tabù, vero? Sì. È possibile? Sì, potrebbe. Per questo evitavano di parlarne, per questo li avevano gelosamente nascosti agli antropologi, ai linguisti, ai missionari domenicani negli ultimi vent'anni880..."

Mario Vargas Llosa non è solo un autore prolifico. Si è anche candidato alle elezioni presidenziali del suo Paese. È anche membro della Commissione Trilaterale, il potente club globalista che riunisce gli uomini più influenti del pianeta, finanzieri, intellettuali, politici, industriali e sindacalisti di tutti i Paesi. Il suo racconto *The Talker* rivela molto bene la mentalità cosmopolita. Si dice che tutti i popoli del mondo debbano ascoltare i loro maestri e seguire i loro precetti. Nessuno, per quanto si sia perso nella giungla, riuscirà a fuggire. Ora, questa storia è solo il frutto dell'immaginazione di un romanziere impegnato e, per quanto ci riguarda, siamo completamente liberi di immaginare le cose in modo totalmente diverso e molto più credibile. La verità è che questi poveri indios amazzonici erano soggiogati dalla verbosità e dal portamento dello straniero, per cui possiamo immaginare che questa situazione non sarebbe durata per sempre: i capi clan prima o poi sarebbero arrivati ad aborrire l'intruso che veniva a predicare il ripudio delle loro vecchie abitudini. Alla fine, una notte si sarebbero riuniti per decidere la caduta dell'usurpatore e avrebbero fatto irruzione durante il sonno per trafiggerlo da ogni parte con le loro lance avvelenate881.

880Mario Vargas Llosa, *El Hablador*, Alfaguara Santillana, Madrid, 2008, p. 201, 17, 205

881Naturalmente, Mario Vargas Llosa ha immaginato un'uscita di scena più appropriata per El hablador: "Il vecchio ha preso l'abitudine di andare a morire in Israele, a quanto pare. E con la devozione che aveva per lui, naturalmente Mascarita gli dava piacere. Perché, quando Saul me l'ha detto, avevano già venduto il piccolo negozio che avevano e stavano facendo le valigie... Ho ripescato la mia memoria cercando di ricordare se l'avevo mai sentito parlare di sionismo, di fare l'*aliyah*. Mai... Ho pensato che non sarebbe stato facile per Saul fare l'*aliyah*. Perché era troppo visceralmente integrato nel Perù, troppo lacerato e agitato dalle questioni peruviane, per abbandonare tutto questo da un giorno all'altro, come chi si cambia la camicia. "Mario Vargas Llosa, *El Hablador*, Alfaguara Santillana, Madrid, 2008 p. 122-123. (NdT).

Abbiamo già incontrato nel corso di questo studio la figura eminente dello scrittore Primo Levi: "Sono nato a Torino nel 1919 da una famiglia ebrea piemontese moderatamente benestante", secondo le sue stesse parole. Nella sua opera più nota, *Se questo è un uomo*, pubblicata nel 1947, racconta la sua esperienza nei campi di sterminio. Sopravvissuta miracolosamente ad Auschwitz, si è suicidata 42 anni dopo, l'11 aprile 1987. Uno dei suoi libri, *Lilith*, una raccolta di racconti pubblicata nel 1981, conteneva uno strano testo intitolato *Un testamento* in cui sembrava rivelare un terribile segreto al suo "caro figlio". Ecco il sorprendente testo allegorico, in cui l'autore sembrava confessare le sue bugie:

"Non ho dubbi che seguirai le mie orme e sarai un cavadenti come lo sono stato io e come lo sono stati i tuoi antenati... Non c'è professione al mondo che competa con la nostra nell'alleviare il dolore degli uomini e nel penetrare il loro coraggio, i loro vizi e le loro nefandezze. È mia intenzione parlarvi dei suoi segreti... La musica è necessaria all'esercizio della nostra professione. Un buon tiratore di denti deve sempre essere accompagnato da almeno due trombettisti e due batteristi, o meglio due suonatori di grancassa. Più vigorosa è la musica che riempie la piazza in cui lavorate, maggiore sarà il rispetto che i vostri clienti avranno per voi e minore sarà il dolore che proveranno. Sono certo che anche voi l'avete notato quando, da bambini, avete assistito al mio lavoro quotidiano. Le grida del paziente non si sentono al di sopra della musica; il pubblico vi ammira con riverenza e i clienti che aspettano il loro turno dissipano le loro paure segrete. Un cavadenti che lavora senza una banda di ottoni è indecoroso e vulnerabile come un corpo umano in stato di abbandono. Non dimenticare, figlio mio, che sbagliare è umano, ma ammettere il proprio errore è diabolico... Non confessare mai di aver estratto un dente sano. Cercate piuttosto di approfittare del fragore dell'orchestra, dello stordimento del paziente, del suo dolore e delle sue urla e delle sue convulsioni disperate per estrarre rapidamente il dente malato. Ricordate che un colpo istantaneo e diretto all'occipite immobilizza il paziente più riluttante senza danneggiare i suoi segni vitali (*sans en étouffer les esprits animaux*) e senza che il pubblico se ne accorga. Ricordate anche che, per queste o simili esigenze, un buon pugile ha sempre cura di avere il carro pronto, non lontano dal palco e con i cavalli bardati.

"I nostri avversari ci deridono dicendo che siamo bravi solo a trasformare il dolore in denaro. Stupidi! Non si rendono conto che questo è l'elogio più alto che si possa fare al nostro magistero... A seconda dell'umore dei presenti, il vostro discorso sarà scherzoso o austero, nobile o plebeo, prolisso o conciso, sottile o grossolano. Tuttavia, deve essere sempre oscuro, perché l'uomo ha paura della chiarezza... Ricordate che meno chi vi ascolta vi capisce, più avrà fiducia nella vostra saggezza e più musica sentirà nelle vostre parole. E non abbiate paura che vi venga chiesta una spiegazione, perché questo non accade mai: nessuno avrà il coraggio di mettervi in discussione, nemmeno chi sale sul palco con piede fermo per farsi estrarre un dente. E non chiamate mai le cose con il loro nome proprio nel vostro discorso. Non devi dire molari, ma sporgenze mascellari, o qualsiasi altra stranezza ti venga in mente; né dolore, ma parossismo o eretismo. Non devi chiamare il denaro denaro, e ancor meno le pinze pinze; anzi, non devi nominare affatto queste cose, nemmeno per allusione. Non lasciate che le pinze siano viste dal pubblico e ancor meno dal paziente, cercando di nasconderle nella manica fino all'ultimo momento.

"Da tutto ciò che avete letto qui avrete concluso che la menzogna è un peccato per gli altri, ma una virtù per noi. La mendacia è indissolubilmente legata alla nostra professione. Ci fa comodo mentire con il nostro linguaggio, con i nostri occhi, con il nostro sorriso, con i nostri vestiti. E non solo per evitare i pazienti. Sapete bene che guardiamo più in alto e che la menzogna è la nostra vera forza (non quella delle nostre mani). Con la menzogna, pazientemente appresa e piamente esercitata, se Dio ci assiste, arriveremo a dominare questo Paese e forse anche il mondo. Ma questo accadrà solo se sapremo mentire meglio e più a lungo dei nostri avversari. Forse voi lo vedete, ma io no: sarà una nuova età dell'oro, in cui solo in casi estremi saremo chiamati a tirare i denti, mentre nel governo della nazione e nell'amministrazione degli affari pubblici ci basterà la pia menzogna, che abbiamo portato alla perfezione. Se ci dimostriamo capaci di questo, l'impero dei cavadenti si estenderà da est a ovest fino alle isole più remote e non avrà mai fine[882]."

Con un'etica di questo tipo, non sorprende che l'uomo che la pratica sia un giorno tormentato da sensi di colpa. Nonostante tutta la gloria terrena e le ricchezze accumulate, gli spiriti prigionieri di queste credenze profetiche sono generalmente divorati dall'interno da una diffusa angoscia morale che li spinge infine a una sorta di sventura. Indubbiamente, nevrosi e suicidi sono più frequenti in loro che nel resto della popolazione terrestre. Abbiamo già visto i casi di Primo Levi e Romain Gary. Tra i personaggi famosi ricordiamo il caso di Stefan

---

[882]Primo Levi, *Lilít y otros relatos (Un testamento)*, Muchnik Editores, Barcellona, 1998, pagg. 190-195.

Zweig, oltre agli scrittori e filosofi Walter Benjamin, Otto Weininger, Felice Momigliano, Albert Caraco, il fisico viennese Ludwig Boltzmann, il pittore Rothko, il poeta ebreo tedesco Paul Celan, i grandi finanzieri Löwenstein e Manheimer, Barnato, il "re dei diamanti", i ministri Jacques Stern, Jacques Stern e Albert Caraco, i ministri Jacques Stern e Albert Caraco e i ministri Jacques Stern e Albert Caraco; i ministri Jacques Stern, Pierre Beregovoy, il generale Mordacq, i due fratelli Wittgenstein, le due figlie di Karl Marx; si può citare anche il caso della figlia del grande rabbino Weil, ad esempio, che si gettò dalla cima della Torre Eiffel, o del barone Reinach, durante lo scandalo del Canale di Panama. Sono noti anche i casi di suicidio di un barone Rothschild, del magnate della stampa Robert Maxwell, morto in strane circostanze, e così via.

Jacques Attali ha ricordato nella sua opera il peso che le comunità ebraiche esercitavano sui loro membri prima dell'emancipazione: "Intorno al 1660, Uriel Acosta - figlio di un marrano che si era stabilito ad Amsterdam all'inizio del XVII secolo, contemporaneamente al padre di Menasseh ben Israel - protestò contro le regole dell'ortodossia ebraica: 'Chi diavolo mi ha spinto verso gli ebrei', scrisse alla fine della sua patetica autobiografia. Escluso dai rabbini, finisce per suicidarsi[883]."

Lo stesso Elie Wiesel si è espresso candidamente sui casi dei suoi amici tragicamente scomparsi: "Benno Werzberger in Israele, Tadeuz Borowski in Polonia, Paul Celan a Parigi, Bruno Bettelheim negli Stati Uniti: tra tutti gli uomini della scomparsa comunità dei sopravvissuti all'Olocausto, gli scrittori hanno vissuto un'ulteriore tragedia: disperati per l'impotenza della parola scritta, alcuni hanno scelto il silenzio. Quello della morte... Ne ho incontrati tre. I loro ultimi gesti mi perseguitano ancora". Ma c'era anche l'amico Primo Levi: "Perché Primo, il mio amico Primo, si è buttato giù da una rampa di scale? Lui, le cui opere avevano finalmente superato l'indifferenza del pubblico, anche fuori dall'Italia[884]?" Elie non capisce.

Elie Wiesel ha citato anche il caso di Jerzy Kosinski: "Ho scritto la prima recensione del suo *Uccello dipinto*. Sul *New York Times*. Povero Jerzy, era così bravo a intrattenere e così male a vivere. L'elogio di Elie Wiesel a Kosinski gli era valso una serie di lettere di insulti da parte di alcuni ebrei che avevano conosciuto Kosinski in Polonia. "Ho sbagliato, mi hanno detto, a essere affettuoso con questo ebreo vergognoso... A quanto pare, il suo libro non è altro che un'accozzaglia

[883]Jacques Attali, *Les juifs, le monde et l'argent*, Fayard, 2002, p. 261.
[884]Elie Wiesel, *Mémoires, Tome II*, Seuil, 1996, p. 471.

di elucubrazioni fantasiose... Mi rifiuto di crederci: ebreo vergognoso, Jerzy? Impossibile! Bugiardo, lui? Inconcepibile!...Quando il romanzo fu pubblicato in Francia, Piotr Rawicz lo commentò su *Le Monde*. Gli chiedo: Jerzy è ebreo? Certo che è ebreo, risponde Piotr. Te l'ha detto? No, non l'ha fatto, anzi lo nega. Al contrario, lo nega. Ma allora come si fa a saperlo? Lo so, dice Piotr. Perché nasconde la sua origine ebraica? Chiedeteglielo. Piotr glielo chiede; lui resta fermo. Piotr vuole vedere se è circonciso. Jerzy si rifiuta di rispondere. Solo quando Piotr minaccia di chiamare gli amici per aiutarlo a spogliarsi, riconosce il suo background ebraico... Un lungo articolo del *Village Voice* lo ha definito un impostore. Una recente biografia cerca di demistificarlo: avendo trascorso la guerra con i genitori, non avrebbe potuto vivere le atroci esperienze narrate ne *L'uccello dipinto, né avrebbe potuto* scrivere i suoi libri da solo. La notizia del suo suicidio - come quella di Bruno Bettelheim - mi ha sconvolto. Quindi questo edonista era un uomo infelice. Più infelice dei suoi personaggi folli e tragici[885]. "Elie non capisce.

Anche Piotr Rawicz ha scelto di porre fine alla sua vita: "Il mio compagno, il mio compagno, perché ha lasciato il mondo dei vivi? Lo rivedo: ingobbito, con lo sguardo disperato e ironico, ma con una mente lucida, terribilmente lucida. *Il Sangue del Cielo* rimarrà uno dei capolavori del nostro tempo. Nel testo che gli dedico (nel *Nuovo Leader*), scrivo:... "Il suo libro è un grido, non un'eco; una sfida, non un atto di sottomissione. Davanti a una tomba piena di cadaveri, non recita il Kaddish, non versa lacrime"... Perché si è dato alla morte, lui che aveva ancora tanto da dare alla vita? Un colpo di fucile in bocca ha posto fine a un destino singolare e unico, ridendo mentre era886. "Elie non capisce.

Indipendentemente dal potere e dagli onori che si ottengono, bisogna arrendersi all'evidenza che la fede messianica, separando i suoi aderenti dal resto dell'umanità e legittimando un comportamento riprovato da tutti, non può che mettere l'individuo anche solo un po' morale in una situazione scomoda e insostenibile.

Nel 1854, il grande poeta Heinrich Heine fece pubblicare un'appendice intitolata *Confessioni dell'autore* nel suo libro *Sulla storia della religione e della filosofia in Germania*. Heine scrisse anche alcune confessioni per i posteri: "Come le grandi conquiste degli ebrei, il vero carattere degli ebrei non è noto al mondo. Pensiamo di conoscerli perché abbiamo visto le loro barbe, ma non abbiamo mai visto molto di

---

[885]Elie Wiesel, *Mémoires, Tome II*, Seuil, 1996, p. 475.
[886] Elie Wiesel, *Mémoires, Tome II*, Seuil, 1996, p. 476-477.

più e, come nel Medioevo, rimangono un mistero ambulante nei tempi moderni. Questo mistero sarà svelato nel giorno in cui, secondo la predizione del profeta, ci sarà un solo pastore e un solo gregge, e quando il Giusto che ha sofferto per la salvezza dell'umanità riceverà la sua palma gloriosa[887]."

Il poeta non ha detto molto di più, ma pensiamo di aver mostrato con questo studio un po' di ciò che gli spiriti messianici intendono per "pastore" e "gregge". Non è necessario aspettare il Messia per "svelare il mistero". I maghi hanno i loro segreti e i loro trucchi, ma a volte i trucchi sono troppo visibili e quando i sotterfugi sono fatti sistematicamente a spese del pubblico, succede spesso che le persone esasperate chiedano il rimborso del biglietto d'ingresso e minaccino di distruggere la sala.

E a proposito di maghi: L'americano David Copperfield è "universalmente riconosciuto come il più straordinario mago del mondo". È "il più grande mago di tutti i tempi", si legge in diversi punti. Potremmo chiamarlo, seguendo gli esempi precedenti, il "principe dei maghi". È stato infatti nominato dal governo francese "Chevalier des Arts et des Lettres". L'uomo merita certamente questo riconoscimento, visti i suoi precedenti. Ha al suo attivo una serie di imprese straordinarie, addirittura strabilianti, nello stile dei suoi correligionari in filosofia, storia e in molti altri campi. Infatti, davanti a un pubblico terrorizzato, davanti a migliaia di persone letteralmente sbalordite, "il mago ha attraversato la muraglia cinese (come un fantasma), ha fatto sparire la Statua della Libertà a New York, il treno Orient-Express, persino gli aerei. Ha fatto riapparire una nave nel Triangolo delle Bermuda, è evaso dalla prigione di Alcatraz, è uscito indenne dalle cascate del Niagara, ha volato in aria sul Grand Canyon in Arizona. "David Copperfield non smette mai di stupirci, di meravigliarci, di toccare il cuore e l'anima del suo pubblico.

Alcuni dicono addirittura che sarebbe in grado di spazzare via un'intera civiltà. Non sarebbe certo il suo primo tentativo nella storia, anche se i suoi vari tentativi sono stati apparentemente infruttuosi finora: il cristianesimo si è ribellato a lui per secoli; la rivoluzione francese si è infine ribellata a lui, con lo sviluppo del nazionalismo; il comunismo si è ribellato a sua volta a lui, dopo trent'anni di furia distruttiva; e c'è ogni ragione di credere che il XXI secolo sia irto di

---

[887] Heinrich Heine, *De l'Allemagne, Aveux de l'auteur*, 1835, 1854, Gallimard, 1998, p. 462. [Come per molti altri passaggi di questo libro nella versione francese, non abbiamo trovato traccia di questa appendice anche nelle edizioni di Alianza Editorial, 2008 e Akal/Básica de Bolsillo/323].

gravi minacce. Ma persevera, ancora e ancora, nella sua folle frenesia, sicura della sua legittimità e della sua elezione divina. Fortunatamente, ora sappiamo che i più saggi tra loro possono decidere di unirsi alla "comune umanità". Questo è ciò che ci dà speranza. Per gli altri, forse non c'è altra soluzione che offrire loro un parco giochi o una stanza imbottita per attutire il frastuono.

Nelle sinagoghe dell'Europa orientale, nella Yiddishland di un tempo, si sentivano ululare di notte, come raccontava Elie Wiesel: "Ballavamo come ballano i chassidim: mano nella mano, gettando le braccia da una parte all'altra, sempre più velocemente, con gli occhi chiusi e il cuore aperto, l'anima lacerata come una ferita profonda e bruciante, danziamo come se fossimo attratti dalle altezze con preghiere che salgono al settimo cielo, danziamo come folli il cui essere tende all'Essere, la cui fiamma vuole diventare incandescente, nessuno può fermarci, nessuna forza può imbavagliarci, cantiamo piangendo, piangiamo cantando[888]."

Quelle selvagge notti di sabato si svolgevano in luoghi appartati, lontani, lontanissimi dalle città e dai villaggi. I contadini potevano chiudere gli occhi e riposare. Il giorno dopo dovevano alzarsi presto, dovevano lavorare nei campi. Qualcuno doveva coltivare la terra.

Parigi, agosto 2005[889]

---

[888] Elie Wiesel, *Mémoires, Tome II*, Seuil, 1996, p. 420. Questo ci ricorda le parole di Erwin Leiser.

[889] Negli anni successivi Hervé Ryssen ha ampliato e approfondito tutti i temi trattati in questo libro: *Psicoanalisi dell'ebraismo* (2006), *Fanatismo ebraico* (2007), *La mafia ebraica* (2008), *Lo specchio dell'ebraismo* (2009) e *Storia dell'antisemitismo* (2010).

ALLEGATO

NECROLOGIO DI HENRI WEBER (1944-2020)

Dalla Seconda guerra mondiale all'approfondimento dell'avventura europea, passando per il maggio 1968, il suo destino avrà attraversato la storia del secolo, superando chilometri, confini nazionali e idee. I suoi genitori erano ebrei polacchi che vivevano a pochi chilometri da Auschwitz e che erano fuggiti dalla minaccia nazista in URSS. Lì, sulle rive di un fiume siberiano, vicino al campo di lavoro dove vivevano i suoi genitori, Henri Weber è nato nel 1944, all'ombra della storia. Con la fine della guerra, per la famiglia arrivò il momento di tornare in Polonia, ma l'odio antisemita non era stato spazzato via dalla caduta del nazismo e alla fine costrinse i Webers a emigrare in Francia.

Ancora bambino, il giovane Henri si politicizzò all'interno dell'*Hachomer Hatzaïr*, un movimento sionista e socialista della "giovane guardia", che fu teatro delle sue prime lotte, in particolare contro la guerra d'Algeria. Giovane sorbonese, intraprende poi un'azione politica nelle file dell'UNEF e dell'Unione degli Studenti Comunisti (UEC), dove diventa amico di Alain Krivine. La sua generazione era in grande fermento. Con i suoi compagni, Weber accese i dibattiti e scaldò gli animi, soffiando sulla brace della rivolta per infiammare le idee e gli impulsi che ardevano nelle università. All'interno della neonata Gioventù Comunista Rivoluzionaria (JCR), divenne uno dei leader del Maggio '68, uno di quelli che passavano le giornate nelle aule a costruire un mondo migliore e le notti nelle strade a erigere barricate.

Non avrebbe mai abbandonato questo intreccio permanente di pensiero e azione. Il grande attore del maggio '68 ne divenne anche uno dei principali pensatori: vi dedicò diversi libri, ne mantenne vivo il fuoco creando e dirigendo il settimanale *Rouge* e poi la rivista *Critique*

Communiste, e accettò l'offerta di Michel Foucault di insegnare filosofia politica alla nuovissima Università di Vincennes, bastione degli intellettuali di sinistra. Tuttavia, Henri Weber non abbandonò la militanza: nel 1969 partecipò alla nascita della Lega dei Comunisti dalle ceneri del JCR e strutturò il partito attraverso le sue letture e riflessioni, ma anche attraverso il suo spiccato senso dell'organizzazione. (...)

Il suo pensiero rosso si è gradualmente trasformato in rosa, armonizzandosi con quello del Partito Socialista, al quale ha aderito a metà degli anni Ottanta e che è rimasto la sua casa politica fino alla fine. Ha sviluppato un rapporto di amicizia e fiducia con Laurent Fabius, che lo ha portato a essere nominato suo consigliere quando Fabius è diventato Presidente dell'Assemblea Nazionale nel 1988. La sua carriera di funzionario eletto è iniziata nello stesso anno, prima come vicesindaco di Saint-Denis, poi come consigliere comunale di Dieppe dal 1995 al 2001 e senatore della Seine-Maritime dal 1995 al 2004. Fervente europeista, ha poi svolto due mandati al Parlamento di Strasburgo, con la stessa passione e gli stessi standard elevati. (...)

Il Presidente della Repubblica saluta una grande figura politica che ha saputo coniugare la forza dell'impegno e la finezza del pensiero, uno spirito libero, generoso ed europeo. Invia le sue sincere condoglianze alla moglie Fabienne, ai figli, alla famiglia e a tutti i colleghi politici.

Servizio stampa dell'Eliseo, 27 aprile 2020.

Altri titoli

OMNIA VERITAS
OMNIA VERITAS LTD PRESENTA:
John Coleman
LA GERARCHIA DEI COSPIRATORI
STORIA DEL COMITATO DEI 300
JOHN COLEMAN
Questa aperta cospirazione contro Dio e l'uomo include la schiavitù della maggior parte degli esseri umani...

OMNIA VERITAS
OMNIA VERITAS LTD PRESENTA:
JOHN COLEMAN
LA DIPLOMAZIA DELL'INGANNO
UN RESOCONTO DEL TRADIMENTO DEI GOVERNI
DI INGHILTERRA E STATI UNITI
La storia della creazione delle Nazioni Unite è un classico caso di diplomazia dell'inganno

OMNIA VERITAS
OMNIA VERITAS LTD PRESENTE:
JOHN COLEMAN
IL CLUB DI ROMA
IL THINK TANK DEL NUOVO ORDINE MONDIALE
DI JOHN COLEMAN
I numerosi eventi tragici ed esplosivi del XX secolo non sono accaduti da soli, ma sono stati pianificati secondo uno schema ben definito...
Chi sono stati gli organizzatori e i creatori di questi grandi eventi?

www.ingramcontent.com/pod-product-compliance
Lightning Source LLC
Chambersburg PA
CBHW071948270326
41928CB00009B/1379